石上万象

四川地区宋元明墓葬画像石刻研究

赵兰 / 著

西南交通大学出版社
·成都·

图书在版编目（CIP）数据

石上万象：四川地区宋元明墓葬画像石刻研究 / 赵兰著. -- 成都：西南交通大学出版社，2024.6.
ISBN 978-7-5643-9854-5

Ⅰ. K877.404

中国国家版本馆 CIP 数据核字第 2024H4A689 号

Shishang Wanxiang　Sichuan Diqu Song Yuan Ming Muzang Huaxiang Shike Yanjiu
石上万象　四川地区宋元明墓葬画像石刻研究

赵　兰　著

责 任 编 辑	吴启威
封 面 设 计	原谋书装
出 版 发 行	西南交通大学出版社 （四川省成都市金牛区二环路北一段 111 号 西南交通大学创新大厦 21 楼）
营销部电话	028-87600564　028-87600533
邮 政 编 码	610031
网　　　址	http://www.xnjdcbs.com
印　　　刷	成都蜀通印务有限责任公司
成 品 尺 寸	185 mm×260 mm
印　　　张	47
字　　　数	1005 千
版　　　次	2024 年 6 月第 1 版
印　　　次	2024 年 6 月第 1 次
书　　　号	ISBN 978-7-5643-9854-5
定　　　价	238.00 元

图书如有印装质量问题　本社负责退换
版权所有　盗版必究　举报电话：028-87600562

本书为以下项目成果：

1. 四川省哲学社会科学规划项目2022年度项目《四川地区宋元明墓葬画像石刻资料整理与综合研究》（项目批准号：SC22B139；结项等级：优秀）
2. 四川旅游发展研究中心项目《文旅融合视野下的基层特色文化遗产开发与共享研究——以泸州宋代石刻资源为例》（项目批准号：LY20-17；结项等级：合格）
3. 泸州职业技术学院高层次人才科研启动金项目"四川地区宋元明清墓葬画像石刻材料调查研究"（项目批准号：ZLYGCC202105）
4. 泸州职业技术学院科研创新团队建设项目"四川特色文化产业化发展研究团队"建设成果（项目批准号：2021YJTD13）
5. 四川省社科普及基地——赤水河流域非物质文化遗产普及基地建设成果（基地批准文号：川社联〔2022〕2号）

作者简介：

赵兰，四川泸州人。泸州职业技术学院数字创意学院教师，四川大学历史学博士（考古专业），文物博物副研究馆员，泸州市智库文旅小组成员，泸县石刻研究院副会长。研究方向为美术考古、文物与艺术史、文化创意。目前已主持省部级、省厅级等文博考古相关课题12个，在CSSCI、中文核心期刊、文化遗产类专业期刊等发表本专业学术论文20余篇；主持、参与文博资源相关文创开发项目30余项；主持策划、设计文物与艺术品展览多项，主持策划和内容设计的《和合之鸣——四川古琴展》入选国家文物局"弘扬优秀传统文化 培养社会主义核心价值观"主题展览推介项目。

序

赵兰所著的这部《石上万象：四川地区宋元明墓葬画像石刻研究》嘱我为序，我欣然从命。因为这部著作是她在博士论文的基础上进一步广泛收集整理资料，进行更为深入的研究之后的成果，我作为她的博士研究生导师，对这部著作的形成过程和主要内容较为了解，也有一些读后感可以分享。

这部新著的篇幅，较之她之前的博士论文有很大的扩展，我读到这部著作的第一个深刻印象，就是这是我迄今为止所见到的关于四川地区宋代以来画像石刻研究所汇录资料最为全面、最为系统，同时也最为详尽的一部巨著。除了将过去见诸著录的有关图像资料几乎是可收尽收、有"一网打尽"的势头之外，还有不少新的资料，是她在田野工作新拍摄到的。所以，就这部著作的最大一个特点而言，我认为这是具有极大资料价值的一部新著，一册在手，可以对四川地区宋代以来墓葬画像石刻有目前为止最为直观和全面的了解，尤其方便从事考古学、艺术史等领域的学者以及热心于传统文化、文化遗产等不同领域的学人和社会大众所利用。

如何解读和阐释如此丰富浩繁的图像资料？赵兰在这部新著中采取了"先分后合"的方式，首先是根据不同的题材和时代演进，对其分门别类地作了介绍，然后再从考古发现的背景入手，尽可能将这些分散的石刻画像还原到其初始建墓的位置之中，其目的用她的原话来说是为了"在系统整理宋代四川地区宋元明墓葬画像石刻资料的基础上，立足墓葬画像石刻的原境，通过分期和分区研究构建起宋元明墓葬画像石刻的时空框架，探讨了其阶段性特征和区域性特征，理清了其发展脉络。进而将四川地区宋元明墓葬画像石刻放回到社会原环境中，透物见人地阐释了宋元明墓葬画像石刻与人群、社会的联动，探讨了宋元明墓葬画像石刻中所见时局变化、四川地域传统、社会文化世俗化尤其是丧葬和宗教世俗化转向、人群交流等因素的影响"。对于这种研究方式，我是十分赞同和肯定的。

从这部著作的内容具体分析，其也是有主有次的。赵兰从实际的考古资料出发，将研究的主体和重点放在四川宋代墓葬中的画像石刻，而将其后的元、明两代作为宋代墓葬画像石刻的延续加以补充，这样的处理方式既可以体现出资料的阶段性特征，使读者对主体性的宋代墓葬画像石刻有深刻的印象，对其后续的发展演变也有了比较研究的基础，同时也对元、明两代和前代形成的区域性特征和文化传统有更为系统的梳理，从而形成一部首尾相关、体系完整，但又轻重分明、处理得当的整体性著作。

赵兰将其研究重点放在宋代四川墓葬画像石刻，这一方面是基于她的博士论文与之直接相关，另一方面也和四川宋代社会发展、地域文化特色、民族交往、交流与交融的宏大背景有关。我们知道，在唐、五代之后，宋代四川和全国一样，均处于一个特殊的历史时期，中国文化的转型也深刻地影响到了四川地区。与唐代"大一统"格局下的文化面貌相比较，宋代社会发生的一些具有时代性影响的变化已有不少学者论及。如李华瑞先生就曾经指出，在中国古代，宋朝自始至终是一个不与游牧渔猎民族一争雄长的时代（李华瑞：《宋型国家历史的演进》，商务印书馆，2022年）。由于北方民族的强势发展，在三教合流而形成的新儒家思想的影响之下，宋代更为强调对于中华自身文化传统上的认知与界分。此外，宋代科举取士形成的文官制度使得整个文治氛围居于秦汉以降各代之冠，社会转型导致宋代庶族地主、官僚地主阶级成为社会主流和知识精英。这些变化，虽然并非直截了当，但也的确折射在地下的墓葬画像石刻当中。赵兰十分敏锐地捕捉到了这些时代变化的信息，在对宋代四川地下出土的墓葬画像石刻内容、题材、艺术风格及其与死者（墓主人）和生者（死者亲人及营建者等）之间的关系从不同的角度、不同的层面也展开了深入细致的分析，力图将这些画像的时代背景和考古实物之间相互沟通，以达其"透物见人"的研究目标，可谓用心良苦、成效显著。

这部著作还有一个创新性突出的特点，就是充分关注到了四川地区宋代多民族交往、交流与交融的历史在考古材料中的反映。通过赵兰本人多次在田野考古调查中所获取的大量新材料，她提出在"汉系画像墓葬"之外，还并存着一个"非汉系画像墓葬"系统，两者之间关系十分密切，后者的许多画像从人物形象、题材上明显具有自身的民族特点，但从画像的布局和墓葬总体的时代风格上看，却又受到前者多方面的影响。刘复生先生曾经对宋代四川（尤其是四川南部地区）唐宋以来的民族分布和民族关系问题作过深入的研究（刘复生：《西南史地与民族：以宋代为重心的考察》，巴蜀书社，2011年），认为在"西南诸蕃"当中，以今四川南部的泸州、宜宾等地有所谓"泸夷"，是泸州夷人之谓，泛指泸南地区的少数民族，其中有乌蛮和僚人部族，这些民族广布于四川南部地区，与宋代汉族地区交往密切，有茶马互市等经济往来，与宋朝军队也时有冲突，但总体而言体现出杂居混同的格局。川南地区流行的岩洞葬、悬棺葬，往往被认为是这些族群遗留下来的遗存。我曾经在大学本科和硕士研究生时代两度在这一带开展过对这些遗存的考古调查工作，留下很深刻的记忆。赵兰根据调查到的材料提出的"非汉系画像墓葬"系统，以我的观察来看，比一般意义上的岩洞墓、悬棺葬在品级上要更为高贵，很可能是在汉系画像墓葬影响之下，由一部分少数民族的上层人士在模仿其墓葬营建和画像题材的基础之上，形成的一种既有汉式风格，又具有民族特色的石室墓。对其文化内涵和可能反映出的民族文化交流等问题，都是极富启发意义的，将来还应当展开深入的探讨和研究。

作为受过考古学严格训练的学者，赵兰在这部新著中充分利用了考古学的类型学方法，对宋代墓葬画像石刻进行了考古学的基础研究（第四章），这和以往从艺术史的角度来讨论这批材料明显在学科方法上是有所不同的。这部分研究的特点是希望通过考古学对材料所进行的类型排比（包括墓葬形制、画像题材内容等不同方面），来梳理出其时空关系的演进变化，从而展开相应的分区、分期等基础研究。对于一般的读者而言，这部分内容可能会显得较为艰涩难懂，但对于考古学者而言，则提供了检验这部著作考古学基础性框架建构是否合理、是否可行的一个标本。赵兰在这一方面看来是有相当信心的，我也希望这部在博士论文基础上修改、扩充、深化之后的新著，能够经受学界的考验。

最后，我还想谈到的是，在我和赵兰相处的过程中，我深为她对学术研究的执着和深情感到钦佩，也感到高兴。说实话，对于女孩子来读考古的博士，我通常首先是善意地加以劝阻，因为这条路早年便有她的一位师姐曾经感慨过："考古的路，好看，难走。"几乎成为后来川大考古学生之间的"名言警句"。这些年来，我有好几位女博士按当下的话来说"挂了"——我也常常苦笑，称为"成活率不高"。但赵兰却不仅坚持到了最后，顺利地通过博士论文答辩拿到四川大学考古学的博士学位，而且在走上工作岗位之后，研究的热情不减反增。我每次和她见面，谈论的主要话题全集中在专业领域上，很少谈及其他。我常常在想，是什么强大的内生动力，让她在这条在我看来既不好看，却又十分难走的考古之路上，坚持前行，毫不退却呢？

或许，答案就隐藏在她的这部新著之中吧。

霍　巍

写于2023年年末四川大学江安花园

目 录

第一章　绪　论 / 001

第一节　选题意义 / 002

第二节　研究目的与方法 / 004

第三节　研究难点 / 006

第四节　创新点 / 006

第二章　四川地区宋元明墓葬画像石刻的考古发现与研究概况 / 009

第一节　四川地区宋元明画像石室墓的考古发现 / 010

第二节　四川地区宋元明画像崖墓的考古发现 / 022

第三节　四川地区宋墓画像石刻的研究概况 / 025

第四节　四川地区明墓画像石刻的研究概况 / 047

本章小结 / 050

第三章　四川地区宋元明墓葬画像石刻资料整理 / 053

第一节　四川地区宋墓画像石刻资料整理 / 054

第二节　四川地区元墓画像石刻资料整理 / 220

第三节　四川地区明墓画像石刻资料整理 / 229

第四章　四川地区宋墓画像石刻的考古学基础研究 / 293

第一节　原境·画像石室墓形制的类型学研究 / 295

第二节　原境·画像崖墓和画像石棺形制的类型学研究 / 319

第三节　原境·画像石室墓图像组合的类型学研究 / 324

第四节　原境·画像崖墓和画像石棺图像组合的类型学研究 / 341

第五节　时空框架·分期研究 / 349

第六节　时空框架·分区研究 / 360

第五章　人群交流视域下的四川地区宋墓画像石刻溯源 / 369

第一节　汉系画像石室墓石刻溯源·北方与四川地区比较研究 / 370

第二节　非汉系画像石室墓石刻溯源 / 380

第三节　画像崖墓和画像石棺石刻溯源 / 381

第四节　入乡随俗——宋墓画像石刻与北方移民入川 / 398

第五节　渗透与变异——宋墓画像石刻与川南民族交流 / 405

本章小结 / 411

第六章　四川地区宋墓画像石刻兴衰与宋代时局变化 / 415

第一节　宋墓画像石刻兴起与时局由乱复治 / 416

第二节　宋墓画像石刻繁荣与南宋经治下四川社会环境的相对稳定 / 421

第三节　宋墓画像石刻衰落与时局恶化 / 425

本章小结 / 428

第七章　四川地区宋墓画像石刻与地域传统 / 431

第一节　四川地域丧葬传统与宋墓画像石刻 / 433

第二节　四川地区摩崖造像传统对宋墓画像石刻的影响 / 439

第三节　地域传统顽固性与"绥远"方针下的"就俗"倾向 / 443

第八章　四川地区宋墓画像石刻与社会文化的世俗化转向 / 447

第一节　丧葬的世俗化转向与画像石室墓 / 448

第二节　世俗化转向的宗教与画像石室墓 / 476

第九章　四川地区元墓画像石刻研究 / 501

第一节　四川地区元墓画像石刻的考古学基础研究 / 502

第二节　四川地区元墓画像石刻的综合研究 / 507

第十章　四川地区明墓画像石刻的考古学基础研究 / 515

第一节　原境形制的类型学研究 / 516

第二节　图像研究 / 527

第三节　时空框架·分期分区研究 / 531

第十一章　四川地区明墓画像石刻综合研究 / 539

第一节　四川地区明墓画像石刻的变革 / 540

第二节　四川地区明墓画像石刻与明代社会全面世俗化 / 552

第十二章　总结：四川地区宋元明墓葬画像石刻总体脉络梳理 / 561

第一节　总体脉络梳理 / 562

第二节　四川地区宋元明墓画像石刻演变背后的社会变迁 / 570

第十三章　余论：墓葬画像石刻资源的活化利用探索——以泸州为例 / 575

主要参考资料 / 599

附　录 / 619

后　记 / 737

第一章 绪论

本书所探讨的墓葬画像石刻，指在石材上雕刻（含圆雕、高浮雕、浅浮雕、线刻）各种图像题材，用以构建墓室和墓葬附属建筑、装饰葬具的这一类墓葬装饰遗存。其原境包括以雕刻各种图像的石材为构件建筑墓室的画像石室墓；在崖壁上开凿崖洞以为墓室，并在墓室内外雕刻各类图像的画像石刻崖墓；各类雕刻图像的石质墓葬附属建筑如墓坊；以及雕刻各类图像的石质葬具，如画像石棺等。四川地区指历史上宋元明时期"四川"之主要地域，其核心区域包括当今行政区划的四川省、重庆市，部分时期还包括陕西、贵州、云南的部分地域。需要特别说明的是，贵州北部地区虽在元代未归入四川行省管辖范围，但在宋元明大部分时期均属于四川管辖范畴。且从丧葬文化面貌来看，贵州北部地区在宋元明时段呈现出与川东南、川南高度相似的特征。故本书所论之四川地区宋元明墓葬画像石刻材料，均将贵州北部的材料纳入考察范围。本书所探讨的时间段落为宋代至明代，即公元960年至公元1644年。

第一节 选题意义

一、学术意义

（一）四川地区宋元明墓葬画像石刻具有重要的资源价值

本书研究的四川地区宋元明墓葬画像石刻具有重要的历史价值、科学价值和艺术价值。石刻数量多，从调查情况看，四川地区馆藏宋元明墓葬画像石刻数量有2000余件，墓葬数量逾千座。其形式丰富、工艺水平高超、承载了丰富的历史信息和文化内涵。

（二）构建时空框架、理清演变脉络

本书研究跳出就石刻言石刻的局限，将宋元明墓葬画像石刻置于其原境中进行考察。通过基于墓葬形制、图像组合的类型学研究，开展原境的分期分区讨论，建立起原境的时空框架。以原境为载体，理清宋元明墓葬画像石刻的演变脉络，为缺乏纪年和出土原境的宋元明墓葬画像石刻材料界定时空，为学界相关研究提供基础资料、时空框架、演变脉络等方面的参考。

（三）填补综合研究空白，阐释石刻与人群、社会之联动

本书研究以宋元明为整体周期，因宋元明是中国社会多层面都发生重大变革的时期，而四川地区作为一个在全国政治、经济、军事、文化等方面都具有重要地位的区域，人群与社会出现的重大变革，是其时中国全域变革的缩影，具有代表性、典型性。宋是文人士大夫文化发展的高峰，中国文化从唐的开放、包容走向了宋的深而精；元虽时间较短，但有很多因素为明代的重建大一统奠定了基础，提供了内核元素；明作为宋明之变的最终点，宋代开始的世俗化转向在此时走向巅峰，并受到了西方近代文化因素的影响，在承继的同时产生了许多新因素，呈现出新面貌。这些变化投射在社会的方方面面，对丧葬领域也产生了重要影响，而墓葬则是承载并反映这些变化和影响的物化实证。墓葬画像石刻作为宋元明四川地区极具特色的一类墓葬遗存，从目前的考古材料看，其发展历程从北宋中期一直延续到明代末年，在四川范围内广泛分布，保留了大量珍贵文化信息。

本书研究以贯穿这一历史周期的四川特色文物遗存——墓葬画像石刻为切入点，探寻其与人群、社会诸变迁的联动，不仅可以全面、深入地解释墓葬画像石刻本身的兴起、衰退与再兴的原因，理清其来龙去脉，还可以通过石刻以小见大、透物见人地阐释这一重要变革时期的四川地区乃至中国社会的诸方面重大变革，实现从物的探讨到人与社会探讨的研究升华，从考古材料解读的角度去补充历史中相关问题研究的不足。

同时，四川地区宋元明墓葬画像石刻作为全国宋元明墓遗存的重要组成部分，厘清其相关情况也是对全国范围内宋元明墓葬研究、考察不同区域内的宋元明墓葬特色、探讨各区域间文化的影响和交流的一个重要补充。

此外，宋元明是一个民族大融合的时代，四川地区是此时段民族融合的代表性区域之一，在考古材料中可见明显的各民族交往交流融合的印记。通过深入挖掘石刻中民族融合的内涵，以此类特色文物展现中华民族共同体意识形成的重要轨迹，可证多民族文化是怎样逐步融合成中华民族优秀传统文化这一整体的。

（四）丰富中国宋元明墓葬装饰资料

本书除了已公布资料外，还系统性整理、研究通过田野调查、文博单位藏品调查所获得的未公布资料，为学界研究弥补相关资料的不足。同时，将过往受关注不多的元明墓葬画像石刻纳入考察，也利于引起学界的重视，增强保护和关注意识。

二、应用意义

（一）用活巴蜀特色文化遗产，发挥以史育人、以文化人作用

本书研究践行习近平总书记"让文物活起来"的科学理念，为此类资源的保护与转化提供研究基础和相关参考依据，并探讨其"活在当下"的创造性转化与创新性发展，更好地活化利用文物资源，发挥以史育人、以文化人作用，为公众提供优秀文化滋养，助力文化自信的构建与增强。

（二）有利于铸牢中华民族共同体意识

本书深度挖掘墓葬画像石刻中各民族交往交流融合的历史内涵，以石刻为切入点，以实物材料阐释宋元明时期的民族交流交往融合对中华民族共同体意识形成的贡献，论证中华民族的融合与统一是历史选择与人心所向的结果，有利于铸牢中华民族共同体意识。

第二节　研究目的与方法

一、研究目的

开展四川地区宋元明墓葬画像石刻及其原境（画像石刻墓、葬具）材料的全面搜集和系统性整理，丰富学界相关基础研究资料；在此基础上，基于原境形制、图像组合等开展考古类型学研究，通过分期分区探讨建立时空框架，从原境形制、图像主流、图像组合、使用人群、分布区域等方面探讨每个分期的阶段性特征，以及每个分区的区域性特征，理清墓葬画像石刻的发展脉络，为本书综合研究提供时空标尺，为四川地区无出土原环境、无明确纪年的宋元明墓葬画像石刻材料之断代分区提供参考。进而将墓葬画像石刻放回到宋元明社会原环境中，通过综合研究全面阐释四川地区宋元明墓葬画像石刻兴衰、演变与时局、文化转向、社会思潮、宗教、丧葬、边地经略、人群交流、民族融合、审美等诸方面的联动，填补既往研究中对四川地区宋元明墓葬画像石刻整体演变脉络研究的空白，和长时段综合研究的空白。

二、研究方法

（一）基本思路

全面、系统地收集整理资料。包括：笔者田野调查和文博单位馆藏调查所得未公

布资料；已公布考古报告、考古简报和文博图录资料；学界既往研究资料。在此基础上通过考古类型学和图像学结合的方法开展类型学研究，在类型学基础上进行分期分区研究，构建起时空框架、梳理出演变脉络。进而开展综合研究，对墓葬画像石刻演变背后的人群与社会诸层面深层动因、承载的功能与文化内涵、墓葬画像石刻对社会和人群的影响等做出深度的、综合的阐释。最后延展地提出对四川地区宋元明墓葬画像石刻文化遗产创造性发展、创新性转化的思考。

（二）具体研究方法

本书主要运用考古学、艺术学、历史文献学、文化人类学、宗教学、民族学等多学科方法交融的综合研究方法。

采用考古类型学和图像学的方法，结合原境开展类型学研究，在类型学基础上进行分期分区，构建时空框架、梳理墓葬画像石刻演变脉络，从而使有原境有纪年和无原境无纪年的材料都纳入可信、可用材料体系中。

采用历史文献学的方法，将宋元明时期丰富的可信历史文献、地方志、地方文献、碑刻文字等与墓葬画像石刻材料进行对读阐释。

采用艺术学的方法，分析墓葬画像石刻的艺术特征、承载的审美意识、呈现的审美风尚。

采用文化人类学的方法，对墓葬画像石刻进行文化因素分析，阐释其背后的诸多文化内涵，探讨社会文化的重大转向与墓葬画像石刻之间的联动。

采用宗教学的方法，探究宗教的理论、仪轨，宗教的转向和变化与墓葬画像石刻之间的联动，研究其相互作用。

采用民族学的方法，探讨人群的迁徙、交流，民族的融合如何与墓葬画像石刻相互影响。

本书力求对资料搜集详尽、整理系统、运用科学、研究全面、阐释透彻。

三、资料来源

考古材料包括已经公布的画像石室墓考古报告、考古简报，笔者参与抢救性清理的画像石室墓材料，以及笔者田野调查所得的画像石室墓材料。其他文献材料包括相关的宋代古文献、现代的画像石室墓研究专著和论文，以及其他现代相关研究文献材料。

第三节 研究难点

本书的研究难点首先来源于墓葬画像石刻资料公布的不完整性，尤其是其原境（墓葬画像石刻墓）资料公布的不完整性。虽然已经公布的画像石室墓有700余座，但是以较为详细的科学考古报告和简报形式公布的仅有170余座。其他的墓葬多是以简要的文字简讯形式公布，简讯中缺乏墓葬的很多关键信息。这样的材料无法科学地归类入墓葬的类型学研究中，对于类型学研究的完备性有一定的影响。

其二，虽然现在宋元明墓葬画像石刻已有较大数量的公布成果，但从第三次全国不可移动文物普查的情况来看，在整个四川地区，还有大量未经发掘的墓葬画像石刻墓广泛分布，这些未发掘墓葬的数量远远多于已公布数量。所以，基于现有公布材料进行研究的本书，在墓葬类型、时空框架的构建上或存在一定的局限性。随着更多材料的发掘公布，笔者可能会修正本书中的一些看法。

其三，在探讨汉系[①]画像石室墓对非汉系[②]墓葬画像石刻墓的渗透影响时，非汉系文献的缺乏也对探讨此二者在宋代的交流造成了困难。在探讨此问题时，本书所依据的都是宋政府和汉系人群的文献，这种单方面的文献来源在一定程度上而言可能会影响对当时交流情况了解的全面性。此外，笔者的学力有限，加之时间的局限，有些问题可能在本书中有所涉及但尚未进行进一步剖析，笔者将在以后的研究中进行更深层次的探讨。

第四节 创新点

一、新材料

笔者通过长时段、大范围的田野调查和文博单位藏品调查，取得大量未公布四川地区宋元明墓葬画像石刻的新资料，弥补此领域研究材料的不足，尤其是元明资料的不足。

二、新框架与新脉络

学界既有研究成果中虽涉及了四川宋元明墓葬画像石刻的主题、内涵、艺术风格，

[①] 汉系：特此说明，在本书论述中，有明确文字材料可证明墓主为汉族，以及虽无明确文字材料，但从原境形制、装饰、随葬品等来看与汉族墓葬材料相同的，均归为"汉系"墓葬材料。
[②] 非汉系：除"汉系"墓葬材料之外的各民族墓葬材料，均归为"非汉系"墓葬材料。

及其原境的类型、分区、分期问题，但皆未将其纳入四川乃至全国宋元明墓的范围内进行讨论，对于宋元明墓葬画像石刻这一类型丰富、区域特色明显、发展脉络有迹可循的遗存及其原境，目前还缺乏全面梳理和系统研究，尚未建立起原境发展的时空框架及基于原境的墓葬画像石刻演变脉络。故笔者对目前已公布材料的墓葬画像石刻及原境材料进行了全面搜集和整理，首次将宋元明整体做长时间考察、基于其原境构建起四川地区宋元明墓葬画像石刻总体时空框架，并基于其原境梳理出长时段全区域的墓葬画像石刻总体演变脉络，使原有大量无出土环境、无纪年的零散墓葬画像石刻资料可以科学方法纳入时空框架中，增强大量零散材料的科学性，提高其使用价值。

三、新视角

（一）关注图像组合

本书首次从图像组合的角度来探讨四川地区宋元明墓葬画像石刻相关问题。学界的既往研究涉及了原境为画像石室墓的宋墓画像石刻主流图像，并对其分别加以讨论，但对于图像组合的问题尚未涉及。考察这些主流图像在墓葬中的配置关系，其实存在较为稳定的配置形式，在讨论墓葬装饰的内涵和功能时，不宜将诸图像元素割裂考证。故本书研究在对四川地区宋元明墓葬画像石刻进行探讨时，并非将图像分为各类再分门别类进行研究，而是基于原境考察了图像的总体配置，关注了各类图像与墓葬形态的对应性，避免脱离墓葬谈图像。将图像题材与墓葬空间、配置模式结合起来，理清了基于原境的宋元明墓葬画像石刻图像组合，梳理出其发展脉络——图像组合盛于宋代，元代开始瓦解，明代进一步瓦解。进而将这些按照一定的稳定配置方式组合在一起的墓葬装饰组合放回诞生的历史背景中，探讨了图像组合功能内涵和形成这套配置组合的动因，以及其逐步瓦解的动因。

（二）关注非汉系材料

本书首次将四川地区非汉系墓葬画像石刻的材料纳入研究视野中，并探讨其与汉系墓葬画像石刻的影响交流。四川地区非汉系墓葬画像石刻的材料公布得较少，学界的既往研究中极少涉及该类墓葬材料，少数对其的探讨也立足于非汉系墓葬画像石刻本身，未见将非汉系墓葬画像石刻和汉系墓葬画像石刻纳入同个视野中进行比较研究。笔者通过亲身对非汉系墓葬画像石刻的田野调查发现，非汉系墓葬画像石刻从分布区域、原境、图像题材、图像配置模式来看，存在和汉系墓葬画像石刻的诸多联系，故而本书研究将这批非汉系墓葬画像石刻的材料纳入讨论中，厘清了汉系墓葬画像石刻对非汉系丧葬系统的渗透影响，及其在非汉系丧葬系统中的变异，进而探讨宋元明政府经略川南大背景与汉系墓葬画像石刻渗透非汉系墓葬的关联。

（三）关注综合研究

本书首次对四川地区宋元明墓葬画像石刻进行系统性的综合研究（材料的综合、方法的综合、视角的综合）。跳出就石刻论石刻的局限，采用考古学、历史文献学、艺术学、文化人类学、宗教学、民族学等多学科方法结合，透过石刻这一物的层面，进行了从考古材料出发探讨社会变革、精神领域的尝试。就宋元明墓葬画像石刻与宋元明社会背景、精神领域相关问题而言，前人研究中论及宋元明墓葬所见宋代社会变革、精神领域相关问题时虽有关注，但仍较为缺乏专门针对四川墓葬画像石刻进行的讨论。墓葬画像石刻作为一种物质载体，其兴衰脉络中所投射的是宋元明社会诸方面的重要变革，其原境的营建设计、图像的配置、承载的功能内涵所反映的是时人在丧葬理念、信仰等精神领域的相关情况，对于宋元明墓葬画像石刻的研究不应止步于石刻本体和原境本体的探讨，而应由物见人地去探讨其背后的宋元明社会与人群。本书研究在掌握宋元明墓葬画像石刻材料基本情况、理清其发展脉络的基础上做了这样的尝试，通过遗存的研究，更加深入地探讨社会背景中的相关因素如时局变化、地域传统、世俗化转向等对丧葬的影响，全面地观察、阐释石刻与人群、社会重大变革之间的联动，实现从物的研究到透物见人的升华。

第二章 四川地区宋元明墓葬画像石刻的考古发现与研究概况

四川地区宋元明墓葬画像石刻的发现绝大多数情况下来源于考古发掘和考古调查，原境基本为画像石室墓和画像石刻崖墓，极少数原境为画像石棺和砖石混构墓。

第一节　四川地区宋元明画像石室墓的考古发现

一、四川地区宋代画像石室墓的考古发现

19世纪末期（1897），在贵州遵义务川县发现金银洞宋墓。[①]据记载，该墓为单室石室墓，平面为长方形，墓门有门扉可开合，左右壁各有2个侧壁龛，后壁有后龛。墓顶形制较四川地区其他宋代画像石室墓较为特殊，为八角形藻井式盝顶，有棺床，象腿支撑棺床。墓葬石刻图像丰富，包括瑞兽、捧物侍者、四神等。

以科学方法对四川地区宋代画像石室墓进行调查、资料采集，始于20世纪40年代营造学社在四川的活动。在这一时期，被发现的宋代画像石室墓主要在宜宾及周边地区，共计3座：宜宾市南溪区李庄宋墓[②]、宜宾市旧州坝白塔宋墓[③]、宜宾市南溪区乾道辛卯李隐墓[④]。墓葬包括单室墓和双室墓，皆具有典型的石质仿木结构和画像石刻，石刻图像题材涵盖花卉、祥禽瑞兽、妇人启门等。

20世纪50年代，随着科学考古调查和发掘工作的开展，四川宋代画像石室墓在川东、川南、川中和黔北地区均有发现：在成渝铁路筑路过程中发现内江新岩乡阴墓（游状元与赵夫人墓）、宋右丞相赵雄墓、宋状元中书舍人赵达墓。[⑤]1953年，贵州省遵义市皇坟嘴发现大型宋代画像石室墓1座，后经论证为播州土司杨粲墓。另在湄潭县五区金桥乡发现双室墓1座。[⑥]1954年，发现清理了贵州省遵义市湄潭县金桥宋墓。[⑦]1954

[①] 贵州省遵义地区文物管理委员会、贵州省遵义地区文化局：《遵义地区文物志》，1984年，第66页。
[②] 王世襄：《四川南溪李庄宋墓》，《中国营造学社汇刊》，1944年第1期。
[③] 莫宗江：《宜宾旧州坝白塔宋墓》，《中国营造学社汇刊》，1944年第1期。
[④] 刘致平：《乾道辛卯墓》，《中国营造学社汇刊》，1945年第2期。
[⑤] 西南文教部文物调查征集工作小组：《成渝铁路筑路当中出土文物调查报告》，《文物参考资料》，1951年第11期。
[⑥] 贵州省博物馆筹备处：《贵州遵义专区的两座宋墓简介》，《文物参考资料》，1955年第9期。
[⑦] 贵州省遵义地区文物管理委员会、贵州省遵义地区文化局：《遵义地区文物志》，1984年，第69页。

年,重庆市大足区城西、双河、玉龙等乡发现宋代画像石室墓9座,清理了5座,有墓志铭可考的有3座:北宋嘉祐四年(1059)、北宋元祐六年(1091)的2座墓葬,以及1座北宋政和二年(1112)的将军坟,此五墓后壁皆有妇人启门图像,且分为前后二室。①1954年,宜宾市堰沟坝发现带有石刻的宋墓1座。②1955年,重庆市大足区万古曹家村发现宋代画像石室墓。③1955年,重庆市大足区城东、弥陀、拾万、万古、复隆、双河、季家等地发现了宋代画像石室墓18座。墓的一些特点和1954年在城西、双河、玉龙等地发现的相同,不同的是墓室后壁上雕刻的半开的双扇石门改在左右二壁上,门缝中刻侍女和伎乐。④1955年,泸州市凤凰山发现双室画像石室墓1座,其形制与宜宾旧州坝白塔宋墓形制相似。⑤1956年,发现清理贵州省桐梓县宋墓2座。⑥1956年,贵州省博物馆发现、考察贵州省遵义市凤岗县立竹溪宋墓群(3座),1983年,凤岗县公布其为县级重点文物保护单位。⑦1957年,昭化县曲廻乡发现带石刻宋墓。⑧1957年,贵州省遵义市理智村发现宋代田通庵夫妇合葬墓。⑨1958年,眉山市彭山区发现宋代画像石室墓2座,分析其墓葬形制和图像题材,此二墓应为20世纪80年代发掘之虞公著夫妇合葬墓。⑩1958年,重庆市沙坪坝区井口乡兴华湾发现合葬双室墓1座,该墓葬图像题材丰富,墓顶为五重藻井,藻井上刻"延长""福寿"。⑪1958年,广安市发现华蓥安丙家族墓群M3(宜人墓)。⑫这一时期发现的宋墓,包括单室墓和双室墓,墓葬大多带有石质仿木结构和石刻,题材涵盖武士、神禽瑞兽、侍者、花卉、墓主人像、四神、空椅等。有的墓葬中还发现了如"福寿延长""寿堂"等文字题刻,有的还有明确的纪年,对于判断墓葬性质和划分年代具有重要意义。墓主身份除非官员阶层普通民众外,还发现了品官墓葬,如高级品官墓赵雄墓、杨粲墓,一般品官墓虞公著墓、田通庵墓等,有助于了解画像石室墓在宋代社会各个阶层中的使用情况。

---

① 邓之金:《四川大足县发现带有雕刻的宋墓》,《文物参考资料》,1954年第10期。
② 刘师德:《四川宜宾堰沟墒有带雕刻的古墓》,《文物参考资料》,1954年第12期。
③ 邓之金:《四川大足县发现带有石人石马的古墓》,《文物参考资料》,1955年第4期。
④ 蒋美华、邓之金:《四川大足县继续发现带有精美雕刻的宋墓》,《文物参考资料》,1955年第8期。
⑤ 刘师德:《四川泸州凤凰山发现带有雕刻的宋墓》,《文物参考资料》,1955年第11期。
⑥ 陈默溪:《贵州桐梓宋墓的清理》,《贵州田野考古四十年》,贵州民族出版社,1993年,第353页。
⑦ 贵州省遵义地区文物管理委员会、贵州省遵义地区文化局:《遵义地区文物志》,1984年,第70页。
⑧ 沈仲常、陈建中:《四川昭化县曲廻乡的宋墓石刻》,《文物》,1957年第12期。
⑨ 刘永书:《理智村宋墓》,中国人民政治协商会议遵义县宣教文卫委员会、遵义县文化体育局、遵义县文物管理所:《遵义县文物志》第二集,2003年,第13页。
⑩ 任锡光:《四川彭山发现宋墓两座》,《文物参考资料》,1958年第3期。
⑪ 重庆市文物调查小组:《重庆市发现汉宋明代墓葬》,《文物参考资料》,1958年第8期。
⑫ 四川省文物考古研究院、广安市文物管理所、华蓥市文物管理所:《华蓥安丙墓》,文物出版社,2008年,第88页。

20世纪60—70年代，发现清理的宋代画像石室墓数量较少，在川东、川西和黔北有发现，其中多数见于川西广元。60年代初，清理了重庆市井口宋墓。①桃溪寺墓群早在元代便有记载，翰林国史院检阅官袁桷在为杨汉英写的《杨公神道碑铭》中便提到桃溪杨氏祖墓群。②后在郑珍《遵义府志》和民国《续遵义府志》中也见对杨氏家族桃溪祖墓群的记载，其中便包括M1、M2。③1960年，贵州省博物馆清理了桃溪寺宋墓M1，调查了桃溪寺宋墓M2。④1961年，贵州省遵义市发现九庄宋墓。⑤1974—1980年，广元市发现多处宋墓，如南山、东坝乡、下西火车站和上西乡罗家桥，均为夫妻双室合葬墓，除1座为砖砌（墓内有画像石刻），其余皆为画像石室墓。⑥1973年，广元市发现〇七二医院南宋嘉泰四年（1204）杂剧石刻墓，1976年，发现罗家桥南宋大曲石刻墓。此2墓石刻题材中发现了四川其他地区少见的孝行图和大曲杂剧图，且发现的大曲杂剧图石刻体量大、人物数量多、内容丰富，具有较高的研究价值。⑦1973年3月，考古工作者对贵州省遵义市高坪播州土司杨文等4座墓葬进行了调查和清理。⑧1978年，贵州省遵义市武江区刀靶水发现宋代画像石室墓。⑨1979年，宜宾市高县胜天乡下桥生基包发现1座宋代多室画像石室墓。⑩这一时期发现的宋代画像石室墓，包括单室墓、双室墓和多室墓，墓主社会等级既有非官员阶层的一般民众，也有高级品官。墓葬中有明显的石质仿木结构和雕绘石刻，石刻图像题材丰富，尤其是发现了在之前的考古调查和发现中少见的杂剧大曲和孝行题材，为研究四川宋墓石刻的图像题材、组合以及探讨其与全国其他地区宋墓装饰图像题材的异同提供了宝贵的实物材料。

---

① 重庆市博物馆历史组：《重庆井口宋墓清理简报》，《文物》，1961年第11期。
② 元·袁桷：《杨公神道碑铭》，《清容居士集》卷二十六，《景印文渊阁本四库全书》，台湾商务印书馆，1986年，第1203册，第348-350页。
③ a．清·郑珍、莫友芝（编纂），遵义地方志编纂委员会办公室（整理点校）：《遵义府志》，巴蜀书社，2013年，第177页；
   b．民国·周恭寿（修），赵恺、杨恩元（纂）：《续遵义府志》，成文出版社有限公司，1936年，第261页。
④ 周必素、彭万、韦松恒：《牧司一方·播州杨氏土司墓葬管窥》，科学出版社，2020年，第203页。
⑤ 葛镇亚：《九庄宋墓》，中国人民政治协商会议遵义县宣教文卫委员会、遵义县文化体育局、遵义县文物管理所：《遵义县文物志》第二集，2003年，第18页。
⑥ 盛伟：《四川广元宋墓石刻》，《文物》，1986年第12期。
⑦ 廖奔：《广元南宋墓杂剧、大曲石刻考》，《文物》，1986年第12期。
⑧ 李衍垣：《遵义高坪"播州土司"杨文等四座墓葬发掘记》，《贵州田野考古四十年》，贵州民族出版社，1993年，第362页。
⑨ 葛镇亚、宋世坤：《遵义县刀靶水出土铜鼓——简论遵义县铜鼓在贵州铜鼓研究中的地位》，遵义县文物管理委员会、中国人民政治协商会议遵义县委员会、遵义县文化馆：《遵义县文物志》第一集，1983年，第211页。
⑩ 四川省文物管理局：《四川文物志》上册，巴蜀书社，2005年，第164页。

第二章　四川地区宋元明墓葬画像石刻的考古发现与研究概况

20世纪80—90年代发现并进行科学调查、发掘的宋代画像石室墓数量丰富，在川东、川南、川北、川中、黔北皆有分布。1980年，重庆市荣昌区发现并清理了沙坝子宋墓。①1982年，眉山市彭山区清理了20世纪50年代发现后又封闭保护的虞公著夫妇合葬墓。②1982年，贵州公布官渡宋墓群（4座）为贵州省重点文物保护单位。③1984年7月—1985年1月，发现并清理了贵州省桐梓县桐梓M1—M5石室墓、周市石室石棺墓。④1984年，贵州省公布两岔宋墓群5座墓情况。⑤1985年，自贡市富顺县发现大型宋代画像石室墓。⑥1985年，贵州省博物馆对遵义地区文物志记载的公布为贵州省重点文物保护单位的桃溪寺古墓群宋墓M2进行抢救性清理，未明确墓主身份。⑦1985年，贵州省仁怀市王兴、李八娘合葬墓因被盗进行过抢救性清理。⑧1986年，发现并清理眉山市仁寿县古佛乡宋代画像石室墓。⑨1986年，遵义市狮子山发现宋代画像石室墓1座。⑩1987年，内江市资中县发现宋代画像石室墓1座。⑪1987年，内江市顺河大菩萨山发现宋代画像石室墓1座，1990年进行清理。⑫1987年，四川文物大普查中发现川东北宋代画像石室墓89处158座。⑬其中，有纪年的为南宋端平元年（1234）万源庙垭乡墓。1988年，内江市威远县永利皇坟坝发现并清理1座大型宋代画像石室墓。⑭1990年，乐山市清理4座宋代画像石室墓。⑮1991年，泸州市发现1座宋代画像石室墓。⑯1992年，清理贵州赤水市水王塘宋墓。⑰1993年，绵阳市三台县发现宋代画像石室墓1座，出土"三宝"铜印1枚。⑱1993

---

① 四川省博物馆、荣昌县文化馆：《四川荣昌县沙坝子宋墓》，《文物》，1984年第7期。
② 四川省文物管理委员会、彭山县文化馆：《南宋虞公著夫妇合葬墓》，《考古学报》，1985年第3期。
③ 贵州省遵义地区文物管理委员会、贵州省遵义地区文化局：《遵义地区文物志》，1984年，第68页。
④ 贵州省博物馆考古队：《贵州桐梓宋明墓发掘简报》，《考古》，1988年第12期。
⑤ 贵州省遵义地区文物管理委员会、贵州省遵义地区文化局：《遵义地区文物志》，1984年，第51页。
⑥ 徐雄伟、李茂清：《富顺县发现大型宋墓》，《四川文物》，1989年第2期。
⑦ 周必素、彭万、韦松恒：《牧司一方·播州杨氏土司墓葬管窥》，科学出版社，2020年，第203页。
⑧ 贵州省文物考古研究所：《2003—2013贵州基建考古重要发现》，科学出版社，2015年，第200页。
⑨ 莫洪贵：《仁寿县古佛乡宋墓清理简报》，《四川文物》，1992年第5期。
⑩ 宋先世：《遵义狮子山宋墓》，《贵州田野考古四十年》，贵州民族出版社，1993年，第367页。
⑪ 孙晓明：《资中发现宋代石室墓》，《四川文物》，1992年第1期。
⑫ 雷建金、罗仁忠：《内江顺河大菩萨山宋代画像石墓》，《四川文物》，1993年第1期。
⑬ 马幸辛：《川东北历代古墓葬的调查研究》，《四川文物》2001年2期。
⑭ 威远县文管所、内江市文管所：《威远永利皇坟坝宋墓》，《四川文物》，1993年第2期。
⑮ 乐山市文管所：《乐山宋墓清理简报》，《考古与文物》，1993年第6期。
⑯ 谢荔、陈文：《泸州市发现南宋后室墓》，《四川文物》，1995年第2期。
⑰ 周必素：《赤水市水王塘宋墓清理简报》，《贵州田野考古四十年》，贵州民族出版社，1993年，第373页。
⑱ 左启：《三台宋墓出土"三宝"铜印》，《四川文物》，1995年第5期。

年，川东古墓葬调查中，发现宋代画像石室墓14座。①1993年，贵州省正安县新州镇发现宋画像石室墓2座。②1994年，重庆市万州区考古调查中发现金狮湾宋墓1号墓，题材较为特殊。③1996年，发现并发掘华蓥安丙家族墓，被列入当年的全国十大考古发现。④1997年，乐山市井研县清理北宋黄念四郎画像石室墓。⑤自贡市荣县发现双古镇喻家沟村五组画像石室墓。⑥这一时期，宋代画像石室墓群的发现是一大特点，贵州发现了两岔、官渡宋墓群，华蓥发现安丙家族墓群；在川东的古墓葬调查之中，更发现了数达上百座的画像石室墓，应是20世纪80年代全国第二次不可移动文物普查和社会各方面建设恢复正常后，科学的考古工作全面展开所取得的成果。在这一期发现的宋代画像石室墓中，包括了单室墓、双室墓、多室墓，墓主社会等级包括普通民众、地方乡绅和高级品官，大部分墓葬具有明显的石质仿木结构，且皆有雕绘石刻，图像题材丰富，涵盖了武士、神禽瑞兽、启门、侍者、四神、花卉、空椅等，尤以华蓥安丙家族墓群题材最为丰富、图像最为精美。

21世纪以来是宋代画像石室墓的大发现时期。2000年，达州市达川区九岭乡发现宋代石室墓1座，墓葬中不仅发现阴刻青龙白虎，在后龛还浮雕有墓主人牌位。⑦贵州省桐梓县马鞍山发现宋代画像石室墓群，共发掘4座墓葬。⑧2001年，青川县竹园金子山乡发现宋代夫妇合葬画像石墓1座。⑨广安市岳池县发现代家坟古墓群，其中有宋代画像石室墓4座。⑩华蓥市永兴镇发现驾挡丘墓群，共发掘宋代画像石室墓5座，据推测可能为一处家族墓群。⑪成都市都江堰市石牛村发现多室合葬宋代画像石室墓1座，出土多件宋墓石刻。⑫贵州省遵义市黄家寨发现宋代画像石室墓1座，墓内带"寿堂"题刻。⑬2002年，

---

① 马幸辛：《川东北历代古墓葬的调查研究》，《四川文物》，2001年第2期。
② 贵州省文物考古研究所：《贵州田野考古报告集（1993—2003）》，科学出版社，2014年，第282页。
③ 国家文物局：《中国文物地图集·重庆分册》下册，文物出版社，2010年，第93页。
④ 四川省文物考古研究院、广安市文物管理所、华蓥市文物管理所：《华蓥安丙墓》，文物出版社，2008年。
⑤ 曾清华：《井研县北宋黄念四郎墓清理简讯》，《四川文物》，2002年第1期。
⑥ 彭慧：《谈荣县宋墓浮雕的保护》，《成都文物》，2001年第3期。
⑦ 张明扬：《达县九岭乡发现宋代墓葬》，《四川文物》，2000年第4期。
⑧ 贵州省文物考古研究所、桐梓县文物管理所：《贵州桐梓县马鞍山观音寺宋墓清理简报》，《江汉考古》，2013年第4期。
⑨ 青川县文管所、四川省文物考古研究所：《青川县竹园金子山乡宋墓清理简报》，《四川文物》，2001年第2期。
⑩ 广安市文化体育局、岳池县文化体育局：《岳池代家坟古墓群发掘简报》，《四川文物》，2003年第2期。
⑪ 四川省文物考古研究院、广安市文物管理所、华蓥市文物管理所：《华蓥市永兴镇驾挡丘宋墓群发掘简报》，《四川文物》，2009年第1期。
⑫ 卞在彬：《宋代石刻墓 惊现石牛村》，《成都文物》，2001年第4期。
⑬ 刘世野：《黄家寨宋墓》，中国人民政治协商会议遵义县宣教文卫委员会、遵义县文化体育局、遵义县文物管理所：《遵义县文物志》第二集，2003年，第20页。

重庆市大足区龙水镇明光村磨儿坡发现宋代画像石室墓群，共发掘墓葬3座。[1]重庆市大足区锅盖坡发现宋代画像石室墓2座。[2]泸州市泸县发现宋代画像石室墓群，共清理墓葬6座。[3]2003年，广安市邻水县合流镇后坝发现宋代画像石室墓1座，墓中有"寿堂"题刻。[4]南充市嘉陵区韩家坟发现清理宋代画像石室墓2座。[5]2005年，广安市武胜县鼓匠乡鹤林村清理宋代画像石室墓1座，铜井梁子清理2座[6]，广安市武胜县沿口镇周家院子清理2座[7]，广安市岳池县坪滩镇碉楼坡清理了一个墓群共3座墓，龙汇院子清理一个墓群共5座墓，其中带画像石刻的为3座。[8]璧山区渝遂高速沿线抢救性发掘中，重庆市璧山区大路镇哨楼坡清理宋代画像石室墓3座，骑龙歇清理3座。[9]重庆市铜梁区渝遂高速沿线抢救性发掘中，清理了百坟嘴宋墓群共3座宋代画像石室墓，全德镇凉山村蛮洞湾清理1座。[10]重庆市潼南区渝遂高速沿线抢救性发掘中，清理田家乡罗汉村窑厂坡宋代画像石室墓1座。[11]渝南高速公路建设中，南充市高坪区渣石口发现宋代画像石室墓2座。[12]2007年，习水至桐梓新站二级公路施工过程中发现言伦宋墓群，共3座墓。因该工地基建对省级文物保护单位杨八坟宋墓群造成风险，经国家文物局批准，贵州省文物考古研究所对杨八坟宋墓群进行了清理发掘，除原省保单位2座墓之外，新发现3座墓。[13]2008年，

---

[1] 重庆大足石刻艺术博物馆：《重庆大足龙水镇明光村磨儿坡宋墓清理简报》，《四川文物》，2002年第5期。
[2] 重庆大足石刻研究院：《重庆大足区锅盖坡宋墓清理简报》，《四川文物》，2020年第2期。
[3] 四川省文物考古研究所、成都市文物考古研究所、泸州市博物馆、泸县文物管理所：《泸县宋墓》，文物出版社，2004年。
[4] 四川省文物考古研究所、邻水县文物保护管理所：《邻水县合流镇后坝南宋墓清理简报》，《四川文物》，2003年第3期。
[5] 四川省文物考古研究所、南充市嘉陵区文物管理所、南充市高坪区文物管理所：《南充市嘉陵区木老乡韩家坟宋墓清理简报》，《四川文物》，2004年第2期。
[6] 四川省文物考古研究院、广安市文物保护管理所、武胜县文物保护管理所：《四川武胜县宋明墓葬清理简报》，《四川文物》，2006年增刊。
[7] 四川省文物考古研究院、广安市文物保护管理所、武胜县文物保护管理所：《四川武胜县沿口镇宋代石室墓清理简报》，《四川文物》，2006年增刊。
[8] 四川省文物考古研究院、广安市文物保护管理所、岳池县文物保护管理所：《四川岳池县坪滩镇宋代石室墓发掘简报》，《四川文物》，2006年增刊。
[9] 重庆市文物考古所、璧山县文物管理所：《重庆璧山县渝遂高速公路沿线抢救性考古发掘简报》，《四川文物》，2006年增刊。
[10] 重庆市文物考古所、四川大学历史文化学院考古系、铜梁县博物馆：《重庆铜梁县渝遂高速公路沿线抢救性考古发掘简报》，《四川文物》，2006年增刊。
[11] 重庆市文物考古所、潼南县文物管理所：《重庆潼南县渝遂高速公路沿线抢救性考古发掘简报》，《四川文物》，2006年增刊。
[12] 四川省文物考古研究院、南充市文物保护管理所、南充市高坪区文物保护管理所：《四川南充市高坪区宋明石室墓发掘简报》，《四川文物》，2006年增刊。
[13] 贵州省文物考古研究所：《2003—2013贵州基建考古重要发现》，科学出版社，2015年，第191页。

绵阳市三台县永明镇杨凳寺发现宋画像石室墓1座。①乐山市井研县金井坪发现宋石室墓群，发掘清理其中2座画像石室墓，墓中发现镇墓真文石刻。②2009年，安岳县老鸹山发现宋代画像石室墓群，清理3座墓，其中2座具有明确纪年。③泸州市叙永县发现天池宋墓群，共清理画像石室墓4座。④华蓥许家墕发现清理1座宋画像石室双室合葬墓。⑤泸州市龙马潭区发现滨河印象工地宋代画像石室墓群，清理单室墓1座，双室合葬墓1座。⑥2010年，内江市资中县大包山发现宋代画像石室墓群，共清理5座墓。⑦2011年，重庆市合川区观山发现宋代画像石室墓群，共计5座。⑧内江市资中县烂泥湾发现宋代画像石室墓4座。⑨2012年，南充市仪陇县新政镇清理宋代画像石室墓1座，此墓为僧人合葬的火葬墓。⑩2013年，重庆市北碚区发现杨元甲夫妇合葬墓1座。⑪泸州市江阳区桥头山发现宋代画像石室墓2座。⑫2013年，重庆市合川区猴清庙墓群发现宋代画像石室墓1座。⑬2014年，泸州市龙马潭区航空港工地清理宋画像石室墓1座。⑭重庆市大足区龙神湾发现王若夫妇合葬墓1座。⑮2014年，贵州省文物考古研究所调查桃溪寺墓群，推测M1墓主为播州土司杨轸，重新测绘M2并推测M2墓主为播州土司杨选。⑯2015年，宜宾市南溪区滨江新城北环公路工地发现长顺坡宋代画像石室墓群，共有墓葬8座。⑰2016

---

① 四川省文物考古研究院、绵阳博物馆、三台文物管理所：《四川三台县永明镇杨凳寺宋墓清理简报》，《四川文物》，2009年第3期。
② 四川省文物考古研究院、井研县文物管理所：《四川井研县金井坪宋代墓地发掘简报》，《四川文物》，2012年1期。
③ 王玉：《四川安岳县老鸹山南宋墓清理简报》，《考古与文物》，2009年第1期。
④ 四川省文物考古研究院、泸州市博物馆、叙永县文物管理所：《四川叙永天池宋墓清理简报》，《四川文物》，2010年第2期。
⑤ 四川省文物考古研究院、广安市文物管理所、华蓥市文物管理所：《四川华蓥许家墕宋墓清理简报》，《四川文物》，2010年第6期。
⑥ 资料来源：泸州市博物馆、泸州市文管所田野抢救性清理资料，笔者本人参与抢救性清理。
⑦ 四川省文物考古研究院、资中县文物管理所：《四川资中县大包山宋墓发掘简报》，《四川文物》，2013年第1期。
⑧ 重庆市文化遗产研究院、重庆文化遗产保护中心：《重庆市合川区观山墓群宋代石室墓发掘简报》，《四川文物》，2014年第2期。
⑨ 四川省文物考古研究院、资中县文物管理所：《四川资中县烂泥湾宋墓发掘简报》，《四川文物》，2015年第2期。
⑩ 仪陇县文物管理所：《四川仪陇县新政镇宋代石室墓清理简报》，《四川文物》，2013年第5期。
⑪ 白九江、莫骄、徐克诚：《重庆市北碚区苦塘沟南宋杨元甲夫妇墓的发现与研究》，《四川文物》，2015年第6期。
⑫ 四川省文物考古研究院、泸州市文物局、江阳区文物管理所：《四川泸州市江阳区桥头山宋墓发掘简报》，《四川文物》，2018年第2期。
⑬ 重庆市文化遗产研究院、合川区文物管理所：《重庆市合川区猴清庙墓群发掘简报》，《长江文明》，2021年第1辑。
⑭ 资料来源：泸州市龙马潭区文管所提供。
⑮ 大足石刻研究院：《重庆市大足区龙神湾南宋王若夫妇墓发掘简报》，《四川文物》，2015年第4期。
⑯ 周必素、彭万、韦松恒：《牧司一方·播州杨氏土司墓葬管窥》，科学出版社，2020年，第203页。
⑰ 宜宾市博院：《酒都瑰宝 宜宾市不可移动文物精粹》，文物出版社，2015年，第43页。

年，广元市利州区浩口村发现宋代画像石室墓1座①。重庆市沙坪坝区江家嘴墓群发现宋代画像石室墓2座。②2016年，简阳市石板凳街道发现宋代家族墓群，共有画像石室墓5座，题材较为特殊，出现了在四川地区其他宋墓画像石刻中罕见的像幡，幡上所刻为地藏、观音和道教真人像。③2017年，遵义市播州区发现播州罗氏土司家族墓群画像石室墓1座（扬M1）④此阶段内宋代画像石室墓的发现，一个重要的特点为墓群发现较多，除通过考古发掘发现的多处墓群外，在2007—2012年进行的全国第三次不可移动文物普查中，普查出数量更大的宋代画像石室墓群，是这阶段中宋代画像石室墓极为重要的发现成果，虽然这些材料绝大多数采取就地保护未进行发掘，但根据调查的情况，可以对四川地区画像石室墓的数量、分布区域、形式特点有广泛的初步了解，为以后进行深入研究收集了宝贵的基础信息。

除上述汉系的宋代画像石室墓之外，泸州还有非汉系画像石室墓的发现。泸州抢救性清理所获的两块椎髻墓主人像石刻，墓主人服饰为非汉系特点，但从石刻原境来看，是典型的汉系画像石室墓形制，体现出明显的汉系和非汉系融合的特点。⑤

［参见附表1　考古发现四川地区宋墓画像石刻（原境·画像石室墓&砖石混构墓·公布信息完整）、附表2　考古发现四川地区宋墓画像石刻（原境·画像石室墓&砖石混构墓·公布信息不完整）］

二、四川地区元代画像石室墓的考古发现

就目前考古发现来看，四川地区元墓画像石刻的原境仅见画像石室墓。桃溪寺墓群M3早在元代便有记载，翰林国史院检阅官袁桷在为杨汉英写的《杨公神道碑铭》中，便提到桃溪杨氏祖墓群。⑥清代《遵义府志》和民国《续遵义府志》中也见对杨氏家族桃溪祖墓群的记载，其中便包括M3。⑦1960年，贵州省博物馆对M1进行了调查，但未明确

---

① 四川省文物考古研究院、广元市博物馆、西华师范大学历史文化学院：《四川广元市利州区浩口村宋墓清理简报》，《四川文物》，2019年第6期。
② 重庆市文化遗产研究院、沙坪坝区文物管理所：《重庆市沙坪坝区江家嘴墓群考古发掘简报》，《长江文明》，2018年第4期。
③ 成都文物考古研究院、简阳市文物管理所：《四川简阳甘蔗嘴宋代家族墓发掘简报》，《文物》，2022年第5期。
④ 贵州省文物考古研究所、西南交通大学人文学院、遵义市播州区文物管理所：《贵州遵义市播州区播州罗氏土司家族墓调查简报》，《四川文物》，2019年第2期。
⑤ 资料来源：四川泸县宋代石刻博物馆提供。
⑥ 元·袁桷：《清容居士集》卷26《杨公神道碑铭》，《景印文渊阁本四库全书》，台湾商务印书馆，1986年，第1203册，第348-350页。
⑦ 清·郑珍、莫友芝：《遵义府志》卷30《土官》，清道光二十一年刻本；民国·周恭寿（修），赵恺、杨恩元（纂）：《续遵义府志》，民国刊刻版。

墓主身份，M3后毁于工农业生产，现已不存。2014年，贵州省文物考古研究所调查桃溪寺墓群，根据1960年的调查资料，推测M3墓主为播州土司杨汉英。[1]20世纪60年代，成都市都江堰市发现计家庵墓群大方夫妇墓。[2]1983年，贵州省铜仁市德江先煎茶溪清理元代画像石室墓1座，为省级文物保护单位，清理后墓葬交由当地文化部门保护。该墓雕刻和形制都比南宋时期贵州的画像石室墓简化，呈现出明显的时代变化。[3]2003年，重庆市渝中区两路口劳动村发现元代画像石室墓1座，双室有过洞。[4]2007年，贵州沙坨水电站库区发现元画像石室墓1座。[5]杨嘉贞墓在清代郑珍、莫友芝在《遵义府志》中便有记载，《遵义府志》描述了官坟嘴（俗称皇坟嘴）杨氏墓地中画像石室墓的情况，杨嘉贞墓便是其中之一[6]，2017年，贵州省文物考古研究所和杨粲墓博物馆联合组合的考古队对皇坟嘴的墓葬进行了科学的考古发掘，确定了原编号M2即为播州土司杨嘉贞墓。[7]2017年，发现遵义市播州区播州罗氏土司家族墓群元代画像石室墓1座（前M1）。[8]另，在全国第三次不可移动文物普查中，宜宾市翠屏区也发现元代画像石室墓1座，为堰沟元墓，形制较为特殊，为女性佛教信众墓。[9]

总体来说，四川地区元代画像石室墓发现较少，且发现的主要区域为黔北。目前可见的墓葬较之南宋，从形制、图像上都呈现出明显的逐渐简化特征，画像石刻的图像主要可见花卉、屏风、牌坊、空椅、供案等。

［参见附表3　考古发现四川地区元墓画像石刻（原境·画像石室墓）］

三、四川地区明代画像石室墓的考古发现

20世纪50年代，内江市在土改中发现明代礼部尚书赵贞吉墓，后在全国三普成果中报道了相关信息。[10]1956年，四川东山灌溉渠工程中发现明代画像石室墓4座。[11]1956

---

[1] 周必素、彭万、韦松恒：《牧司一方·播州杨氏土司墓葬管窥》，科学出版社，2020年，第203页。
[2] 国家文物局：《中国文物地图集·四川分册》，文物出版社，2009年，第72页。
[3] 康克定、张定福：《德江煎茶溪元墓发掘简报》，《贵州田野考古四十年》，贵州民族出版社，1993年，第405页。
[4] 重庆市文物考古所：《重庆市两路口劳动村元墓清理简报》，《四川文物》，2004年第2期。
[5] 贵州省文物考古研究所：《贵州田野考古报告集（1993—2003）》，科学出版社，2014年，第306页。
[6] 清·郑珍、莫友芝：《遵义府志》卷30《土官》，清道光二十一年刻本。
[7] 周必素、彭万、韦松恒：《牧司一方·播州杨氏土司墓葬管窥》，科学出版社，2020年，第106页。
[8] 贵州省文物考古研究所、西南交通大学人文学院、遵义市播州区文物管理所：《贵州遵义市播州区播州罗氏土司家族墓调查简报》，《四川文物》，2019年第2期。
[9] 国家文物局：《中国文物地图集·四川分册》，文物出版社，2009年，第711页。
[10] 国家文物局：《第三次全国文物普查重要新发现（2009）》，科学出版社，2010年，第37页。
[11] 四川省博物馆：《四川东山灌溉渠宋代遗址及古墓清理简报》，《考古》，1959年第8期。

年，成都市发现白马寺第六号明墓，为正统年间蜀王府典服正太监魏存敬之墓。①1974年，绵阳市平武县古城乡小坪山发现明代王玺家族墓群，共19座墓，其中王祥夫妇合葬墓和王玺夫妇合葬墓出土了大量画像石刻，题材丰富。②1985年，内江市西郊发现明代兵部尚书阴武卿夫妇合葬墓，共有四室，有少量画像石刻。③1986年，贵州省安顺市旧州镇松林村发现明代画像石室墓1座，年代在明天顺至成化年间，后公布为县级文物保护单位；1990年，贵州省博物馆文物考古研究所会同安顺地区博物馆对其进行清理，画像石刻主要为门扇、花卉、仿木结构屋檐、神主、侍者、帷帐、福禄寿三星等。④1989年，成都市发现杨旭墓，为前、中、后三室构成的画像石室墓，画像石刻较为丰富。⑤1992年，内江市城北发现明代刘龙谷墓，共有四室，墓室各壁皆有石刻，但记录不完整。⑥1992年，自贡市荣县莲花乡乌龟颈发现大型明代早期石室墓群，共26座墓，后龛内大多雕刻莲瓣纹，偶见火焰纹。⑦1999年，宜宾市柏溪街道发现明代郭成家族合葬墓，共8个墓室。⑧1999年，重庆库区上中坝遗址发现1座明代大型多室画像石室墓，共5个墓室，石刻题材有仿木结构牌楼、供案、折枝花卉等。⑨2003年，重庆库区万州区发现石槽溪墓群M30，画像石刻较为丰富。⑩2004年，贵州沿河现彭水水电站库区调查发现古墓葬，2008年发掘共发现21座明代画像石室墓。⑪2005年，成都市温江区万春镇发现明代画像石室墓1座，为弘治年间本地地方乡绅杨升墓。⑫2005年，重庆市潼南区白沙村发现明代纪年墓群，均为石室墓，其中M3王氏夫妇合葬墓形制最为典型，雕刻最为丰富。⑬2005年，重庆市潼南区发现大湾后坡石室墓群，其中M3和M10保存完整，皆为多室，M3为4个墓室，M10为5个墓室，有各种简单但吉祥意味浓厚的雕刻。⑭2005年，

---

① 四川省文物管理委员会：《成都白马寺第六号明墓清理简报》，《文物参考资料》，1956年第10期。
② 四川省文管会、绵阳市文化局、平武县文保所：《四川平武明王玺家族墓》，《文物》，1989年第7期。
③ 雷建金：《内江市出土明代兵部尚书阴武卿墓志》，《四川文物》，1987年第3期。
④ 王燕子、赵小帆、宋先世：《安顺旧州松林村一号墓清理简报》，《贵州文物》，1992年创刊号。
⑤ 成都市博物馆考古队：《明代杨旭墓清理发掘简况》，《成都文物》，1982年第2期。
⑥ 罗仁忠：《内江明代布政使司右参议刘龙谷墓》，《四川文物》，1995年第2期。
⑦ 邵彬：《荣县乌龟颈明代墓群清理简报》，《四川文物》，1992年第6期。
⑧ 四川省文物考古研究所：《宜宾县革坪村明代郭成石室墓清理简报》，《四川文物》，2002年第5期。
⑨ 冉万里、刘瑞俊：《重庆市万州区上中坝遗址发掘》，《文博》，2000年第4期。
⑩ 重庆市文物局、重庆市移民局：《重庆库区考古报告集·2003卷》，科学出版社，2007年，第2577页。
⑪ 贵州省文物考古研究所：《2003—2013贵州基建考古重要发现》，科学出版社，2015年，第243页。
⑫ 成都文物考古研究所、温江区文物保护管理所：《成都市温江区万春镇明墓发掘简报》，《成都考古发现（2005）》，科学出版社，2007年，第429页。
⑬ 林必忠、刘春鸿：《重庆潼南县发现明代纪年墓葬》，《中国文物报》，2005年6月29日第001版。
⑭ 重庆市文物考古研究所、潼南县文物管理所：《重庆潼南县渝遂高速公路沿线抢救性考古发掘简报》，《四川文物》，2006年增刊。

贵州省黔西火电厂工地发现明画像石室墓2座。①2008年，成都市武侯区"沙竹苑"基建工地发现明太监墓群，为石室墓，有少量雕刻，年代均属明代早中期。②2008年，重庆市大足区御墅林枫别墅群建筑工地发现嘉靖二十七年（1548）画像石室墓2座，图像呈现出明显的宋明墓葬装饰延续与变革特征。③2009年，宜宾市屏山县新江村发现2座明代画像石室墓，1座为双室，1座为三室，均有简单的门扇雕刻。④2011年，昭通市科学技术学会组织的昭通大峡谷科学考察中发现绥江县大型明代画像石室墓，分布面积达600余亩，包括单室、双室和多室，墓室数量最多为9座，壁龛皆雕刻龙凤。⑤2012年，广元市元坝区樟树村发现明代双室画像石室墓1座，石刻图像丰富，置棺方式较为特殊。石刻可见卷草、花卉、铜钱、童子、如意、石榴、桃子等吉祥意味浓厚的纹样，八卦、莲瓣等宗教纹样。⑥2013年，宜宾市翠屏区黄桷坪村发现明代礼部尚书周洪谟墓，规模较大，石刻丰富精美。⑦2013年3月，成都市高新区双柏村墓群发现明代画像石室墓2座，画像石刻图像丰富、独特，且有纪年，年代为正德末和嘉靖初。⑧2017年，成都市龙泉驿区红光村发现有明确纪年的明代中晚期家族墓群，均为画像石室墓，有简单的门扇雕刻。⑨2017年，成都市龙灯山发现明代将军家族墓群，其中M1为画像石室墓，并发现有藏传佛教曼陀罗石刻。⑩2017年起，笔者在田野调查中发现明代画像石室墓20余座，如泸州市叙永县蛇王洞明墓、泸州市合江县大嘴上1号墓、泸州市龙马潭区枣子坝屋基明墓群、泸州市泸县狮子山明墓群等，石刻题材主要为明代流行的仿木牌楼建筑、供案和缠枝花卉等，但少数墓例仍可见宋代川南石刻主流题材的延续与变形。⑪

---

① 贵州省文物考古研究所：《贵州田野考古报告集（1993—2003）》，科学出版社，2014年，第363页。
② 成都文物考古研究所：《成都市武侯区"沙竹苑"明代太监墓发掘简报》，《成都考古发现（2007）》，科学出版社，2009年，第593页。
③ 大足石刻研究院：《大足古墓葬》，中国戏剧出版社，2012年，第47页。
④ 四川省文物考古研究院、宜宾市博物院、屏山县文物管理所：《四川屏山县新江村明代石室墓发掘简报》，《四川文物》，2014年第3期。
⑤ 梁恩洪：《探秘昭通明代石室墓群》，《云南日报》，2011年12月2日第009版。
⑥ 四川省文物考古研究院、广元市博物馆、元坝区文物管理所：《广元市元坝区樟树村明墓发掘简报》，《四川文物》，2014年第1期。
⑦ 四川省文物考古研究院、宜宾市博物院：《四川宜宾市明代周洪谟墓发掘简报》，《四川文物》，2015年第1期。
⑧ 成都文物考古研究所：《成都市高新西区双柏村宋、明墓发掘简报》，《成都考古发现（2013）》，科学出版社，2015年，第605页。
⑨ 成都市文物考古工作队、龙泉驿区文物保护管理所：《成都市龙泉驿区洪安镇红光村明墓群发掘简报》，《成都考古发现（2017）》，科学出版社，2019年，第502页。
⑩ 索德浩、王梦雨、左志强：《成都地区新见明墓中的藏传佛教石刻初探》，《藏学学刊》，2020年第1期。
⑪ 资料来源：笔者田野调查获得。

第二章　四川地区宋元明墓葬画像石刻的考古发现与研究概况

在明代画像石室墓的发现中，遵义播州土司家族墓群的发现是一个重大成果：

地瓜堡五室墓于1953年建筑粮食仓库中被发现；1954年，贵州省博物馆对其进行了调查；1972年，贵州省博物馆对该墓进行了清理但未披露相关信息；2018年，贵州省文物考古研究所对其进行科学考古发掘，根据墓葬信息推测其为杨纲夫人们的墓。①播州土司杨升墓、杨纲墓早在民国《续遵义府志》中便有记载，但未确定身份信息。②1954年，贵州省博物馆对其进行了调查，并于1972年对其进行清理，通过科学的考古发掘确定为播州土司杨升墓、播州土司杨纲墓。③播州土司杨爱墓早在民国《续遵义府志》中便有记载，但未确定身份信息。④2014年，贵州省博物馆对其进行了调查清理，确定该墓为播州土司杨爱墓。⑤1954年，贵州省博物馆调查发现杨忠彦墓，当时未确定其身份信息；2017年，贵州文物考古研究所与杨粲墓博物馆联合开展的科学考古发掘，确定该墓为播州土司杨忠彦墓。⑥1954年，贵州省博物馆调查发现杨元鼎墓，当时未确定其身份信息；1957年，贵州省博物馆清理该墓女室；2017年，贵州文物考古研究所与杨粲墓博物馆联合开展的科学考古发掘，确定该墓为播州土司杨元鼎墓。⑦1987年，贵州省遵义市白果村发现1座明代画像石室墓，初推定为播州土司杨辉墓；2006年年底，在该墓前方发现了1座三室画像石室墓，经发掘判定为真正的杨辉及夫人合葬墓，发掘人员推测1987年发现墓为真正杨辉墓的风水冢。⑧2012年，贵州省遵义市新蒲新区发现播州土司杨铿夫妇合葬墓，墓葬为大型石室墓，有简单雕刻。该墓早在清代郑珍编《遵义府志》中便有记载，1954年，贵州省博对其进行了调查但未清理发掘不能确定身份；2012年，通过考古发掘确定其为杨铿夫妇合葬墓。⑨2017年，经贵州省文物考古研究所与杨粲墓博物馆联合科学考古发掘，确定原编号M3为播州土司杨炯墓⑩，该墓在清代郑珍、莫友芝编纂的《遵义府志》中可见记载⑪，通过2017年发掘确定墓主身份。2017年，遵

---

① 周必素、彭万、韦松恒：《牧司一方·播州杨氏土司墓葬管窥》，科学出版社，2020年，第161页。
② 民国·周恭寿（修），赵恺、杨恩元（纂）：《续遵义府志》，民国刊刻版，成文出版社有限公司，1936年。
③ 贵州省博物馆：《遵义高坪"播州土司"杨文四座墓葬发掘记》，《文物》，1974年第1期。
④ 民国·周恭寿（修），赵恺、杨恩元（纂）：《续遵义府志》，民国刊刻版，成文出版社有限公司，1936年。
⑤ 周必素、彭万、韦松恒：《牧司一方·播州杨氏土司墓葬管窥》，科学出版社，2020年，第154页。
⑥ 周必素、彭万、韦松恒：《牧司一方·播州杨氏土司墓葬管窥》，科学出版社，2020年，第118页。
⑦ 周必素、彭万、韦松恒：《牧司一方·播州杨氏土司墓葬管窥》，科学出版社，2020年，第122页。
⑧ 贵州省文物考古研究所、遵义县文物管理所：《贵州遵义市团溪明代播州土司杨辉墓》，《考古》，2015年第11期。
⑨ 贵州省文物考古研究所、中国社会科学院考古研究所、遵义市文物局：《贵州遵义市新蒲播州杨氏土司墓地》，《考古》，2015年第7期。
⑩ 周必素、彭万、韦松恒：《牧司一方·播州杨氏土司墓葬管窥》，科学出版社，2020年，第109页。
⑪ 清·郑珍、莫友芝（编纂）、遵义市地方志编纂委员会办公室（整理点校）：《遵义府志》，巴蜀书社，2013年。

义市播州区发现播州罗氏土司家族墓群明代画像石室墓4座（扬M3、扬M4、穆M1、穆M3）。①

此外，在全国第三次不可移动文物普查中，普查出了数量更多的明代画像石室墓群，目前四川地区各地三普信息未全部公布，但就已公布的信息来看，明代画像石室墓不少于700座。按三普相关文物点保护要求，这些材料绝大多数就地保护未进行发掘，但根据调查的情况，可以对四川地区画像石室墓的数量、分布区域、形式特点有广泛的初步了解，为以后进行深入研究收集了宝贵的基础信息。

特别说明：本节发现情况中的地点描述均按照现行行政区划命名。非现有四川省行政区划中的地点均表述了省级行政区。

[参见附表4　考古发现四川地区明墓画像石刻（原境·画像石室墓&砖石混构墓·公布信息完整）、附表5　考古发现四川地区明墓画像石刻（原境·画像石室墓&砖石混构墓·公布信息不完整）]

第二节　四川地区宋元明画像崖墓的考古发现

一、四川地区宋元明汉系画像崖墓的考古发现

四川地区宋代汉系画像崖墓发现较少，从笔者搜集资料来看，目前仅发现4处。1处为20世纪80年代全国第二次不可移动文物普查中，重庆市永川区高洞子村发现宋代画像崖墓群，共3座墓，皆为在崖壁上开凿墓室，并以墓室为载体雕刻各种题材的石刻。②全国第三次不可移动文物普查中发现3处汉系宋代画像石刻崖墓，1处为泸州市纳溪区清凉山崖墓群，共4座墓，墓室开凿于崖壁，墓门处有简单的石刻装饰。③1处为宜宾市王场乡何嘴上崖墓群M1和M2，图像和形制呈现出明显汉系与非汉系融合的特征。④1处为南充市阆中市云台山墓群M1。⑤

---

① 贵州省文物考古研究所、西南交通大学人文学院、遵义市播州区文物管理所：《贵州遵义市播州区播州罗氏土司家族墓调查简报》，《四川文物》，2019年第2期。
② 王昌文：《永川发现宋代崖墓》，《四川文物》，1989年第6期。
③ 四川省泸州市纳溪区文物管理所：全国第三次不可移动文物普查，2007年。
④ 宜宾市博物院：《酒都文物　宜宾市第三次全国文物普查成果集》，文物出版社，2013年，第269页。
⑤ 国家文物局：《中国文物地图集·四川分册》，文物出版社，2009年，第650页。

四川地区明代汉系画像崖墓在全国第三次不可移动文物普查中偶见发现，如宜宾市隆兴乡仙马村发现场背后画像崖墓[1]、南充市高坪区凌云山明墓（僧人释祖徹墓）[2]、重庆市大足区建福寺僧人崖墓群[3]、重庆市荣昌区龙兴寺僧人崖墓群[4]。笔者在田野调查中发现泸州市合江县何家湾画像崖墓，此墓画像石刻丰富且具备较强的代表性，墓葬呈现出借葬特征，自明代营建之后，清代又对其进行了改造，在崖墓上开小龛设置清代人物形象特征的人物圆雕像。[5]

二、四川地区宋元明非汉系画像崖墓的考古发现

四川博物馆、珙县文化馆在《四川珙县"僰人"悬棺及岩画调查记》[6]、蒋万锡在《宜宾地区悬棺葬调查记》中，都记录了非汉系画像崖墓发现情况，其调查中所见某些"岩穴墓"即为宋、明非汉系画像崖墓。[7] 1981年，四川大学历史系考古专业对珙县、兴文、高县、筠连、宜宾等地的崖葬进行了科学的考古调查，公布大量非汉系宋、明画像石刻崖墓的文字、影像、拓片等基础资料。[8] 另，在全国第三次不可移动文物普查中，也新发现了一定数量的宋、明非汉系画像崖墓，如龙塘湾崖墓群M1和M4[9]、寨子顶崖墓群M2[10]、岩洞口崖墓群M3[11]、堰塘湾崖墓[12]、重庆江津区金庙崖墓群墓1等。[13] 从目前总体的考古发现情况来看，四川地区宋、明非汉系崖墓主要分布在宜宾县复龙镇、双龙镇、横江镇、南广河流域高县罗场镇、清潭镇、可久镇等区域，现存300余座（石城山宋代非汉系崖墓群200余座，南广河非汉系崖墓群150余座），300余座中只有一部分为画像崖墓，但资料公布不全，据已公布资料统计画像崖墓应为80余座。该类崖墓皆

---

[1] 宜宾博物院：《酒都文物 宜宾市第三次全国文物普查成果集》，文物出版社，2013年，第281页。
[2] 国家文物局：《中国文物地图集·四川分册》，文物出版社，2009年，第641页。
[3] 国家文物局：《中国文物地图集·重庆分册》，文物出版社，2010年，第284页。
[4] 国家文物局：《中国文物地图集·重庆分册》，文物出版社，2010年，第318页。
[5] 笔者田野调查泸州市合江县何家湾画像崖墓所获资料。
[6] 四川省博物馆、珙县文化馆：《四川珙县"僰人"悬棺及岩画调查记》，《文物资料丛刊》，1978年第二辑。
[7] 重庆市博物馆：《宜宾地区悬棺葬调查记》，《考古》，1981年第5期。
[8] a. 四川大学历史系考古专业78级实习队：《四川叙南崖葬调查记略》，《考古与文物》，1985年第1期；
b. 四川大学历史系考古专业78级实习队、四川省宜宾县文化馆：《宜宾县双龙、横江两区岩穴墓调查记》，《考古与文物》，1984年第2期。
[9] 宜宾博物院：《酒都文物 宜宾市第三次全国文物普查成果集》，文物出版社，2013年，第600页。
[10] 宜宾博物院：《酒都文物 宜宾市第三次全国文物普查成果集》，文物出版社，2013年，第600页。
[11] 宜宾博物院：《酒都文物 宜宾市第三次全国文物普查成果集》，文物出版社，2013年，第600页。
[12] 宜宾博物院：《酒都文物 宜宾市第三次全国文物普查成果集》，文物出版社，2013年，第601页。
[13] 国家文物局：《中国文物地图集·重庆分册》，文物出版社，2010年，第141页。

为在崖壁上开凿洞穴营建墓室，画像石刻多集中在墓门处，题材可见武士、墓主人、侍者、骑马、出行、舞蹈、龙、鱼、禽鸟、牲畜、仿木构件等，以武士题材为最多。①

除能明确判断族属的宋元明画像崖墓外，全国第三次不可移动文物普查中还发现了少数族属不明的墓例，如重庆市大足区发现的半边庙宋代崖墓②、宜宾市高县发现的马家坳明代崖墓（画像崖墓）。③

另，宋元明墓葬画像石刻的原境虽主要为画像石室墓和画像崖墓，但在其他原境上也偶见发现，如少数砖石混构墓中也发现了画像石刻，2000年，重庆库区奉节县擂鼓台墓地发现南宋早期砖石混构墓1座，有缠枝花卉、瓶花、竹鹤、龟寿、八仙桌等题材的石刻图像。④2005年，成都市高新区"新北小区四期"工地发现明代太监墓群，共6座砖石混构墓，部分带有画像石刻，题材主要为仿木牌楼、仿木大门、仿木屋檐、供桌等。⑤石棺上也可见画像石刻，不过，四川地区宋元明画像石棺发现极少，目前仅见宋代画像石棺，为1996年四川合江县马街子田村三社画像石室墓中发现的北宋画像石棺2具，编号为合江县13、14画像石棺，雕刻四神、火焰珠和胜纹变体。⑥

特别说明：除宜宾外，上述发现情况中的地点描述均按照现行行政区划命名；因非汉系画像崖墓在宜宾的分布地点，有些地名已在现行行政区划中不再使用，为避免混乱，本节中沿用其原始报告中的行政区划命名。

［参见附表6　考古发现四川地区宋元明墓画像石刻（原境·画像崖墓）、附表7　考古发现四川地区宋墓画像石刻（原境·画像石棺）］

---

① a. 重庆市博物馆：《宜宾地区悬棺葬调查记》，《考古》，1981年第5期；
　b. 四川大学历史系考古专业78级实习队：《四川叙南崖墓调查记略》，《考古与文物》，1985年第1期；
　c. 四川大学历史系考古专业78级实习队、四川省宜宾县文化馆：《宜宾县双龙、横江两区岩穴墓调查记》，《考古与文物》，1984年第2期。
② 国家文物局：《中国文物地图集·重庆分册》，文物出版社，2010年，第282页。
③ 宜宾博物院：《酒都文物　宜宾市第三次全国文物普查成果集》，文物出版社，2013年，第584页。
④ 重庆市文物局、重庆市移民局：《重庆库区考古报告集·2000卷》，科学出版社，2007年，第556页。
⑤ 成都文物考古研究所：《成都"新北小区四期"明代太监墓群发掘简报》，《成都考古发现（2006）》，科学出版社，2008年，第335页。
⑥ 何沁冰、谢荔：《四川合江县13、14号画像石棺考》，《四川文物》，2016年第1期。

第三节 四川地区宋墓画像石刻的研究概况

一、20世纪40年代

该时期内对宋墓画像石刻的研究主要集中于原境形制、图像的探讨，偶有涉及原境建造工艺。

宋墓画像石刻原境形制结构研究：此阶段内，学界对于宋墓画像石刻原境之探讨，主要关注宋代画像石室墓，对其他类型原境（画像崖墓、砖石混构墓、画像石棺）未有论及。20世纪40年代，营造学社莫宗江在《宜宾旧州坝白塔宋墓》[①]、王世襄在《四川南溪李庄宋墓》[②]、刘致平在《乾道辛卯墓》中对于调查中发现的宋代画像石室墓的形制结构进行详细记载，并绘制了翔实的平、立面图和透视图。[③]认为此墓的形制正是苏轼所记述之蜀人同坟异葬的墓葬典型形式。

宋墓画像石刻原境建造工艺研究：20世纪40年代，营造学社在记录旧州坝白塔宋墓[④]、南溪李庄宋墓[⑤]和乾道辛卯墓中[⑥]，从建筑学角度，详细记述了三座墓葬从建造材质到各个部分，如顶、壁、龛、基等采用的建造工艺。宜宾旧州坝白塔宋墓，据墓葬雕饰之梁、枋、驼峰、卷草花饰之手法，并引府志中所在戎州之治于江北的延续时间，通过和同类宋代画像石室墓形制对比，推断此墓造于入宋之后和乾道之前。《南溪李庄宋墓》一文中，根据墓葬形制结构和装饰，并对比乾道辛卯墓、旧州坝白塔宋墓，将此墓的年代定为宋。

宋墓画像石刻图像研究：从文物考古角度出发对图像进行研究，包括图像题材的辨识、在墓葬中的配置情况、源流和演变脉络考证以及图像的功能和象征意义等。王世襄的《四川南溪李庄宋墓》[⑦]、莫宗江的《宜宾旧州坝白塔宋墓》[⑧]和刘致平的《乾道辛卯墓》[⑨]都对墓葬中的装饰内容和雕刻工艺进行了详细记述，《南溪李庄宋墓》对于"妇人启门"图像进行了专门探讨，通过其他宋代画像石室墓材料，对比相似性得出此图像

---

① 莫宗江：《宜宾旧州坝白塔宋墓》，《中国营造学社汇刊》，1944年第1期。
② 王世襄：《四川南溪李庄宋墓》，《中国营造学社汇刊》，1944年第1期。
③ 刘致平：《乾道辛卯墓》，《中国营造学社汇刊》，1945年第2期。
④ 莫宗江：《宜宾旧州坝白塔宋墓》《中国营造学社汇刊》，1944年第1期。
⑤ 王世襄：《四川南溪李庄宋墓》，《中国营造学社汇刊》，1944年第1期。
⑥ 刘致平：《乾道辛卯墓》，《中国营造学社汇刊》，1945年第2期。
⑦ 王世襄：《四川南溪李庄宋墓》，《中国营造学社汇刊》，1944年第1期。
⑧ 莫宗江：《宜宾旧州坝白塔宋墓》，《中国营造学社汇刊》，1944年第1期。
⑨ 刘致平：《乾道辛卯墓》，《中国营造学社汇刊》，1945年第2期。

题材应为当时极普遍的装饰，并联系汉代王晖石棺前的童子启门图像，认为启门图像从棺椁之前移向墓室后龛，其间之演变程序值得探讨。此外，引渠县王家坪无铭阙材料，论述了妇人启门图像题材在其他载体上的表现，将认识此类图像的视野从宋墓石刻为载体拓宽到以墓阙为载体。《宜宾旧州坝白塔宋墓》亦对"妇人启门"题材专笔记述，认为其为宋画像石室墓中通行之装饰手法。《乾道辛卯墓》对于此墓右室后龛中男女并立的图像题材进行专门论述，认为南宋初年或以前多半启门图像，此后墓后龛常刻墓主人像或空椅，但此墓之男女立像较之同类画像石室墓则极为罕见，认为其为墓主另葬于他所的元配，应不得合葬，故二人并立之像以代之。可见，在20世纪40年代，妇人启门和墓主人像，作为四川地区宋墓画像石刻的重要题材，业已引起学界之关注，对于宋墓画像石刻的研究虽多由建筑学背景的学者在调查记载古墓葬的过程中作为墓葬建筑之附属装饰进行研讨，在研讨中亦注重对于古文献的征引，与图像相印证。

二、20世纪50—60年代

此阶段内对四川地区宋墓画像石刻的研究涉及原境形制结构、石刻图像，以及从墓葬图像出发探讨宋代物质文化遗存。

宋墓画像石刻原境形制结构研究：王家祐在《四川宋墓札记》中，论及了四川宋代画像石室墓的建筑特点为大多采用仿木结构。[①]

宋墓画像石刻图像研究：20世纪50年代，宿白在《白沙宋墓》中，论及白沙宋墓装饰题材"妇人启门"时，将宜宾旧州坝白塔宋墓和南溪李庄宋墓的"妇人启门"图像相比较，联系各地区、各时期不同载体，如佛塔、经幢、铜镜、墓葬壁画、石刻等所见之"妇人启门"图像，研讨了该类图像的渊源和传播，并通过考察其在墓葬中的配置位置，认为该类图像应表示的是墓室空间拓展之意。[②]其论证对于四川宋墓画像石刻中的主流题材"妇人启门"图像的内涵与功能考查具有重要的参考意义。王家祐的《四川宋墓札记》论述四川宋代石室墓雕饰多种浮雕图案，是除采用仿木结构之外其具有的另一个重要特点，并列举了一些代表性的画像石室墓，对墓中典型石刻图像及图像配置情况进行了介绍。在论述武士石刻时，联系了同类图像内容在不同载体如陶俑上的表现，认为武士石刻在石室墓中的配置与砖室墓中的武士陶俑相同。此外，在论述"妇人启门"图像时，亦联系了芦山县王晖墓的材料，认为此类图像似沿袭于王晖墓。[③]沈仲常、陈建忠在《四川昭化县曲廻乡的宋墓石刻》中介绍了昭化曲廻乡宋画像石室墓石刻图像内

---

① 王家祐：《四川宋墓札记》，《考古》，1959年第8期。
② 宿白：《白沙宋墓》（第二版），文物出版社，2002年。
③ 王家祐：《四川宋墓札记》，《考古》，1959年第8期。

容和在墓葬中的配置情况。①徐苹芳在《宋代的杂剧砖雕》中虽然没有论及四川宋画像石室墓的材料，但其通过印证文献，类比其他考古、传世文物材料同类图像对杂剧砖雕这一图像题材中人物身份、演出形式、戏剧题材进行考证，由小见大，引申到对宋代工商业繁荣和市民阶层壮大这一历史大背景的论述，从方法上对于研究杂剧表演这一在四川地区宋墓画像石刻中亦非罕见的题材有着重要的启示作用。②

从墓葬图像出发探讨宋代物质文化遗存：宿白所著《白沙宋墓》虽然未专门论及四川地区宋代画像石室墓，但在从装饰图像出发探讨宋代物质文化遗存方面为四川地区宋墓画像石刻研究提供了经典范例。③《白沙宋墓》对于墓葬装饰图像中出现的建筑、服饰、家具、武器、乐器、生活用器皿等，通过详实审慎的文献征引，与墓葬图像相印证，为图像中出现的上述诸物定名，研讨其用途、用制，并通过与大量不同载体如传世绘画、壁画、博物馆藏品、以及其他地区墓葬出土物上的的相类图像题材进行对比，从时间和空间上梳理了宋墓装饰图像变化的脉络和这些物质文化遗存的传播流变。

三、20世纪70—90年代

此阶段内，四川地区宋墓画像石刻之研究涉及的范围较之前段更为拓宽，主要可见画像石刻原境形制结构、画像石刻主人、原境之分期分区、画像石刻图像、画像石刻所见丧葬习俗等方面的探讨。

宋墓画像石刻原境形制结构研究：此阶段内对四川地区宋墓画像石刻原境探讨，仍集中于对宋代画像石室墓。廖奔在《广元南宋墓杂剧、大曲石刻考》对广元南宋石刻墓的形制特点进行考察，认为这批墓葬以夫妇双室合葬墓为多。④宋世坤的《遵义播州杨氏墓葬》中涉及代画像石室墓的为杨粲墓和杨文墓，文中记述了墓葬的形制。⑤陈云洪在《试论四川宋墓》之中，论述了四川宋代石室墓的形制特点，并按照其形制结构对石室墓进行类型学研究，其中包括宋代画像石室墓。⑥对于四川地区宋墓画像石刻其他原境的研究，此阶段内可见对宋代画像崖墓形制结构的关注，如四川大学历史系考古专业78级实习队和四川省宜宾县文化馆在《宜宾县双龙、横江两区岩穴墓调查记》中，对包括画像崖墓在内的宜宾双龙、横江岩穴墓进行类型学划分，并对画像崖墓开展测绘、

---

① 沈仲常、陈建忠：《四川昭化县曲廻乡的宋墓石刻》，《文物》，1957年第12期。
② 徐苹芳：《宋代的杂剧雕砖》，《文物》，1960年第5期。
③ 宿白：《白沙宋墓》（第二版），文物出版社，2002年。
④ 廖奔：《广元南宋墓杂剧、大曲石刻考》，《文物》，1986年第12期。
⑤ 宋世坤：《播州杨氏墓葬》，《考古与文物》，1986年第4期。
⑥ 陈云洪：《试论四川宋墓》，《四川文物》，1999年3期。

以表格形式公布其结构特点和相关数据。①四川大学历史系考古专业78级实习队在《四川叙南崖葬调查记略》中，对珙县、兴文、高县、筠连四县崖葬开展田野调查并进行类型学研究，其中包括宋代非汉系画像崖墓。②

宋墓画像石刻主人研究：宋世坤的《遵义播州杨氏墓葬》中引用文献记载对画像石刻的主人、播州土司杨粲和杨文生前一些重要的活动情况进行了介绍。③

宋墓画像石刻原境之分期分区研究：此阶段中，学界主要关注的还是宋代画像石室墓这一类原境的时空框架构建。徐苹芳从墓葬形制、随葬品、墓葬装饰图像等方面的差异将全国的宋墓分为五个区，指出在川贵地区这一个分区的宋墓中存在两种类型，一为砖室墓，二为带雕刻的石室墓，并对画像石室墓的分布地带、形制特点、图像内容和图像配置等方面做了论述。④陈云洪在《试论四川宋墓》中论述分期时，根据墓葬形制、随葬品的变化，分四川宋墓为两段，北宋治平至南宋淳熙为第一段，南宋淳熙至南宋末年为第二段，将包含画像石室墓的四川宋代石室墓全部归入此分期中的第二段。⑤

宋墓画像石刻图像研究：廖奔在《广元南宋墓杂剧、大曲石刻考》中讨论了墓葬石刻的图像题材，并注意到了这种夫妇合葬墓在图像上因为性别差异而产生的不同。对于〇七二医院嘉泰四年（1204）杂剧石刻墓、罗家桥南宋大曲石刻墓，考证了其图像内容，认为其分别表现的是杂剧、大曲，引绢画上的相似图像进行类比，又与文献记载相印证，论述了考订图像内容的依据，并论述了广元戏曲文化发展的历史原因和广元杂剧、大曲石刻对于戏曲史研究的重要意义。⑥马洪路在《南宋虞公著墓〈出行图〉小议》中，参照各地发掘的宋代墓葬壁画中《出行图》图像和文献记载，考证了虞公著墓《出行图》石刻中某组侍卫所持之物为骨朵，并认为原报告中侍者所行之礼为叉手礼而非考古报告中所认为之拱手礼。⑦Ellen Johnston Laing分区域介绍宋金墓的发现和装饰，以川贵和河南、山西为主，就墓葬装饰题材的历史渊源、装饰图像的地域分布及历时性改变等问题进行讨论，阐释宋墓画像石刻图像在墓葬中之功用和内涵。⑧Jessica Rawson通过探讨在四川地区宋墓画像石刻和全国其他地区宋墓图像中都盛行的"启门图"论

---

① 四川大学历史系考古专业78级实习队、四川省宜宾县文化馆：《宜宾县双龙、横江两区岩穴墓调查记》，《考古与文物》，1984年第2期。
② 四川大学历史系考古专业78级实习队：《四川叙南崖葬调查记略》，《考古与文物》，1985年第1期。
③ 宋世坤：《播州杨氏墓葬》，《考古与文物》，1986年第4期。
④ 徐苹芳：《宋墓的分区与分期》，中国大百科全书编辑委员会·考古学编辑委员会：《新中国的考古发现与研究》，北京：中国大百科全书出版社，1986年，第597-601页。
⑤ 陈云洪：《试论四川宋墓》，《四川文物》，1999年第3期。
⑥ 廖奔：《广元南宋墓杂剧、大曲石刻考》，《文物》，1986年第12期。
⑦ 马洪路：《南宋虞公著〈出行图〉小议》，《考古》，1986年第7期。
⑧ Ellen Johnston Laing. *Patterns And Problems In Later Chinese Tomb Decoration*, Journal of Oriental Studies, vol.16, 1978, pp.3-21.

及唐宋墓葬材料中所反映的生前与来世观念的变化，其对墓葬信息的理解和解读方式很值得借鉴，指出文本和图像之间的区别，认为半启门图像在墓葬中反映的是死者穿过这扇门能够前往人世或其他世界的需求，表现了辽宋时期来世观念上的变化。① Ellen Johnston Laing从包括四川宋墓画像石刻在内的墓葬装饰、随葬品出发，探讨了宋金之间审美情趣差异。② 陈云洪在《试论四川宋墓》中，言及石室墓仿木构件装饰特点时，以"妇人启门""开芳宴"等图像题材为例，论述了其他地区对四川宋墓的影响，认为四川地区上述画像石刻图像题材应是受了中原壁画墓中同类题材的影响。③ 张合荣在《略论黔北宋墓的道教雕刻》中，选择了墓主人像、神兽、八卦、符箓等与道教相关的石刻图像题材进行考证，与其时和黔北文化联系较为紧密的四川宋墓画像石刻进行比较，认为川黔墓主人像应为道教文化影响丧葬的产物，其功能应为以墓主代死求长生，神禽瑞兽和四神或表示齐寿，或驱邪避凶，或界定墓葬宅域，都与道教信仰有关，而八卦、符箓等则是最直接的道教影响墓葬的证据，并从这些石刻题材出发，由墓葬的装饰图像研究拓展到对于其时社会背景的讨论，论述了道教在该时期在贵州传播的原因，及其传入后对于包含丧葬文化在内的民族文化之深远影响。④ 除了上述对原境为画像石室墓的宋墓画像石刻的探讨，学界已有研究者关注画像崖墓中的画像石刻图像研究。四川大学历史系考古专业78级实习队和四川省宜宾县文化馆在《宜宾县双龙、横江两区岩穴墓调查记》中⑤、四川大学历史系考古专业78级实习队在《四川叙南崖葬调查记略》中，对川南的非汉系画像崖墓中画像石刻图像进行了基础数据采集，以照片、拓片和文字的形式公布了相关信息，梳理了主流图像题材，并对非汉系画像崖墓画像石刻和岩画进行了对比，论述了其差异。⑥

宋墓画像石刻所见丧葬习俗研究：Diete Kuhn从昭化、重庆井口等地的宋墓画像石刻出发，考察其中的各种祥瑞类图像装饰题材，结合墓葬中的题刻，指出墓葬中的"寿堂"类题刻和祥瑞类装饰的象征意义，认为其应有表示墓主和墓主子孙福寿之意。⑦

---

① Jessica Rawson. *Changs in the Representation of Life and the Afterlife as Illustrated by the Congtents of Tombs of the T'ang and Sung periods*, Art of Sung and Yuan, edited by Maxwell.Hearn and Judith G.smith, Department of Asia, Metropolitan Museum of Art, New York, 1996.PP.23-43.

② Ellen Johnston Laing, *Chin "Tartar" Dynasty（1115-1234）Material Culture*, Artibus Asiae, No.1/2（1988-1989）, pp.73-126.

③ 陈云洪：《试论四川宋墓》，《四川文物》，1999年第3期。

④ 张合荣：《略论黔北宋墓的道教雕刻》，《贵州民族研究》，1999年第1期。

⑤ 四川大学历史系考古专业78级实习队、四川省宜宾县文化馆：《宜宾县双龙、横江两区岩穴墓调查记》，《考古与文物》，1984年第2期。

⑥ 四川大学历史系考古专业78级实习队：《四川叙南崖葬调查记略》，《考古与文物》，1985年第1期。

⑦ Diete Kuhn. *A Place for Dead: An Archaeological Documentary on Graves and Tombs of the Song Dynast*（960-1279）, Heidelberg: Ed.Forum, 1996, p347.

四、21世纪至今

　　此阶段内，学界对于四川地区宋代画像石刻的探讨取得了长足的发展，涉及的范围空前拓展，除了前几个阶段一直在进行的从文物考古角度出发的宋墓画像石刻原境形制结构、画像石刻本体、画像石刻工艺、画像石刻主人、原境分期分区、从画像石刻到葬俗之类的探讨外，更进一步将对画像石刻的探讨拓展到由画像石刻去考察宋代社会的变革、宋人的精神世界和意识形态等，此阶段内的研究还呈现出多学科结合探讨的特征，与艺术史结合研究画像石刻，与理工科结合探讨画像石刻资料采集与整理、文物科技保护等。

　　宋墓画像石刻原境形制结构研究：此阶段内，学界对于四川地区宋墓画像石刻原境形制结构的研究，仍主要关注宋代画像石室墓这一原境。

　　秦大树在《宋元明考古》中首先将宋墓分为北方和南方两个大的区域，又在其以下分出逐个小区，论及南方地区下的长江上游地区时，论述了四川画像石室墓的形制特点。[①]《泸县宋墓》详细记载了泸县5座具代表意义的典型画像石室墓的形制特点，并对截至2004年全四川的画像石室墓发现情况进行了介绍。[②]韩小囡在《宋代墓葬装饰研究》中，对全国范围内带有装饰的石室墓进行考古类型学研究，观其各个类型的墓例，四川地区的画像石室墓基本占据了全国带装饰石室墓的全部主流类型。[③]赵明星的《宋代仿木构墓葬形制研究》，论述宋代仿木构墓葬形制时，将四川地区仿木构的画像石室墓材料列入考察，进行类型学划分，并介绍了石室墓仿木结构的形制变化情况。[④]胡松鹤在《四川地区宋代墓葬装饰研究》中研究四川地区装饰墓时，对画像石室墓开展类型学研究，并对石室墓的建造成本与时间、工匠和雕刻工艺进行探讨。[⑤]陈云洪在《四川地区宋代墓葬研究》中，对于四川地区宋代砖室墓和石室墓的墓葬形制进行了类型学研究，将画像石室墓纳入石室墓的范畴内，梳理了含画像石室墓在内的石室墓形制结构概况。[⑥]除对画像石室墓这一原境的关注外，也有少数研究者对四川地区宋墓画像石刻的另一原境画像崖墓的形制结构进行研究，主要是针对宋代汉系画像崖墓，如重庆市文化遗产研究院、重庆市文化遗产保护中心对永川高洞子宋代崖墓群M1开展科学的考古测

---

① 秦大树：《宋元明考古》，北京：文物出版社，2004年，第156页。
② 四川省文物考古研究所、成都市文物考古研究所、泸州市博物馆、泸县文物管理所：《泸县宋墓》，文物出版社，2004年。
③ 韩小囡：《宋代墓葬装饰研究》，山东大学博士学位论文，2006年。
④ 赵明星：《宋代仿木构墓葬形制研究》，吉林大学硕士学位论文，2004年。
⑤ 胡松鹤：《四川地区宋代墓葬装饰研究》，四川大学硕士学位论文，2010年。
⑥ 陈云洪：《四川地区宋代墓葬研究》，四川大学博物馆、四川大学考古系、成都市文物考古研究所：《南方民族考古》第七辑，科学出版社，2011年。

绘，厘清其形制特点并公布相关信息。①

宋墓画像石刻主人研究：刘复生在《"泸县宋墓"墓主寻踪——从晋到宋：川南社会与民族关系的变化》中，通过对四川地区宋墓画像石刻繁盛区的代表泸县宋墓主人的探寻，将川南墓葬考古遗存放入社会变化的大背景中进行考察，梳理了墓葬考古遗存中所反映的川南地区汉晋至宋的民族关系变化，探讨北宋以来夷汉交流、民族融合的历史语境下川南社会的重大变革，指出随着泸州政治军事地位上升而大量迁入的中下地主阶级，地位不显赫的军人、官僚、商人等富裕阶层构成了泸县宋墓画像石刻主人的主体。②

宋墓画像石刻原境分期分区研究：韩小囡在《宋代墓葬装饰研究》中，将宋墓装饰分为南、北两个区域，分别探讨其墓葬装饰的布局分类，指出，川东广安、广元和川东南的泸州、宜宾是南宋时期墓葬装饰的发达地区，将四川宋代画像石室墓的材料归入宋墓装饰南方区下三个小区中的川渝贵地区，探讨了该区墓葬形制、装饰布局、装饰内容的区域性特点，将该区的墓葬分为北宋初至神宗元丰八年（1085），哲宗元祐元年（1086）至南宋孝宗乾道九年（1173），孝宗淳熙元年（1174）至南宋末三期，梳理了川渝贵装饰墓的各期特点，在此基础上，探讨了宋代墓葬装饰的时代与差异并分析其原因。③赵忠波在《从葬制葬俗变革看社会变迁——四川盆地宋墓的考古学观察》中，对包括画像石室墓在内的四川宋墓进行分区分期研究，将四川宋墓分成了川西平原地区、川北地区、川东地区、川南地区和川中地区，介绍了画像石室墓在各个大区中的形制特点、装饰题材、随葬品组合，以及其在四川地区的分布特征，联系黔北、陕南的石室墓材料讨论了四川宋墓对于周边地区的影响，并通过与全国其他地区的比较研究探讨文化互动。将四川宋墓分成了三期六段，将四川宋代画像石室墓归入第三期，即淳熙元年（1174）至南宋末，在其下又分出两段，早段为淳熙元年（1174）至绍定六年（1233），晚段为端平元年（1234）至宋末，并探讨了此期中画像石室墓的发展变化脉络。④吴敬在《南方地区宋代墓葬的区域性及相关问题研究》中，论述了南方地区宋代墓葬的分区和分期，将南方地区的宋墓分为九个区，在其划分的长江上游地区的亚区"成都平原中部地区"和"以重庆大足为中心的大巴山以南、乌江以北地区"的探讨中

---

① a. 重庆市文化遗产研究院、重庆市文化遗产保护中心：《永川高洞子崖墓群》，《考古重庆》，2014年。
　b. 重庆市文化遗产研究院、重庆市永川区文物管理所：《重庆永川高洞子南宋墓群清理简报》，《文物》，2020年第6期。
② 刘复生：《"泸县宋墓"墓主寻踪——从晋到宋：川南社会与民族关系的变化》，《四川大学学报（哲学社会科学版）》，2014年第6期。
③ 韩小囡：《宋代墓葬装饰研究》，山东大学博士学位论文，2006年。
④ 赵忠波：《从葬制葬俗变革看社会变迁——四川盆地宋墓的考古学观察》，四川大学硕士学位论文，2007年。

对四川的石室墓进行类型学研究，在成都平原中部地区中按照墓葬的规模大小分型，再根据墓室数量在各型下分出亚型，并对随葬品中时代特征和演变规律最明显的邛窑瓷器和陶俑进行类型学研究，在墓葬形制和随葬品类型学研究的基础上对区域内的墓葬进行分期研究。在重庆大足区，按照墓葬结构差异对石室墓进行分型，再根据墓室数量分出亚型，根据墓葬形制的变化将其分为四期，指出仿木架构画像石室墓的流行应在第三期即南宋高宗后期到理宗前期，并认为四川地区石室墓属于北方战乱，北方人群大量南迁带来的文化因素。[1]胡松鹤在《四川地区宋代墓葬装饰研究》中，将四川宋代画像石室墓纳入四川宋代装饰墓的范畴中，对其进行类型学分析，将四川的装饰墓以淳熙元年（1174）为界，分为前期即北宋中晚期至南宋早期，后期即南宋中晚期，探讨了画像石室墓的时代发展变化和在各区中的情况。[2]陈云洪在《四川地区宋代墓葬研究》中，将画像石室墓纳入四川宋墓的总范畴，根据墓葬形制的变化、随葬品的变化，将四川宋墓分为四期：一期为北宋早期即太祖至真宗时期；二期为北宋中期相当于仁宗时期；三期为北宋晚期相当于英宗至钦宗时期；四期为南宋，四期早段为南宋早期相当于高宗至孝宗时期，晚段为南宋中晚期，相当于光宗至瑞宗时期。按其分期，画像石室墓皆属三期和四期，尤以四期为盛，且多见于四期晚段。该文将四川宋墓分为成都平原区和丘陵山地区，画像石室墓皆属于该分区内的丘陵山地区，且多集中于丘陵山地区的川东、川南地区。在分区分期的基础上，探讨了四川宋墓的地域特点与其他地区的影响，并指出其地域特点形成与所处地理环境密切相关。[3]杨菊在《四川石室墓》中对于四川地区从北宋至明代的石室墓进行梳理，在墓葬类型学划分的基础上，对四川石室墓进行分期分区研究，将其分为了三期，一期即北宋中晚期至南宋早期、二期即南宋中后期、三期即明代至元代，并探讨了川东南、渝西、黔北石室墓在墓葬装饰题材、配置等方面的异同及相互影响，指出川东南区与渝西区之间是相互影响的关系，而此二区与黔北区则是影响与被影响的关系。[4]

宋墓画像石刻本体研究：第一类从文物考古角度对石刻图像进行研究，包括图像题材的辨识、在墓葬中的配置情况、源流和演变脉络考证以及图像的功能和象征意义等。廖奔在《宋金元仿木结构砖雕墓及其乐舞装饰》中，对于宋金元墓葬中包括杂剧、大曲舞旋和社火装扮三种最主要形式的乐舞图像进行了回顾梳理，指出其反映的是宋人对俗世享乐的留恋，并分析其出现的社会背景，认为该类图像的在宋金元墓中的普及化标示着社会背景的两个重大变化，一为世族势力解体和新兴市民阶层崛起，二为民俗文化阶

---

[1] 吴敬：《南方地区宋代墓葬的区域性及相关问题研究》，吉林大学博士学位论文，2008年。
[2] 胡松鹤：《四川地区宋代墓葬装饰研究》，四川大学硕士学位论文，2010年。
[3] 陈云洪：《四川地区宋代墓葬研究》，四川大学博物馆、四川大学考古系、成都市文物考古研究所：《南方民族考古》第七辑，科学出版社，2011年。
[4] 杨菊：《四川石室墓研究》，四川大学硕士学位论文，2014年。

第二章　四川地区宋元明墓葬画像石刻的考古发现与研究概况

段开始。在该文中，廖奔虽然没有直接论述四川地区宋代画像石室墓的材料，但其所论述的乐舞图像的三种最主要的形式在四川画像石室墓中亦为较常见材料，其对该类材料内容、功能、出现背景的考察，对于研究四川地区宋墓画像石刻同类图像题材有着重要的参考作用。①刘敏在《南宋安丙家族墓地的发掘及意义》中，介绍了安丙家族墓5座墓葬的画像石刻图像题材、组合、配置情况、工艺等情况，并以此出发，探讨了安丙家族墓地墓葬装饰的主题思路是以人为本，而其核心目的是要追求来世的高官厚禄。②廖奔在《宋辽金大曲图考》中，论及了四川地区宋墓画像石刻的材料，以广元罗家村出土的大曲舞蹈石刻为例，认为其应是北宋时期见于中原地区的大曲舞蹈文物，在宋室南渡的历史背景下，在南宋地界传播的产物。该文以出土的考古材料和文献记载相印证，考证了大曲的形式、表演机构、伴奏乐器、发展历程、传播、对周边政权的影响等，对于四川宋代画像石室墓中大曲舞蹈石刻的理解和研究提供了重要参考。③Ellen Johnston Laing 在 *Motifs in Ninth-to Thirteenth-Century Chinese Tombs* 中收集9—13世纪中国墓葬中出现的吉祥装饰纹样并对其寓意进行探讨，其中包括四川宋墓画像石刻材料。④秦大树在《宋元明考古》中论及南方地区下的小分区之一即长江上游地区的石室墓时，对四川地区宋墓画像石刻的题材和图像配置情况进行了介绍。在其对宋墓装饰的论述中，尤为值得注意的一点是对一些图像的传统认识进行反思，如表现墓主夫妇对坐的"开芳宴"图像，联系了山西晋光药厂金大安二年（1210）墓、牛村金天德三年（1151）墓、山西稷山马村M7金墓的材料，认为这种夫妇对坐的重要装饰题材似为墓主人夫妇的灵位，进而联系论述伎乐图像，认为应有"愉尸"和"乐丧"的功能，并与供奉、祭祀墓主人有关。⑤在中原北方地区作为常见题材的夫妇对坐图像，在四川地区宋墓画像石刻中不见，而多以墓主人像、空椅和启门石刻居于墓葬中心位置，但该文中对于墓葬装饰图像意义可能与祭祀、供奉有关的推论，无疑为拓宽对四川地区宋墓画像石刻功能和意义的理解提供了又一思考路径。《泸县宋墓》对四川盆地南宋石室墓中画像石刻的图像题材、配置位置进行介绍，并指出其比其他地区所发现的宋辽金砖雕墓、壁画墓更具浓郁地方特色，应是对四川地区石刻艺术的历史传承。⑥王家祐在《泸县宋墓"朱雀"初释》中，从泸县宋墓石棺上出现的朱雀形象特征出发，联系汉代山东汉画和泸州汉代蛮子湾汉画像石棺中的正面立鸟形象，追述了泸县宋墓画像石刻朱雀形象的渊源，并指出这些材料

---

① 廖奔：《宋金元仿木结构砖雕墓及其乐舞装饰》，《文物》，2000年第5期。
② 刘敏：《南宋安丙家族墓地的发掘及意义》，《中国历史文物》，2002年第6期。
③ 廖奔：《宋辽金大曲图考》，《中国历史文物》，2003年第3期。
④ Ellen Johnston Laing. *Motifs in Ninth-to Thirteenth-Century Chinese Tombs*，Ars Orientalis，vol.33（2003），pp.32-75.
⑤ 秦大树：《宋元明考古》，北京：文物出版社，2004年，第147、156页。
⑥ 四川省文物考古研究所、成都市文物考古研究所、泸州市博物馆、泸县文物管理所：《泸县宋墓》，文物出版社，2004年。

都是以印度生命鸟和金翅鸟作为朱雀,应与民间佛教典故的流传有关。[1]韩小囡在《宋代墓葬装饰研究》中对于四川地区宋墓画像石刻题材如墓主半身像、启门图等,讨论了其渊源,指出这应是承袭来自前蜀的墓葬装饰传统,北方墓葬装饰对其的影响也较为显著。[2]刘敏在《安丙家族墓地墓室"四象"石刻考》中回顾了"四象"图像在墓葬装饰中的发展历程,介绍了安丙家族墓地画像石刻中出现的"四象"石刻,探讨其艺术特色,并指出其应是天体和宇宙的象征,表达墓主人死后追寻人间天堂景象的内涵。[3]邹西丹在《泸州宋代武士石刻》中,对泸州地区文管所收藏的宋代武士石刻进行了梳理,介绍了其服饰特征、雕刻技法和艺术风格,探讨了武士石刻的渊源来自佛教艺术中的天王造像,并讨论其文化特色,认为泸州武士石刻中的服饰具有胡族的影响,指出这应是源于因战争而促发的军事武装发展这一社会大背景。[4]冯健在《四川泸州宋墓杂剧、大曲石刻考》中,对泸州地区宋墓乐舞题材石刻进行考证,认为其表现的是宋代杂剧和大曲的内容,分析了乐舞题材石刻的艺术特色,讨论乐舞题材石刻在泸州地区出现的历史背景。[5]李雅梅、张春新在《川南泸县南宋墓葬鸟兽石刻的象征意义》中探讨了泸县宋墓群中鸟兽石刻的象征意义,指出其是自认的再现、文化的表征和生命的重构,是宋人多种思维方式的结合,其目的在于为墓主人营造一个新生的世界。[6]曾春蓉在《遵义理智村宋墓石刻艺术初探》中,对遵义理智村田通庵夫妇合葬墓装饰石刻的内容、构图特征进行介绍,并讨论其史料价值。[7]韩小囡在《墓与塔——宋墓中仿木建筑雕饰的来源》中,探讨了宋代墓葬以砖雕和石雕为载体出现的仿木建筑雕饰在墓葬中的出现和流行,讨论其源流,通过考察墓与塔在功能和使用上的内在联系,认为其是地上仿木砖塔影响的产物。[8]胡松鹤在《四川地区宋代墓葬装饰研究》中梳理了宋墓画像石刻内容,将墓葬装饰与墓葬空间结合在一起,探讨了装饰内容对墓葬空间的表达,墓主人像、神主牌位、空椅、蓬莱仙境等装饰图像表现的是墓葬的主体性空间,象征墓主的存在、区别性别差异界定性别空间之用,论述了妇人启门图室对墓葬空间的隐喻。文章还选择了四川地区宋墓画像石刻中的出行仪仗、乐舞杂剧、孝行图进行探讨,分别讨论其内容、流变、功能。论及四川地区宋代墓葬装饰的区域特征时,联系南方地区、中原北方地区进行比较,分析四川宋代装饰墓在墓葬形制、装饰内容和布局与全国其他地区的异

---

[1] 王家祐:《泸县宋墓"朱雀"初释》,《四川文物》,2005年第2期。
[2] 韩小囡:《宋代墓葬装饰研究》,山东大学博士学位论文,2006年。
[3] 刘敏:《安丙家族墓地墓室"四象"石刻考》,《中华文化论坛》,2007年第2期。
[4] 邹西丹:《泸州宋代武士石刻》,《四川文物》,2008年第2期。
[5] 冯健:《四川泸州宋墓杂剧、大曲石刻考》,《四川文物》,2009年第6期。
[6] 李雅梅、张春新:《川南泸县南宋墓葬鸟兽石刻的象征意义》,《文艺研究》,2009年第1期。
[7] 曾春蓉:《遵义理智村宋墓石刻艺术初探》,《贵州大学学报·艺术版》,2009年第3期。
[8] 韩小囡:《墓与塔——宋墓中仿木建筑雕饰的来源》,《中原文物》,2010年第3期。

第二章 四川地区宋元明墓葬画像石刻的考古发现与研究概况

同,并从抬棺武士、俑和模型出发探讨了四川墓葬装饰传统。①吴敬在《宋代川陕四路墓葬特征的区域性研究》中,将画像石室墓纳入重庆大足地区进行探讨,讨论本区内纪年仿木结构画像石室墓的特点和画像石刻内容,并将本区内宋墓画像石刻内容与中原、北方地区进行比较,认为武士来自晋南和宁南,并以山西南部地区为主,并分析社会经济因素、宗教因素、地理及文化交流因素对于重庆大足区墓葬区域特色形成的影响。②邓菲在《"香积厨"与"茶酒位"——谈宋金元砖雕壁画墓中的礼仪空间》中,从宋金元墓葬装饰中的墓主画像出发,探讨这一图像题材在中原北方地区流行的原因,指出工艺的发展、社会丧葬文化与风俗和宗教因素影响了墓葬空间的设置和丧葬传统,认为墓主画像和空椅一样都是表现亡者的方式,用以标记墓葬空间中供祀的对象。文中还探讨了宋金元墓中墓葬装饰题材间的固定组合,指出备食、茶酒、乐舞杂剧题材应皆具有礼仪内涵,墓主人画像与这些图像因素一起构成了墓内完整的宴享空间,完成对丧祀仪式的模拟,而这种模拟也并非是对于现实的全套复刻,而是选择了展现理想化死后生活相关的方面来构成图像系统,从而表达人们对死后永乐的追求。文中虽然没有论及四川地区宋墓画像石刻的材料,但作为全国宋墓系统的一部分,四川地区宋墓画像石刻的图像题材在很多方面与全国其他地区的宋墓有共通之处,如墓主人像、空椅和乐舞杂剧等亦是四川地区宋墓画像石刻的常见题材,这对探讨四川地区宋墓画像石刻与墓葬空间的关系、图像的功能与图像系统的构成与内涵提供了又一思考路径。③李清泉在《空间逻辑与视觉意味:宋辽金墓"妇人启门"图新论》中,将宋辽金墓中的"妇人启门"图像放入原墓葬语境中,从图像的配置位置、图像的固定样式、与其他图像因素的关系等方面出发,分析"妇人启门"图像在墓葬空间逻辑中的象征意义有二,一是暗示死者灵魂的安寝之所,是宋人用以延伸墓葬有限空间的变革与发明中的关键性符号元素,追溯其图像的源流,其出现、流行、复兴与社会意识形态中的重大变革联系在一起,该图像的社会文化根源在于传统的女性伦理观念。二是将"妇人启门"图像与唐宋文学领域中出现的女性与半开门描述相联系,认为启门之妇人应是用以标示其身后人们所希望的来世仙居。④苏欣、刘振宇在《泸州宋墓石刻小议》中,对泸县宋墓出土的龟游莲叶石刻进行考证,认为其题材反映的并非原报告中所称之玄武,而是宋代流行的龟游莲叶纹,表达的是延寿增年、得道成仙的寓意。⑤樊睿在《宋辽金墓葬中的启门图研究》中考察了启

---

① 胡松鹤:《四川地区宋代墓葬装饰研究》,四川大学硕士学位论文,2010年。
② 吴敬:《宋代川陕四路墓葬特征的区域性研究》,《考古与文物》,2011年第3期。
③ 邓菲:《"香积厨"与"茶酒位"——谈宋金元砖雕壁画墓中的礼仪空间》,《艺术史研究》第十四辑,中山大学出版社,2012年。
④ 李清泉:《空间逻辑与视觉意味:宋辽金墓"妇人启门"图新论》,《美术学报》,2012年第2期。
⑤ 苏欣、刘振宇:《泸州宋墓石刻小议》,《四川文物》,2013年第4期。

门图像的沿革，对其进行区域性综合研究，在各个区域下讨论启门图像的特征与内涵，探讨了启门图像和社会背景变化的联系，指出其与复古思想和平民礼教的关系，并讨论其内涵从拓展空间到程序的装饰化的演变历程。①谢盈盈在《南宋川南墓葬中的四神图像研究》中探讨了川南宋墓石刻四神图像的造型特征和艺术风格，分析其象征意义与生命意识觉醒、祈福纳祥心理、万物有灵的灵魂观和金鸡崇拜的关系，并从历史因素、思想文化和墓葬石刻的研究等方面探讨了四神图像在宋代川南墓葬装饰中盛行的背景。②万然在《泸县宋墓石刻艺术研究》中，探讨了泸县宋墓石刻艺术产生的原因，及其所反映的南宋四川地区社会生活和风俗习惯，梳理了泸县宋墓石刻艺术的内容与特色，认为其不仅体现了世俗化的审美价值取向，也展现着朦胧、婉约的东方审美理想，并开展了对比研究，探讨了同在四川地区内，另一宋墓画像石刻的代表——安丙家族墓群与泸县宋墓石刻的异同。③何沁冰、谢荔在《四川合江县13、14号画像石棺考》中对此二具画像石棺图像进行考证，通过纵横对比，结合石棺形制，确定了这两具画像石棺的年代，并探讨了石棺四神图像的源头与变化。④何沁冰在《泸县宋墓石刻中的多彩生活》中从泸县宋墓的石刻题材出发，探讨了其所反映的宋代社会生活如备侍、家居等相关情况，分析其应是在事死如事生的核心观念下，宋人生前的生活在墓葬中的缩影，表达了造墓者对于墓主死后世界的美好构想。⑤扬之水在《千春永如是日——泸州宋墓石刻中的生活故事》中，从泸州宋墓画像石刻图像出发，论证了石刻所见的夫妇之别，并阐释了四川地区宋墓画像石刻中的典型图像武士、妇人启门之来源与内涵，并探讨了"事死如事生"观念下石刻如何表达宋人在死后世界也要再现的"居之可乐"主题及宋人日常起居和雅致生活的方方面面，还对宋墓画像石刻中出现的宋代纹样进行了详尽的整理。⑥张国韵在《泸县宋墓图像研究》中，探讨了泸县宋墓中画像石刻所构筑的图像空间及图像空间的象征意义，认为在画像石刻图像的背后，承载着丧葬礼仪、葬俗的转变，并阐释了宗教信仰融合对泸县宋墓画像石刻的影响。⑦熊凌畅在《实像与虚位：四川地区宋墓墓主人形象研究》中，对包括宋墓画像石刻主流题材墓主人像在内的四川地区宋墓所见墓主人像资料进行全面梳理，理清其表现的三种模式，探讨了墓主人像在四川的区域

---

① 樊睿：《宋辽金墓葬中的启门图研究》，南京艺术学院硕士学位论文，2013年。
② 谢盈盈：《南宋川南墓葬中的四神图像研究》，重庆大学硕士学位论文，2013年。
③ 万然：《泸县宋墓石刻艺术研究》，四川省社会科学院硕士学位论文，2015年。
④ 何沁冰、谢荔：《四川合江县13、14号画像石棺考》，《四川文物》，2016年第1期。
⑤ 何沁冰：《泸县宋墓石刻中的多彩生活》，《大众考古》，2014年第4期。
⑥ 扬之水：《千春永如是日——泸州宋墓石刻中的生活故事》，《形象史学研究》，人民出版社，2015年。
⑦ 张国韵：《泸县宋墓图像研究》，四川美术学院硕士论文，2018年。

个性和共性，并阐释其在墓葬空间中的功能、反映的丧葬文化与社会思想。①王文波在《泸州宋墓石刻武士"虎头盔"形象试探》中，梳理了"虎头盔"武士的来源及其在墓葬中出现的原因，认为其为社会世俗化、人群迁徙、区位因素和虎崇拜习俗共同作用下产生的。②

第二类是关于宋墓画像石刻的工艺技术探讨：朱晓丽在《川南宋墓石刻图式分析及数字拓片研究》中③，胡松鹤在《四川地区宋代墓葬装饰研究》中，都对四川地区宋墓画像石刻的装饰雕刻工艺进行了探讨。④

第三类从艺术审美角度对宋墓画像石刻的探讨：张春新在《南宋川南墓葬石刻艺术》中，对于川南泸州地区出土和征集的南宋墓葬石刻，从艺术学的角度，对石刻形制与结构的表现特点、艺术特点、艺术手法和几大类典型图像的艺术特色和审美价值进行探讨，并透过石刻讨论了墓葬装饰艺术中所体现的文化内涵。⑤李雅梅、张春新、吴中福在《川南泸县南宋墓葬石刻"椅子"造型》中从美学角度对川南泸县宋墓石刻中圈椅和靠背椅的造型特征、艺术表现手法、美感以及其所体现的宋人崇简的审美思维进行了探讨。⑥李雅梅、张春新、吴中福在《浅谈南宋时期川南泸县墓葬花鸟兽石刻》中，对川南泸县石室墓中的花卉鸟兽石刻的雕刻手法、构图特征进行论述，探讨了花卉鸟兽石刻所承载的功能内涵及其中所表现的蜀人地域文化特征和审美观念。⑦李雅梅在《南宋川南墓葬石刻艺术与计算机图像识别应用的研究》中，对川南地区南宋画像石室墓的花鸟兽石刻、侍者石刻进行研究，分析其艺术特征、艺术风格和审美特征，探讨了花鸟兽石刻的象征意义，启门、空椅等典型图像的源流，并对其艺术构思进行讨论。⑧冯东东在《四川南部南宋墓葬二度空间的石刻造型艺术研究》中，探讨以泸县宋墓群为中心的川南宋代画像石室墓石刻造型的艺术特征，对其以线造型为主的艺术语言特征、审美思想、形象载体和制作手法进行讨论，认为其审美价值取向中体现了人性对神性的超越，并通过比较探究，从创作手法、审美内涵等方面探讨了民间艺术、文人艺术和宗教

---

① 熊凌畅：《实像与虚位：四川地区宋墓墓主人形象研究》，四川美术学院，硕士学位论文，2021年。
② 王文波：《泸州宋墓石刻武士"虎头盔"形象试探》，《江汉考古》，2021年第3期。
③ 朱晓丽：《川南宋墓石刻图式分析及数字拓片研究》，重庆大学博士学位论文，2010年。
④ 胡松鹤：《四川地区宋代墓葬装饰研究》，四川大学硕士学位论文，2010年。
⑤ 张春新：《南宋川南墓葬石刻艺术》，重庆大学出版社，2011年。
⑥ 李雅梅、张春新、吴中福：《川南泸县南宋墓葬石刻"椅子"造型》，《西南大学学报（人文社会科学版）》，2007年第5期。
⑦ 李雅梅、张春新、吴中福：《浅谈南宋时期川南泸县墓葬花鸟兽石刻》，《西南大学学报（人文社会科学版）》，2008年第2期。
⑧ 李雅梅：《南宋川南墓葬石刻艺术与计算机图像识别应用的研究》，重庆大学博士学位论文，2008年。

艺术对川南画像石室墓石刻艺术的影响。①朱晓丽、张春新在《泸县宋墓武士石刻的意境美》中，从背景留白、辅助图像因素如祥云和神兽、飘带与广袖等方面出发，探讨了泸县宋墓武士石刻的精神之美。②朱晓丽在《川南宋墓石刻图式分析及数字拓片研究》中，对川南宋代画像石室墓石刻的图式进行了梳理，对造型特征的象征性、符号化、程序化、概括性和平面化，构图样式的框形结构与背景留白，以及雕刻技法等方面进行了探讨。③李雅梅、张春新、吴中福、苟世祥在《南宋川南泸县墓葬石刻的艺术构思》中，探讨了男侍石刻、女侍石刻的构图特征、创作立意，分析其审美内涵，指出画、诗、禅三位一体是泸县宋墓石刻艺术构思的一大特色。④朱晓丽、张春新在《川南泸县宋墓石刻图像的"框形结构"》中探讨了泸县宋代画像石墓石刻边框的基本形式、组合样式，并分析其所体现的宋人对完整性和圆满性追求的审美内涵。⑤朱晓丽、张春新在《泸县宋墓石刻武士像背景的"留白"的审美内涵分析》中，探讨了川南宋代画像石室墓中武士石刻"留白"手法的渊源、对意境表达的审美追求、指出审美抽象化与其实现可能的联系，并分析"留白"的精神内核应来源于老庄思想。⑥屈婷、张春新在《泸县南宋墓葬石刻"勾栏"造型的形式美》中从动静相成、节奏韵律、对称平衡等方面探讨了泸县宋墓"勾栏"石刻所表现的形式美感。⑦李珣在《黔北南宋墓雕刻及文物的造型与艺术价值》中，探讨了以杨粲墓为代表的黔北南宋画像石室墓各种题材石刻的造型与艺术特征，并论及四川宋墓、大足石刻与遵义墓葬艺术的关系，考察人文思想、宗教丧俗文化对墓葬艺术的影响。⑧

宋墓画像石刻与宋代社会相关问题研究：第一类从图像题材出发，探讨宋代的物质文化遗存：宿白所著《白沙宋墓》虽然未专门论及四川地区宋墓画像石刻，但在从装饰图像出发探讨宋代物质文化遗存方面为宋墓画像石刻图像研究提供了经典范例。《白沙宋墓》对于墓葬装饰图像中出现的建筑、服饰、家具、武器、乐器、生活用器皿等，通过翔实审慎的文献征引，与墓葬图像相印证，为图像中出现的上述诸物定名，研讨其用途、用制，并通过与大量的不同载体如传世绘画、壁画、博物馆藏品以

---

① 冯东东：《四川南部南宋墓葬二度空间的石刻造型艺术研究》，重庆大学硕士学位论文，2009年。
② 朱晓丽、张春新：《泸县宋墓武士石刻的意境美》，《文艺研究》，2009年第8期。
③ 朱晓丽：《川南宋墓石刻图式分析及数字拓片研究》，重庆大学博士学位论文，2010年。
④ 李雅梅、张春新、吴中福、苟世祥：《南宋川南泸县墓葬石刻的艺术构思》，《重庆大学学报（社会科学版）》，2010年第6期。
⑤ 朱晓丽、张春新：《川南泸县宋墓石刻图像的"框形结构"》，《西南大学学报（社会科学版）》，2010年第1期。
⑥ 朱晓丽、张春新：《泸县宋墓石刻武士像背景"留白"的审美内涵分析》，《重庆大学学报（社会科学版）》，2010年第3期。
⑦ 屈婷、张春新：《泸县南宋墓葬石刻"勾栏"造型的形式美》，《艺术教育》，2013年第6期。
⑧ 李珣：《黔北南宋墓雕刻及文物的造型与艺术价值》，贵州师范大学硕士学位论文，2014年。

第二章　四川地区宋元明墓葬画像石刻的考古发现与研究概况

及其他地区墓葬出土物上的相似图像题材进行对比,从时间和空间上梳理了图像变化的脉络和这些物质文化遗存的传播流变。①张春新、李雅梅在《泸县墓葬石刻的侍者服饰》中,对川南泸县及周边乡镇石室墓中出土的宋代侍者石刻的服饰进行梳理,以性别为划分标准,介绍了男侍首服、衣服,侍女发髻、衣服、尖头鞋等服饰情况,并探讨了宋代"礼"为核心的封建等级制度在服饰中的表现和川南侍者服饰中的地方特色。②弋玮玮在《泸县南宋墓葬人物石刻结饰研究》中对泸县宋代画像石室墓中侍女和武士石刻上的结饰情况进行梳理和考证,指出其应是实用功能和象征吉祥功能结合的产物。③苏欣、刘振宇在《泸州宋墓石刻小议》中,对泸县宋墓出土的男侍执椅石刻的交椅图像进行考证,探讨了宋代家具中交椅的相关情况。④霍巍在《四川泸县宋墓研究两题》中,对泸县宋墓石刻中背箭箙武士、女武士图像进行考察。学界曾有研究者将此武士石刻定义为"火箭兵",将女武士石刻定义为蒙古女武士,认为其所着服饰为典型蒙古甲衣,出土该女武士石刻的墓葬为蒙汉联姻留下的墓葬遗存。文中对照文献中的记载和图像,考证了有研究者所谓"火箭兵"武士石刻所背之器物并非火器而应为箭箙,所谓"蒙古女武士"所着服饰也并非蒙古特色甲衣,而是宋代军人之服饰,并从女武士石刻在墓葬中的配置情况、墓葬结构特征和所处的历史背景出发,分析指出该墓葬并非蒙汉联姻之墓葬遗存,而是四川南宋石室墓中典型的夫妇合葬墓。文中以实物石刻对应当时文献与图像,再结合历史背景,由小见大考证宋代物质文化遗存的方法,为考定四川宋代画像石室墓图像提供了范式,也纠正了学界一些关于泸县宋墓石刻的误读。⑤余虹熠在《泸县宋墓平民女性服饰研究》中,对画像石刻中的平民女性服饰进行了梳理,介绍了平民女性服饰的基本类型,探讨其特点,阐释其佐证服饰史研究的价值。⑥

第二类从宋墓画像石刻及其原境出发,探讨宋代社会变革:宿白的《白沙宋墓》对于四川宋墓画像石刻研究另一个重要的范例作用在于,如何通过考古材料实现考古研究"透物见人"的目标。通过严谨入微的实物考察与经过可信性研究的文献相印证,《白沙宋墓》将微观的墓葬材料放在宏观的唐宋之际社会变革的历史背景中进行探讨,考察墓葬仿木结构从复杂到消失的变化脉络与当时社会经济状况变化的关系,此外,考察非官吏非士大夫却拥有装饰富丽仿木结构的墓葬墓主身份,和墓葬壁画中出现的金银、钱贯、贡纳等图像题材,探讨了北宋商业、手工业发展和城市布局变革以及巨贾富商阶层

---

① 宿白:《白沙宋墓》(第二版),文物出版社,2002年。
② 李雅梅、张春新:《泸县墓葬石刻的侍者服饰》,《文艺研究》,2008年第3期。
③ 弋玮玮:《泸县南宋墓葬人物石刻结饰研究》,《四川文物》,2011年第3期。
④ 苏欣、刘振宇:《泸州宋墓石刻小议》,《四川文物》,2013年第4期。
⑤ 霍巍:《四川泸县宋墓研究两题》,《江汉考古》,2014年第5期。
⑥ 余虹熠:《泸县宋墓平民女性服饰研究》,《西部皮革》,2017年第16期。

的兴起奢富这一大的历史背景及其对于丧葬诸方面的影响，从小切口切入问题、以大视野研讨问题，以小见大，实现了从物的研究到人与社会研究的科学结合。①秦大树在《宋代丧葬习俗的变革及其体现的社会变迁》中通过考察宋代墓葬在丧葬礼制、墓葬形制、墓葬装饰、随葬品等方面的重要变化，探讨了其所表现的宋代社会环境变化对于墓葬产生的影响。其虽然没有专门论及四川地区宋墓画像石刻的材料，但从包括墓葬装饰在内的墓葬物质材料出发探索宋代社会变化的研究模式却对四川地区宋墓画像石刻的研究给予了方法上的启示。②周必素在《贵州遵义的宋代石室墓》中，对四川地区宋墓画像石刻繁盛区贵州遵义的宋墓画像石刻原境发现情况进行了梳理，介绍其用材、形制结构、规模、雕刻、葬具、出土器物、年代、分布规律等情况，分析其流行年代主要为南宋，主要分布区域为四川盆地、贵州遵义和铜仁局部，探讨了川渝黔画像石室宋墓的产生和发展与大足石刻兴起这一历史背景之间的渊源，认为大足石刻造像发展的百年之中，密教兴起带来的造像之风和匠人的入川导致了这些地区宋墓画像石刻的兴起，论述了杨氏世袭统治、民族文化融合对遵义宋代画像石室墓的影响。③吴敬在《南方地区宋代墓葬的区域性及相关问题研究》中探讨了成都平原中部地区和重庆大足区这两个亚区中墓葬形制、随葬品的地域特色及其形成原因，对宋墓画像石刻原境仿木结构画像石室墓的来源进行分析，论述社会、经济背景、宗教因素、地理及文化交流因素对画像石室墓兴起的影响，认为其应是晋南百姓因战乱南迁后在墓葬上与大足石刻文化传统融合、扩张后的产物，并与道教在四川的兴盛、地理环境的特殊性有关，指出画像石室墓由兴到衰的历程与社会变化之间的关系。④赵忠波在《从葬制葬俗变革看社会变迁——四川盆地宋墓的考古学观察》中，探讨了包括画像石室墓在内的四川宋墓在礼制、装饰、随葬品等诸方面的变化，从等级制度的重构与世俗化的增强、丧葬从葬的简化转向丧与祭的强化、墓内装饰的宅室化与生活化、随葬品组合的程序化与商业化、风水堪舆盛行、夫妻合葬与家族葬的兴起和普及等方面出发，讨论了四川盆地宋墓葬俗所表现的"世俗化、现实性、功利性"的总体特征，并分析了这些变革的内在原因包括社会经济发展、政治结构变动、社会新阶层出现在内的社会结构变迁，以及社会风俗改变，和三教融合对于丧葬习俗和灵魂观念施加的影响，指出三教的杂糅影响直接促成了四川盆地宋墓多元化的特点。⑤张斌在《黔北宋明石室墓葬的考古学研究——以播州杨氏土司墓葬为中

---

① 宿白：《白沙宋墓》（第二版），文物出版社，2002年。
② 秦大树：《宋代丧葬习俗的变革及其体现的社会变迁》，《唐研究》第十一卷，北京大学出版社，2005年，第313-336页。
③ 周必素：《贵州遵义的宋代石室墓》，《江汉考古》，2008年第4期。
④ 吴敬：《南方地区宋代墓葬的区域性及相关问题研究》，吉林大学博士学位论文，2008年。
⑤ 赵忠波：《从葬制葬俗变革看社会变迁——四川盆地宋墓的考古学观察》，四川大学硕士学位论文，2007年。

心》中，在梳理黔北地区宋代和明代石室墓的分布、形制和特点的基础上，着重讨论了黔北宋明墓葬的葬制葬俗，从丧葬文化的世俗化、功利化和现实化特征、礼制制度的淡化和模糊与世俗化增强、丧葬重点从丧到祭的转化、墓内装饰的居室化生活化、风水堪舆盛行和合葬墓与家族墓兴起诸方面探讨了黔北宋代画像石室墓所反映的葬制葬俗变化，并探讨其变革原因应为社会结构的变迁和三教思想的渗透。① 龙红、王玲娟在《论南宋时期川南墓葬石刻艺术的历史文化价值》中，讨论了以泸县宋墓群为中心的川南宋代画像石室墓石刻艺术在丰富巴蜀文化内涵、反映其时民族交融情况、民俗信仰与宗教传统方面的重要价值。②

第三类从宋墓画像石刻及其原境出发，探讨宋人精神世界：张合荣在《黔北宋墓反映的丧葬心理与习俗》中，从墓葬的修建时间、仿屋结构、随葬的买地券等出发，将墓葬之中的"寿堂"题刻与古文献中苏轼的记载相印证，认为川黔一带的宋墓是在生前便模仿生时居所预造而成，其结构中普遍存在的两墓室间的孔道应为通魂之用，其所反映的是宋人生死同一的丧葬心理。此外，探讨了墓葬装饰图像中普遍存在的典型题材，如墓主人像、武士、神禽瑞兽、道符、八卦等在墓葬之中的功效，及其所表现的宋人希望借用这些雕刻趋吉避凶求长生的丧葬心理。③ 李清泉在《宣化辽墓笔画散乐图与备茶图的礼仪功能》中，在探讨辽墓中散乐图和备茶图这两类题材的礼仪功能时，联系四川宋代画像石室墓中的"寿堂""庆堂"等题刻材料，认为，以"寿堂"指称墓葬似与寺院文化有关，进而将"寿堂"等类的文字题刻与表达仙境的图像题材联系起来，探讨了宋人对于墓葬的认识，认为墓葬是先人有形或无形生命延续的理想世界，造墓者的目的是双向的，既要为逝者创造仙境般的长居之所，又以此希望逝者回报他们即保佑家族兴旺。④ 韩小囡在《宋代墓葬装饰研究》中，将包含四川地区宋墓画像石刻在内的宋代墓葬装饰图像与其在墓葬中的配置位置相结合，作为一个整体进行装饰体系考察，探讨其背后所表现的宋人的精神世界，认为在背后支撑这一墓葬装饰体系的设计理念是源于宋人"三教合一"的死后观，并论述其中所表现的宋代社会及文化的世俗情结。⑤

第四类从宋墓画像石刻及其原境出发，探讨宗教对于四川丧葬的影响：张勋燎、白彬在《墓葬出土道教代人的"木人"和"石真"》一文中，考证四川地区石质墓主人像为墓主人的代人替身，认为其具有道教性质，属于道教葬仪材料的一部分，其虽然没有

---

① 张斌：《黔北宋明石室墓葬的考古学研究——以播州杨氏土司墓葬为中心》，贵州大学硕士学位论文，2010年。
② 龙红、王玲娟：《论南宋时期川南墓葬石刻艺术的历史文化价值》，《中国文化研究》，2010年第1期。
③ 张合荣：《黔北宋墓反映的丧葬心理与习俗》，《贵州文史丛刊》，1998年第6期。
④ 李清泉：《宣化辽墓壁画散乐图与备茶图的礼仪功能》，《故宫博物院院刊》，2005年第3期。
⑤ 韩小囡：《宋代墓葬装饰研究》，山东大学博士学位论文，2006年。

直接论述四川宋代画像石室墓的材料，但墓主人像作为四川地区宋墓画像石刻的重要题材之一，其论断为理解位于不同载体但题材一致的图像的功能意义提供了又一路径，此外，值得注意的是其将石材的性质与其在唐宋墓葬道教代人法术中的运用联系起来，认为唐宋道教代人以石材代替铅材，是源于石材的坚固性质，这为探讨四川地区宋墓画像石刻的兴起与材质选择是否与宗教有关亦提供了重要参考。①张勋燎、白彬在《隋唐五代宋元出土神怪俑与道教》中以考古类型学方法对随葬宋元神怪俑进行分期、分区的研究，梳理其发展脉络，探讨了其性质、作用，以及所反映的道教史有关问题。其中所论及的神怪俑中武士和四灵此两类图像，其图像的形象特征和墓葬中的配置情况，与四川地区宋墓画像石刻中的武士和四灵极为相似。论文指出，武士俑中的一部分为受道教影响产物无疑，四灵则具有标示墓葬四至，以及作为墓室保护神，保佑逝者安稳、荫佑生人的作用，并指出这一点明显是受到道教的影响。笔者认为，透过该文的研究，进而联系宋墓画像石刻时，还有一些问题可进行进一步的思考，如四川地区宋墓画像石刻中的武士和四灵，与神怪俑相较，是否是同样的图像题材在不同载体上的表现，功能内涵上有无共通之处？画像石刻的主要原境四川宋代画像石墓的营造是否也受道教的影响，这种影响体现在哪些方面？②裴志昂在《试论晚唐至元代仿木构墓葬的宗教意义》中，讨论了墓葬的仿木结构、孝行图像和夫妇合葬形式之间的关系，其中，论及四川宋代画像石室墓的材料，并比较其与北方地区和长江下游地区宋墓在此几方面之异同。认为四川的仿木结构石室宋墓是生前的木宅在死后以石宅之形式永固，从而达到使逝者不朽之目的，而各地区的仿木结构合葬墓之宗教意义则应是各种宗教与方术的融合。③龚扬民、白彬在《贵州遵义南宋杨粲墓道教因素试析》中，探讨了杨粲墓中墓主人像、镇墓石中所表现的道教内涵，及其所反映的道教对贵州丧葬习俗的影响情况。文中比较川黔两地墓主人像异同，论述杨粲墓墓主人像与四川宋墓墓主人像之间的渊源，指出杨粲墓的墓主人像应为道教的石真，进而探讨了墓主人像与道教、生墓习俗的关系，并通过对镇墓石符形的考证，指出其应是用以守卫生墓并保证墓主长命与富贵。④

第五类从宋墓画像石刻及其原境探讨宋代的丧葬习俗：袁泉在《从墓葬中的"茶酒题材"看元代丧祭文化》中从元墓的茶酒题材墓葬装饰图像出发，探讨从宋元到明该类图像的源流，对照文献印证其用途，认为其出现在墓葬中的功能意义具有祭祀性质，

---

① 张勋燎、白彬：《墓葬出土道教代人的"木人"和"石真"》，《中国道教考古》第5册，线装书局，2006年，第1383-1420页。
② 张勋燎、白彬：《隋唐五代宋元出土神怪俑与道教》，《中国道教考古》第6册，线装书局，2006年，第1611-1750页。
③ 裴志昂：《试论晚唐至元代仿木构墓葬的宗教意义》，《考古与文物》，2009年第4期。
④ 龚扬民、白彬：《贵州遵义南宋杨粲墓道教因素试析》，《四川文物》，2013年第4期。

进而探讨宋元丧葬礼俗，指出墓室具有作为供养逝者之所的功能，被用以营造"永为供养"的祭奠氛围，且丧葬仪具在宋元时也出现了逐渐世俗化的趋势。[①]袁泉在《宋金墓葬猫雀题材考》中，通过对猫雀图像的内涵研究，探讨了其祈福寿功能，联系四川画像石室墓中常见之"寿堂""庆堂"题刻所反映的福寿延长内涵，认为宋代墓室中这些图像题材和书刻题记被用以构建一个祈愿富贵与福寿的语境，体现的是宋人寿冢安神、奉先荫嗣的丧葬文化。[②]李清泉在《"一堂家庆"的新意象——宋金时期的墓主夫妇像与唐宋墓葬风气之变》中，考察了宋金墓葬墓主夫妇对坐图像的表现模式，认为墓葬空间既是对影堂的模拟又呈现家宅化的特征，墓主像既是被供奉的对象，也是被侍奉的对象，文中将墓主像及其伴出诸图像因素与宋代"家庆图"进行对照研究，并通过这种"一堂家庆"的装饰主题探讨了唐宋家庭观念、家族意识强化和风水堪舆盛行对于葬俗的影响，及其所反映的社会转型期士庶阶层通过葬俗所表达的精神诉求。[③]李清泉在《墓主像与唐宋墓葬风气之变——以五代十国的考古发展为中心》中探讨了墓主像在经历了唐代三百余年的沉寂后于五代十国复兴与墓葬之中这一现象，分析了墓主像的形态变化，梳理其发展的历史脉络，对应历史文献探讨唐宋之际社会大变革的背景下丧葬观念和认识、丧葬风气发生的变化，即佛教因素渗透、写真艺术传统兴起和祭祀风气的盛行和墓葬的享堂化，祠祀信仰的浓厚对墓主像形态、承载内涵变化的影响。[④]杨菊在《四川石室墓》中探讨了四川石室墓中所反映的四川丧葬习俗的变化，认为世俗化是其最为明显的总体倾向，丧葬礼制等级弱化与破坏、丧葬重点从葬到祭转化、墓内布局与装饰的生活化与写实化都是丧葬习俗转向世俗化的表现。[⑤]

跨学科研究：彭慧在《谈荣县宋墓浮雕的保护》中，对于荣县双古镇喻家沟村五组发现的宋代画像石室墓的现保存情况进行介绍，提出了两种保护此批石刻的方法，一为按原墓室的结构和石刻配置位置安置浮雕，二为真空技术保存方法，并对两种方法的优缺点进行论述。[⑥]丁军、赵明泽、陈祖军在《安丙家族墓文物考古测绘探讨》中，论述了近景摄影测量技术和制图技术在文物测绘、考古测绘和古建筑测绘中的重要作用，并以安丙家族墓的考古工作为例，介绍其操作过程和技术方法。[⑦]李雅梅在《南宋川南墓

---

① 袁泉：《从墓葬中的"茶酒题材"看元代丧祭文化》，《边疆考古研究》第6辑，科学出版社，2007年。
② 袁泉：《宋金墓葬"猫雀"题材考》，《考古与文物》，2008年第4期。
③ 李清泉：《"一堂家庆"的新意象——宋金时期的墓主夫妇像与唐宋墓葬风气之变》，《美术学报》，2013年第2期。
④ 李清泉：《墓主像与唐宋墓葬风气之变_以五代十国时期的考古发现为中心》，《美术学报》，2014年第4期。
⑤ 杨菊：《四川石室墓研究》，四川大学硕士学位论文，2014年。
⑥ 彭慧：《谈荣县宋墓浮雕的保护》，《成都文物》，2001年第3期。
⑦ 丁军、赵明泽、陈祖军：《安丙家族墓文物考古测绘探讨》，《四川文物》，2001年第3期。

葬石刻艺术与计算机图像识别应用的研究》中论述了图像识别技术在川南宋代画像石室墓研究中的应用，在研究中建立石刻的自动识别系统，为研究者识别精度的提升提供了新的科学手段。[1]李雅梅、吴中福在《川南石刻图像特征提取方法研究》中探讨了计算机模式识别技术在宋墓石刻图像艺术特征识别、提取中的应用。[2]李雅梅、吴中福在《川南石刻图像模板匹配方法研究》中探讨了基于计算机技术的图像模板匹配方法在川南宋墓石刻图像自动识别中的应用。[3]李雅梅、吴中福在《基于形态学变换等技术的川南石刻图像预处理方法研究》中，探讨了川南石刻图像自动识别系统中进行图像预处理的方法与过程。[4]李雅梅、张春新在《宋代川南墓葬石刻识别系统研究》中，介绍了宋墓石刻数字系统的识别过程、图像预处理、特征提取、模板匹配、系统实现等具体环节的操作情况。[5]朱晓丽在《川南宋墓石刻图式分析及数字拓片研究》中，立足川南宋代画像石室墓石刻图式进行分析的基础上，对用数字图像处理技术实现石刻数字拓片进行研究，探讨了制作数字拓片的思路、技术路线和主要方法。[6]另外，已有研究者将目光投向了宋墓画像石刻的现代应用研究。如余虹熠在《泸县宋墓石刻图像在女性成衣中的设计应用研究》中，分析泸县宋墓画像石刻中女性服装的风格特征和设计元素，探讨了如何适应当今现实需要，提取宋墓画像石刻中的突出特征与代表性元素，进行现代的成衣设计。[7]程旭在《泸县宋代石刻在旅游文创设计中的应用研究——以"宋影武韵"武士石刻为例》中，探讨了泸县宋墓画像石刻中的武士类石刻文创产品的设计与应用。[8]李安在《泸县宋代石刻美术资源数字化设计与展示》中，阐释了泸县宋代画像石刻资源数字化保护的必要性、探讨了其数字化设计与展示的策略和相关策略的应用前景。[9]

---

[1] 李雅梅：《南宋川南墓葬石刻艺术与计算机图像识别应用的研究》，重庆大学博士学位论文，2008年。
[2] 李雅梅、吴中福：《川南石刻图像特征提取方法研究》，《计算机科学》，2008年第6期。
[3] 李雅梅、吴中福：《川南石刻图像模板匹配方法研究》，《计算机科学》，2008年第7期。
[4] 李雅梅、吴中福：《基于形态学变换等技术的川南石刻图像预处理方法研究》，《计算机科学》，2008年第3期。
[5] 李雅梅、张春新：《宋代川南墓葬石刻识别系统研究》，《文艺争鸣》，2010年第24期。
[6] 朱晓丽：《川南宋墓石刻图式分析及数字拓片研究》，重庆大学博士学位论文，2010年。
[7] 余虹熠：《泸县宋墓石刻图像在女性成衣中的设计应用研究》，四川师范大学硕士学位论文，2018年。
[8] 程旭：《泸县宋代石刻在旅游文创设计中的应用研究——以"宋影武韵"武士石刻为例》，成都大学硕士论文，2021年。
[9] 李安：《泸县宋代石刻美术资源数字化设计与展示》，《大观》，2022年第2期。

五、四川地区宋墓画像石刻研究现状分析

八十余年来，学界关于四川地区宋墓画像石刻的研究主要集中于：原境形制、原境之分期分区、画像石刻图像、画像石刻与宋代社会研究、跨学科研究，诸方面的研究在深度和广度上亦不断进步。

就原境形制而言，随着墓葬考古材料的增多，学界逐渐开始对四川地区宋墓画像石刻最主要的原境——宋代画像石室墓的形制特点有了更多的认识。20世纪80年代，已有研究者根据四川石室墓的形制特点，运用考古类型学的方法对其进行类型学研究。进入21世纪，随着宋代画像石室墓材料的丰富，学界对于宋墓的综合性探讨中，论及宋墓形制，亦将四川宋代画像石室墓的形制纳入考察范围，运用类型学方法对其进行划分类型，探讨画像石室墓的形制特点、观察其形制变化之脉络。而对其他的原境——画像崖墓、画像石棺，学界也已进行了初步的探索。

从原境的分期分区来看，目前学界研究集中于对宋代画像石室墓的探讨，对画像崖墓和画像石棺尚未涉及。对画像石室墓分期分区的讨论应始于20世纪80年代，徐苹芳在考古类型学分析的基础上，探讨全国宋墓的分期分区，将四川宋代画像石室墓归入川贵地区这一分区进行讨论，陈云洪在论述四川宋墓分期中，亦运用考古类型学方法，将四川宋代石室墓纳入四川宋墓发展序列的第二段。近十余年来，对宋墓进行综合性研究的论文中，在讨论墓葬的分期分区时，都将四川宋代的画像石室墓材料纳入了研究范围中，作为参与其研究范围内的墓葬分期分区的重要材料进行讨论。从上述的关于画像石室墓形制、分期分区等考古学基础研究的既往研究来看，除了营造学社的关于形制的探讨立足于建筑学方法，其余的研究基本都采用了考古学的方法，在分析墓葬形制特点、随葬品、装饰等诸方面情况的基础上对墓葬进行地层学、类型学研究，再在此基础上进行分期、分区的探讨，对于全国范围内以及各区域宋墓的形制特征、分布特点、发展脉络已积累了相当程度的科学认识。

关于四川地区宋墓画像石刻图像的讨论，主要分为两类。一类从文物考古角度的探讨。主要针对石刻图像进行研究，包括图像题材的辨识、在墓葬中的配置情况、源流和演变脉络考证，以及图像的功能和象征意义等。学界探讨的石刻题材涉及了仿木结构装饰、四神、武士、启门、杂剧大曲、鸟兽等，基本涵盖了画像石室墓中的主流题材。在全国范围的宋墓装饰探讨中，近十余年来，研究者逐渐重视墓葬装饰图像在墓葬中的配置，如韩小囡、邓菲、李清泉等，将装饰与空间结合在一起，讨论在空间中以相对稳定模式来配置的图像所形成的这个装饰空间的内涵和功用。但在四川地区宋墓画像石刻的研究中，仍多集中于对某一类图像的讨论，而这种讨论又多关注于图像本身，对于其与

墓葬的关系涉及较少，近年来，胡松鹤对于装饰内容对墓葬空间表达的探讨，应是将四川画像石室墓装饰放回原境进行讨论的方法尝试。第二类从艺术审美角度对四川地区宋墓画像石刻的探讨，始于21世纪初，主要来自重庆大学的研究者们，他们关注以泸县宋墓群为中心的川南宋墓画像石刻，从画像石刻的造型特征、艺术表现手法、艺术构思、审美内涵等方面进行探讨。就目前此二类研究成果来看，学界已对四川宋墓画像石刻一些重要的图像题材，进行了源流探讨和内涵分析，并涉及了关于这些图像产生、兴起和衰落的背景原因讨论。

就宋墓画像石刻与宋代社会的研究而言，学界的探讨领域不断宽泛，通过考古学材料与史料的结合和印证，已从宋代物质文化遗存、宋代社会变革、宋人的精神世界、宗教影响、丧葬习俗等多方面对宋代画像石刻及其原境所反映的宋代社会诸问题进行研究，透物见人地从墓葬出发探讨了唐宋之际的社会变化与墓葬之间的关系，在复原宋代社会诸方面进行了探索。

就跨学科研究而言，已有研究者开始为川南宋墓石刻建立计算机自动识别系统，为研究人员提供新的科学识别手段、提升研究中图像识别的精度和效率。也有研究者关注到了以文化创意、现代应用为载体的画像石刻创新性传承和创造性发展研究。

但在取得的进展之外，对于四川地区宋墓画像石刻的研究还存在着一些问题。

就形制与分期分区而言，至今为止，学界还尚无专门对四川地区宋墓画像石刻的主要原境——四川宋代画像石室墓、宋代画像崖墓的形制和分期分区进行的探讨，以往对于其形制和分期分区的探讨都是在全国宋墓研究中将其作为宋墓的一种纳入宋墓整体中，在探讨全国宋墓的形制、分期分区中有所涉及。但画像石室墓、画像崖墓作为四川地区宋代墓葬中数量大、形制装饰极具特点、发展变化脉络明显、区域特征明显的墓葬遗存，有必要对其进行专门的全面梳理，通过考古地层学和类型学的基础研究和分期分区探讨，掌握四川宋代画像石室墓、画像崖墓的形制特点、时代特征、区域特征，建立起画像石室墓、画像崖墓的时空框架，这是深入研究四川地区宋墓画像石刻的脉络、各区域间的交流影响，乃至这种交流影响后的社会背景变化的重要基础。此外，区域性的比较研究虽有但少，四川地区宋墓画像石刻从其原境形制和图像题材来说具有极大的特色，但也出现了北方宋墓装饰中的主流题材，故而需要仔细考察梳理其与北方宋墓装饰的异同，找出其相互影响的关系，进而才能探讨是怎样的大背景造就了这样的异同，催生了墓葬文化中的这些相互交流和影响，又是怎样特殊的地域传统造就了四川地区宋墓画像石刻如此丰富鲜明的地域特色。

就宋墓画像石刻图像而言，对四川地区宋墓画像石刻的研究，图像组合的问题仍鲜有涉及。学界的既往研究提取出了宋墓画像石刻中的主流装饰图像，并对其分别加以讨论，但考察这些图像在墓葬中的配置关系，其实存在较为稳定的配置形式，故而在讨论宋墓画像石刻的内涵和功能时，不宜将诸图像因素割裂考证，而应将这些按照一定的稳定配置方式组合在一起的图像因素综合考虑，其是否已形成稳定的图像组合。如果存在，这些图像组合背后应该有一套动因促使宋人将诸图像因素组合在一起表现一定的精神内涵，因此，在考察宋墓画像石刻图像时，应要注意两个原境，其一为墓葬空间的原境，既要考察图像本身，又要考察图像在墓葬中的配置以及与其他图像的关系；其二为历史语境的原境，即将宋墓画像石刻图像组合放回到起始的历史背景中，探讨形成这套配置组合的动因。

就宋墓画像石刻与宋代社会相关问题而言，多是前人研究中论及宋代墓葬所见宋人精神世界相关问题时将其原境（主要是画像石室墓）作为宋墓的一种略有提及，但专门针对画像石室墓、画像崖墓遗存进行的讨论仍较为缺乏。宋代社会层面中的一些重大变化，如时局的变迁、丧葬的世俗化转向、宗教的世俗化转向、人群迁移、边地经略开发等在宋墓画像石刻及其原境中都产生了影响，其如何影响墓葬遗存、表现在哪些方面，这些都是值得探究并有待深入的问题。

特别说明：因从目前来看，四川地区元墓画像石刻仅见考古简报中公布的资料，包括照片、拓片和文字信息，如前文发现情况中所列计家庵墓群大方夫妇墓[1]、煎茶溪元墓[2]、两路口劳动村元墓[3]、沙坨水电站库区元墓[4]、播州土司杨嘉贞墓[5]、播州罗氏土司家族墓群前M1[6]、堰沟元墓。[7]学界尚未有对四川地区元墓画像石刻的专门研究关注，故本书中四川地区元墓画像石刻的研究概况不专列一节。

第四节　四川地区明墓画像石刻的研究概况

一、既往研究回顾

学界对四川地区明墓石刻的研究，主要集中于21世纪，故在本节中，不再对研究概况进行分时段回顾。学界对四川地区明墓画像石刻的研究，从以下几方面开展：

---

[1] 国家文物局：《中国文物地图集·四川分册》，文物出版社，2009年，第72页。
[2] 康克定、张定福：《德江煎茶溪元墓发掘简报》，《贵州文物》，1984年第1期。
[3] 重庆市文物考古所：《重庆市两路口劳动村元墓清理简报》，《四川文物》，2004年第2期。
[4] 贵州省文物考古研究所：《贵州田野考古报告集（1993—2003）》，科学出版社，2014年，第306页。
[5] 周必素、彭万、韦松恒：《牧司一方·播州杨氏土司墓葬管窥》，科学出版社，2020年，第106页。
[6] 贵州省文物考古研究所、西南交通大学人文学院、遵义市播区文物管理所：《贵州遵义市播州区播州罗氏土司家族墓调查简报》，《四川文物》，2019年第2期。
[7] 国家文物局：《中国文物地图集·四川分册》，文物出版社，2009年，第711页。

明墓画像石刻本体研究：杨爱国在《明代墓室建筑装饰探析》中，梳理了明代墓室建筑装饰的分布区域、题材特征、宗教影响和工匠水平，在其论述中，探讨了四川明代画像石室墓、带画像石刻的砖石混构墓材料，并基于这些材料论证了明墓装饰中的宋元影响和自身的创新、佛教和道教的深刻影响力、明代墓葬装饰的艺术风格，是学界少见的对明代墓葬装饰进行全面研究的一篇论文，其方法和结论都对四川地区明墓画像石刻研究具有重要的参考作用。①周萌在《珙县悬棺岩画与石城山僰人岩墓群石刻艺术的比较研究》中对岩画和画像崖墓的石刻从艺术风格方面进行了比较，分析了二者主题和功能上的差异。②高宪帅在《石城山岩墓艺术石刻探微》中，针对石城山非汉系画像崖墓代表性的图像题材进行了分类介绍，考证了墓葬的僰人遗风、彝族先民印记和赣文化影响，并探讨了其所体现的民族精神、经济状况、艺术价值。③杨娟在《大足古墓葬石刻简述》中，介绍了大足明代墓葬中所见画像石刻的主要内容和艺术特征。④

明墓画像石刻原境形制研究：罗开玉在《四川非汉系崖墓初探》中，将包括宋明非汉系画像崖墓材料纳入总体考量，对四川非汉系崖墓进行了类型学研究，梳理其分布情况，并分析了各区域中的特性，并探讨了墓葬主人族属的演变。⑤邓沛在《宜宾市南广河及横江流域民族岩墓群考》中，对包括画像崖墓在内的南广河及横江流域岩墓群情况做了概述性介绍，并分析了此类墓葬的族属为僰人。⑥张琴在《四川明代墓葬试探》中，对已发表的四川地区明墓材料进行类型学研究，在其研究中，将明墓画像石刻最主要的原境画像石室墓列入其分型的A型，将不占主流的原境——带画像石刻的砖石混构墓列入其分型的B型，开展形制结构特点的探讨。⑦

对明墓画像石刻及其原境的综合研究：郑万泉、连锐在《略论四川明代品官墓葬》中，对明代四川地区已发掘的品官墓（画像石室墓）进行综合研究，作者对其进行了类型学的研究、梳理了墓葬装饰的分类，并从原境出发探讨了明代品官的丧葬制度。⑧孙怡杰在《明代家族墓地的考古学研究》中，对明代的家族墓地进行了综合性的探讨，从排列方式、墓葬形制、等级和分区差异、随葬品、选址、纵向对比和葬俗等方面，对明代的家族墓地进行了综合性的探讨，包括四川地区三处典型家族墓地的材料，其中荣县

---

① 杨爱国：《明代墓室建筑装饰探析》，《贵州大学学报·艺术版》，第27卷第1期，2013年3月。
② 周萌：《珙县悬棺岩画与石城山僰人岩墓群石刻艺术的比较研究》，《艺术百家》，2013年第3期。
③ 高宪帅：《石城山岩墓石刻艺术探微》，《寻根》，2015年第4期。
④ 杨娟：《大足古墓葬石刻简述》，《大足学刊》，第二辑，2018年，第338-347页。
⑤ 罗开玉：《四川非汉系崖墓初探》，《四川文物》，2008年第4期。
⑥ 邓沛：《宜宾市南广河及横江流域民族岩墓群考》，《青海师专学报（教育科学）》，2009年第2期。
⑦ 张琴：《四川明代墓葬试探》，《学理论》，2012年第14期。
⑧ 郑万泉、连锐：《略论四川明代品官墓葬》，《四川文物》，2017年第3期。

乌龟颈家族墓和平武王玺家族墓都包含了画像石室墓。①何文竞在《明代品官墓与平民墓的分区及特点》中，阐释了包括四川在内的西南地区墓葬传统的继承，探讨了包括四川带画像石刻的明墓在内的明代品官墓和平民墓在地域、时间、家族等方面的特点。②何文竞在《明代职官与平民墓类型初步研究》中，对包括带画像石刻的四川明墓在内的明代职官与平民墓葬开始了类型学和分期、分区研究，并介绍各区、各期内明墓的特点，在此基础上阐释了明墓对前朝墓室的继承与变革和呈现出的家族特点。③汪小洋在《中国墓室壁画衰退期》中，就壁画墓脉络相关问题进行了探讨，将明清作为中国壁画墓的衰退期，阐释了该期内图像题材、图像特征的类型与特色，并探讨了该期内墓主人阶层上移、宗族仪式程式化和宗教影响。该文虽重点讨论壁画墓，但对明清壁画墓衰退期内墓葬装饰的特征和背后的人与社会变革的探讨，对于研究同时代的另一种代表性墓葬装饰——画像石刻具有重要的参考价值。④黄伟在《重庆地区明代墓葬概述》中，对包括明画像石室墓在内的重庆明代墓葬的分布、研究概况、类型、葬具和随葬品进行了梳理，阐释了重庆地区明代墓葬在形制、装饰、随葬品上呈现的变化，并探讨了这些变化背后所体现的丧葬观念变化和人群结构变化。⑤索德浩、王梦雨、左志强在《成都地区新见明墓中的藏传佛教石刻初探》中，对成都高新区龙灯山明代蜀王府将军家族墓群M1的藏传佛教曼荼罗画像石刻进行了辨识，并探讨了曼荼罗石刻出现在成都明墓的原因，是藏传佛教信仰在成都流行于上层社会的产物，而其流行除了宫廷影响，也源于川藏两地密切的商贸与人员交流。⑥张佳在《以礼制俗：明代礼制与墓室壁画传统的骤衰》中，探讨了明代国家礼仪规范、匠户制度、"罪坐工匠"处罚原则导致了明代墓室壁画传统的衰落。文中虽然没有直接探讨四川地区明墓画像石刻的材料，但四川明墓画像石刻作为明代墓葬装饰系统中的重要组成部分，此文所探讨的壁画传统衰落的原因对阐释四川明墓画像石刻对比宋元所产生的变化具有一定的参考价值。⑦

二、四川地区明墓画像石刻研究现状分析

从前文四川地区明墓画像石刻既往研究回顾可见，目前学界对明墓画像石刻的研究

---

① 孙怡杰：《明代家族墓地的考古学研究》，南开大学硕士论文，2018年。
② 何文竞：《明代品官墓与平民墓的分区及特点》，《华夏考古》，2019年第1期。
③ 何文竞：《明代职官与平民墓类型初步研究》，安徽大学硕士论文，2015年。
④ 汪小洋：《中国墓室壁画衰退期》，《民族艺术》，2014年第5期。
⑤ 黄伟：《重庆地区明代墓葬概述》，《长江文明》，2020年第4期。
⑥ 索德浩、王梦雨、左志强：《成都地区新见明墓中的藏传佛教石刻初探》，《藏学学刊》，2020年第1期。
⑦ 张佳：《以礼制俗：明代礼制与墓室壁画传统的骤衰》，《复旦学报（社会科学版）》，2017年第2期。

不仅针对其本体开展，还延展到了对原境形制、时空框架的探讨，并且由物及人地阐释明墓画像石刻背后所见之明代社会相关问题。但总体而言，学界对于四川地区明墓画像石刻的研究，不论是关注角度的多元化，还是研究成果的数量，比起四川地区宋墓画像石刻的研究，都存在一定差距。而目前已有的研究中尚存在以下问题：

（1）未见对四川地区明墓画像石刻图像题材的全面梳理。已有研究中，均为在探讨整个明代不同原境的墓葬装饰、装饰题材时，论及了四川地区明墓画像石刻的材料。四川地区作为明墓画像石刻最集中的地域，其画像石刻呈现出明显的时代特色和地域特色，应对其进行专题的讨论，厘清其主流图像题材和主流图像组合。

（2）对四川地区明墓画像石刻图像题材的讨论，均为按题材分类论之，缺乏对图像组合的讨论。全面阐释明墓画像石刻，不仅应阐释其题材，更应关注其在墓葬中的配置位置，探讨其是否存在图像组合，才能更好地阐释图像背后的内涵与功能，因为墓葬中的图像其配置位置通常都与功能、内涵有关。

（3）缺乏对四川地区明墓画像石刻原境的专门研究。既往研究中，都将明墓画像石刻的原境——明代画像石室墓和带画像石刻的砖石混构墓，纳入整个四川或全国的明墓中做观察，而对四川明墓画像石刻另一主要原境——画像崖墓几乎没有关注。但画像石室墓和画像崖墓作为四川地区明墓画像石刻最重要的原境，呈现鲜明特色和自成一体的发展脉络。因此，在对其进行探讨时，除了考察其在四川地区和全国明墓中所处的地位，还需厘清这两类发展脉络自成一体的原境自身的类型特点、建立起其自身的时空框架，才能全面地认识这两种地域性强、地域特色鲜明、发展脉络独立性强的四川地区特色遗存。

（4）对四川地区明墓画像石刻的"透物见人"研究虽然已经拓展到了明代社会，但只是从某一类图像去观察其所反映的明代社会某一方面问题，对明墓画像石刻及其原境背后所见的明代社会、人群缺乏全面的观察与讨论。明代作为中国社会发生重要变革的一个时代，其变革也投影在了丧葬领域的方方面面，从四川明墓画像石刻及其原境中可以看到明代社会全面世俗化、丧葬观念变化、审美观念变革、人群交流、时局变化等多方面的影响，但这些在学界的既往研究中鲜有涉及。

本章小结

四川地区宋元明墓葬画像石刻的考古发现，以宋墓画像石刻为最大宗，其次为明墓画像石刻。在考古发现中，画像石刻最主要的原境为画像石室墓，其次为画像崖墓，另有少数的带画像石刻砖石混构墓和极少数画像石棺。发现地域基本是以四川盆地丘陵地带为主，多见于川东北、川中、川东南和黔北地区。考古发现的画像石室墓和画像崖墓自宋至明，都呈现出强烈的地域特色和发展脉络的独立性。墓葬画像石刻最繁荣时期为宋代，宋代也是画像石室墓最发达的时期；元墓画像石刻虽然发现较少，但其原境画像石室墓（形制、装饰）却呈现出明显的承上启下之特征；明墓画像石刻虽不如宋丰富，但其主流原境明代画像石室墓在承袭一部分宋元遗韵的同时，也发生了巨大的变革。画像崖墓在宋明都有一定的数量，但区域基本集中于川南尤其是宜宾地区。画像石棺仅见北宋时期2例，出现在川南的泸州市合江县。

四川地区宋元明墓葬画像石刻的研究，主要分为资料性介绍、专题研究。资料性介绍主要为各种画像石刻墓的考古简报、报告，以及收藏有墓葬画像石刻的文博单位所公布的图录。且材料时段主要集中于宋代，明代和元代数量材料较少。专题研究又分为三类，第一类为从文物考古角度对四川地区宋元明墓葬画像石刻的探讨。关注焦点为宋代墓葬画像石刻材料，针对图像进行研究，包括图像题材的辨识、在墓葬中的配置情况、源流和演变脉络考证，以及图像的功能和象征意义、其背后呈现出的人与社会等。如霍巍以实物石刻对照文献与图像，再结合历史背景，由小见大考证宋代物质文化遗存的方法，为考定石刻图像提供了范式，也纠正了学界一些关于泸县宋墓石刻的误读。学界其他相关研究则多基于对某一类图像的讨论，而讨论又多关注图像本身，对其与墓葬载体的关系涉及相对较少。第二类为从艺术学角度对四川地区宋元明墓葬画像石刻的探讨。亦集中于宋代。学界关注了以泸县宋墓群为中心的川南宋墓石刻，从墓葬装饰题材、艺术表现手法、审美内涵等方面进行探讨。近几年内，在少数研究中论及明代墓室装饰时引用了四川明代画像石刻材料，如杨爱国对明代墓葬画像的研究中有少量论述了相关材料。第三类为与理工科的跨学科融合研究。已有研究者开始为川南宋墓石刻建立计算机自动识别系统，为研究人员提供新的科学识别手段，提升研究中图像识别的精度和效率。

总体而言，随着墓葬考古材料和文博单位征集材料的不断增多和丰富，学界对于四川地区宋元明墓葬画像石刻的研究从深度和广度上正不断拓展，但仍存在以下问题：

学界既往研究的时段主要集中于宋代，对元明资料重视不够。

目前缺乏对于宋、元、明分时段内基于原境的墓葬画像石刻的全面研究、时空框架构建，也缺乏对四川地区宋元明墓葬画像石刻总体脉络的梳理。

对画像石刻图像的关注通常基于石刻本体，较为缺乏对画像石刻原境的联合观察。

对于四川地区宋元明墓葬画像石刻与宋元明人群、社会重大变革联动的综合研究涉及较少，"透物见人"尚待进一步深入。

针对学界既往研究情况，笔者认为在未来研究中以下两方面问题值得重点关注并将在研究中致力于解决：

对四川地区宋元明墓葬画像石刻资料的系统性全面整理、长时空考察。在全面、系统搜集整理宋元明墓葬画像石刻资料的基础上，基于石刻原境分时段构建四川地区宋、元、明墓葬画像石刻科学、完整的时空框架；在此基础上，基于石刻原境全面梳理出四川地区宋元明墓葬画像石刻整体脉络，为大量无出土原环境、无纪年的零散征集的画像石刻资料提供分期分区标尺参考。

与社会背景、人群结合开展深入的综合研究。以通览宋元明的纵向视野，将墓葬画像石刻放入宋元明全时段去考察。以横向视野，将宋元明墓葬画像石刻视为人群与社会的产物，全面考察其与时局、文化转向、社会思潮、宗教、丧葬、边地经略、人群交流、民族融合、审美等诸方面的联动。

第三章 四川地区宋元明墓葬画像石刻资料整理

第一节　四川地区宋墓画像石刻资料整理

四川地区宋墓画像石刻可见以下图像题材：武士、文吏、备侍、四神、花卉果实、门扇、启门启幔、墓主标示物、杂剧乐舞、祥禽瑞兽、神异之人、婴戏、仪仗出行、庖厨、故事场景、孝行、戏兽、劳作、进贡、仙境、幡、几案、仿木构件、八卦、其他装饰纹样。本节按图像题材分别进行整理。

一、武士

武士是四川地区宋墓画像石刻最为主流的题材之一，其发展历程贯穿本书所划分之宋墓画像石刻发展之三期，即从北宋中后期至南宋末期，均可见武士题材。且武士题材分布范围较广，在本书所划分之四川宋墓画像石刻的四大分布区域：川东川北区、川中区、川东南川南区、黔北区，皆有武士题材出现且相较其他图像题材占据明显的数量优势。按武士服饰的区别主要可分为着甲武士、着袍服武士、戴虎头盔武士、簪花武士、着民族服饰武士这五类。另，因女性武士在四川地区宋墓画像石刻中属于一类特殊的题材，除了具备武士题材所共有的驱凶辟邪之守卫功能外，还兼具表达墓主性别、体现男女有别之作用，本书整理女武士石刻材料中，未按服饰将其归类，而是对其单列一类。列举标本如下。

（一）着甲武士

1. 着重甲·天王、力士相武士

1）执剑武士

图3-1二件执剑武士石刻来自播州土司杨选墓。杨选卒年1172年，墓葬修建时间不确定，但应距此不远。墓葬位于遵义市红花岗区。原境为画像石室墓，武士石刻位于墓门两侧。武士虽着完整的宋制甲胄，但雕刻技法略显粗糙，对人物形态的表现，尤其是头身比例和五官比例的表现不如同时期相邻的川东南川南地区之武士石刻精细、科学。[①]

[①] 图片采自贵州省文物考古研究所：《贵州田野考古四十年》，贵州民族出版社，1993年，第372页，图二、图三。

第三章 四川地区宋元明墓葬画像石刻资料整理

1　　　　　　　　　　2

图3-1　播州土司杨选墓执剑武士

图3-2二件执剑武士石刻来自彭山虞公著墓。年代为1226年。墓葬位于眉山市彭山区。原境为画像石室墓，武士石刻位于男室墓门处。此二件武士石刻着完整的宋制甲胄，手握长剑杵地，面相广目阔口，脸型方正，气势威严，面相呈现出模仿佛教天王造像面相之特征。①

图3-3执剑武士石刻来自播州土司杨粲墓。年代为1227—1243年。墓葬位于遵义市红花岗区。原境为画像石室墓，武士石刻位于男室北壁非中心位。②

1　　　　　　　2

图3-2　虞公著墓执剑武士　　　　图3-3　杨粲墓执剑武士

---

① 图片采自四川省文物管理委员会、彭山县文化馆：《南宋虞公著夫妇合葬墓》，《考古学报》，1985年第3期，图版十九-5、6。
② 图片采自周必素：《贵州遵义的宋代石室墓》，《江汉考古》，2008年第4期，图六。

055

图3-4执剑武士石刻来自青龙镇一号墓。[①]图3-5执剑武士来自青龙镇二号墓。[②]年代均为南宋，墓葬均位于泸州市泸县。原境均为画像石室墓，武士石刻位于墓门旁。青龙镇一号墓武士着全套甲胄，戴兜鍪，手执长剑杵地；青龙镇二号墓武士着重甲，戴冠，执剑上举。三武士面相均类佛教造像之天王。武士足踩祥云是泸县宋墓武士石刻的一大特点，泸县田野考古中出土的武士石刻和四川泸县宋代石刻博物馆藏武士石刻中，有相当数量均足踩祥云，其原因可能是以中国传统文化中与神灵相关的祥云象征武士的非人属性，说明其并非凡世之武将属性，应为具备驱逐凶邪属性的神人。

图3-4 青龙镇一号墓执剑武士　　图3-5 青龙镇二号墓执剑武士

图3-6三件执剑武士石刻年代均为南宋。墓葬位于泸州市泸县。原境为画像石室墓，武士石刻均位于墓门处。[③]

图3-7周市宋墓执剑武士石刻年代为南宋，墓葬位于遵义市桐梓县。原境为画像石室墓，武士石刻位于墓门的两侧。在描绘武士形象时，工匠选择了武士举剑跨步前行时最有动感的这个瞬间对其进行刻画，和四川地区其他主要为端立的武士相较，特色鲜明。[④]

---

① 图片采自四川省文物考古研究所、成都市文物考古研究所、泸州市博物馆、泸县文物管理所：《泸县宋墓》，文物出版社，2004年，彩版四-1。
② 图片采自四川省文物考古研究所、成都市文物考古研究所、泸州市博物馆、泸县文物管理所：《泸县宋墓》，文物出版社，2004年，彩版九。
③ 资料来源：四川泸县宋代石刻博物馆在展，图片为笔者拍摄。
④ 图片采自贵州省博物馆考古队：《贵州桐梓宋明墓发掘简报》，《考古》，1988年第12期，图八。

图3-8杨八坟宋墓M3执剑武士石刻年代为南宋中晚期,墓葬位于遵义市桐梓县。原境为画像石室墓,武士石刻位于墓门侧。①

1　　　　　　　　2　　　　　　　　3
图3-6　四川泸县宋代石刻博物馆藏执剑武士

图3-7　周市宋墓执剑武士　　图3-8　杨八坟宋墓M3执剑武士

---

① 图片采自贵州省文物考古研究所:《2003—2013贵州基建考古重要发现》,科学出版社,2015年,第193页。

2）持钺武士

图3-9二件执钺武士石刻年代为南宋，均来自泸州市泸县，原境皆为画像石室墓，武士石刻皆位于墓门处。武士戴盔着重甲，足踩于祥云之上，手中执钺高举，面相与佛教造像中天王相似，与同样执武器的侍者截然不同，其身份应为具守卫功能的神人。①

图3-9　四川泸县宋代石刻博物馆藏执钺武士

图3-10奇峰镇二号墓执钺武士石刻②、图3-11青龙镇三号墓执钺武士石刻年代均为南宋，墓葬均位于泸州市泸县。③原境皆为画像石室墓，武士石刻皆位于墓门侧。奇峰镇二号墓武士肩后飘带呈飞翔上升之姿，青龙镇三号墓武士手中提小鬼，且二者面相均极类佛教造像天王，此二武士应表现的并非凡世之将军，而为具驱逐凶邪作用的神人。

图3-12二件执钺武士石刻年代均为南宋，墓葬位于川南。原境为画像石室墓，武士石刻在原境中的位置不明。从石刻武士造型特点和艺术风格来看，此二武士应为同一墓葬中成组出现者，且与四川泸县所出同类题材高度相似。④

---

① 资料来源：四川泸县宋代石刻博物馆在展，图片为笔者拍摄。
② 图片采自四川省文物考古研究所、成都市文物考古研究所、泸州市博物馆、泸县文物管理所：《泸县宋墓》，文物出版社，2004年，彩版二七-2。
③ 图片采自四川省文物考古研究所、成都市文物考古研究所、泸州市博物馆、泸县文物管理所：《泸县宋墓》，文物出版社，2004年，彩版一四-2。
④ 资料来源：江津博物馆在展，图片为笔者拍摄。

图3-10 奇峰镇二号墓执钺武士 　　图3-11 青龙镇三号墓执钺武士　　图3-12 江津文管所藏执钺武士

图3-13二件执钺武士石刻年代为1195年，墓葬位于广元市利州区。原境为画像石室墓，武士石刻位于男主人杜光世墓室之墓门处。①

图3-13 杜光世夫妇墓执钺武士

---

① 图片采自四川省博物馆、广元县文管所：《四川广元石刻宋墓清理简报》，《文物》，1982年第6期，图一九，图二〇。

图3-14北斗岩2号崖墓执斧武士石刻①、图3-15天堂沟崖墓M6执斧武士石刻年代均为南宋②，墓葬均位于宜宾市叙州区。原境皆为非汉系画像崖墓，武士石刻皆位于墓室的门两侧。从目前的考古发现来看，四川地区的非汉系画像崖墓均出现在宜宾地区；就墓葬形式和装饰石刻图像而言，呈现出非汉系崖葬传统与汉系画像石室墓图像系统融合的特征。与汉系画像石室墓中武士题材的广泛流行相同，非汉系画像崖墓中武士也是其最常见的图像之一，且配置位置与汉系画像石室墓武士高度相似，呈现出明显的与墓门的匹配关系。此外，非汉系画像崖墓中的武士，除了着本民族特色服饰者，也不乏着汉系甲胄者，图3-14和图3-15执钺武士所着便是典型的宋制甲胄，面相也与汉系画像石室墓中天王相、力士相武士相类，应为汉系画像石室墓装饰因素随宋政府经略川南、川南民族交流融合进入非汉系丧葬系统中的产物。

图3-14 北斗岩2号崖墓执斧武士

图3-16天堂沟崖墓群M8执钺武士石刻年代为南宋，墓葬位于宜宾市叙州区。原境为非汉系画像崖墓，执钺武士石刻位于墓门右侧。③

图3-15 天堂沟崖墓M6执斧武士

图3-16 天堂沟崖墓群M8执钺武士（右）石刻

---

① 资料来源：笔者田野调查采集，图片为笔者拍摄。
② 资料来源：笔者田野调查采集，图片为笔者拍摄。
③ 资料来源：笔者田野调查采集，图片为笔者拍摄。

3）执斧武士

图3-17执斧武士石刻年代为1156年，墓葬位于广安市邻水县。原境为画像石室墓，武士石刻位于墓门处。邻水合流后坝宋墓属于四川地区宋代画像石室墓中年代较早者，故此件武士石刻较之画像石室墓发展鼎盛时期之武士石刻，略显粗糙。虽着完整的甲胄，但甲胄和面部五官的刻画均不如鼎盛时期之武士石刻精细，面部五官比例也显得不匀称。①

图3-18二件执斧武士石刻年代均为南宋，均来自泸州市泸县。原境皆为画像石室墓，武士石刻皆位于墓门旁，足踩祥云应显示其神人属性。②

图3-17 合流后坝宋墓执斧武士

1　　　　2
图3-18 四川泸县宋代石刻博物馆藏执斧武士

图3-19二件武士石刻年代均为南宋③，墓葬位于泸州市叙永县。原境均为画像石室墓。图3-19-1位于09SLXTM1墓门旁，图3-19-2位于09SLXPM1墓门旁。其所戴盔与川南所见武士石刻所戴盔区别较大，或因天池镇位于南宋川南多民族往来交流区域，故在武士装束上呈现出较强的民族特征。

---

① 图片采自四川省文物考古研究所、邻水县文物保护管理所：《邻水县合流镇后坝南宋墓清理简报》，《四川文物》，2003年第3期，图三。
② 资料来源：四川泸县宋代石刻博物馆在展，图片为笔者拍摄。
③ 图片采自四川省文物考古研究院、泸州市博物馆、叙永县文物管理所：《四川叙永天池宋墓清理简报》，《四川文物》，2010年第2期，图二十二，图二十四。

1　　　　　　　　　　　2

图3-19　天池宋墓执斧武士

图3-20执斧武士石刻年代为南宋，墓葬位于遵义市桐梓县，原境为画像石室墓，与前文周市宋墓执剑武士石刻（见图3-7）为一组，武士石刻分别位于墓门两侧。较之四川地区以端立姿态为主的其他武士，此件石刻中武士姿势动感较强，抓住武士执斧跨步时最具动感的一瞬间进行刻画。①

图3-21二件执斧武士石刻年代为南宋，墓葬位于遵义市桐梓县。原境为画像石室墓，武士石刻位于墓门两侧。②

图3-20　周市宋墓执斧武士　　　图3-21　杨八坟宋墓M3执斧武士

---

① 图片采自贵州省博物馆考古队：《贵州桐梓宋明墓发掘简报》，《考古》，1988年第12期，图八。
② 图片采自贵州省文物考古研究所：《2003—2013贵州基建考古重要发现》，科学出版社，2015年，第193页。

4）执弓箭武士

图3-22二件执弓箭武士石刻年代为1200年，墓葬位于眉山市彭山区。原境为画像石室墓，武士石刻位于安葬虞公著妻留氏的女室墓门处。此二件石刻武士为男性，但设置于安置留氏棺椁的棺室门处的石刻武士为女性，这样的区别应来自"男女有别"的观念，故在留氏遗体所在之处即代表"寝"的棺室入口守卫墓主的为女武士。①

| 1 | 2 |

图3-22　虞公著夫妇墓执弓箭武士

图3-23奇峰镇二号墓执弓箭武士石刻年代为南宋淳熙十三年（1186）②，图3-24青龙镇二号墓执弓箭武士石刻年代为南宋③，墓葬均位于泸州市泸县。原境皆为画像石室墓，武士石刻皆在墓门旁。

图3-25挽弓武士石刻年代为南宋，墓葬位于泸州市纳溪区。原境为画像石室墓，武士石刻在墓葬中的位置不明。此件石刻较为特殊的有两点，第一是典型动作抓取，工匠并未像四川地区其他执弓武士一样将其塑造为端立状，而是选取了武士跨步挽弓这最具动感的一瞬来刻画；第二是武士足下所踩之物，并非泸州宋墓中常见的岩石或祥云，而是矮案，这在四川地区目前所见武士石刻中是一个孤例。④

---

① 图片采自四川省文物管理委员会、彭山县文化馆：《南宋虞公著夫妇合葬墓》，《考古学报》，1985年第3期，图一一。
② 四川省文物考古研究所、成都市文物考古研究所、泸州市博物馆、泸县文物管理所：《泸县宋墓》，文物出版社，2004年，彩版二七-1。
③ 四川省文物考古研究所、成都市文物考古研究所、泸州市博物馆、泸县文物管理所：《泸县宋墓》，文物出版社，2004年，彩版一四-1。
④ 资料来源：笔者文博单位调查采集，图片为泸州市纳溪区文管所提供并同意在本书中使用。

图3-23 奇峰镇二号墓执弓箭武士 　图3-24 青龙镇三号墓执弓箭武士 　图3-25 纳溪区文管所藏挽弓武士

　　图3-26执弓箭武士石刻年代为南宋中晚期[①]，墓葬位于遵义市桐梓县。原境为画像石室墓，武士石刻位于墓门侧。图3-27执弓箭武士石刻年代为南宋，墓葬位于遵义市皇坟嘴。[②]原境为画像石室墓，武士石刻在原境中位置不明。

　　图3-28执弓箭武士石刻年代为南宋，来自川南。原境为画像石室墓，武士石刻在原境中的位置不明。武士风格与四川泸县出土同类题材极为相似，武士颈后飘带也与泸县宋墓大部分武士一般，作向上飞舞状，可能反映的是武士的非人属性。[③]

图3-26 杨八坟宋墓M3执弓箭武士 　图3-27 贵州省博物馆藏执弓箭武士 　图3-28 江津博物馆藏执弓箭武士

---

① 图片采自贵州省文物考古研究所：《2003—2013贵州基建考古重要发现》，科学出版社，2015年，第193页。
② 资料来源：贵州省博物馆在展，图片为笔者拍摄。
③ 资料来源：江津博物馆在展，图片为笔者拍摄。

5）执骨朵武士

图3-29二件武士石刻年代为1265年，墓葬位于广安市华蓥市。原境为画像石室墓，武士石刻位于墓室的左右侧壁。此二武士内着重甲、罩外袍，手举骨朵，与安丙家族墓群中着长袍、无甲胄，执骨朵的侍者区别较大。除服饰差别外，就面相而言，举骨朵侍者之面相与其他日常备侍题材中的侍者面相无差别，而此举骨朵武士面相与侍者截然不同，更类佛教造像之天王、力士，故身份与着长袍、无甲胄的执骨朵侍者不同。[①]

图3-30二件执骨朵武士石刻年代为南宋，墓葬位于内江市资中县。原境为画像石室墓，武士石刻位于M1墓门旁。武士皆内着重甲、罩外袍。头上所戴之物应为幞头，因刻画武士面部时展现的角度非完全的正面向，故幞头的两脚看起来显得不对称。[②]

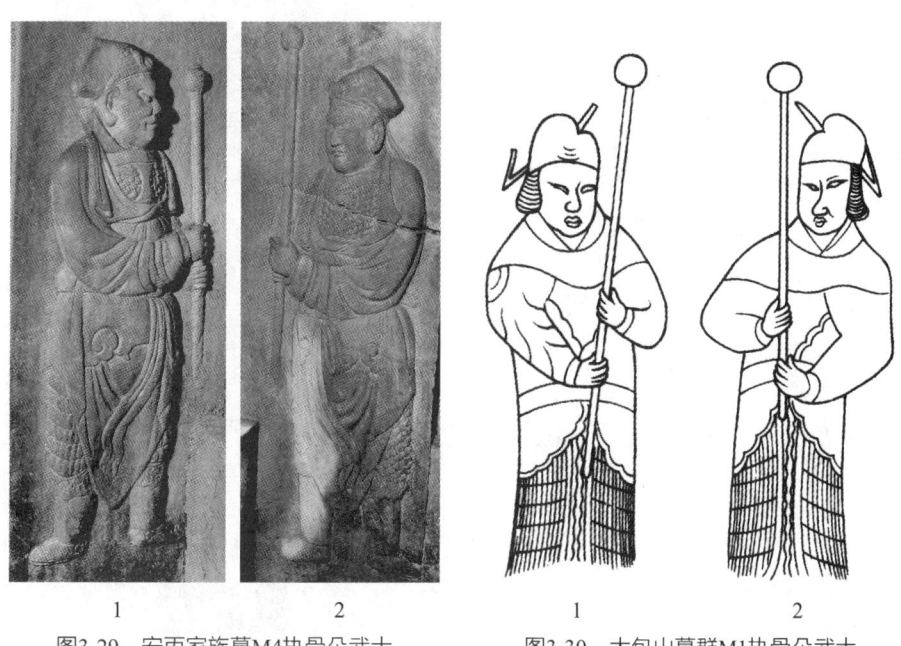

图3-29　安丙家族墓M4执骨朵武士　　　　图3-30　大包山墓群M1执骨朵武士

6）执大刀武士

图3-31天池宋墓09SLXPM1执大刀武士石刻年代为南宋，墓葬位于泸州市叙永县。原境为画像石室墓，武士石刻位于09SLXPM1墓门旁。[③]

图3-32北斗岩1号崖墓执大刀武士年代为南宋，墓葬位于宜宾市叙州区。原境为非汉

[①] 图片采自四川省文物考古研究院、广安市文物管理所、华蓥市文物管理所：《华蓥安丙墓》，文物出版社，2008年，图版九一。
[②] 图片采自四川省文物考古研究院、资中县文物管理所：《四川资中县大包山宋墓发掘简报》，《四川文物》，2013年第1期，图一四。
[③] 四川省文物考古研究院、泸州市博物馆、叙永县文物管理所：《四川叙永天池宋墓清理简报》，《四川文物》，2010年第2期，图二十三。

系画像崖墓，武士石刻位于墓门旁。①

从目前田野发现和馆藏调查来看，手执大刀之武士仅见此二例，且都发现于川南民族交往活跃之地区。

图3-31　天池宋墓09SLXPM1执大刀武士

图3-32　北斗岩1号崖墓执大刀武士

7）执叉武士

图3-33执叉武士石刻年代为南宋，墓葬位于宜宾市叙州区。原境为非汉系画像崖墓，武士石刻位于崖墓墓门旁崖壁上。田野材料和馆藏材料中目前所见之执叉武士均见于宜宾地区非汉系崖墓中。②

8）执物武士

图3-34北斗岩1号崖墓执物武士石刻③、图3-35北斗岩2号崖墓执物武士石刻年代均为南宋④，墓葬均位于宜宾市叙州区。原境皆为非汉系画像崖墓，武士石刻皆位于墓门旁崖壁上。因石刻长期暴露在外，风化严重，仅能看清此二武士皆着重甲、戴兜鍪，手中持物，已无法辨识所执何物，故将其归入持物武士一类。

图3-33　天堂沟崖墓群M8执叉武士（左）

---

① 资料来源：笔者田野调查采集，图片为笔者拍摄。
② 资料来源：笔者田野调查采集，图片为笔者拍摄。
③ 资料来源：笔者田野调查采集，图片为笔者拍摄。
④ 资料来源：笔者田野调查采集，图片为笔者拍摄。

第三章　四川地区宋元明墓葬画像石刻资料整理

图3-34　北斗岩1号崖墓执物武士 　　图3-35　北斗岩2号崖墓执物武士

2. 着重甲·佛面相武士

图3-36佛面相武士石刻年代为南宋，墓葬位于泸州市泸县。原境为画像石室墓，武士石刻位于墓门旁。该武士戴兜鍪、着重甲，手中执剑，身份应为具守卫功能之神人。其独特之处有二，其一为足下所踩之物非常见之岩石或祥云，而是狮子；其二，其面相与四川地区宋墓武士石刻所盛行之天王、力士面相截然不同，而与四川佛教石窟造像中之佛面相呈现高度的相似。究其原因，除四川地区宋墓画像石刻与宋代巴蜀佛教石窟造像传统之间的渊源外，石刻工匠群的流动也应是一个重要因素。①

图3-36　四川泸县宋代石刻博物馆藏佛面相武士

---

① 资料来源：四川泸县宋代石刻博物馆在展，图片为笔者拍摄。

067

3. 着重甲·扁平面相武士

图3-37扁平面相武士石刻年代为南宋，墓葬位于泸州市泸县。原境为画像石室墓，武士石刻位于墓门旁。此类扁平面相武士，其面容和四川地区宋墓石刻武士中流行的天王相、力士相区别较大，五官极阔长，面部整体几乎为正方形。其数量在武士石刻中较少，主要可见于川南的泸县画像石室墓和宜宾的非汉系画像崖墓中。①

图3-38扁平面相武士石刻年代为南宋，墓葬位于宜宾市叙州区。原境为非汉系画像崖墓，武士石刻位于崖墓之墓门旁。

图3-39扁平面相武士石刻年代为南宋，墓葬位于宜宾市叙州区。原境为非汉系画像崖墓，武士石刻位于崖墓之墓门旁。②

图3-37　四川泸县宋代石刻博物馆藏扁平面相武士

图3-38　天堂沟崖墓群扁平相武士第1组

图3-39　天堂沟崖墓群扁平面相武士第2组

4. 着轻甲·面相简化武士

图3-40二件面相简化着轻甲武士石刻年代为南宋，墓葬位于宜宾市叙州区。原境为非汉系画像崖墓，武士石刻位于崖墓门旁。此类武士石刻主要见于川南宜宾地区非汉系画像崖墓中，配置位置皆在崖墓的墓门两侧，通常为一组2件成对出现。武士一般着轻便的短甲，盔和甲的形式都表现得较为简单。对于五官的刻画也显得简略，五官虽然均进行了表现，但未进行精雕细琢，未呈现明显的面相风格特征。③

---

① 资料来源：四川泸县宋代石刻博物馆在展，图片为笔者拍摄。
② 资料来源：笔者田野调查采集，图片为笔者拍摄。
③ 资料来源：笔者田野调查采集，图片为笔者拍摄。

图3-40 天堂沟崖墓群面相简化着轻甲武士

（二）着袍服武士

1. 大袖宽袍戴冠武士

图3-41-1武士石刻年代为1190年，图3-41-2武士石刻年代略晚于图3-41-1。墓葬位于重庆市大足区。原境为画像石室墓，图3-42-1武士石刻位于M1墓门处，图3-41-2武士石刻位于M2墓门处。此类武士着大袖宽袍，戴冠，手中所执武器可见剑、斧、戟、钺、骨朵等。面相主要为两类，一类似佛教造像中的天王、力士相，另一类似道教造像中的护法神相，其身份应与着袍执武器侍者面相者不同，应为具守卫功能之神人。[①]

1　　　　　　　　2
图3-41 王若夫妇合葬墓着大袖宽袍服武士

---

① 图片采自大足石刻研究院：《重庆市大足区龙神湾南宋王若夫妇墓发掘简报》，《四川文物》，2015年第4期，图九，图二○。

图3-42着大袖宽袍武士石刻年代为南宋中晚期，墓葬位于乐山市井研县。原境为画像石室墓，武士石刻位于墓室门柱上。①

图3-42　金井坪宋墓M2着大袖宽袍武士

图3-43二件着大袖宽袍武士石刻年代为南宋，墓葬位于川南。原境为画像石室墓，武士石刻在原境中的位置不明。武士造型与王若夫妇墓M1着宽袍戴冠武士相似，按造型特点和艺术风格来看，此二件应为同一墓葬中出土的一组武士。②

图3-43　江津博物馆藏着大袖宽袍武士

① 图片采自四川省文物考古研究院、井研县文物管理所：《四川井研县金井坪宋代墓地发掘简报》，《四川文物》，2012年1期，图一〇，图一一，图二一，图二二。
② 资料来源：江津博物馆在展，图片为笔者拍摄。

2. 着窄袖短袍戴幞头武士

图3-44二件着窄袖短袍戴幞头武士石刻为一组，年代为南宋，墓葬位于泸州市泸县。原境为画像石室墓，石刻在原境中的位置不明。此类武士着短袍，内露轻甲，头戴幞头，足下踏祥云，手中所执所见骨朵、剑，身份应为具守卫功能之神人。①

3. 着长袍戴盔武士

图3-45着袍戴盔武士石刻年代为南宋，墓葬位于泸州市泸县。原境为画像石室墓，武士石刻在原境中的位置不明。此类武士通常着长袍，身上不着甲，头戴兜鍪，手中所执之物多为剑、钺、斧。②

图3-46天堂沟崖墓群着袍戴盔武士石刻年代为南宋，墓葬位于宜宾市叙州区。原境为非汉系画像崖墓，武士石刻位于崖墓墓门旁崖壁上。③

| 1 | 2 |

图3-44 四川泸县宋代石刻博物馆藏着窄袖短袍戴幞头武士

图3-45 四川泸县宋代石刻博物馆藏着袍戴盔武士

图3-46 天堂沟崖墓群着袍戴盔武士

---

① 图片采自四川省文物考古研究所、成都市文物考古研究所、泸州市博物馆、泸县文物管理所：《泸县宋墓》，文物出版社，2004年，彩版三七。
② 资料来源：四川泸县宋代石刻博物馆在展，图片为笔者拍摄。
③ 资料来源：笔者田野调查采集，图片为笔者拍摄。

（三）戴虎头盔武士

图3-47二件戴虎头盔武士石刻年代均为南宋，墓葬位于泸州市。原境为画像石室墓，武士石刻在原境中的位置不明。① 此类戴虎头盔武士从面相而言，与佛教造像天王、力士相类，且虎头盔在川渝唐宋佛教造像石窟中也见于护法神造像上，其产生应与四川地区墓葬石刻传统吸收佛教造像因素有关。王文波在《泸州宋墓石刻武士"虎头盔"形象试探》中，梳理了"虎头盔"武士的来源及其在墓葬中出现的原因，认为其为社会世俗化、人群迁徙、区位因素和虎崇拜习俗共同作用的产物。②

图3-47　洞宾亭泸州石刻艺术博物馆藏戴虎头盔武士

---

① 资料来源：泸州石刻艺术博物馆在展，图片为笔者拍摄。
② 王文波：《泸州宋墓石刻武士"虎头盔"形象试探》，《江汉考古》，2021年第3期。

（四）戴狮头盔武士

图3-48戴狮头盔武士石刻年代为南宋，墓葬位于泸州市泸县。原境为画像石室墓，武士石刻位于墓门旁。① 此件武士石刻所戴之头盔，既不同于泸县宋墓画像石刻武士所常戴之兜鍪顿项，也有异于洞宾亭泸州石刻艺术博物馆所藏之虎头盔武士所戴者。此件头盔中部为一兽大张之口，中间露出武士的脸，上颚獠牙和下颚獠牙正好卡在武士上额角和下颌处。从兽头的特征来看，圆目、粗鼻、吻部形状、小圆耳，头部周围还有茂密的鬃毛，具备典型的狮子特征，故此件武士石刻所戴头盔应为狮头盔无疑。戴狮头盔的武士在四川地区宋墓画像石刻中较为罕见，笔者搜集材料中仅见此孤例。考察狮头盔武士的源头，笔者认为邢义田在《赫拉克利斯在东方——其形象在古代中亚、印度与中国造型艺术中的流播与变形》中的论述有重要的参考价值。邢义田从古希腊和古罗马材料中的赫拉克利斯图像材料出发，探讨其随着亚历山大大帝和罗马皇帝东征逐渐影响中亚和印度，并在历史中不断传播，从4世纪开始以变形的形式出现在中国。发展至唐代，赫拉克利斯形象中最关键的两个要素狮头盔和棍棒很多时候已是分别出现，成为可以单用的元素，组合标示特定人物身份的意义已丧失。② 泸县所见的这件狮头盔武士石刻，应是赫拉克利斯图像进入中国发生变形后的形象在宋代的延续，唐代狮头盔和棍棒从赫拉克利斯标志性组合因素逐渐分离为单独的因素，而这种分离在此件石刻上也表现得较为明显，武士虽然头戴狮头盔，但手中所握者为一柄环首宝剑，而不再是棍棒，属于唐代变革在宋代的延续，是中外文化交流中，图像因素扩张与变异的一例实证。

图 3-48　四川泸县宋代石刻博物馆藏戴狮头盔武士

---

① 资料来源：四川泸县宋代石刻博物馆在展，图片为笔者拍摄。
② 邢义田：《赫拉克利斯在东方——其形象在古代中亚、印度与中国造型艺术中的流播与变形》，《画为心声·画像石、画像砖与壁画》，中华书局，2011年，第458-513页。

（五）簪花武士

图3-49簪花武士石刻年代为南宋，墓葬位于泸州市泸县，原境为画像石室墓，武士石刻位于墓门旁。①该武士着重甲，戴兜鍪，向上飞舞的飘带展示着其非人属性。较之四川地区所见其他重甲武士，该武士独特之处在于兜鍪上簪有一朵盛开的牡丹，这应是宋代盛行簪花习俗在丧葬领域石刻艺术上之投影。

图3-49　四川泸县宋代石刻博物馆藏簪花武士

（六）着民族服饰武士

图3-50二件着民族服饰武士石刻年代为南宋，墓葬位于宜宾市叙州区，原境为非汉系画像崖墓，武士石刻位于崖墓墓门旁。图3-50-1武士执斧，图3-50-2武士执叉，二者服饰相同，与四川地区汉系画像石室墓中所见武士、执武器侍者的服饰区别较大，应为川南非汉系民族服饰。②

图3-50　天堂沟崖墓群M8着民族服饰武士

（七）女武士

女武士是四川地区宋墓画像石刻中一类较为特殊的题材，其在兼具武士之守护属性的同时，也起着标示墓主性别、强调男女有别之作用。考察目前所见之田野材料和文博单位馆藏材料，在墓主性别信息明确的墓葬中，女武士与女性墓主存在着强对应关系，尤其是在彭山虞公著夫妇合葬墓安葬留氏的女室中，这种性别对应表现得尤为突出。留

---

① 资料来源：四川泸县宋代石刻博物馆在展，图片为笔者拍摄。
② 资料来源：笔者田野调查采集，图片为笔者拍摄。

氏墓的墓门处设置有男性武士石刻，但在安置留氏遗体的棺室入口处却设置了女武士，可见其对男女有别的强调。同样的，广元杜光世夫妇合葬墓中，杜光世墓门处设置男武士，而其妻墓门处设置女武士；泸州桥头山夫妇合葬墓中，M2的图像呈现出与女性较强的对应特征，应为妻墓，而此墓墓门处设置的亦为女武士。四川地区所见宋墓石刻女武士，有着重甲执武器者，也有着袍服执武器者，其甲胄形制均可在《武经总要》中找到原型，而非蒙古甲制；其性质也应为标明性别、强调男女有别之汉系女性武士，而非蒙古女武士。霍巍在《四川泸县宋墓石刻研究两题》中，从四川地区宋代家族合葬制度、历史背景、女武士装束上亦对此做了充分的论证，证明了泸县宋墓所见女武士之汉系属性。①

图3-51二件女武士石刻年代为1195年，墓葬位于广元市利州区。原境为画像石室墓，武士石刻位于女主人墓室墓门处。②

图3-51　杜光世夫妇墓女武士

图3-52二件女武士石刻年代为1200年，墓葬位于眉山市彭山区。原境为画像石室墓，武士石刻位于女室棺室入口处。③

图3-53二件女武士石刻年代为南宋中期偏晚，墓葬位于泸州市江阳区。原境为画像石室墓，武士石刻位于M2墓门旁。④

---

① 霍巍：《四川泸县宋墓研究两题》，《江汉考古》，2014年第5期。
② 图片采自四川省博物馆、广元县文管所：《四川广元石刻宋墓清理简报》，《文物》，1982年第6期，图二一、图二二。
③ 图片采自四川省文物管理委员会、彭山县文化馆：《南宋虞公著夫妇合葬墓》，《考古学报》，1985年第3期，图十九-1、2。
④ 图片采自四川省文物考古研究院、泸州市文物局、江阳区文物管理所：《四川泸州市江阳区桥头山宋墓发掘简报》，《四川文物》，2018年第2期，图二四。

图3-54三件武士石刻年代为南宋，墓葬位于泸州市泸县。原境为画像石室墓，武士石刻皆位于墓门旁。①

图3-52 虞公著夫妇墓女武士

1　　　　　　　2
图3-53 桥头山宋墓群M2女武士

1　　　　　　2　　　　　　3
图3-54 四川泸县宋代石刻博物馆藏女武士

---

① 资料来源：四川泸县宋代石刻博物馆在展，图片为笔者拍摄。

二、文吏

四川地区馆藏文吏石刻大部分着长袍、戴展角幞头，手中可见笏、书籍、棋盘、画卷、印盒等。与备侍题材中的侍者相比，侍者少见戴展脚幞头者，侍者所持之物均为生活中日用之物，如碗、盘、注子、盏、巾、镜、扇、巾、伞等，而文吏所持之物则多与公务和雅事相关。列举标本如下。

图3-55文吏石刻年代为南宋淳熙十三年（1186），墓葬位于泸州市泸县，原境为画像石室墓，文吏石刻位于墓室侧壁。文吏长袍阔袖，戴展角幞头，手中持笏。①

图3-56三件文吏石刻年代为南宋中期偏晚，墓葬位于泸州市江阳区。②原境为画像石室墓，图3-56-1、图3-56-2位于后室侧龛，图3-56-3位于后壁左侧柱。图3-56-1文吏手中执一卷挂轴画作展开状，图3-56-2文吏手中执一本书，图3-56-3文吏手捧棋盘。桥头山宋墓中除棋、书、画之外，花卉题材和乐伎题材较为丰富，在一座墓中反映了宋代雅致生活中插花、挂画、弈棋、读书、赏乐等活动，事死如事生地为墓主构建了一个再现生时风雅生活的死后世界。

图3-55 奇峰镇二号墓文吏

图3-56 桥头山宋墓群M2文吏

图3-57二件文吏石刻为一组，年代为南宋，墓葬位于泸州市泸县。原境为画像石室墓，文吏石刻在原境中位置不明。③二者皆戴曲脚幞头，着长袍，图3-57-1手中捧印盒，图3-57-2手中执一长方形盒，应与文房用器相关。

---

① 图片采自四川省文物考古研究所、成都市文物考古研究所、泸州市博物馆、泸县文物管理所：《泸县宋墓》，文物出版社，2004年，彩版二八-2。
② 图片采自四川省文物考古研究院、泸州市文物局、江阳区文物管理所：《四川泸州市江阳区桥头山宋墓发掘简报》，《四川文物》，2018年第2期。
③ 资料来源：四川泸县宋代石刻博物馆在展，图片为笔者拍摄。

1　　　　　　　　　　　　　　2

图3-57　四川泸县宋代石刻博物馆藏文吏

图3-58二组文吏石刻年代为1224年，墓葬位于广安市华蓥市。原境为画像石室墓，文吏石刻位于中后室过道侧壁。与四川地区其他宋墓中出现的文吏相比，安丙墓所出文吏数量较多，且成群组出现，这应与安丙生前为二品大员相关。作为高等级官员，其生时身边应随侍多位文吏，因此在墓葬中事死如事生地展现了生时文吏簇拥的排场。①

1　　　　　　　　　　　　　　2

图3-58　安丙家族墓M2文吏石刻

---

① 图片采自四川省文物考古研究院、广安市文物管理所、华蓥市文物管理所：《华蓥安丙墓》，文物出版社，2008年，图版四八、图版四九。

图3-59文吏石刻年代为1227—1243年，墓葬位于遵义市红花岗区。原境为画像石室墓，文吏石刻位于男室北壁非中心位。该文吏着阔袖长袍，戴展脚幞头，手中执笏。①

图3-60二件文吏石刻年代为南宋，墓葬位于宜宾市叙州区。原境为非汉系画像崖墓，文吏石刻位于墓室的门两侧。文吏头戴无脚幞头，身着阔袖长袍，拢手恭立。②

图3-59　杨粲墓文吏　　　　　图3-60　三十六臂山崖墓文吏

三、备侍

备侍是四川地区宋墓画像石刻中常见的题材之一，大体可分为以下两类：守护安全的执武器类备侍、日常生活类备侍。列举标本如下。

（一）执武器侍者

执武器侍者从面相、服饰上来看，与武士差别较大，而与备侍的其他题材如捧物、洒扫、备寝之类的侍者无区别，面相上并没有如武士一般特别突出威严以增强震慑力，服饰也均非甲胄。笔者在整理武士石刻资料的过程中发现，部分田野材料和文博单位馆藏材料将执武器的侍者也归入武士范畴，但此二者属性应有区别。如泸县奇峰镇二号墓，同时出现了执弓执钺的二武士，和执棍的着长袍、无甲胄、戴幞头者，但二者区别在于，武士着重甲，面相如天王、力士，且居于墓室入口处；而着长袍、无甲胄、执棍者位于武士之后，刻画在接近棺台的墓室侧壁上。如二者身份、功能、性别相同，没有在一个墓室设置两组武士之必要。而从四川地区有出土原境详细信息可考的墓葬中，除

---

① 图片采自周必素：《贵州遵义的宋代石室墓》，《江汉考古》，2008年第4期，图五。
② 资料来源：笔者田野调查采集，图片为笔者拍摄。

了像虞公著夫妇墓留氏所在女室为了表征男女有别而在女室的棺室又设置了一组女武士之外，绝大部分情况都仅设置一组武士。因此，如泸县奇峰镇二号墓中同时存在的着重甲执武器武士和着长袍无甲胄执武器者，身份应有差异，一为镇守墓门驱凶辟邪之神人，一为执武器守卫内室安宁之侍者。

此二件执武器侍者年代为1190年，墓葬位于重庆市大足区。原境为画像石室墓，侍者石刻位于侧壁龛门扇前。侍者着袍、戴无脚幞头，手执骨朵。①

图3-61 王若夫妇合葬墓执武器侍者

图3-62-1执武器侍者石刻年代为南宋淳熙十三年（1186），来自奇峰镇二号墓，墓葬位于泸州市泸县。原境为画像石室墓，侍者石刻位于墓室侧壁。侍者手执长棍，戴交脚幞头。②

图3-62-2执武器侍者石刻年代为南宋，墓葬位于泸州市泸县。原境为画像石室墓，侍者石刻在墓葬中的位置不明。侍者执剑杵地，身着长袍，头戴交脚幞头，耳后坠长流苏，足上穿翘头鞋。③

图3-62-3执武器侍者石刻年代为南宋，墓葬位于泸州市泸县。原境为画像石室墓，侍者石刻在墓葬中的位置不明。侍者执剑杵地，身着长袍，头戴交脚幞头，足上穿翘头鞋。④

图3-62 四川泸县宋代石刻博物馆藏执武器侍者

① 图片采自大足石刻研究院：《重庆市大足区龙神湾南宋王若夫妇墓发掘简报》，《四川文物》，2015年第4期，图一〇。
② 图片采自四川省文物考古研究所、成都市文物考古研究所、泸州市博物馆、泸县文物管理所：《泸县宋墓》，文物出版社，2004年，彩版二八-1。
③ 资料来源：四川泸县宋代石刻博物馆在展，图片为笔者拍摄。
④ 资料来源：四川泸县宋代石刻博物馆在展，图片为笔者拍摄。

图3-63二件执武器侍者为一组，年代为1224年，来自安丙家族墓群M2，墓葬位于广安市华蓥市。侍者石刻位于墓室左右侧壁。两名侍者均着圆领袍，双手执骨朵举起，面相异于武士常见的天王、力士相，和备侍题材中出现的其他捧日常生活用器侍者相同，故虽其手执在武士手中常见的骨朵，但身份应为侍者。①

（二）日常生活备侍

日常生活备侍类石刻中可见行礼、持书、备寝、升帷帐、洒扫、捧镜、备馔、捧注子、捧碗、捧盏、熏香、插花、执扇、执伞、负椅等题材，涵盖世俗生活起居衣食住行诸方面。在事死如事生观念影响下，以石刻的形式为逝者营造出侍者常随侍奉的墓葬空间。

图3-64二件行叉手礼侍者石刻年代为南宋，墓葬位于重庆市合川区。原境为画像石室墓，侍者石刻位于后壁两侧。②

图3-65-1为喻寺镇一号墓行礼侍者，年代为南宋，墓葬位于泸州市泸县。原境为画像石室墓，侍者石刻位于墓室侧壁龛。③图3-65-2为四川泸县宋代石刻博物馆藏行叉手礼侍者，年代为南宋，墓葬位于泸州市泸县。原境为画像石室墓，侍者石刻在墓葬中的位置不明。④

图3-63 安丙家族墓执武器侍者石刻

图3-64 观山墓群M1行礼侍者

---

① 图片采自四川省文物考古研究院、广安市文物管理所、华蓥市文物管理所：《华蓥安丙墓》，文物出版社，2008年，图版八二-1，图版一〇一。
② 图片采自重庆市文化遗产研究院、重庆文化遗产保护中心：《重庆市合川区观山墓群宋代石室墓发掘简报》，《四川文物》，2014年第2期，图四。
③ 图片采自四川省文物考古研究所、成都市文物考古研究所、泸州市博物馆、泸县文物管理所：《泸县宋墓》，文物出版社，2004年，彩版一七-2。
④ 资料来源，四川泸县宋代石刻博物馆在展，图片为笔者拍摄。

图3-65　泸县宋墓行叉手礼侍者

　　图3-66持《礼记全》侍者石刻年代为南宋，墓葬位于泸州市泸县。原境为画像石室墓，侍者石刻在墓葬中的位置不明。石刻手中所持一书，刻书名《礼记全》，但从现存古代文献中，未发现《礼记全》之书名，该书名仅见于此件石刻上。此处之"礼记全"或并非专指一书之名，而是以此概括与《礼记》相关之所有书籍。[1]

图3-66　四川泸县宋代石刻博物馆藏持《礼记全》侍者

---

[1] 资料来源：四川泸县宋代石刻博物馆在展，图片为笔者拍摄。

图3-67侍女石刻年代为南宋，墓葬位于泸州市泸县，侍女石刻位于墓室后壁中心位。侍女一手作升帷帐状，一手勾住右脚鞋尾部作提拉穿鞋状，应表示侍女晨起穿鞋、升帷帐，准备侍奉女主人起身之意。此外，石刻亦有象征墓室空间延展，帷帐后仍有安寝空间之意。①

图3-68五件备侍石刻年代均为南宋，墓葬均位于泸州市泸县。原境皆为画像石室墓，除图3-68-4的石刻位于墓室后壁中心位外，其他四件石刻在墓葬中的位置不明。图3-68-1为执巾侍女，图3-68-2为捧奁执镜侍女，图3-68-3为捧碗侍女，图3-68-4为负交椅侍者，图3-68-5为执扇侍女。②

图3-67 四川泸县宋代石刻博物馆藏升帷提鞋侍女

图3-68 四川泸县宋代石刻博物馆藏备侍石刻

---

① 资料来源：四川泸县宋代石刻博物馆在展，图片为笔者拍摄。
② 资料来源：四川泸县宋代石刻博物馆在展，图片为笔者拍摄。

图3-69五件备侍石刻年代均为南宋,墓葬均位于泸州市。原境皆为画像石室墓,除图3-69-1、图3-69-2的石刻位于墓室后壁中心位外,其他三件石刻在墓葬中的位置不明。图3-69-1为持镜侍女,图3-69-2为熏香侍者,图3-69-3为持凉伞侍女,图3-69-4为持巾侍者,图3-69-5为执注子侍者。①

图3-69 泸州市博物馆藏备侍石刻

---

① 资料来源:泸州市博物馆在展,图片为笔者拍摄。

图3-70虞公著夫妇墓备宴石刻年代为1200年，墓葬位于眉山市彭山区。原境为画像石室墓，备宴石刻位于墓室享堂侧壁。①此件备宴石刻为目前四川地区宋墓石刻同类题材中所见人物最多、内容最丰富者。其图像内容、艺术风格与四川地区备宴类石刻区别较大，而更类北方雕砖壁画墓中同类题材。

图3-71烂泥湾宋墓倒酒图石刻年代为南宋，墓葬位于内江市资中县，原境为画像石室墓，石刻位于墓室侧壁非中心位。②

图3-72备馔石刻年代为南宋，墓葬位于泸州市纳溪区。原境为画像石室墓，石刻在墓葬中的位置不明。左侧侍者正捧一注子作倾注状，右侧侍者捧一盘，盘上倒扣一碗。③

图3-70 虞公著夫妇墓备宴图 　　图3-71 烂泥湾宋墓M3倒酒图 　　图3-72 纳溪区文管所藏备馔图

图3-73和图3-74二件石刻年代为南宋，墓葬位于泸州市泸县。原境为画像石室墓，图3-73捧印侍者位于墓室后龛中心位。④图3-74捧物侍者位于墓室左侧壁龛，手中所捧为一筒状物。⑤

---

① 图片采自四川省文物管理委员会、彭山县文化馆：《南宋虞公著夫妇合葬墓》，《考古学报》，1985年第3期，图一三。
② 图片采自四川省文物考古研究院、资中县文物管理所：《四川资中县烂泥湾宋墓发掘简报》，《四川文物》，2015年第2期，图三-2。
③ 资料来源：笔者文博单位调查采集，照片为泸州市纳溪区文管所提供并授权在本书中使用。
④ 图片采自四川省文物考古研究所、成都市文物考古研究所、泸州市博物馆、泸县文物管理所：《泸县宋墓》，文物出版社，2004年，彩版一八。
⑤ 图片采自四川省文物考古研究所、成都市文物考古研究所、泸州市博物馆、泸县文物管理所：《泸县宋墓》，文物出版社，2004年，彩版一七-1。

图3-73 喻寺镇一号墓捧印侍者　　图3-74 喻寺镇一号墓捧物侍者

图3-75二件捧物侍女石刻为一组，年代为南宋，墓葬位于泸州市泸县。原境为画像石室墓，侍女石刻分别位于墓室的两侧壁。图3-75-1手中捧盒，图3-75-2手中捧一镜台。[①]

1　　2

图3-75 奇峰镇一号墓捧物侍女

[①] 图片采自四川省文物考古研究所、成都市文物考古研究所、泸州市博物馆、泸县文物管理所：《泸县宋墓》，文物出版社，2004年，彩版二四。

图3-76四件备侍石刻年代均为南宋,墓葬均位于广元市。原境皆为画像石室墓,备侍石刻在原境中的位置不明。从左至右,左一侍者行叉手礼,左二和左三侍女均作倚门状,左四侍者手中执一物似拂尘。①

图3-76 皇泽寺藏备侍

图3-77四件备侍石刻年代为1265年,墓葬位于广安市华蓥市。原境为画像石室墓,备侍石刻位于墓室两侧壁。图3-77-1位于墓室后壁左侧,双手执杖柄高举;图3-77-2位于中龛左侧壁,双手执扇高举;图3-77-3和图3-77-4分别位于后壁内龛左右侧壁,图3-77-3手中捧食盒,图3-77-4手中托一有足托盘,上倒扣一荷叶形盖子。原报告中描述图3-77-4手中所捧可能为香薰,但图3-77-3和图3-77-4所在的后壁中心位置已经展现了莲花台座上的宝珠顶香炉,如图3-77-4手中展现的再为香薰,与中心位置图像功能就显得重复,故笔者推测,图3-77-4手中所捧或非香薰,而是"饮"相关的用器,与图3-77-3手中所捧食盒,正好构成饮食供奉的意味。②

---

① 资料来源：广元皇泽寺博物馆在展,图片为笔者拍摄。
② 图片采自四川省文物考古研究院、广安市文物管理所、华蓥市文物管理所：《华蓥安丙墓》,文物出版社,2008年,图版一〇二-1、一〇四-2、一〇五。

1　　　　　　　2　　　　　　　3　　　　　　　4

图3-77　安丙家族墓M4捧物侍者

  图3-78侍奉石刻年代为南宋，墓葬位于宜宾市叙州区。原境为非汉系画像崖墓，侍奉石刻位于墓室后壁，启门图旁。石刻中有一女性盘坐，旁一侍女托盘作侍奉状，盘中似为盏台和盏。①

图3-78　北斗岩1号崖墓侍奉图

---

① 资料来源：笔者田野调查采集，邓宽宇绘图。

四、四神

四神是四川地区宋墓画像石刻中主流题材之一，在墓葬中的分布方式较为固定。当四神完整配置于一座墓葬中时，绝大多数情况均按照左青龙、右白虎、前朱雀、后玄武的关系进行配置。即使是只取青龙白虎或只取朱雀玄武时，这样的配置关系依然不变。但在目前笔者搜集到的材料中，也有极少数朱雀、玄武突破常见配置规律，出现在一个壁面中的特殊情况，如泸州桥头山宋墓M1朱雀玄武共出图、四川泸县宋代石刻博物馆藏朱雀玄武共出图。四神在墓葬之中，有其传统意义上的去凶辟邪、协调阴阳之用。从四川地区宋代画像石室墓中出土的买地券文也可见，四神也起到象征墓主死后空间无限延展之用，以标示"东至青龙、西至白虎、南至朱雀、北至玄武"这个由四方神界定的广阔空间皆为墓主所有，不可侵占抢夺。列举标本如下。

（一）青龙

青龙完整的伴出图像因素有礁石、波浪、祥云、火焰珠等，但对上述图像加以完整刻画的较少，通常见其固定的伴出因素为火焰珠。青龙主要有两种形态，一种为龙形青龙，另一种为兽形青龙。龙形青龙身形瘦长，或如蛇，或如鳄，全身披鳞片。兽形青龙形体似陆生猛兽，身躯和四肢粗壮，但龙头与龙形青龙无异，浑身披鳞片。

1. 龙形青龙

图3-79青龙石刻年代为北宋，墓葬位于泸州市合江县。原境为画像石棺，青龙石刻位于石棺左侧帮。[①]

图3-79 合江13号画像石棺龙形青龙

---

① 资料来源：合江县汉代画像石棺博物馆在展，图片为笔者拍摄。

图3-80青龙石刻年代为1190年，墓葬位于重庆市大足区。原境为画像石室墓，青龙石刻位于M1墓室东壁。①

图3-80 王若夫妇合葬墓龙形青龙

图3-81青龙石刻年代为1200年，墓葬位于眉山市彭山区。原境为画像石室墓，青龙石刻位于西室东壁。②

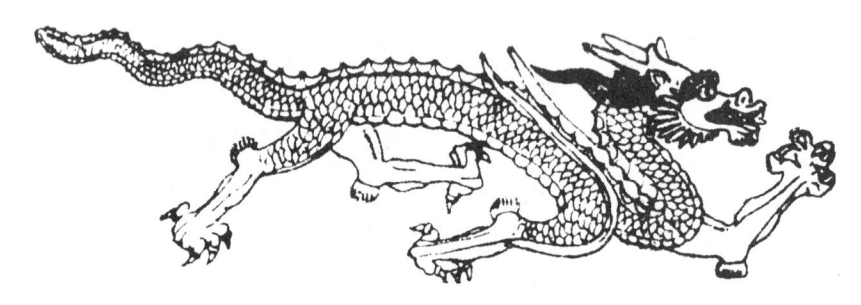

图3-81 虞公著夫妇墓龙形青龙

图3-82青龙石刻年代为南宋，墓葬位于泸州市泸县。原境为画像石室墓，青龙石刻位于墓室左侧壁。伴出元素较为丰富，可见火焰珠、礁石、祥云等。③

图3-82 青龙一号墓龙形青龙

---

① 图片采自大足石刻研究院：《重庆市大足区龙神湾南宋王若夫妇墓发掘简报》，《四川文物》，2015年第4期，图一二-2。
② 图片采自四川省文物管理委员会、彭山县文化馆：《南宋虞公著夫妇合葬墓》，《考古学报》，1985年第3期，图五。
③ 图片采自四川省文物考古研究所、成都市文物考古研究所、泸州市博物馆、泸县文物管理所：《泸县宋墓》，文物出版社，2004年，彩版五。

图3-83青龙石刻年代为南宋，墓葬位于泸州市泸县。原境为画像石室墓，青龙石刻位于墓室左侧壁。伴出元素可见火焰珠、祥云。青龙呈一边追逐宝珠、一边回首状。①

图3-83　四川泸县宋代石刻博物馆藏龙形青龙—回首式

图3-84二件青龙石刻年代均为南宋，墓葬均位于泸州市泸县。原境皆为画像石室墓，青龙石刻皆位于墓室左侧壁。图3-84-1青龙身体瘦长遒劲，身躯长而蜿蜒，似蛇身；图3-84-2青龙体量较大，身体更似鳄形，这也是四川地区宋墓画像石刻中极为少见的一件身躯似鳄的青龙石刻。但因古代龙的形象中，除蛇身者，也可见鳄身者，因此仍将其归入龙形青龙之范畴。②

1

2

图3-84　四川泸县宋代石刻博物馆藏龙形青龙—向前式

① 资料来源：四川泸县宋代石刻博物馆在展，图片为笔者拍摄。
② 资料来源：四川泸县宋代石刻博物馆在展，图片为笔者拍摄。

图3-85青龙石刻年代为南宋，墓葬位于泸州市。原境为画像石室墓，青龙石刻在原境中的位置不明。此件属龙形青龙较为完整的表现形式，除龙的形态本身展现得较为完整之外，还展现了礁石、波涛、祥云、宝珠等元素。①

图3-85　泸州石刻艺术博物馆藏龙形青龙

图3-86青龙石刻年代为南宋，墓葬位于宜宾市。原境为画像石室墓，青龙石刻在原境中的位置不明。这是笔者搜集的四川地区宋墓青龙石刻中唯一一件将青龙尾部表现为鱼尾形态者。②

图3-86　宜宾博物院藏龙形鱼尾青龙

图3-87青龙石刻年代为1224年，墓葬位于广安市华蓥市。原境为画像石室墓，青龙石刻位于墓室东壁。③

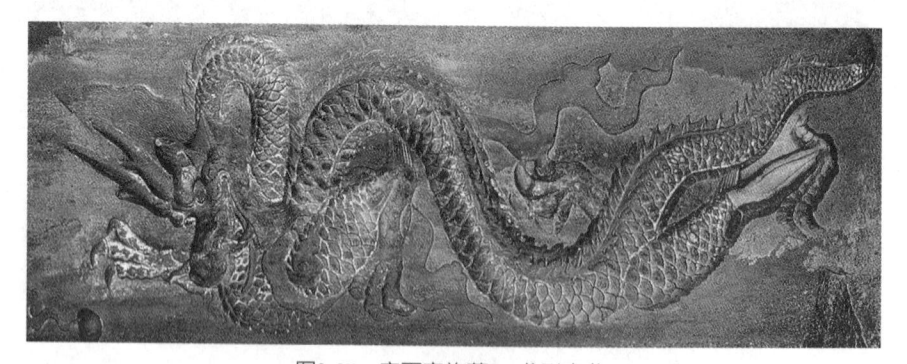

图3-87　安丙家族墓M1龙形青龙

---

① 资料来源：泸州石刻艺术博物馆在展，图片为笔者拍摄。
② 资料来源：宜宾博物院在展，图片为笔者拍摄。
③ 图片采自四川省文物考古研究院、广安市文物管理所、华蓥市文物管理所：《华蓥安丙墓》，文物出版社，2008年，图版二〇-1。

图3-88青龙石刻年代为南宋,墓葬位于宜宾市叙州区。原境为非汉系画像崖墓,青龙石刻位于崖墓墓门下方。虽然天堂沟崖墓M9配置位置有别于汉系青龙和东(左)方的强对应恒定配置关系,但就形体而言,在宜宾地区非汉系画像崖墓中所出之青龙,形态和四川地区汉系画像石室墓和画像崖墓中所见龙形青龙一致,身躯如蛇,浑身披鳞,身体瘦长蜿蜒,作奔跑追逐火焰珠状。非汉系画像崖墓中的青龙石刻应为汉系画像墓中青龙元素传播到非汉系墓葬装饰系统中的产物。天堂沟崖墓群M9青龙石刻所呈现的与汉系画像墓青龙配置位置的差异,或因其在接受青龙图像元素的传播时,可能只接受了其图像本身,而没有全盘接受其在汉系画像石室墓中所表达的东方神之内涵,故将青龙安置在了门口,而非东壁。但在罗场非汉系崖墓中出现的青龙石刻则和汉系画像墓中一样被安置在了墓室的东壁,或意味着该墓在接受青龙石刻时,除了图像也将其内涵一并接纳。[1]

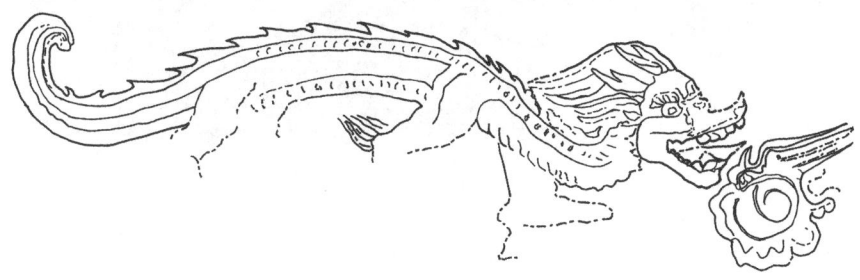

图3-88 天堂沟崖墓群M9龙形青龙

图3-89青龙石刻年代为南宋,墓葬位于宜宾市高县。原境为非汉系画像崖墓,青龙石刻位于墓室东壁。[2]

---

[1] 资料来源:笔者田野调查采集,邓宽宇绘图。
[2] 资料来源:笔者田野调查采集,陈金凤绘图。

图3-89　罗场非汉系崖墓龙形青龙

图3-90青龙石刻年代为南宋开禧年间（1205—1207），墓葬位于重庆市永川区。原境为汉系画像崖墓，青龙石刻位于墓室东壁下部。[①]

图3-90　高洞子崖墓龙形青龙

2. 兽形青龙

图3-91青龙石刻年代为南宋，墓葬位于泸州市泸县。原境为画像石室墓，青龙石刻位于墓室左侧壁。青龙身躯和四肢粗壮，浑身披鳞，身躯与龙形青龙常见的蛇形躯和少见的鳄形躯皆区别较大，而更似麒麟。[②]

[①] 图片采自重庆市文化遗产研究院、重庆市永川区文物管理所：《重庆永川高洞子南宋墓群清理简报》，《文物》，2020年第6期，图三七。
[②] 资料来源：四川泸县宋代石刻博物馆在展，图片为笔者拍摄。

图3-91 喻寺镇一号墓兽形青龙

（二）白虎

白虎伴出图像因素主要为祥云，有少数伴出火焰珠。白虎主要可见两种形态，一种为兽形白虎，另一种为龙形白虎。兽形白虎身体和四肢粗壮，如真实存在的老虎躯体，其又分为两类，一类头和背生长鬣，肩背相连处有飘带飞起象征飞舞之态势，足踏祥云，神异特征明显；另一类无长鬣和飘带，也不踏祥云，与现实中之虎无太大区别。龙形白虎身躯瘦长似龙，也分为两类，一类为兽头，但全身披麟，肩背处无飘带；另一类头部生鬣极长似龙，腹部还有如龙蛇的横纹，肩背有飘带作飞舞之姿，足踏祥云，神异特征明显。

1. 兽形白虎

图3-92白虎石刻年代为北宋，墓葬位于泸州市合江县。原境为画像石棺，白虎石刻位于石棺右侧帮。[①]

图3-92 合江13号画像石棺兽形白虎

---

① 资料来源：合江县汉代画像石棺博物馆在展，图片为笔者拍摄。

图3-93白虎石刻年代为1190年,墓葬位于重庆市大足区。原境为画像石室墓,白虎石刻位于M1墓室西壁。①

图3-93 王若夫妇合葬墓兽形白虎

图3-94白虎石刻年代为南宋中期偏晚,墓葬位于泸州市江阳区。原境为画像石室墓,白虎石刻位于M1中室右侧过梁上。②

图3-94 桥头山宋墓群M1兽形白虎

图3-95白虎石刻年代为南宋,墓葬位于泸州市泸县。原境为画像石室墓,白虎石刻位于墓室右壁。③

图3-95 青龙镇三号墓兽形白虎

---

① 图片采自大足石刻研究院:《重庆市大足区龙神湾南宋王若夫妇墓发掘简报》,《四川文物》,2015年第4期,图一二-1。
② 图片采自四川省文物考古研究院、泸州市文物局、江阳区文物管理所:《四川泸州市江阳区桥头山宋墓发掘简报》,《四川文物》,2018年第2期,图一四。
③ 图片采自四川省文物考古研究所、成都市文物考古研究所、泸州市博物馆、泸县文物管理所:《泸县宋墓》,文物出版社,2004年,彩版一三。

图3-96白虎石刻年代为南宋，墓葬位于泸州市泸县。原境为画像石室墓，白虎石刻位于墓室的右壁。①

图3-96　四川泸县宋代石刻博物馆藏兽形白虎

图3-97白虎石刻年代为南宋，墓葬位于宜宾市。原境为画像石室墓，白虎石刻在原境中的位置不明。②

图3-97　宜宾博物院藏兽形白虎

图3-98白虎石刻年代为南宋，墓葬位于宜宾市高县。原境为非汉系画像崖墓，白虎石刻位于墓室右侧壁。③

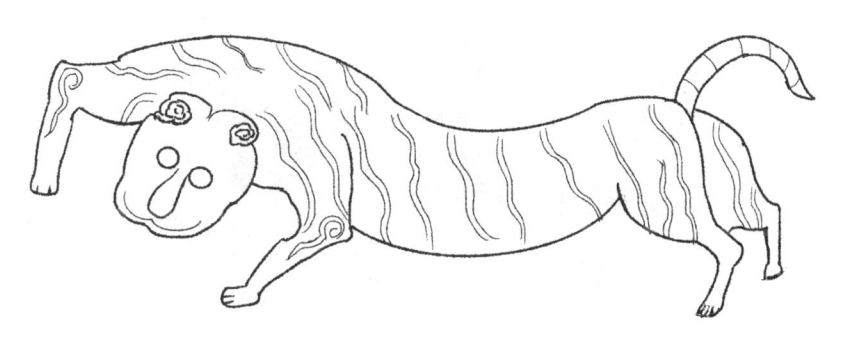

图3-98　罗场非汉系崖墓兽形白虎

---

① 资料来源：四川泸县宋代石刻博物馆在展，图片为笔者拍摄。
② 资料来源：四川泸县宋代石刻博物馆在展，图片为笔者拍摄。
③ 资料来源：笔者田野调查采集，陈金凤绘图。

2. 龙形白虎

图3-99白虎石刻年代为南宋，墓葬位于广元市利州区。原境为画像石室墓，白虎石刻在墓葬中的位置不明。白虎为兽首，龙身，全身披麟。①

图3-99　广元出土龙形白虎

图3-100白虎石刻年代为1200年，墓葬位于眉山市彭山区。原境为画像石室墓，白虎石刻位于西室西壁处。白虎为兽首，龙身，头有长鬣，腹有与龙蛇相近之横纹。②

图3-100　虞公著夫妇墓龙形白虎

图3-101白虎石刻年代为南宋开禧年间（1205—1207），墓葬位于重庆市永川区。原境为汉系画像崖墓，白虎石刻位于墓室西壁下部。③

图3-101　高洞子崖墓龙形白虎

---

① 资料来源：广元皇泽寺博物馆在展，图片为笔者拍摄。
② 图片采自四川省文物管理委员会、彭山县文化馆：《南宋虞公著夫妇合葬墓》，《考古学报》，1985年第3期，图六。
③ 图片采自重庆市文化遗产研究院、重庆市永川区文物管理所：《重庆永川高洞子南宋墓群清理简报》，《文物》，2020年第6期，图三七。

图3-102白虎石刻年代为南宋，墓葬位于泸州市泸县。原境为画像石室墓，白虎石刻位于墓室的右侧壁。伴出图像元素为祥云、火焰珠。①

图3-102　四川泸县宋代石刻博物馆藏龙形白虎

图3-103白虎石刻年代为南宋，墓葬位于泸州市泸县。原境为画像石室墓，白虎石刻位于墓室右侧。比较罕见的是，此白虎尾部还有一人抓住白虎尾做攀附状，应有攀神兽升仙之意。②

图3-103　四川泸县宋代石刻博物馆藏龙形白虎

（三）朱雀

四川地区宋墓画像石刻中所见朱雀主要有两种形态，一种为侧面向鸟形朱雀，另一种为正面向人面朱雀。侧面向鸟形朱雀，整体形态如鸟，一般侧面而立，羽翼展开，有少数口中还衔有仙草或花。正面向人面朱雀，朱雀身躯如鸟，正面而立，羽翼正面展开，头部为正面向，嘴部虽为鸟喙，但面部总体特征更似人脸。

---

① 资料来源：四川泸县宋代石刻博物馆在展，图片为笔者拍摄。
② 资料来源：四川泸县宋代石刻博物馆在展，图片为笔者拍摄。

1. 侧面向鸟形朱雀

图3-104二件朱雀石刻年代为1200年、1226年，墓葬位于眉山市彭山区。原境为画像石室墓，朱雀石刻分别位于虞公著墓室南壁和其妻留氏墓室南壁。①

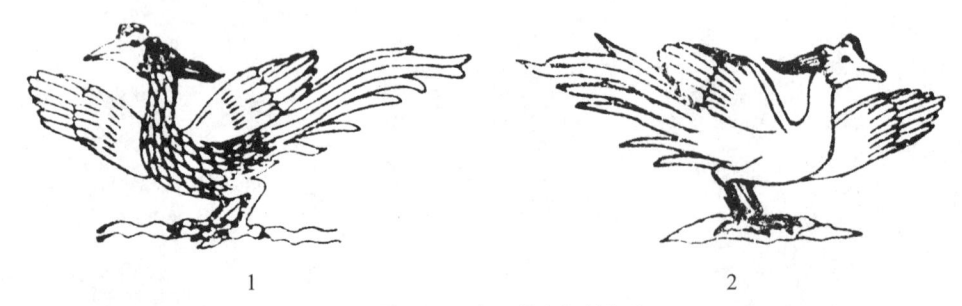

图3-104　虞公著夫妇墓朱雀

图3-105朱雀石刻年代为1224年，墓葬位于广安市华蓥市。原境为画像石室墓，朱雀石刻位于甬道顶部横梁中央。②

图3-105　安丙家族墓M1朱雀

图3-106朱雀石刻年代为南宋开禧年间（1205—1207），墓葬位于重庆市永川区。原境为汉系画像崖墓，朱雀石刻位于墓室东北壁下部。此朱雀为四川地区宋墓中极少见之衔仙草者。③

---

① 图片采自四川省文物管理委员会、彭山县文化馆：《南宋虞公著夫妇合葬墓》，《考古学报》，1985年第3期，图八。
② 图片采自四川省文物考古研究院、广安市文物管理所、华蓥市文物管理所：《华蓥安丙墓》，文物出版社，2008年，图版一九-1。
③ 图片采自重庆市文化遗产研究院、重庆市永川区文物管理所：《重庆永川高洞子南宋墓群清理简报》，《文物》，2020年第6期，图三七。

图3-106 高洞子崖墓朱雀

图3-107朱雀石刻年代为南宋，墓葬位于宜宾市叙州区。原境为非汉系画像崖墓，朱雀石刻位于墓门上方门额处。此朱雀应为汉系墓葬装饰元素影响非汉系墓葬的产物，其形态和配置位置皆与汉系无异，应是同时接受了图像元素和图像内涵。①

图3-107 北斗岩1号崖墓朱雀

2. 正面向人面朱雀

图3-108和图3-109二件朱雀石刻年代皆为北宋②，墓葬位于泸州市合江县。原境皆为画像石棺，朱雀石刻分别位于各自石棺的前档。③

---

① 资料来源：笔者田野调查采集，图片为笔者拍摄。
② 资料来源：合江县汉代画像石棺博物馆在展，图片为笔者拍摄。
③ 资料来源：合江县汉代画像石棺博物馆在展，图片为笔者拍摄。

石上万象　　　　　　　　　　　四川地区宋元明墓葬画像石刻研究

图3-108　合江13号画像石棺朱雀　　图3-109　合江14号画像石棺朱雀

图3-110朱雀石刻年代为1195年，墓葬位于广元市利州区。原境为画像石室墓，朱雀石刻位于墓室南壁。①

图3-110　杜光世夫妇墓朱雀

图3-111朱雀石刻年代为南宋，墓葬位于泸州市泸县。原境为画像石室墓，朱雀石刻位于墓室的南壁。②

---

① 图片采自：四川省博物馆、广元县文管所：《四川广元石刻宋墓清理简报》，《文物》，1982年第6期，图一四。
② 资料来源：四川泸县宋代石刻博物馆在展，图片为笔者拍摄。

图3-111　四川泸县宋代石刻博物馆藏朱雀

图3-112朱雀石刻年代为1224年，墓葬位于广安市华蓥市。原境为画像石室墓，朱雀石刻位于甬道横梁处。①

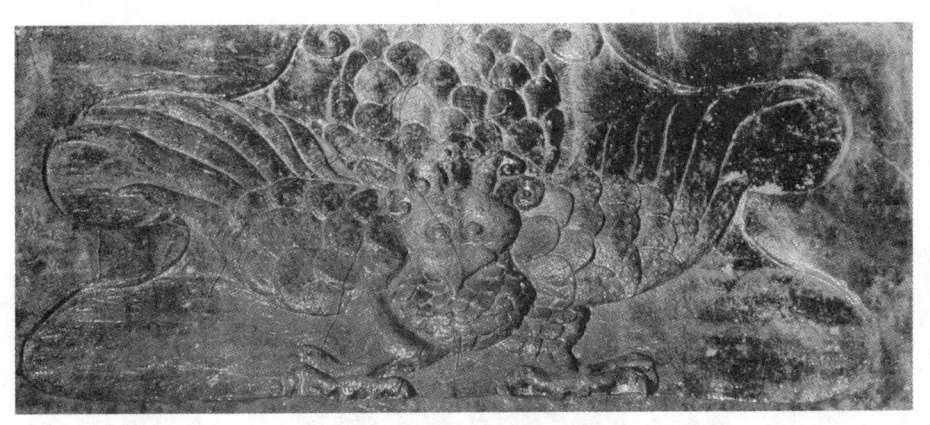

图3-112　安丙家族墓M2朱雀

（四）玄武

四川地区宋墓画像石刻中所见玄武，目前笔者搜集的材料中有三种形态，第一种为龟蛇一体式，即蛇与龟缠绕为一体，龟首与蛇首同向，或龟首与蛇首对望，此种形态是玄武石刻的主流。第二种为龟式玄武，省略了蛇，只留下了龟，且对龟的刻画比较细致，和现实中的动物龟无差别，但因其皆与朱雀成对出现，配置也都在墓室北壁，故判断其为玄武。第三种为真武大帝与龟、蛇共出，其配置位置也与"北"成固定的对应关系。

---

① 图片采自四川省文物考古研究院、广安市文物管理所、华蓥市文物管理所：《华蓥安丙墓》，文物出版社，2008年，图版四六-1。

1. 龟蛇一体式

图3-113玄武石刻年代为北宋，墓葬位于泸州市合江县。原境为画像石棺，玄武石刻位于石棺后档。①

图3-114二件玄武石刻年代均为南宋。墓葬均位于泸州市泸县。原境皆为画像石室墓，玄武石刻分别位于各自墓室的北壁。②

图3-113　合江13号画像石棺玄武　　　图3-114　四川泸县宋代石刻博物馆藏玄武

图3-115皇泽寺藏玄武石刻年代为南宋，墓葬位于广元市，原境为画像石室墓，玄武石刻在原境中的位置不明。③

图3-116杜光世夫妇墓玄武石刻年代为1195年，墓葬位于广元市利州区。原境为画像石室墓，玄武石刻位于墓室北壁。④

图3-117玄武石刻年代为1200年。墓葬位于眉山市彭山区。原境为画像石室墓，玄武石刻位于留氏墓室北壁处。⑤

图3-115　皇泽寺藏玄武　　　　图3-116　杜光世夫妇墓玄武

---

① 资料来源：合江县汉代画像石棺博物馆在展，图片为笔者拍摄。
② 资料来源：四川泸县宋代石刻博物馆在展，图片为笔者拍摄。
③ 资料来源：广元皇泽寺博物馆在展，图片为笔者拍摄。
④ 图片采自四川省博物馆、广元县文管所：《四川广元石刻宋墓清理简报》，《文物》，1982年第6期，图一三。
⑤ 图片采自四川省文物管理委员会、彭山县文化馆：《南宋虞公著夫妇合葬墓》，《考古学报》，1985年第3期，图七。

图3-117 虞公著妻留氏墓玄武

图3-118玄武石刻年代为1227—1243年。墓葬位于遵义市红花岗区。原境为画像石室墓，玄武石刻位于女室北壁非中心位。①

图3-118 杨粲墓玄武

图3-119玄武石刻年代为南宋，墓葬位于宜宾市叙州区。原境为非汉系画像崖墓，玄武石刻位于墓室后壁。此玄武形态与配置位置与汉系画像墓中玄武无异，应是非汉系画像崖墓对汉系墓葬图像中玄武题材从形态到内涵全盘接受、运用之产物。②

图3-119 北斗岩1号崖墓玄武

---

① 图片采自周必素：《贵州遵义的宋代石室墓》，《江汉考古》，2008年第4期，图七。
② 资料来源：笔者田野调查采集，邓宽宇绘图。

2. 龟式玄武

图3-120王若夫妇合葬墓玄武石刻年代为1190年，墓葬位于重庆市大足区。原境为画像石室墓，玄武石刻位于M2墓室北壁。[①]

图3-121高洞子崖墓玄武石刻年代为南宋开禧年间（1205—1207），墓葬位于重庆市永川区。原境为汉系画像崖墓，玄武石刻位于墓室西北壁下部。[②]

图3-120　王若夫妇合葬墓玄武 　　　　　图3-121　高洞子崖墓玄武

3. 真武大帝与龟、蛇共出

图3-122安丙家族墓M1[③]和图3-123安丙家族墓M2[④]的玄武石刻年代皆为1224年，墓葬皆位于广安市华蓥市。原境均为画像石室墓，二玄武石刻分别位于各自墓室的中后室过道横梁处。此二件石刻也是四川地区宋墓玄武石刻中极为少见的真武大帝与龟、蛇共出者。

图3-122　安丙家族墓M1玄武 　　　　　图3-123　安丙家族墓M2玄武

---

① 图片采自大足石刻研究院：《重庆市大足区龙神湾南宋王若夫妇墓发掘简报》，《四川文物》，2015年第4期，图二三。
② 图片采自重庆市文化遗产研究院、重庆市永川区文物管理所：《重庆永川高洞子南宋墓群清理简报》，《文物》，2020年第6期，图三七。
③ 图片采自四川省文物考古研究院、广安市文物管理所、华蓥市文物管理所：《华蓥安丙墓》，文物出版社，2008年，图版一九-2。
④ 图片采自四川省文物考古研究院、广安市文物管理所、华蓥市文物管理所：《华蓥安丙墓》，文物出版社，2008年，图版四六-2。

（五）朱雀与玄武共出

在四川地区宋墓画像石刻中，朱雀玄武绝大部分情况按照玄武在北、朱雀在南配置，但也有极少数墓葬未遵循此普遍配置规律，而将朱雀和玄武配置在一个壁面空间中。

图3-124朱雀与玄武共出石刻年代为南宋中期偏晚，墓葬位于泸州市江阳区。[①]原境为画像石室墓，石刻位于后横梁处。这是目前笔者收集的田野材料和馆藏材料中，唯一的一件朱雀与玄武共出于北壁的例证。石刻中的朱雀为侧面向鸟形朱雀，玄武为龟蛇一体式玄武，二者分列于一圆光左右，或象征阴阳往复循环、相生相谐之意。

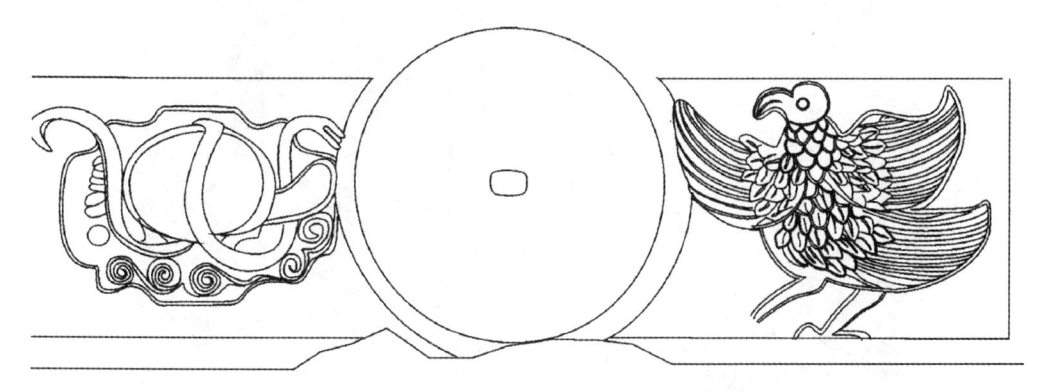

图3-124　桥头山宋墓M1朱雀玄武共出图

图3-125朱雀与玄武共出石刻年代为南宋，墓葬位于泸州市泸县。[②]原境为画像石室墓，石刻位于墓门处。四川泸县宋代石刻博物馆藏有两件朱雀玄武共出石刻，其形制、内容、艺术风格、雕刻技法极为相似，可能出于泸县常见同穴异室之双室墓的不同墓室。这是笔者搜集的田野材料和馆藏材料中，仅有的两件朱雀玄武共出在一个壁面且与武士搭配出现者。以此件石刻为例，武士居于画面中部核心位置，武士上方的框形结构中，雕刻了泸州宋墓画像石刻中常见的一正面向展翅人面朱雀，武士下方雕刻一玄武。此种朱雀玄武的表现形式既未遵从传统的北玄武南朱雀配置模式，也不同于桥头山宋墓朱雀玄武共见于北壁的表现形式。与武士共出在墓门处之用意，或为将武士的驱邪避凶镇守之功能与朱雀玄武顺阴阳、界定南北之功能相结合，在墓门处便将凶邪驱于墓室空间之外，并隔绝、界定出完全属于墓葬主人的阴阳顺和的空间。按四川地区宋墓画像石刻的武士配置规律，都是成组在墓门、棺室入口等处出现，此件朱雀玄武与武士共出石刻由于是来自征集，出土原境很多关键信息不详，不知与之成组的另一件武士石刻情况如何，是否在另一件武士石刻伴出元素中出现了青龙和白虎。在以后的考古调查、发掘和资料搜集中，应关注相关情况。如果能发现如此件石刻一般，武士头上和脚下伴出了

[①] 图片采自四川省文物考古研究院、泸州市文物局、江阳区文物管理所：《四川泸州市江阳区桥头山宋墓发掘简报》，《四川文物》，2018年第2期，图一八。

[②] 资料来源：四川泸县宋代石刻博物馆在展，图片为笔者拍摄。

青龙和白虎，则很可能意味着宋代四川地区存在一种不同于传统东青龙、西白虎、南朱雀、北玄武在墓室四壁模式的四神配置模式。

图 3-125　四川泸县宋代石刻博物馆藏朱雀玄武共出图

五、花卉果实

花卉果实是四川地区宋墓画像石刻中数量最多的题材，其主要形态可分为缠枝花卉果实、折枝花卉果实、瓶插花卉果实、图景式花卉果实、挂轴式花卉果实五大类。缠枝花卉果实多起装饰、美化作用，一般位于墓室的壁基、过梁、横梁、藻井处。折枝花卉果实分为大折枝花卉果实、小折枝花卉果实。大折枝花卉果实体量较小折枝要更大，一般位于墓室的两侧壁龛、两侧壁门扇格眼内，也有极少数位于墓室后壁中心位。小折枝花卉果实一般位于墓室的两侧壁非中心位、壁基、过梁、横梁、龛额、藻井处，通常刻画于类似瓷器开光的各种形状的框内。瓶插花卉果实是以各式瓶为主的花器与花卉组合出现，通常出现在墓室的两侧壁，或是后龛中心位的两侧，也有极少数是将瓶花设置在后龛中心位，如邻水后坝合流宋墓。图景式花卉果实一般除了花卉果实本体，共出图像元素还有神禽（孔雀、仙鹤等）、山石，图像元素的分布很讲究构图的美感，呈现出类似宋代花鸟画一样的图景，体量一般都较大，通常分布于墓室的两侧壁。挂轴式花卉果实较为少见，是在墓葬中雕刻挂轴式绘画，再在展开的绘画上表现各种花卉。

四川地区宋墓画像石刻中花卉果实题材的盛行，是宋代花事兴盛在墓葬中的投影。在宋代，各种关于花的专论大量出现，如周师厚《洛阳花木记》、欧阳修《洛阳牡丹记》、王观《扬州芍药谱》、刘蒙《刘氏菊谱》、史正志《史氏菊谱》、范成大《范村梅谱》《范村菊谱》、史铸《百菊集谱》、赵时庚《金漳兰谱》、陈思《海棠谱》等论花之书，不仅对各类花卉详细记载、定品，还讲述了品花、赏花、种花之法，收录咏花的诗词文章，记载各种爱花逸事。同时，鲜花的栽种和保养技术也取得了较大的进步。温革《分门琐碎录》中记载了种花、接花、浇花之法，讲各种花木禁忌，连医花、染花之术也有所论及。①插花技术的发展进一步推动了插花之风的盛行，墓葬之中出现大量的瓶插花卉图像正是其时风尚在丧葬之中的反映。同时，墓中花卉植物，亦是宋代"雅致"审美的投影。无名氏《南歌子》中咏道："阁儿虽不大，都无半点俗。窗儿根底数竿竹。画展江南山景、两三幅。彝鼎烧异香，胆瓶插嫩菊。悠然无事净心目。共那人人相对、弈棋局。"②可见，在宋人的审美内涵里，一个雅致的空间，须有竹、有画、有香、有花，插花是表达风雅的必不可少的元素。因此，在"事死如事生"观念的影响下，在为逝者营造的理想死后空间中，花卉也成为生时风雅在死后的延续。

除此之外，花卉果实成为四川地区宋墓画像石刻数量最多的图像，也与其象征意义相关。从目前发现的情况看，四川地区宋墓画像石刻中所出花卉以牡丹、莲花、芙蓉、蜀葵、菊花为主，所见瓜果以荔枝、枇杷、银杏、石榴等为主。所选之品种都具有美好的象征意义，如牡丹象征富贵，莲花象征君子高尚品德，芙蓉象征荣华富贵，蜀葵象征长寿，菊花象征高洁坚韧，荔枝象征吉祥，枇杷象征殷实丰硕，银杏象征长寿，石榴象征多子多福，瓜和蔓象征瓜瓞绵绵、子孙繁衍等。除意义的吉祥之外，四川地区宋墓画像石刻中选择的花卉果实品种覆盖了多个季节，如四川泸县宋代石刻博物馆所藏飞天石刻上涵盖了桃花、牡丹、莲花、水仙等多季花卉，华蓥安丙家族墓中涵盖了多季花果，其功用应有象征四季之意，从而以具备象征意义的图像和具备不朽属性的石材为逝者营造一个四季好景常在、好花常开的理想世界。列举标本如下。

---

① 化振红：《分门琐碎录》校注，巴蜀书社，2009年，第133页。
② 唐圭璋：《全宋词》，中华书局，2009年，第1051页。

（一）缠枝花卉

图3-126缠枝花卉石刻年代为1185年，墓葬位于重庆市荣昌区。原境为画像石室墓，石刻位于墓室后龛内柱。所表现花卉品种为莲花和牡丹。①

图3-126　荣昌沙坝子宋墓缠枝花卉

图3-127缠枝花卉石刻年代为南宋，墓葬位于泸州市泸县。原境为画像石室墓，石刻在墓葬中的位置不明。花卉品种为牡丹。②

图3-127　四川泸县宋代石刻博物馆藏缠枝花卉

图3-128缠枝花卉石刻年代为南宋开禧年间（1205—1207），墓葬位于重庆市永川区。原境为汉系画像崖墓，石刻位于后壁横梁。花卉品种为牡丹。③

图3-128　高洞子崖墓缠枝花卉

---

① 图片采自四川省博物馆、荣昌县文化馆：《四川荣昌县沙坝子宋墓》，《文物》，1984年第7期，图一八，图一九。
② 资料来源：四川泸县宋代石刻博物馆在展，图片为笔者拍摄。
③ 资料来源：笔者田野调查重庆市永川区高洞子宋代汉系崖墓，图片为笔者拍摄。

（二）折枝花卉果实

图3-129大折枝牡丹石刻年代为1185年，墓葬位于重庆市荣昌区。①原境为画像石室墓，石刻分别位于墓室两侧壁龛。

牡丹不仅是四川宋墓画像石刻花卉果实类题材中最为常见的品种，就全国范围而言，对于牡丹的喜好和推崇亦是宋墓装饰中一个重要的主题，这应与牡丹所承载的象征内涵有关。欧阳修《洛阳牡丹记》有记："洛阳之俗，大抵好花。春时城中无贵贱，皆插花，虽负担者亦然。花开时，士庶竞为游遨，往往于古寺废宅有池台处，为市井，张幄帘，笙歌之声相闻。最盛于月陂堤、张家园、棠棣坊、长寿寺东街与郭令宅，至花落乃罢。"②并且提到，名贵的牡丹品种如姚黄、魏紫接花就须钱五千，但人们依然趋之若鹜，可见时人喜好牡丹其风之盛。而牡丹在四川地区宋墓石刻中独具地位，一个重要原因可能在于洛阳牡丹传入四川后的迅速发展。南宋时，四川天彭牡丹兴起，陆游《天彭牡丹谱》中所载牡丹六十余种，大多源自洛阳："淳熙丁酉岁，成都帅以善价私售于花户，得数百苞，驰骑取之，至成都露犹未晞，其大径尺。夜宴西楼下，烛焰与花相映，影摇酒中，繁丽动人。"③人们对牡丹之好，并非单纯因为花朵雍容美好而加以欣赏，《宣和画谱》的《花鸟叙论》中论道："故花之于牡丹、芍药，禽之于鸾凤、孔翠，必使之富贵。"④可见，牡丹是与富贵相连之花，除了本身的悦目之外，其所具有的富贵含义应是人们钟爱牡丹进而将这种喜好延伸至墓葬装饰中的原因之一。

图3-129　荣昌沙坝子宋墓大折枝牡丹

① 图片采自四川省博物馆、荣昌县文化馆：《四川荣昌县沙坝子宋墓》，《文物》，1984年第7期，图一四，图一五。
② 宋·欧阳修：《洛阳牡丹记》，《景印文渊阁四库全书》，台湾商务印书馆，1986年，第845册，第6页。
③ 宋·陆游：《渭南文集》第四十二卷，《宋集珍本丛刊》第47册，线装书局，2004年，第675页。
④ 宋·无名氏（著）、俞剑华（注译）：《宣和画谱》，卷十五，江苏美术出版社，2007年，321页。

图3-130二件大折枝花卉石刻年代为南宋,墓葬位于泸州市泸县。原境为画像石室墓。图3-130-1为牡丹,设置于门扇之格眼内,仍能见牡丹花瓣上残留之红色颜料,应为创作此石刻时所涂绘。[1]图3-130-2为菊花,位于墓室后龛门扇格眼处。[2]菊花被托物言情,表达了宋代士大夫阶层所提倡的精神品格和审美取向。《史氏菊谱》称:"菊性介烈高洁,不与百卉同其盛衰,必待霜降草木黄落,而花始开。"[3]《刘氏菊谱》将其和屈原、陶渊明联系在一起:"陶渊明乃以松名配菊,连语而称之,夫屈原、渊明实皆正人达士,坚操笃行之流,至于菊犹贵重之如此,是菊虽以花为名,固与浮冶易坏之物不可同年而语也。"[4]认为菊具有超然地位而非其他花木可比拟。《范村菊谱》则盛赞其花如幽人隐士之操行:"山林好事者或以菊比君子,其说以谓岁华婉娩,草木变衰乃独烂然秀发,傲睨风露,此幽人逸士之操,虽寂寥荒寒中,味道之腴,不改其乐者也。"[5]显然,在宋人对花木内涵的阐释中,菊花被赋予了刚正坚韧、隐逸超然的品格,高度吻合了宋代士大夫所追求的精神内核。

图3-130 四川泸县宋代石刻博物馆藏大折枝花卉第1组

菊花也与成仙相联系。不仅服食之可以白日飞升,《神仙传》:"康风子服菊花柏实,乃得仙。"《名山记》:"道士朱孺子,吴末入玉笥山,服菊花,乘云升天。"[6]

---

[1] 资料来源:四川泸县宋代石刻博物馆在展,图片为笔者拍摄。
[2] 图片采自四川省文物考古研究所、成都市文物考古研究所、泸州市博物馆、泸县文物管理所:《泸县宋墓》,文物出版社,2004年,第33页,图二六。
[3] 宋·史正志:《史氏菊谱》,《景印文渊阁四库全书》,台湾商务印书馆,1986年,第845册,第29页。
[4] 宋·刘蒙:《刘氏菊谱》,《景印文渊阁四库全书》,台湾商务印书馆,1986年,第845册,第18页。
[5] 宋·范成大:《范村菊谱》,《梅兰竹菊谱》,中华书局,2010年,199页。
[6] 宋·史铸:《百菊集谱》,《景印文渊阁四库全书》,台湾商务印书馆,1986年,第845册,第69页

祈告之还可得菊花仙人指点迷津,《夷坚辛志》:"成都府学,学有神曰'菊花仙',相传为汉宫女。诸生求名者,往祈影响,神必明告。愚斋云:汉宫女,谓在汉宫饮菊花酒者,或云成都府汉文翁石室壁间画一妇人,手持菊花,前对一猴,号'菊花娘子'。大比之岁,士人多乞梦,颇有灵异。"①此外,菊也被古人视为有延年之用,是与"寿"相连之长寿花,《农桑辑要》中引《博闻录》中载:"菊,蜀人多种之,黄可入茶,花子入药。然野菊大,能泻人,惟真菊延年。乃黄中之色,气味和。正花叶根实皆长生药,其性介烈,不与百花同盛衰,是以通仙灵也。"②也因其与祈寿延年相连,宋代诗词中常见将菊花直接称为"寿客"者,如宋祁《咏菊》中便有:"寿客若为情"③,刘过《佳菊》中也见:"寿客尤宜在寿乡。"④

图3-131大折枝芙蓉石刻年代为南宋中期偏晚。墓葬位于泸州市江阳区。原境为画像石室墓,芙蓉石刻位于M1后室侧龛。⑤

图3-132四件大折枝花卉年代均为南宋,墓葬均位于泸州市泸县。⑥原境皆为画像石室墓,石刻在原境中的位置不明。但据田野考古材料可见,大折枝花卉通常位于两侧壁龛、门扇格眼处。图3-132-1为折枝桃花,图3-132-2为宋代常见之"一把莲纹",图3-132-3为折枝蜀葵,图3-132-4为折枝芙蓉。四川宋墓画像石刻中所见之

图3-131 桥头山宋墓群M1大折枝芙蓉

大折枝莲花,绝大部分均以丝绦扎束数枝莲叶莲花的形式出现,且数量之多仅次于象征富贵的牡丹,足见宋人对莲花的偏好。这种偏好一方面应来源于莲花在佛教之中象征佛果的宗教含义,另一方面也因其被赋予的文人士大夫所欣赏、追求的高洁精神内涵,正如周敦颐《爱莲说》中所述:"出淤泥而不染,濯清涟而不妖,中通外直,不蔓不枝,香远益清,亭亭净植,可远观而不可亵玩焉。"⑦

---

① 宋·史铸:《百菊集谱》,《景印文渊阁四库全书》,台湾商务印书馆,1986年,第845册,第72页。
② 元·司农司:《农桑辑要》,《景印文渊阁四库全书》,台湾商务印书馆,1986年,第730册,第278页。
③ 宋·宋祁:《咏菊》,《景印文渊阁四库全书》,台湾商务印书馆,1986年,第1088册,第100页。
④ 宋·刘过:《佳菊》,《景印文渊阁四库全书》,台湾商务印书馆,1986年,第1172册,第40页。
⑤ 图片采自四川省文物考古研究院、泸州市文物局、江阳区文物管理所:《四川泸州市江阳区桥头山宋墓发掘简报》,《四川文物》,2018年第2期,图一九-2。
⑥ 资料来源:四川泸县宋代石刻博物馆在展,图片为笔者拍摄。
⑦ 宋·周敦颐(著)、陈克明(点校):《周敦颐集》,中华书局,1990年,第51页。

宋人在雕刻花卉时，有时会写实地展现花卉形象，有时会对花卉进行变形，但对花叶的刻画却基本都保持写实的风格，因此，花叶的形态特征在宋墓石刻花卉品种辨识中起到了重要的作用。

图3-132　四川泸县宋代石刻博物馆藏大折枝花卉第2组

图3-133二件小折枝花卉石刻年代为南宋，墓葬均位于泸州市泸县。① 原境为画像石室墓，石刻在原境中的位置不明。但田野考古材料显示，小折枝花卉多位于两侧壁非中心位、壁基、过梁、横梁、龛额、藻井等处。图3-133-1为折枝芙蓉，图3-133-2为对花卉做了变形的折枝牡丹。

图3-133　四川泸县宋代石刻博物馆藏小折枝花卉

---

① 资料来源：四川泸县宋代石刻博物馆在展，图片为笔者拍摄。

图3-134小折枝牡丹石刻年代为1247年，墓葬位于遵义市红花岗区。原境为画像石室墓，小折枝牡丹石刻位于男室南壁非中心位。①

图3-134　杨粲墓小折枝牡丹

图3-135二件小折枝花卉石刻年代为1190—1194年，墓葬位于广元市利州区。原境为画像石室墓，花卉石刻位于M1东壁壁龛上部。左为做了变形的折枝荷花，右为折枝牡丹。②

图3-135　浩口村宋墓M1小折枝花卉

图3-136二件小折枝花卉石刻年代为南宋，墓葬位于遵义市桐梓县。原境为画像石室墓，花卉石刻位于墓室藻井处。图3-136-1为折枝牡丹，图3-136-2为做了变形处理的折枝芙蓉。③

1　　　　　　　　　　　　　2

图3-136　观音寺宋墓M1小折枝花卉

---

① 图片采自周必素：《贵州遵义的宋代石室墓》，《江汉考古》，2008年第4期，图八。
② 图片采自四川省文物考古研究院、广元市博物馆、西华师范大学历史文化学院：《四川广元市利州区浩口村宋墓清理简报》，《四川文物》，2019年第6期，图八-2。
③ 图片采自贵州省文物考古研究所：《2003—2013贵州基建考古重要发现》，科学出版社，2015年，第196页。

图3-137四件小折枝花卉石刻年代为1224年，墓葬位于广安市华蓥市。原境为画像石室墓，花卉石刻位于左右侧壁。图3-137-1为桃花，图3-137-2为莲花，图3-137-3为菊花，图3-137-4为芙蓉，是一例典型的一座墓葬中集合多季花卉，以类"一年景"之方式象征时间永续、好花常开。[①]

图3-137　华蓥安丙墓小折枝花卉

图3-138多季小折枝花卉石刻年代为1224年，墓葬位于广安市华蓥市。原境为画像石室墓，花卉石刻位于后室须弥座台基。该石刻集中反映桃花、牡丹、莲花、菊花等多季花卉。[②]

图3-138　安丙家族墓M1多季小折枝花卉

---

① 图片采自四川省文物考古研究院、广安市文物管理所、华蓥市文物管理所：《华蓥安丙墓》，文物出版社，2008年，图版九八-6，图版九九-2、4、6。
② 图片采自四川省文物考古研究院、广安市文物管理所、华蓥市文物管理所：《华蓥安丙墓》，文物出版社，2008年，图版二七-2。

图3-139六件小折枝花卉石刻年代均为南宋，墓葬位于广元市。原境为画像石室墓，花卉石刻在原境中的位置不明。图3-139-1为折枝桃花，图3-139-2为折枝牡丹，图3-139-3为折枝蜀葵，图3-139-4为折枝荷花，图3-139-5为折枝石榴花，图3-139-6为折枝芙蓉。①

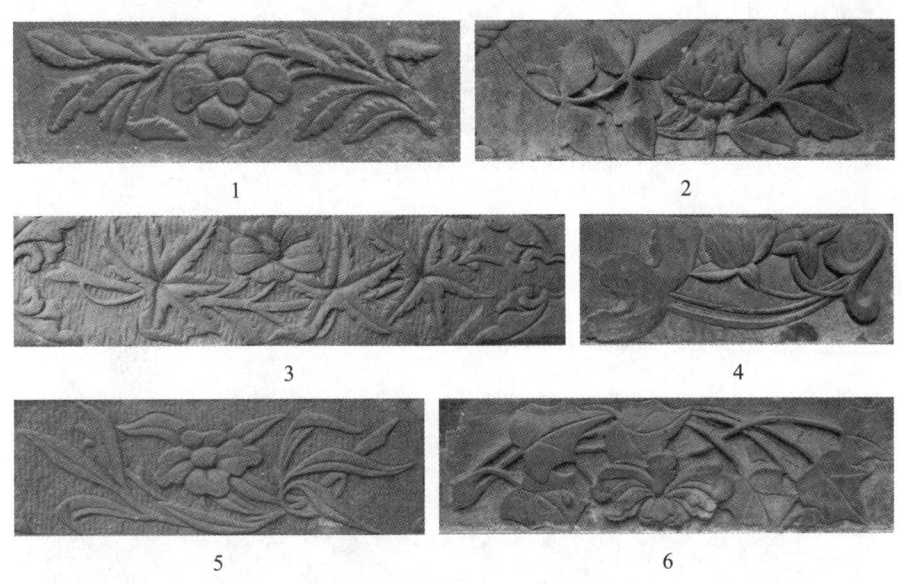

图3-139　皇泽寺藏小折枝多季花卉

图3-140小折枝枇杷石刻年代为南宋中期偏晚，墓葬位于泸州市江阳区。原境为画像石室墓，枇杷石刻位于墓室侧壁过梁。枇杷除了被宋人认为是集四时之气之佳果，更因其形状圆满，颜色金黄，有象征财源殷实丰硕之吉祥意义而成为宋代备受喜欢的花果题材。②

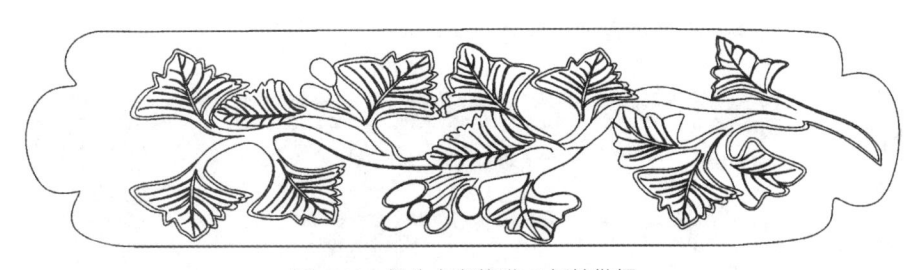

图3-140　桥头山宋墓群M1折枝枇杷

图3-141小折枝银杏石刻年代为1224年，墓葬位于广安市华蓥市。原境为画像石室墓，银杏石刻位于中室侧龛龛基。银杏在四川地区宋墓画像石刻中出现之原因，一应是

---

① 资料来源：广元皇泽寺博物馆在展，图片为笔者拍摄。
② 图片采自四川省文物考古研究院、泸州市文物局、江阳区文物管理所：《四川泸州市江阳区桥头山宋墓发掘简报》，《四川文物》，2018年第2期，图一五。

对本地特色树种之反映,二应与其多子多福、长寿的象征意义相关。①

图3-141　安丙家族墓M1折枝银杏

图3-142小折枝仙桃石刻年代为1224年,墓葬位于广安市华蓥市。原境为画像石室墓,仙桃石刻位于中室侧龛龛基。桃实的象征意义与寿相连,因此,画像石刻中不仅可见桃实,还可见猴子攀摘仙桃之题材,如泸州桥头山宋墓。②

图3-142　安丙家族墓M1折枝仙桃

图3-143小折枝葡萄石刻年代为1224年,墓葬位于广安市华蓥市。原境为画像石室墓,葡萄石刻位于中室龛台。因葡萄有多子之吉祥寓意,故在充满"互利"取向的画像石室墓营造中,葡萄也成为花卉瓜果类题材中一个常见的主题。③

图3-143　安丙家族墓M4折枝葡萄

---

① 图片采自四川省文物考古研究院、广安市文物管理所、华蓥市文物管理所:《华蓥安丙墓》,文物出版社,2008年,图版一二-2。
② 图片采自四川省文物考古研究院、广安市文物管理所、华蓥市文物管理所:《华蓥安丙墓》,文物出版社,2008年,图版一二-1。
③ 图片采自四川省文物考古研究院、广安市文物管理所、华蓥市文物管理所:《华蓥安丙墓》,文物出版社,2008年,图版一〇三-3。

第三章 四川地区宋元明墓葬画像石刻资料整理

图3-144三件小折枝瓜果石刻年代均为南宋，墓葬位于广元市。原境为画像石室墓，瓜果石刻在原境中的位置不明。图3-144-1为银杏，图3-144-3为桃实，图3-144-2品种不能确定。①

图3-144 皇泽寺藏小折枝瓜果

图3-145六件小折枝瓜果石刻年代为1224年，墓葬位于广安市华蓥市。原境为画像石室墓，瓜果石刻位于左右侧壁。图3-145-1为枇杷，图3-145-2为石榴，图3-145-3为银杏，图3-145-4为瓜，图3-145-5为桃实，图3-145-6为荔枝。②

图3-145 安丙家族墓小折枝瓜果

图3-146折枝荔枝石刻年代为1224年，墓葬位于广安市华蓥市。原境为画像石室墓，荔枝石刻位于中室右侧龛基。③

---

① 资料来源：广元皇泽寺博物馆在展，图片为笔者拍摄。
② 图片采自四川省文物考古研究院、广安市文物管理所、华蓥市文物管理所：《华蓥安丙墓》，文物出版社，2008年，图版九八-1、3、5，图版九九-1、3、5。
③ 图片采自四川省文物考古研究院、广安市文物管理所、华蓥市文物管理所：《华蓥安丙墓》，文物出版社，2008年，图版三八-2。

图3-146　安丙家族墓M2折枝荔枝

图3-147多季折枝水果石刻年代为1224年，墓葬位于广安市华蓥市。原境为画像石室墓，多季水果石刻位于前室侧龛龛基。从左至右依次为桃实、枇杷、石榴。[①]

图3-147　安丙家族墓M1多季水果

（三）瓶插花卉

图3-148合流后坝宋墓瓶插花卉石刻年代为1156年，墓葬位于广安市邻水县。[②]原境为画像石室墓，瓶花石刻位于后龛中心位。

图3-149安丙家族墓M3瓶插花卉石刻年代为南宋，墓葬位于广安市华蓥市。[③]原境为画像石室墓，瓶花石刻位于墓葬的后龛中心位。

瓶花虽然是宋人花事兴盛、雅致生活之插花习俗在墓葬中的反映，但出现在后龛中心位的瓶花，和出现在墓葬其他位置的瓶花在功能上或有区别。因设祭以作供养中，鲜花供养是一个要素，故在构建的"永为供养"墓葬空间中，出现在后龛中心位的瓶花应有标示其供养主体——墓主所在之意，而并非仅是雅致生活的表现。

[①] 图片采自四川省文物考古研究院、广安市文物管理所、华蓥市文物管理所：《华蓥安丙墓》，文物出版社，2008年，图版九-2。
[②] 图片采自四川省文物考古研究所、邻水县文物保护管理所：《邻水县合流镇后坝南宋墓清理简报》，《四川文物》，2003年第3期，图七。
[③] 图片采自四川省文物考古研究院、广安市文物管理所、华蓥市文物管理所：《华蓥安丙墓》，文物出版社，2008年，图版八三。

图3-148　合流后坝宋墓瓶花　　　　　图3-149　安丙家族墓M3瓶花

图3-150二件瓶花石刻为一组，年代为1224年，墓葬位于广安市华蓥市。原境为画像石室墓，瓶花石刻位于后室左右侧龛。①

1　　　　　　　　　　　2
图3-150　安丙家族墓M1瓶花

图3-151四件瓶花石刻为一组，年代为南宋中晚期，墓葬位于乐山市井研县。原境为画像石室墓，瓶花石刻皆位于M2侧壁柱上。此组石刻中一个较为特殊的现象是将"一把

---

① 图片采自四川省文物考古研究院、广安市文物管理所、华蓥市文物管理所：《华蓥安丙墓》，文物出版社，2008年，图版一五。

121

莲纹"与盆式花器结合在一起。而在四川地区其他宋墓画像石刻中，"一把莲纹"基本上都是以大折枝花卉的形式出现，极少见与花器组合出现者。①

图3-151　金井坪宋墓M2瓶花

图3-152二件瓶花石刻为一组，年代为南宋，墓葬位于遵义市桐梓县。原境为画像石室墓，瓶花石刻分别位于墓室两壁。②

图3-152　观音寺宋墓M1瓶花

---

① 图片采自四川省文物考古研究院、井研县文物管理所：《四川井研县金井坪宋代墓地发掘简报》，《四川文物》，2012年第1期，图二三、图二四、图二五、图二六。
② 图片采自贵州省文物考古研究所：《2003—2013贵州基建考古重要发现》，科学出版社，2015年，第196页。

图3-153渣石口宋墓瓶花石刻年代为南宋中晚期，墓葬位于南充市高坪区。①原境为画像石室墓，瓶花石刻位于后龛两侧非中心位。图3-154碉楼坡宋墓瓶花石刻年代为南宋晚期至末期，墓葬位于广安市岳池县。原境为画像石室墓，瓶花石刻位于后壁中心位。值得注意的是，碉楼坡宋墓瓶花石刻出现了之前未见的新元素，即瓶花下出现了桌布。②

图3-153　渣石口宋墓M1瓶花

图3-154　碉楼坡宋墓群M3瓶花

图3-155瓶花石刻年代为北宋至南宋中期以前。墓葬位于重庆市奉节县。原境为砖石混构墓，瓶花石刻位于墓室后龛中心位。瓶中所插荷花，以丝绦扎成一束，属于典型的"一把莲纹"与瓶插花卉之结合。笔者搜集的四川地区宋墓画像石刻材料中，所见"一把莲纹"大多只表现出莲花和丝绦，以大折枝花卉的形式出现，唯此件石刻，将"一把莲纹"与花瓶共同呈现。③

图3-155　奉节擂鼓台墓地M37瓶花

---

① 图片采自四川省文物考古研究院、南充市文物保护管理所、南充市高坪区文物保护管理所：《四川南充市高坪区宋明石室墓发掘简报》，《四川文物》，2006年增刊，第52页，图三。
② 图片采自四川省文物考古研究院、广安市文物保护管理所、岳池县文物保护管理所：《四川岳池县坪滩镇宋代石室墓发掘简报》，《四川文物》，2006年增刊，第74页，图二。
③ 图片采自重庆市文物局、重庆市移民局：《重庆库区考古报告集·2000卷》，科学出版社，2007年，第556页，图一一。

（四）图景式花卉果实

图3-156图景式花卉石刻年代为南宋，墓葬位于泸州市纳溪区，原境为画像石室墓，花卉石刻在原境中的位置不明。石刻采用了类似宋代花鸟画的构图方式，在画面中表现了山石上生出的牡丹，牡丹下有两只祥禽孔雀。一孔雀仰首望向牡丹花冠，羽翼微张；另一孔雀体型较小，信步于牡丹之下。图景式花卉石刻在四川地区宋墓中的出现，应与宋代花鸟画的发展有关，其除了如花鸟画一般讲究构图上的配景外，呈现出的写实特征也正是宋代花鸟画所强调的。宋代绘画极重写实，韩琦在《稚圭论画》中曾论："观画之术，唯逼真而已，得真之全者绝也，得多者上也，非真即下也。"[1]画家们讲究对绘画客体细致入微的观察和高度形似逼真的表现，工花鸟画的赵昌常常对花写生，工草虫的曾云巢亦对草虫观察入微。[2]

图3-157二件图景式花卉石刻为一组，年代为南宋，墓葬位于泸州市泸县。原境为画像石室墓，花卉石刻分别位于墓室的左右两侧壁。此二件石刻体量在目前四川地区所见图景式花卉石刻中较为罕见，因展陈文物无法测量尺寸，所以无法得知其具体数据。但据笔者目测，其长宽均已超过1米，其墓葬规模应较大。[3]

图3-156　纳溪区文管所藏图景式花卉

1　　　　　2
图3-157　四川泸县宋代石刻博物馆藏图景式花卉

---

[1] 俞剑华：《中国古代画论类编》，上册，人民美术出版社，2004年，第40页。
[2] 资料来源：泸州市纳溪区文管提供图片并授权在本书中使用。
[3] 资料来源：四川泸县宋代石刻博物馆在展，图片为笔者拍摄。

图3-158图景式花卉石刻年代为南宋开禧年间（1205—1207）。墓葬位于重庆市永川区。原境为汉系画像崖墓，花卉石刻位于侧壁中心位。①

（五）挂轴式花卉

图3-159三件挂轴式花卉石刻为一组，年代为南宋中晚期。墓葬位于乐山市井研县。原境为画像石室墓，花卉石刻位于侧壁柱上。挂轴式花卉石刻在四川地区宋墓画像石刻中较为罕见，笔者搜集的田野材料和文博单位馆藏材料中仅见此一例。石刻将折枝的花卉展现在雕刻出的挂轴画上，将宋人四般雅事中的挂画和插花集于一体。②

图3-158　高洞子崖墓图景式花卉

1　　　　　　　　2　　　　　　　　3

图3-159　金井坪宋墓M3挂轴式花卉

六、门扇

门扇类石刻的数量在四川地区宋墓画像石刻中仅次于花卉，名列第二。且从四川地区宋墓画像石刻的第一期至第三期都可见门扇的出现，分布范围覆盖宋墓画像石刻的四

---

① 资料来源：笔者田野调查采集，图片为笔者拍摄。
② 图片采自四川省文物考古研究院、井研县文物管理所：《四川井研县金井坪宋代墓地发掘简报》，《四川文物》，2012年第1期，图三三，图三四，图三五。

个大区，是最主流的图像题材之一。四川地区宋墓画像石刻中所见之门扇，有单扇者，一般见于两侧壁非中心位和后壁非中心位；有双扇者，一般见于两侧壁中心位和后壁中心位。无论单扇或双扇，通常都分为障水板、腰华板和格眼三部分。障水板多雕刻瑞兽、神禽、壶门等；腰华板多为装饰纹样如卷草等；格眼处多见大折枝花卉、祥禽、球纹等。门扇之功能应与墓葬中的仿木构件相同，以模仿生时起居空间，并有象征空间拓展之意。启门图中虽也有门扇，但不归入此处讨论，在后文中与启幔单列一类考察。列举标本如下。

图3-160二件石刻年代为南宋，墓葬位于泸州市泸县。原境为画像石室墓，单扇门石刻位于墓室侧壁，双扇门石刻位于墓室侧壁龛内。图3-160-1单扇门障水板刻瑞鹿衔草，腰华板刻卷草，格眼刻大折枝牡丹；图3-160-2双扇门障水板刻壶门，腰华板刻卷草，格眼刻双线球纹。①

图3-160　青龙镇二号墓门扇

图3-161二件门扇石刻年代均为南宋，墓葬均位于泸州市泸县。原境为画像石室墓，门扇石刻在原境中的位置不明。图3-161-1门扇障水板刻狮子戏球，腰华板饰卷草，

---

① 图片采自四川省文物考古研究所、成都市文物考古研究所、泸州市博物馆、泸县文物管理所：《泸县宋墓》，文物出版社，2004年，彩版八，彩版六-2。

格眼处为双凤。图3-161-2门扇障水板为瑞鹿衔草，腰华板饰卷草，格眼处为双凤。①

1　　　　　　　　　　2
图3-161　四川泸县宋代石刻博物馆藏祥禽瑞兽门扇

图3-162三件门扇石刻年代均为南宋，墓葬均位于泸州市泸县。原境为画像石室墓，门扇石刻在原境中的位置不明。三件形制较之常见的四川地区宋墓画石刻门扇略做改动，图3-162-1门扇对障水板和腰华板进行了分格，图3-162-2门扇对腰华板进行了分格，图3-162-3门扇的障水板做得较高，设置了狮子戏球和瑞鹿衔草两重图像。图3-162-3的体量极大，因展柜展示文物无法测量，所以无法得知其具体数据，但笔者目测其高度已超过两米，在四川地区所见同类门扇石刻中极为罕见，可推测其原境规模亦较大。②

---

① a. 资料来源：四川泸县宋代石刻博物馆在展，图片为笔者拍摄。
　　b. 图片采自四川省文物考古研究所、成都市文物考古研究所、泸州市博物馆、泸县文物管理所：《泸县宋墓》，文物出版社，2004年，彩版六五-1.
② 资料来源：四川泸县宋代石刻博物馆在展，图片为笔者拍摄。

石 上 万 象　　　　　　　　　　　　四川地区宋元明墓葬画像石刻研究

图3-162　四川泸县宋代石刻博物馆藏花卉瑞兽门扇

　　图3-163二件门扇石刻年代均为南宋，墓葬均位于泸州市泸县。原境为画像石室墓，门扇石刻在原境中的位置不明。图3-163-1门扇雕刻有门锁，图3-163-2门扇雕刻有门环，门的标示意义明显。[①]

图3-163　四川泸县宋代石刻博物馆藏花卉门扇

---

① 资料来源：四川泸县宋代石刻博物馆在展，图片为笔者拍摄。

图3-164磨儿坡M1门扇石刻年代为南宋，墓葬位于重庆市大足区。原境为画像石室墓，此件门扇石刻位于墓室左侧壁中心位，雕刻出完整的一副门锁。①

图3-165浩口村宋墓M1门扇石刻年代为1190—1194年，墓葬位于广元市利州区。原境为画像石室墓，此件门扇石刻位于后壁中心位。②

图3-164　磨儿坡M1门扇 　　　　图3-165　浩口村宋墓M1门扇

图3-166井口二号墓门扇石刻年代为南宋，墓葬位于重庆市沙坪坝区。③原境为画像石室墓，此件门扇石刻位于后壁中心位。

图3-167观山墓群M1门扇年代为南宋，墓葬位于重庆市合川区。原境为画像石室墓，门扇石刻为一组，位于墓室后壁两侧非中心位，呈侧向展开状。④

图3-166　井口二号墓门扇 　　　　图3-167　观山墓群M1门扇

---

① 图片采自重庆大足石刻艺术博物馆：《重庆大足龙水镇明光村磨儿坡宋墓清理简报》，《四川文物》，2002年第5期，图七。
② 图片采自四川省文物考古研究院、广元市博物馆、西华师范大学历史文化学院：《四川广元市利州区浩口村宋墓清理简报》，《四川文物》，2019年第6期，图五。
③ 图片采自重庆市博物馆历史组：《重庆井口宋墓清理简报》，《文物》，1961年第11期，图22。
④ 图片采自重庆市文化遗产研究院、重庆文化遗产保护中心：《重庆市合川区观山墓群宋代石室墓发掘简报》，《四川文物》，2014年第2期，图三。

图3-168马鞍山观音寺宋墓群M1门扇石刻年代为南宋，墓葬位于遵义市桐梓县。[①]原境为画像石室墓，门扇石刻位于墓室后壁中心位。此件门扇比较特殊的是，其位于供案之上，这样的组合形式在四川地区宋墓画像石刻中极为罕见，而偶见于元明墓画像石刻中，且多在黔北分布。图3-169渣石口宋墓M2门扇石刻年代为南宋中晚期，墓葬位于南充市高坪区。原境为画像石室墓，门扇石刻位于后龛两侧非中心位，形式已变得比较简略，只在格眼和障水板刻出了框形，未雕刻各种图像。[②]

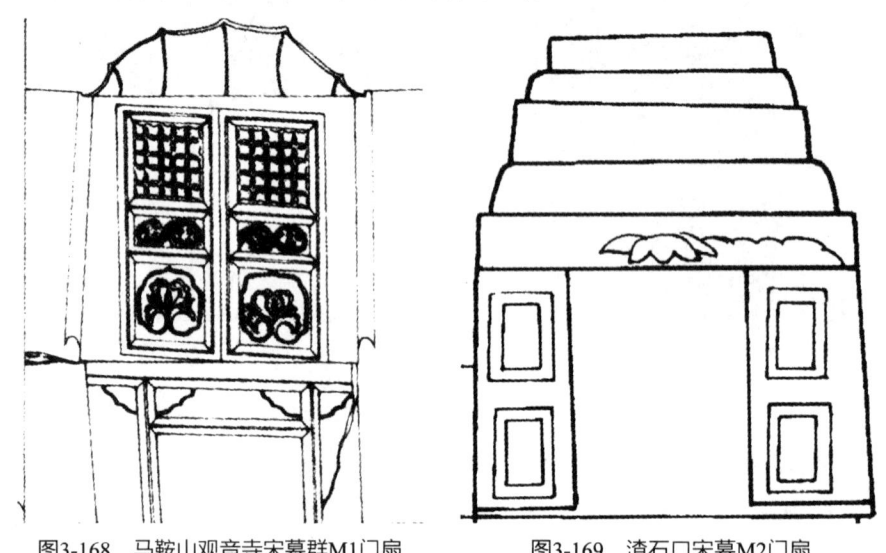

图3-168　马鞍山观音寺宋墓群M1门扇　　　图3-169　渣石口宋墓M2门扇

七、启门启幔

启门启幔作为四川地区宋墓画像石刻主流图像元素之一，历来也是学界讨论的热点。笔者认为启门和启幔在墓葬中之功用应如宿白在《白沙宋墓》中论及白沙宋墓装饰题材"妇人启门"时所指出，该类图像表示的应是墓室空间拓展之意。[③]启门图像中，"妇人启门"虽是一个大宗，但梳理材料可见，启门主题中不仅有妇人启门，也有男子启门，如泸县喻寺镇一号墓在两侧壁和后壁共出现了三例男子启门，故启门之对象并不限定于女性，其功能也并非与妇人之"阴"属性相联系，象征门后开启的是死后幽冥的"阴性"世界。且在某些墓葬中，如泸县青龙镇一号墓在两侧壁和后壁共出现了三例妇人启门。如以启门联系死后幽冥来看，面临的问题就是这三扇由妇人开启的门哪一扇才

[①] 图片采自贵州省文物考古研究所、桐梓县文物管理所：《贵州桐梓县马鞍山观音寺宋墓清理简报》，《江汉考古》，2013年第4期，图二。
[②] 图片采自四川省文物考古研究院、南充市文物保护管理所、南充市高坪区文物保护管理所：《四川南充市高坪区宋明石室墓发掘简报》，《四川文物》，2006年增刊，图三。
[③] 宿白：《白沙宋墓》（第二版），文物出版社，2002年，第42页。

是前往死后世界的通道？因此，笔者认为启门之意义应为空间拓展，以具备象征性的石刻图像将有限的墓葬空间靠象征与想象拓展至无限，启幔也应为同功用。但启门和启幔在刻画形式上也略有区别，启门可分无主体人物和有主体人物。主体人物可见妇人和男子，且主要分布在后壁中心位或两侧壁中心位；启幔一般都有主体人物或主体人物象征物，且从目前发现情况来看均为女性，分布也都见于后龛中心位，其共出图像多见空椅、床榻、墓主人像。

列举标本如下。

（一）无人物的半开门

图3-170无人物半开门石刻年代为南宋开禧年间（1205—1207），墓葬位于重庆市永川区。原境为汉系画像崖墓，石刻位于后壁中心位。①

图3-170　高洞子崖墓半开门

（二）妇人启门

图3-171锅盖坡宋墓M2妇人启门石刻年代为北宋中期（1017—1067）。墓葬位于重庆市大足区。②原境为画像石室墓，石刻位于后室东壁中心位。图3-172四川泸县宋代石刻博物馆藏妇人启门石刻年代为南宋，墓葬位于泸州市泸县，原境为画像石室墓，石刻位于墓室后壁中心位。③

---

① 图片采自重庆市文化遗产研究院、重庆市永川区文物管理所：《重庆永川高洞子南宋墓群清理简报》，《文物》，2020年第6期，图三〇。
② 图片采自重庆大足石刻研究院：《重庆大足区锅盖坡宋墓清理简报》，《四川文物》，2020年第2期，图一六-2。
③ 资料来源：四川泸县宋代石刻博物馆在展，图片为笔者拍摄。

图3-171 锅盖坡宋墓M2妇人启门

图3-172 四川泸县宋代石刻博物馆藏墓妇人启门

图3-173妇人启门石刻年代为1224年，墓葬位于广安市华蓥市。原境为画像石室墓，石刻位于后壁中心位内龛。共出图像元素较多，较为特殊的是启门和标示墓主所在的屏风共出，即在标明主位的屏风正中又雕刻出被一妇人开启的半开式门扇。这种组合形式在四川地区目前所见宋墓画像石刻中为孤例。①

图3-174妇人启门石刻年代为南宋，墓葬位于宜宾。原境为画像

图3-173 安丙家族墓M1妇人启门

---

① 图片采自四川省文物考古研究院、广安市文物管理所、华蓥市文物管理所：《华蓥安丙墓》文物出版社，2008年，图版二五。

石室墓。石刻在原境中的位置不明。石刻中的妇人形象与四川地区常见妇人启门图中所见女性形象略有差别,是笔者搜集材料中唯一一件肩有披帛,且披帛作向上飞舞状者。其身份或非其他启门图中的侍女,表达的可能为仙人接引墓主至门后仙界之意。①

(三)男子启门

图3-175锅盖坡宋墓男子启门石刻年代为北宋中期(1017—1067),墓葬位于重庆市大足区。②原境为画像石室墓,石刻位于后室西壁。图3-176青龙镇二号墓男子启门石刻年代为南宋,墓葬位于泸州市泸县。原境为画像石室墓,石刻位于后壁中心位。③

图3-174 宜宾博物院藏妇人启门

图3-175 锅盖坡宋墓M2男子启门

图3-176 青龙镇二号墓男子启门

图3-177男子启门石刻年代为南宋,墓葬位于泸州市。原境为画像石室墓,石刻在原境中的位置不明。④

---

① 资料来源:宜宾博物院在展,图片为笔者拍摄。
② 图片采自重庆大足石刻研究院:《重庆大足区锅盖坡宋墓清理简报》,《四川文物》,2020年第2期,图一六-1。
③ 图片采自四川省文物考古研究所、成都市文物考古研究所、泸州市博物馆、泸县文物管理所:《泸县宋墓》,文物出版社,2004年,彩版七-2。
④ 资料来源:四川泸县宋代石刻博物馆在展,图片为笔者拍摄。

图3-178启门石刻年代为南宋，墓葬位于宜宾市叙州区。原境为非汉系画像崖墓，启门石刻位于墓室后壁中心位。门前有两男子，一男子坐于地上，举手作启门状，另一男子站立，作举手状。①

图3-177　四川泸县宋代石刻博物馆藏男子启门

图3-178　北斗岩1号崖墓启门图

（四）启幔

图3-179启幔石刻年代为南宋，墓葬位于四川省泸州市。②原境为画像石室墓，石刻在原境中的位置不明。幔帐之中表现的为空椅，应是用以标示墓主所在。

图3-180启幔石刻年代为南宋，墓葬位于广元市。③原境为画像石室墓，石刻在原境中的位置不明。幔帐之中表现的为一张罗汉床，床上有一枕。图3-181启幔石刻时代为南

---

① 资料来源：笔者田野调查采集，邓宽宇绘图。
② 资料来源：泸州市博物馆在展，图片为笔者拍摄。
③ 资料来源：蜀道文化博物馆在展，陈金凤绘图。

宋，墓葬位于泸州市泸县，原境为画像石室墓，启幪石刻位于墓室北壁中心位。① 幪帐之中不仅表现出了床榻的围栏，还表现了脚踏。画面四周的框形中可见牡丹和蜀葵，以作富贵和长寿之象征。

图3-179　泸州市博物馆藏启幪　　图3-180　蜀道文化博物馆藏启幪　　图 3-181　四川泸县宋代石刻博物馆藏启幪

八、墓主标示物

墓主标示物是四川地区宋墓画像石刻中数量居于前列，且贯穿画像石刻发展三期、覆盖四个大区的主流图像之一。墓主标示物包括墓主人像、屏风、空椅、香炉、牌位、墓主标示物组合等六类。列举标本如下。

（一）墓主人像

四川地区宋墓画像石刻中出现的墓主人像，主要可见以下形式：墓主端坐正中，旁有侍者或侍女，通常女性墓主像旁为侍女，男性墓主像旁为侍者；墓主独坐正中，旁无侍者或侍女。有的墓主人像伴出图像因素还有龟、鹤一类的祥禽瑞兽，应是取"龟鹤齐寿"之意。墓主人像作为四川地区宋墓画像石刻中象征墓主所在的重要题材，其繁盛与道教有密切关系，和道教的"石真"渊源深厚。按张勋燎在《墓葬出土道教代人的"木人"和"石真"》中所考，代人的石真应是来源于道教葬仪材料的组成部分，并且认为这与道教度亡醮仪制度的兴盛、死者灵魂与生人关系等方面的观念变化有关。② 四川地区营造画像石刻的墓葬中，墓主是道教信众，且墓葬为生墓的，其墓主人像石刻应为道教葬仪的产物"石真"。随着道教影响力在宋代四川的扩张，石真代形仪轨渗透一般民众丧葬活动，但此时的墓主人像并没有展现出与道教信众的强关联性，出现墓主人像的一般民众数量远超于道教信众墓。其原因在于一般民众在接受道教影响时，对于石真代形仪轨并非从形式到内涵都全盘吸收，而是吸取了仪轨中对石材坚固属性的认识，从

---

① 资料来源：四川泸县宋代石刻博物馆在展，图片为笔者拍摄。
② 张勋燎、白彬：《中国道教考古》，线装书局，2006年，第5册，第1448-1449页。

而以石为载体结合各种象征意义的图像为逝者构建"永为供养"的坚固空间。此类墓葬中的墓主人像所承载的便不一定是"代形"之意义,而是象征墓主的所在,使其成为享受这个"永为供养空间"的主体。在后文的综合研究中,笔者对此进行了详细的论述。

图3-182女墓主人像石刻年代为1195年,墓葬位于广元市利州区。原境为画像石室墓,石刻位于女室后龛中心位。女墓主人端坐正中手执念珠作诵经状。[①]

图3-182 杜光世夫妇墓女墓主人像

图3-183和图3-184墓主人像石刻年代均为南宋,墓葬位于成都市都江堰市。原境均为画像石室墓,石刻分别位于各自墓室后壁中心位。图3-184男墓主人伴出图像元素为龟、鹤,应是表示"龟鹤齐寿"之意。成都地区的宋墓以砖室墓为主,次之为素面石室墓,石牛村宋墓这样题材丰富、雕刻精细的画像石室墓较为罕见。[②]

图3-183 石牛村宋墓女墓主人像　　图3-184 石牛村宋墓男墓主人像

---

① 图片采自四川省博物馆、广元县文管所:《四川广元石刻宋墓清理简报》,《文物》,1982年第6期,图二五。
② 图片采自卞在彬:《宋代石刻墓惊现石牛村》,《成都文物》,2001年第4期,图一,图二。

图3-185和图3-186墓主人像石刻年代均为南宋，墓葬均位于内江市资中县。原境皆为画像石室墓。图3-185男墓主人像位于M4后龛中心位①，图3-186女墓主人像位于M5后龛中心位。②

图3-185　大包山墓群M4男墓主人像

图3-186　大包山墓群M5女墓主人像

图3-187墓主人像石刻年代为南宋，墓葬位于南充市仪陇县。原境为僧人合葬的多室画像石室墓。在四川地区宋代画像石室墓中，此种形制的墓葬仅见此孤例。墓主人像石刻位于主室后龛中心位，僧人作坐禅状。③

图3-188杨粲墓男墓主人像石刻年代为1227—1243年，墓葬位于遵义市红花岗区。原境为画像石室墓。男墓主人像石刻位于男室后壁中心位。④

图3-189桥头山宋墓群M2男墓主人像石刻年代为南宋中期偏晚，墓葬位于泸州市江阳区。原境为画像石室墓，墓主人像石刻位于墓室后壁中心位，墓主身旁除侍

图3-187　新政镇僧人墓墓主人像

---

① 图片采自四川省文物考古研究院、资中县文物管理所：《四川资中县大包山宋墓发掘简报》，《四川文物》，2013年第1期，图版二-2。
② 图片采自四川省文物考古研究院、资中县文物管理所：《四川资中县大包山宋墓发掘简报》，《四川文物》，2013年第1期，图版二-3。
③ 图片采自仪陇县文物管理所：《四川仪陇县新政镇宋代石室墓清理简报》，《四川文物》，2013年第5期，图版五-1。
④ 图片采自周必素：《贵州遵义的宋代石室墓》，《江汉考古》，2008年第4期，图一一。

者外，还雕刻有仙鹤，盖因仙鹤有象征"寿"之意。①

图3-188 杨粲墓男墓主人像

图3-189 桥头山宋墓群M2男墓主人像

图3-190男墓主人像石刻年代为1224年，墓葬位于广安市华蓥市。原境为画像石室墓，男墓主人像石刻位于后室后壁内龛。②

图3-191女墓主人像石刻年代为南宋，墓葬位于泸州市泸县。原境为画像石室墓，墓主人像石刻位于墓室后壁中心位。③

图3-192男女墓主人共出石刻年代为南宋，墓葬位于泸州市叙永县。原境为画像石室墓。石刻位于09SLXTM2后龛中心位。夫妇二人共坐是宋代北方地区雕砖壁画墓中的主流题材，但在四川地区宋代墓葬图像中却极为罕见。四川地区所见宋代墓主人像都是女性与男性分别居于各自墓室的后壁中心位，或因四川地区被苏轼认为"最为得礼"的同穴异室埋葬形式有关。在笔者收集的田野材料和文博单位馆藏材料中，男女墓主共出于一个墓室后壁中心位同画面中的情况仅见此件石刻一例。④

图3-193墓主人像石刻年代为南宋，墓葬位于泸州市合江县。原境为画像石室墓。墓主人像石刻均位于各自墓室的后壁中心位。据其服饰，应非川南常见的较为富裕的一般民众，而应属于官员及家属。⑤

---

① 图片采自四川省文物考古研究院、泸州市文物局、江阳区文物管理所：《四川泸州市江阳区桥头山宋墓发掘简报》，《四川文物》，2018年第2期，图三二。
② 图片采自四川省文物考古研究院、广安市文物管理所、华蓥市文物管理所：《华蓥安丙墓》，文物出版社，2008年，图版五二。
③ 资料来源：四川泸县宋代石刻博物馆在展，图片为笔者拍摄。
④ 图片采自四川省文物考古研究院、泸州市博物馆、叙永县文物管理所：《四川叙永天池宋墓清理简报》，《四川文物》，2010年第2期，图十五。
⑤ 资料来源：合江县汉代画像石棺博物馆在展，图片为笔者拍摄。

图3-190 安丙家族墓M2男墓主人像

图3-191 四川泸县宋代石刻博物馆藏女墓主人像

图3-192 天池宋墓09SLXTM2男女墓主人共出

图3-193 合江县汉代画像石棺博物馆藏宋代男女墓主人像

  图3-194二件非汉系女墓主人像石刻年代均为南宋，墓葬位于泸州市泸县。原境皆为画像石室墓，墓主人像石刻皆位于各自墓室的后壁中心位。①此二件石刻是川南民族融合的例证，从画面上的女性墓主人服饰看，体现的正是《太平寰宇记》卷八十八《剑南东道七·泸州》中所载川南非汉系民族的服饰特点："其夷獠则与汉不同。性多犷戾而又好淫祠，巢居岩谷，因险凭高，着班布，击铜鼓，弄鞘刀。男则露髻跣足，女则椎髻横裙。"②但其身边的男侍和侍女所着服饰又与泸县汉系画像石室墓中男侍和侍女无异。

---

① 资料来源：四川泸县宋代石刻博物馆在展，图片为笔者拍摄。
② 宋·乐史（撰）、王文楚等（点校）：《太平寰宇记》，卷88，中华书局，2007年，第1740页。

石 上 万 象　　　　　　　　　　四川地区宋元明墓葬画像石刻研究

且川南非汉系民族丧葬传统中，崖葬是其主流墓葬形式，而此二座墓葬采用了宋代泸县汉系墓葬最为主流的画像石室墓的形式。呈现出上述特点，是因为宋代经略川南背景下汉系与非汉系民族之间的交流与融合，在后文综合研究中，笔者对此进行了详细论述。①

1　　　　　　　　　　　　　　2

图3-194　四川泸县宋代石刻博物馆藏非汉系女墓主人像

图3-195非汉系女墓主人与侍女石刻年代为南宋，墓葬位于宜宾市叙州区。原境为非汉系画像崖墓，石刻位于墓室后壁中心位。女墓主人和侍女都如《太平寰宇记》中所言椎髻横裾，体现出典型的非汉系特点。而女主人端坐、侍女侍立一旁的构图特征，与汉系画像石室墓中同类题材极为相似，如泸州市泸县叙永天池宋墓群09SLXXM1女墓主与侍女图，应也是宋代川南民族交流融合背景下，汉系丧葬元素融入非汉系丧葬系统的产物。②

图3-195　回龙箱子石非汉系崖墓群M8女墓主人与侍女

---

① 资料来源：笔者文博单位调查采集，图片为四川泸县宋代石刻博物馆提供并允许笔者在本书中使用。
② 图片采自四川大学历史系考古专业78级实习队、四川省宜宾县文化馆：《宜宾县双龙、横江两区岩穴墓调查记》，《考古与文物》，1984年第2期，图十二。

（二）屏风

宋人陈祥道《礼书》卷四五"屏摄"条记载："会有表，朝有着，祭有屏摄，皆明其位也。……韦昭曰：'屏，屏风也；摄入要扇。皆所以明尊卑，为祭祀之位。'"①屏风在此亦应为享受祭祀供奉的墓主之象征物。其多见于四川地区宋墓画像石刻的二期和三期，在四个大区均有分布，数量少于墓主人像，但皆居于墓室后壁中心位。

图3-196屏风石刻年代为南宋，墓葬位于泸州市泸县。原境为画像石室墓，石刻位于墓室后壁中心位。四川地区宋墓画像石刻中的屏风，如此件石刻类型的与单扇门扇相似，区别在门扇不做脚，而屏风一般会雕刻出脚。②

图3-197屏风石刻年代为南宋中晚期，墓葬位于乐山市井研县。原境为画像石室墓，石刻位于墓室后壁中心位。屏风上除雕刻有四季花卉、卷草纹之外，还有道教的《中央黄帝消灾真文》，应为道教信众之墓葬。③

图3-196　四川泸县宋代石刻博物馆藏屏风　　　图3-197　金井坪宋墓M2-1屏风

图3-198许家堧屏风石刻年代为南宋，墓葬位于广安市华蓥市。④原境为画像石室墓，屏风石刻位于墓室后壁中心位。

图3-199播州罗氏土司家族墓群扬M1屏风石刻年代为南宋中晚期，墓葬位于遵义市播州区。原境为画像石室墓，屏风石刻位于扬M1右室后龛中心位。⑤

---

① 宋·陈祥道：《礼书》，《景印文渊阁四库全书》，台湾商务印书馆，1986年，第130册，第274页。
② 资料来源：四川泸县宋代石刻博物馆在展，图片为笔者拍摄。
③ 图片采自四川省文物考古研究院、井研县文物管理所：《四川井研县金井坪宋代墓地发掘简报》，《四川文物》，2012年第1期，图九。
④ 图片采自四川省文物考古研究院、广安市文物管理所、华蓥市文物管理所：《四川华蓥许家堧宋墓清理简报》，《四川文物》，2010年第6期，图五。
⑤ 图片采自贵州省文物考古研究所、西南交通大学人文学院、遵义市播州区文物管理所：《贵州遵义市播州区播州罗氏土司家族墓调查简报》，《四川文物》，2019年第2期，图八。

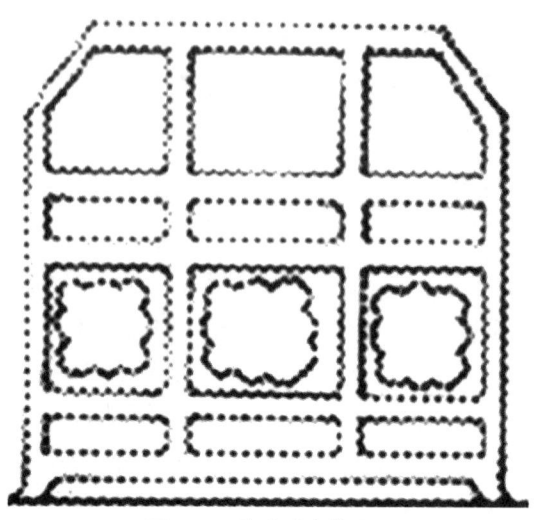

图3-198　许家堋宋墓屏风　　　　　　　图3-199　播州罗氏土司家族墓群扬M1屏风

（三）空椅

梳理《司马氏书仪》和《朱子家礼》中对于祭奠供奉的规定，从设灵座开始考察，将魂帛"结白绢为之，设椸于尸南，覆以帕，置倚卓其前，置魂帛于倚上，设香炉、杯、注、酒、果于卓子上，是为灵座。"[①]"置灵座，设魂帛。设椸于尸南，覆以帕。置倚卓其前，结白绢为魂帛，置倚上。设香炉、香合、珓杯、注、酒、果于卓子上"[②]。魂帛为墓主依神之所在，其共出元素为桌、椅、茶酒果馔供奉，故四川地区宋墓画像石刻中出现的丧葬中用以摆放魂帛为墓主依神的空椅应是象征作为供奉主体的墓主之所在。

图3-200空椅石刻年代为南宋。墓葬位于重庆市合川区。原境为画像石室墓，空椅石刻位于后壁中心位。未刻画出完整形态，仅雕刻出椅背，椅背上方为宋代流行之"一把莲纹"，椅披上表现了一束石榴和一束桃实，应是祈祷多子和长寿之意。[③]

图3-201空椅石刻年代为南宋，墓葬位于重庆市。原境为画像石室墓，空椅石刻位于后壁中心位。未完全展示空椅全貌，类重庆合川区观山墓群空椅，仅雕刻出椅背。[④]

图3-202三件石刻年代均为南宋。墓葬均位于泸州市泸县。原境皆为画像石室墓，石

[①] 宋·司马光：《书仪》，《景印文渊阁四库全书》，台湾商务印书馆，1986年，第142册，第487页。
[②] 宋·朱熹（撰），王燕均、王光照（校点）：《家礼》，《朱子全书》，上海古籍出版社，安徽教育出版社，2002年，第905页。
[③] 图片采自重庆市文化遗产研究院、重庆文化遗产保护中心：《重庆市合川区观山墓群宋代石室墓发掘简报》，《四川文物》，2014年第2期，图六。
[④] 图片采自重庆市文化遗产研究院、合川区文物管理所：《重庆市合川区猴清庙墓群发掘简报》，《长江文明》，2021年第1辑，图十一。

刻皆位于各自墓室的后壁中心位。图3-202-3空椅旁除侍者外，左右分别有一龟一鹤，椅背后铭刻有"寿"字，龟鹤齐寿的意味明显。[①]

图3-200　观山墓群M1空椅 　　　　图3-201　猴清庙墓群M1空椅

图3-202　四川泸县宋代石刻博物馆藏空椅

图3-203空椅石刻年代为南宋开禧年间（1205—1207）。墓葬位于重庆市永川区。原境为汉系画像崖墓，空椅石刻共有两件，皆位于后壁非中心位，分别处于后龛左右两侧。四川地区宋墓画像石刻中，原境为画像石室墓的空椅一般都是单独出现，应与四川地区的"同坟异穴"葬俗相关。唯有在明确为北方移民墓葬的高洞子画像崖墓中的空椅是一室中同时出现两张，或为北方宋墓装饰中"一桌二椅"图像之影响。[②]

[①] 资料来源：四川泸县宋代石刻博物馆藏，图片为笔者拍摄。
[②] 图片采自重庆市文化遗产研究院、重庆市永川区文物管理所：《重庆永川高洞子南宋墓群清理简报》，《文物》，2020年第6期，图三〇。

图3-203 高洞子崖墓空椅

图3-204半边寺非汉系崖墓M11空椅石刻①、图3-205堰塘湾非汉系崖墓空椅石刻年代均为南宋②，墓葬均位于宜宾市高县。原境皆为非汉系画像崖墓，空椅石刻皆位于各自墓室的后壁中心位。半边寺M11空椅还伴出瓶花，应为瓶花供奉之意，和空椅成组合象征墓主所在的意味明显，应是汉系画像石室墓瓶花、空椅因素传播至非汉系丧葬系统的产物。

图3-204 半边寺非汉系崖墓M11空椅

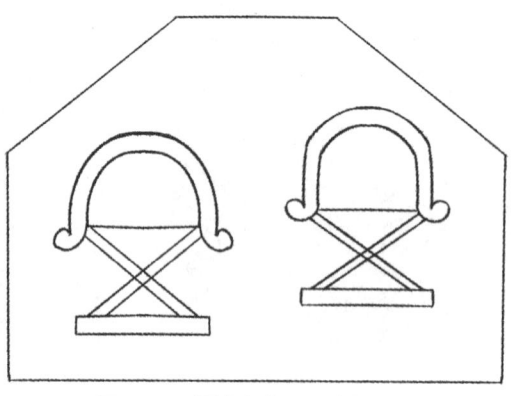

图3-205 堰塘湾非汉系崖墓空椅

（四）香炉

《司马氏书仪》和《朱子家礼》中设计祭奠供奉的灵座中，香炉是一个必备的要素：将魂帛"结白绢为之，设椸于尸南，覆以帕，置倚卓其前，置魂帛于倚上，设香炉、杯、注、酒、果于卓子上，是为灵座。"③"置灵座，设魂帛。设椸于尸南，覆以帕。置倚卓其前，结白绢为魂帛，置倚上。设香炉、香合、玹杯、注、酒、果于卓子

---

① 图片采自重庆市博物馆：《宜宾地区悬棺葬调查记》，《考古》，1981年第5期，图二三。
② 资料来源：笔者田野调查采集，陈金凤绘图。
③ 宋·司马光：《书仪》，《景印文渊阁四库全书》，台湾商务印书馆，1986年，第142册，第487页。

上"①。因此，香炉在四川地区宋墓画像石刻中，应具有表示供奉、象征供奉主体所在之内涵，通常居于墓室后壁中心位。

图3-206香炉石刻年代为1265年，墓葬位于广安市华蓥市。原境为画像石室墓，香炉石刻位于墓室后龛中心位。②

（五）牌位

四川地区宋墓画像石刻中所见牌位，主要可见两种类型，一种在牌位上雕刻墓主之姓名，如驾挡丘宋墓群M5张中兴墓牌位；另一种雕刻出了牌位的形态，但牌位上无字，如仪陇新政镇僧人墓牌位。

图3-207新政镇僧人墓牌位石刻年代为南宋③，墓葬位于南充市仪陇县。原境为画像石室墓，牌位石刻位于西侧室后龛中心位。牌位上无字，其原因或是该墓为僧人墓，且此牌位未位于主室正位，而在主室正位处已设置了僧人像作为墓主标示，故此牌位便未雕刻文字。图3-208驾挡丘宋墓群M5张中兴牌位石刻年代为南宋，墓葬位于广安市华蓥市。原境为画像石室墓，牌位石刻位于墓室后龛中心位。牌位上刻"张中兴寿堂"，此墓应为墓主还在世时为祈寿延年所建造的生墓。④

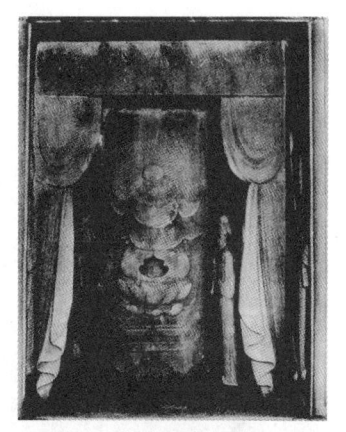

图3-206 安丙家族墓M4香炉

图3-207 新政镇僧人墓牌位

（六）墓主标示物组合

墓主标示物组合，即前文所述之墓主人像、屏风、空椅、香炉、牌位等组合出现，共同标示享受墓葬这个"永为供养"空间的供奉主体——墓主之所在。常见的墓主标示物组合为：空椅+屏风、空椅+供桌、空椅+供桌+屏风、空椅+供桌+瓶花、供桌+香炉+瓶花+屏风、墓主人像

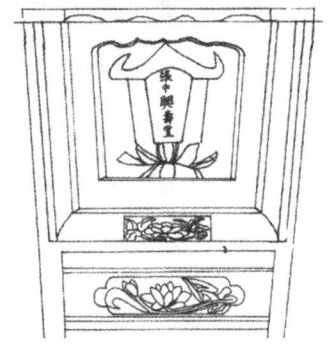

图3-208 驾挡丘宋墓群M5牌位

---

① 宋·朱熹（撰），王燕均、王光照（校点）：《家礼》，《朱子全书》，上海古籍出版社，安徽教育出版社，2002年，第905页。
② 图片采自四川省文物考古研究院、广安市文物管理所、华蓥市文物管理所：《华蓥安丙墓》，文物出版社，2008年，图版八六。
③ 图片采自仪陇县文物管理所：《四川仪陇县新政镇宋代石室墓清理简报》，《四川文物》，2013年第5期，图版三-1。
④ 图片采自四川省文物考古研究院、广安市文物管理所、华蓥市文物管理所：《华蓥市永兴镇驾挡丘宋墓群发掘简报》，《四川文物》，2009年第1期，图一一。

+屏风、瓶花+供品等。

图3-209奇峰镇一号墓①和图3-210奇峰镇二号墓②的空椅+屏风石刻年代均为南宋，墓葬均位于泸州市泸县。原境皆为画像石室墓，石刻皆位于墓室后龛中心位。

图3-211空椅+屏风石刻年代为南宋，墓葬位于泸州市泸县。原境为画像石室墓，石刻位于墓室后龛中心位。③

图3-212空椅+屏风石刻年代为南宋，墓葬位于泸州市合江县。原境为画像石室墓，石刻位于墓室后壁中心位。④

图3-209　奇峰镇一号墓墓主标示物空椅+屏风

图3-210　奇峰镇二号墓墓主标示物空椅+屏风

图3-211　四川泸县宋代石刻博物馆藏墓主标示物组合空椅+屏风

图3-212　合江县汉代画像石棺博物馆藏空椅+屏风

---

① 图片采自四川省文物考古研究所、成都市文物考古研究所、泸州市博物馆、泸县文物管理所：《泸县宋墓》，文物出版社，2004年，彩版二二。
② 图片采自四川省文物考古研究所、成都市文物考古研究所、泸州市博物馆、泸县文物管理所：《泸县宋墓》，文物出版社，2004年，彩版二六-3。
③ 资料来源：四川泸县宋代石刻博物馆在展，图片为笔者拍摄。
④ 资料来源：合江县汉代画像石棺博物馆在展，图片为笔者拍摄。

图3-213安岳老鸹山M1空椅+屏风石刻年代为1202年，墓葬位于资阳市安岳县。①原境为画像石室墓，石刻位于墓室后壁中心位。图3-214荣昌坝宋墓M1空椅+屏风石刻年代为1226—1230年，墓葬位于遵义市仁怀市。原境为画像石室墓，石刻位于墓室后壁中心位。②

图3-213安岳老鸹山M1空椅+屏风　　　　图3-214荣昌坝宋墓M1空椅+屏风

图3-215二件空椅+供桌石刻年代均为南宋，墓葬均位于泸州市泸县。原境皆为画像石室墓，石刻皆位于各自墓室的后壁中心位。③

《司马氏书仪》和《朱子家礼》中对于祭奠供奉的规定，对灵座的设置是：将魂帛"结白绢为之，设椸于尸南，覆以帕，置倚卓其前，置魂帛于倚上，设香炉、杯、注、酒、果于卓子上，是为灵座。"④"置灵座，设魂帛。设椸于尸南，覆以帕。置倚卓其前，结白绢为魂帛，置倚上。设香炉、香合、珓杯、注、酒、果于卓子上"⑤。魂帛为墓主依神之所在，其共出元素桌、椅、茶酒果馔供奉，不仅出现在丧葬的小敛、大敛、朝奠、夕奠、遣奠、虞祭等一系列环节中，在平日的祠堂祭祀中，亦是不可缺少的元素。故四川地区宋墓画像石刻中出现的丧葬中摆放魂帛为墓主依神的空椅、设置瓶花或茶酒果馔的桌子、香炉等皆应是象征作为供奉主体的墓主之所在。当其成组合出现时，强调被"永为供养"的墓主所在之意味则更为浓厚、突出。

---

① 图片采自王玉：《四川安岳县老鸹山南宋墓清理简报》，《考古与文物》，2009年第1期，图六。
② 图片采自贵州省文物考古研究所：《2003—2013贵州基建考古重要发现》，科学出版社，2015年，第204页。
③ 资料来源：四川泸县宋代石刻博物馆在展，图片为笔者拍摄。
④ 宋·司马光：《书仪》，《景印文渊阁四库全书》，台湾商务印书馆，1986年，第142册，第487页。
⑤ 宋·朱熹（撰），王燕均、王光照（校点）：《家礼》，《朱子全书》，上海古籍出版社，安徽教育出版社，2002年，第905页。

图3-215　四川泸县宋代石刻博物馆藏墓主标示物组合空椅+供桌

图3-216二件空椅+供桌石刻年代均为南宋,墓葬均位于广元市。原境皆为画像石室墓,石刻皆位于各自墓室的后壁中心位。广元地区的空椅+供桌石刻地域风格明显,和川南所见空椅+供桌的区别为：川南的空椅+供桌组合中空椅均正面向安置,而广元所见空椅+供桌组合中的空椅为45°侧面向安置,而且还出现了四川其他地区宋墓画像石刻中皆未见的一供桌二空椅的构图方式。①

图3-216　皇泽寺藏空椅+供桌石刻

① 资料来源：广元皇泽寺博物馆在展,图片为笔者拍摄。

第三章　四川地区宋元明墓葬画像石刻资料整理

图3-217空椅+供桌石刻年代为1195年，墓葬位于广元市利州区。原境为画像石室墓，石刻位于男室后壁中心位，空椅为45°侧面向摆放。[①]

图3-218空椅+屏风+供桌石刻年代为南宋，墓葬位于广元市。原境为画像石室墓，石刻位于墓室后壁中心位。此件石刻的特殊之处在于一供桌和二空椅同时出现在一个画面中，在笔者搜集的四川地区宋墓画像石刻田野材料和文博单位馆藏材料中，此件是一个孤例。虽然呈现出广元地区空椅的45°侧面向设置的特点，但在供桌左右同时设置两张空椅却和广元地区其他空椅情况相异，而更类北方宋代雕砖壁画墓中的"一桌二椅"题材。宋代广元所在之利州路，为两宋之交北方移民进入四川后落地安居较多的地区。此件一供桌二空椅石刻的出现，或为北方移民带入四川的北方墓葬装饰主流题材与四川本土丧葬习俗融合的产物。在后文的综合研究中，笔者对其进行了深入的论述。[②]

图3-219空椅+供桌+屏风石刻年代为南宋，墓葬位于广元市。原境为画像石室墓，石刻位于墓室后壁中心位。表征墓主所在的元素较为丰富，为空椅、供桌、屏风组合出现，空椅保持了广元地区空椅图像45°侧面向的特征。[③]

图3-217　杜光世夫妇墓男室空椅+供桌

图3-218　蜀道文化博物馆藏空椅+屏风+供桌

图3-219　皇泽寺藏墓空椅+供桌+屏风

[①] 图片采自四川省博物馆、广元县文管所：《四川广元石刻宋墓清理简报》，《文物》，1982年第6期，图二四。
[②] 资料来源：蜀道文化博物馆在展，陈金凤绘图。
[③] 资料来源：广元皇泽寺博物馆在展，图片为笔者拍摄。

图3-220和图3-221墓主标示物组合石刻年代均为南宋，墓葬均位于广元市青川县。原境皆为画像石室墓，石刻皆位于各自墓室的后壁中心位，空椅均为45°侧面向摆放。①

图3-220　金子山乡宋墓空椅+供桌+瓶花　　图3-221　金子山乡宋墓空椅+供桌

图3-222墓主标示物组合石刻年代为南宋绍定年间（1228—1233），墓葬位于重庆市北碚区。原境为画像石室墓，石刻位于后龛中心位。②

图3-222　杨元甲墓墓主供桌+瓶花+香炉+屏风

---

① 图片采自青川县文管所、四川省文物考古研究所：《青川县竹园金子山乡宋墓清理简报》，《四川文物》，2001年第2期，图二。
② 图片采自白九江、莫骄、徐克诚：《重庆市北碚区苦塘沟南宋杨元甲夫妇墓的发现与研究》，《四川文物》，2015年第6期，图五。

图3-223桥头山宋墓群M1墓主人像+屏风石刻年代为南宋中期偏晚,墓葬位于泸州市江阳区。①原境为画像石室墓,石刻位于墓室后龛中心位。图3-224四川泸县宋代石刻博物馆藏墓主人像+屏风石刻年代为南宋,墓葬位于泸州市泸县,原境为画像石室墓,石刻位于墓室后龛中心位。②

图3-225二件瓶花+供奉石刻年代为南宋晚期。墓葬位于重庆市潼南区。原境为画像石室墓,石刻分别位于各自墓室的后龛中心位。③

图3-223　桥头山宋墓群M1墓主人像+屏风 　　图3-224　四川泸县宋代石刻博物馆藏墓主人像+屏风

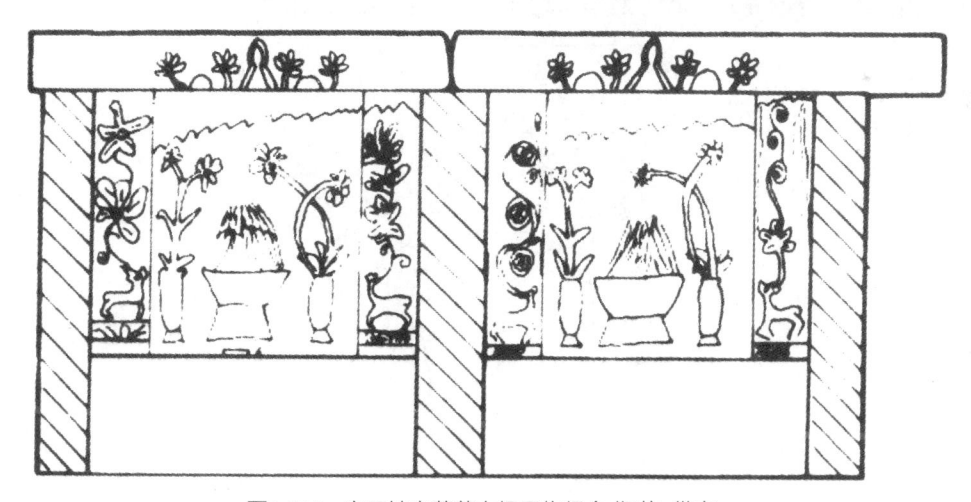

图3-225　窑厂坡宋墓墓主标示物组合·瓶花+供奉

---

① 图片采自四川省文物考古研究院、泸州市文物局、江阳区文物管理所:《四川泸州市江阳区桥头山宋墓发掘简报》,《四川文物》,2018年第2期,图二〇。
② 资料来源:四川泸县宋代石刻博物馆在展,图片为笔者拍摄。
③ 图片采自重庆市文物考古所、潼南县文物管理所:《重庆潼南县渝遂高速公路沿线抢救性考古发掘简报》,《四川文物》,2006年增刊,第110页,图三。

151

九、杂剧乐舞

从数量上而言，杂剧乐舞题材在四川地区宋墓画像石刻中并未见明显数量优势。但其类别丰富，集齐了杂剧、舞蹈、奏乐等种类，在少数高级官员墓葬如华蓥安丙家族墓中还出现了乐队。在泸县宋墓出土此类石刻中还可见宋代勾栏的形态。杂剧乐舞题材的分布也呈现出较为明显的区域特征，以川东川北区的广元和川东南川南区的泸县最为集中。列举标本如下。

图3-226乐伎石刻年代为南宋，墓葬位于内江市资中县。原境为画像石室墓，石刻位于墓室侧壁非中心位。图中可见吹洞箫者、击鼓者和拍板者。①

图3-226 烂泥湾宋墓M3乐伎图

图3-227和图3-228五件乐伎石刻年代均为南宋中期偏晚。墓葬位于泸州市江阳区。原境为画像石室墓，图3-227中M1乐伎位于中室两侧壁龛②，图3-228中M2乐伎位于后壁右侧柱。图3-227-1乐伎吹横笛、图3-227-2乐伎吹排箫、图3-227-3乐伎击鼓、图3-227-4乐伎吹洞箫，图3-228乐伎拨三弦。③

图3-227 桥头山宋墓群M1乐伎　　图3-228 桥头山宋墓群M2乐伎

---

① 图片采自四川省文物考古研究院、资中县文物管理所：《四川资中县烂泥湾宋墓发掘简报》，《四川文物》，2015年第2期，图一五-1。
② 图片采自四川省文物考古研究院、泸州市文物局、江阳区文物管理所：《四川泸州市江阳区桥头山宋墓发掘简报》，《四川文物》，2018年第2期，图一一、图一三。
③ 图片采自四川省文物考古研究院、泸州市文物局、江阳区文物管理所：《四川泸州市江阳区桥头山宋墓发掘简报》，《四川文物》，2018年第2期，图三〇-2。

第三章 四川地区宋元明墓葬画像石刻资料整理

图3-229乐伎石刻年代为南宋，墓葬位于泸州市泸县。原境为画像石室墓，石刻在原境中的位置不明。石刻中的二人均为击鼓伎，左侧乐伎击扁鼓，右侧乐伎击齐鼓。①

图3-230四件乐伎石刻为一组，年代为南宋，墓葬位于泸州市合江县。原境为画像石室墓，石刻在原境中的位置不明。图3-230-1和图3-230-4乐伎击鼓，图3-230-2乐伎拍板，图3-230-3乐伎吹笛。此四件乐伎从服饰而言，与笔者搜集的四川地区宋墓乐伎石刻有一定区别，主要表现在簪花上。在笔者搜集材料中，仅见此四件一组乐伎簪花，其更类北方宋金壁画墓中散乐图之乐伎形象。因出土信息不完整，故此组簪花乐伎孤例出现，无法确定是北方宋金墓葬壁画的粉本流传到四川影响了合江的宋墓画像石刻，还是墓主或工匠就是入川的北方移民，直接复制了北方宋金墓葬装饰的典型题材，但其呈现出北方宋金壁画墓图像对四川地区的影响应无疑。②

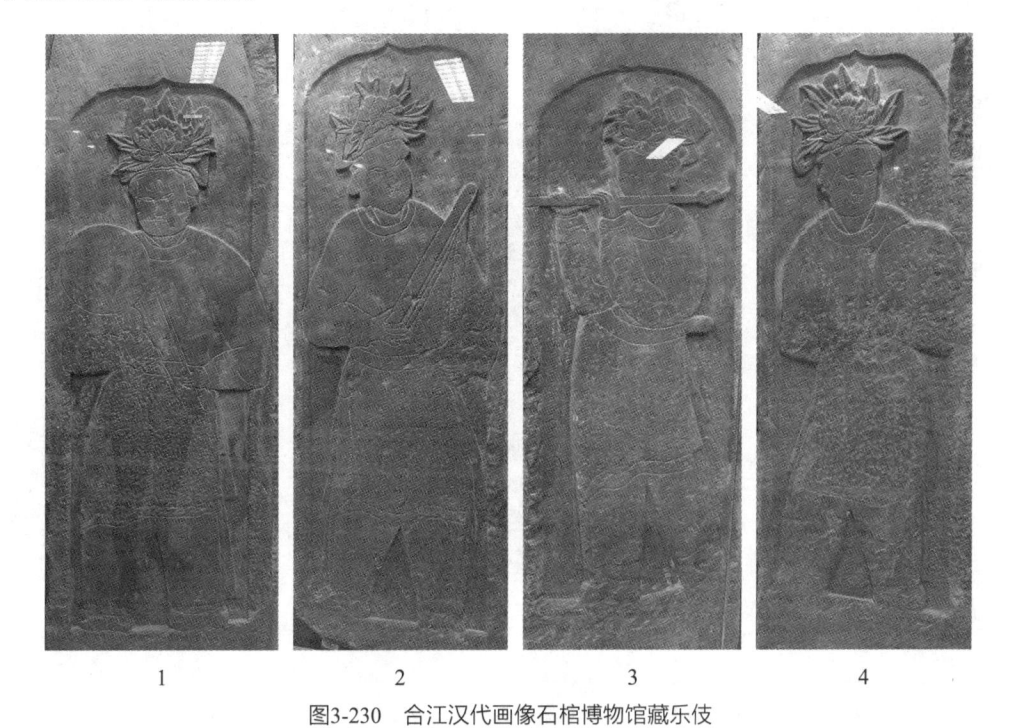

图3-229　四川泸县宋代石刻博物馆藏乐伎

| 1 | 2 | 3 | 4 |

图3-230　合江汉代画像石棺博物馆藏乐伎

---

① 资料来源：四川泸县宋代石刻博物馆在展，图片为笔者拍摄。
② 资料来源：合江县汉代画像石棺博物馆在展，图片为笔者拍摄。

图3-231四件乐伎石刻年代为1224年,墓葬位于广安市华蓥市。原境为画像石室墓,石刻位于墓室的两侧壁。图3-231-1和图3-231-2乐伎击腰鼓,图3-231-3乐伎拍板,图3-231-4乐伎吹横笛。[①]

图3-231　安丙家族墓M1乐伎

图3-232二组乐伎队石刻年代为1224年,墓葬位于广安市华蓥市。原境为画像石室墓,石刻分别位于中后室间过道两壁。图3-232-1乐伎上排左起第一为拍板者,第二为吹笙者,第三为击渔鼓者;下排左起第一为吹洞箫者,第二为拨阮者,第三为舞者。图3-232-2乐伎上排左起第一为击扁鼓者,第二为吹筚篥者,第三为击齐鼓者;下排左起第一为舞者,第二为拍板者,第三为吹横笛者。[②]

图3-232　安丙家族墓M1乐伎队

[①] 图片采自四川省文物考古研究院、广安市文物管理所、华蓥市文物管理所:《华蓥安丙墓》,文物出版社,2008年,图版二三、图版二四。
[②] 图片采自四川省文物考古研究院、广安市文物管理所、华蓥市文物管理所:《华蓥安丙墓》,文物出版社,2008年,图版二一、图版二二。

第三章 四川地区宋元明墓葬画像石刻资料整理

图3-233二件舞伎石刻为一组，年代为南宋中期偏晚。墓葬位于泸州市江阳区。原境为画像石室墓，舞伎石刻位于后壁柱。①

图3-233　桥头山宋墓群M1舞伎

图3-234二件舞伎石刻为一组，年代为南宋。墓葬位于泸州市泸县。原境为画像石室墓，舞伎石刻在原境中的位置不明。二者均搓袖而舞，似为《大曲》的"双搓泥金袖"舞姿。②

图3-234　四川泸县宋代石刻博物馆藏舞伎

---

① 图片采自四川省文物考古研究院、泸州市文物局、江阳区文物管理所：《四川泸州市江阳区桥头山宋墓发掘简报》，《四川文物》，2018年第2期，图一七。
② 资料来源：四川泸县宋代石刻博物馆在展，图片为笔者拍摄。

图3-235二件舞伎石刻为一组,年代为南宋,墓葬位于内江市资中县。原境为画像石室墓,舞伎石刻位于墓室侧壁非中心位。①

图3-235　烂泥湾宋墓M2舞伎

图3-236群舞石刻年代为南宋。墓葬位于泸州市泸县。原境为画像石室墓,群舞石刻在原境中的位置不明。六位舞者中有五位头部均被人为铲去。左一执莲叶和莲花苞,左二旋袖执莲花苞,左三执莲叶和莲花苞,左四旋袖执莲花苞,左五执一骨朵,左六执一小莲花苞,六者姿态各异。按所持道具,所表演舞蹈可能为采莲舞。②

图3-236　四川泸县宋代石刻博物馆藏群舞

---

① 图片采自四川省文物考古研究院、资中县文物管理所:《四川资中县烂泥湾宋墓发掘简报》,《四川文物》,2015年第2期,图七。
② 资料来源:四川泸县宋代石刻博物馆在展,图片为笔者拍摄。

图3-237三件采莲舞石刻年代均为南宋，墓葬位于泸州市泸县。原境为画像石室墓，采莲舞石刻在原境中的位置不明。舞者均头戴软脚花冠，罩云肩，手执荷花荷叶，且踏于莲叶之上。笔者收集的田野材料和馆藏材料中，采莲舞石刻目前仅见于泸州市泸县宋墓中。①

1　　　　　　　　2　　　　　　　　3

图3-237　四川泸县宋代石刻博物馆藏采莲舞

图3-238勾栏戏剧石刻年代为南宋，墓葬位于泸州市泸县。原境为画像石室墓，石刻在原境中的位置不明。石刻上，左为躬身行礼女子，右为一男子抬手指向左方女子，应为戏剧场景。②

图3-238　四川泸县宋代石刻博物馆藏勾栏戏剧

---

① 资料来源：四川泸县宋代石刻博物馆在展，图片为笔者拍摄。
② 图片采自四川省文物考古研究所、成都市文物考古研究所、泸州市博物馆、泸县文物管理所：《泸县宋墓》，文物出版社，2004年，彩版五〇-2。

图3-239勾栏乐舞石刻年代为南宋,墓葬位于泸州市泸县。原境为画像石室墓,石刻在原境中的位置不明。舞乐伎均戴软脚花冠,着广袖长襦。左一击扁鼓,左二击齐鼓,左三和左四对舞,左五吹横笛,左六拍板,为乐舞队表演场景。[①]

图3-239　四川泸县宋代石刻博物馆藏勾栏乐舞

图3-240皇泽寺藏杂剧石刻第1组[②]和图3-241乐队石刻第1组年代均为南宋[③],墓葬均位于广元。原境皆为画像石室墓,石刻在原境中的位置不明。图3-240共三人,左一捧物,左二端立拢手,左三似为道教人物,背负一囊,囊口露出拂尘头部,应为戏剧场景。图3-241共五人,左一击一物似腰鼓,左二击扁鼓,左三吹笙箫,左四拍板,左五吹横笛。

图3-240　皇泽寺藏杂剧石刻第1组 　　图3-241　皇泽寺藏乐队石刻第1组

[①] 图片采自四川省文物考古研究所、成都市文物考古研究所、泸州市博物馆、泸县文物管理所:《泸县宋墓》,文物出版社,2004年,彩版四七-1。
[②] 资料来源:广元皇泽寺博物馆在展,图片为笔者拍摄。
[③] 资料来源:广元皇泽寺博物馆在展,图片为笔者拍摄。

图3-242皇泽寺藏乐队石刻第2组年代为南宋，墓葬位于广元。原境为画像石室墓，石刻在原境中的位置不明。图3-242-1共五人，左一拍板，左二吹横笛，左三搓袖而舞，左四击齐鼓，左五击扁鼓。图3-242-2共三人，左一击大鼓，左二吹横笛，左三手持物无法分辨，应为乐器。①

1　　　　　　　　　　　　2
图3-242　皇泽寺藏乐队石刻第2组

图3-243皇泽寺藏乐队石刻第3组，年代为南宋，墓葬位于广元市。原境为画像石室墓，石刻在原境中的位置不明。图3-243-1共四人，左一为搓袖舞者，左二左三皆为拨三弦者，左四为舞者。图3-243-2共四人，左一左二吹横笛，左三拍板，左四击扁鼓。②

1　　　　　　　　　　　　2
图3-243　皇泽寺藏乐队石刻第3组

图3-244皇泽寺藏杂剧石刻第2组年代为南宋，墓葬位于广元市。原境为画像石室墓，石刻在原境中的位置皆不明。此二件杂剧石刻从构图要素、人物形象特征、构图方式来看，和河南修武金代石棺同类题材较为相似，与四川地区另一杂剧乐舞石刻发达区域即本书所划分之川东南川南区的泸县差别较大。原因或为广元为两宋之交北方移民进入四川的主要落地安居区之一，受到北方丧葬系统中杂剧乐舞题材影响较大。③

---

① 资料来源：广元皇泽寺博物馆在展，图片为笔者拍摄。
② 资料来源：广元皇泽寺博物馆在展，图片为笔者拍摄。
③ 资料来源：广元皇泽寺博物馆在展，图片为笔者拍摄。

1　　　　　　　　　　　　　　　　2

图3-244　皇泽寺藏杂剧石刻第2组

图3-245皇泽寺藏杂剧石刻第3组[①]和图3-246皇泽寺藏杂剧石刻第4组年代均为南宋[②]，墓葬均位于广元市。原境皆为画像石室墓，石刻在原境中的位置不明。第3组两人均戴展脚幞头，手中持笏，应为宋代杂剧中扮演官员的"装孤"角色。第4组石刻中两人分别背向对方坐于山石两端，石后有竹丛，左方者以手指向右方者，二人面部表情均显愤懑，应为戏剧场景。

图3-245　皇泽寺藏杂剧石刻第3组　　　　图3-246　皇泽寺藏杂剧石刻第4组

图3-247乐舞石刻年代为南宋，墓葬位于宜宾市叙州区。原境为非汉系画像崖墓，乐舞石刻位于墓室侧壁。乐舞图像分为两组，中心一组，右侧一组，各组中间均有一人领舞，其余人围绕舞者成圈起舞，与非汉系民族生活中聚众围舞场景相类。[③]

---

① 资料来源：广元皇泽寺博物馆在展，图片为笔者拍摄。
② 资料来源：广元皇泽寺博物馆在展，图片为笔者拍摄。
③ 图片采自四川大学历史系考古专业78级实习队、四川省宜宾县文化馆：《宜宾县双龙、横江两区岩穴墓调查记》，《考古与文物》，1984年第2期，图十。

图3-247 五宝蛮洞子沟M1崖墓乐舞图

十、祥禽瑞兽

四川地区宋墓石刻中的瑞兽可见龙、麒麟、狮子、瑞鹿、飞马、天禄、龟、猴、象等，祥禽可见凤凰、孔雀、仙鹤等。其内涵均与增祥祈寿相关，而非单纯的装饰图像。列举标本如下。

（一）瑞兽

图3-248二龙戏珠石刻年代为南宋，墓葬位于泸州市泸县。原境为画像石室墓，二龙戏珠石刻位于墓室东壁。画面中两龙背向而行，均回首相望，追逐两龙头中间的火焰珠，一龙为高浮雕，另一龙为减地平钑，且龙身主体隐没在高浮雕龙身后。此件二龙戏珠石刻按配置位置而言，符合四川地区宋墓石刻青龙一般皆在墓室东壁的规律。但其他青龙石刻中均只见一青龙，从未见有二青龙者。在笔者搜集的田野材料和文博单位馆藏材料中，四川地区宋墓画像石刻也仅见此一例二龙戏珠题材。其构图方式与明代四川地区墓葬画像石刻中多见的二龙戏珠区别也较大。明墓画像石刻之二龙戏珠均为火焰珠在中间，二龙分列在火焰珠左右相向而行，从未见此件石刻之构图方式。可见虽同在四川地区，同样的图像在传递之中也呈现出明显的延续与变革并存之特点。[①]

[①] 资料来源：四川泸县宋代石刻博物馆在展，图片为笔者拍摄。

图3-248　四川泸县宋代石刻艺术博物馆藏二龙戏珠

图3-249麒麟石刻年代为南宋,墓葬位于泸州市。原境为画像石室墓,麒麟石刻在原境中的位置不明。四川地区宋墓画像石刻中所见之麒麟形似羊,头上有角,角形浑圆不锐,如《孝经右契》所记赤松子与孔子关于麒麟的对话中赤松子对其的形容:"吾所见一兽,如麕羊头,头上有角,其末有肉。"[1]麒麟既是长寿之象征,如《太平御览》引《抱朴子》曰:"麒麟寿千岁"[2],同时也是太平盛世之祥瑞,"譬若阴阳调,四时会,法令均,万民乐,则麟呈其祥"[3],其出现在墓葬装饰题材中应为祈寿和祈祷天下太平盛世安乐之意。[4]

图3-249　泸州石刻艺术博物馆藏麒麟

---

[1] 宋·李昉等:《太平御览》卷889,中华书局,1960年,第3951页。
[2] 宋·李昉等:《太平御览》卷889,中华书局,1960年,第3951页。
[3] 宋·李昉等:《太平御览》卷591,中华书局,1960年,第2661页。
[4] 资料来源:泸州石刻艺术博物馆在展,图片为笔者拍摄。

图3-250狮子石刻年代为1202年，墓葬位于资阳市安岳县。原境为画像石室墓，狮子石刻位于藻井处，伴出图像有绣球和用以象征"祈寿"的猴子攀桃树。①

图3-250　安岳老鸹山M1瑞兽狮子

图3-251狮子戏球石刻年代为南宋中期偏晚。墓葬位于泸州市江阳区。原境为画像石室墓，狮子戏球石刻位于墓室侧壁。②

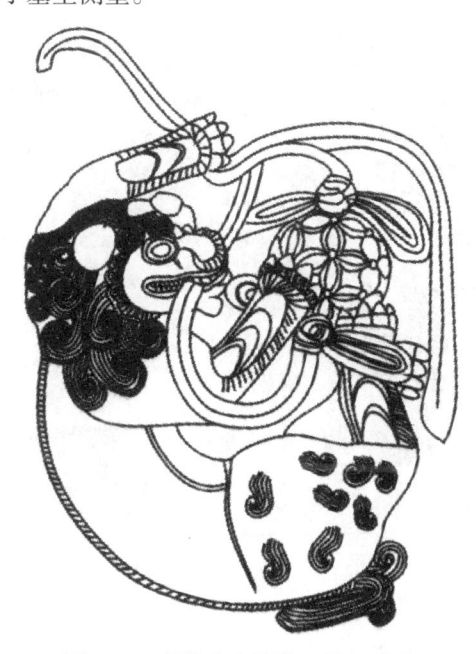

图3-251　桥头山宋墓群M1狮子戏球

---

① 图片采自王玉：《四川安岳县老鸹山南宋墓清理简报》，《考古与文物》，2009年第1期，图五。
② 图片采自四川省文物考古研究院、泸州市文物局、江阳区文物管理所：《四川泸州市江阳区桥头山宋墓发掘简报》，《四川文物》，2018年第2期，图九-1。

图3-252二件狮子石刻年代均为南宋，墓葬均位于泸州市泸县。原境皆为画像石室墓，图3-252-1位于墓室口踏道两侧，图3-252-2位于门扇障水板处。①

1

2

图3-252　四川泸县宋代石刻博物馆藏狮子

图3-253瑞鹿石刻年代为1200年，墓葬位于眉山市彭山区。原境为画像石室墓，瑞鹿石刻位于后龛下。瑞鹿口中衔花，肩背处有向上飞舞的绶带，作奔跑腾跃之姿。鹿的图像出现在墓葬之中，一因其读音与"福禄"之"禄"为谐音，表求福禄之意；其二可能仍与表示长寿的祥瑞有关。《抱朴子》引《玉策记》和《昌宇经》："虎及鹿兔，皆寿千岁，满五百岁者其毛色白，能寿五百岁者则能变化。"②可见，鹿在古人的观念中是可达千岁的长寿之物，从而宋人将其表现在墓葬装饰中以承载祈寿长生之功能。③

图3-253　虞公著夫妇墓瑞鹿

---

① 资料来源：四川泸县宋代石刻博物馆在展，图片为笔者拍摄。
② 晋·葛洪：《抱朴子》内篇卷三，王明：《抱朴子内篇校释》，《新编诸子集成》第一辑，中华书局，1985年，第47页。
③ 图片采自四川省文物管理委员会、彭山县文化馆：《南宋虞公著夫妇合葬墓》，《考古学报》，1985年第3期，图一〇。

图3-254瑞鹿石刻年代为1227—1243年，墓葬位于遵义市红花岗区。原境为画像石室墓，瑞鹿石刻位于男室北壁非中心位。瑞鹿衔花草是本书所分四川宋墓画像石刻四大区之黔北区中常见题材，且延续时间长，至黔北区元明墓画像石刻中仍可见相当数量的瑞鹿衔花草题材出现。①

图3-255瑞鹿莲花石刻年代为南宋中期偏晚，墓葬位于泸州市江阳区。原境为画像石室墓，石刻位于墓门上。四川地区宋墓画像石刻中，瑞鹿衔花草题材丰富，但与莲花共出罕见。笔者搜集的田野材料和馆藏材料中，仅见此瑞鹿与莲花共出孤例。②

图3-256二件瑞鹿石刻年代均为南宋，墓葬均位于泸州市泸县。原境皆为画像石室墓，瑞鹿均位于原境门扇的障水板处。③

图3-254　杨粲墓瑞鹿

图3-255　桥头山宋墓群M2瑞鹿莲花

1　　　　　　　2

图3-256　四川泸县宋代石刻博物馆藏瑞鹿

---

① 图片采自周必素：《贵州遵义的宋代石室墓》，《江汉考古》，2008年第4期，图九。
② 图片采自四川省文物考古研究院、泸州市文物局、江阳区文物管理所：《四川泸州市江阳区桥头山宋墓发掘简报》，《四川文物》，2018年第2期，图二四-2。
③ 资料来源：四川泸县宋代石刻博物馆在展，图片为笔者拍摄。

图3-257瑞鹿石刻年代为南宋，墓葬位于宜宾市叙州区。原境为非汉系画像崖墓，石刻位于墓室后壁、启门石刻下。从构图要素、瑞鹿特征和配置位置而言，其与四川地区汉系宋代画像石室墓和汉系画像崖墓所出之瑞鹿毫无区别。应是随着川南民族交流融合，汉系墓葬图像元素进入非汉系丧葬系统的产物。[①]

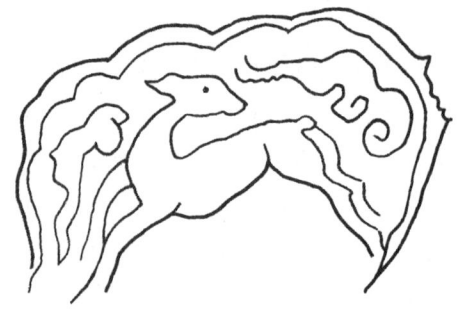

图3-257　北斗岩1号崖墓瑞鹿

图3-258瑞鹿衔草石刻年代为南宋，墓葬为宜宾市叙州区。原境为非汉系画像崖墓，瑞鹿石刻位于崖墓墓门侧。图像元素、瑞鹿形象与图3-256-2四川泸县宋代石刻博物馆所藏之瑞鹿衔草极为相似。[②]

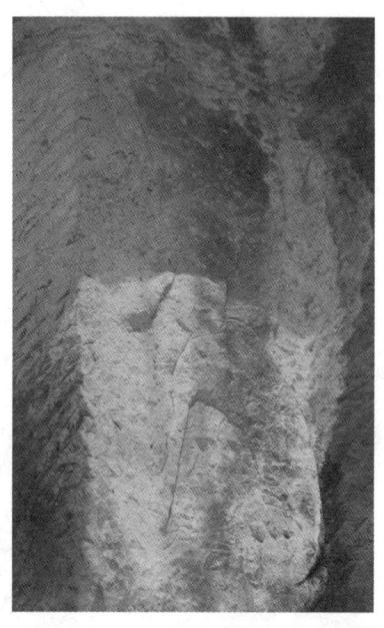

图3-258　天堂沟崖墓群M4瑞鹿衔草

图3-259瑞鹿石刻年代为南宋，墓葬位于南充市仪陇县。原境为画像石室墓，瑞鹿石刻位于主室后龛龛基处。此墓墓主为僧人，但观察瑞鹿石刻，从构成图像元素、瑞鹿姿态、配置位置来看，均与普通民众墓葬中所出瑞鹿石刻相同。可见具备吉祥祈寿意义的瑞鹿题材在当时已突破了信仰之别，广泛流行于宋代社会各类人群中。[③]

[①] 资料来源：笔者田野调查采集，邓宽宇绘图。
[②] 资料来源：笔者田野调查采集，邓宽宇绘图。
[③] 图片采自仪陇县文物管理所：《四川仪陇县新政镇宋代石室墓清理简报》，《四川文物》，2013年第5期，图版五-1。

第三章 四川地区宋元明墓葬画像石刻资料整理

图3-259 新政镇僧人墓瑞鹿

图3-260瑞鹿石刻为一组,年代为南宋,墓葬位于广元市。原境为画像石室墓,瑞鹿石刻在原境中的位置不明。二瑞鹿分别雕刻于两框形中,均口衔仙草相向而行。①

图3-260 皇泽寺藏瑞鹿

图3-261飞马石刻为一组,年代为南宋,墓葬位于广元市。原境为画像石室墓,飞马石刻在原境中的位置不明。两飞马分别刻画于两框形中,左一作奔驰中回顾状,右一为飞奔追赶状。飞马题材在四川地区宋墓画像石刻中较为罕见,只在广元、彭山和永川有零星分布。②

图3-261 皇泽寺藏飞马

---

① 资料来源:广元皇泽寺博物馆在展,图片为笔者拍摄。
② 资料来源:广元皇泽寺博物馆在展,图片为笔者拍摄。

图3-262飞马石刻年代为1200年，墓葬位于眉山市彭山区。原境为画像石室墓，飞马石刻位于后龛下。此飞马肩背相连处雕刻出羽翼，作奔跑飞腾之姿，所表现的应非凡间之马匹。后龛与其伴出图像元素反映的是仙境，此飞马配置在墓葬中的内涵可能为承载墓主灵魂去往仙境。①

图3-262　虞公著夫妇墓飞马

图3-263井口宋墓1号墓猴子攀桃石刻年代为南宋，墓葬位于重庆市沙坪坝区。②原境为画像石室墓，猴子摘桃石刻位于墓室侧壁。宋墓画像石刻之中所表现之桃实应为仙桃，宋代所南翁咏《西王母蟠桃宴图》曰："玄圃楚开物外春，万仙欢笑动精神。蟠桃种子今犹在，谁是三千年后人。"③桃实因与西王母传说关联而承载了人们对于享有千载仙寿的祈望。图3-264桥头山宋墓群M1猴子攀石榴石刻年代为南宋中期偏晚。墓葬位于泸州市江阳区。④原境为画像石室墓，石刻位于墓室侧壁。猴子攀石榴图像的出现应与祈寿和祈祷多子相关。

图3-265鱼形瑞兽石刻年代为南宋，墓葬位于遵义市务川县。原境为画像石室墓，石刻在原境中的位置不明。此件石刻表现的瑞兽形态较为怪异，身躯呈现鱼的特点，但背部又生有两翼、腹部有两爪，口中含有一珠，并叼有一物，鱼嘴上部生有长须。所表现的应非普通鱼类，而是组合了多种动物特征为一体的瑞兽。⑤

---

① 图片采自四川省文物管理委员会、彭山县文化馆：《南宋虞公著夫妇合葬墓》，《考古学报》，1985年第3期，图一四。
② 图片采自重庆市博物馆历史组：《重庆井口宋墓清理简报》，《文物》，1961年第11期，图版12。
③ 陈思：《两宋名贤小集》，《景印文渊阁本四库全书》，台湾商务印书馆，1986年，第1364册，第804页。
④ 图片采自四川省文物考古研究院、泸州市文物局、江阳区文物管理所：《四川泸州市江阳区桥头山宋墓发掘简报》，《四川文物》，2018年第2期，图九-1。
⑤ 图片采自遵义地区文物管理委员会、遵义地区文化局：《金银洞宋墓》，《遵义地区文物志》，1984年，第66页。

图3-263　井口宋墓1号墓猴子攀桃 　　图3-264　桥头山宋墓群M1猴子攀石榴

图3-265　金银洞宋墓鱼形瑞兽

图3-266象形瑞兽石刻年代为南宋，墓葬位于遵义市务川县。原境为画像石室墓，石刻在原境中的位置不明。此件石刻表现的瑞兽形态较为怪异，身躯和头部呈现出明显的象的特点，有弯曲的长鼻和多排象牙，但小腿部比普通象更细，脚掌部不似象，而更类牛蹄；尾部也不似象尾，而更似马尾，似将多种兽类的特征组合而成此瑞兽形象。[①]此件象形瑞兽和图3-265的鱼形瑞兽，与四川地区出土的大部分瑞兽风格差异较大。除了麒麟这种自诞生初便是由各种动物特征组合的瑞兽外，仅在广元、彭山可见少数具备跨物种组合特征的瑞兽，如飞马（马与禽类羽翼的组合）；其他大部分瑞兽都是被赋予了吉祥寓意的现实中存在的动物，如狮子、鹿等。如金银洞宋墓此二件瑞兽石刻般集合了两种以上的动物特征跨物种融合成新形象者较为罕见。

---

① 图片采自遵义地区文物管理委员会、遵义地区文化局：《金银洞宋墓》，《遵义地区文物志》，1984年，第66页。

图3-266 金银洞宋墓象形瑞兽

（二）祥禽

图3-267飞鹤石刻年代为1156年，墓葬位于广安市邻水县。原境为画像石室墓，飞鹤石刻位于侧壁。①

图3-268仙鹤石刻年代为南宋，墓葬位于泸州市。原境为画像石室墓，石刻在原境中的位置不明。泸州所见仙鹤伴出图像因素多为苍松劲竹。《古今事文类聚》前集卷四十五载："龟千年乃游于莲叶，鹤千岁乃投于偃盖之松。"②可见，与繁茂之松共出之鹤乃千岁仙鹤，二者在宋墓石刻中出现应是表松鹤延年、求千岁之寿的含义。③

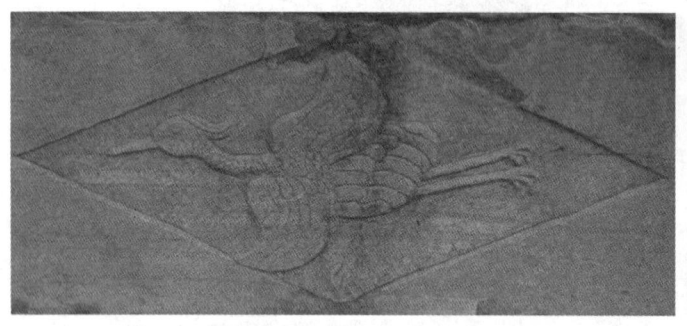

图3-267 合流后坝宋墓飞鹤　　图3-268 泸州石刻艺术博物馆藏仙鹤

图3-269孔雀石刻年代为1202年，墓葬位于资阳市安岳县。原境为画像石室墓，孔雀石刻位于藻井壁上。④

---

① 图片采自四川省文物考古研究所、邻水县文物保护管理所：《邻水县合流镇后坝南宋墓清理简报》，《四川文物》，2003年第3期，图五。
② 宋·祝穆：《古今事文类聚》，《景印文渊阁本四库全书》，台湾商务印书馆，1986年，第925册，第739页。
③ 资料来源：泸州石刻艺术博物馆在展，图片为笔者拍摄。
④ 图片采自王玉：《四川安岳县老鸦山南宋墓清理简报》，《考古与文物》，2009年第1期，图五。

图3-269 安岳老鸹山M1祥禽孔雀

图3-270孔雀石刻年代为南宋中期偏晚。墓葬位于泸州市江阳区。原境为画像石室墓，孔雀石刻位于墓室侧壁，共出图像为象征富贵的大折枝牡丹，构图极类宋代花鸟画。①

图3-271孔雀石刻年代为南宋晚期开禧年间（1205—1207），墓葬位于重庆市永川区。原境为汉系画像崖墓，孔雀石刻位于墓室侧壁屏风处，伴出图像为一把莲纹。②

图3-270 桥头山宋墓群M1祥禽孔雀　　图3-271 高洞子崖墓祥禽孔雀

图3-272仙雀食桃石刻年代为南宋中期偏晚，墓葬位于泸州市江阳区。原境为画像石室墓，仙雀食桃石刻位于墓室后龛上方。桃实应与长生祈寿相关，故此处食桃之雀也应为祥禽。③

---

① 资料来源：泸州石刻艺术博物馆在展，图片为笔者拍摄。
② 资料来源：笔者田野调查采集，图片为笔者拍摄。
③ 图片采自四川省文物考古研究院、泸州市文物局、江阳区文物管理所：《四川泸州市江阳区桥头山宋墓发掘简报》，《四川文物》，2018年第2期，图三二。

图3-272　桥头山宋墓群M2仙雀食桃

图3-273双凤石刻年代为南宋，墓葬位于泸州市泸县。原境为画像石室墓，双凤石刻在原境中的位置不明。双凤围绕中心一球纹，呈环绕盘旋状，是典型的四川宋墓画像石刻中双凤之表现形式。四川地区祥禽凤凰通常都是成组出现，构图上基本采用相对环绕之方式，以表示循环、圆满之意。[①]

图3-273　四川泸县宋代石刻博物馆藏双凤

图3-274双凤石刻年代为1224年，墓葬位于广安市华蓥市。原境为画像石室墓，双凤石刻位于后室须弥座台基。双凤雕刻极为精细，其喙、凤翎、凤羽均为典型的传统图像系统中凤凰之形象。[②]

图3-274　安丙家族墓M1双凤

[①] 图片采自四川省文物考古研究所、成都市文物考古研究所、泸州市博物馆、泸县文物管理所：《泸县宋墓》，文物出版社，2004年，彩版四五-1。
[②] 图片采自四川省文物考古研究院、广安市文物管理所、华蓥市文物管理所：《华蓥安丙墓》，文物出版社，2008年，图版二七-1。

（三）祥禽瑞兽共出

图3-275二件石刻为一组，年代均为南宋，墓葬位于泸州市。原境为画像石室墓，石刻在原境中的位置不明。① 石刻雕刻"齐""寿"二字，应为祈寿之用。《抱朴子》云："谓生必死，而龟鹤长存焉。"② 《太平御览》引《淮南子》言"龟三千岁"③，可见，龟鹤在传统文化中通常作为长寿之象征。乌龟与莲叶的组合更有其寓意，《抱朴子》中引《玉策记》曰："千岁之龟，五色具焉，其额上两骨起似角，浮于莲叶之上，或在丛蓍之下，其上时有白云蟠旋。"④ 图3-275-1石刻中所描绘的应就是这种游于莲叶之上的寿百岁、千岁之神龟。以仙桃与荔枝为龟鹤图像背景，同样源于祈寿。图3-275-2中与仙鹤共出为荔枝。荔枝是"天下唯闽粤，南粤，巴蜀有之"的本地特产，亦被宋人认为有养身长寿乃至成仙之效：蔡襄撰《荔枝谱》中云荔枝"食之有益于人，《列仙传》称：有食其华实为荔枝仙人，本草亦列其功"⑤。

图3-275　泸州石刻艺术博物馆藏龟鹤齐寿石刻第1组

---

① 资料来源：泸州石刻艺术博物馆在展，图片为笔者拍摄。
② 晋·葛洪：《抱朴子》内篇卷2，王明：《抱朴子内篇校释》，《新编诸子集成》第一辑，中华书局，1985年，第13页。
③ 宋·李昉等：《太平御览》卷469，中华书局，1960年，第2156页。
④ 晋·葛洪：《抱朴子》内篇卷3，王明：《抱朴子内篇校释》，《新编诸子集成》第一辑，中华书局，1985年，第47页。
⑤ 蔡襄：《荔枝谱》，《景印文渊阁本四库全书》，台湾商务印书馆，1986年，第845册，第156页。

图3-276二件石刻为一组，年代均为南宋，墓葬位于泸州市，原境为画像石室墓，石刻在原境中的位置不明。①《抱朴子》有载："千岁之鹤，随时而鸣，能登于木，其未千载者终不集于树上也，色纯白，而脑尽成丹，如此则见，便可知也。"②石刻中仙鹤仍可见鹤顶涂红，身躯上羽毛可见残留的涂白，其所表现的应正是《抱朴子》中所言之得千岁之寿、色白脑丹之仙鹤。

1　　　　　　　　　　2
图3-276　泸州市博物馆藏龟鹤齐寿石刻第2组

图3-277龟鹤莲花石刻年代为南宋中期偏晚，墓葬位于泸州市江阳区。原境为画像石室墓，石刻位于后室侧龛。属罕见的"一把莲纹"与龟鹤图像共出。③

图3-277　桥头山宋墓群M1龟鹤莲花

---

① 资料来源：泸州石刻艺术博物馆在展，图片为笔者拍摄。
② 晋·葛洪：《抱朴子》内篇卷3，王明：《抱朴子内篇校释》，《新编诸子集成》第一辑，中华书局，1985年，第47页。
③ 图片采自四川省文物考古研究院、泸州市文物局、江阳区文物管理所：《四川泸州市江阳区桥头山宋墓发掘简报》，《四川文物》，2018年第2期，图一九-2。

第三章　四川地区宋元明墓葬画像石刻资料整理

图3-278二件龟鹤齐寿石刻为一组，年代为北宋至南宋中期以前，墓葬位于重庆市奉节县。原境为砖石混构墓，龟鹤石刻分别位于后龛左右侧。鹤旁伴出竹枝，龟立于桌案之上，两者均作抬步相向而行状。龟口中吐出的云气蜿蜒成"寿"字，龟鹤齐寿之意明显。①

图 3-278 奉节擂台墓地M37龟鹤齐寿

十一、神异之人

四川宋墓画像石刻中所见神异之人可见广袖长袍、戴冠持笏的驾云仙人，与鹿鹤伴出的鹿鹤仙人，民间传说中的八仙，佛教中的飞天和力士，以及极少数的羽人。神异之人在宋墓石刻中出现，功能多与祈寿和接引墓主相关。列举标本如下。

（一）驾云仙人

图3-279二件驾云仙人石刻年代为南宋，墓葬位于内江市资中县。原境为画像石室墓，石刻位于墓室侧壁非中心位。仙人均着广袖宽袍，持笏作引导状，用意应为接引墓主。②

---

① 图片采自重庆市文物局、重庆市移民局：《重庆库区考古报告集·2000卷》，科学出版社，2007年，第556页，图一一。
② 图片采自四川省文物考古研究院、资中县文物管理所：《四川资中县烂泥湾宋墓发掘简报》，《四川文物》，2015年第2期，图一六。

图3-279　烂泥湾宋墓M3仙人引导图

（二）鹿鹤仙人

图3-280瑞鹿仙人石刻年代为南宋，墓葬位于自贡市富顺县。原境为画像石室墓，仙人石刻位于墓门处。仙人发型在笔者收集的四川地区宋墓画像石刻田野材料和文博单位馆藏材料中属孤例，不见于宋墓画像石刻墓主人、备侍、杂剧乐舞等类的人物形象中，应与其仙人身份有关。其伴出图像元素为瑞鹿衔草。[①]

图3-280　沱湾乡宋墓瑞鹿仙人

---

① 图片采自徐雄伟、李茂清：《富顺县发现大型宋墓》，《四川文物》，1989年第2期，图二。

图3-281-1中仙人为男性，旁有瑞鹿口衔灵芝；图3-281-2为女性，身旁跟随鹤一只，脚踩云朵，鹤仰首作与女子相望状。①此鹤头顶仍残留红色涂料为丹顶，且足踏祥云，应表现的是仙鹤，与之相伴的女子亦为仙人。《云笈七签》载："云台治山中有玉女乘白鹤，仙人乘白鹿。"②可见，在宋人的信仰中，鹿鹤与仙人一直以来就有密切的联系，经常作为仙人乘驾之祥禽瑞兽出现。

图3-281 泸州石刻艺术博物馆藏鹿鹤仙人

（三）八仙

图3-282沱湾乡宋墓铁拐李石刻年代为南宋，墓葬位于自贡市富顺县。③原境为画像石室墓，铁拐李石刻位于墓门处。此件石刻是目前笔者搜集的四川地区考古发掘宋墓石刻材料中唯一一件铁拐李题材。

图3-283泸州石刻艺术博物馆藏铁拐李石刻年代为南宋，墓葬位于泸州市④。原境为画像石室墓，铁拐李石刻在墓葬中的位置不明。此二件石刻极为相似，石刻中人物头绾双髻，衣襟敞开，赤足，右手托一葫芦，葫芦中吐出云气。此人物装束和托举葫芦之造型特征与辽宁省博物馆藏缂丝《八仙祝寿图》中铁拐李极为相似，应为钟吕八仙之中的铁拐李。

---

① 资料来源：泸州石刻艺术博物馆在展，图片为笔者拍摄。
② 宋·张君房（撰）、李永晟（点校）：《云笈七签》卷28，中华书局，2003年，第643页。
③ 图片采自徐雄伟、李茂清：《富顺县发现大型宋墓》，《四川文物》，1989年第2期，图三。
④ 资料来源：泸州石刻艺术博物馆在展，图片为笔者拍摄。

石上万象

四川地区宋元明墓葬画像石刻研究

图3-282　沱湾乡宋墓铁拐李　　　　图3-283　泸州石刻艺术博物馆藏铁拐李

图3-284泸州石刻艺术博物馆藏吕洞宾石刻年代均为南宋，墓葬均位于泸州市。原境均为画像石室墓，吕洞宾石刻在墓葬中的位置不明。①此二件石刻人物形象和造型极为相似，其耳部较为特殊，皆为近乎垂肩之大耳，较之泸州地区宋墓石刻中的男性人物形象的耳部，有明显区别。而从整体上来看，其与山西侯马金代董氏墓②、侯马65H4M102金墓中八仙的吕洞宾图像相似③，且极类泸州洞宾亭摩崖石刻之吕洞宾造像，故可能表现的是八仙中的吕洞宾形象。从宋代文献中对"八仙"的记录来看，南宋时期，八仙已成为一个神仙群体，《武林旧事》《梦粱录》等都记载了八仙在民俗和宗教中的活跃。《八仙祝寿图》中可见八位仙人翘首向寿星施礼祝寿。《鄮峰真隐漫录》卷三十八《诸亲庆寿致语》载："郁葱佳气拥丛宵，又见端门遣使招。笾豆兼金真璀璨，茗香剩馥更飘飘。双旌容与留千骑，三族耆厖聚一朝。正是瑶池八仙会，介眉何必羡松乔。"④可见，在宋时，八仙已与庆寿相联系，其出现在墓葬装饰之中，主要作用可能仍为祈寿。

---

① 资料来源：泸州石刻艺术博物馆在展，图片为笔者拍摄。
② 图片采自山西省文管会侯马工作站：《侯马金代董氏墓介绍》，《文物》，1959年第6期。
③ 图片采自山西省考古研究所侯马工作站：《侯马65H4M102金墓》，《文物季刊》，1997年第4期。
④ 宋·史浩：《鄮峰真隐漫录》，《景印文渊阁本四库全书》，台湾商务印书馆，1986年，第1141册，第834页。

284-1　　　　　　　　　　　284-2

图3-284　泸州石刻艺术博物馆藏吕洞宾

（四）羽人

图3-285羽人石刻年代为南宋开禧年间（1205—1207），墓葬位于重庆市永川区。①原境为汉系画像崖墓，羽人石刻位于永川高洞子宋代崖墓群M1墓室西南壁下部。在笔者搜集的四川地区宋墓画像石刻田野材料和文博单位馆藏材料中，羽人题材仅在永川高洞子宋代崖墓群可见二件，且此二件形态基本一致。石刻中的羽人面部刻画模糊，无法分辨

图3-285　高洞子崖墓羽人

为男性或女性。头部和上身为人形态，身躯和翅膀如鸟类，雕刻出羽毛和鸟爪。除头部和上身外，皆披羽毛，上身赤裸，双手在胸前做合十状。人面鸟身之形态，宋代图像题材中常见为佛教中的迦陵频伽，羽人和迦陵频伽的常见形态有别，无法确认是迦陵频伽之变形或是汉系升仙系统中的羽人，但其有增祥之非人属性无疑。

---

① 图片采自重庆市文化遗产研究院、重庆市永川区文物管理所：《重庆永川高洞子南宋墓群清理简报》，《文物》，2022年第6期，图二三。

179

（五）飞天

图3-286二件石刻为一组，年代为南宋。[①]墓葬位于泸州市泸县。原境为画像石室墓，石刻在原境中的位置不明。石刻中二飞天各托一莲叶，莲叶上分别为龟、鹤，应为表达祈寿相关的"龟鹤齐寿"之意。伴出图像元素为牡丹、芙蓉、水仙等多季花卉，应类"一年景"之用意，将一年多季花卉以石材为载体集于一墓，用石材的不朽属性，赋予花卉常开不败、时间轮转永续、好景常在之意义。

图3-286 四川泸县宋代石刻博物馆藏飞"一年景"飞天

飞天，最初传入中国时具有典型的印度特色，为皮肤黝黑的健硕男性形象。四川地区宋墓石刻中出现的飞天属于该图像元素进入中国后与中国本土化审美完全融合的产物，均以美丽女性的形象出现。"飞"是构成飞天形象的诸元素中最为重要的一个特点，泸州宋墓石刻中的飞天亦极其强调飞动之美。石刻工匠们抓取了飞天最具动感的飞腾瞬间，化静为动，并以体外元素如飞舞的裙裾和飘带、飞散的花朵从侧面加以强调，以构造这些辅助元素的充满韵律美的流动线条增强飞天的动势。飞动之美的营造，吻合了"飞"在向往升仙永寿的文化传统中的独特地位，不论是带翼的仙人，飞升的修行者，还是被神兽负载高飞升天的凡人，通向仙境与永生的路途上，"飞"都是这些传说故事中不变的要素。故于佛会时凌空飞舞抛洒鲜花的飞天出现在宋墓石刻上，或表达了宋人希望具有飞翔神通、往来于天界与凡间的飞天能引导墓主升往西方极乐世界的诉求。

图3-287飞天石刻年代为南宋，墓葬位于泸州市泸县。[②]原境为画像石室墓，飞天石刻在原境中的位置不明。

图3-288飞天石刻年代为南宋，墓葬位于泸州市泸县。[③]原境为画像石室墓，飞天

[①] 资料来源：四川泸县宋代石刻博物馆在展，图片为笔者拍摄。
[②] 资料来源：四川泸县宋代石刻博物馆在展，图片为笔者拍摄。
[③] 图片采自四川省文物考古研究所、成都市文物考古研究所、泸州市博物馆、泸县文物管理所：《泸县宋墓》，文物出版社，2004年，彩版六一-2.

石刻在原境中的位置不明。石刻中二飞天首尾相连作循环相对之姿，共捧一中心圆环，圆环上刻金乌玉兔，金乌玉兔亦作首尾相连循环相对状。构图上"循环"之特征极为明显，金乌和玉兔象征太阳和月亮，其循环相对应为象征日升月恒。故此件石刻在墓葬中出现，应是表示墓葬这个"永为供养"空间中时间轮转永续之意。

图3-287　四川泸县宋代石刻博物馆藏飞天

图3-288　四川泸县宋代石刻博物馆藏托日月轮飞天

图3-289飞天石刻年代为1265年，墓葬位于广安市华蓥市。原境为画像石室墓，飞天石刻位于后龛顶部。[①]二飞天相向飞舞，手中共同托举一牌位，牌位底座为莲花状，顶为荷叶状，牌位空白无字。

图3-289　安丙家族墓M4飞天

---

① 图片采自四川省文物考古研究院、广安市文物管理所、华蓥市文物管理所：《华蓥安丙墓》，文物出版社，2008年，图版一〇六。

图3-290飞天石刻年代为1226—1230年，墓葬位于遵义市仁怀市。[①]原境为画像石室墓，位于墓室横梁上。二飞天相向飞舞，共同托举一匾额，匾额上刻"寿如山岳耸，福似海河深。子孙昌盛，富足荣华，谨题耳"。此件石刻的匾额文字将四川地区宋代画像石室墓营建中的"互利"倾向表现得非常明显。墓葬的修建除了贯彻孝道，为逝者营造一个"永为供养"的空间外，也承载着逝者后代对于孝行回报的期待。将为逝者营造"永为供养"空间的孝行贯彻与子孙后代的荣华富贵相连，这种"互利"倾向正是宋代社会文化世俗化转向下，丧葬领域世俗化的表现。在后面的综合研究中，笔者对此进行了详细的论述。

图3-290 荣昌坝宋墓M1飞天

（六）力士

力士在宋墓中多围绕棺出现，在棺底、棺床（棺座）四角作抬棺状，如泸县青龙镇一号墓棺台前端[②]，北宋张君墓棺下部四隅各有一抬棺力士[③]；山西永济金贞元元年（1153）石棺之棺底四边雕刻虎头，虎头两旁各有一浮雕力士[④]。力士即《长阿含经》卷四中所称之"末罗"。在佛教之中，力士分为托座力士和金刚力士，前者经常出现在佛座下作托举状，后者持金刚杵为护法神。相传佛荼毗之时，即由力士舁棺椁。故四川地区宋墓画像石刻中所见力士亦多见于棺底或棺床（棺座）周围，或以肩托棺台，或以背负棺台，应是取佛教中力士舁棺椁这一典故，以期望墓主由力士护送至西天极乐世界之意。

[①] 图片采自贵州省文物考古研究所：《2003—2013贵州基建考古重要发现》，科学出版社，2015年，第203页。
[②] 四川省文物考古研究所、成都市文物考古研究所、泸州市博物馆、泸县文物管理所：《泸县宋墓》，文物出版社，2004年，第21页。
[③] 图片采自黄明兰、宫大中：《洛阳北宋张君墓画像石棺》，《文物》，1984年第7期。
[④] 图片采自张青晋：《山西永济发现金代贞元元年青石棺》，《文物》，1985年第8期。

图3-291黄念四郎墓力士石刻年代为1124年，墓葬位于乐山市井研县。①原境为画像石室墓，力士石刻位于台基处，以背部撑台基作托举状。

图3-292喻寺镇一号墓力士年代为南宋，墓葬位于泸州市泸县。②原境为画像石室墓，力士石刻位于棺台前段，以背撑棺台作托举状。

图3-291　黄念四郎墓力士 　　　　　　图3-292　喻寺镇一号墓力士

图3-293青龙镇一号力士石刻年代为南宋，墓葬位于泸州市泸县。原境为画像石室墓，二力士石刻均位于棺台正前端，作蹲地用力、以肩托举棺台状。③

图3-293　青龙镇一号墓力士

图3-294力士石刻年代为南宋，墓葬位于泸州市，原境为画像石室墓，二力士石刻均位于棺台底部，均作以背负棺台、用力托举状，棺台上雕刻仰莲。④

---

① 图片采自曾清华：《井研县北宋黄念四郎墓清理简讯》，《四川文物》，2002年第1期，图二。
② 图片采自四川省文物考古研究所、成都市文物考古研究所、泸州市博物馆、泸县文物管理所：《泸县宋墓》，文物出版社，2004年，彩版二〇-2。
③ 图片采自四川省文物考古研究所、成都市文物考古研究所、泸州市博物馆、泸县文物管理所：《泸县宋墓》，文物出版社，2004年，第21页，图一六。
④ 资料来源：泸州石刻艺术博物馆在展，图片为笔者拍摄。

图3-294　泸州石刻艺术博物馆藏力士

十二、婴戏

婴戏题材在宋代墓葬装饰和传世文物图像系统中都多有出现。其内涵丰富，有的与民风民俗相关，如反映社火表演的婴戏图；有些与"多子多福""传宗接代"的传统伦理观念有关；有些与宗教相关，如手持或足踏莲花的婴戏应为佛教中的化生童子，而手捧宝盘的婴戏表现的可能为善财童子。四川地区宋墓画像石刻中所见之婴戏，目前主要可见三类，一类表现对子孙后代荣华富贵的美好期望，如桥头山宋墓群M1的婴戏、四川泸县宋代石刻博物馆的童子折桂；一类表现多子多福，如锅盖坡M1和M2的婴戏；一类是与升仙祈望相关的婴戏，如安丙家族墓群M1的婴戏。列举标本如下。

图3-295桥头山宋墓群M1婴戏石刻年代为南宋中期偏晚，墓葬位于泸州市江阳区。原境为画像石室墓，婴戏石刻位于后室左侧龛。石刻中，上部为大折枝牡丹和仙桃，下部围栏处有两个童子倚栏嬉戏。将牡丹、仙桃和婴戏结合在一起，盖因牡丹象征富贵，仙桃象征长寿，表达了对子孙后代富贵荣华、福寿双全的美好期望。[①]

图3-296四川泸县宋代石刻博物馆藏童子折桂石刻年代为南宋，墓葬位于泸州市泸县。原境为画像石室墓，童子折桂石刻位于门扇的格眼处。此石刻中童子皆足踏祥云，且在画面左侧反映了玉兔捣药的图像，圆形的构图象征月亮，桂树自捣药的玉兔旁斜出，童子们皆作攀折桂花状，此画面反映的毫无疑问应是"蟾宫折桂"。古人以"蟾宫折桂"比喻科举得中、金榜题名，故此童子折桂石刻表达的应是对子孙后代科举登科、仕途得意之期望。[②]

[①] 图片采自四川省文物考古研究院、泸州市文物局、江阳区文物管理所：《四川泸州市江阳区桥头山宋墓发掘简报》，《四川文物》，2018年第2期，图版一-3。

[②] 资料来源：四川泸县宋代石刻博物馆在展，图片为笔者拍摄。

第三章　四川地区宋元明墓葬画像石刻资料整理

图3-295　桥头山宋墓群M1婴戏　　　　图3-296　四川泸县宋代石刻博物馆童子折桂

图3-297婴戏石刻年代为北宋中期仁宗至英宗朝（1022—1067），墓葬位于重庆市大足区。原境为画像石室墓，婴戏石刻位于后壁龛上部。①

图3-297　锅盖坡宋墓M1婴戏

图3-298婴戏石刻年代为北宋中期仁宗至英宗朝（1022—1067），墓葬位于重庆市大足区。原境为画像石室墓，婴戏石刻位于后壁龛上部。锅盖坡宋墓M1和M2的婴戏皆为数个童子围绕围栏作嬉戏状，每个童子姿态都各不相同，重点体现其活泼之姿，表现的应是祈愿"多子多福"、家族繁衍壮大之意。②

---

① 图片采自重庆大足石刻研究院：《重庆大足区锅盖坡宋墓清理简报》，《四川文物》，2020年第2期，图九。
② 图片采自重庆大足石刻研究院：《重庆大足区锅盖坡宋墓清理简报》，《四川文物》，2020年第2期，图二〇。

图3-298 锅盖坡宋墓M2婴戏

图3-299童子攀凤石刻年代为1224年，墓葬位于广安市华蓥市。原境为画像石室墓，童子石刻位于中后室后壁次间柱上。两位童子皆足踏带飞舞绶带的绣球，手攀凤凰，凤凰皆作向上飞升状。在古人的观念中，凤凰为百鸟之王，亦为象征吉祥之神禽，同时也有承载仙人来往仙凡之间的作用，在宋墓石刻中出现的童子攀凤图像，应与增祥和随凤凰载引升仙相关。[1]

1　　　　　　　2
图3-299 安丙家族墓M1童子攀凤

---

[1] 图片采自四川省文物考古研究院、广安市文物管理所、华蓥市文物管理所：《华蓥安丙墓》，文物出版社，2008年，图版二三。

十三、仪仗、出行

四川地区宋墓画像石刻中所出的仪仗题材较少，主要在汉系的官员墓葬中。又因官员的等级差异呈现出复杂度的差异，如资中赵雄墓中所见仪仗便比彭山虞公著夫妇墓中所见仪仗人员更多、复杂度更高，盖因赵雄为丞相，官位高于虞公著。出行题材可见于汉系画像石室墓和非汉系崖墓中，常见两种出行方式，一种为牵驴牵马出行，一种为抬轿出行。列举标本如下。

图3-300赵雄墓仪仗图石刻年代为1193年，墓葬位于内江市资中县。①原境为画像石室墓，仪仗石刻为多组，分别位于墓室的左右两侧壁。图3-300-1和图3-300-2为手举十二地支的旗手，图3-300-3为手持八卦和二十八宿旗的骑手，图3-300-4和图3-300-5皆为骑手，携带乐器，图3-300-4旗帜上书"江南西路安抚使"，图3-300-5旗帜上书"宁武军节度使"，图3-300-6为丞相骑马图，中间着宰相冠服骑马者即为赵雄。

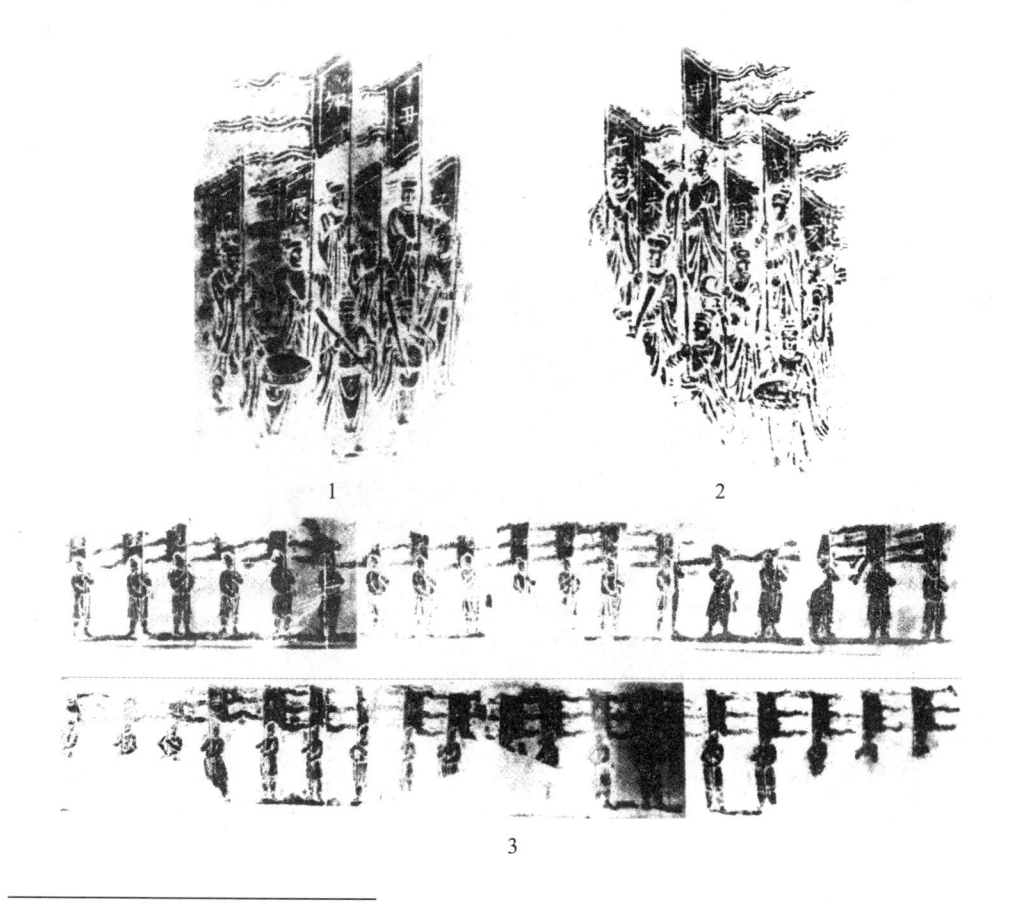

---

① 图片采自杨祖垲：《资中宋右丞相赵雄墓记实》，《四川文物》，1995年第6期，图二，图三，图四，图五，图七，图八，图九。

图3-300　赵雄墓仪仗

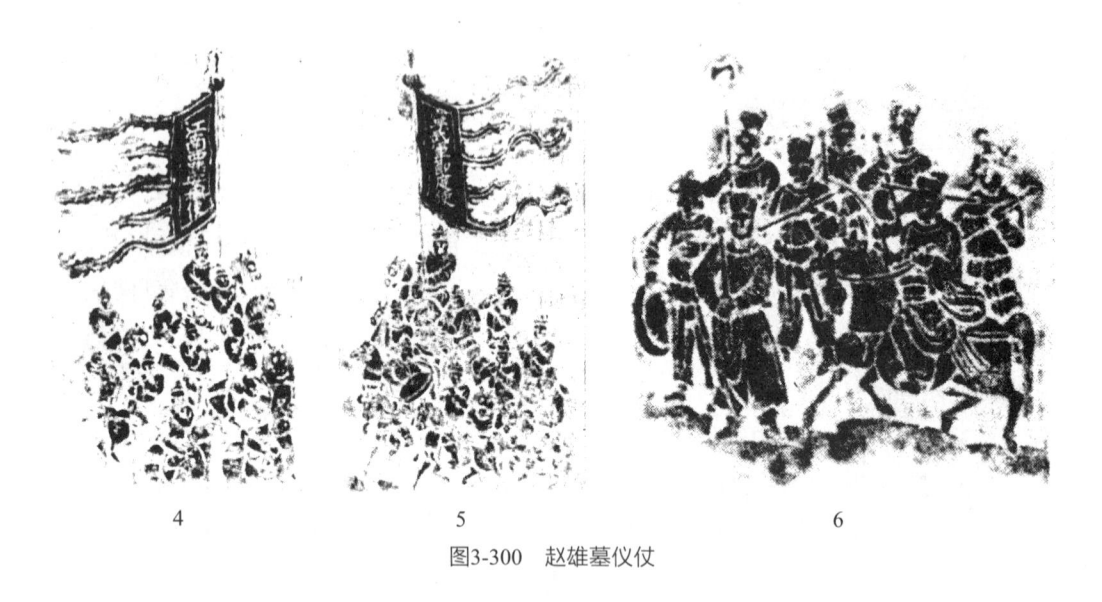

图3-301虞公著夫妇墓仪仗石刻年代为1200年，墓葬位于眉山市彭山区。原境为画像石室墓，出行石刻位于虞公著妻留氏墓室享堂。仪仗中可见抬轿者、执伞者、执剑者、捧物者、负交椅者等。①

图3-301　虞公著夫妇墓仪仗

---

① 图片采自四川省文物管理委员会、彭山县文化馆：《南宋虞公著夫妇合葬墓》，《考古学报》，1985年第3期，图一二。

图3-302二件出行石刻年代均为1195年，墓葬位于广元市利州区。原境为画像石室墓，石刻位于墓室侧壁。图3-302-1为一人牵驴出行，图3-302-2为轿夫抬一轿子出行。①

1

2

图3-302　杜光世夫妇墓出行图

图3-303老鹰嘴崖墓牵马出行石刻年代为南宋，墓葬位于宜宾市叙州区。原境为非汉系画像崖墓，石刻位于墓门侧。②

图3-304天堂沟崖墓牵马出行图石刻年代为南宋，墓葬位于宜宾市叙州区。原境为非汉系画像崖墓，石刻位于墓门侧。③

图3-303　老鹰嘴崖墓牵马出行图　　　图3-304　天堂沟崖墓牵马出行图

十四、庖厨

庖厨并非四川地区宋墓画像石刻中的主流题材，仅有少数几件，且绝大多数都见于

---

① 图片采自四川省博物馆、广元县文管所：《四川广元石刻宋墓清理简报》，《文物》，1982年第6期，图版七-3、8。
② 资料来源：笔者田野调查采集，图片为笔者拍摄。
③ 资料来源：笔者田野调查采集，图片为笔者拍摄。

189

四川广元地区。所见的庖厨图石刻，图像元素和构图方式都呈现出较强的一致性，多由灶、多层蒸屉、执筒吹火之人、担物之人构成。即使是浩口宋墓M1比较简化的庖厨图里，灶、多层蒸屉、执筒吹火之人这几个图像元素也有出现。就图像元素和构图方式而言，其呈现出与北方宋金墓中庖厨图高度的相似性，应与广元作为两宋之间北方移民入川后主要落地安家区域、受移民带入北方墓葬装饰系统主流图像元素相关。列举标本如下。

图3-305二件庖厨图石刻年代为1195年。墓葬位于广元市利州区。原境为画像石室墓，位于墓室侧壁。①

图3-305 杜光世夫妇墓庖厨图

图3-306庖厨图石刻年代为1190—1194年，墓葬位于广元市利州区。原境为画像石室墓，石刻位于墓室侧壁。②

图3-306 浩口村宋墓M1庖厨图

---

① 图片采自四川省博物馆、广元县文管所：《四川广元石刻宋墓清理简报》，《文物》，1982年第6期，图版七-2、6。
② 图片采自四川省文物考古研究院、广元市博物馆、西华师范大学历史文化学院：《四川广元市利州区浩口村宋墓清理简报》，《四川文物》，2019年第6期，图九-1。

十五、故事场景

反映故事场景的图像题材在四川地区宋墓画像石刻中并非主流，仅在四川广元、泸县、贵州遵义可见少数。可辨识的包括祭拜、夜梦神游、花好月圆、郑思远骑虎、天狗吠月、玉兔捣药等。列举标本如下。

图3-307祭拜图石刻年代为1195年，墓葬位于广元市利州区。[1]原境为画像石室墓，石刻位于墓室侧壁。石刻中心有一香炉置于拜台上，左一人正向画面右方端坐老妇人躬身行礼。老妇人背后生出一树，树上挂有一牌，牌顶为荷叶，牌座为仰莲，形状似安丙家族墓和张中君墓中莲花牌位，牌上无字。

图3-308夜梦神游图石刻年代为1195年，墓葬位于广元市利州区。[2]原境为画像石室墓，石刻位于墓室侧壁。石刻房屋中，有一人睡于榻上，头部飘出祥云，其灵魂与另一人在祥云上相会。和其相会之人身高远高于做梦人，神态端庄，似为仙人。

图3-307　杜光世夫妇墓祭拜图

图3-308　杜光世夫妇墓夜梦神游图

---

[1] 图片采自四川省博物馆、广元县文管所：《四川广元石刻宋墓清理简报》，《文物》，1982年第6期，图版七-7。
[2] 图片采自四川省博物馆、广元县文管所：《四川广元石刻宋墓清理简报》，《文物》，1982年第6期，图版七-5。

图3-309故事场景石刻年代为1190—1194年，墓葬位于广元市利州区。原境为画像石室墓，石刻位于墓室侧壁。左方之人倚靠于巨石上，伸手向右方站立者，似在指点，二人前方有二桶。①

图3-309　浩口村宋墓M1故事场景

图3-310花好月圆石刻年代为南宋，墓葬位于泸州市泸县。原境为画像石室墓，花好月圆石刻位于门扇格眼处。石刻中一男一女均踏于祥云上，女子右手中托一物似花，男子左手持一物似笏。②

图3-310　四川泸县宋代石刻博物馆花好月圆

---

① 图片采自四川省文物考古研究院、广元市博物馆、西华师范大学历史文化学院：《四川广元市利州区浩口村宋墓清理简报》，《四川文物》，2019年第6期，图九-2。
② 资料来源：四川泸县宋代石刻博物馆在展，图片为笔者拍摄。

图3-311骑虎石刻年代为南宋，墓葬位于泸州市泸县。原境为画像石室墓，石刻在原境中的位置不明。画面右方为一人骑一只成年大虎，左方为山石间的三只小虎，反映的应为《云笈七签》中郑思远骑虎，仁及鸟兽的故事。①

图3-311　四川泸县宋代石刻博物馆藏骑虎

图3-312天狗吠月、玉兔捣药石刻年代为南宋，墓葬位于遵义市播州区。原境为画像石室墓，石刻位于墓葬藻井处。画面中心为被云气环绕的月亮，左边为天狗，作吠月状；右边为一站立的玉兔，手执药杵作捣药状。②

图3-312　遵义狮子山宋代残墓天狗吠月、玉兔捣药

---

① 图片采自四川省文物考古研究所、成都市文物考古研究所、泸州市博物馆、泸县文物管理所：《泸县宋墓》，文物出版社，2004年，彩版六二-1。
② 图片采自贵州省文物考古研究所：《贵州田野考古四十年》，贵州民族出版社，1993年，第370页。

十六、孝行

四川地区宋墓画像石刻中，孝行图并非主流图像，主要可见二十四孝和佛教经典中的孝行故事。目前所见四川宋墓画像石刻二十四孝图像集中出现在四川广元地区，另在重庆井口宋墓中也可见多件二十四孝图像。从图像元素、构图方式、孝行内容来看，广元和井口宋墓所见二十四孝图像与北方宋金墓葬中所见二十四孝图像呈现高度的相似性，应为北方移民在两宋之交进入四川后带进了北方墓葬装饰系统主流图像元素，故而在北方移民入川后落地安家主要区域之一的广元特别集中，而在四川其他地区则较为罕见。此外，井口宋墓除了二十四孝，也出现了佛教经典中的孝行图像，如目连救母、阿难与担父母行乞男子，还有道教升仙祈寿相关的图像题材。多教元素共出一墓，除了墓主的宗教信仰使然，更应与宋代三教合流之影响相关。

图3-313王延元求鱼[①]、图3-314姜诗行孝[②]、图3-315陆绩怀橘[③]三件孝行石刻年代均为南宋，墓葬位于重庆市沙坪坝区。原境为画像石室墓，三件石刻皆位于1号墓右壁。

图3-313　井口宋墓·王延元求鱼　　图3-314　井口宋墓·姜诗行孝　　图3-315　井口宋墓·陆绩怀橘

图3-316奉亲图[④]、图3-317李氏孝女[⑤]二件孝行石刻年代均为南宋，墓葬位于重庆市

[①] 图片采自重庆市博物馆历史组：《重庆井口宋墓清理简报》，《文物》，1961年第11期，图版3。
[②] 图片采自重庆市博物馆历史组：《重庆井口宋墓清理简报》，《文物》，1961年第11期，图版4。
[③] 图片采自重庆市博物馆历史组：《重庆井口宋墓清理简报》，《文物》，1961年第11期，图版5。
[④] 图片采自重庆市博物馆历史组：《重庆井口宋墓清理简报》，《文物》，1961年第11期，图版6。
[⑤] 图片采自重庆市博物馆历史组：《重庆井口宋墓清理简报》，《文物》，1961年第11期，图版7。

沙坪坝区。原境为画像石室墓，石刻皆位于1号墓左壁。

图3-316　井口宋墓·奉亲图　　　图3-317　井口宋墓·李氏孝女

图3-318郭巨埋儿[①]、图3-319丁兰奉亲[②]、图3-320仲由养亲[③]三件孝行石刻年代均为南宋，墓葬位于重庆市沙坪坝区。原境为画像石室墓，郭巨埋儿石刻位于2号墓右壁，丁兰奉亲和仲由养亲石刻皆位于2号墓左壁。

图3-318　井口宋墓·郭巨埋儿　　图3-319　井口宋墓·丁兰奉亲　　图3-320　井口宋墓·仲由养亲

图3-321闵子骞行孝石刻年代为南宋，墓葬位于重庆市沙坪坝区。原境为画像石室

---

① 图片采自重庆市博物馆历史组：《重庆井口宋墓清理简报》，《文物》，1961年第11期，图版8。
② 图片采自重庆市博物馆历史组：《重庆井口宋墓清理简报》，《文物》，1961年第11期，图版9。
③ 图片采自重庆市博物馆历史组：《重庆井口宋墓清理简报》，《文物》，1961年第11期，图版10。

墓，闵子骞行孝石刻位于2号墓左壁。①

图3-322曾参负薪、图323韩伯俞泣杖二件孝行石刻年代均为1190—1194年，墓葬位于广元市利州区。原境为画像石室墓，石刻位于墓室侧壁。②

图3-321　井口宋墓·闵子骞行孝

图3-322　浩口村宋墓M1·曾参负薪

图3-323　浩口村宋墓M1·韩伯俞泣杖

图3-324二件丁兰奉亲石刻年代均为南宋，墓葬皆位于广元。原境为画像石室墓，石刻在原境中的位置不明。在表达"丁兰奉亲"这一主题时，构图方式略有不同，但表示恭敬奉养之端坐的母亲木像这一图像元素基本一致。③

图3-325曾参负薪④、图3-326杨香打虎⑤二件石刻年代均为南宋，墓葬均位于广元市。原境为画像石室，石刻在原境中的位置不明。

---

① 图片采自重庆市博物馆历史组：《重庆井口宋墓清理简报》，《文物》，1961年第11期，图11。
② 图片采自四川省文物考古研究院、广元市博物馆、西华师范大学历史文化学院：《四川广元市利州区浩口村宋墓清理简报》，《四川文物》，2019年第6期，图九。
③ 资料来源：广元皇泽寺博物馆在展，图片为笔者拍摄。
④ 资料来源：广元皇泽寺博物馆在展，图片为笔者拍摄。
⑤ 资料来源：广元皇泽寺博物馆在展，图片为笔者拍摄。

图3-324 皇泽寺藏·丁兰奉亲

图3-325 皇泽寺藏·曾参负薪

图3-326 皇泽寺藏·杨香打虎

　　图3-327二件董永孝行石刻年代均为南宋，墓葬位于广元市。①原境为画像石室墓，石刻在原境中的位置不明。表达董永孝行的主题时，均选取了董永别妻这个场景，董妻皆位于祥云之上，以象征其仙人的身份。

　　图3-328二件原谷谏父石刻年代均为南宋，墓葬位于广元市。②原境为画像石室墓，石刻在原境中的位置不明。

　　图3-329韩伯俞泣仗③、图3-330蔡顺拾葚④二件孝行石刻年代均为南宋，墓葬均位于广元市。原境为画像石室墓，石刻在原境中的位置不明。

---

① 资料来源：广元皇泽寺博物馆在展，图片为笔者拍摄。
② 资料来源：广元皇泽寺博物馆在展，图片为笔者拍摄。
③ 资料来源：广元皇泽寺博物馆在展，图片为笔者拍摄。
④ 资料来源：广元皇泽寺博物馆在展，图片为笔者拍摄。

1	2

图3-327 皇泽寺藏·董永孝行

1	2

图3-328 皇泽寺藏·原谷谏父

图3-329 皇泽寺藏·韩伯俞泣仗　　图3-330 皇泽寺藏·蔡顺拾葚

  图3-331郭巨埋儿[①]、图3-332王祥卧冰[②]二件孝行石刻年代均为南宋，墓葬均位于广元市。原境为画像石室墓，石刻在原境中的位置不明。

[①] 资料来源：广元皇泽寺博物馆在展，图片为笔者拍摄。
[②] 资料来源：广元皇泽寺博物馆在展，图片为笔者拍摄。

图3-331 皇泽寺藏·郭巨埋儿 　　图3-332 皇泽寺藏·王祥卧冰

图3-333和图3-334二件佛教孝行故事石刻年代为南宋，墓葬位于重庆市沙坪坝区。原境为画像石室墓。图3-333目连救母石刻位于墓间后穿道西壁，石刻中心的僧人应为目连尊者，画面中的犬应为青提夫人投胎而成的黑狗。[1]图3-334阿难与担父母行乞男子石刻位于墓间后穿道东壁，画面中右侧者光头、着僧袍、手执念珠，应为阿难，旁边挑担之男子，担上左右分别为一男一女，应表现的是《佛说大方便报恩经》中担父母行乞之男子。[2]

图3-333 井口宋墓·目连救母 　　图3-334 井口宋墓·阿难与担父母行乞男子

---

[1] 图片采自重庆市博物馆历史组：《重庆井口宋墓清理简报》，《文物》，1961年第11期，图版1。
[2] 图片采自重庆市博物馆历史组：《重庆井口宋墓清理简报》，《文物》，1961年第11期，图版2。

十七、戏兽

戏兽并非四川地区宋墓画像石刻中常见题材。从笔者搜集的田野材料和馆藏材料来看，戏兽题材主要集中于华蓥安丙家族墓群，另在安岳老鸦山宋墓群有少量发现。列举标本如下。

图3-335戏兽石刻年代略晚于1202年，墓葬位于资阳市安岳县。原境为画像石室墓，戏兽石刻位于墓葬藻井壁上。石刻中有二戏兽人分别持物戏狮。①

图3-335　安岳老鸦山M2戏兽

图3-336五件戏兽石刻年代均为1224年，墓葬位于广安市华蓥市。②原境为画像石室墓，戏兽石刻分别位于两壁台基、后室台基。石刻中可见戏象、戏狮、戏鹿等。和安岳老鸦山的戏兽不同的是，安丙家族墓群中出现的戏兽人，除图3-336-4中戏兽人着了圆领长袍外，其他都为赤裸上身、着下裙、赤足、卷发的形象，与四川地区宋墓画像石刻中汉系人物形象区别较大，反映的可能是文献记载中善于驯兽、来自南海的"昆仑奴"。《一切经音义》卷81有载："昆仑语，上音昆，下音论，时俗语便亦作骨论，南海洲岛中夷人也。甚黑，裸形，能驯伏猛兽犀象等。"③昆仑奴在文献记录中出现时，多与驯兽相连，《旧唐书·音乐志二》中的《太平乐》表演，即记录了昆仑奴执绳牵狮作乐舞的场景④，《杜秀才画立走水牛歌》中的昆仑奴也是与白象、狮子伴出。⑤

---

① 图片采自王玉：《四川安岳县老鸦山南宋墓清理简报》，《考古与文物》，2009年第1期，图一四-下。
② 图片采自四川省文物考古研究院、广安市文物管理所、华蓥市文物管理所：《华蓥安丙墓》，文物出版社，2008年，图版五三，图版五四，图版五五。
③ 唐·释玄应、释慧琳：《一切经音义》，《大藏经》，第54册，第0835C页。
④ 后晋·刘昫等：《旧唐书》卷29《音乐志二》，中华书局，1975年，第1059页。
⑤ 唐·顾况：《杜秀才画立走水牛歌》，《全唐诗》卷265，第8册，中华书局，1960年，第2946页。

第三章 四川地区宋元明墓葬画像石刻资料整理

1

2

3

4

5

图3-336 安丙家族墓M2戏兽

十八、劳作

在笔者搜集的考古发现和文博单位馆藏四川地区宋墓画像石刻材料中，仅见一件劳作图，汉系墓葬中未见，出自非汉系画像崖墓中。列举标本如下。

图3-337劳作图石刻年代为南宋，墓葬位于宜宾市叙州区。①原境为非汉系画像崖墓，石刻位于墓室侧壁。石刻中可见舂米、荷担、织布、喂养牲畜、铲地等题材，石刻中人物所着服饰与汉系宋墓画像石刻中人物区别较大，应为当地非汉系民族服饰，反映的是川南非汉系民族劳作场景。

图3-337　五宝蛮洞子沟M1崖墓劳作图

十九、进贡

进贡是四川地区宋墓画像石刻中较为罕见的一类题材，在笔者搜集的田野资料和馆藏文物资料中，仅贵州遵义播州土司杨粲夫妇墓中见二件进贡人石刻。

此二件石刻中的进贡人，上身赤裸系披巾，下身着短裙，以腰带束裙，赤足，托一盘过头顶，盘中盛有各种宝物。不仅服饰异于汉族，进贡人面相较之汉族，鼻梁明显高阔，眼睛也更大，异于同时代画像石刻中所表现汉族之面相，反映的应是周边国家番客形象。李飞根据其形象特点和盘中所捧宝物的种类，推测其为来自南海的"昆仑奴"。②《旧唐书·南蛮西南蛮列传》载："林邑国，汉日南象林之地，在交州南千余里。……其人拳发色黑，俗皆徒跣。……贞观初，遣使贡驯犀。……五年，又献五色

---

① 图片采自四川大学历史系考古专业78级实习队、四川省宜宾县文化馆：《宜宾县双龙、横江两区岩穴墓调查记》，《考古与文物》，1984年第2期，图十。
② 李飞：《昆仑奴：播州土官眼中的世界》，《今日贵州》，2017年第19期。

鹦鹉。……自此朝贡不绝。……自林邑以南，皆卷发黑身，通号为'昆仑'。"①虽从石刻上无法判断进贡人肤色，但卷发、赤足、身披披巾、下身着裙等特点与文献记载一致，故笔者认为按李飞所论，将进贡人判断为昆仑奴，在墓葬中表示侍者身份是可信的。列举标本如下。

图3-338进贡人石刻年代为1227—1243年，墓葬位于遵义市红花岗区。原境为画像石室墓，进贡人石刻位于墓室过道旁。②

图3-338 杨粲墓进贡人

二十、仙境

四川地区宋墓画像石刻中，仙境题材出现得极少，主要见于彭山虞公著夫妇墓中。表现的均是海外仙境，波涛之上有层叠的仙山，仙山中隐约可见仙人楼阁，推测其反映的应为蓬莱仙境。列举标本如下。

---

① 后晋·刘昫等：《旧唐书》卷197《南蛮传》，中华书局，1976年，第5270页。
② 资料来源：贵州省博物馆在展，图片为笔者拍摄。

图3-339蓬莱仙境图石刻年代为1200年、1221年,墓葬位于眉山市彭山区。[①]此二件石刻原境为画像石室墓,图3-339-1仙境石刻位于虞公著妻留氏的墓室后龛中心位,图3-339-2石刻位于虞公著的墓室后龛中心位。与留氏墓不同的是,虞公著墓的仙境图中雕刻出了一位男性正行走在仙山之间,此男性的身份应为虞公著,表达的是墓主灵魂通向蓬莱仙境之意。四川地区宋墓画像石刻表现墓主形象时,绝大部分为端坐,极少数为站立,通常反映的都是静止姿态。仅有广元石刻宋墓表现女墓主人时是反映的其持珠念经的状态,如虞公著墓一般反映墓主运动状态的极为罕见。目前笔者搜集的材料中,仅见此孤例。

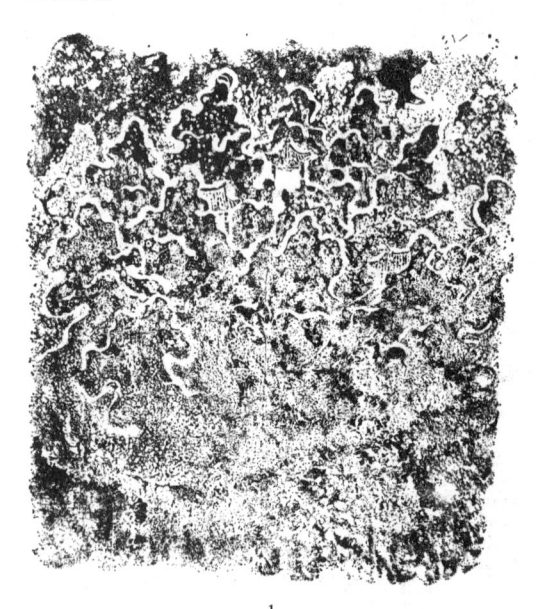

图3-339 虞公著夫妇墓"蓬莱"仙境图

二十一、幡

四川地区宋墓画像石刻中,幡并非主流图像。目前所见之以幡为题材的石刻主要出现在江津、简阳等地,其形式大致可分三种:幡上表现有宗教人物像的像幡,幡上表现有花卉、几何等装饰纹样的纹饰幡,幡上表现有文字的文字幡。幡除了在寺庙中使用之外,在丧葬中也多见其出现。宋代《禅苑清规》记载,僧人圆寂的丧葬仪式中便有幡的使用:"送葬之仪,合备大龛,结饰临时,并真亭、香亭、法事花幡。"[②]在宋墓画像石刻中所见的幡,所出现的位置多在墓门处,应与引导墓主相关。尤其是幡上塑造

[①] 图片采自四川省文物管理委员会、彭山县文化馆:《南宋虞公著夫妇合葬墓》,《考古学报》,1985年第3期,图一五,图版十八-6。

[②] 宋·宗赜(著)、苏军(点校):《禅苑清规》,中州古籍出版社,2001年,第95页。

有宗教人物像的，其功用为保佑祈福、接引墓主亡灵升仙或去往西天极乐世界。列举标本如下。

（一）像幡

图3-340二件像幡石刻年代为南宋中晚期，墓葬位于简阳市。①原境为画像石室墓，图3-340-1位于墓门左侧，图3-340-2位于墓门右侧。从造像服饰、动作特点、伴出图像元素来看，应为佛教造像，似为地藏、观音。

图3-341像幡石刻年代为南宋中晚期，墓葬位于简阳市。原境为画像石室墓，像幡石刻位于墓门右侧。从造像服饰、动作特点、伴出图像元素来看，应为佛教造像，似为地藏。②

图3-340　简阳甘蔗嘴宋墓群M1像幡　　　图3-341　简阳甘蔗嘴宋墓群M2像幡

图3-342二件像幡石刻年代为南宋中期，墓葬位于简阳市。③原境为画像石室墓，图3-342-1位于墓门左侧，图3-342-2位于墓门右侧。从造像服饰、动作特点、伴出图像元素来看，应为道教真人造像。

图3-343二件像幡石刻年代为南宋中晚期，墓葬位于简阳市。④原境为画像石室墓，

---

① 图片采自成都文物考古研究院、简阳市文物管理所：《四川简阳甘蔗嘴宋代家族墓发掘简报》，《文物》，2022年第5期，图三、图五。
② 图片采自成都文物考古研究院、简阳市文物管理所：《四川简阳甘蔗嘴宋代家族墓发掘简报》，《文物》，2022年第5期，图一一。
③ 图片采自成都文物考古研究院、简阳市文物管理所：《四川简阳甘蔗嘴宋代家族墓发掘简报》，《文物》，2022年第5期，图一五、图一六。
④ 图片采自成都文物考古研究院、简阳市文物管理所：《四川简阳甘蔗嘴宋代家族墓发掘简报》，《文物》，2022年第5期，图二〇、图二一。

图3-343-1位于墓门左侧，图3-343-2位于墓门右侧。从造像服饰、动作特点、伴出图像元素来看，皆应为佛教造像，似为地藏、观音。

图3-342　简阳甘蔗嘴宋墓群M3像幡

图3-343　简阳甘蔗嘴宋墓群M4像幡

（二）纹饰幡

图3-344四件纹饰幡石刻年代为南宋，墓葬位于重庆市江津区。[①]原境为画像石室墓，四件纹饰幡石刻均位于墓室右侧壁。图3-344-1和图3-344-2纹饰为祥云和缠枝花卉，图3-344-3和图3-344-4为祥云和连续的胜纹。

---

① 图片采自牛英彬：《宋墓中的佛幡：江津古坟包宋墓发现的幡图像及其功能初探》，《重庆考古》公众号发表，2022年10月21日，https://mp.weixin.qq.com/s/UZqYLmoVg1HS9cUJaGw4Fg.

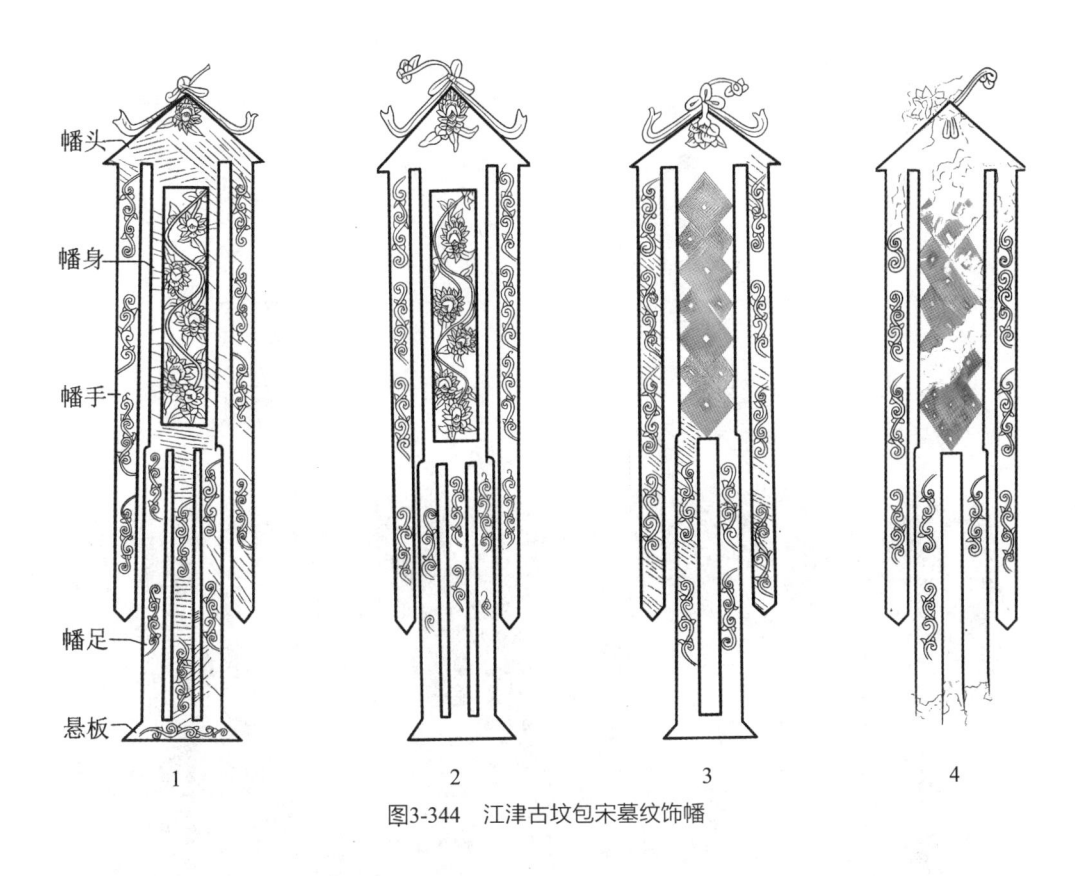

图3-344　江津古坟包宋墓纹饰幡

在笔者搜集的田野材料和馆藏材料中，文字幡的实物尚未得见，仅在文献材料中可见文字幡的记载，如重庆市南川区张子硕墓。[①]因其作为四川地区宋墓石刻幡中的一类，亦将其记录在此，以完善对幡各类型的辑录。

二十二、几案

几案在四川地区宋墓画像石刻中，通常都配置于非中心位，如龛基、壁基处。目前出现的几案多为曲脚，且均雕刻有桌布。桌布纹饰有繁简之分，简单者如泸州桥头山宋墓群M1几案之桌布，仅表现出多重框形纹；纹饰繁复者如遵义杨粲墓几案之桌布，表现了双凤、葡萄、祥云等具有吉祥意义之题材。列举标本如下。

图3-345几案石刻年代为南宋中期偏晚，[②]墓葬位于泸州市江阳区。原境为画像石室墓，几案石刻位于后龛龛基处。

[①] 重庆市文物局：《重庆市志·文物志（1949-2012）》，西南师范大学出版社，2019年，第149页。
[②] 图片采自四川省文物考古研究院、泸州市文物局、江阳区文物管理所：《四川泸州市江阳区桥头山宋墓发掘简报》，《四川文物》，2018年第2期，图二〇。

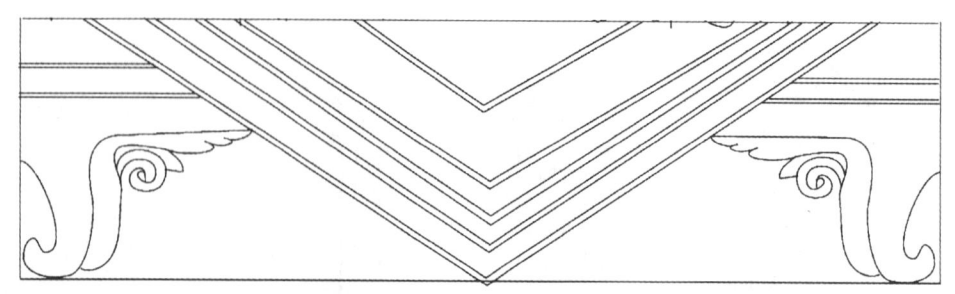

图3-345　桥头山宋墓群M1几案

图3-346几案石刻年代为1227—1243年，墓葬位于遵义市红花岗区。[①]原境为画像石室墓，几案石刻位于男室北壁后龛下。

图3-346　杨粲墓几案

图3-347几案石刻年代为南宋开禧年间（1205—1207），墓葬为重庆市永川区。[②]原境为汉系画像崖墓，几案石刻位于后龛龛基处。几案为曲脚，案上刻桌布，桌布上为缠枝花卉纹。

图3-347　高洞子崖墓几案

[①] 图片采自周必素：《贵州遵义的宋代石室墓》，《江汉考古》，2008年第4期，图四。
[②] 图片采自重庆市文化遗产研究院、重庆市永川区文物管理所：《重庆永川高洞子南宋墓群清理简报》，《文物》，2020年第6期，图三七。

二十三、仿木构件

四川地区宋墓画像石刻中，仿木构件为常见题材。在汉系和非汉系的画像石室墓、画像崖墓中，都出现了大量的石刻仿木构件。区别在于，汉系的画像石室墓、画像崖墓中，出现的仿木构件类别更为丰富，如斗拱、驼峰、雀替、屋顶（瓦、瓦当、滴水、榑、椽、脊、吻兽等）、柱、梁架等。非汉系墓葬中的仿木构件多为斗拱、驼峰和柱。列举标本如下。

图3-348仿木构件石刻年代为1224年，墓葬位于广安市华蓥市。[①]原境为画像石室墓，石刻位于龛上部。可见仿木屋顶、斗拱、横梁等。较之四川地区其他宋墓石刻中出现的仿木屋顶，此组石刻中的仿木屋顶最为特殊处为：屋顶正脊正中处坐一人，足下踏有龟蛇一体之玄武，身后有祥云。人物面部已破损，但按其伴出图像元素和出现位置来判断，应为真武大帝。

图3-349仿木构件年代为南宋，墓葬位于泸州市泸县。原境为画像石室墓，石刻位于墓室顶部。[②]其所反映之仿木构件类型较为丰富，可见斗拱、驼峰、榑、椽等。

图3-348 安丙家族墓M5仿木构件　　图3-349 青龙一号墓仿木构件

图3-350三件仿木构件石刻年代均为南宋，墓葬位于泸州市泸县。[③]原境为画像石室墓，石刻在原境中的位置不明。图3-350-1可见象鼻驼峰、横梁；图3-350-2可见鱼尾驼峰、横梁、雀替、柱；图3-350-3可见斗拱、象鼻驼峰。

---

① 图片采自四川省文物考古研究院、广安市文物管理所、华蓥市文物管理所：《华蓥安丙墓》，文物出版社，2008年，图版一二九-1。
② 图片采自四川省文物考古研究所、成都市文物考古研究所、泸州市博物馆、泸县文物管理所：《泸县宋墓》，文物出版社，2004年，彩版三。
③ 资料来源：四川泸县宋代石刻博物馆在展，图片为笔者拍摄。

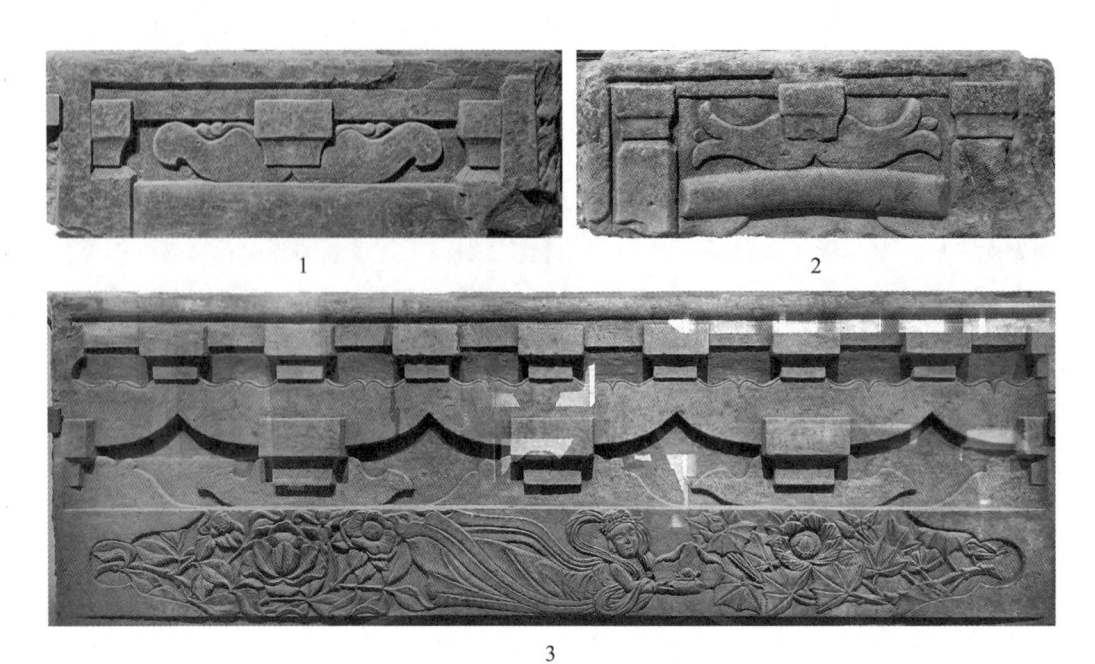

图3-350 四川泸县宋代石刻博物馆藏仿木构件

图3-351仿木构件石刻年代为南宋开禧年间（1205—1207），墓葬位于重庆市永川区。[①]原境为汉系画像崖墓，石刻位于侧壁上部。可见卷云驼峰、饰有卷云纹的短横梁和龙首雀替。

图3-351 高洞子崖墓群M1仿木构件局部

[①] 图片采自重庆市文化遗产研究院、重庆市文化遗产保护中心：《永川高洞子崖墓群》，《考古重庆》，2014年，图2。

图3-352仿木构件石刻年代为南宋开禧年间（1205—1207），墓葬位于重庆市永川区。原境为汉系画像崖墓，仿木构件石刻类型丰富。可见斗拱、驼峰、槫、椽、横梁、雀替、柱等。墓顶为八边形穹窿顶，虽墓顶形状和生人住宅屋顶有别，但仿木构件的形态却和生人住宅呈现出高度的一致性。①

图3-353仿木构件石刻年代为南宋开禧年间（1205—1207），墓葬位于重庆市永川区。原境为汉系画像崖墓，此组仿木构件石刻位于墓室后壁中心位。可见屋顶、驼峰、横梁、雀替、柱等。②

图3-354仿木构件石刻年代为南宋，墓葬位于南充市仪陇县。原境为画像石室墓，此组仿木构件石刻位于东侧室后中心位。可见庑殿顶，屋顶正脊中心处有葫芦形刹，另可见横梁、雀替、柱等。③

图3-352　高洞子崖墓群M1仿木构件

图3-353　高洞子崖墓群M2仿木构件

图3-354　新政镇僧人墓仿木建筑

---

① 图片采自重庆市文化遗产研究院、重庆市永川区文物管理所：《重庆永川高洞子南宋墓群清理简报》，《文物》，2020年第6期，图一九。
② 资料来源：笔者田野调查采集，图片为笔者拍摄。
③ 图片采自仪陇县文物管理所：《四川仪陇县新政镇宋代石室墓清理简报》，《四川文物》，2013年第5期，图版三-2。

图3-355仿木屋檐石刻年代为南宋，墓葬位于泸州市纳溪区。①原境为汉系画像崖墓，仿木屋檐石刻位于墓门上方，为重檐式庑殿顶。

图3-355　清凉山崖墓仿木屋檐

图3-356三组仿木构件石刻年代均为南宋，墓葬位于宜宾市叙州区。②原境为非汉系画像崖墓，石刻位于崖墓墓门，仿木构件石刻均位于墓门处。可见斗拱、柱、驼峰、雀替和铺首。非汉系画像崖墓中的仿木石刻与汉系相较，对仿木构件的形态表现上并非特别严谨地追求对生人住宅仿木构件的所有细节完整再现，而是更倾向于抓住主要特征，进行简化处理。

1

2

---

① 资料来源：笔者田野调查采集，图片为笔者拍摄。
② 资料来源：笔者田野调查采集，图片为笔者拍摄。

3

图3-356　天堂沟崖墓群仿木构件

二十四、八卦

　　八卦题材在四川地区宋墓画像石刻中较为少见，目前出土八卦石刻最丰富的墓葬为广安华蓥许家坢宋墓。但在四川地区宋墓中，八卦元素并非罕见，如广安华蓥安丙家族墓群、广元杜光世夫妇合葬墓、遵义杨粲墓等，都有八卦元素的出现。考其原因，应为道教的影响，只不过在少数墓葬中采用了石刻的方式来表现八卦，而更多的墓葬中是采用了钱币铺设成形的方式来展现八卦。列举标本如下。

　　图3-357八卦石刻年代为南宋，墓葬位于广安市华蓥市。[①]原境为画像石室墓，石刻位于墓室后壁和侧壁之壁基处。此组八卦为后天八卦，墓葬中以后天八卦作为装饰在宋墓石刻中甚为罕见，在笔者搜集的田野考古材料和文博单位馆藏材料中仅见此例和重庆江家嘴墓群M2，墓葬发掘报告中推测其或与洛书性质的九宫八卦图有关。

---

① 图片采自四川省文物考古研究院、广安市文物管理所、华蓥市文物管理所：《四川华蓥许家坢宋墓清理简报》，《四川文物》，2010年第6期，图三，图四，图五。

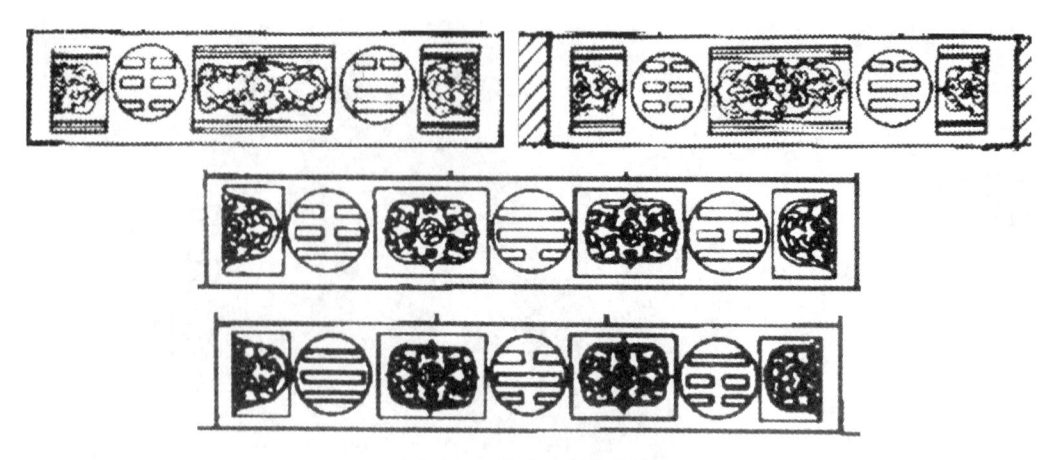

图3-357 许家堋宋墓八卦

图3-358八卦石刻年代为南宋中晚期，墓葬位于重庆市沙坪坝区。原境为画像石室墓，八卦石刻位于墓顶盖板内面。此八卦为后天八卦，宋墓石刻中罕见以后天八卦为题材装饰墓葬者，在笔者搜集的材料中，仅见此例和华蓥许家堋宋墓。①

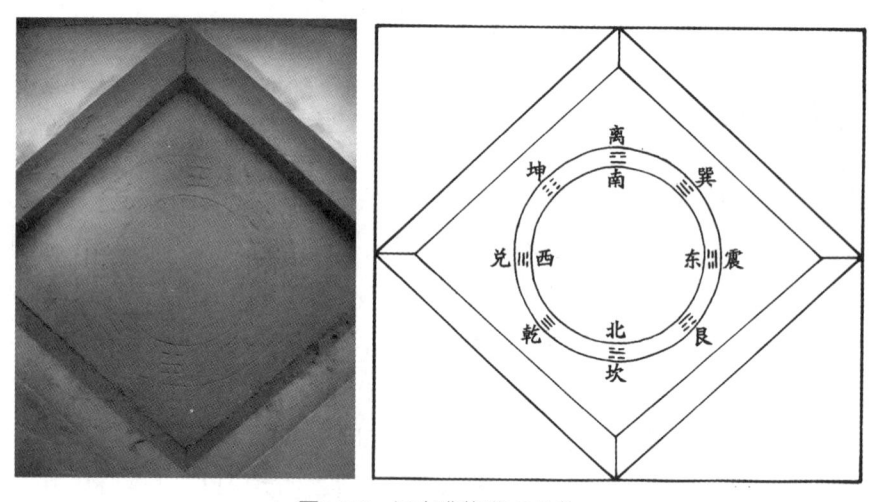

图3-358 江家嘴墓群M2八卦

二十五、其他装饰纹样

四川地区宋墓画像石刻中，装饰纹样较为丰富。和前文所列的各类题材相较，装饰物纹样多有一定的吉祥意义，但并不如前文这些图像在原境（画像石室墓、画像崖墓、画像石棺）中通常有较为恒定的配置位置，在图像组合中承载着各种象征意义并成为图

---

① 图片采自重庆市文化遗产研究院、沙坪坝区文物管理所：《重庆市沙坪坝区江家嘴墓群考古发掘简报》，《长江文明》，第三十二辑，附图一二，图一四。

像组合核心意义的重要构成部分。装饰纹样石刻的作用还是以装饰意义为主，且配置位置未呈现出与意义相关的恒定性，通常都居于原境中的非中心位。列举标本如下：

图3-359四件胜纹变体石刻年代均为北宋，墓葬均位于泸州市合江县。①原境为画像石棺，图3-359-1、图3-359-2位于13号石棺两侧帮，图3-359-3、图3-359-4位于14号石棺两侧帮。此纹样的源头应为汉代画像石棺之胜纹，从纹样形态上看，与胜纹总体特征高度相似又略有变化，且配置位置与泸州合江所出汉画像石棺胜纹也呈现出一致性。合江是四川地区汉代画像石棺主要发现区域之一，刻石为棺的传统在延续到宋代的同时，也将主流的图像题材如胜纹和四神传承下来。但因13号和14号石棺上仅见四神和胜纹，未见合江汉代画像石棺上表示西王母仙界的其他图像元素，故此处的胜纹是否具有如汉代画像石棺上作为西王母标识之意义则难以判定。

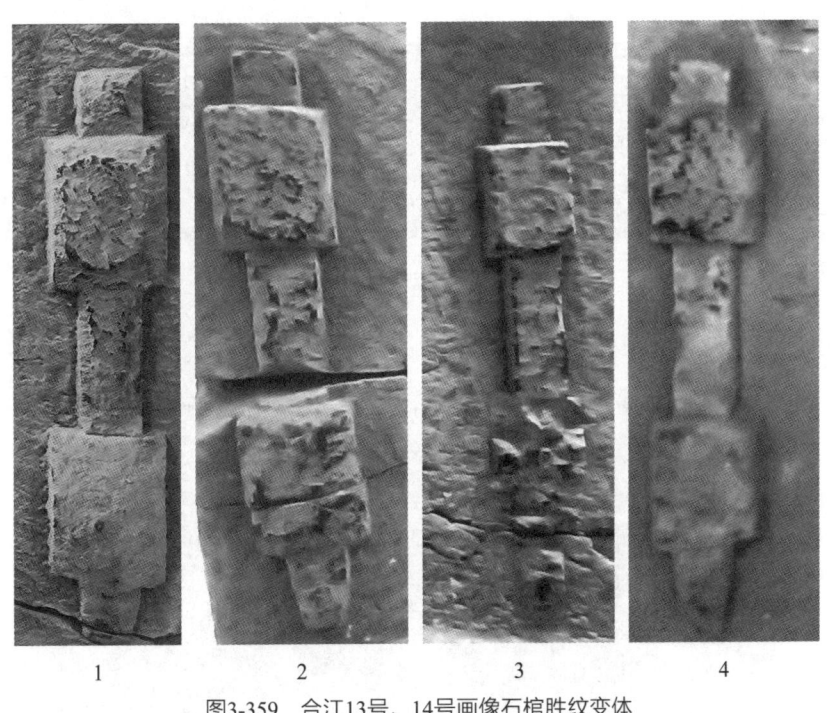

图3-359　合江13号、14号画像石棺胜纹变体

图3-360莲花纹石刻年代为北宋晚期，墓葬位于南充市嘉陵区。原境为画像石室墓，莲花石刻位于后龛龛头。②

---

① 资料来源：合江县汉代画像石棺博物馆在展，图片为笔者拍摄。
② 图片采自四川省文物考古研究所、南充市嘉陵区文物管理所、南充市高坪区文物管理所：《南充市嘉陵区木老乡韩家坟宋墓清理简报》，《四川文物》，2004年第2期，图二。

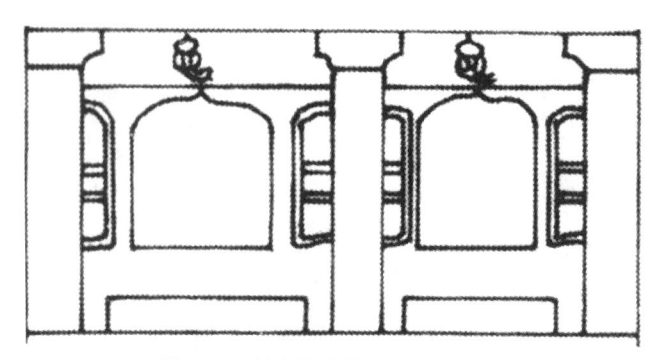

图3-360　韩家坟宋墓M1龛头莲花纹

图3-361莲瓣纹石刻年代为宋代，墓葬位于重庆市合川区。[①]原境为画像石室墓，莲瓣纹呈覆莲状，位于后龛龛基处。

图3-361　猴清庙墓群M1莲瓣纹

图3-362仰莲纹石刻年代为南宋，墓葬位于宜宾市叙州区。原境为非汉系画像崖墓，石刻位于崖墓墓门下方，属典型的汉系墓葬装饰元素进入非汉系墓葬装饰系统的产物。[②]

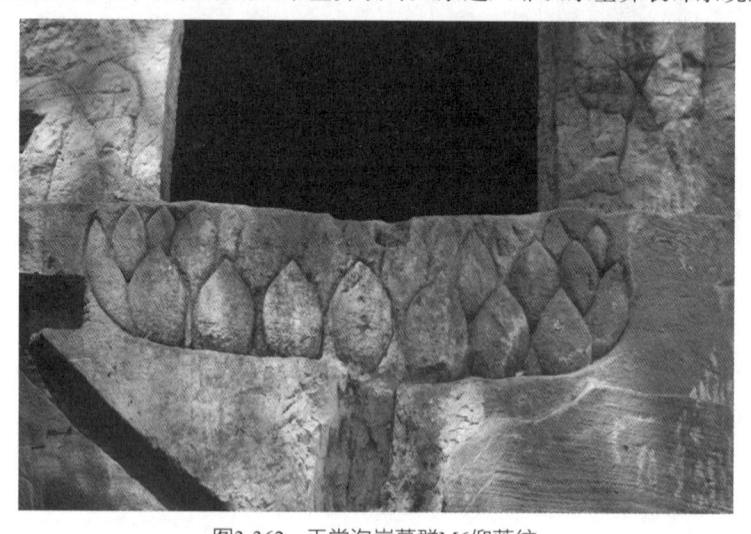

图3-362　天堂沟崖墓群M6仰莲纹

[①] 图片采自重庆市文化遗产研究院、合川区文物管理所：《重庆市合川区猴清庙墓群发掘简报》，《长江文明》，2021年第1辑，图十。
[②] 资料来源：笔者田野调查采集，图片为笔者拍摄。

图3-363莲花双鱼石刻年代为南宋，墓葬位于宜宾市高县。①原境为非汉系画像崖墓。石刻位于墓室侧壁，分为两组，莲花纹单独为一组，双鱼为一组。莲花应为汉系墓葬装饰元素传入非汉系墓葬装饰系统的产物，但在非汉系墓葬中，对莲花的展现仅为图像的再现，还是承载了如汉系墓葬装饰莲花所具备的象征佛果、象征君子高洁品行的内涵？因无相关文献和题刻记载，则难以断定。

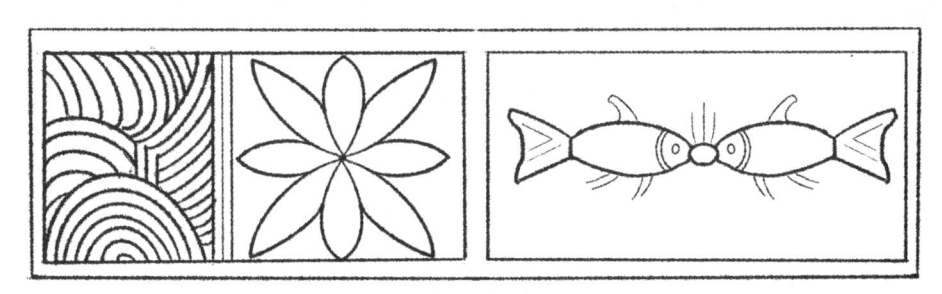

图3-363　半边寺非汉系崖墓莲花、双鱼

图3-364三件装饰纹样石刻年代均为1265年，墓葬位于广安市华蓥市。②原境为画像石室墓，石刻位于左右侧壁须弥座台基。图3-364-1的中心图像为方胜，图3-364-2的中心图像为宝葫芦，图3-364-3的中心图像为如意头，均体现出对吉祥意味之强烈追求。

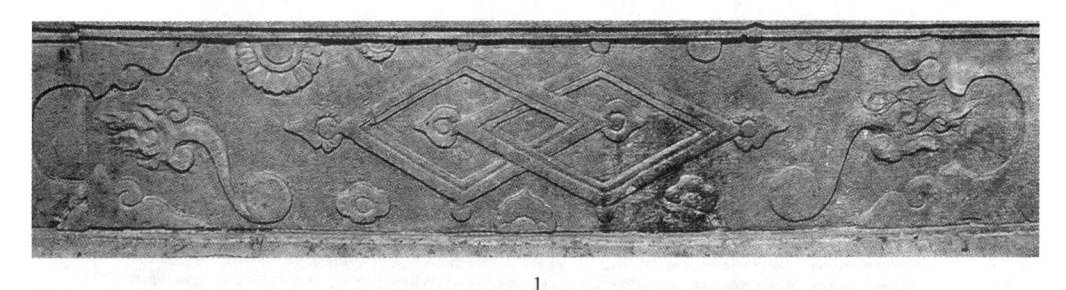

1

2

---

① 资料来源：笔者田野调查采集，陈金凤绘图。
② 图片采自四川省文物考古研究院、广安市文物管理所、华蓥市文物管理所：《华蓥安丙墓》，文物出版社，2008年，图版一〇〇。

217

3

图3-364 安丙家族墓M4装饰纹样

图3-365四件石刻年代均为1200年,墓葬位于眉山市彭山区。①原境为画像石室墓,石刻皆位于后壁、侧壁非中心位,自上而下分别为如意头、回纹和卷草纹。

图3-365 虞公著夫妇墓装饰纹样

---

① 图片采自四川省文物管理委员会、彭山县文化馆:《南宋虞公著夫妇合葬墓》,《考古学报》,1985年第3期,图一七。

图3-366石刻年代为南宋。墓葬位于遵义市桐梓县。原境为画像石室墓，石刻位于墓室藻井处。中心图像为四叶纹，四周有成组的连续弯曲纹样、弯曲纹样中心有物形如新芽。①

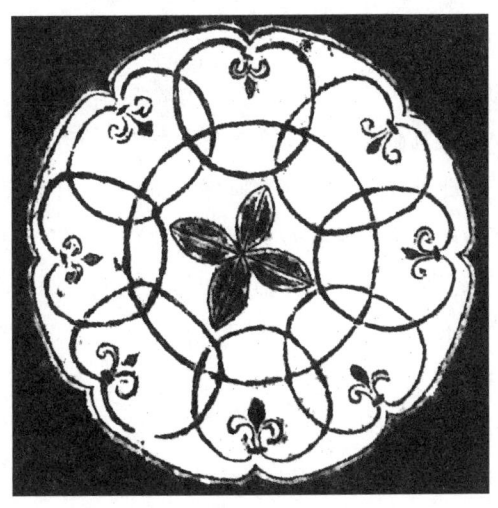

图3-366　观音寺宋墓M1装饰纹样

图3-367二件石刻年代均为南宋，墓葬均位于泸州市泸县。②原境为画像石室墓，图3-367-1为卷云纹，图3-367-2为卷草纹，石刻在墓葬中的位置均不明。

1

2

图3-367　四川泸县宋代石刻博物馆藏装饰纹样

---

① 图片采自贵州省文物考古研究所：《2003—2013贵州基建考古重要发现》，科学出版社，2015年，第196页。
② 资料来源：四川泸县宋代石刻博物馆在展，图片为笔者拍摄。

219

第二节　四川地区元墓画像石刻资料整理

从目前笔者搜集的田野考古资料和文博单位馆藏资料来看，四川地区元墓画像石刻数量和题材种类都远少于宋墓画像石刻，在承袭一部分宋墓画像石刻主流图像题材的同时，也对其进行了改造。此外，一些在明墓画像石刻中流行的题材，此时已偶见于元墓画像石刻中，所以元墓画像石刻虽然在数量上不占优势，却在四川地区宋元明墓葬画像石刻脉络中具有重要的承上启下之作用。梳理四川地区元墓画像石刻资料，可见以下图像题材：墓主标示物、仿木建筑、备侍、乐舞、花木、瑞兽、装饰纹样。下文按图像题材分别进行整理。

一、墓主标示物

四川地区元墓画像石刻中所见墓主标示物的种类不如宋墓画像石刻中丰富，主要可见空椅和屏风，二者数量基本持平。宋墓画像石刻中较为常见的墓主标示物组合，在笔者目前搜集的元墓画像石刻田野材料和馆藏材料中未有发现。列举标本如下。

（一）空椅

空椅的出现形式目前可见两种，一种见于贵州遵义播州土司杨元鼎墓中，伴出图像元素较为丰富，在墓室后壁中心位空椅居于正中，周边可见缠枝花卉、仿木建筑和多名侍者；另一种见于非官员的平民墓葬中，在墓室后壁中心位，仅两张空椅并立，周边未见伴出图像元素。

图3-368二件空椅石刻年代为元代。墓葬位于重庆市劳动村。原境为画像石室墓，空椅石刻均位于墓室后龛中心位，空椅形式较宋墓画像石刻空椅更为简化。[①]

图3-368　劳动村元墓空椅

---

① 图片采自重庆市文物考古所：《重庆市两路口劳动村元墓清理简报》，《四川文物》，2004年第2期，图一。

图3-369空椅石刻年代应为元明之交，播州土司杨元鼎卒年为1371年，墓葬具体修建时间不确定，但应距此不远。墓葬位于遵义市红花岗区。原境为画像石室墓，空椅石刻位于墓室后壁中心位。仿木建筑模仿房屋之正堂，周边伴出侍者服饰呈现典型的元代特征。①

图3-369　杨元鼎墓空椅

（二）屏风

和空椅一样，屏风也是从宋墓画像石刻中承袭而来的主流墓主标示物。但元墓画像石刻中的屏风较之宋代，发生了两个比较重要的变化：其一，宋墓画像石刻所见屏风虽也有与仿木构件伴出的情况，但与其共出的仿木构件通常表现的是"堂"的意象；而元墓画像石刻中所见屏风，如煎茶溪元墓屏风石刻，其伴出的仿木建筑，虽形式比明墓画像石刻中所见之各种牌坊要简化，却已体现出较为明显的"坊"的特点，对屏风所标示的墓主存在之"彰显"意味更为浓厚。其二，宋墓画像石刻中所见之屏风，其装饰纹样一般并不复杂，通常为格纹、网纹、折枝和缠枝花卉，比较特殊的可见雕刻真文；元墓石刻中所见屏风，装饰更为复杂，如贵州遵义播州土司杨炯墓女室屏风石刻，屏风上装饰盆景假山，值得注意的是，宋代石刻盆景假山上基本为花草，但此件盆景假山上为多

---

① 图片采自周必素、彭万、韦松恒：《牧司一方·播州杨氏土司墓葬管窥》，科学出版社，2020年，第123页，图4-26-1。

枝如意头状的灵芝，应为象征吉祥如意。明墓画像石刻中浓厚的"图必有意，意必吉祥"的意味在此时已初露端倪。

图3-370屏风石刻年代为元代，墓葬位于铜仁市德江县。原境为画像石室墓，屏风石刻位于墓室后壁中心位。屏风被供案托起，与贵州马鞍山观音寺宋墓供案+屏风的模式一脉相承，但与呈现出"坊"特点且具备"彰显"意味的仿木建筑共出则属于元墓屏风石刻出现的新现象。①

图3-371屏风石刻年代为元明之交，杨炯卒年1440年，墓葬具体修建时间不确定，但应距此不远。原境为画像石室墓，屏风石刻位于女室后壁。屏风上装饰有假山，与宋代石刻假山所植多为花卉不同，此处假山所植为灵芝，且灵芝均似如意头，表征吉祥意味浓厚。②

图3-370 煎茶溪元墓屏风

二、仿木建筑

四川地区元墓画像石刻中的仿木建筑主要可见以下几种，模仿"堂"者、模仿"坊"者、模仿戏台者。模仿"堂"者、模仿"坊"者一般在墓室后壁中心位，且与表征墓主的空椅、屏风共出；模仿戏台者通常在墓室侧壁，与舞乐伎、侍者共出。列举标本如下。

图3-371 杨炯墓女室屏风

---

① 图片采自席克定、张定福：《德江煎茶溪元墓发掘简报》，《贵州文物》，1984年第1期，图四。
② 图片采自周必素、彭万、韦松恒：《牧司一方·播州杨氏土司墓葬管窥》，科学出版社，2020年，第110页，图4-15-3。

图3-372三件石刻年代为元明之交，杨元鼎卒年为1371年，墓葬具体修建时间不确定，但应距此不远。① 墓葬位于遵义市红花岗区。原境为画像石室墓，图3-372-1、图3-372-2位于墓室侧壁、图3-372-3位于后壁。

1　　　　　　　　　2　　　　　　　　　3
图3-372　杨元鼎墓仿木建筑

图3-373仿木坊石刻年代为元代，墓葬位于铜仁市德江县。原境为画像石室墓，仿木坊石刻位于墓室后壁中心位。②

图3-373　煎茶溪元墓仿木坊

---

① 图片采自周必素、彭万、韦松恒：《牧司一方·播州杨氏土司墓葬管窥》，科学出版社，2020年，第123页，图4-26。
② 图片采自席克定、张定福：《德江煎茶溪元墓发掘简报》，《贵州文物》，1984年第1期，图四。

三、备侍

四川地区元墓画像石刻中的备侍主要可见侍立、备宴两种题材，且均出于等级较高的播州土司杨氏家族墓中，在其他元墓中目前尚未见。在宋墓画像石刻中作为主流图像题材的备侍在元代呈现出较大的衰落。列举标本如下。

图3-374侍立石刻年代为元明之交，播州土司杨元鼎卒年为1371年，墓葬具体修建时间不确定，但应距此不远。墓葬位于遵义市红花岗区。原境为画像石室墓，石刻位于墓室后壁中心位。画面中六位侍者均着元代服饰，侍立于象征墓主的空椅旁。①

图3-375备宴石刻年代为元明之交，播州土司杨元鼎卒年为1371年，墓葬具体修建时间不确定，但应距此不远。墓葬位于遵义市红花岗区。原境为画像石室墓，石刻位于男室侧壁。画面中十位侍者，右一右二作前行引导状，后依次跟随捧碗、捧盏、捧壶、捧盒、捧杯等侍者，最末有一侍者一侍童跟随，应是反映备宴场景。②

图3-374　杨元鼎墓侍立　　　　图3-375　杨元鼎墓备宴

四、乐舞

乐舞题材在四川地区元墓画像石刻中较为罕见，目前仅在贵州遵义播州土司杨元鼎墓中可见一件乐舞石刻，列举标本如下。

图3-376乐舞石刻年代为元明之交，播州土司杨元鼎卒年为1371年，墓葬具体修建

---

① 图片采自周必素、彭万、韦松恒：《牧司一方·播州杨氏土司墓葬管窥》，科学出版社，2020年，第123页，图4-26-1。
② 图片采自周必素、彭万、韦松恒：《牧司一方·播州杨氏土司墓葬管窥》，科学出版社，2020年，第123页，图4-26-3。

第三章 四川地区宋元明墓葬画像石刻资料整理

时间不确定，但应距此不远。①墓葬位于遵义市红花岗区。原境为画像石室墓，乐舞石刻位于男室侧壁。画面中九位乐舞伎，从左至右分别为甩袖舞伎、执棍指挥伎、拨阮伎、吹笙伎、吹横笛伎、执物起舞伎、弹琵琶伎、击鼓伎、击大鼓伎。元代是乐舞杂剧表演繁荣的时代，但在元墓石刻中乐舞题材却较为罕见，呈现出较宋墓石刻乐舞题材极大的衰退，其原因可能与元墓画像石刻整体的欠发达性相关。

图3-376 杨元鼎墓乐舞

五、花木

四川地区元墓画像石刻中的折枝花木主要可见缠枝花卉、折枝花木、盆景式花草三种。缠枝花卉和宋墓画像石刻中的区别不大，主要位于墓室的非中心位，如龛基、台基处，起美化、装饰作用。折枝花木和宋墓画像石刻中的相比，呈现出两个差异，一是折枝花木的体量变小，以小折枝为主，在笔者搜集的田野材料和馆藏材料中，还未见宋墓画像石刻中那样占据门扇格眼处或侧壁中心位的大折枝花木；二是出现了宋代折枝题材中未见的单独作主体图像的松枝题材，宋代的松枝图像一般都是与鹤伴出以象征"松鹤延年"之意。盆景式花草的出现是在花木题材上元墓画像石刻与宋墓画像石刻区别较大的一个方面，宋墓画像石刻花木少见盆栽者，仅在金井坪宋墓M2可见少数以盆栽种的盆景式花卉。而元墓画像石刻花木，可见多件盆景式花卉，如盆景牡丹、盆景灵芝等，应是明墓中承载丰富吉祥意义的盆景式花木大量出现的先声。列举标本如下。

（一）缠枝花卉

图3-377三件缠枝花卉石刻年代为元明之交，播州土司杨元鼎卒年为1371年，墓葬具体修建时间不确定，但应距此不远。②墓葬位于遵义市红花岗区。原境为画像石室

---

① 图片采自周必素、彭万、韦松恒：《牧司一方·播州杨氏土司墓葬管窥》，科学出版社，2020年，第123页，图4-26-2。
② 图片采自周必素、彭万、韦松恒：《牧司一方·播州杨氏土司墓葬管窥》，科学出版社，2020年，第123页，图4-26。

墓，图3-337-1和图3-337-2位于墓室侧壁龛底部，图3-337-3位于墓室后壁龛顶部。

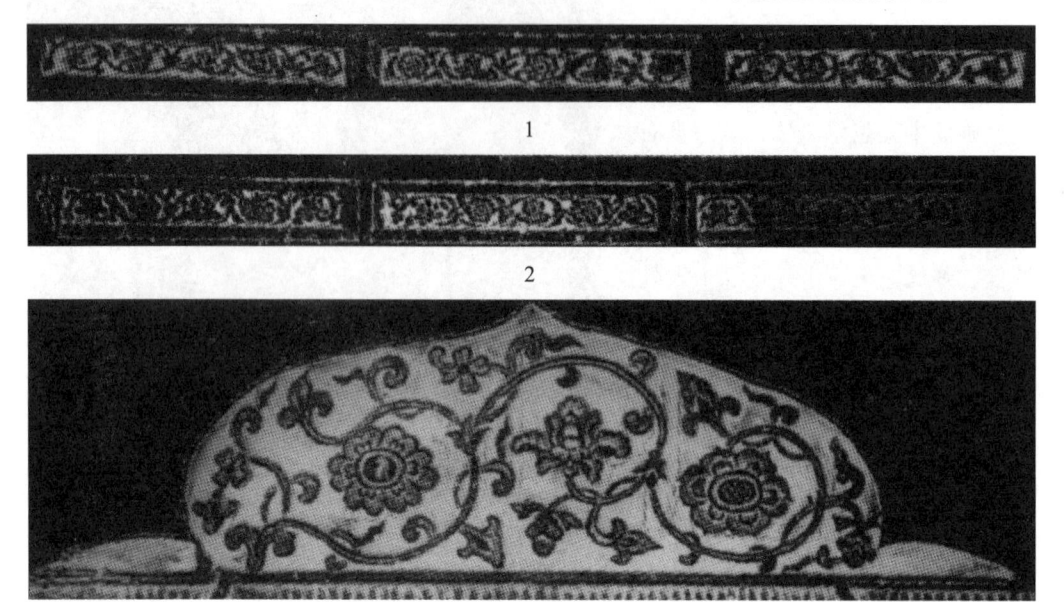

图3-377　杨元鼎墓缠枝花卉

（二）折枝花卉

图3-378四件小折枝花卉石刻年代均为元代，墓葬位于重庆市劳动村。原境为画像石室墓，小折枝花卉石刻位于墓室两侧壁龛。[1]花卉品种可见牡丹、菊花、桃花，品种包含多季花卉，可能延续了宋墓画像石刻中以多季花卉象征时间轮转、好花常开好景常在之意。

图3-378　劳动村元墓小折枝花卉

图3-379二件松枝石刻年代均为元明之交，杨元鼎卒年1371年，墓葬具体修建时间不确定，但应距此不远。[2]墓葬位于遵义市红花岗区，原境为画像石室墓，松枝石刻位于墓室两侧壁龛顶部。松枝在元墓画像石刻中出现应与其表征长寿延年之意相关。

---

① 图片采自重庆市文物考古所：《重庆市两路口劳动村元墓清理简报》，《四川文物》，2004年第2期，图二。

② 图片采自周必素、彭万、韦松恒：《牧司一方·播州杨氏土司墓葬管窥》，科学出版社，2020年，第110页，图4-15-1。

图3-379　杨元鼎墓松枝

（三）盆景式花草

图3-380二件盆景式花草石刻年代为元明之交，杨炯卒年1440年，墓葬具体修建时间不确定，但应距此不远。[①]原境为画像石室墓，图3-380-1为盆景牡丹，位于女室左壁龛；图3-380-2为盆景灵芝，位于女室后壁屏风上。

图3-380　杨炯墓女室盆栽花木

六、瑞兽

四川地区元墓画像石刻中的神禽瑞兽题材极少，目前笔者搜集的田野材料和馆藏材料中，仅见沙陀水电站元墓二龙戏珠石刻一件。二龙戏珠在宋墓画像石刻中非常稀少，笔者搜集材料中，仅四川泸县宋代石刻博物馆藏有一件二龙戏珠（见图3-248），且与沙陀水电站元墓二龙戏珠石刻在表现形式上区别较大。四川泸县宋代石刻博物馆藏二龙

---

① 图片采自周必素、彭万、韦松恒：《牧司一方·播州杨氏土司墓葬管窥》，科学出版社，2020年，第110页，图4-15-3。

戏珠，一条龙为主体，另一条龙隐没于主体龙之后，仅露出龙头和少部分躯干，且两龙背向而行又回头望向中间的宝珠；沙陀水电站元墓二龙戏珠则是两条龙都展现完整的身躯，不存在主次之分，相向而行追逐中间的宝珠。后者的表现形式更近似于明墓画像石刻中的二龙戏珠，只不过在石刻的精美度、龙形象的精细度上逊于明代，呈现出明显的承上启下之过渡性特征。列举标本如下。

图3-381二龙戏珠石刻年代为元代，墓葬位于贵州省沿河土家族自治县。原境为画像石室墓，二龙戏珠石刻位于墓室横梁处。①

图3-381　沙坨水电站06DCM1二龙戏珠

七、装饰纹样

四川地区元墓画像石刻中的装饰纹样最为主要的题材为祥云纹，配置位置通常位于藻井、侧壁的非中心位，起装饰、美化的作用。列举标本如下。

图3-382祥云纹石刻年代为元明之交，杨炯卒年为1440年，墓葬具体修建时间不确定，但应距此不远。原境为画像石室墓，祥云石刻位于女室藻井处。②

图3-382　杨炯墓女室祥云纹

---

① 图片采自贵州省文物考古研究所：《贵州田野考古报告集（1993—2003）》，科学出版社，2014年，第306页，图三。
② 图片采自周必素、彭万、韦松恒：《牧司一方·播州杨氏土司墓葬管窥》，科学出版社，2020年，第110页，图4-15-2。

第三节　四川地区明墓画像石刻资料整理

四川地区明墓画像石刻较之同区域元墓画像石刻，在题材丰富度、总体数量和分布范围上都有所提升，但终明一朝，四川地区墓葬画像石刻都没有恢复到宋代的发达水平。四川地区明墓画像石刻可见以下图像题材：墓主标示物、仿木构件和仿木建筑、门扇、供案、花木果实、祥禽瑞兽、备侍、乐舞、武士、神异人物、文吏、出行、曼荼罗、八卦纹、装饰纹样。下文按图像题材分别进行整理。

一、墓主标示物

墓主标示物是四川地区明墓画像石刻中的主流图像题材之一，最常见的形式为墓主标示物组合、墓主人像、屏风、空椅等。在延续了宋代以墓主人像、屏风、空椅象征墓主所在的传统之外，四川地区明墓画像石刻中出现一些较为明显的变化：即在墓主标示物组合中，牌坊成为重要的墓主标示物之一。这个现象并非在明代突然产生，在四川地区元墓画像石刻中，如煎茶溪元墓，在后龛中心位，与象征墓主之屏风共出的仿木建筑已经呈现出明显的"坊"的特征，这是四川地区宋墓画像石刻中未见而在元墓画像石刻中出现的新现象，并延续至明墓画像石刻中取得了长足的发展。出现在明墓画像石刻中的牌坊，其流行应与明代地面牌坊的发展相关。牌坊是一种较为特殊的建筑形式，在明代发展非常繁荣，据《四川古代牌坊》统计，仅在四川地区发现现存的明代石牌坊就有近200座。[①]其主要起旌表功业德行、标榜荣耀之用，在宣传的内容上虽然有所差别，但共通的"彰显"之意义非常明显。此外，牌坊也是与祠堂密切相关的附属建筑，在宣扬宗族荣光的同时，也作为承载宗族精神的标示物，维系宗族纽带。四川地区明墓画像石刻中的牌坊，都居于墓室后壁中心位，且通常与表示供奉意味的供案、瓶花、墓主直接象征的牌位共出，其功能应类明代地面牌坊，起"彰显"之用，即彰显墓主之所在；同时，也是以石刻的形式，将与祠堂紧密联系的地面牌坊表现在了墓葬中，强调祭祀供奉之意的同时也表示宗族纽带在死后世界中的延续。而其背景都与明代社会全面世俗化下，丧葬中的变革相关，详见后文四川地区明墓画像石刻综合研究相关论述。列举标本如下。

---

① 图片采自唐飞、姚军：《四川古代牌坊》，文物出版社，2017年。

（一）墓主标示物组合

四川地区明墓画像石刻中的墓主标示物组合常见以下几种：牌位+供案（桌）、牌位+瓶花、牌坊+牌位、牌坊+供案、牌位+牌坊+供案、牌坊+空椅、牌坊+瓶花。可见，在墓主标示物组合中，牌坊是最常见的一个要素。

图3-383墓主标示物组合石刻年代为明宣德六年（1431），墓葬位于绵阳市平武县。[①]原境为画像石室墓，石刻位于王祥墓（M10）棺室后壁龛中心位。墓主标示物组合为牌位+供案。图3-383-1为后壁龛全景，图3-383-2为王祥牌位，图3-383-3为供案和瓶花。牌位位于最上层，旁有二侍女，一侍女托盘、盘中有二酒杯，另一侍女所托盘中为二茶盏，茶酒供奉之意味明显。牌位下一组图像为瓶花和供案，瓶花一为牡丹，一为绣球，均有表征富贵吉祥之意。二瓶花中间为一供案，案上中设香炉，旁设二烛，表现的应是在明代祭祀供奉时所流行之"五供"，与最上面的牌位一起，通过石刻的形式表现了完整的祭祀空间。

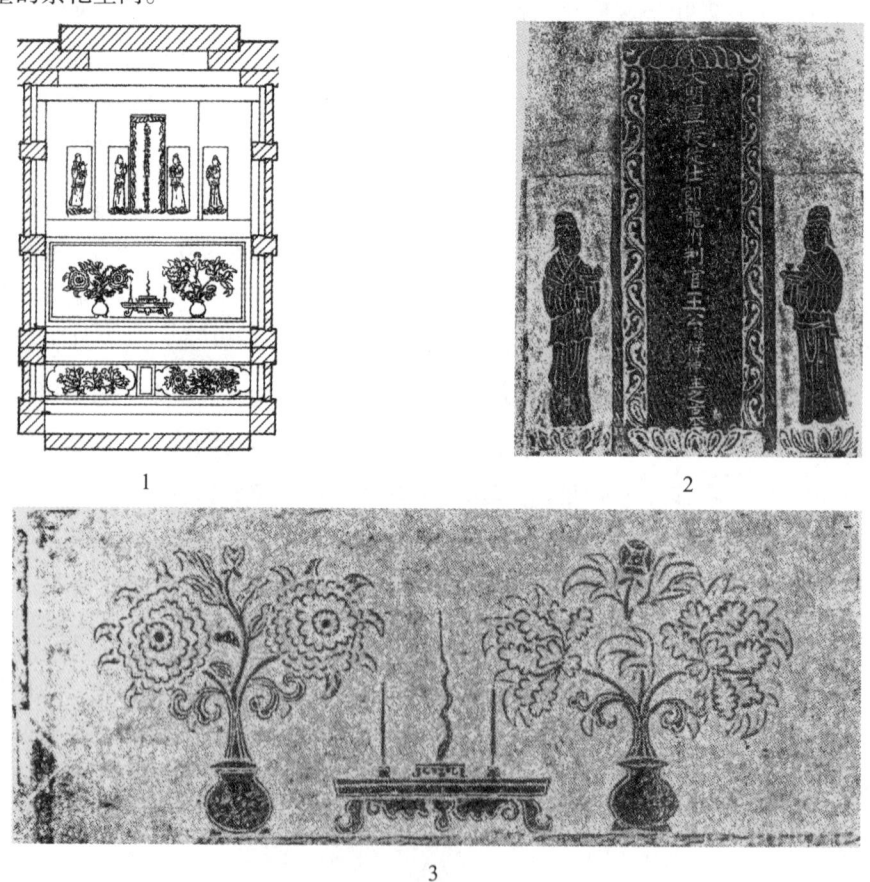

图3-383 王祥墓墓主标示物组合

[①] 图片采自四川省文物考古研究院、绵阳市博物馆、平武县文物保护管理所：《四川平武土司遗珍——明代王玺家族墓出土文物选粹》，文物出版社，2018年，第258-259页，图五八，图五九，图六二。

图3-384墓主标示物组合石刻年代为明代天顺至成化年间（1457—1487）。①墓葬位于安顺市西秀区。原境为画像石室墓，组合石刻位于后室中心位。墓主标示物包括牌位、供桌。供桌上放置牌位，旁有升起的帷帐，仿木建筑刻画了门，并呈现出了一定的进深感，意图表现的应是起祭祀供奉作用的"堂"。

图3-385墓主标示物组合石刻年代为明弘治四年（1491）。墓葬位于宜宾市翠屏区。原境为画像石室墓，墓主标示物组合石刻位于东室后龛中心位。②牌位居中，牌位上装饰双凤朝阳纹和云纹，二瓶花分别居于牌位两侧，以表瓶花供奉之意。

图3-384　松林村一号墓墓主标示物组合

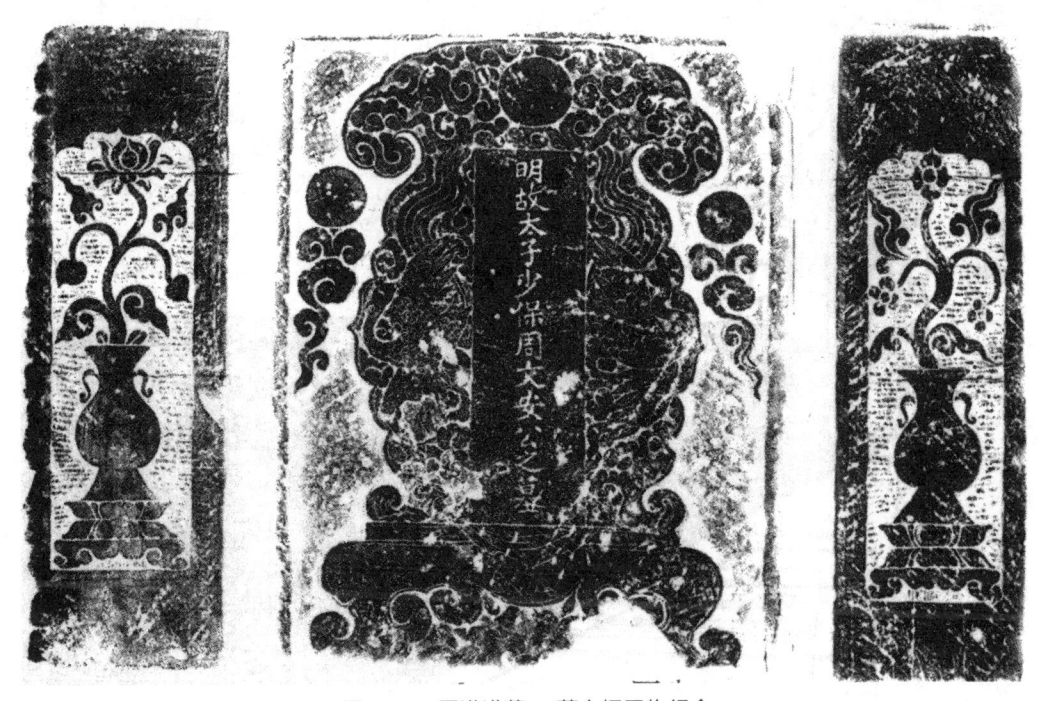

图3-385　周洪谟墓M1墓主标示物组合

---

① 图片采自王燕子、赵小帆、宋先世：《安顺旧州松林村一号墓清理简报》，《贵州文物》，1992年创刊号，图九。
② 图片采自四川省文物考古研究院、宜宾市博物院：《四川宜宾市明代周洪谟墓发掘简报》，《四川文物》，2015年第1期，图二三。

图3-386墓主标示物组合石刻年代为1548年，墓葬位于重庆市大足区。原境为画像石室墓，石刻位于墓室后壁中心位。①墓主标示物组合为牌位+牌坊。牌坊为四柱三间，主楼为重檐庑殿式顶，正脊正中有葫芦形刹。牌位位于明间正中基座之上。此类形态完整、模拟地面牌坊形制的牌坊图像在四川地区明墓画像石刻中出现，基本上都是与传统的墓主标示物如空椅、瓶花、牌位等共出，以作彰显墓主、强调祭祀在死后世界延续之意。

图3-387太监墓墓主标示物组合石刻年代为明万历二年（1574）。墓葬位于成都市高新区。原境为带画像石刻的砖石混构墓，墓主标示物组合石刻位于墓室后壁中心位，由牌坊+供案组成。②

图3-386　御墅林枫明墓群M2墓主标示物组合

图3-387　新北小区四期明太监墓M1墓主标示物组合

图3-388墓主标示物组合石刻年代为1597年，墓葬位于宜宾市宜宾县。原境为画像石室墓，石刻位于墓室后壁中心位。墓主标示物组合为供案+牌位+牌坊。牌位和牌坊都被托于供案之上，这种形式在煎茶溪元墓画像石刻中可找到相似者。但较之煎茶溪元墓，此件石刻中牌坊的形式更为成熟和完整，模拟了明代地面石牌坊的形态，牌坊柱子上所绕二龙与牌位顶部装饰构成了明代图像题材中流行的"二龙戏珠"。③

---

① 原图来源：大足石刻研究院：《大足古墓葬》，中国戏剧出版社，2012年，第48页。陈金凤根据原报告照片绘制线图。
② 图片采自成都文物考古研究所：《成都"新北小区四期"明代太监墓群发掘简报》，《成都考古发现（2006）》，科学出版社，2008年，第348页，图八-2。
③ 图片采自四川省文物考古研究所：《宜宾县革坪村明代郭成石室墓清理简报》，《四川文物》，2002年第5期，图八。

图3-388 郭成墓墓主标示物组合

图3-389墓主标示物组合石刻年代为明代，墓葬位于泸州市合江县。原境为画像石室墓，石刻位于墓室后壁中心位。①墓主标示物组合为空椅+牌坊，牌坊为四柱三间重檐庑殿顶，明间正中设置一空椅，明间左右侧分别有一捧盒侍者、一捧杯侍女。

图3-389 大嘴上明墓墓主标示物组合

图3-390墓主标示物组合年代为明代，墓葬位于泸州市泸县。原境为画像石室墓，石刻位于墓室后壁中心位。②墓主标示物组合为瓶花+仿木牌坊，牌坊为四柱三间庑殿顶，正脊中间有葫芦形刹，明间左右各有一瓶花。明间做出了进深，形成一小龛，龛中无图像，不知原境中此处是否放置随葬品。

---

① 资料来源：笔者田野调查采集，陈金凤绘图。
② 资料来源：四川泸县宋代石刻博物馆在展，图片为笔者拍摄。

图3-390　四川泸县宋代石刻博物馆藏明代墓主标示物组合

图3-391墓主标示物石刻年代为明代，墓葬位于重庆市万州区。原境为画像石室墓，组合石刻位于墓室后壁中心位。组合由牌坊和供案构成。牌坊为四柱三间庑殿顶，供案上束腰处有图案，因漫漶无法分辨具体题材，另雕刻有桌布，桌布上装饰有花纹。[①]

（二）墓主人像

盛行于四川地区宋墓画像石刻中的墓主人像仍可见于明墓画像石刻中。同宋代一样，明墓中的墓主人像依然恒定地配置在墓室后壁中心位，均为端坐状。配置较为复杂一些的，如绵阳平武王氏土司家族墓中，墓主人像一般和标示主位的屏风共出，旁边还刻画有侍者。且侍者呈现出较为明显的性别差异，男性墓主人如王玺身边的为男侍，王玺夫人身边的则为侍女。前文在整理四川地区宋墓画像石刻中的墓主人像时，曾分析过四川地区宋代墓主人像有很大一部分是与道教代形祈寿仪轨相关的石真，但明墓中的墓主人像是否具有石真之功用则难以判断。如王玺

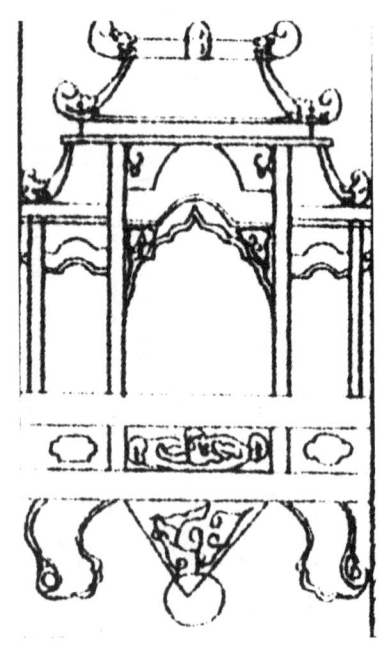

图3-391　上中坝遗址明墓M5S3墓主标示物组合

[①] 图片采自冉万里、刘瑞俊：《重庆市万州区上中坝遗址发掘》，《文博》，2000年第4期，图六-1。

夫妇墓，出土了具有道教元素的石诏书，但没有明显的证据证明其墓葬为预作寿藏。故而，这些无法通过死亡时间与建墓时间做比较判定为预作寿藏，也没有"石若烂人来换""水枯石朽方归此穴"等文字材料作为辅证之墓葬中的墓主人像，可能更多的是象征供奉祭祀空间的主体所在，和祠堂中的祖先绘像性质相同。

图3-392墓主人像石刻年代不晚于明天顺八年（1464），墓葬位于绵阳市平武县。原境为画像石室墓，石刻位于王玺墓（M3）棺室后壁龛。①墓主王玺持笏端坐正中，背后树立象征主位的屏风，旁有二男侍捧书托砚台，再外有升起的帷帐，整体呈现出与地方祠堂祖先绘像相仿的风格。

图3-393墓主人像石刻年代不晚于明天顺八年（1464），墓葬位于绵阳市平武县。原境为画像石室墓，石刻位于M4棺室后壁龛。②女性墓主人端坐于正中屏风前，左右各随侍一簪花侍女，周围有升起的帷帐。

图3-392　王玺墓墓主人像　　　　图3-393　王玺夫人墓墓主人像

图3-394持念珠墓主人像石刻年代为明代，墓葬位于泸州市泸县。原境为画像石室墓，石刻位于墓室后壁中心位。③与男性墓主人伴出的牌坊形制类似合江大嘴上明墓牌坊，属于泸州明墓画像石刻中比较常见的牌坊形制。牌坊与墓主人共出，应是发挥牌坊所具备的"彰显"功能，在地下墓葬空间中依然起到标示、彰显墓主人之用。墓主人盘坐于一个鼓形的台子上，台上有扎束起来的莲花。墓主人左手持一串念珠，双耳表现得极为突出，比四川地区明代所见墓主人像的耳朵都要更长更阔，耳朵长度从眉的位置一

---

① 资料来源：泸州市博物馆"金色大明——明代金饰文物特展"在展，图片为笔者拍摄。
② 图片采自四川省文物考古研究院、绵阳市博物馆、平武县文物保护管理所：《四川平武土司遗珍——明代王玺家族墓出土文物选粹》，文物出版社，2018年，第203页。
③ 资料来源：四川泸县宋代石刻博物馆在展，图片为笔者拍摄。

直到了下颌骨角的位置，远超一般人耳朵的真实大小，更类似于佛教造像中对于佛像耳朵的表现形式。从人物形象特征来看，墓主人很可能为佛教信众。这种墓主人位于一台座上盘腿而坐，并与牌坊（包括完整和简化形态）组合出现的形式，似是泸州明墓画像石刻对墓主人形象的独特表现形式。目前笔者搜集的材料中，此类表现模式仅见于泸州。此件墓主人石刻和泸州市叙永县蛇王洞明墓墓主人像石刻都是此类表现形式的代表。

图3-394 四川泸县宋代石刻博物馆藏明代持念珠墓主人像

图3-395墓主人像石刻年代为明代，墓葬位于泸州市叙永县。①原境为画像石室墓，石刻位于墓室后壁中心位。墓主人盘坐于坊下。坊的形制较为简单，呈现出一些与贵州煎茶溪元墓石刻仿木坊相似的特征，应属于牌坊的简化形式。但其标示、彰显墓主人的功用应无疑。

---

① 资料来源：笔者田野调查采集，陈金凤绘图。

第三章　四川地区宋元明墓葬画像石刻资料整理

图3-395　蛇王洞明墓墓主人像

图3-396二件墓主人像石刻年代均为明代。墓葬位于泸州市泸县。①原境为画像石室墓，石刻位于墓室后壁中心位。泸县是四川地区宋墓画像石刻分区——川东南川南区里石刻分布最为集中的地区，也是墓主人像石刻数量较多的一个区域。相较泸县所见宋代墓主人像，明代墓主人像显得更为简化，不仅雕刻工艺表现出退化，体量也更小，应该是这种图像传统在明代的遗韵。

1　　　　　　　　2
图3-396　四川泸县宋代石刻博物馆藏明代墓主人像

① 资料来源：四川泸县宋代石刻博物馆藏，图片为四川泸县宋代石刻博物馆提供并授权在本书中使用。

（三）屏风

四川地区明墓画像石刻中的屏风，配置位置与四川地区宋墓画像石刻中的屏风相同，基本都配置在墓室后壁中心位。明墓画像石刻屏风较之宋代，屏风上装饰更为复杂，且装饰的图像都与各种吉祥意义相关。

图3-397屏风石刻来自播州土司杨纲墓。杨纲卒于明正统十四年（1449），墓葬具体修建时间不确定，但应距此不远。墓葬位于遵义市汇川区。原境为画像石室墓，石刻位于后龛中心位。屏风下有几座，带卷云角牙。屏风上装饰有山石和灵芝，吉祥意味浓厚。①

图3-397　杨纲墓屏风

（四）空椅

四川地区明墓画像石刻中所见单独出现的空椅极少，多是如大嘴上明墓一般，在墓主标示物组合中出现。而如小寺脚下非汉系崖墓中这样三张空椅并列出现的则更为罕见。在笔者搜集的田野材料和馆藏材料中，仅见此孤例。

---

① 图片采自周必素、彭万、韦松恒：《牧司一方·播州杨氏土司墓葬管窥》，科学出版社，2020年，第152页，图4-50-1。

图3-398空椅石刻年代为明代，墓葬位于宜宾市高县。①原境为非汉系画像崖墓，石刻位于墓室后壁中心位。空椅表现得极为简化，仅刻画出椅背象征其存在。空椅题材在明代非汉系墓葬装饰系统中出现，应是宋代流行于川南汉系宋墓画像石刻中的空椅图像进入到非汉系墓葬的产物和延续。这种图像元素的交流与融合，在非汉系墓葬装饰系统中并非全盘的接收，而是做出了一定程度的改造，从而产生变异，如此件三空椅并列石刻，在笔者搜集的田野材料和馆藏材料中，无论是四川地区宋墓画像石刻还是明墓画像石刻，都未见这样的空椅题材表现形式。

图3-398　小寺脚下非汉系崖墓空椅

二、仿木构件和仿木建筑

四川地区明墓画像石刻中所见仿木构件，主要为大门、屋顶、梁、雀替、斗拱等，常见的仿木建筑样式模仿牌坊和堂。较之宋墓画像石刻，仿木构件的种类明显减少，工艺水平也呈现出下降的趋势，精美度远逊于宋代，这跟明代画像石室墓整体退化相关。其原因在于明代社会全面世俗化下，丧葬领域"彰显"更为人所关注，而对于深埋地下再不为人见、无法满足"彰显"需求的"永为供养"空间——画像石室墓营造的关注减弱相关。但值得注意的是，这种关注的减弱并不意味着消失，"事死如事生"的理念依然影响着丧葬，只不过对于死后空间的营造上不再执着于如宋墓画像石刻一般精准地再现生时空间中出现的各种仿木构件，而选择了一些具备代表性的类型来反映。而代表性类型的选择标准也与该类型是否承载"彰显"功能、祭祀供奉功能相关。故而，具备彰显墓主功能的牌坊大量配置在了后壁中心的主位。列举标本如下。

图3-399仿木屋顶石刻年代为明代早期，墓葬位于成都市武侯区。原境为画像石室

---

① 图片采自重庆市博物馆：《宜宾地区悬棺葬调查记》，《考古》，1981年第5期，图二二-2。

墓，石刻位于墓室入口处墓门上。屋顶为庑殿顶。①

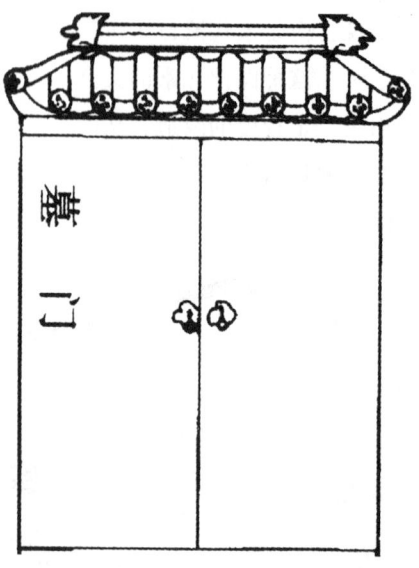

图3-399　沙竹苑明太监墓群M1仿木屋顶

图3-400仿木屋顶石刻年代为明代天顺至成化年间（1457—1487），②墓葬位于安顺市西秀区。原墓为画像石室墓，石刻位于后室上部。应为重檐式庑殿顶，上下檐之间雕刻有形式简化的斗拱。

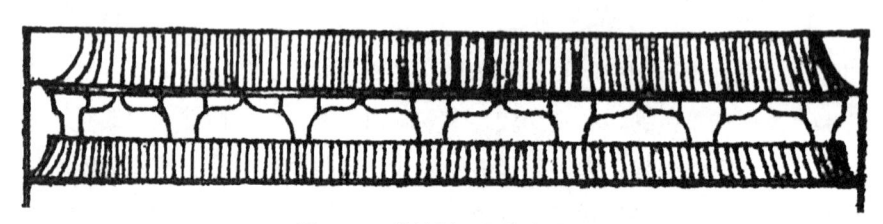

图3-400　松林村一号仿木屋顶

图3-401仿木横梁和雀替石刻年代为1509—1518年，③墓葬位于成都市高新区。原墓为画像石室墓，仿木横梁和雀替石刻都位于北室的后壁上部。

---

① 图片采自成都文物考古研究所：《成都市武侯区"沙竹苑"明代太监墓发掘简报》，《成都考古发现（2007）》，科学出版社，2009年，第595页，图三。
② 图片采自王燕子、赵小帆、宋先世：《安顺旧州松林村一号墓清理简报》，《贵州文物》，1992年创刊号，图九。
③ 图片采自成都文物考古研究所：《成都市高新西区双柏村宋、明墓发掘简报》，《成都考古发现（2013）》，科学出版社，2015年，第619页，图一五。

图3-401 双柏村M8仿木横梁和雀替

图3-402仿木屋顶石刻年代为明万历二年（1574），①墓葬位于成都市高新区。原境为带画像石刻的砖石混构墓。仿木屋顶石刻一共分三组，一组位于墓门顶部，另外两组分别位于两侧仪墙顶部。

图3-402 新北小区四期明太监墓M3仿木屋顶

图3-403仿木牌坊石刻年代为明代，墓葬位于泸州市龙马潭区。原境为画像石室墓，石刻位于墓室后壁中心位。牌坊为重檐庑殿顶，单间，间内有进深较浅的小龛。②

图3-404仿木建筑石刻年代为明代，墓葬位于泸州市泸县。原境为画像石室墓，石刻位于墓室后壁中心位。牌坊为单檐单间，庑殿顶，间内有一进深较浅的小龛。③

---

① 图片采自成都文物考古研究所：《成都"新北小区四期"明代太监墓群发掘简报》，《成都考古发现（2006）》，科学出版社，2008年，图版一七-1。
② 资料来源：笔者田野调查采集、陈金凤绘图。
③ 资料来源：笔者田野调查采集、陈金凤绘图。

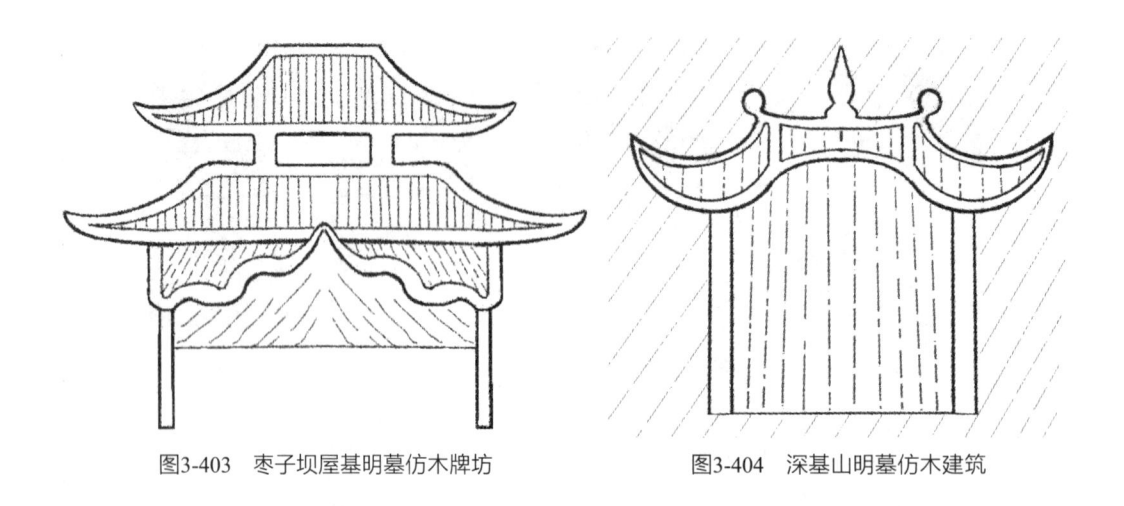

图3-403 枣子坝屋基明墓仿木牌坊　　　　图3-404 深基山明墓仿木建筑

图3-405仿木牌坊石刻年代为明代，墓葬位于泸州市江阳区。原境为画像石室墓，石刻位于墓室后壁中心位。这种单开间、庑殿顶、间中有小龛的牌坊形式，在川南地区的田野材料和馆藏材料中较为多见，且均居于墓室中主位所在，应是模仿地面祭祀供奉空间的"堂"。①

图3-406仿木牌坊石刻年代为明代，墓葬位于泸州市合江县。原境为画像石室墓，石刻位于墓室后壁中心位小龛上。牌坊为四柱三间，三层檐，最上部正脊中心有刹。形制与合江何家湾崖墓的仿木牌坊呈现出高度的相似性。②

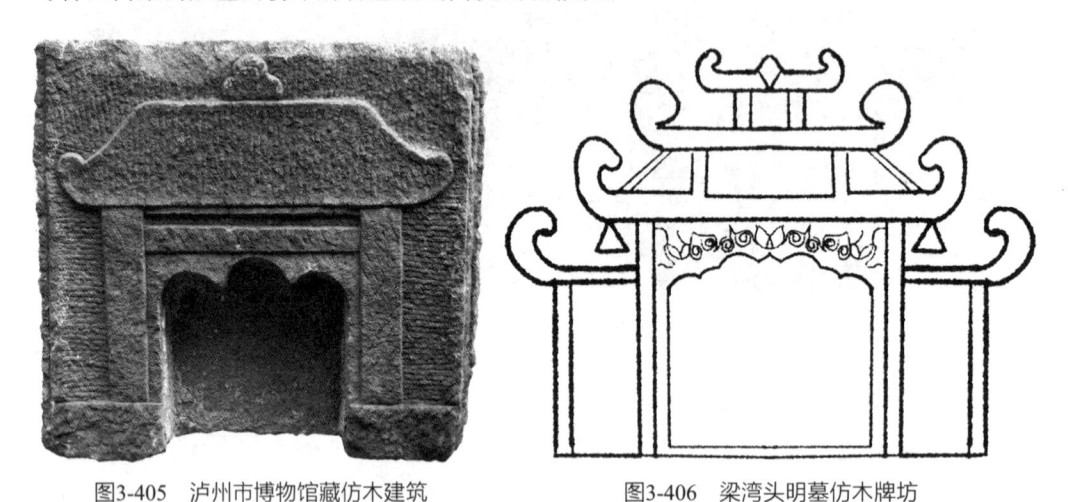

图3-405 泸州市博物馆藏仿木建筑　　　　图3-406 梁湾头明墓仿木牌坊

---

① 资料来源：泸州市博物馆藏，照片为泸州市博物馆提供并授权在本书中使用。
② 资料来源：笔者田野调查采集，陈金凤绘图。

图3-407仿木牌坊石刻年代为明代，墓葬位于泸州市合江县。①原境为汉系画像崖墓，牌坊石刻位于崖壁正中处，牌坊明间为二墓室之墓门。牌坊分两层，第一层为单间，第二层为四柱三间，二层明间的两柱上有盘龙。整体形制极类宜宾隆兴明代石室墓群出土的明代陶罐上堆塑牌坊。②

图3-407　何家湾崖墓仿木牌坊

图3-408仿木建筑石刻年代为明代，墓葬位于重庆市大足区。③原境为画像石室墓，石刻位于墓室后壁中心位。牌坊四柱三间，三层檐庑殿顶，明间内雕刻双扇门作半开状。盛行于四川地区宋墓画像石刻中的半开门题材在明墓画像石刻中较为罕见，在笔者搜集的田野材料和馆藏材料中，仅见此孤例。有着拓展空间之意的半开门图像在明墓画像石刻中的衰落，其原因和仿木构件与仿木建筑的衰落是一样的，即明代社会全面世俗化的大背景下，四川民间所推崇的以充满象征意义的石刻构建"永为供养"死后空间的方式让位于更能体现"彰显"的方式。详见后文明墓画像石刻综合研究中的相关论述。

图3-408　御墅林枫明墓群M1仿木建筑+半开门

---

① 资料来源：笔者田野调查采集，图片为聂耕宇拍摄。
② 宜宾博物馆：《酒都瑰宝——宜宾市不可移动文物精粹》，文物出版社，2015年，第56页。
③ 原图来源：大足石刻研究院：《大足古墓葬》，中国戏剧出版社，2012年，第48页。陈金凤据原报告照片绘制线图。

三、门扇

四川地区宋墓画像石刻中主流图像之一的门扇题材在明墓画像石刻中依然常见。双扇门一般配置于墓门处，分开的两件单扇门主要见于后壁两侧非中心位。形制较之宋代略有区别，宋代主要为障水板、腰华板、格眼三部分，明墓画像石刻门扇配置较为完整的形式则是在格眼之上的位置还有一个类似腰华板的装饰带。就形式而言，宋墓画像石刻门扇多见格眼处配置大折枝花卉、腰华板配置卷草、障水板配置瑞兽；明墓画像石刻门扇格眼处则多见各种连续性的装饰纹样，障水板处少见配置瑞兽，多为空白，如有装饰则以如意纹等吉祥装饰纹样为主。总体而言，形式较宋代更为简化。列举标本如下。

图3-409三件门扇石刻年代为明代天顺至成化年间（1457—1487）。墓葬位于安顺市西秀区。[①]原境为画像石室墓，石刻分别位于后室隔墙东西壁。三件门扇石刻的装饰图案均在格眼处，以装饰美化作用的几何纹为主。

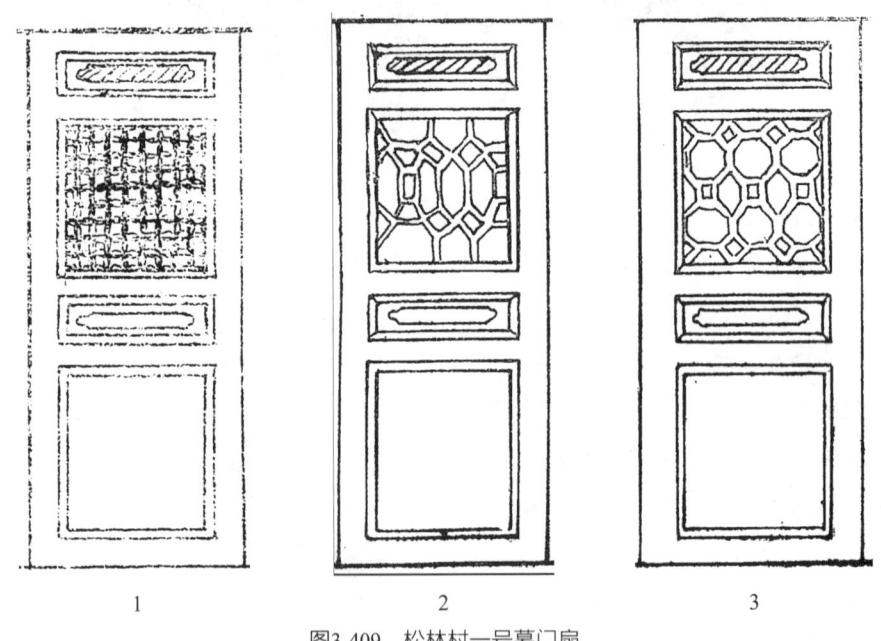

图3-409 松林村一号墓门扇

图3-410门扇石刻年代为明弘治四年（1491），墓葬位于宜宾市翠屏区。[②]原境为画像石室墓，图3-410-1为前室东侧墓门，图3-410-2为前室西侧墓门。障水板为空白，腰华板和格眼上方装饰条带均雕刻卷草，格眼满铺球纹。

[①] 图片采自王燕子、赵小帆、宋先世：《安顺旧州松林村一号墓清理简报》，《贵州文物》，1992年创刊号，图七、图八。
[②] 图片采自四川省文物考古研究院、宜宾市博物院：《四川宜宾市明代周洪谟墓发掘简报》，《四川文物》，2015年第1期，图一二。

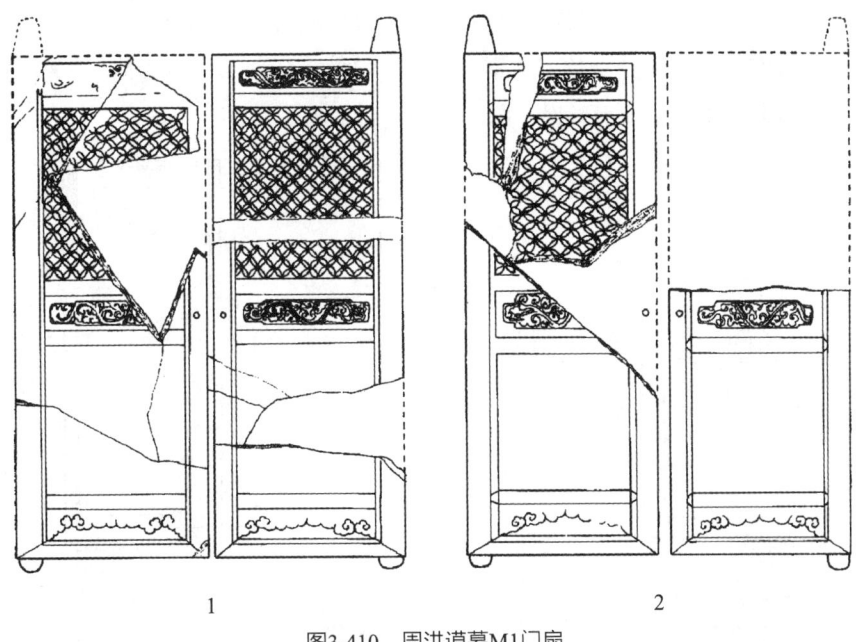

图3-410　周洪谟墓M1门扇

图3-411门扇石刻年代为明代中晚期，墓葬位于遵义市汇川区。原境为画像石室墓，石刻位于墓室入口处。格眼处为球纹，障水板处为如意头纹，腰华板空白无装饰。①

图3-411　杨辉墓（风水冢M10）门扇

① 图片采自周必素：《贵州遵义市团溪明代播州土司杨辉墓》，《考古》，2015年第11期，图一二。

图3-412二件门扇石刻年代为明崇祯十二年（1639），[①]墓葬位于成都市龙泉驿区。原境为画像石室墓，石刻分别位于北室和南室入口处。门扇形式较为简单，仅在腰华板处有装饰，门扇其他部分皆为素面，图3-412-1上雕刻有二门环。

图3-412　红光村明墓M1门扇

图3-413二件门扇石刻年代为明代中期，墓葬位于广元市元坝区。[②]原境为画像石室墓，石刻分别位于墓室的中室入口处。格眼和障水板空白，腰华板有小面积装饰纹样。

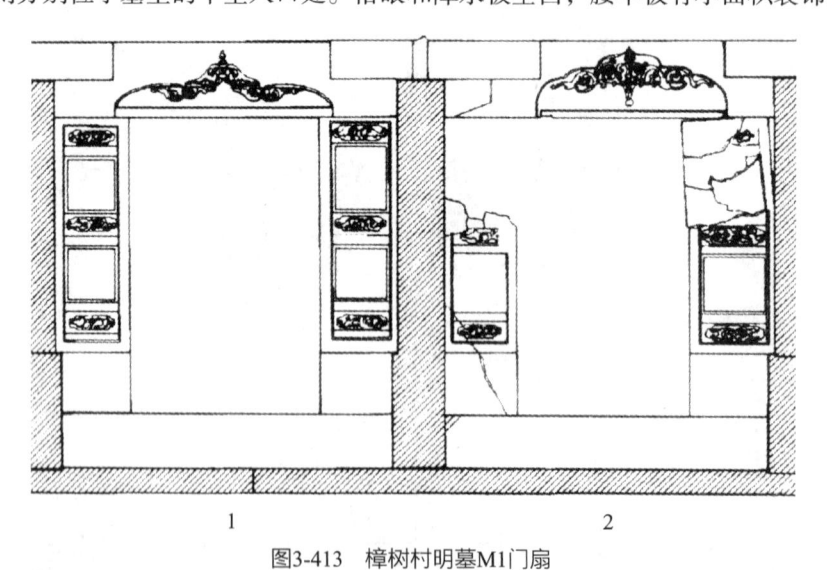

图3-413　樟树村明墓M1门扇

[①] 图片采自成都市文物考古工作队、龙泉驿区文物保护管理所：《成都市龙泉驿区洪安镇红光村明墓群发掘简报》，《成都考古发现（2017）》，科学出版社，2019年，第505页，图三。
[②] 图片采自四川省文物考古研究院、广元市博物馆、元坝区文物管理所：《广元市元坝区樟树村明墓发掘简报》，《四川文物》，2014年第1期，图五。

图3-414门扇石刻年代不早于明万历八年（1580），墓葬位于铜仁市沿河县。原境为画像石室墓，石刻在原境中的位置不明。石刻漫漶较为严重，格眼处圆形中雕刻似为花卉，腰华板处似为银锭和钱纹，障水板壶门内似为花叶。①

四、供案

供案是四川地区明墓画像石刻中常见题材之一，一般不独立出现，多与其他图像元素，如屏风、圆光、璧、牌位、牌坊等成组合出现。出现时，供案皆在下方，常配置于龛基、壁基处，供案上方托举上述图像。供案的形式有复杂者和简单者，复杂者或在束腰处雕刻各种花卉、瑞兽、如意等，或在供案上表现桌布，桌布上花纹繁缛；简单者多以简洁的线条表现供案形态，有少量卷草、缠枝花卉雕刻或仅以卷云角牙作为装饰。列举标本如下。

图3-415供案石刻年代为明代早期，墓葬位于遵义市播州区。原境为画像石室墓，供案石刻位于M3中室后壁。该供案形式较为简单，除表现出供案形态外，未如后期的供案一般附着各种装饰纹样，仅在供案上雕刻出球纹桌布。供案上方为一龛。②

图3-414　温塘明墓M4门扇

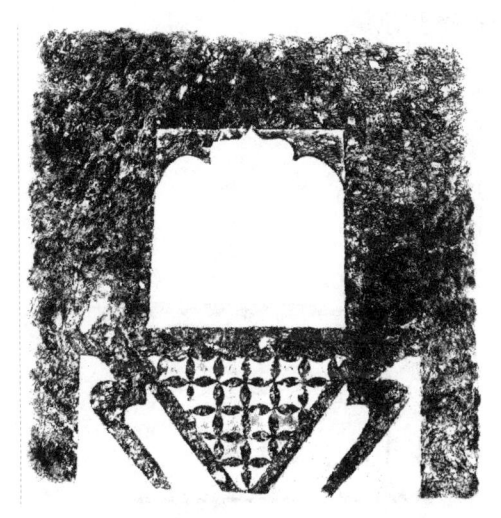

图3-415　播州罗氏土司家族墓群穆M3供案

---

① 图片采自贵州省文物考古研究所：《2003—2013贵州基建考古重要发现》，科学出版社，2015年，第245页。
② 图片采自贵州省文物考古研究所、西南交通大学人文学院、遵义市播州区文物管理所：《贵州遵义市播州区播州罗氏土司家族墓调查简报》，《四川文物》，2019年第2期，图三二。

图3-416二件供案石刻年代为明弘治四年（1491），①墓葬位于宜宾市翠屏区。原墓为画像石室墓，图3-416-1位于前室东壁，图3-416-2位于前室西壁。二者形制基本相同，曲脚，有卷云角牙，束腰处雕刻皆雕刻两个几何纹，供案上托举圆光，圆光四角皆有祥云纹。

图3-416 周洪谟墓M1供案

图3-417供案石刻年代为明弘治五年（1492），墓葬位于成都市温江区。原墓为画像石室墓，石刻位于北室后壁中心位。供案形式简单，有铜钱纹、云纹和水波纹。供案上托为龛，龛中有一圆孔放置铜镜。②

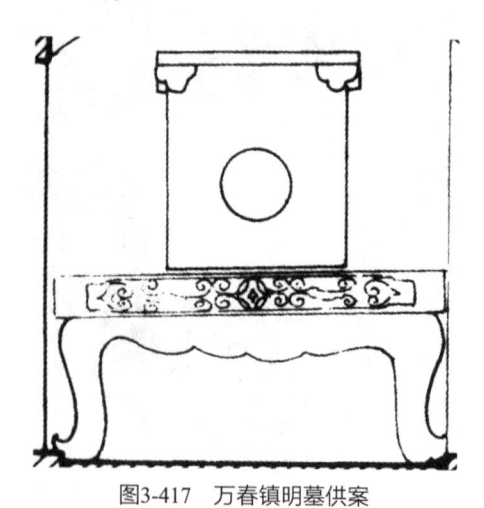

图3-417 万春镇明墓供案

---

① 图片采自四川省文物考古研究院、宜宾市博物院：《四川宜宾市明代周洪谟墓发掘简报》，《四川文物》，2015年第1期，图一三、图一四。
② 图片采自成都文物考古研究所、温江区文物保护管理所：《成都市温江区万春镇明墓发掘简报》，《成都考古发现（2005）》，科学出版社，2007年，第431页，图二。

图3-418供案石刻年代为1509—1518年,[①]墓葬位于成都市高新区。原境为画像石室墓,石刻位于M8北室后壁中心位。桌沿雕刻有铜钱纹,束腰处分为三格,自左向右分别雕刻有瑞鹿、仙鹤、奔马。

图3-418　双柏村明墓M8供案

图3-419供案石刻年代为明代中晚期,墓葬位于遵义市播州区。原境为画像石室墓,石刻位于M4左室后壁中心位。供案桌沿分别雕刻仰莲莲瓣和覆莲莲瓣,有卷云角牙,供案上托举一璧,璧上满铺卷云纹,璧中心为一牡丹。[②]

图3-419　播州罗氏土司家族墓群扬M4供案

[①] 图片采自成都文物考古研究所:《成都市高新西区双柏村宋、明墓发掘简报》,《成都考古发现(2013)》,科学出版社,2015年,第620页,图一六。
[②] 图片采自贵州省文物考古研究所、西南交通大学人文学院、遵义市播州区文物管理所:《贵州遵义市播州区播州罗氏土司家族墓调查简报》,《四川文物》,2019年第2期,图二一。

五、花木果实

花木果实是四川地区明墓画像石刻中常见题材之一,主要包括折枝式、瓶插式、缠枝式、盆景式几种。花木果实的品种为牡丹、绣球花、莲花、蜀葵、桃实、灵芝等,其中以牡丹、桃实、灵芝最为多见,应与其象征富贵、长寿之意相关。就品种而言,与宋墓画像石刻主流花卉品种有较大区别。宋墓画像石刻牡丹、莲花、菊花盛行,究其原因,牡丹应是与其象征富贵相关;莲花和菊花成为主流品种,是源自文人士大夫引领审美风尚下,莲花所寄托的君子品格、菊花所承载的隐士风骨。而在明代社会全面世俗化背景下,世俗所推崇的"图必有意,意必吉祥"则推动了大量与福、禄、寿相连的吉祥意味浓厚的花木果实成为主流。列举标本如下。

(一)折枝式

明墓画像石刻所见折枝式花木果实,体量较之宋代都显得更小,宋墓画像石刻中多出现在壁龛和格眼处的大折枝在明代比较罕见,明代多为小折枝。但从艺术风格而言,明墓折枝花木果实石刻的构图留白明显少于宋代,呈现出将底板铺满的特征,线条密集、曲折、复杂,极类明代其他载体如玉器、瓷器、金银器上的纹饰表现风格。

图3-420折枝花卉石刻年代为1410—1432年,墓葬位于遵义市汇川区。原境为画像石室墓,石刻位于墓室侧壁。表现的应为折枝牡丹。[①]

图3-420 杨升墓折枝花卉

---

① 图片采自周必素、彭万、韦松恒:《牧司一方·播州杨氏土司墓葬管窥》,科学出版社,2020年,第147页,图4-46-3。

第三章 四川地区宋元明墓葬画像石刻资料整理

图3-421花卉石刻年代为明天顺八年（1464），①墓葬位于绵阳市平武县。原境为画像石室墓，此件折枝花卉石刻位于王祥墓（M10）棺室后壁龛下部。左右两枝皆为折枝绣球花，值得注意的是两花中间的花叶上簇拥一个铜钱纹，这是在四川地区宋墓和元墓画像石刻折枝花卉中未见的，应是明代"图必有意，意必吉祥"的装饰系统风尚下新出现的组合形式，其用意应与展示、追求财富有关。

图3-421 王祥墓小折枝花卉

图3-422二件小折枝花卉石刻年代为1509—1518年，②墓葬位于成都市高新区。原境为画像石室墓，石刻位于南室后壁中心位供案束腰处。体量较小，无法确认花卉品种，装饰意味明显。

图3-422 双柏村明墓M8小折枝花卉

图3-423折枝花卉石刻年代为明代，墓葬位于重庆市万州区。原境为画像石室墓，石刻位于墓室通廊侧壁。表现的应为略作变形的折枝牡丹。③

---

① 图片采自四川省文物考古研究院、绵阳市博物馆、平武县文物保护管理所：《四川平武土司遗珍——明代王玺家族墓出土文物选粹》，文物出版社，2018年，第259页，图六三。
② 图片采自成都文物考古研究所：《成都市高新西区双柏村宋、明墓发掘简报》，《成都考古发现（2013）》，科学出版社，2015年，第622页，图一八。
③ 图片采自冉万里、刘瑞俊：《重庆市万州区上中坝遗址发掘》，《文博》，2000年第4期，图七-1。

251

图3-423　上中坝遗址明墓M5折枝花卉

（二）瓶插式

明墓画像石刻所见瓶插式花木果实，主要可见两种形式。一种多装饰在侧壁，或后壁非中心位，做装饰美化之用；另一种多表现在后壁，或独立居于后壁中心位，或与香炉、烛台一起形成"三供"或"五供"，应不止作装饰之用，表现的是与祭祀相关的瓶花供奉之意。

图3-424瓶花石刻年代为明宣德六年（1431），墓葬位于绵阳市平武县。原境为画像石室墓，此瓶花石刻位于王祥墓（M10）棺室后壁龛下部。与之共出的还有另一件形态相同的瓶花和一只香炉、二支烛台，成为一组构成了"五供"。瓶花上出现铜钱，是宋墓和元墓画像石刻瓶花中未见的，应是迎合明代图像装饰对吉祥意味的追求，以象征财富。①

图3-424　王祥墓瓶插花卉

---

① 图片采自四川省文物考古研究院、绵阳市博物馆、平武县文物保护管理所：《四川平武土司遗珍——明代王玺家族墓出土文物选粹》，文物出版社，2018年，第235页。

图3-425三件瓶花石刻年代为明天顺八年（1464），[①]墓葬位于绵阳市平武县。原境为画像石室墓，石刻位于王玺墓（M3）棺室两壁。图3-425-1为柏枝、图3-425-2为莲花、图3-425-3为蜀葵。

1　　　　　　　　　2　　　　　　　　　3
图3-425　王玺墓瓶插花卉

图3-426四件瓶插花果石刻年代为明弘治四年（1491），[②]墓葬位于宜宾市翠屏区。原境为画像石室墓，瓶插花果石刻位于东室和西室后龛非中心位。图3-426-1为莲花、图3-426-2无法辨识品种、图3-426-3和图3-426-4均为桃实。

图3-427瓶插花果石刻年代为明代中期，墓葬位于广元市元坝区。原境为画像石室墓，此件瓶插花果石刻位于东室中室东壁中心位。表现的为牡丹和桃实。[③]

图3-428瓶插花卉石刻年代为明代，[④]墓葬位于重庆市大足区。原境为画像石室墓，两件体量稍大瓶花石刻分别位于墓室后壁非中心位，分列于中心壶门两侧；体量最小的瓶花石刻位于墓室后壁中心位，设置于供案之上，应是表达瓶花供奉之意。

---

① 图片采自四川省文物考古研究院、绵阳市博物馆、平武县文物保护管理所：《四川平武土司遗珍——明代王玺家族墓出土文物选粹》，文物出版社，2018年，第255页，图三九，图四〇，图四三。
② 图片采自四川省文物考古研究院、宜宾市博物院：《四川宜宾市明代周洪谟墓发掘简报》，《四川文物》，2015年第1期，图二三，图二五。
③ 图片采自四川省文物考古研究院、广元市博物馆、元坝区文物管理所：《广元市元坝区樟树村明墓发掘简报》，《四川文物》，2014年第1期，图二三。
④ 原图来源：大足石刻研究院：《大足古墓葬》，中国戏剧出版社，2012年，第49页。陈金凤据原报告照片绘制线图。

253

| 1 | 2 | 3 | 4 |

图3-426 周洪谟墓M1墓瓶插花果

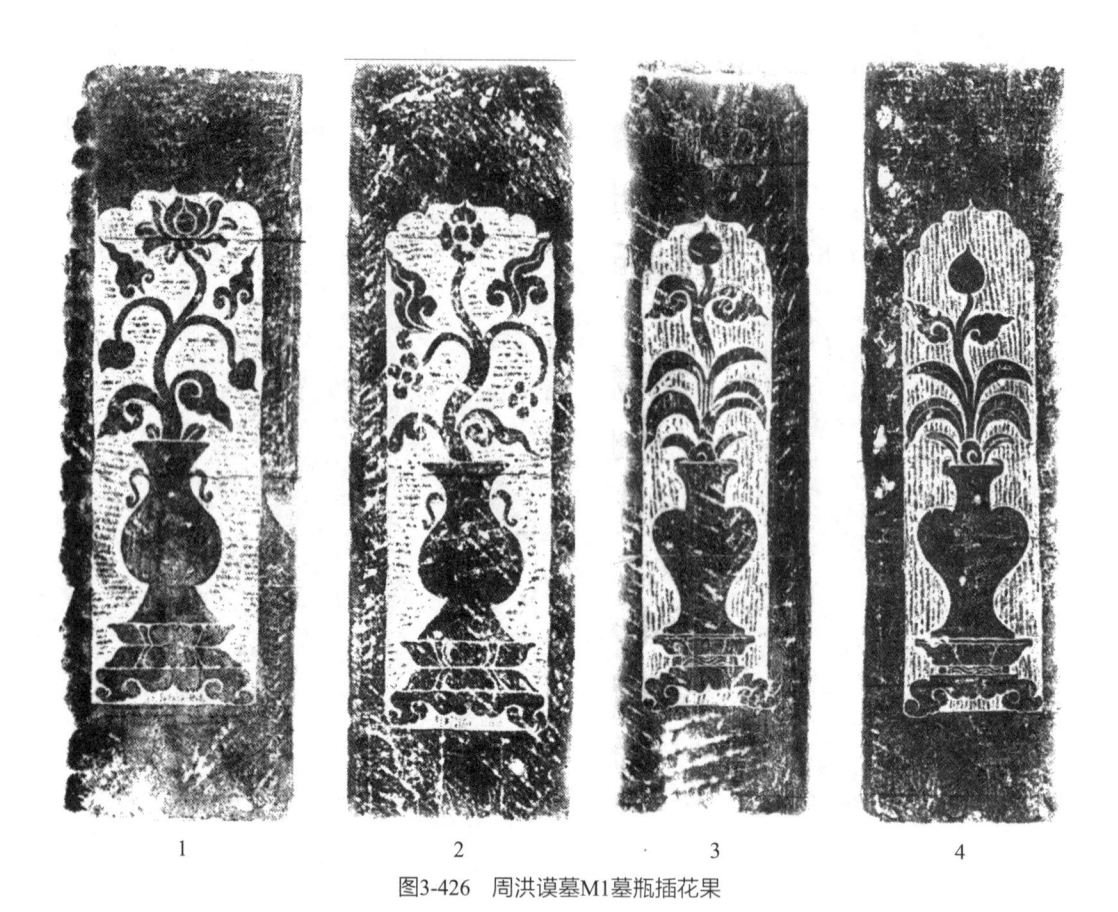

图3-427 樟树村明墓M1瓶插花果

图3-428 御墅林枫明墓群M1瓶花

（三）缠枝式

缠枝式花卉果实多用于装饰，表现在边框、台基、壁基等处，也可见于石刻表现的一些器物之空白处，起到填补空白、美化之用。

图3-429缠枝花卉石刻年代为明弘治四年（1491）[①]，墓葬位于宜宾市翠屏区。原境为画像石室墓，石刻位于东室东壁上部。品种可见樱桃、桃实、石榴、菊花、桃花等。

图3-429　周洪谟墓M1缠枝花果

图3-430缠枝花卉石刻年代为1509—1518年，墓葬位于成都市高新区。原境为画像石室墓，石刻位于南室后壁中心位，雕刻在中心位所表现的壁之"肉"上。[②]

图3-430　双柏村明墓M8缠枝花卉

[①] 图片采自四川省文物考古研究院、宜宾市博物院：《四川宜宾市明代周洪谟墓发掘简报》，《四川文物》，2015年第1期，图一六。

[②] 图片采自成都文物考古研究所：《成都市高新西区双柏村宋、明墓发掘简报》，《成都考古发现（2013）》，科学出版社，2015年，第621页，图一七。

（四）盆景式

盆景式花木果实少见于四川地区宋墓画像石刻中，元墓画像石刻偶有发现，数量依然很少，但在明墓画像石刻中却成为花木果实题材的主流表现形式之一。明墓画像石刻盆景式花木果实主要可分两种，一种为花木果实生长于山石之上，类似于宋墓画像石刻花木果实中的图景式。区别在于，图景式体量较大，且伴出瑞兽神禽等，形成如宋代花鸟画一般的画面；而明代的则体量较小，未见丰富的伴出图像元素，基本都为花木果实与山石伴出，盆景之意味更重。另一种则是花木果实与花盆共出，是典型的盆栽形式。

图3-431盆景花木石刻来自播州土司杨纲墓。杨纲卒年为明正统十四年（1449），墓葬具体修建时间不确定，但应距此不远。墓葬位于遵义市汇川区。原境为画像石室墓，此件盆景式花木石刻位于墓室后龛屏风上，表现的为山石和仙草灵芝。①

图3-432盆景式花果石刻年代为明代中期，墓葬位于广元市元坝区。原境为画像石室墓，此件花果石刻位于东室前室西壁中心位。表现的为石榴，应与其多子多福的寓意相关。②

图3-431 杨纲墓盆景花木　　　　图3-432 樟树村明墓M1盆景式花果

图3-433盆景式花卉石刻年代为1410—1432年，③墓葬位于遵义市汇川区。原境为画像石室墓，盆景式花卉石刻位于墓室后龛。

---

① 图片采自周必素、彭万、韦松恒：《牧司一方·播州杨氏土司墓葬管窥》，科学出版社，2020年，第152页，图4-50-1。
② 四川省文物考古研究院、广元市博物馆、元坝区文物管理所：《广元市元坝区樟树村明墓发掘简报》，《四川文物》，2014年第1期，图二〇。
③ 图片采自周必素、彭万、韦松恒：《牧司一方·播州杨氏土司墓葬管窥》，科学出版社，2020年，第146页，图4-46-1。

第三章　四川地区宋元明墓葬画像石刻资料整理

图3-433　杨升墓盆景式花卉

图3-434盆景式花卉石刻来自播州土司杨纲墓。杨纲卒年明正统十四年（1449），墓葬具体修建时间不确定，应距此不远。[①]墓葬位于遵义市汇川区。原境为画像石室墓，图3-434-1、图3-434-2均为盆景牡丹，分别位于墓室两侧壁龛。

1　　　　　　　　　　2

图3-434　杨纲墓盆景式花卉

[①] 图片采自周必素、彭万、韦松恒：《牧司一方·播州杨氏土司墓葬管窥》，科学出版社，2020年，第152页，图4-50-3，图4-50-4。

图3-435盆景式花木石刻来自播州土司杨爱墓，杨爱卒于1499年，墓葬具体修建时间不确定，但应距此不远，墓葬位于遵义市汇川区。[①]原境为画像石室墓，石刻位于墓室左壁。表现的花木品种呈现出较强的吉祥意味，为牡丹、绣球花和灵芝草。

图3-435　杨爱墓盆景式花木

图3-436盆景式花卉石刻年代为明代中晚期，墓葬位于遵义市汇川区。[②]原境为画像石室墓，图3-436-1位于墓室左壁、图3-436-2位于墓室后壁、图3-436-3位于墓室右壁，表现的均为变形的牡丹。

图3-436　杨辉墓（风水冢M10）盆景式花卉

[①] 图片采自周必素、彭万、韦松恒：《牧司一方·播州杨氏土司墓葬管窥》，科学出版社，2020年，第155页，图4-53-1。

[②] 图片采自周必素、彭万、韦松恒：《牧司一方·播州杨氏土司墓葬管窥》，科学出版社，2020年，第190页，图4-96。

六、祥禽瑞兽

祥禽瑞兽是四川地区明墓画像石刻常见题材之一，不仅流行于汉系画像石室墓中，也流行于非汉系画像崖墓中。龙、鱼是二者之间共通且最为常见的题材。汉系画像石室墓中常见祥禽瑞兽品种为麒麟、龙、凤、瑞鹿、奔马、仙鹤等，与明代其他载体如玉器、瓷器、金银器等的祥禽瑞兽品种一致，且呈现出艺术风格上的高度相似性。不仅祥禽瑞兽形态一致，构图上都以大量的水波纹、祥云纹铺满底板，二龙戏珠、双凤朝阳、鱼龙变化等经典题材的表现形式也基本相同，呈现出明代装饰体系中常见的"生死趋同"之特点。非汉系画像崖墓中祥禽少见，多为瑞兽，品种主要为龙和鱼。列举标本如下。

图3-437二件瑞兽画像石刻年代为明宣德六年（1431），墓葬位于绵阳市平武县。①原境为画像石室墓，图3-437-1和图3-437-2分别位于王祥墓（M10）前室两壁。图3-437-1中表现的为一对狮子，图3-437-2中表现的从左至右分别为麒麟、狮子和麒麟。两件石刻底板均铺满水波纹。

图3-437　王祥墓瑞兽

图3-438双龙戏珠石刻年代为明宣德六年（1431），墓葬位于绵阳市平武县。原境

---

① 图片采自四川省文物考古研究院、绵阳市博物馆、平武县文物保护管理所：《四川平武土司遗珍——明代王玺家族墓出土文物选粹》，文物出版社，2018年，第233页，第262页，图七八。

为画像石室墓，双龙戏珠石刻位于王祥墓（M10）前室侧壁。双龙作纵向飞升相向状，宝珠位于二龙首之间，底板满铺祥云纹。①

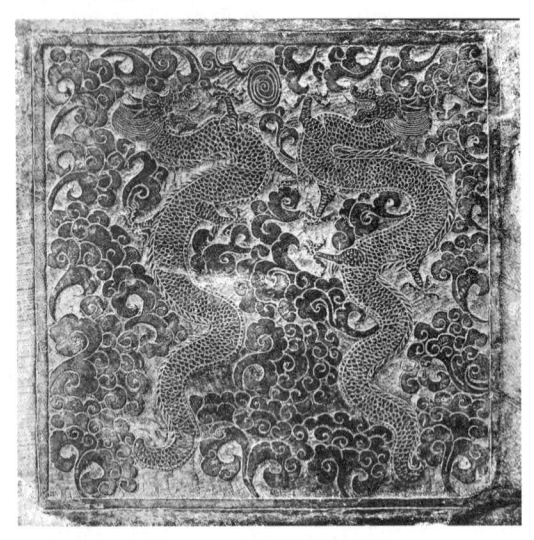

图3-438　王祥墓二龙戏珠

图3-439二件鱼化龙石刻年代为明代中期略早，墓葬位于遵义市播州区。②原境为画像石室墓，图3-439-1位于M1左室后壁中心位，图3-439-2位于M1右室后壁中心位。均在构图的下部表现水波之中鱼跃而起，上部表现祥云之中龙腾跃飞舞。

图3-439　播州罗氏土司家族墓群穆M1鱼化龙

---

① 图片采自四川省文物考古研究院、绵阳市博物馆、平武县文物保护管理所：《四川平武土司遗珍——明代王玺家族墓出土文物选粹》，文物出版社，2018年，第226页。
② 图片采自贵州省文物考古研究所、西南交通大学人文学院、遵义市播州区文物管理所：《贵州遵义市播州区播州罗氏土司家族墓调查简报》，《四川文物》，2019年第2期，图二五，图二六。

图3-440双凤朝阳石刻年代为1509—1518年，墓葬位于成都市高新区。原境为画像石室墓，石刻位于北室后壁中心位。双凤雕刻于璧上，呈首位相连环绕状，底板装饰有云纹。①

图3-440　双柏村M8双凤朝阳

图3-441瑞兽石刻年代为1509—1518年，②墓葬位于成都市高新区。原境为画像石室墓，石刻位于北室后壁中心位供案束腰上，从左至右分别为瑞鹿衔草、仙鹤和奔马。

图3-441　双柏村明墓M8神禽瑞兽

图3-442瑞兽石刻年代为1509—1518年，墓葬位于成都市高新区。原境为画像石室墓，此件石刻位于北室后壁非中心位。雕刻有祥云、二马，一马作伏地休憩状，一马作奔驰中回顾状。③

---

① 图片采自成都文物考古研究所：《成都市高新西区双柏村宋、明墓发掘简报》，《成都考古发现（2013）》，科学出版社，2015年，第617页，图一三。
② 图片采自成都文物考古研究所：《成都市高新西区双柏村宋、明墓发掘简报》，《成都考古发现（2013）》，科学出版社，2015年，第617页，图一三。
③ 图片采自成都文物考古研究所：《成都市高新西区双柏村宋、明墓发掘简报》，《成都考古发现（2013）》，科学出版社，2015年，第630页，图二六。

图3-442　双柏村M10瑞兽

图3-443二件瑞兽石刻年代为明代中晚期，墓葬位于遵义市播州区。[①]原境为画像石室墓，图3-443-1位于M3左室后壁中心位，图3-443-2位于M3右室后壁中心位。图3-443-1中龙作盘旋戏珠状，外圈环绕水波纹，四角装饰卷云纹；图3-443-2中麒麟作奔跑状，外圈环绕缠枝牡丹，四角装饰卷云。

1　　　　　　　　　　　　　　2

图3-443　播州罗氏土司家族墓群扬M3瑞兽

[①] 图片采自贵州省文物考古研究所、西南交通大学人文学院、遵义市播州区文物管理所：《贵州遵义市播州区播州罗氏土司家族墓调查简报》，《四川文物》，2019年第2期，图一六，图一八。

图3-444二件瑞兽石刻年代不早于明万历八年（1580），①墓葬位于铜仁市沿河县。原境为画像石室墓，石刻在原境中的位置不明。图3-444-1为奔马戏花，图3-444-2为瑞鹿衔花。

图3-444　温塘明墓M6瑞兽

图3-445二件双龙戏珠石刻年代为明代晚期，墓葬位于毕节市黔西县（今黔西市）。②原境为画像石室墓，石刻皆位于墓门门额上。二龙相向作戏珠状，但形态较为简单，不似绵阳平武王祥墓和罗氏土司家族墓中所见二龙戏珠中的龙形态完整，而更类似于长角之蛇。其原因或在于黔西不具备深厚墓葬画像石刻传统而导致的技术差距。且黔西属于非汉系族群聚居区，故在吸收汉系典型图像因素时导致其发生了变异。

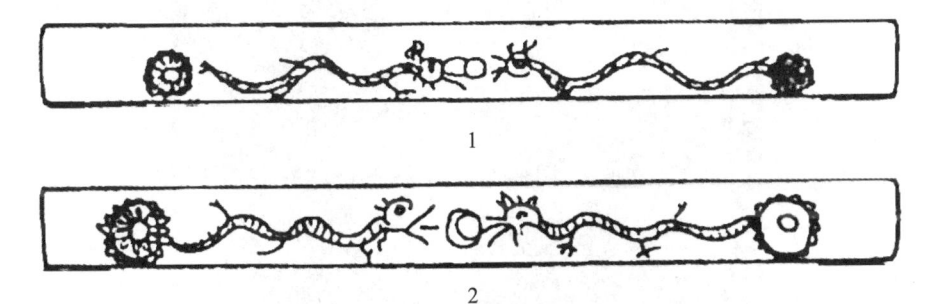

图3-445　空坟明墓双龙戏珠

---

① 图片采自贵州省文物考古研究所：《2003—2013贵州基建考古重要发现》，科学出版社，2015年，第245页。
② 图片采自贵州省文物考古研究所：《贵州田野考古报告集（1993—2003）》，科学出版社，2014年，第363页，图三；第365页，图六。

图3-446二龙戏珠石刻年代为明代，墓葬位于泸州市泸县。①原境为画像石室墓，石刻位于墓室后龛外围，呈现出与绵阳平武王祥墓双龙戏珠高度的相似性，是明代装饰图像系统中二龙戏珠之典型样式。

图3-446　四川泸县宋代石刻博物馆藏二龙戏珠

图3-447二龙戏珠石刻年代为明代，墓葬位于宜宾市高县。②原境为非汉系画像崖墓，石刻位于墓门上方。双龙在水波和祥云中相向追逐宝珠，图式与汉系二龙戏珠相仿，龙头上略有差别，此二龙头部更似鱼头。二龙上方刻画有一飞凤。

图3-447　五星岩非汉系崖墓二龙戏珠

---

① 资料来源：四川泸县宋代石刻博物馆藏，照片为四川泸县宋代石刻博物馆提供并授权在本书中使用。
② 图片采自四川大学历史系考古专业78级实习队：《四川叙南崖葬调查记略》，《考古与文物》，1985年第1期，图三-4。

图3-448单龙石刻年代为明代，墓葬位于宜宾市高县。①原境为非汉系画像崖墓，单龙石刻位于墓门上方。柏香湾崖墓中所见龙与汉系龙区别较大，更似鳄形。

图3-448　柏香湾非汉系崖墓M3单龙

图3-449和图3-450二件龙鱼石刻年代均为明代，墓葬均位于宜宾市高县。原境均为非汉系画像崖墓，龙鱼石刻均位于墓门上方。图3-449为单龙食鱼②；图3-450为双龙和鱼，二龙背向而行，尾部相交，尾部上方刻画一鱼。③虽然四川地区汉系明墓画像石刻中也有龙鱼题材，但表现的多是鱼龙变化的吉祥之意，非汉系崖墓画像石刻中的龙鱼承载的应非此意，或与此地区非汉系族群之信仰、风俗相关。

图3-449　柏香湾非汉系崖墓M4龙鱼

图3-450　棺材石非汉系崖墓M4龙鱼

---

① 资料来源：笔者田野调查采集，陈金凤绘图。
② 资料来源：笔者田野调查采集，陈金凤绘图。
③ 资料来源：笔者田野调查采集，陈金凤绘图。

图3-451神禽瑞兽石刻年代为明代,墓葬位于宜宾市高县。[①]原境为非汉系画像崖墓,石刻位于墓门旁崖壁上。可见龙、仙鹤、龟、鹿等,四川地区明代非汉系崖墓中配置如此丰富的神禽瑞兽题材者极为罕见。且从神禽瑞兽的品种和表现形态来看,与汉系明墓画像石刻中神禽瑞兽更为相似,而有别于其他非汉系画像崖墓。但就墓葬的形制来看,又与该地区宋代非汉系画像崖墓一脉相承,应属于非汉系画像崖墓在墓葬装饰上受汉系影响较为深刻的一个案例。

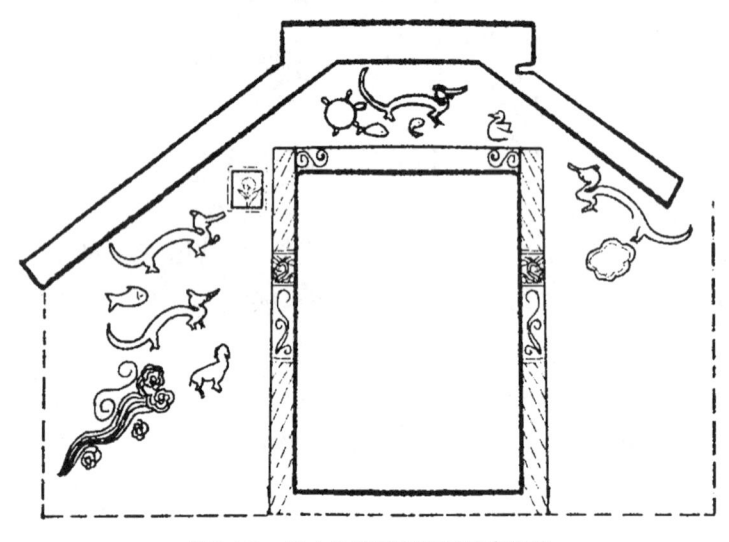

图3-451 亮火坳非汉系崖墓神禽瑞兽

七、备侍

备侍为四川地区明墓画像石刻中数量较占优势的题材。其承袭了宋墓和元墓画像石刻中侍者的诸多要素,又进行了一定的创新。四川地区宋墓和元墓画像备侍石刻中的侍者,其形象刻画和其时现实生活中的侍者一致,手中所持之物也为日常生活中的用器。侍者石刻表示的是墓主在死后世界也能如生时一般有侍者长随侍奉。但明墓画像石刻中的侍者,从笔者搜集的田野考古材料和馆藏材料来看,功能或更加多样化。从形象塑造来看,明墓画像石刻中的侍者,一共可见三种:第一种,捧生活用器侍者,无论男女,皆身着与明代现世侍者无异的服饰,手中所捧之物多为壶、盏、杯、碗、扇、灯笼等日常生活用器,其功能应如宋墓和元墓画像石刻中的侍者一般,以石刻侍者的形式延续墓主所受的侍奉。第二种,捧宝侍者,有的服饰与捧生活用器侍者区别不大,有的则呈现出明显的不同,如绵阳平武王玺夫人蔡氏墓中的捧宝侍女,肩披云肩,着广袖长袍,飘带飞舞,更似明代宗教壁画、水陆画中的仙女形象。捧宝侍者手中所捧之物多为仙桃、

---

① 资料来源:笔者田野调查采集,陈金凤绘图。

明珠、珊瑚、如意、灵芝等。此种侍者之功能应与表征吉祥相关。第三种侍者形象较为怪异，在笔者搜集的材料中，仅见双柏村明墓M8一孤例，从服饰和人物面相特征而言，其和四川宋元明墓画像石刻中的人物形象都区别较大。因其出现在墓室后壁主位两侧，应有随侍功能，故将其归入侍者范畴，但人物的确切属性难以断定。列举标本如下。

（一）捧生活用器侍者

图3-452捧生活用器侍女石刻年代为明宣德六年（1431），墓葬位于绵阳市平武县。①原境为画像石室墓，石刻位于王祥墓（M10）棺室东壁北龛。石刻中的侍女皆着交领上襦，下着马面裙，左一捧镜、左二捧奁、左三捧盒。

图3-452　王祥墓捧生活用器侍女

图3-453二件侍女石刻年代均为明宣德六年（1431），②墓葬位于绵阳市平武县。原境为画像石室墓，石刻位于王祥墓（M10）棺室北壁龛两侧。二者服饰相似，均着交领上襦，束腰带，下着裙。左侧侍女手持一执壶，右侧侍女手中捧一盘，盘中有一盏。

图3-454二件侍者石刻年代为明宣德六年（1431），墓葬位于绵阳市平武县。③原境为画像石室墓，石刻分别位于明氏墓（M9）两侧壁。图3-454-1中左一男侍着交领长衫、束腰带、戴瓜皮帽；左二侍童梳双髻、着圆领长袍、束腰带，手捧套盒。图3-454-2中左一男侍着交领长衫、束腰带、戴瓜皮帽，手捧圆盒，左二男侍着圆领长袍、束腰带、绑头巾，拢手于身前。

---

① 图片采自四川省文物考古研究院、绵阳市博物馆、平武县文物保护管理所：《四川平武土司遗珍——明代王玺家族墓出土文物选粹》，文物出版社，2018年，第260页，图六八。
② 图片采自四川省文物考古研究院、绵阳市博物馆、平武县文物保护管理所：《四川平武土司遗珍——明代王玺家族墓出土文物选粹》，文物出版社，2018年，第259页，图六〇、图六一。
③ 图片采自四川省文物考古研究院、绵阳市博物馆、平武县文物保护管理所：《四川平武土司遗珍——明代王玺家族墓出土文物选粹》，文物出版社，2018年，第225页，第223页。

1　　　　　　　　　　　　　　2

图3-453　王祥墓执壶捧盏侍女石刻

1　　　　　　　　　　　　　　2

图3-454　明氏墓捧物男侍

图3-455四件捧生活用器侍者石刻年代为明天顺八年（1464），①墓葬位于绵阳市平武县。原境为画像石室墓，石刻位于王玺墓（M3）棺室后壁非中心位和两侧壁。图3-455-1手中执扇，图3-455-2执灯笼，图3-455-3手中托盘、盘中有三只盏，图3-455-4手中捧烛台。

---

① 图片采自四川省文物考古研究院、绵阳市博物馆、平武县文物保护管理所：《四川平武土司遗珍——明代王玺家族墓出土文物选粹》，文物出版社，2018年，第251页，图一九；第208页；第210页；第211页。

图3-455　王玺墓捧生活用器男侍

图3-456二件侍女石刻年代为明天顺八年（1464），墓葬位于绵阳市平武县。原境为画像石室墓，侍女石刻分别位于蔡氏墓（M5）棺室两侧壁。图3-456-1手中托盘，盘中有数只盏。图3-456-2手中执壶。[①]

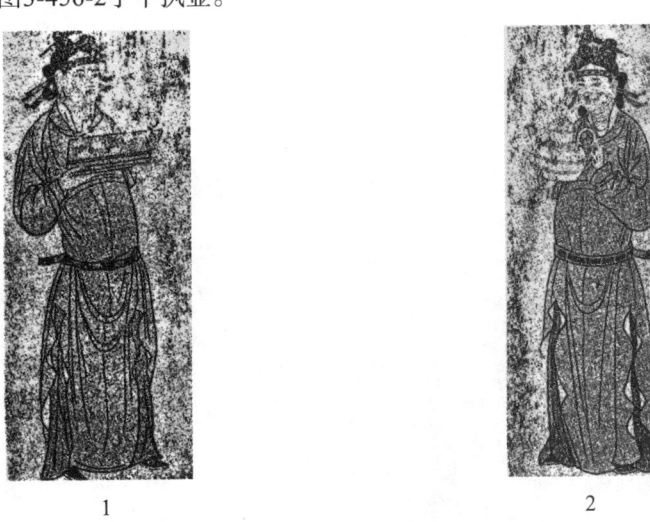

图3-456　蔡氏墓侍女

（二）捧宝侍者

图3-457二件捧宝男侍石刻年代为明天顺八年（1464），[②]墓葬位于绵阳市平武县。原境为画像石室墓，捧宝男侍石刻位于王玺墓（M3）棺室侧壁。图3-457-1男侍托盘，盘中为串珠。图3-457-2男侍托盘，盘中为珊瑚。

---

① 图片采自四川省文物考古研究院、绵阳市博物馆、平武县文物保护管理所：《四川平武土司遗珍——明代王玺家族墓出土文物选粹》，文物出版社，2018年，第257页，图五五，图五六。
② 图片采自四川省文物考古研究院、绵阳市博物馆、平武县文物保护管理所：《四川平武土司遗珍——明代王玺家族墓出土文物选粹》，文物出版社，2018年，第209页，第210页。

1　　　　　　　　　　　　　　　　2

图3-457　王玺墓捧宝男侍

　　图3-458四件捧宝侍女石刻年代为明天顺八年（1464），[①]墓葬位于绵阳市平武县。原境为画像石室墓，图3-458-1和图3-458-2位于蔡氏墓（M5）棺室西壁和东壁南龛，图3-458-3和图3-458-4位于蔡氏墓（M5）棺室东壁和西壁北龛。石刻中侍女头簪花，肩披云肩，着广袖长袍，飘带呈飞舞状，手中所捧皆为宝物。图3-458-1捧串珠、图3-458-2捧宝珠、图3-458-3捧仙桃、图3-458-4捧珊瑚。

1　　　　　　2　　　　　　3　　　　　　4

图3-458　蔡氏墓捧宝侍女

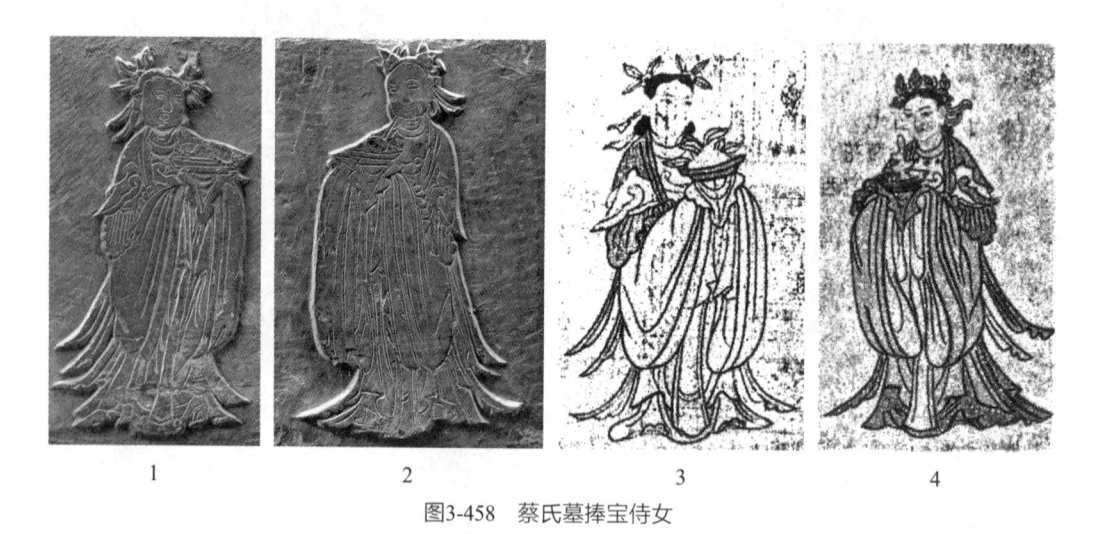

　　图3-459二件侍者石刻年代为明代天顺至成化年间（1457—1487），墓葬位于安顺市西秀区。原境为画像石室墓，石刻位于后室非中心位。图3-459-1侍女着交领长衫束腰带，手中所捧之物似为宝山。图3-459-2男侍着交领长衫束腰，手中所持之物无法分辨，

[①] 图片采自四川省文物考古研究院、绵阳市博物馆、平武县文物保护管理所：《四川平武土司遗珍——明代王玺家族墓出土文物选粹》，文物出版社，2018年，第206页，第207页，第257页，图五一，图五四。

身边跟随一瑞鹿。①

图3-459　松林村一号墓侍者

图3-460二件捧宝侍童石刻年代为明代中期，墓葬位于广元市元坝区。②原境为画像石室墓，捧宝侍童石刻位于西室中室两侧壁。图3-460-1侍童手捧如意。图3-460-2侍童左手执如意，右手捧一物，因残损，无法分辨是何物。

图3-460　樟树村明墓M1捧宝侍童

---

① 图片采自王燕子、赵小帆、宋先世：《安顺旧州松林村一号墓清理简报》，《贵州文物》，1992年创刊号，图九。
② 图片采自四川省文物考古研究院、广元市博物馆、元坝区文物管理所：《广元市元坝区樟树村明墓发掘简报》，《四川文物》，2014年第1期，图一七。

（三）属性不明侍者

图3-461二件侍者石刻年代为1509—1518年，[①]墓葬位于成都市高新区。原境为画像石室墓，侍者石刻位于北室后壁非中心位。此二侍者石刻形象较为怪异，面相为高鼻、阔目、阔口、粗眉。图3-461-1侍者头戴非汉系发冠，上身外着交领半袖、喇叭形下摆，内着窄袖衫，窄袖上附件复杂，下身着横裾，腰间配有一荷包形坠饰、一钺形坠饰，跣足，手中捧一碗。图3-461-2侍者着圆领窄袖长袍，束腰带，上身佩一有花纹绶带，绶带有流苏，跣足，双手作整理绶带状。与图3-461-1相较，图3-461-2侍者额心有一双圈同心圆装饰。二侍者面相与四川地区宋元明墓画像石刻中其他侍者面相差异极大，且服饰也大相径庭。其面相和服饰呈现出明显的非汉系特征，但在四川地区非汉系宋元明墓葬画像石刻中，也未见此二者所着服饰。且其对人物的面相刻画也大不相同，故其究竟是属于此前未见图像材料记录的四川地区非汉系族群，还是反映的非人的神怪形象，尚难以判定。

图3-461 双柏村明墓M8侍者

图3-462侍者石刻年代为明代，墓葬位于宜宾市高县。原境为非汉系画像崖墓，侍者石刻位于墓门旁崖壁上。侍者头戴一斗笠，着短衫，束腰带，右手持芭蕉叶，左手持一角状物，或为号角。服饰和手持物与四川地区明代汉系墓葬画像石刻中的侍者形象区别较大。[②]

[①] 图片采自成都文物考古研究所：《成都市高新西区双柏村宋、明墓发掘简报》，《成都考古发现（2013）》，科学出版社，2015年，第617页，图一三；第619页，图一五。
[②] 资料来源：笔者田野调查采集，陈金凤绘图。

图3-463提物侍女石刻年代为明代，墓葬位于宜宾市高县。①原境为非汉系画像崖墓，提物侍女石刻位于墓门旁崖壁上。侍女头梳椎髻，身着短衫，下着横幅短裙，跣足，服饰呈现出典型的川南非汉系民族特点。其手中提一物，无法分辨是何物。

图3-462　棺材石非汉系崖墓M1侍者　　　　图3-463　菊花大队非汉系崖墓M2提物侍女

八、乐舞

四川地区明墓画像石刻中乐舞题材数量不占优势，发现较为集中。与四川地区元墓画像石刻乐舞题材仅出现于贵州遵义杨氏土司家族墓中一样，其也基本出于如绵阳平武王氏土司家族墓这样等级较高的墓葬中。列举标本如下。

图3-464乐舞石刻年代为明宣德六年（1431），墓葬位于绵阳市平武县。②原境为画像石室墓，乐舞石刻位于王祥墓（M10）棺室侧壁。右一和右二为乐舞伎，右二为男乐伎，戴瓜皮帽，左手捧一带弦乐器，右手执一短琴弓置于弦上；右一为女舞伎，作旋袖起舞状，左手持一物似扁鼓。

图3-465二件乐舞石刻年代为明宣德六年（1431），③墓葬位于绵阳市平武县。原境为画像石室墓，乐舞石刻位于明氏墓（M9）侧壁。图3-465-1中左一女乐伎双手执物，无法分辨，似叉；中间人物形象滑稽，额头和前部头顶光秃，后面少许头发扎起，左手持物，右手旋袖，似为滑稽戏表演者；右一女乐伎左手捧一代弦乐器，右手执一短琴弓

---

① 资料来源：笔者田野调查采集，陈金凤绘图。
② 图片采自四川省文物考古研究院、绵阳市博物馆、平武县文物保护管理所：《四川平武土司遗珍——明代王玺家族墓出土文物选粹》，文物出版社，2018年，第229页。
③ 图片采自四川省文物考古研究院、绵阳市博物馆、平武县文物保护管理所：《四川平武土司遗珍——明代王玺家族墓出土文物选粹》，文物出版社，2018年，第223页，第225页。

置于弦上。图3-465-2中左一女乐伎吹横笛；中间舞伎右手持物似铃铎，旋左袖作起舞状，右一女乐伎击鼓。

图3-464　王祥墓乐舞

图3-465　明氏墓乐舞

九、武士

四川地区明墓画像石刻中武士题材较为少见，与作为宋墓画像石刻主流题材之一的宋墓武士石刻区别也较大。首先，就位置而言，四川地区明墓画像石刻中的武士，并不如宋墓画像石刻中的武士一般，与门、入口呈现出强相关性。其二，就形象上而言，目前的考古材料和馆藏材料中，未见如宋墓画像石刻中的重甲、轻甲武士，而是皆着袍服；少见宋代天王、力士面相者，大部分面相与普通侍者无异；其所持之物，不似宋墓画像石刻武士皆为兵刃利器，而是多为仪仗用器，偶见兵刃也为仪仗中所用者。其三，从伴出图像元素而言，未见如宋墓画像石刻中的祥云、狮子、小鬼等。其四，宋墓画像石刻中的武士在使用阶层上未见较大差异，即各种在社会等级、宗教背景、性别等方面存在差别的墓葬中，对武士的使用都呈现出了较大的共通性；但明墓画像石刻中的武士，除四川泸县宋代石刻博物馆所藏一件不知墓主背景外，目前田野材料和馆藏材料中所见武士,基本都出自绵阳平武王氏土司家族墓这样等级较高的墓葬中。由上述差别可见,作为宋墓画像石刻甚为重要、在墓葬"永为供养"空间营造中承担着"守卫"职能的武士,在目前所见考古材料中呈现出元代的空白期,进入明代虽然再次可见,但较之宋代却表现出明显的衰落,不仅是数量上的锐减、使用人群的缩小,从功能而言也发生了变化。执兵器以作镇守状的非常稀少,而出现在仪仗中执仪仗兵器的更多,且不再恒定地居于门、入口处。这说明其功能从宋代的"守卫"更多地转变为进入仪仗以"彰显"墓主之威仪。列举标本如下。

图3-466武士石刻年代为明代,墓葬位于泸州市泸县。[①]原境为画像石室墓,石刻在原境中的位置不明。武士留浓密胡须、戴盔、着长袍、束腰、着靴,右手执剑高举,左手置于左膝上,左腿半屈作踏物状。整体形象而言,较之同地区执兵器端立的武士,其动作显得更为生动,但姿态与明代生人所用图像系统中的武士极为相似,呈现出"趋同"特征。

图3-466 四川泸县宋代石刻博物馆藏武士

图3-467二组武士石刻年代为明宣德六年(1431),[②]墓葬位于绵阳市平武县。原境为画像石室墓,武士石刻位于王祥墓(M10)棺室两壁。武士均身着圆领长袍,束腰;手中所执之物可见钺、锤、扇、骨朵等;在侧壁作列队状,应为仪卫武士,起着彰显墓主身份、威仪之作用。

1　　　　　　　　　2

图3-467 王祥墓武士

---

① 资料来源:四川泸县宋代石刻博物馆藏,图片为四川泸县宋代石刻博物馆提供并授权在本书中使用。
② 图片采自四川省文物考古研究院、绵阳市博物馆、平武县文物保护管理所:《四川平武土司遗珍——明代王玺家族墓出土文物选粹》,文物出版社,2018年,第230页,第231页。

图3-468二件武士石刻年代为明代，墓葬位于泸州市合江县。①原境为画像石室墓，武士石刻位于墓门两侧崖壁上。二武士戴八字形帽，均着解开衣领的圆领长袍，腰间系有花纹的革带，着靴，在右臂处露出臂缚。图3-468-1手中持一物，短柄，顶部垂下长短穗子，长穗子厚重，短穗子较长穗子略显稀疏。图3-468-2手中持一短柄骨朵。二者头肩部附近均雕刻出一弧形物，弧形物上各雕刻一小狮子，这是四川地区宋墓武士石刻中未见的。此处出现的狮子和宋墓武士石刻足下所踏之狮子从表现形式、性质而言应有不同，而与明代生人建筑装饰系统中见于柱上的狮子表现形式极为相似，应与其一样表达吉祥之意。

1　　　　　　2

图3-468　何家湾崖墓武士

图3-469河南沱武士石刻年代为明代，墓葬位于宜宾市高县。②原境为非汉系画像崖墓，武士石刻位于墓门旁。武士戴盔、着短衫罩轻甲、束腰带，手中持斧，与宋代川南非汉系崖墓武士石刻中轻甲武士的形象和配置位置类似，应为宋代非汉系轻甲武士石刻的延续。

图3-470嘉乐永乐八年武士石刻年代为1410年，③墓葬位于宜宾市高县。原境为非汉系画像崖墓，武士石刻位于墓门旁。服饰与河南沱武士相似，手中执斧。

---

① 资料来源：笔者田野调查采集，图片为聂耕宇拍摄。
② 资料来源：笔者田野调查采集，陈金凤绘图。
③ 资料来源：笔者田野调查采集，陈金凤绘图。

第三章　四川地区宋元明墓葬画像石刻资料整理

图3-471菊花大队M1武士石刻年代为明代，墓葬位于宜宾市高县。原境为非汉系画像崖墓，武士石刻位于墓门旁崖壁上。①武士戴盔、着短衫罩轻甲、束腰带，右手执剑高举。图3-472黑石头崖墓群M12武士石刻年代为明代，墓葬位于宜宾市叙州区。原境为非汉系画像崖墓，石刻位于墓门旁崖壁上。武士均梳椎髻，着交领束腰短衫，跣足，手中执斧。②

图3-469　河南沱非汉　　图3-470　嘉乐永乐八　　图3-471　菊花大队非汉
　系崖墓武士　　　　　　年非汉系崖墓武士　　　　系崖墓M1武士

图3-472　黑石头崖墓群M12武士

---

① 资料来源：笔者田野调查采集，陈金凤绘图。
② 图片采自四川宜宾县志编撰委员会：《宜宾县志》，巴蜀书社，1991年，第558页，图2:6。

十、神异人物

四川地区明墓画像石刻中所见神异人物主要为飞天、仙人以及民间传说中与麒麟送子、财神送财相连之神异人物。其中飞天的数量最多，不过多为集中出现。大部分见于绵阳平武王氏土司家族墓群，主要可见两种形式，一种为女性，着裙戴璎珞，手中托花果；另一种为童子形象，头梳童子双髻，身着圆领长袍，手中托明珠、串珠等宝物。四川地区宋墓画像石刻中所见之抬牌匾的飞天目前在明墓画像石刻中未见。仙人坐像在笔者搜集的田野材料和馆藏材料中，目前仅见于泸州合江县何家湾崖墓。麒麟送子、财神送财仅见于泸州市纳溪区馆藏，且分别只有一件。列举标本如下。

图3-473二件飞天石刻年代为明天顺八年（1464），[①]墓葬位于绵阳市平武县。原境为画像石室墓，飞天石刻位于王玺墓（M3）棺室两壁。飞天均为女性形象，具备四川地区明墓石刻飞天形象中所常见的S曲线造型。其S曲线造型主要由飞天身上飞舞的飘带来表现，在体态上不太明显。飞天均手捧花果。

1　　　　　　　　　　　　2

图3-473　王玺墓飞天

图3-474二件飞天石刻年代为明宣德六年（1431），[②]墓葬位于绵阳市平武县。原境为画像石室墓，飞天石刻位于王祥墓（M10）棺室两壁。此二飞天为梳双髻之童子，手中捧宝物。身体姿态和飘带都呈现出明显的S曲线造型特点。

[①] 图片采自四川省文物考古研究院、绵阳市博物馆、平武县文物保护管理所：《四川平武土司遗珍——明代王玺家族墓出土文物选粹》，文物出版社，2018年，第213页，第215页。
[②] 图片采自四川省文物考古研究院、绵阳市博物馆、平武县文物保护管理所：《四川平武土司遗珍——明代王玺家族墓出土文物选粹》，文物出版社，2018年，第232页，第233页。

第三章　四川地区宋元明墓葬画像石刻资料整理

| 1 | 2 |

图3-474　王祥墓飞天

图3-475仙人石刻年代为明代，墓葬位于泸州市合江县。原境为汉系画像崖墓，仙人石刻位于两墓室入口间正中心位。仙人着对襟长衫，头戴之物似东坡巾，双手交于胸前握一物，因残损无法辨识为何物。仙人端坐于曲搭脑椅上，头肩部雕刻出背光。考其服饰，非佛教造像服饰，应为道教真人像。①

图3-476二件神异人物石刻年代为明代，墓葬位于泸州市纳溪区。②原境为画像石室墓，石刻在墓葬中的位置不明。图3-476-1中一童子骑于麒麟之上，右手高举一物，表现的应为"麒麟送子"题材。图3-476-2中一男子着圆领长袍、束雕花革带，头上所戴帽与明代民间装饰系统中的财神所戴极为相似，且骑虎，右手执金锭，左手执一物残损，似如意，表现的应为"财神送财"题材。此二件石刻所表现之神异人物与宋墓石刻中充满了接引意味的神异人物相比，更多地体现了浓厚的吉祥意味。

图3-475　何家湾崖墓仙人

---

① 资料来源：笔者田野调查采集，图片为聂耕宇拍摄。
② 资料来源：泸州市纳溪区文管所藏，图片为泸州市纳溪区文管所提供并授权在本书中使用。

石　上　万　象　　　　　　　　　四川地区宋元明墓葬画像石刻研究

1　　　　　　　　　　　　　2

图3-476　纳溪区文管所藏神异人物

十一、文吏

　　四川地区明墓画像石刻中所见文吏数量较少，较为集中地出现在绵阳平武王氏土司家族墓群这样等级较高的墓葬中。主要可见两种，一种为戴幞头持笏端立者，另一种为戴乌纱帽作随侍状者。未见如宋代四川华蓥安丙墓中那样成群组、持笏端立的文吏出现。考其原因，其一应为四川地区明墓画像石刻较之宋代整体的衰落，导致文吏题材数量和群组规模都骤减；其二应为社会背景的变革，宋代推崇"文治"，以文治国的社会背景推动了与"文"相关之题材在石刻中的丰富，故宋代除了等级较高的品官墓葬中出现文吏，在非官员的民间墓葬中也可见大量的文吏题材。而明代社会背景与宋代的差异，则从另一方面导致了文吏题材的衰落，使其不仅数量、规模骤减，在使用人群范围上也发生萎缩，成为品官墓中可见，而非品官墓中较为罕见的题材。列举标本如下。

　　图3-477二件文吏石刻年代为明天顺八年（1464），墓葬位于绵阳市平武县。原境为画像石室墓，石刻位于王玺墓（M3）棺室两壁。二文吏均戴展角幞头，着阔袖圆领长袍，束革带，着靴，持笏作端立状。[①]

[①] 图片采自四川省文物考古研究院、绵阳市博物馆、平武县文物保护管理所：《四川平武土司遗珍——明代王玺家族墓出土文物选粹》，文物出版社，2018年，第251页，图二一、图二二。

图3-477　王玺墓文吏

图3-478文吏石刻年代为明宣德六年（1431），[①]墓葬位于绵阳市平武县。原境为画像石室墓，石刻位于王祥墓（M10）前室东壁。三文吏均头戴乌纱帽，着圆领长袍，腰间束革带，作跟随侍奉状。

图3-478　王祥墓文吏

十二、出行

四川地区明墓画像石刻中出行题材较为少见。据目前所见材料，主要为两类，一类为仪仗出行，见于岳池砖室墓中部的画像石刻中，且与四川地区宋墓画像石刻中的官员仪仗出行如虞公著墓较为相似；另一类为普通出行，主要见于川南的汉系画像石室墓中，并呈现出与川南宋代非汉系画像崖墓中出行题材的强相似性。就配置位置而言，普通出行题材的石刻和宋代非汉系画像崖墓一致，均配置在墓门两侧；就表现形式而言，

---

① 图片采自四川省文物考古研究院、绵阳市博物馆、平武县文物保护管理所：《四川平武土司遗珍——明代王玺家族墓出土文物选粹》，文物出版社，2018年，第228页。

也与非汉系画像崖墓一致,均为一体量较小的侍从在前面作牵引状,后面跟随一马,体量更大的主人骑于马上。宋代汉系画像石室墓里的出行表现的均为品官仪仗,这种非仪仗式、表现日常出行的题材在四川地区宋墓画像石刻中主要见于非汉系画像崖墓中。出行在经历了目前考古材料中元代的空白期后,在川南汉系明墓中以极类宋代川南非汉系画像崖墓出行题材的方式出现,应是宋代非汉系画像崖墓出行题材延续并传播、影响明代汉系墓葬装饰系统的产物。列举标本如下。

(一)仪仗出行

图3-479二件仪仗出行石刻为一组,年代为明代。墓葬位于广安市岳池县。原境为砖室墓,石刻位于墓室中部。①图3-479-1中,有二人执杖、二人执枪为引导,后跟随一马,马旁可见牵马者、执伞者、扛小几者、执物者;后一组可见二人执剑、一人执钺、一人执戈为引导,后跟随一文吏捧书册,后为四人抬轿,一人执伞。图3-479-2中,有二捧盒、捧书册侍者为引导,以两组抬书箱人物为中心,周边跟随手捧各种器用的侍者,所捧器用可辨识者为盒、棋盘、卷轴等。此仪仗出行图为四川地区明墓画像石刻出行图中最复杂者,反映的应是官员出行画面。

图3-479 岳池明墓仪仗出行

---

① 图片采自杨仁:《四川岳池明墓的清理》,《考古通讯》,1957年第2期,图版七。

（二）普通出行

图3-480二件出行石刻年代为明代。墓葬位于泸州市叙永县。①原境为画像石室墓，石刻位于墓葬两侧壁围墙上。图3-480-1中侍者肩下夹一物，行于骑马的主人之前；图3-480-2中侍者执一物似收拢的长伞，主人握缰骑马行于其后。石刻的表现形式与宜宾天堂沟和老鹰嘴宋代非汉系画像崖墓中的出行图极为类似。

图3-480 蛇王洞明墓骑马出行

十三、曼荼罗

藏传佛教曼荼罗图像是四川地区明墓画像石刻中新出现的题材，数量较少。笔者搜集的材料中，仅见成都龙灯山明墓M1中两件。图3-481-1石刻外圈为连续如意头纹，石刻中心为兰札体种子字"唵"，所代表的为毗卢遮那佛；图3-481-2石刻外圈为缠枝牡丹，牡丹之间雕刻六字大明咒，石刻中心为兰札体种子字"赫利"，所代表的可能为观音。此二件石刻均为藏传佛教风格，与祈祷墓主得解脱、得西天世界福乐相关。图3-481-1中的"唵"在藏传佛教中被视为具备无量法门的"一切真言之母"，并将观想此字与成佛相连。②图3-481-2中的六字大明咒则被视为"观音菩萨微妙本心"，《显密圆通成佛心要集》卷二记载了各种持诵、书写、佩戴六字大明咒的功德和所获益处，包括贪嗔痴不染、得清静智慧、七代种族皆得解脱等，还可"一切有情速得菩萨之位。永不复受生老病死等苦"③。列举标本如下。

---

① 资料来源：笔者田野调查采集、陈金凤绘图。
② 元·道厄父：《显密圆通成佛心要集》，《中华大藏经》卷71，中华书局，1994年，第97页。
③ 元·道厄父：《显密圆通成佛心要集》，《中华大藏经》卷71，中华书局，1994年，第95-96页。

图3-481　龙灯山明墓M1藏传佛教曼荼罗

图3-481二件藏传佛教曼荼罗石刻年代为明代早期，墓葬位于成都市高新区。①原境为画像石室墓。图3-481-1位于西室顶部，图3-481-2位于东室顶部。

十四、八卦纹

四川地区明墓画像石刻中，以墓葬建筑构成部分为载体的八卦纹石刻较少，但如果算上带八卦纹的单体石刻和其他载体，八卦在明墓中便并非罕见题材。从目前笔者搜集的田野材料和馆藏材料来看，作为墓葬建筑构成部分的八卦纹石刻目前仅见于广元市元坝区樟树村明墓M1。但此二件八卦石刻较为特殊，既非先天八卦也非后天八卦。虽然以八卦作为装饰在四川地区宋墓中不乏先例，如许家堰宋墓和江家嘴墓群M2，但此二墓例中的八卦都为后天八卦。樟树村明墓M1八卦较之四川地区明墓中出土的其他载体之八卦也区别较大。其他载体如砖、买地券上的八卦多为先天八卦。故樟树村明墓M1的八卦应是在延续宋墓八卦石刻元素的同时，也加入了营建者自身观念的改造。列举标本如下。

图3-482二件八卦石刻年代均为明代中期。墓葬位于广元市元坝区。②原境为画像石室墓，图3-482-1位于东室后室墓顶，图3-482-2位于西室后室墓顶。八卦围绕一物似日轮，各卦间雕刻祥云。

---

① 索德浩、王梦雨、左志强：《成都地区新见明墓中的藏传佛教石刻初探》，《藏学学刊》，2020年第1期，图五-1，图五-2。
② 图片采自四川省文物考古研究院、广元市博物馆、元坝区文物管理所：《广元市元坝区樟树村明墓发掘简报》，《四川文物》，2014年第1期，图一九，图二四。

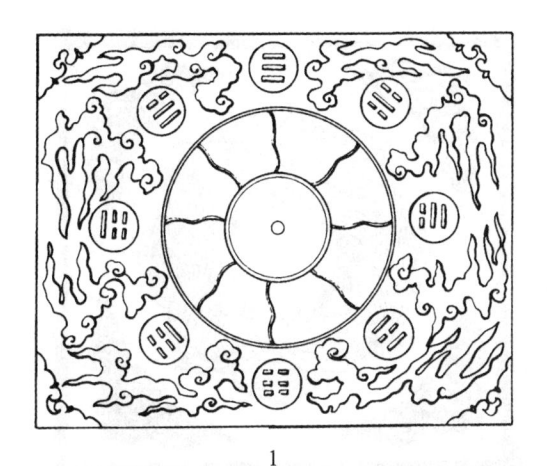

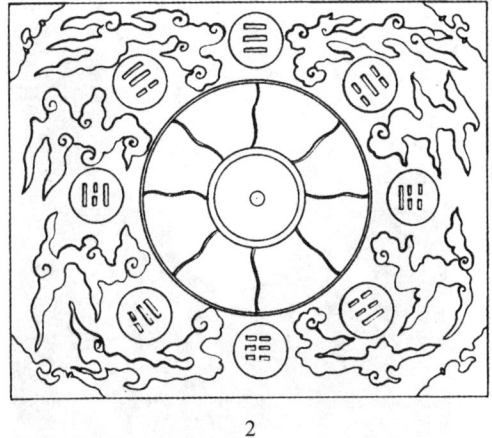

图3-482　樟树村明墓M1八卦纹

十五、装饰纹样

四川地区明墓画像石刻中的装饰纹样大致可见两种，一种为主要起美化作用的装饰纹样，这类纹样虽然也具有一定的美好、吉祥之含义，但出现的主要作用是填补空白、美化画面；另一种为承载丰富吉祥寓意的装饰纹样，这类纹样题材包括如意、方胜、珊瑚、古钱、金银锭、犀角、莲花、双鱼、竹子等，其或本身便为代表财富、吉祥的宝物，或因谐音而被赋予了各种吉祥寓意。主流题材与明代生人所用各种载体如瓷器、金银器、木器、漆器等装饰系统中的吉祥类题材一致，表现形式也基本相同，是明代墓葬装饰系统和生人器用装饰系统"趋同"的表现，同样呈现着"图必有意，意必吉祥"的特征。列举标本如下。

（一）起美化作用的装饰纹样

图3-483祥云纹石刻年代为1410—1432年，墓葬位于遵义市汇川区。原境为画像石室墓，石刻位于墓室藻井。祥云围绕着一圆光，密布在石刻上，呈现出明代装饰构图繁缛密集的特征。[①]

图3-484八角纹石刻来自播州土司杨纲墓。杨纲卒年为明正统十四年（1449），墓葬具体修建时间不确定，但应距此不远。墓葬位于遵义市汇川区。原境为画像石室墓，八角纹石刻位于墓室藻井处，四角装饰有祥云纹。[②]

---

① 图片采自周必素、彭万、韦松恒：《牧司一方·播州杨氏土司墓葬管窥》，科学出版社，2020年，第146页，图4-46-2。
② 图片采自周必素、彭万、韦松恒：《牧司一方·播州杨氏土司墓葬管窥》，科学出版社，2020年，第152页，图4-50-2。

图3-483 杨升墓祥云纹　　　　　图3-484 杨纲墓八角纹

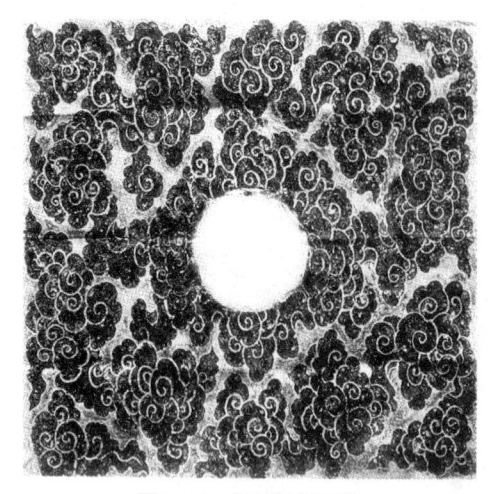

图3-485二件桌布装饰纹样石刻年代为明弘治四年（1491），[①]墓葬位于宜宾市翠屏区。原境为画像石室墓，图3-485-1位于东室东壁，图3-485-2位于东室西壁。图3-485-1桌布外缘为三角形二方连续，内有如意云纹，主体为两枝尾部束起的缠枝花卉，其间有桃实、牡丹、菊花。图3-485-2桌布外缘为卷草，主体为六边形龟背纹，龟背上有花朵、菊花、莲花、牡丹。

1

2

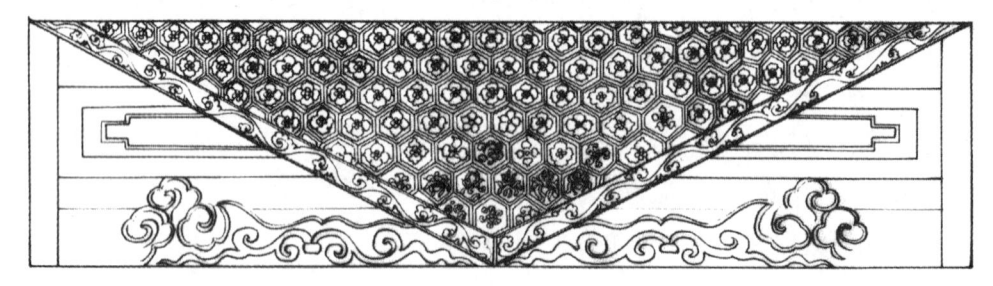

图3-485 周洪谟墓M1桌布装饰纹样

---

① 图片采自四川省文物考古研究院、宜宾市博物院：《四川宜宾市明代周洪谟墓发掘简报》，《四川文物》，2015年第1期，图一六，图一八。

第三章　四川地区宋元明墓葬画像石刻资料整理

图3-486卷草纹石刻年代为明弘治四年（1491），①墓葬位于宜宾市翠屏区。原境为画像石室墓，石刻位于墓室东室前室东壁基处。

图3-486　周洪谟墓M1卷草纹

图3-487圆日祥云石刻来自播州土司杨爱墓。杨爱卒于1499年，墓葬具体修建时间不确定，但应距此不远。②墓葬位于遵义市汇川区。原境为画像石室墓，此件圆日祥云石刻位于墓室藻井处。中间圆形为日轮，周边围绕层叠祥云，最外围祥云作延伸状，似日轮所发出的光芒。

图3-487　杨爱墓圆日祥云

---

① 图片采自四川省文物考古研究院、宜宾市博物院：《四川宜宾市明代周洪谟墓发掘简报》，《四川文物》，2015年第1期，图一五。
② 图片采自周必素、彭万、韦松恒：《牧司一方·播州杨氏土司墓葬管窥》，科学出版社，2020年，第155页，图4-53-2。

（二）吉祥寓意装饰纹样

图3-488寿山福海石刻年代为明天顺八年（1464），[①]墓葬位于绵阳市平武县。原境为画像石室墓，寿山福海石刻位于王玺墓（M3）棺室东壁。画面中左右二山雕刻"寿"，波涛之中雕刻"福"，山脚和波涛中间杂祥云。应是将四川地区宋代画像石室墓中以文字形式表现的"寿山福海"，在明墓画像石刻中以图像+文字的形式加以表现，除吉祥期许的延续外，也呈现出更加浓厚的装饰意味。

图3-488　王玺墓寿山福海纹

图3-489六件珍宝石刻年代为明天顺八年（1464），[②]墓葬位于绵阳市平武县。原境为画像石室墓，图3-489-1、图3-489-2、图3-489-3、图3-489-4、图3-489-5位于王玺墓（M3）棺室两壁，图3-489-6位于棺室北壁中层。反映的为明代常见的"八宝题材"。图3-489-1为珊瑚，图3-489-2为犀角，图3-489-3为古钱，图3-489-4为银锭，图3-489-5为金锭，图3-489-6为方胜。

1　　　　　　　　　　　　　2

[①] 四川省文物考古研究院、绵阳市博物馆、平武县文物保护管理所：《四川平武土司遗珍——明代王玺家族墓出土文物选粹》，文物出版社，2018年，第216页。

[②] 图片采自四川省文物考古研究院、绵阳市博物馆、平武县文物保护管理所：《四川平武土司遗珍——明代王玺家族墓出土文物选粹》，文物出版社，2018年，第218-221页。

第三章　四川地区宋元明墓葬画像石刻资料整理

3

4

5

6

图3-489　王玺墓珍宝纹

图3-490二件瓶插如意石刻年代为1509—1518年，墓葬位于成都市高新区。[①]原境为画像石室墓，石刻分别位于北室、南室后壁非中心位。此二件石刻已经脱离了写实瓶花的标准，变得抽象，吉祥寓意浓厚，瓶插如意应为表示平安如意。

图3-491二件吉祥寓意石刻年代为1509—1518年，墓葬位于成都市高新区。[②]原境为画像石室墓，图3-491-1位于南室后壁中心位供案上，图3-491-2位于南室后壁非中心位。图3-491-1为如意纹表示称心如意之意；图3-491-2为蝙蝠纹象征"福"，有福从天降之意。

---

① 图片采自成都文物考古研究所：《成都市高新西区双柏村宋、明墓发掘简报》，《成都考古发现（2013）》，科学出版社，2015年，第630页，图二六；第633页，图二九。
② 图片采自成都文物考古研究所：《成都市高新西区双柏村宋、明墓发掘简报》，《成都考古发现（2013）》，科学出版社，2015年，第622页，图一八；第621页，图一七。

图3-490　双柏村M10瓶插如意

图3-491　双柏村明墓M8如意纹、蝙蝠纹

图3-492竹节纹石刻年代为明代中期，墓葬位于广元市元坝区。①原境为画像石室墓，竹节纹石刻位于东室中室东壁非中心位。竹节纹应象征"节节高升"之意。

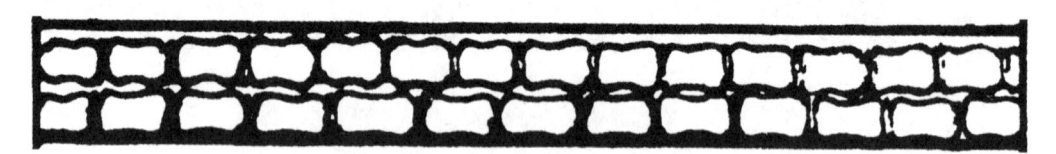

图3-492　樟树村明墓M1竹节纹

图3-493如意纹石刻年代为明代，墓葬位于重庆市大足区。②原境为画像石室墓，石刻位于墓室后龛上部。

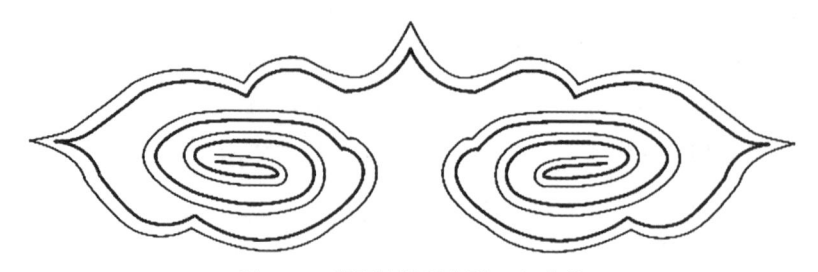

图3-493　御墅林枫明墓群M1如意纹

① 图片采自四川省文物考古研究院、广元市博物馆、元坝区文物管理所：《广元市元坝区樟树村明墓发掘简报》，《四川文物》，2014年第1期，图二三。
② 原图来源：大足石刻研究院：《大足古墓葬》，中国戏剧出版社，2012年，第49页。陈金凤据原报告照片绘线图。

图3-494双鱼莲花石刻年代为明代，墓葬位于宜宾市高县。①原境为非汉系画像崖墓，位于墓室后壁龛中心位。

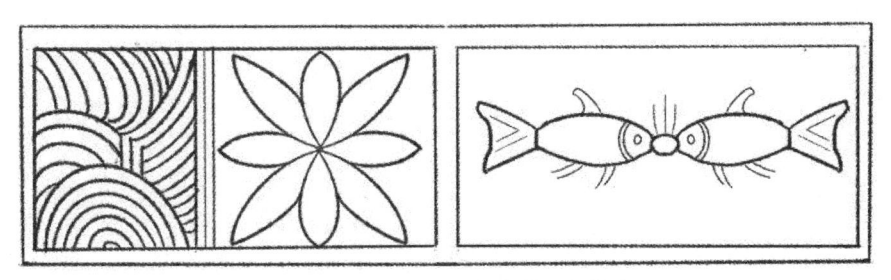

图3-494 堰塘湾非汉系崖墓双鱼莲花

图3-495双鱼戏莲石刻年代不早于明万历八年（1580），②墓葬位于铜仁市沿河县。原境为画像石室墓，石刻在原境中的位置不明。石刻中心为完全展开的莲花纹，其上有纹饰似如意头，两尾鱼分别位于莲花两端，鱼首相向作环绕莲花状。莲花与双鱼共同出现，是在明代装饰系统中常见的吉祥图像，以谐音表示"连年有余"之意。

图3-495 温塘明墓M7双鱼戏莲

---

① 资料来源：笔者田野调查采集，陈金凤绘图。
② 图片采自贵州省文物考古研究所：《2003—2013贵州基建考古重要发现》，科学出版社，2015年，第245页。

第四章 四川地区宋墓画像石刻的考古学基础研究

石 上 万 象

四川地区宋元明墓葬画像石刻研究

  本章开展的考古学基础研究不基于石刻单体。因为石刻单体的类型学通常基于雕刻工艺技法、艺术风格等来开展。而这些因素受工匠个体的审美、风格特点、技法特征等影响太大，更容易体现的是"个人"的差异。同时也会受到粉本存在与流传、工匠群迁徙的影响。此外，受研究者主观判断的影响也比较大。因此，基于石刻单体来进行类型学划分容易造成误读。而石刻单体所在的原境——带有画像石刻的画像石室墓、画像崖墓和画像石棺，其形制、图像组合更具稳定性、客观性，更容易体现的是：就"整体"而言在区域和时代上的差异。故本章在做宋元明墓葬画像石刻考古学基础研究时，注重对其原境的观察，将画像石刻放回原境中，基于原境开展类型学和分期分区研究。用以做基础研究并开展相关数据统计的画像石刻也主要为有明确出土原境信息的材料。以期据此建立起时空框架，大量零散、信息不全的画像石刻材料便可通过与框架内的材料进行对比界定时空。

  本章所开展的四川地区宋元明墓画像石刻的考古学基础研究，主要基于原境的形制、图像进行，随葬品暂未纳入。因只有在形制、图像和随葬品这几个判断年代的要素发生分歧时，才将各个要素进行综合考虑。在前期梳理材料的过程中，形制、图像和随葬品判断年代基本一致，加之原境中随葬品数量较少、类型丰富度不足，不影响研究年代和相关立论，故本章不把随葬品作为单独考量作专门的排序。

  在图像的类型学研究中，本章不按风格和技法差异，而按图像的种类、配置开展统计划分类型，是因为这两样东西是每个时期内最稳定的因素，而不像"风格"主观性太强：既包含观察者主观的判断，又受工匠人群的主观影响很大。探讨墓葬画像石刻背后的深层社会和精神动因，需要通过最具代表性、通用性、稳定性的因素，而图像题材种类的选择和配置的模式，相对于"风格"更具通用性和代表性。因为在同样的时代背景下，背后有着同样社会和精神动因的驱使，工匠人群即使在表现某些图像题材时的技法风格不同，但对主流图像和主流图像配置模式的选择却是共通的。本书对于墓葬的类型学研究，在墓葬形制中主要观察墓葬顶部、平面、立面形态结构特征和墓室间关系特征，为了统一规范，删减了原图中的指北针和比例尺。特此说明。

第一节　原境·画像石室墓形制的类型学研究

按照画像石室墓的墓室数量差异，可将其分为三类，甲类为单室墓，乙类为双室墓，丙类为多室墓。双室墓和多室墓以墓室在同一墓圹中为标准，墓室之间或是共壁紧贴，或是有一定距离，在同一墓圹内都计为同一座墓。

一、甲类：单室墓

按墓顶的差异将甲类墓分为三型。

（一）A型：平顶墓

按龛的有无、仿木结构和石刻图像题材种类的复杂度、墓葬规模差异分为三个亚型。

Aa型：有后龛、无侧龛。仿木结构简单，石刻图像题材较单一，仅见妇人启门，墓葬规模较小。如南充东站M24。（注：该墓公布的数据之中，未见墓室整体规模相关数据，但从后龛石门长0.42米，宽0.315米，厚0.10米，侍女像高0.27米推断，墓室规模应不大。）（参见图4-1）[①]

图4-1　南充东站M24形制

Ab型：有后龛、有侧龛。仿木结构较Aa型更为复杂，多可见对斗拱、雀替、栏杆等木建筑构件的模仿，后龛和侧龛石刻图像题材更为丰富。规模较大，长多在3米左右，宽多在2米左右，高多在2米以上。

按仿木结构和石刻图像题材复杂度差异又分为以下三式：

---

① 图片采自四川省文物考古研究所、南充市高坪区文管所、南充市文管所：《四川达成铁路南充东站考古发掘报告》，《四川文物》，2003年第2期，图十三。

Ⅰ式：平顶，后龛侧龛仿木复杂、图像较为丰富，多可见空椅、门、家居、伎乐、墓主人等题材，墓葬规模较大。如大足龙水磨儿坡M1。（参见图4-2）①

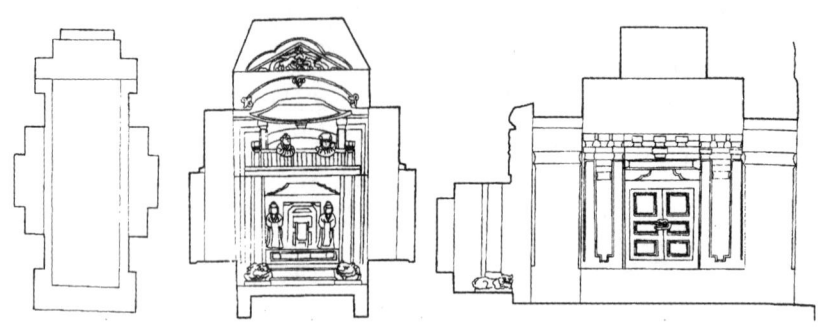

图4-2 大足龙水磨儿坡M1形制

Ⅱ式：仿木结构复杂，图像题材较Ⅰ式更为丰富，可见四神、武士、墓主人、备侍、出行、市井场景等题材。如彭山虞公著妻留氏墓。（参见图4-3）②

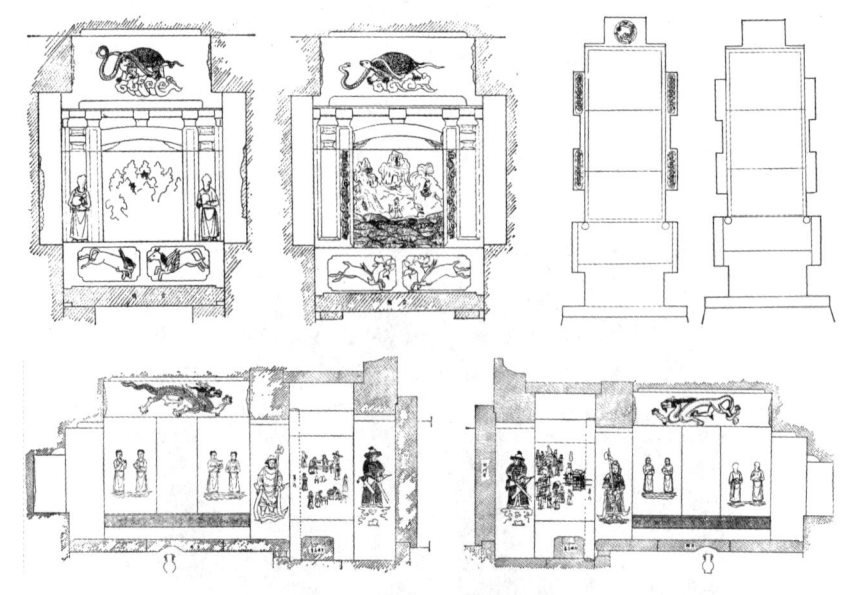

图4-3 虞公著妻留氏墓形制

Ⅲ式：仿木结构较为复杂，仍可见对立柱、斗拱、雀替等木建筑构件的模仿。图像题材较Ⅱ式有所简化，但仍保留了四神、武士、墓主人等常见题材，墓葬规模较大。如彭山虞公著墓。（参见图4-4）③

---

① 图片采自重庆大足石刻艺术博物馆：《重庆大足龙水镇明光村磨儿坡宋墓清理简报》，《四川文物》，2002年第5期，图一、二、三。
② 图片采自四川省文物管理委员会、彭山县文化馆：《南宋虞公著夫妇合葬墓》，《考古学报》，1985年第3期，图一、五、六、七。
③ 图片采自四川省文物管理委员会、彭山县文化馆：《南宋虞公著夫妇合葬墓》，《考古学报》，1985年第3期，图三、四。

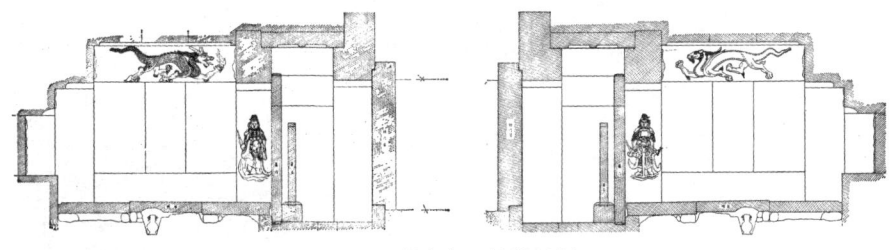

图4-4　彭山虞公著墓形制

Ac型：有后龛、有侧龛，但侧龛或非仿木且多无石刻图像，或仿木结构与石刻图像很简单。墓葬石刻图像题材种类简单，可见空椅、备侍和简单的缠枝花卉、火焰纹等。规模一般，墓室长在2米左右，宽和高皆在1.5米左右。如重庆铜梁凉山村蛮洞湾TQLM1。（参见图4-5）[①]

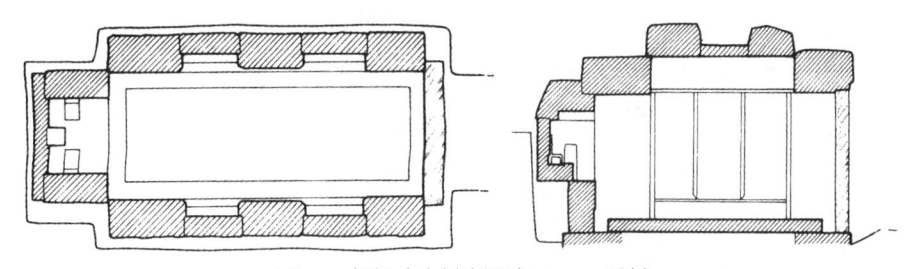

图4-5　铜梁凉山村蛮洞湾TQLM1形制

（二）B型：券拱顶墓

按龛的有无、仿木结构和石刻图像种类的复杂度、墓葬规模差异分为四个亚型。

Ba型：有后龛、无侧龛。仿木结构和石刻图像种类较为简单，可见瑞兽、花草、妇人启门等。规模一般，墓室长多在2.5米左右，宽不超过1米，高不超过2米。如乐山城西师范校M4。（参见图4-6）[②]

Bb型：有后龛、无侧龛。仿木结构和石刻图像题材较复杂，规模较大，长多超过3米，宽多超过2米，高多超过2米。

按图像题材的丰富程度、配置模式的差异分为以下两式：

图4-6　乐山城西师范校M4形制

---

① 图片采自重庆市文物考古所、四川大学历史文化学院考古系、铜梁县博物馆：《重庆铜梁县渝遂高速公路沿线抢救性考古发掘简报》，《四川文物》，2006年增刊，第103页，图十三。
② 图片采自乐山市文管所：《乐山宋墓清理简报》，《考古与文物》，1993年第6期，图三-1。

Ⅰ式：有较为复杂的门、窗、立柱等仿木结构，图像题材种类复杂，可见武士、瓶花、门窗、祥禽瑞兽等，但侧壁未配置图像。如邻水合流后坝M1。（参见图4-7）①

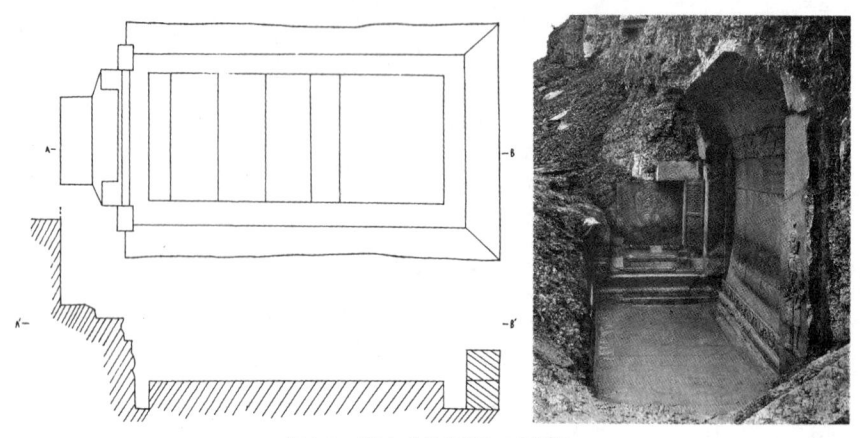

图4-7 邻水合流后坝M1形制

Ⅱ式：图像种类丰富，可见墓主人像、出行、武士、备侍、仪仗、瓶花、四神、祥禽瑞兽等，在后龛、侧壁、壁基和梁等部位都配置了丰富的石刻图像。如华蓥安丙家族墓群M5。（参见图4-8）②

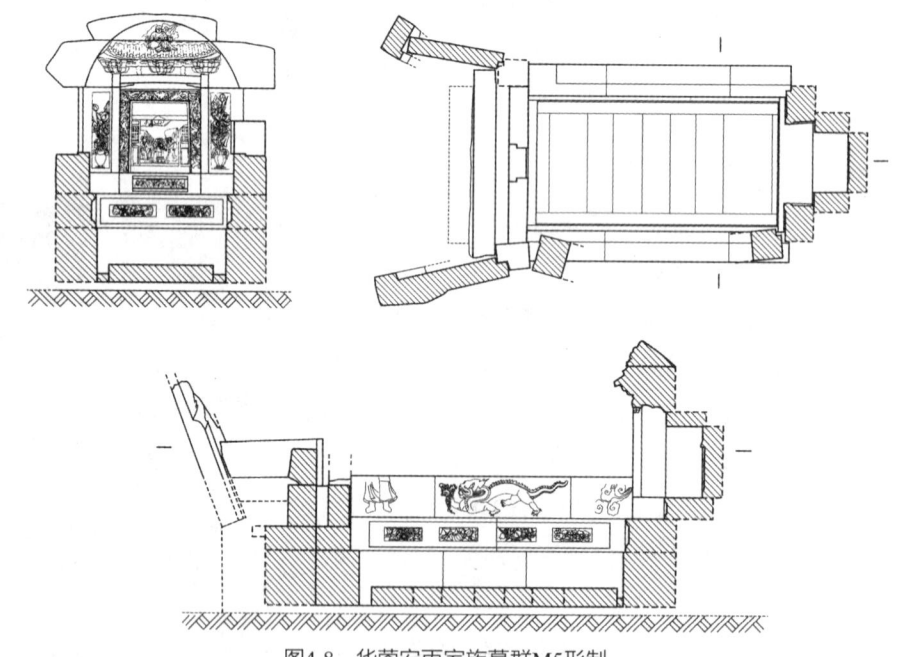

图4-8 华蓥安丙家族墓群M5形制

---

① 图片采自四川省文物考古研究所、邻水县文物保护管理所：《邻水县合流镇后坝南宋墓清理简报》，《四川文物》，2003年第3期，图十。
② 图片采自四川省文物考古研究院、广安市文物管理所、华蓥市文物管理所：《华蓥安丙墓》，文物出版社，2008年，第128页，一○八。

第四章 四川地区宋墓画像石刻的考古学基础研究

Bc型：有后龛、有侧龛，但侧龛或非仿木结构且多无石刻图像，或仿木结构与石刻图像很简单。墓葬石刻图像简单，可见备侍和花卉。规模一般，长多在2米以下，宽和高多在1.5米以下。如华蓥驾挡丘2001HLM4。（见图4-9）[①]

Bd型：有后龛、无侧龛、墓壁弧形。仿木结构简单，石刻图像丰富，可见备侍、花卉、祥禽瑞兽、伎乐、四神、武士等。规模较大，长多在3米左右，宽多超过2米，高多超过2米。如安丙家族墓群M3。（见图4-10）[②]

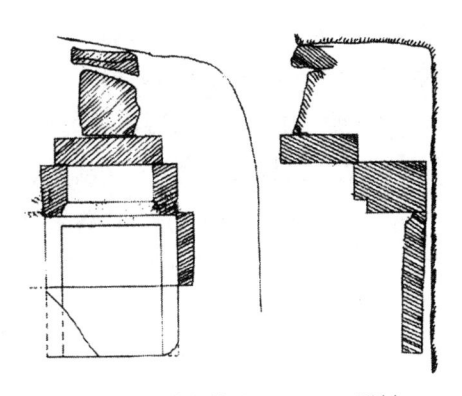

图4-9 华蓥驾挡丘2001HLM4形制

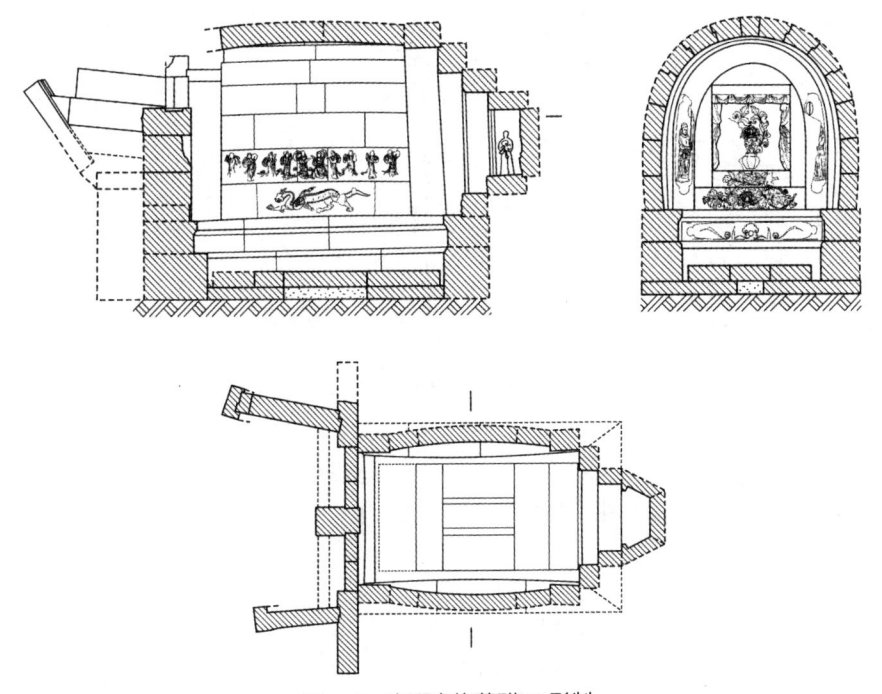

图4-10 安丙家族墓群M3形制

（三）C型：藻井式盝顶墓

按照龛的有无、仿木结构和图像的复杂度、墓葬规模差异又可分为以下四个亚型。

Ca型：有后龛、无侧龛。仿木结构简单，墓室石刻图像题材简单，可见四神和墓主

---

① 图片采自四川省文物考古研究院、广安市文物管理所、华蓥市文物管理所：《华蓥市永兴镇驾挡丘宋墓群发掘简报》，《四川文物》，2009年第1期，图一九。
② 图片采自四川省文物考古研究院、广安市文物管理所、华蓥市文物管理所：《华蓥安丙墓》，文物出版社，2008年，第90页，图八四。

299

牌位。规模一般，长在2米左右，宽在1米以下，高在1.5米以下。如达县（今达川区）九岭乡宋墓。（原考古报告无图，按文字描述可知形制进行分类）①

Cb型：有后龛、无侧龛。仿木结构复杂、墓室石刻图像题材复杂、规模较大。

按仿木结构复杂度和石刻图像复杂度及图像配置的差异，又可分为以下两式：

Ⅰ式：仿木结构复杂，图像题材种类丰富，可见花卉、祥禽瑞兽、妇人启门、备侍等。在四壁、后龛、墓顶都配置了各种题材的图像。如宜宾旧州坝宋墓。（参见图4-11）②

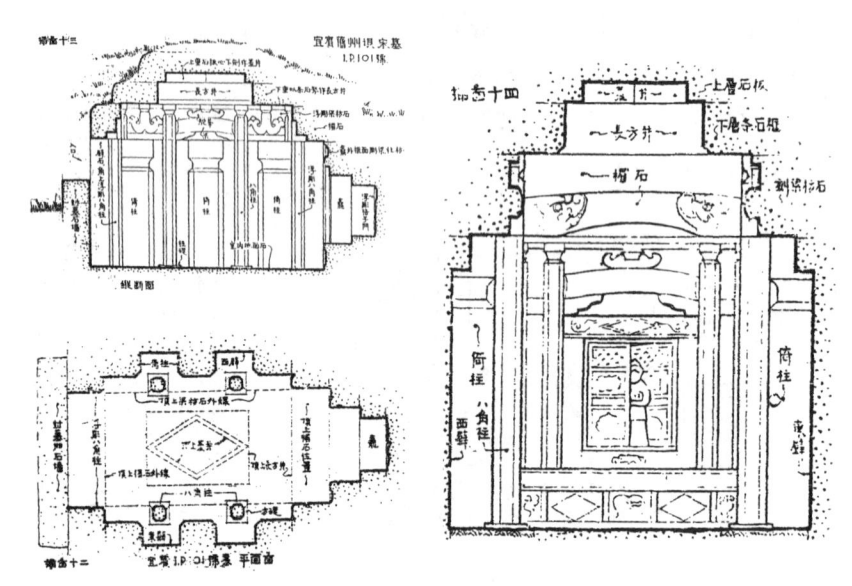

图4-11 旧州坝宋墓形制

Ⅱ式：仿木结构不如Ⅰ式复杂，图像题材丰富，可见花卉、备侍、祥禽瑞兽、空椅等。图像多见于后龛和墓顶藻井，侧壁基本无配置。如安岳老鸦山M1。（参见图4-12）③

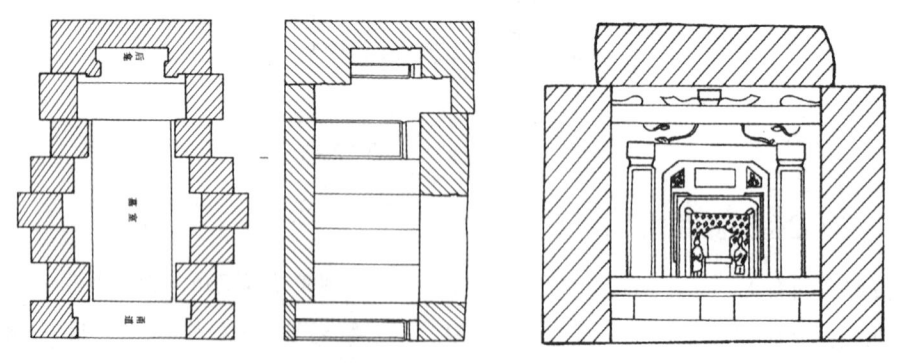

图4-12 老鸦山M1形制

---

① 张明扬：《达县九岭乡发现宋代墓葬》，《四川文物》，2000年第4期。
② 图片采自莫宗江：《宜宾旧州坝白塔宋墓》，《中国营造学社汇刊》，1944年第1期。
③ 图片采自王玉：《四川安岳县老鸦山南宋墓清理简报》，《考古与文物》，2009年第1期，图二。

Cc型：有后龛、有侧龛，但侧龛多无仿木结构和石刻图像，或仿木结构与石刻图像很简单。墓葬石刻图像种类较丰富，规模略有差别，长多在2~3.5米、宽多在1~2米，高多在2米以下。

按仿木结构和石刻图像题材种类的复杂度差异又可以分为以下两式：

Ⅰ式：侧龛和后龛可见简单的仿木结构。图像题材种类较为复杂，可见武士、四神、备侍、墓主人像、空椅、花卉等。如叙永天池09SLXTM1。（参见图4-13）①

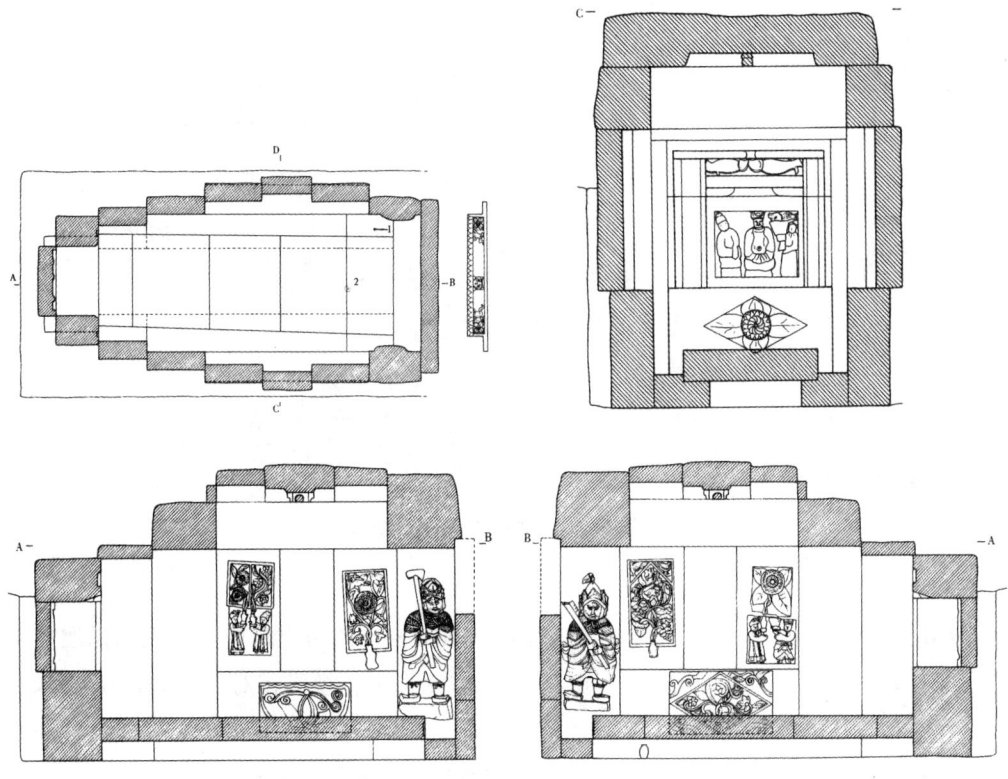

图4-13　叙永天池09SLXTM1形制

Ⅱ式：后龛可见简单的仿木结构，石刻图像题材种类材较Ⅰ式更为简单，不见武士和四神，可见花卉、门吏、备侍和墓主人像。如叙永天池09SLXTM2。（参见图4-14）②

---

① 图片采自四川省文物考古研究院、泸州市博物馆、叙永县文物管理所：《四川叙永天池宋墓清理简报》，《四川文物》，2010年第2期，图七、八、九、十。
② 图片采自四川省文物考古研究院、泸州市博物馆、叙永县文物管理所：《四川叙永天池宋墓清理简报》，《四川文物》，2010年第2期，图十二、十三、十四、十五。

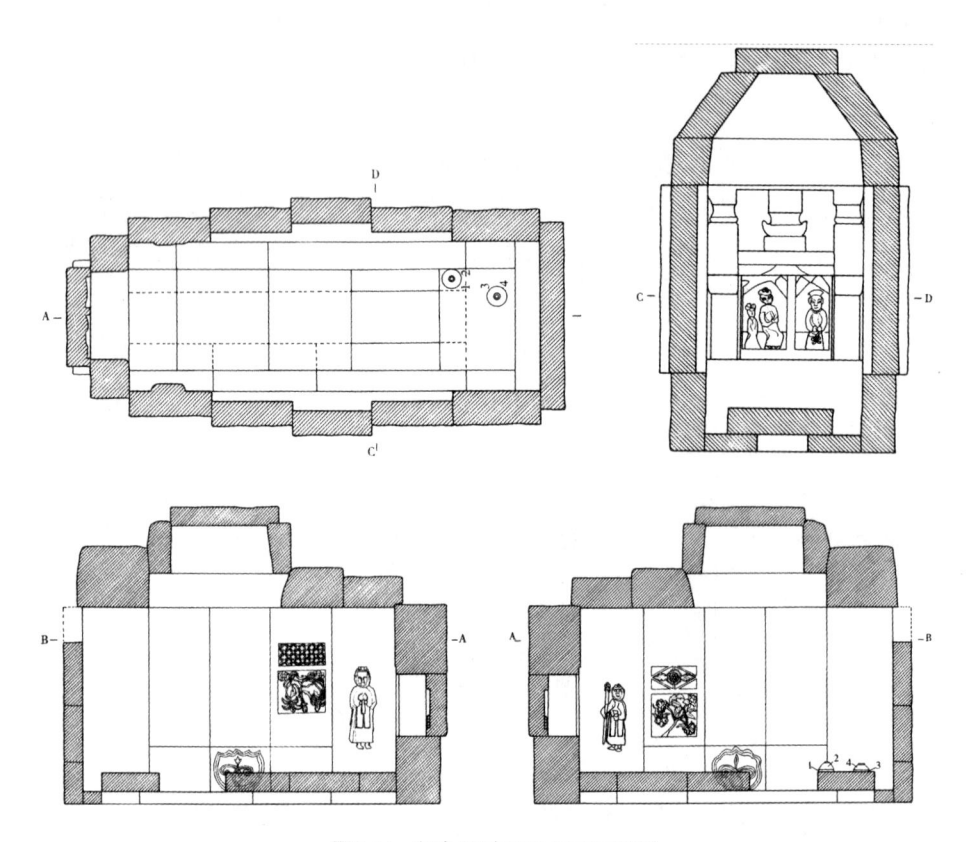

图4-14　叙永天池09SLXTM2形制

Cd型：有后龛、有侧龛。侧龛和后龛都有较为复杂的仿木结构。石刻图像题材丰富、规模较大，最长处在6米以上，宽和高都在3米以上，规模相对较小的长在2.5米左右，宽在1.5米左右，高在2米以上。

按仿木结构精细度和图像题材种类复杂度的差异可分为以下两式：

Ⅰ式：可见斗拱、雀替、门窗等较为复杂的仿木结构。图像题材可见花卉、武士、启门等。如井研金井坪M3。（参见图4-15）[①]

Ⅱ式：仿木结构仍可见门窗、立柱、斗拱、雀替等，但较Ⅰ式的仿木结构更为精细、复杂。图像题材种类较Ⅰ式更为丰富，可见四神、备侍、空椅、供桌、花卉、祥禽瑞兽、武士、伎乐等。如桐梓马鞍山观音寺M1。（参见图4-16）[②]

---

① 图片采自四川省文物考古研究院、井研县文物管理所：《四川井研县金井坪宋代墓地发掘简报》，《四川文物》，2012年第1期，图二七、二八、二九、三〇。
② 图片采自贵州省文物考古研究所、桐梓县文物管理所：《贵州桐梓县马鞍山观音寺宋墓清理简报》，《江汉考古》，2013年第4期，图二。

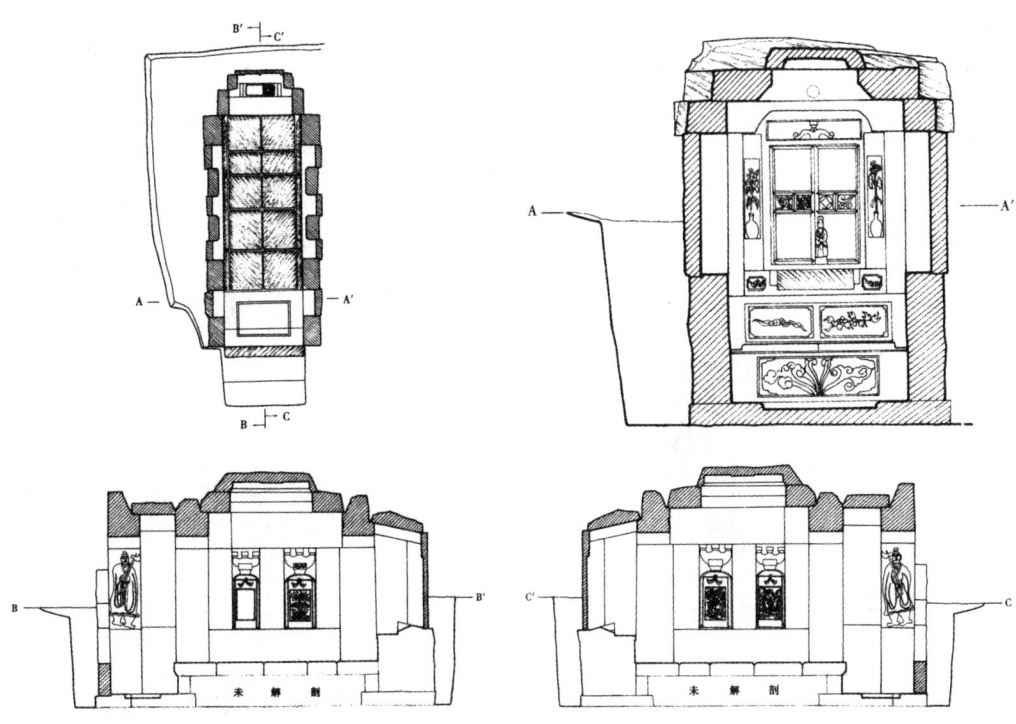

图4-15 井研金井坪M3形制

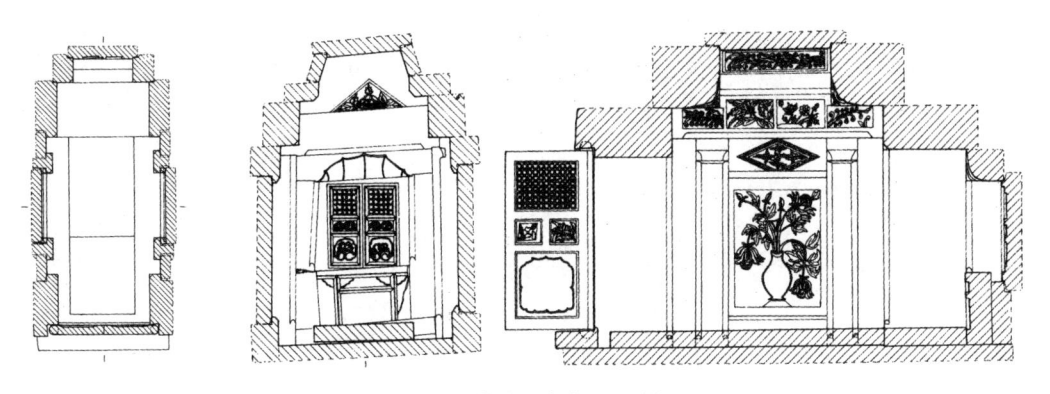

图4-16 桐梓马鞍山观音寺M1形制

（四）D型：复合式藻井顶

该型墓顶前为一藻井式盝顶，后为另一藻井式顶（包括三角形藻井、斜坡式藻井、藻井式盝顶）。有后龛、有侧龛。仿木结构较复杂，石刻图像题材种类较丰富，规模较大，长在2.5～5米，宽在1.7～3米，高在3～4米。如泸县喻寺镇一号墓。（见图4-17）[1]

---

[1] 图片采自四川省文物考古研究所、成都市文物考古研究所、泸州市博物馆、泸县文物管理所：《泸县宋墓》，文物出版社，2004年，第54-59页，图四九、五〇、五一、五二、五三。

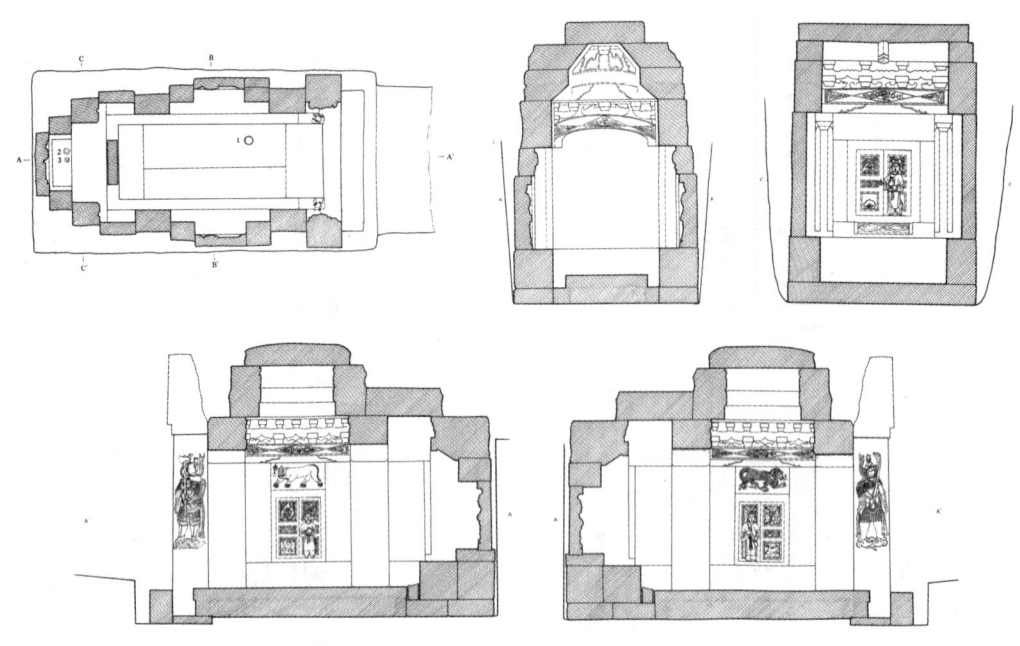

图4-17　泸县喻寺镇一号墓葬、形制

二、乙类：双室墓

以共用一墓圹的同穴异室墓为1座双室墓。按两室之间排列的情况差异将乙类墓分为以下五个小类。

（一）Ⅰ类

两室左右并列，共壁或两壁紧贴，墓壁上开有通道可以相通。按顶的差异可以分为以下三型。

1. A型：平顶墓

有后龛、有侧龛，但侧龛或无仿木无石刻图像，或仿木与石刻图像都极为简单。墓室石刻图像简单，仅可见连弧卷纹。规模一般，长在2.5米左右，宽在1.2米左右，高在1.5米以下。如广安岳池坪滩镇龙汇院子M4和M5。（见图4-18）[①]

2. B型：藻井式盝顶墓

有后龛、有侧龛。仿木结构较复杂，可见立柱、斗拱、雀替、门窗等仿木建筑构件。墓室石刻图像较为丰富，可见备侍、花卉、祥禽瑞兽、墓主人像、孝行图、故事场

[①] 图片采自四川省文物考古研究院、广安市文物保护管理所、岳池县文物保护管理所：《四川岳池县坪滩镇宋代石室墓发掘简报》，《四川文物》，2006年增刊，第77页，图五。

第四章　四川地区宋墓画像石刻的考古学基础研究

景等。规模较大，长多在2.5米以上，宽在1.5米以上，高在2米左右。如重庆井口宋墓。（见图4-19）①

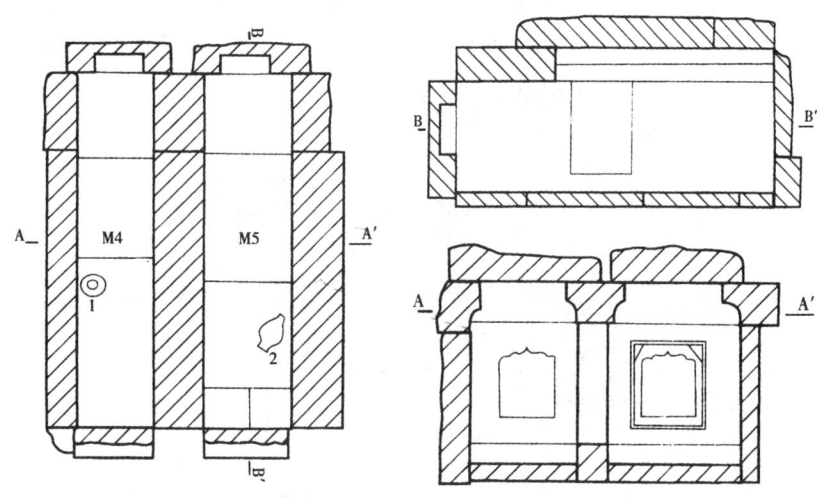

图4-18　广安岳池坪滩镇龙汇院子M4和M5形制

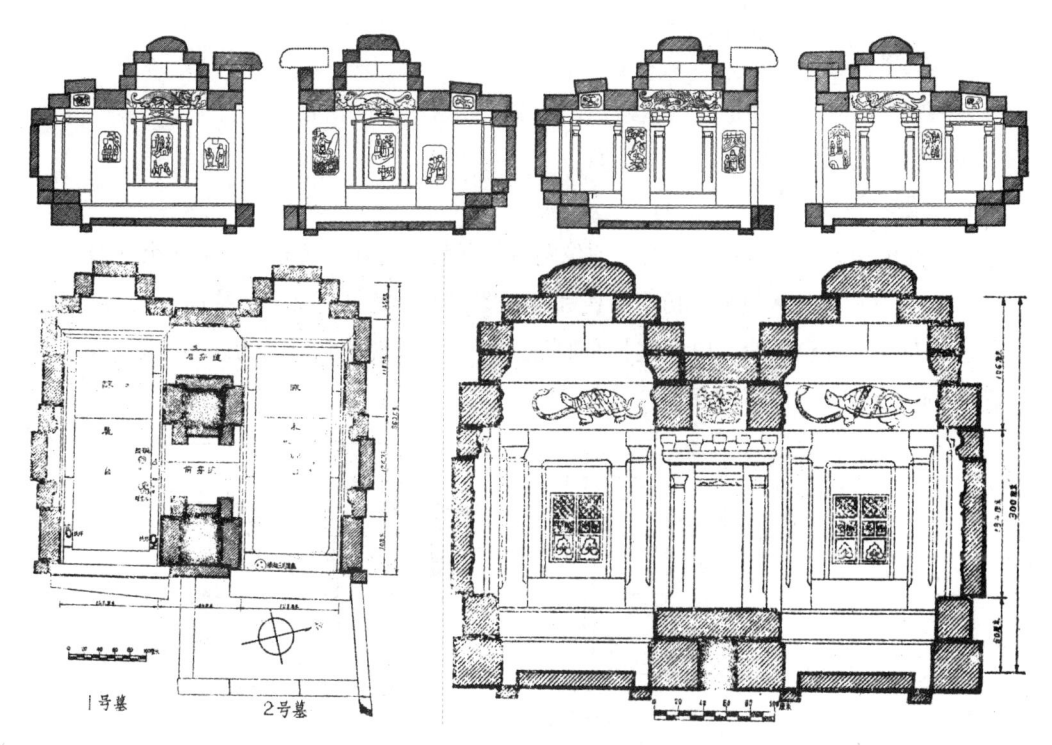

图4-19　重庆井口宋墓形制

---

① 图片采自重庆市博物馆历史组：《重庆井口宋墓清理简报》，《文物》，1961年第11期，图8-13。

3. C型：复合藻井式盝顶墓

前部为券拱顶，后部为藻井式盝顶。有后龛、有侧龛。仿木结构复杂，可见斗拱、雀替、立柱、门窗等仿木建筑构件。石刻图像丰富，可见花卉、祥禽瑞兽、四神、武士、备侍、文官、童子、童女、启门、纳贡、力士等题材。墓葬规模大，长和宽都在8米以上，高在5米以上。如遵义杨粲墓。（参见图4-20）[①]

图4-20 遵义杨粲墓形制

（二）II类

两墓室左右并列，共壁或两壁紧贴，墓壁上无通道可以相通。

按照墓顶的区别可以分为以下三型。

1. A型：平顶墓

按照龛的情况，仿木结构和石刻图像题材复杂度的差异，又分为以下两个亚型。

Aa型：有后龛、无侧龛。仿木结构和石刻图像极为简单，仅可见装饰性几何纹样和简单的莲花头。规模一般，单墓室长在2米左右，宽在1米左右，高为1.5～2米。如南充韩家坟2003NJMM1。（参见图4-21）[②]

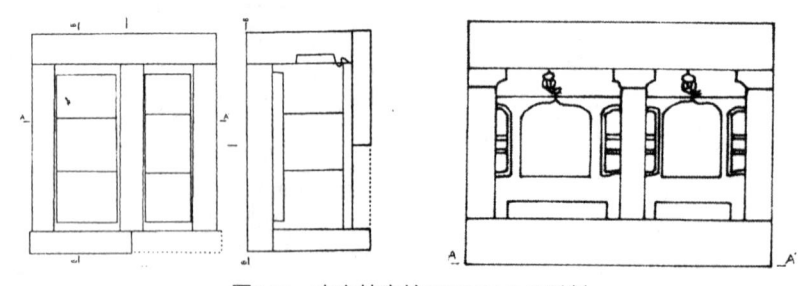

图4-21 南充韩家坟2003NJMM1形制

---

① 图片采自宋先世：《遵义杨粲墓发掘报告摘要》，《贵州田野考古四十年》，贵州民族出版社，1993年，第360页。
② 图片采自四川省文物考古研究所、南充市嘉陵区文物管理所、南充市高坪区文物管理所：《南充市嘉陵区木老乡韩家坟宋墓清理简报》，《四川文物》，2004年第2期，图一。

Ab型：有后龛、有侧龛。仿木结构和石刻图像较简单。规模一般，单室长多在2.5米左右、宽在1米左右、高在1.5米左右。按照图像题材种类差异又分为以下两式。

Ⅰ式：有较为简单的图像，以花卉和器皿为主。如绵阳三台杨凳寺M1。（参见图4-22）①

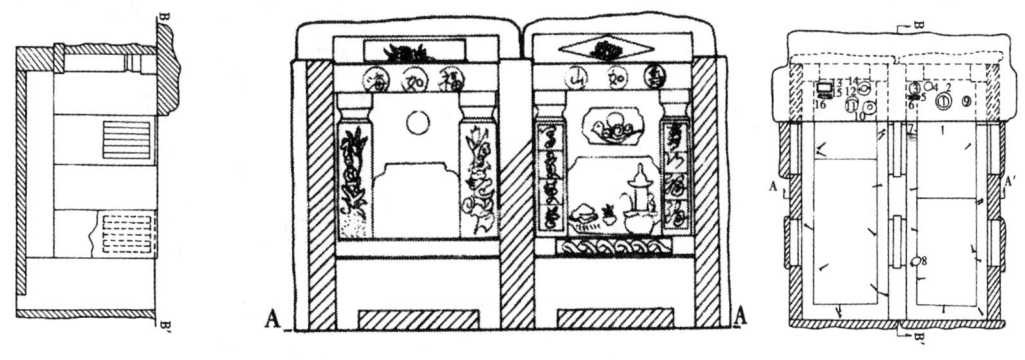

图4-22　三台杨凳寺M1形制

Ⅱ式：图像较Ⅰ式更为简单，只有非常简略的刻画壸门和极少的缠枝花卉。如广安武胜铜井梁子2005SWYTM1和M2。（参见图4-23）②

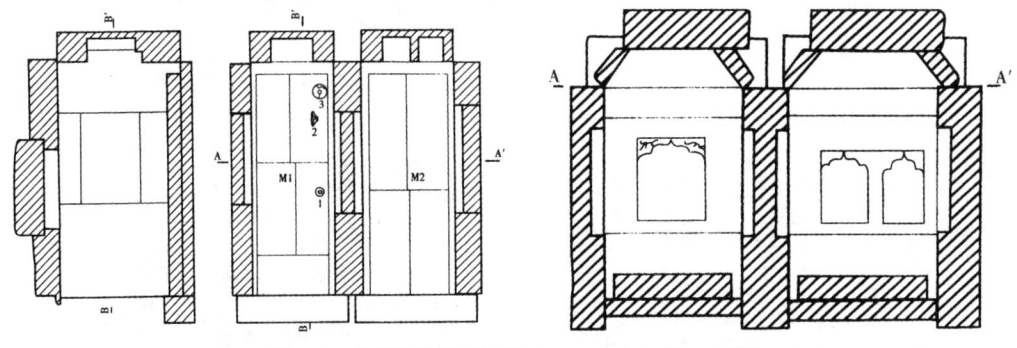

图4-23　广安武胜铜井梁子2005SWYTM1和M2形制

2. B型：券拱顶墓

按照龛的情况可以分为以下两个亚型。

Ba型：有后龛、有侧龛。仿木结构和石刻图像题材复杂，可见四神、武士、备侍、牵马、故事场景、祥禽瑞兽、花卉、空桌等。规模较大，单个墓室长在2.5～3米、宽在1.5米左右、高在3米左右。如广元河西杜光世夫妇墓。（参见图4-24）③

---

① 图片采自四川省文物考古研究院、绵阳博物馆、三台县文物管理所：《四川三台县永明镇杨凳寺宋墓清理简报》，《四川文物》，2009年第3期，图一。
② 图片采自四川省文物考古研究院、广安市文物保护管理所、武胜文物保护管理所：《四川武胜县沿口镇宋代石室墓清理简报》，《四川文物》，2006年增刊，第69页，图三。
③ 图片采自四川省博物馆、广元县文管所：《四川广元石刻宋墓清理简报》，《文物》，1982年第6期，图一、五、六、七、八、九、一〇、一一。

石上万象　　四川地区宋元明墓葬画像石刻研究

Bb型：有后龛、无侧龛。仿木结构和石刻图像复杂，可见伎乐、空桌、备侍、花卉、祥禽瑞兽等。规模较大。如广元王再立和郑氏合葬墓。（原报告无图，根据文字描述其形制进行分类）①

图4-24　广元河西杜光世夫妇墓形制

3. C型：藻井式盝顶墓

有后龛、有侧龛、但侧龛仿木结构和石刻图像很简单。墓室石刻图像较为简单，可见四神、花卉、墓主人等。规模一般，单室的长在2~2.5米，宽在1.5米左右，高在1.7米左右。如叙永天池09SLXXM1。（参见图4-25）②

---

① 廖奔：《广元南宋墓杂剧、大曲石刻考》，《文物》，1986年第12期。
② 图片采自四川省文物考古研究院、泸州市博物馆、叙永县文物管理所：《四川叙永天池宋墓清理简报》，《四川文物》，2010年第2期，图二、三、四、五。

308

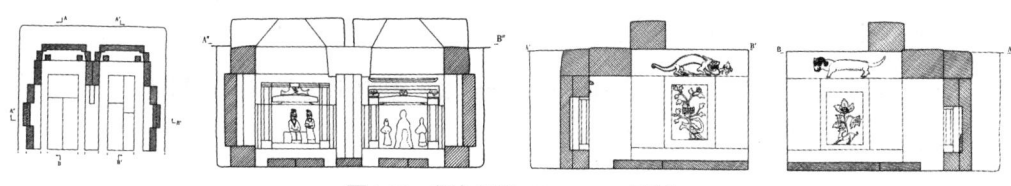

第四章 四川地区宋墓画像石刻的考古学基础研究

图4-25 叙永天池09SLXXM1形制

（三）Ⅲ类

两室左右并列，其间有一定距离，但墓壁上开有通道可以相通。

藻井式盝顶，有后龛、有侧龛。仿木结构和石刻图像较复杂，可见门窗、妇人启门、花卉、祥禽瑞兽、武士、屏风、镇墓真文等。规模较大，单室的长在4~6米，宽在2米以上，高在3米以上。如井研金井坪M2。（参见图4-26）[①]

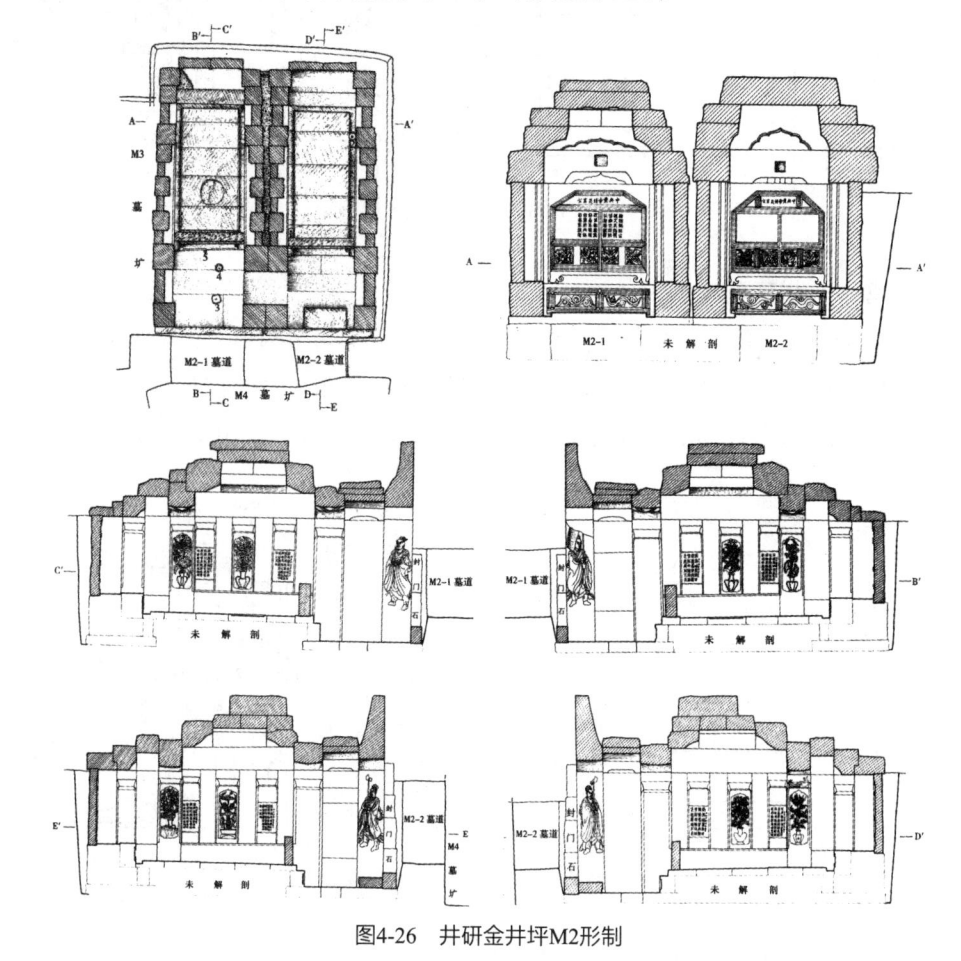

图4-26 井研金井坪M2形制

[①] 图片采自四川省文物考古研究院、井研县文物管理所：《四川井研县金井坪宋代墓地发掘简报》，《四川文物》，2012年第1期，图四、五、六、七、八、九。

309

（四）Ⅳ类

共用一墓圹，两室左右并列，其间有一定距离，墓壁上无通道可以相通。

按照墓顶的差异可以分为以下三型。

1. A型：平顶墓

有后龛、有侧龛，但侧龛或无仿木和雕刻，或仿木结构和石刻图像很简单。墓室石刻图像较简单，可见空椅、瓶花等。规模一般，单室的长在2米左右，宽在1米左右，高在1.5米左右。如青川竹园金子山乡宋墓。（参见图4-27）[①]

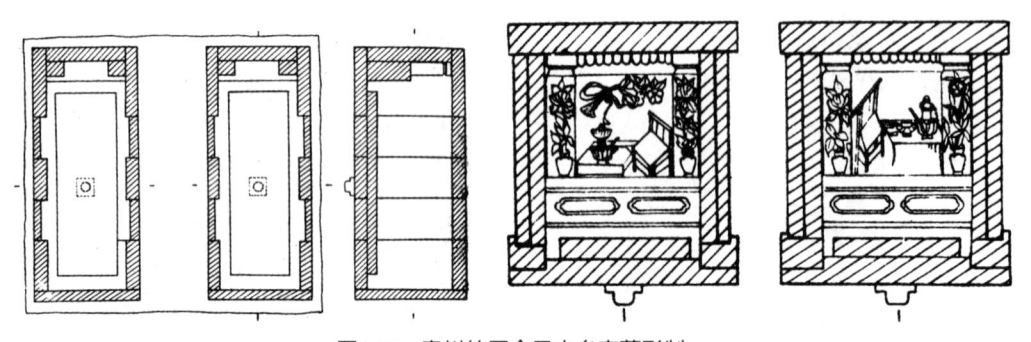

图4-27　青川竹园金子山乡宋墓形制

2. B型：券拱顶墓

按照龛的情况、仿木和石刻图像的复杂程度差异，又可分为以下三个亚型。

Ba型：有后龛、无侧龛。仿木结构和石刻图像较简单，仅见空椅和花卉。规模较大，单室长在4米左右，宽在2米左右，高在3米以上。如合川观山墓群M6。（参见图4-28）[②]

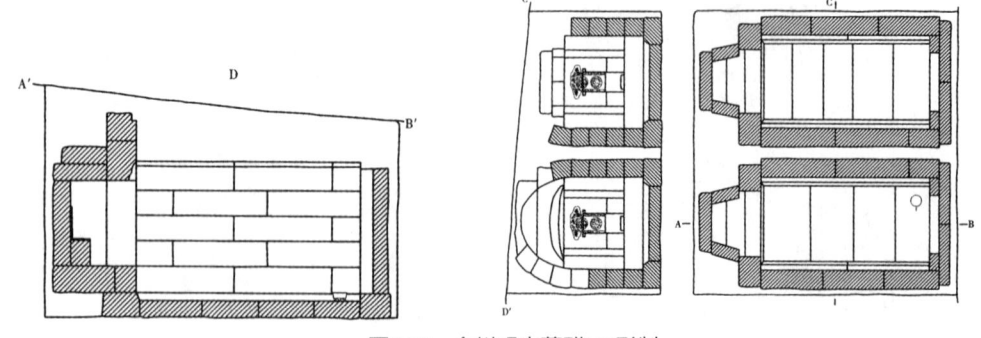

图4-28　合川观山墓群M6形制

[①] 图片采自青川县文管所、四川省文物考古研究所：《青川县竹园金子山乡宋墓清理简报》，《四川文物》，2001年第2期，图二。

[②] 图片采自重庆市文化遗产研究院、重庆文化遗产保护中心：《重庆市合川区观山墓群宋代石室墓发掘简报》，《四川文物》，2014年第2期，图一三。

Bb型：有后龛、有侧龛，但侧龛或无仿木结构和石刻图像，或仿木结构与石刻图像较简单。墓室石刻图像种类较简单。规模较大，长在3.5～6米，宽在1.6～2.6米，高在2～4米。

按图像种类、仿木复杂度的差异可分为以下两式：

Ⅰ式：侧龛和后龛有较为简单的仿木结构，图像题材包括屏风、牌位、花卉等。如华蓥许家塇09SGHXM1。（参见图4-29）①

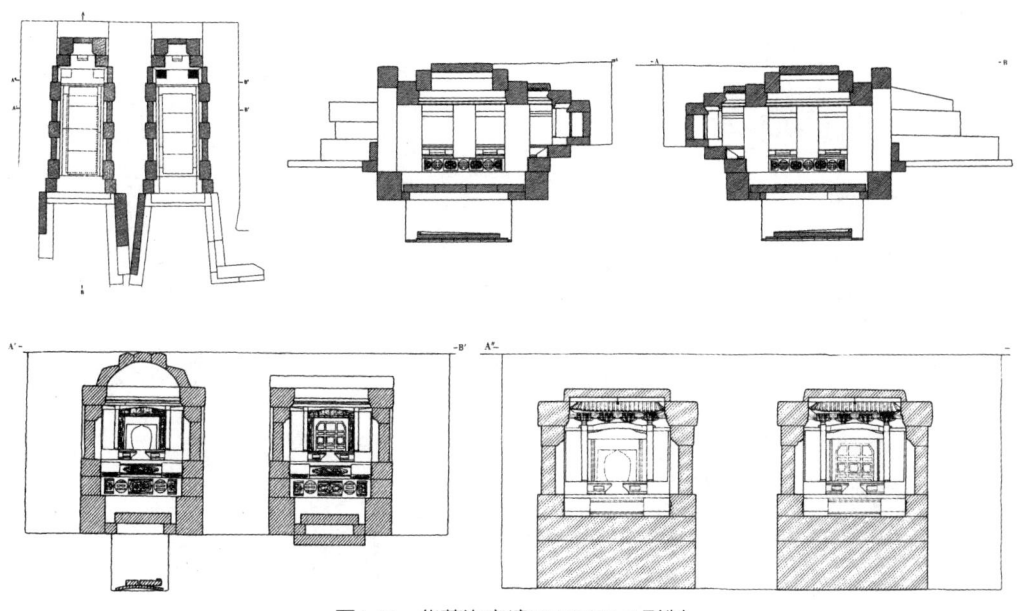

图4-29　华蓥许家塇09SGHXM1形制

Ⅱ式：无仿木结构，图像种类极为简单，仅在后龛雕刻出壶门。如华蓥驾挡丘2001HLM2和2001HLM3。（参见图4-30）②

Bc型：有后龛、有侧龛。规模较大。仿木结构和石刻复杂，可见武士、四神、祥禽瑞兽、伎乐、备侍、升仙、花卉、瓜果、墓主人像、妇人启门等。如华蓥安丙家族墓群M1和M2。（参见图4-31）③

---

① 图片采自四川省文物考古研究院、广安市文物管理所、华蓥市文物管理所：《四川华蓥许家塇宋墓清理简报》，《四川文物》，2010年6期，图二、三、四、五、六。
② 图片采自四川省文物考古研究院、广安市文物管理所、华蓥市文物管理所：《华蓥市永兴镇驾挡丘宋墓群发掘简报》，《四川文物》，2009年1期，图一六、一八。
③ 图片采自四川省文物考古研究院、广安市文物管理所、华蓥市文物管理所：《华蓥安丙墓》，文物出版社，2008年，第5页，图三；第17页，图六；第41页，图三八。

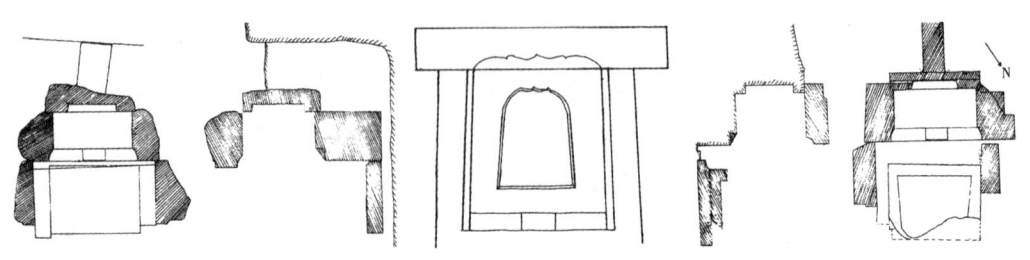

图4-30 华蓥驾挡丘2001HLM2和2001HLM3形制

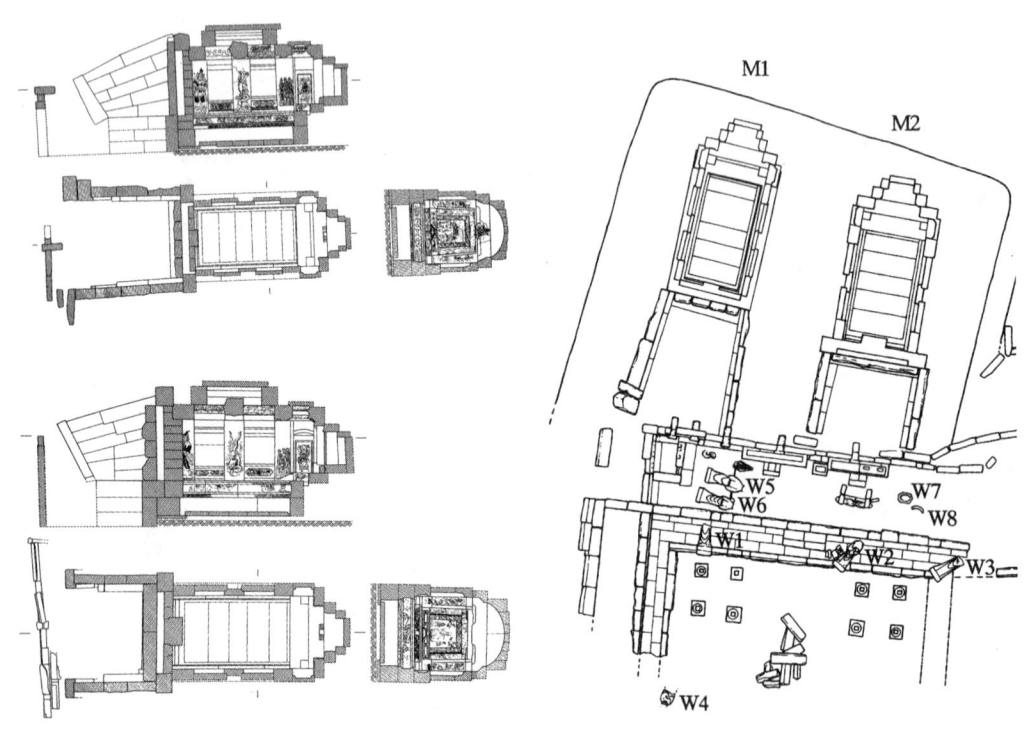

图4-31 华蓥安丙家族墓群M1和M2形制

3. C型：藻井式盝顶

按照龛的情况、仿木结构和石刻图像的复杂程度差异，又可分为以下三个亚型。

Ca型：有后龛、有侧龛。仿木结构和石刻图像题材复杂，可见武士、四神、门窗、祥禽瑞兽、备侍、空椅、墓主人像、花卉、启门、扶幔等。规模较大，长在2.8～4米，宽在1.5～2.5米，高在2.5～3米。如泸县奇峰一号墓和二号墓。（参见图4-32）[①]

[①] 图片采自四川省文物考古研究所、成都市文物考古研究所、泸州市博物馆、泸县文物管理所：《泸县宋墓》，文物出版社，2004年，第76页，图六六；第78-80页，图六七、六八、六九；第91-92页，图七八、七九。

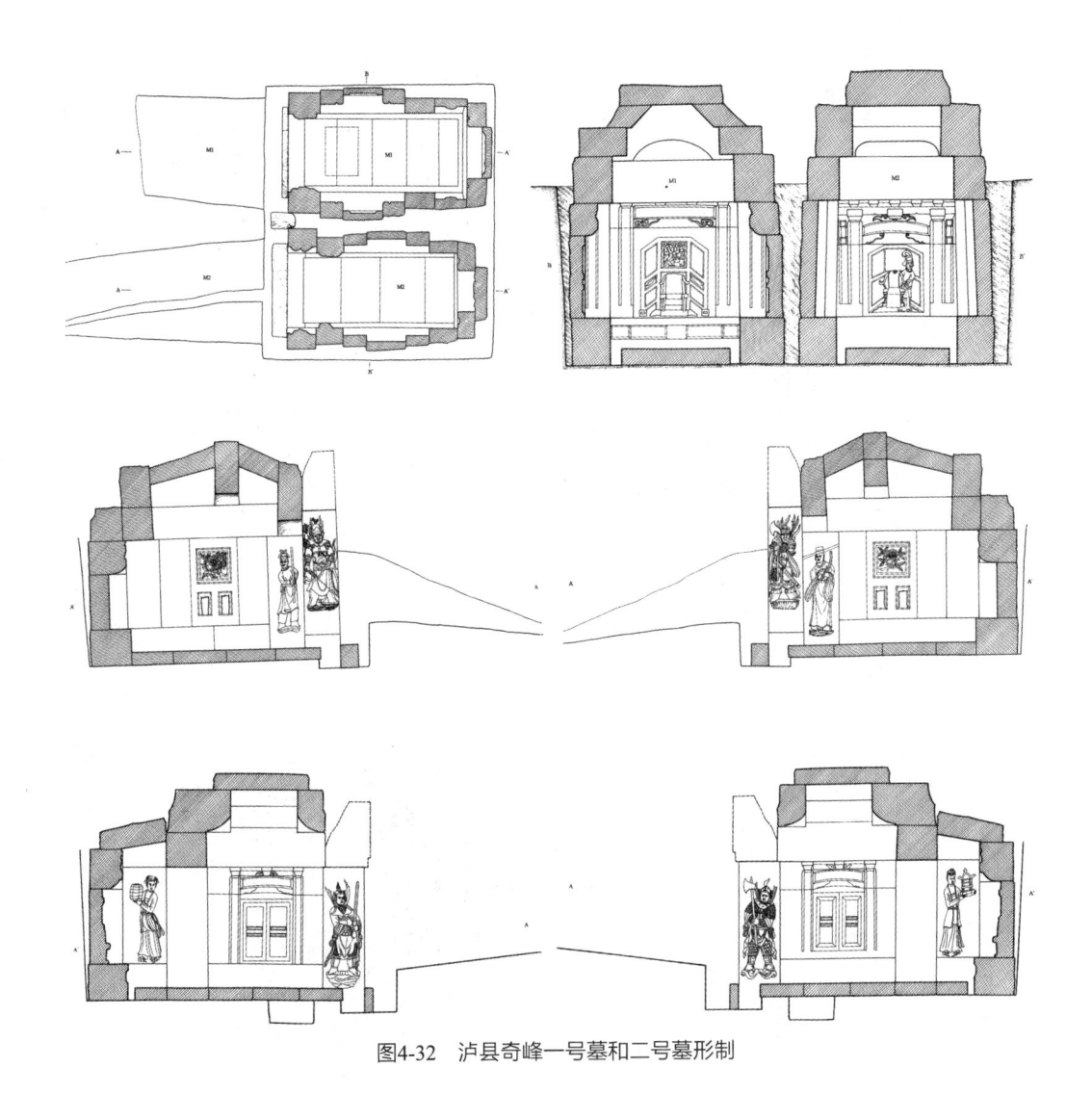

图4-32 泸县奇峰一号墓和二号墓形制

Cb型：有后龛、有侧龛，但侧龛或无仿木结构和石刻图像，或仿木结构与石刻图像很简单。墓室石刻图像极简单，仅可见连弧装饰线刻。规模一般，单室长在2.7～2.8米，宽在1.2～1.3米，高在2米左右。如璧山县大路镇（今璧山区大路街道）哨楼坡BDSM2。（参见图4-33）①

---

① 图片采自重庆市文物考古所、璧山县文物管理所：《重庆璧山县渝遂高速公路沿线抢救性考古发掘简报》，《四川文物》，2006年增刊，第83页，图二。

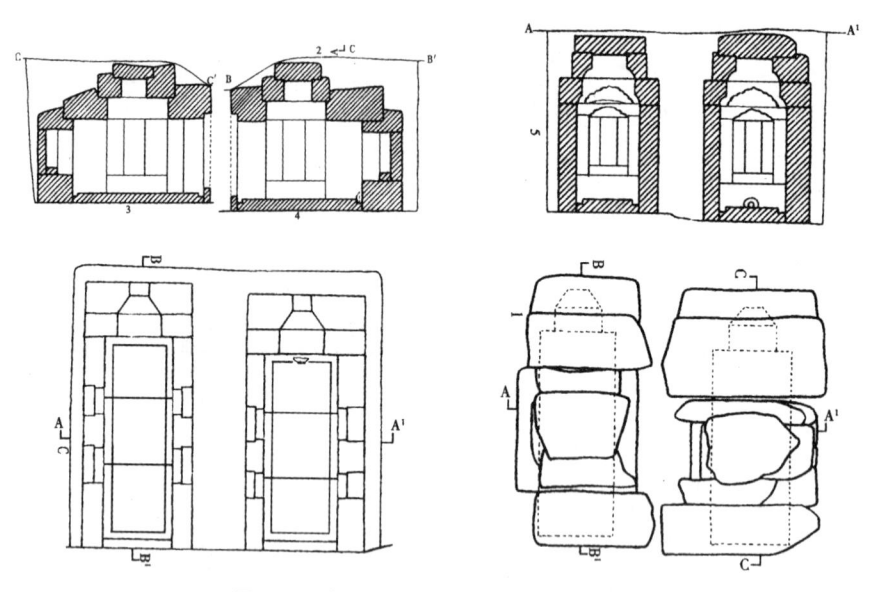

图4-33　璧山县大路镇哨楼坡BDSM2形制

4. D型：复合藻井式盝顶

按龛的情况、仿木结构和石刻图像的复杂度差异又分为两个亚型：

Da型：前部为盝顶，后部亦为一藻井式盝顶。有后龛、有侧龛，但仿木结构和雕刻都很简单。石刻图像题材可见缠枝花卉和瓶花。规模一般，长在2米左右，宽在1米以下，高在2米以下。如璧山县大路镇哨楼坡BDSM1。（见图4-34）[①]

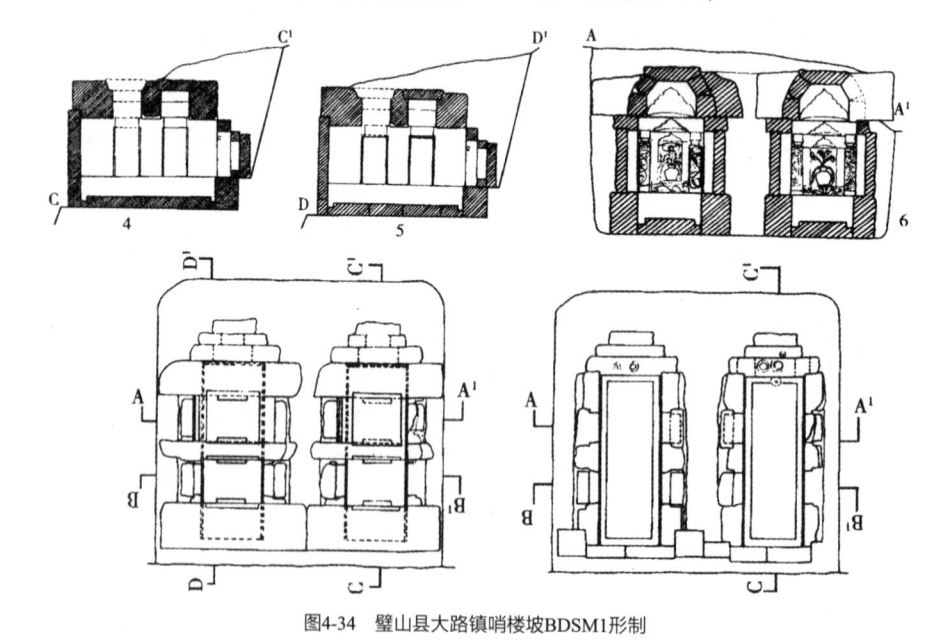

图4-34　璧山县大路镇哨楼坡BDSM1形制

[①] 图片采自考古所、璧山县文物管理所：《重庆璧山县渝遂高速公路沿线抢救性考古发掘简报》，《四川文物》，2006年增刊，第82页，图一。

Db型：前为盝顶，后为三角形藻井式盝顶。有后龛、有侧龛，几乎不见仿木结构。石刻图像题材较为简单，可见屏风、供桌、镇墓真文和楞严咒。规模一般，单室长在2.5～3米，宽在1米左右，高在2.5米左右。如北碚杨元甲夫妇合葬墓。（见图4-35）①

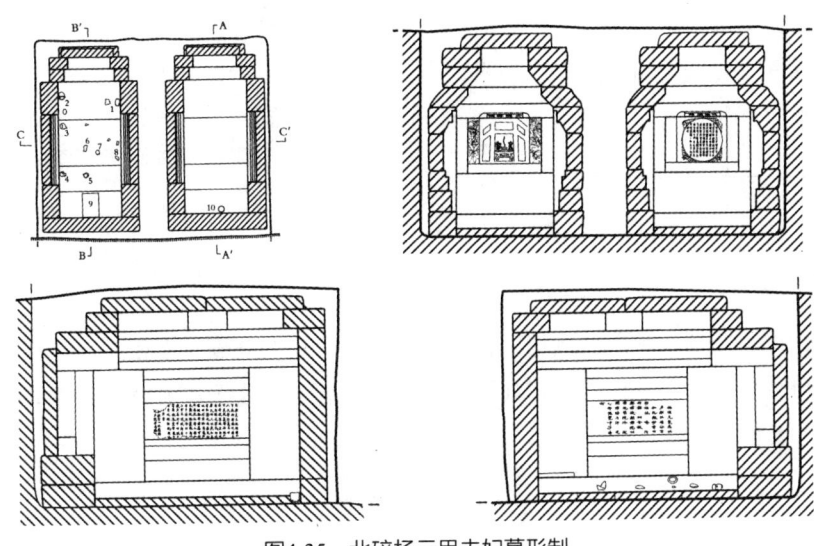

图4-35 北碚杨元甲夫妇墓形制

（五）V类

两墓室前后并列。

有仿木建筑构件如方柱、斗拱等，图像题材可见花卉、瑞兽、妇人启门等。如大足北宋嘉祐四年（1059）墓。（原报告无图，根据文字描述形制分类）②

三、丙类：多室墓

共用一墓圹。按照墓室排列情况、结构差异分为五型。

（一）A型

平顶带藻井，三室并列，共用墓壁，其间无通道相通。主室分前后室，后室有仿木结构后龛。侧室有多个壁龛，壁龛无仿木结构。石刻图像较为丰富，可见墓主人像、花卉、瑞兽、牌位、祥云等。如仪陇新政镇宋墓。（参见图4-36）③

---

① 图片采自遗产研究院、北碚区博物馆、重庆市文化遗产研究院：《重庆市北碚区苦塘沟南宋杨元甲夫妇墓的发现与研究》，《四川文物》，2015年第6期，图一、二、三。
② 邓之金：《四川大足县发现带有雕刻的宋墓》，《文物参考资料》，1954年第10期。
③ 图片采自管理所：《四川仪陇县新政镇宋代石室墓清理简报》，《四川文物》，2013年第5期，图二。

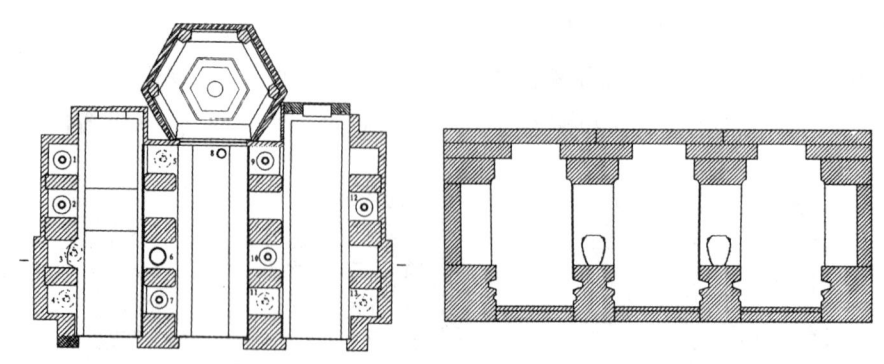

图4-36　仪陇新政镇宋墓形制

（二）B型

平顶，三室并列，共用一墓圹，各墓室之间有一定的间隔，不相通，皆有后龛和壁龛。墓门和壁柱仿木。三墓室的石刻极为简单，仅后龛顶线雕连弧纹。如遵义播州土司杨文墓。（参见图4-37）[①]

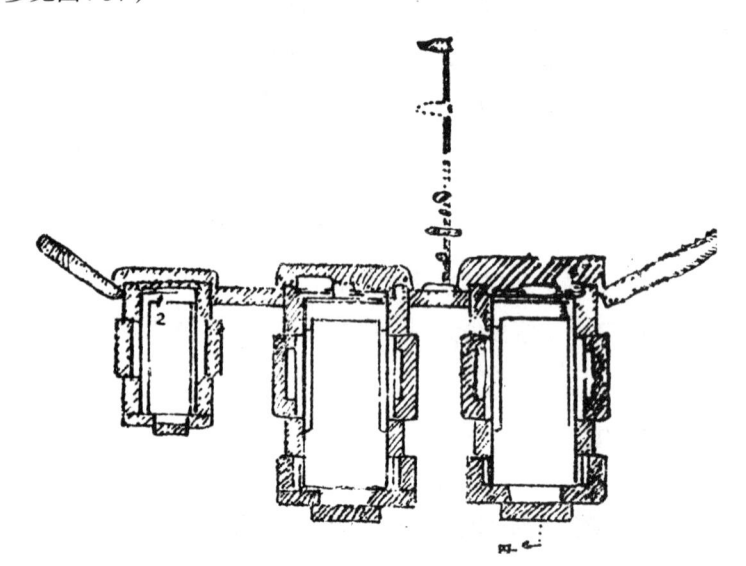

图4-37　遵义播州土司杨文葬形制

（三）C型

三室共用墓圹，其中二室共壁，另一室与此二室间有一定的间隔，中无通道相通。按照顶的差异又可分为以下两个亚型。

Ca型：前部为券拱顶，后部为藻井式盝顶。有后龛、有侧龛。有简单的仿木结构，如门窗。石刻图像很简单，可见缠枝花卉、瓶花、青龙。规模较大，单室长在2.5～3

[①] 图片采自李衍垣：《遵义高坪"播州土司"杨文等四座墓葬发掘记》，《贵州田野考古四十年》，贵州民族出版社，1993年，第363页，图二。

米，宽在1.5米左右，高在2.5米左右。如岳池坪滩镇碉楼坡2005SYPDM1、M2和M3。（见图4-38）①

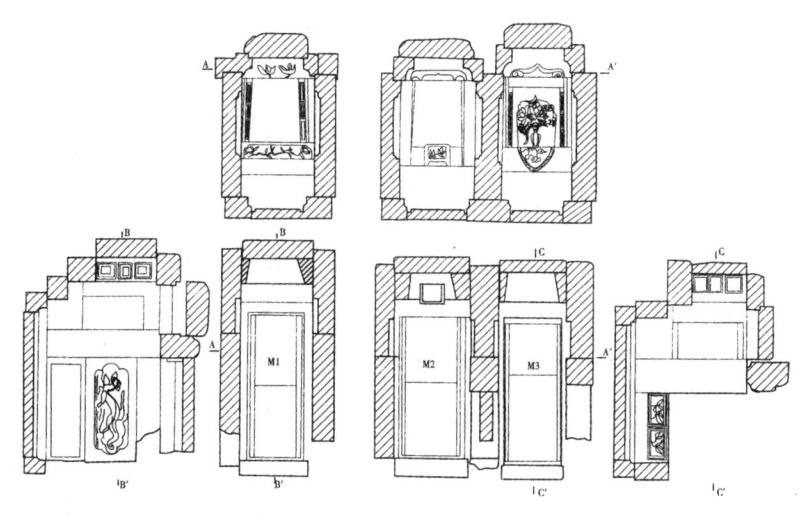

图4-38　岳池坪滩镇碉楼坡2005SYPDM1、M2和M3形制

Cb型：平顶。有后龛、无侧龛。有极为简单的仿木结构。石刻图像极为简单，仅可见线刻连弧卷纹。规模一般，单室长在2.5米左右，宽在1.2米左右，高在1.5米左右。如岳池坪滩镇龙汇院子2005YPLM1—M3。（见图4-39）②

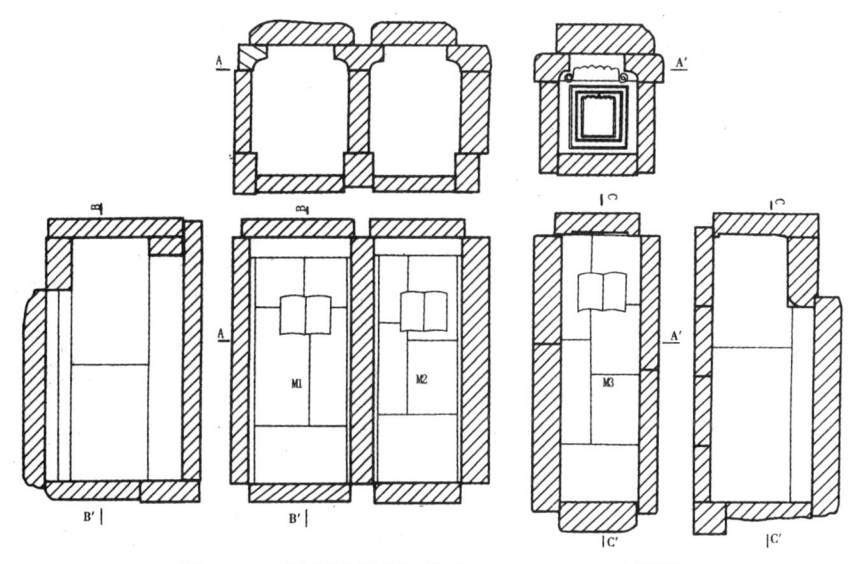

图4-39　岳池坪滩镇龙汇院子2005YPLM1—M3形制

---

① 图片采自四川省文物考古研究院、广安市文物保护管理所、岳池县文物保护管理所：《四川岳池县坪滩镇宋代石室墓发掘简报》，《四川文物》，2006年增刊，第74页，图二。
② 图片采自四川省文物考古研究院、广安市文物保护管理所、岳池县文物保护管理所：《四川岳池县坪滩镇宋代石室墓发掘简报》，《四川文物》，2006年增刊，第76页，图四。

（四）D型

藻井式盝顶，三室并列，中有通道相通。有后龛、有侧龛。仿木结构较复杂，可见门窗、斗拱、雀替、方柱等仿木构件。石刻图像丰富，可见墓主人像、备侍、祥禽瑞兽、花卉、飞天、武士、仙人、妇人启门等。规模较大。如高县胜天乡下桥生基包宋墓[①]、都江堰石牛村宋墓。[②]（原报告无图，根据文字描述形制分类）

（五）E型

藻井式盝顶，三室为前、中、后室前后排列。有仿木结构，可见斗拱、方柱等仿木构件。图像题材可见僧人雕像。规模较大，长7.6米，宽4.2米，高1.5米。如重庆大足邮亭镇长石僧人墓。[③]（原报告无图，根据文字描述形制分类）

（六）F型

券拱顶，墓道一侧并列八个大小相同的墓室，另一侧八个壁龛正对各墓室门。各墓室长2.6米，宽0.9米，高1.6米。墓门可见仿木构件。石刻图像题材丰富，可见仙人、祥禽瑞兽、备侍、花卉、鱼等。如富顺县沱湾乡大型宋墓。[④]（原报告无图，根据文字描述形制分类）

[①] 四川省文物管理局：《四川文物志》，上册，四川出版集团·巴蜀书社，2005年，第164页。
[②] 卞在彬：《宋代石刻墓 惊现石牛村》，《成都文物》，2001年第4期。
[③] 国家文物局：《中国文物地图集·重庆分册》，下册，文物出版社，2010年，第283页。
[④] 徐雄伟、李茂清：《富顺县发现大型宋墓》，《四川文物》，1989年第2期。

第四章　四川地区宋墓画像石刻的考古学基础研究

第二节　原境·画像崖墓和画像石棺形制的类型学研究

一、汉系画像崖墓形制的类型学研究

目前田野材料中所见四川地区宋代汉系画像崖墓皆为单室墓，按墓顶、平面形态的差异将其分为三型。

（一）A型

A型画像崖墓为穹窿顶，顶上雕刻出榑、椽等仿木构件。墓室平面为八边形，和北方地区八边形宋墓平面相似。墓葬规模较大，石刻题材丰富。目前四川地区所见宋代画像崖墓材料中，A型仅见永川高洞子宋代崖墓群M1。[①]（参见图4-40）

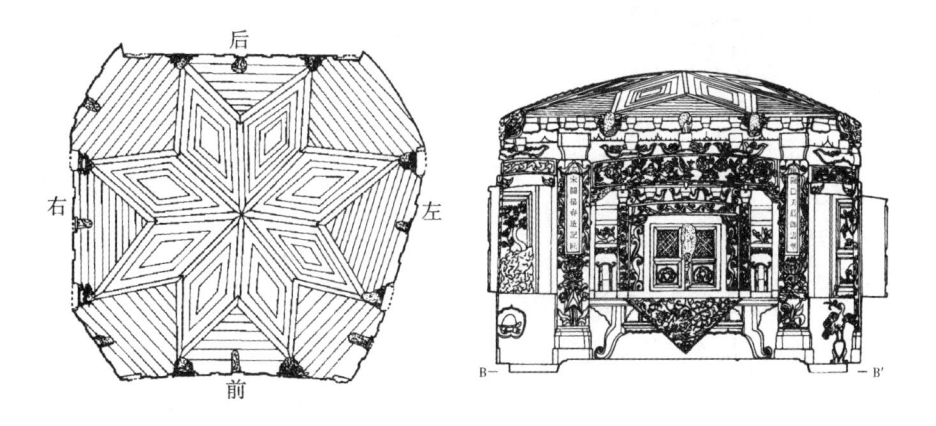

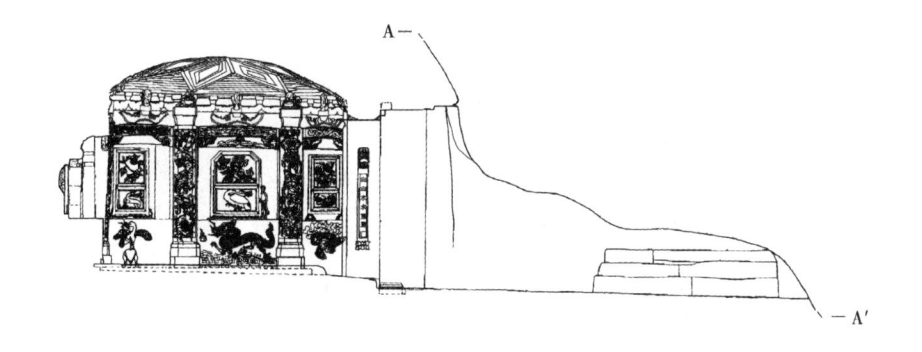

---

① 图片采自重庆市文化遗产研究院、重庆市永川区文物管理所：《重庆永川高洞子南宋墓群清理简报》，《文物》，2020年第6期，图三、图六、图七。

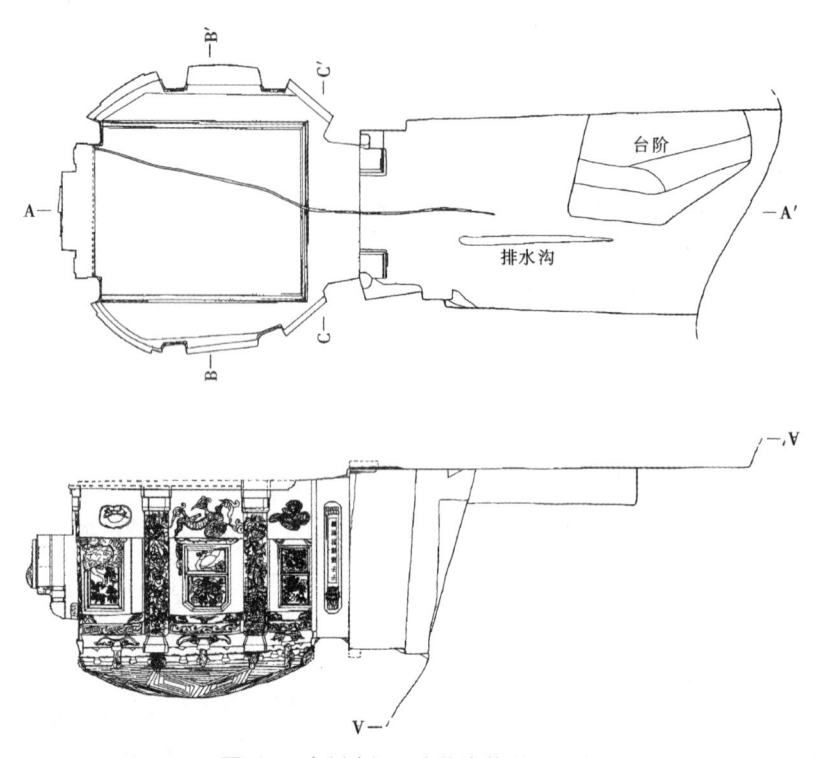

图4-40　永川高洞子宋代崖墓群M1形制

（二）B型

B型画像崖墓墓顶为平顶带浅藻井。墓室平面为长方形，墓室中部修筑棺台。有侧壁龛和后龛，雕刻有仿木构件。墓室整体形态与四川地区宋代画像石室墓中甲类Ac型相似。石刻题材远不如宋代汉系画像崖墓的A型丰富，仅见折枝花卉、仿木构件和仿木楼阁。B型在田野材料中目前仅见永川高洞子宋代崖墓群M2和M3。[①]（参见图4-41）

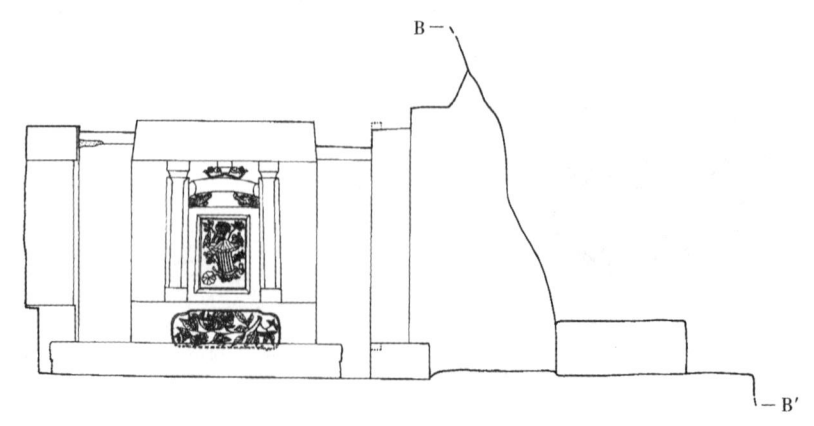

[①] 图片采自重庆市文化遗产研究院、重庆市永川区文物管理所：《重庆永川高洞子南宋墓群清理简报》，《文物》，2020年第6期，图八、图一三、图一四、图一六。

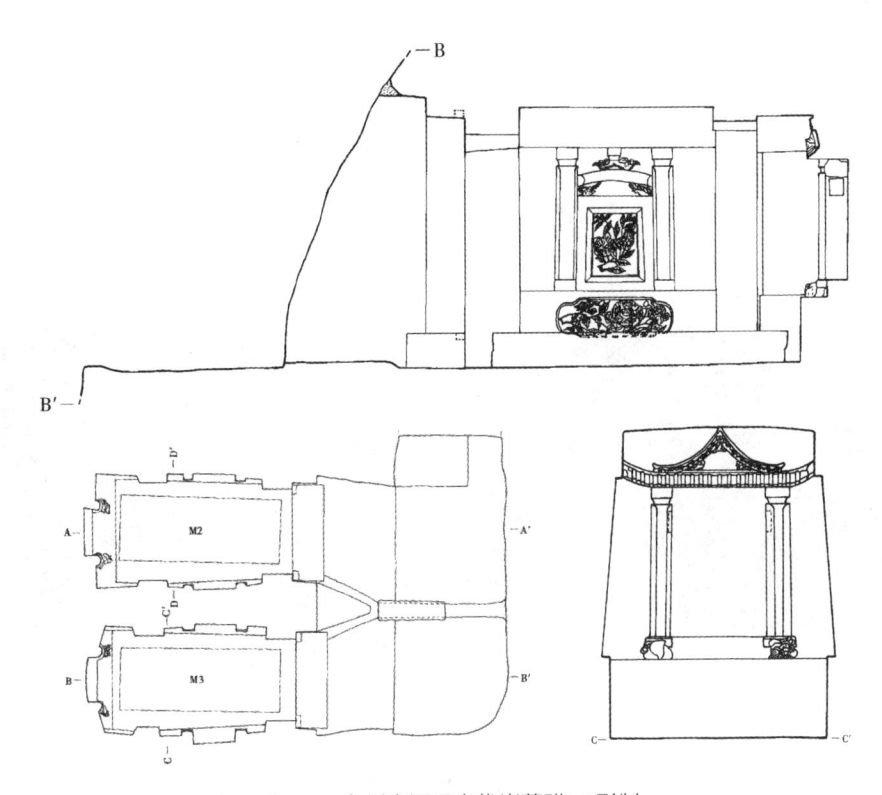

图4-41　永川高洞子宋代崖墓群M3形制

（三）C型

C型画像崖墓墓顶为平顶，无藻井，无侧壁龛和后龛，侧壁和后壁均为素面无雕刻。墓室平面为长方形，无棺台。石刻极为简单，仅在墓门上方雕刻出仿木屋檐。C型在田野材料中仅见纳溪清凉山宋代崖墓群5座墓。[①]（参见图4-42）

二、非汉系画像崖墓形制的类型学研究

目前田野材料中所见四川地区宋代非汉系画像崖墓皆为单室墓，墓顶均为平顶略带弧，墓室平面均呈长方形，墓顶打磨粗糙。按龛的有无、图像复杂度的差异将其分为两型。

图4-42　纳溪清凉山宋代崖墓群M4形制

---

① 资料来源：笔者田野调查采集，图片为笔者拍摄。

（一）A型

A型非汉系画像崖墓，墓门处有风雨槽，墓顶平顶带弧，墓室平面呈长方形，侧壁和后壁无壁龛，且均为素面无雕刻。石刻集中在墓门处，可见武士、仿木构件、瑞鹿、青龙等题材。但青龙未按汉系画像石室墓中青龙配置在东（右），而是居于墓门处。典型墓例如宜宾天堂沟崖墓群M9。①（参见图4-43）

图4-43　天堂沟崖墓群M9形制

（二）B型

B型非汉系画像崖墓，墓门处有风雨槽，墓顶平顶带弧，墓室平面呈长方形，有后龛、无侧龛。墓门、后龛和侧壁都雕刻有图像，可见武士、备侍、出行、启门、瑞鹿、朱雀、玄武、劳作、乐舞等。四神的配置方式和汉系画像石室墓中朱雀玄武配置方式相同，皆为朱雀在南，玄武在北。启门的配置方式也和汉系画像石室墓相同，在后龛处。典型墓例如宜宾北斗岩M1。②（参见图4-44）

图4-44　宜宾北斗岩M1墓葬形制

---

① 资料来源：笔者田野调查采集，图片为笔者拍摄。
② 资料来源：笔者田野调查采集，图片为笔者拍摄。

三、原境·画像石棺形制的类型学研究

四川地区出土的宋代画像石棺,据笔者搜集田野材料和馆藏材料,目前仅泸州合江汉代画像石棺博物馆收藏有两具出土于合江县马街子田村者。此两具画像石棺大小、形制基本相同,将其划分为四川地区宋代画像石棺的A型。

A型画像石棺棺身为长方体,棺盖顶部中间为平顶、长边两面抹斜,棺盖横剖面为等腰梯形,棺盖两头分别有圆孔。石棺图像题材较简单,只雕刻了四神、变体胜纹和火焰珠。四神均按照左青龙、右白虎、前朱雀、后玄武的标准模式进行配置。(参见图4-45)

1 棺身

2 前档 　　　　　　3 后档

图4-45　合江第13号宋代画像石棺形制

第三节　原境·画像石室墓图像组合的类型学研究

考察四川地区宋代画像石室墓的图像组合类型，需要梳理出画像石室墓中的主流图像。由这些主流图像按照一定的位置进行配置，表达固定的象征意义，具有长时段延续性的图像配置模式才能称为图像组合，并具有类型学研究的意义。判断主流图像的标准，应考察三个方面：数量的优势、使用的普遍性和使用时间的延续性。

首先，从数量的优势来看，统计可知图像题材的画像石室墓各类图像出现数量如下表。（参见表4-1）

由表4-1可见，在数量上占据优势的图像分别为：花卉、备侍、四神、武士、祥禽瑞兽、墓主人像、门窗、启门、空椅、屏风、杂剧伎乐、桌、童子、仙人飞天、牌位、文吏、力士等。考察这些数量优势图像的使用普遍性，统计可考察身份背景的使用这些图像的墓主之相关情况如下表。（参见表4-2）

由表4-2可以看出，从性别、年龄、社会等级和宗教信仰各方面而言，这些个人背景存在各类差异的墓主，在画像石室墓主流图像题材选择上却未存在明显差异。年龄的不同并未导致在画像题材使用上出现各年龄层次独特的偏好；社会等级不同造成的影响也只是在一些高、中级官员的墓葬中，除了整个社会阶层共同使用的图像题材外，多增添了一些代表身份的题材如出行图、仪仗图等，如赵雄墓、虞公著夫妇墓；宗教信仰的不同也并未使那些或具有佛教因素、道教因素的墓葬，或明确可知是佛教信徒、道教信徒的墓葬在装饰图像上出现异于普通人群的特色，并且，就连明确可知墓主为僧人的墓葬（仪陇新政镇石室墓）中，其墓葬装饰亦使用了在一般墓葬中主要流行的图像题材；就性别而言，男性和女性的墓葬在图像选择上并未因性别的差异而有明显区别，花卉、侍者、武士、祥禽瑞兽、四神、墓主人像、空椅、桌等在男女墓葬中都普遍加以使用。

表4-1　四川地区宋代画像石室墓各类图像数量统计（单位：座/来源：笔者制作）

图像	数量	图像	数量	图像	数量	图像	数量
花卉	112	杂剧乐舞	11	火焰纹	4	孝行	5
备侍	74	桌	15	出行	4	家居家人	3
四神	72	牌位	6	八卦	4	诵经	1
武士	72	文吏	6	佛教故事	2	仙境	3
祥禽瑞兽	61	文官	2	佛像	4	夫妇共坐	2
墓主人像	51	仙人飞天	10	匾额	3	仪仗	2

续表

图像	数量	图像	数量	图像	数量	图像	数量
门窗	72	童子	9	驯兽	2	门吏	2
启门	51	日月	3	祭祀	2	道教真文	3
空椅	18	力士	6	市井场景	4	牵马	8
屏风	14	庖厨备宴	3	启幔	6	香炉	3

表4-2 四川地区宋代画像石室墓数量优势图像墓主身份背景情况统计
（单位：人/来源：笔者制作）

图像	男	女	30岁以下	30岁以上	高级官员	中低官员	一般民众	佛教信众	道教信众	无信仰
花卉	23	23	1	25	7	4	36	2	8	35
备侍	23	19	1	16	7	4	39	1	8	31
四神	23	15	1	15	6	6	24	1	5	32
武士	22	15	1	17	6	7	22	1	7	28
门窗	8	9	1	16	1	2	13	1	5	11
祥禽瑞兽	13	12		25	5	3	17	2	2	21
启门	2	6		8	3	1	4		3	5
墓主人像	14	13		27	3	1	23	2	4	21
空椅	7	4		11		2				9
屏风	5	3		8	1	3	4	1	2	6
桌	4	4		8		1	7	1	5	3
杂剧乐舞	3	4		7	4		3			7
仙人飞天	4	3		4	1		9		4	6
童子	1	3		4	1					4
牌位	2	1		3			3			2
启幔	1	4		5	1	2	2			5
力士	1			1			1			1

但值得注意的一点是，在一些共用图像题材的具体表现手法上，往往因为墓主性别的不同而有差异，这种现象在夫妇合葬墓中较为明显。夫妇合葬墓的石刻图像，因为在同一个墓葬环境之中，根据性别对比得出来的差异才尤为可靠。考察属于夫妇合葬墓，且能明确区分男室和女室的墓葬，不乏上述情况。如同样的武士题材，在广元河西杜光世夫妇墓中，东室（杜光世墓）墓门为男武士，西室（杜光世妻弋氏墓）墓门却将武士刻画为女武士[1]；彭山虞公著夫妇合葬墓中，东室（虞公著墓）和西室（虞公著妻留氏墓）墓门口皆为男武士，但在西室棺室门柱处的武士又被刻画成了女武士。[2]在侍者图像的使用上，广元〇七二医院宋嘉泰四年（1204）杂剧石刻墓中，东室（王再立墓）和西室（王再立妻郑氏墓）的后龛图像主体虽同为摆放酒食的桌子和空椅，但空椅旁的侍者却做了不同的刻画，西室为侍女捧酒注，东室却为侍童行叉手礼。[3]泸州滨河印象工地宋墓M1后龛处皆为备侍图，但男室为男侍提交椅，女室却为侍女启幔。[4]大足龙神湾王若夫妇合葬墓中侧壁为侍立于门前的备侍图像，男室（王若墓）采用的是男侍持骨朵侍立于门前，而女室（王若妻徐氏墓）则刻画的是侍女捧镜侍立于门前。[5]在启门图像的使用上，遵义杨粲墓的男室刻画的是童子启门，女室却刻画的是童女启门。[6]罗家桥的南宋大曲石刻墓，同样的伎乐图像，男室表现的是男乐人，女室表现的是女乐人。[7]荣县双古镇喻家沟村五组宋墓，男室和女室中对刻画的道人、侍者、武士的性别都有区别，男室皆用道士、男侍和男武士，女室皆用道姑、侍女和女武士。[8]同类图像人物在不同性别墓主的墓葬中表现出的人物性别差异，在某些情况下，可能是男女有别的观念下被用以标示墓主性别的不同，以女武士守卫、侍女随侍表示女墓主之所在，而男武士与男侍则守卫、侍奉于男墓主的空间。

就延续时间而言，北宋中后期出现、兴起但尚未发展至繁盛阶段的画像石室墓中，便已多见启门、门窗、花卉、武士、备侍等。进入南宋之后，随着画像石室墓的逐步发展，除北宋可见的诸图像题材外，祥禽瑞兽、四神、空椅、墓主人像、伎乐、桌等题材常见于画像石室墓中。直至南宋晚期，画像石室墓的发展呈现颓势的阶段，虽上述题材表现形式和技法上已见简化和粗糙，但题材主题却依然延续至南宋末年。可见，从目前发现最早有明确纪年的大足宋嘉祐四年（1059）画像石室墓到南宋末年，上述图像题材

---

[1] 四川省博物馆、广元县文管所：《四川广元石刻宋墓清理简报》，《文物》，1982年第6期。
[2] 四川省文物管理委员会、彭山县文化馆：《南宋虞公虞公著夫妇合葬墓》，《考古学报》，1985年第3期。
[3] 廖奔：《广元南宋墓杂剧、大曲石刻考》，《文物》，1986年第12期。
[4] 材料来源于泸州市博物馆提供未刊发清理记录。
[5] 大足石刻研究院：《重庆市大足区龙神湾南宋王若夫妇墓发掘简报》，《四川文物》，2015年第4期。
[6] 宋先世：《遵义杨粲墓发掘报告摘要》，《贵州田野考古四十年》，贵州民族出版社，1993年。
[7] 廖奔：《广元南宋墓杂剧、大曲石刻考》，《文物》，1986年第12期。
[8] 彭慧：《谈荣县宋墓浮雕的保护》，《成都文物》，2001年第3期。

在画像石室墓中一直延续。

笔者梳理明确记录图像配置位置的墓葬，考察上述主流图像题材在墓葬中的配置位置，统计如下表。（参见表4-3）

表4-3　四川地区宋代画像石室墓主流图像配置位置统计
（单位：例/来源：笔者制作）

图像	墓门（及附近）	两壁（非中心位置）	两壁（中心位置）	后壁（非中心位置）	后壁（中心位置）	梁/基/藻井	棺台	可考配置位置总数
瓶插花卉	1		9	9	12			31
折枝花卉	6	14	16	24		28	3	71
缠枝花卉	2	7		13		25		47
备侍		7	18	43	8			75
武士	59							59
门窗	2	1	24	2	13			42
祥禽瑞兽	3	18		20		10	1	51
启门			2		28			30
墓主人像			1		41			42
空椅			1		16			17
屏风					14			14
桌					10			10
杂剧乐舞			1	10				11
仙人飞天	2	2	1	1	1			7
童子			3	4			1	8
牌位					6			6
启幔				1	3			4
力士					1		2	3

（注：一块石刻为1例，如一块石刻上有多位侍者，亦归为1例，以方便石刻位置考察；如一块石刻既有青龙又有折枝花卉，则分别计入青龙1例、折枝花卉1例。）

因四神的情况较为特殊，单列表4-4以统计其在墓葬中的配置情况。（参见表4-4）

327

表4-4　四川地区宋代画像石室墓四神图像配置位置统计
（单位：例/来源：笔者制作）

图像	前壁/墓门	左壁	右壁	后壁
青龙		35		
白虎			35	
朱雀	18			1
玄武	2			19

出现上述主流图像并可考其配置位置的墓葬中：瓶插花卉出现最多的位置在后壁，以后壁中心位为主。折枝花卉最多见于梁/基/藻井，其次为后壁的非中心位作为装饰该区域的非主体图像，但出现在两壁的时候，则多作为主体图像。缠枝花卉在墓葬中的位置较为灵活，皆作为非主体图像出现。武士皆见于墓门及墓门附近。门窗最多见于两壁中心位，其次多见于后壁的中心位。祥禽瑞兽最多见于两壁和后壁的非中心位，其他则多出现在梁/基/藻井。启门绝大多数情况出现在后壁的中心位，只有极少数出现在两壁的中心位。墓主人像、空椅、屏风、桌、牌位基本出现在后壁的中心位，仅极个别的墓主人像出现在两壁的中心位。杂剧伎乐皆出现在两壁，多作为该装饰区域的主体图像配置于两壁的中心位，个别在两壁的非中心位。仙人飞天出现的位置较为灵活，墓门、两侧壁和后壁皆有出现。童子多见于两侧壁中心位和后壁非中心位，多作为主体图像的衬托点缀出现。力士多出现于棺台处，有极少数见于后壁非中心位。四神绝大多数按照左青龙、右白虎、前朱雀、后玄武的模式进行配置。可见，画像石室墓中的主流图像在墓葬中的配置位置是相对稳定并有规律可循的。

按主流图像题材及其配置模式，可将画像石室墓的图像组合分为以下三类。

一、甲类

图像题材丰富，包括武士、四神、花卉、门窗、备侍、启门、祥禽瑞兽、空椅、伎乐、生活或故事场景、墓主人像、牌位、瓶花、屏风、桌。多数墓葬在墓门、侧壁、后壁皆配置图像。

按照后龛配置图像的差异可以分为以下两型：

（一）A型

后龛配置的图像为表示空间拓展的启门、扶幔、门窗等。

第四章 四川地区宋墓画像石刻的考古学基础研究

按照后龛外其他位置的图像题材和配置之差异又可以分为以下四个亚型:

1. Aa型

（墓门）武士+（按四方位置配置）四神+（侧壁）花卉/门窗/备侍/祥禽瑞兽/伎乐/生活或故事场景+（后壁）启门/扶幔/门窗/仙境。

按照图像题材复杂度和配置的稳定度之差异又可分为以下两式：

Ⅰ式：图像丰富，配置模式较为稳定。如泸县喻寺镇一号墓。[①]（参见图4-46）

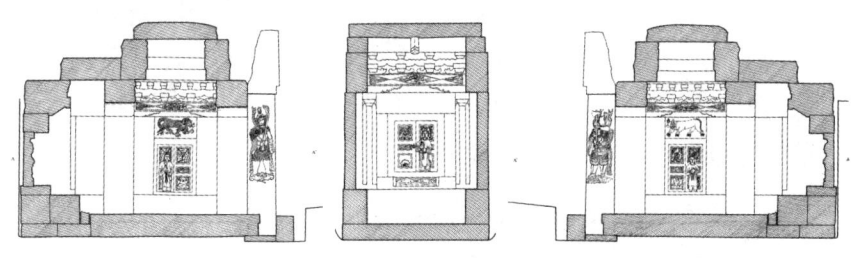

图4-46 泸县喻寺镇一号墓图像组合

Ⅱ式：图像较Ⅰ式减少，除安丙家族墓M1（福国夫人墓）这样的高等级墓葬依然按照上述模式来配置丰富图像外，其他的墓葬侧壁上几乎不再配置图像。如彭山虞公著墓。[②]（参见图4-47）

图4-47 彭山虞公著墓图像组合

[①] 图片采自四川省文物考古研究所、成都市文物考古研究所、泸州市博物馆、泸县文物管理所：《泸县宋墓》，文物出版社，2004年，第56页，图五〇；第57页，图五一；第59页，图五三。

[②] 图片采自四川省文物管理委员会、彭山县文化馆：《南宋虞公虞公著夫妇合葬墓》，《考古学报》，1985年第3期，图三、四、八。

2. Ab型

（墓门）武士+（侧壁）花卉/门窗/备侍/祥禽瑞兽/伎乐/生活或故事场景+（后壁）启门/扶幔/门窗。

按照图像题材复杂度和配置的稳定度之差异又分为以下两式。

Ⅰ式：图像丰富，按照上述模式来进行配置。如井研金井坪M3。①（参见图4-48）

图4-48　井研金井坪M3图像组合

Ⅱ式：按照上述模式配置，但图像题材更为简单，较Ⅰ式更为简化。如贵州桐梓宋明墓周市宋墓。②（参见图4-49）

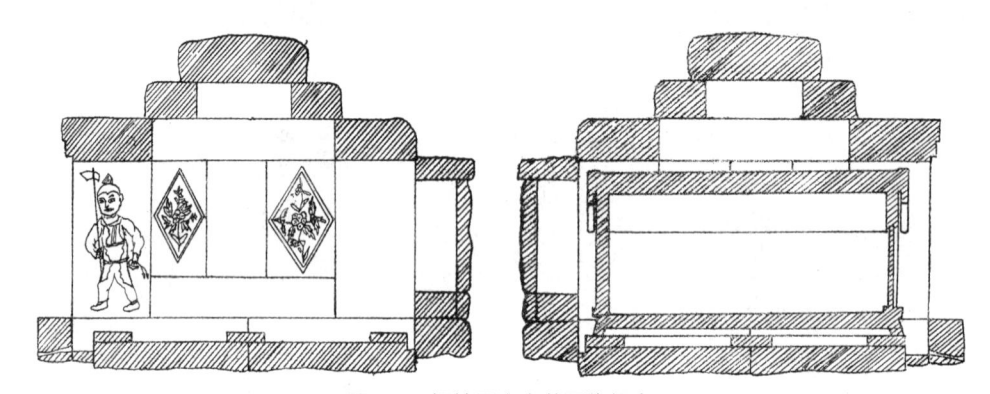

图4-49　桐梓周市宋墓图像组合

3. Ac型

（按四方位置配置）四神+（侧壁）花卉/门窗/备侍/祥禽瑞兽/伎乐/生活或故事场景+（后壁）启门/扶幔/门窗。如重庆井口宋墓。③（参见图4-50）

---

① 图片采自四川省文物考古研究院、井研县文物管理所：《四川井研县金井坪宋代墓地发掘简报》，《四川文物》，2012年第1期，图二八、二九、三〇。
② 图片采自贵州省博物馆考古队：《贵州桐梓宋明墓发掘简报》，《贵州田野考古四十年》，贵州民族出版社，1993年，第382页，图六。
③ 图片采自重庆市博物馆历史组：《重庆井口宋墓清理简报》，《文物》，1961年第11期，图9-13。

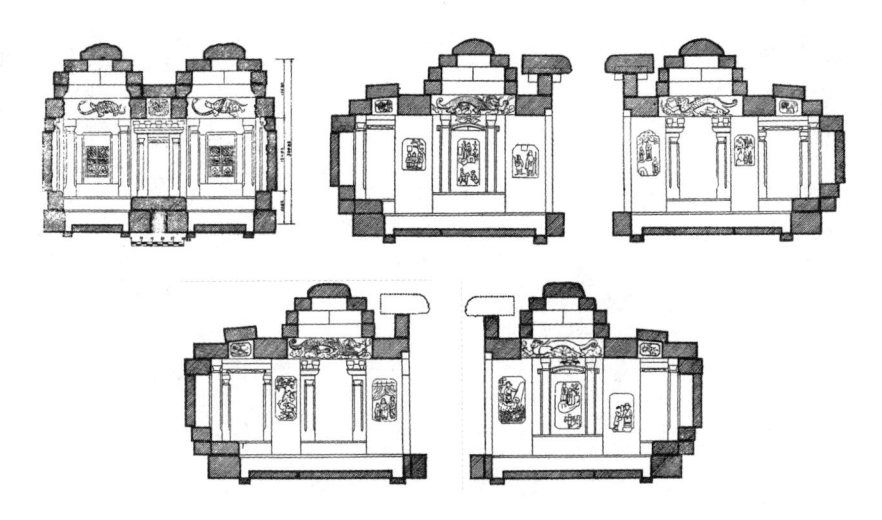

图4-50　重庆井口宋墓图像组合

4. Ad型

（侧壁）花卉/门窗/备侍/祥禽瑞兽/伎乐/生活或故事场景+（后壁）启门/扶幔/门窗。按图像题材复杂度的差异又可以分为以下两式。

Ⅰ式：图像题材丰富，基本按照上述配置模式进行配置。如宜宾旧州坝白塔宋墓[①]和李庄宋墓。[②]（参见图4-51）

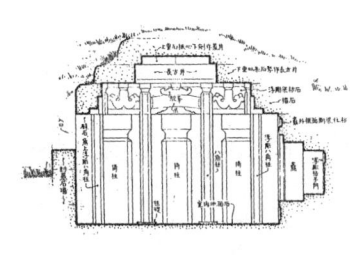

1 旧州坝白塔宋墓图像组合

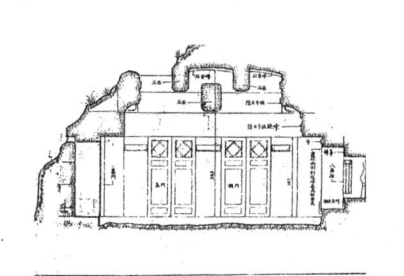

2 李庄宋墓图像组合

图4-51　宜宾旧州坝白塔宋墓和李庄宋墓图像组合

---

① 图片采自莫宗江：《宜宾旧州坝白塔宋墓》，《中国营造学社汇刊》，1944年第1期。
② 图片采自王世襄：《四川南溪李庄宋墓》，《中国营造学社汇刊》，1944年第1期。

Ⅱ式：图像题材较Ⅰ式减少，侧壁只见花卉图像，后龛皆为门窗或启门。如桐梓马鞍山观音寺墓群M3。①（参见图4-52）

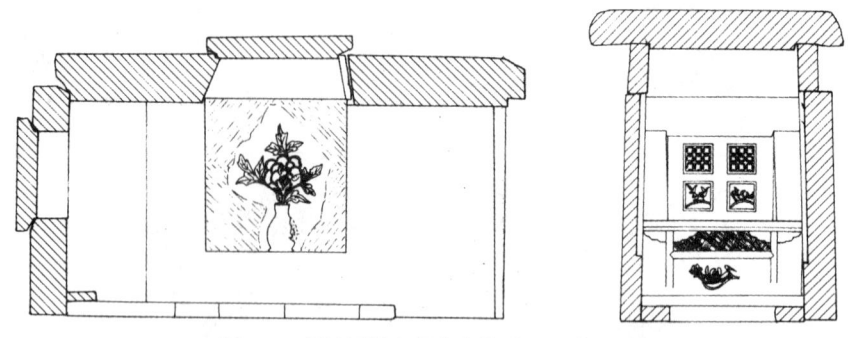

图4-52　桐梓马鞍山观音寺墓群M3图像组合

（二）B型

后龛配置的图像为表示墓主人所在的墓主人像、牌位、空椅、瓶花、屏风、桌等。

按照后龛外其他区域的图像题材和配置之差异又可以分为以下四个亚型：

1. Ba型

（墓门）武士+（按四方位置配置）四神+（侧壁）花卉/门窗/备侍/祥禽瑞兽/伎乐/生活或故事场景+（后壁）墓主人/牌位/瓶花/空椅/屏风/桌（旁多有侍者）。如高县胜天乡下桥生基包宋墓②、广元河西杜光世夫妇墓。③（参见图4-53）

图4-53　广元河西杜光世夫妇墓图像组合

---

① 图片采自贵州省文物考古研究所、桐梓县文物管理所：《贵州桐梓县马鞍山观音寺宋墓清理简报》，《江汉考古》，2013年第4期，图四。
② 四川省文物管理局：《四川文物志》上册，巴蜀书社，2005年，第164页。
③ 图片采自四川省博物馆、广元县文管所：《四川广元石刻宋墓清理简报》，《文物》，1982年第6期，图五、六、七、八、九、一〇、一一。

2. Bb型

（墓门）武士+（侧壁）花卉/门窗/侍者/备侍/祥禽瑞兽/伎乐/生活或故事场景+（后壁）墓主人/牌位/瓶花/空椅/屏风/桌（旁多有侍者）。

按照图像题材复杂度和配置模式完整度的差异可以分为以下两式。

Ⅰ式：墓门和后壁的图像基本按照上述模式来配置，但侧壁图像进行了简化。如邻水县合流镇后坝南宋墓。①（参见图4-54）

图4-54 邻水合流后坝宋墓图像组合

Ⅱ式：图像种类较Ⅰ式更为丰富、按照上述模式在墓门、侧壁和后壁都配置了图像。如泸县奇峰镇二号墓。②（参见图4-55）遵义荣昌坝宋墓。③（原报告无图，根据描述归类）

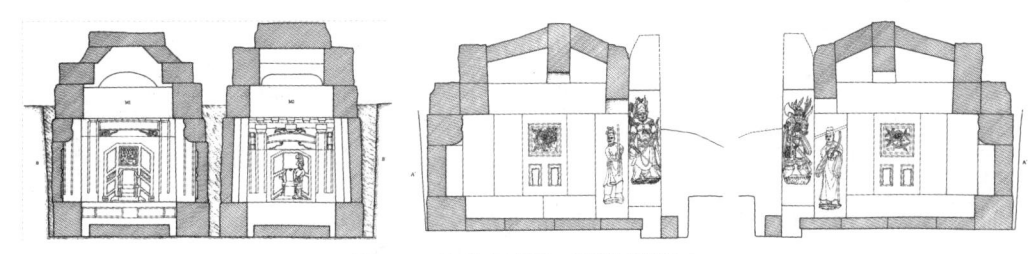

图4-55 泸县奇峰镇二号墓图像组合

---

① 图片采自四川省文物考古研究所、邻水县文物保护管理所：《邻水县合流镇后坝南宋墓清理简报》，《四川文物》，2003年第3期，图二，图七。
② 图片采自四川省文物考古研究所、成都市文物考古研究所、泸州市博物馆、泸县文物管理所：《泸县宋墓》，文物出版社，2004年，第80页，图六九；第91页，图七八；第92页，图七九。
③ 遵义地区文物管理委员会、遵义地区文化局：《遵义地区文物志》，1984年4月。

3. Bc型

（按四方位置配置）四神+（侧壁）花卉/门窗/备侍/祥禽瑞兽/伎乐/生活或故事场景+（后壁）墓主人/牌位/瓶花/空椅/屏风/桌（旁多有侍者）。

按照图像题材复杂度和配置模式完整度的差异分为以下三式：

Ⅰ式：图像题材较为简单，大体按上述模式进行配置，但对侧壁的图像配置进行了简化。如：仁寿古佛乡宋墓。①（公布图像不清，通过简报的文字描述确定的图像组合类型，故无图）

Ⅱ式：图像较Ⅰ式更为丰富，基本按上述模式配置得较为完善。如：华蓥安丙家族墓群M3。②（参见图4-56）

图4-56　华蓥安丙家族墓群M3图像组合

Ⅲ式：虽按上述模式配置，但各配置位置上图像题材较Ⅱ式更为简单。如叙永天池宋墓群09SLXXM1。③（参见图4-57）

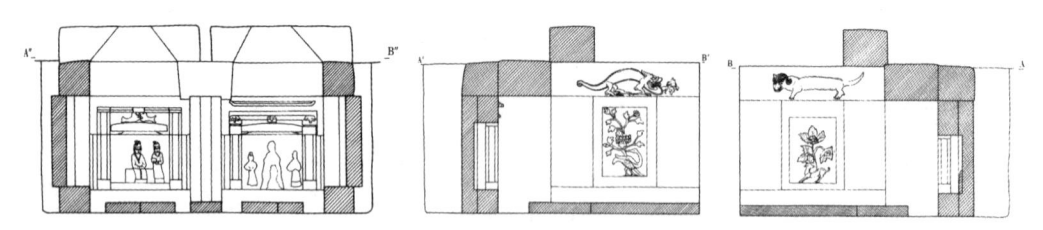

图4-57　叙永天池宋墓群09SLXXM1图像组合

---

① 莫洪贵：《仁寿县古佛乡宋墓清理简报》，《四川文物》，1992年第5期。
② 图片采自四川省文物考古研究院、广安市文物管理所、华蓥市文物管理所：《华蓥安丙墓》，文物出版社，2008年，第90页，图八四。
③ 图片采自四川省文物考古研究院、泸州市博物馆、叙永县文物管理所：《四川叙永天池宋墓清理简报》，《四川文物》，2010年第2期，图三、四、五。

4. Bd型

（侧壁）花卉/门窗/备侍/祥禽瑞兽/伎乐/生活或故事场景+（后壁）墓主人/牌位/瓶花/空椅/屏风/桌（旁多有侍者）。

按照图像题材复杂度和配置模式完整度的差异又分为以下三式：

Ⅰ式：图像题材简单，后龛配置屏风，但对侧壁图像进行了简化省略。如合川观山墓群M5。[①]（参见图4-58）

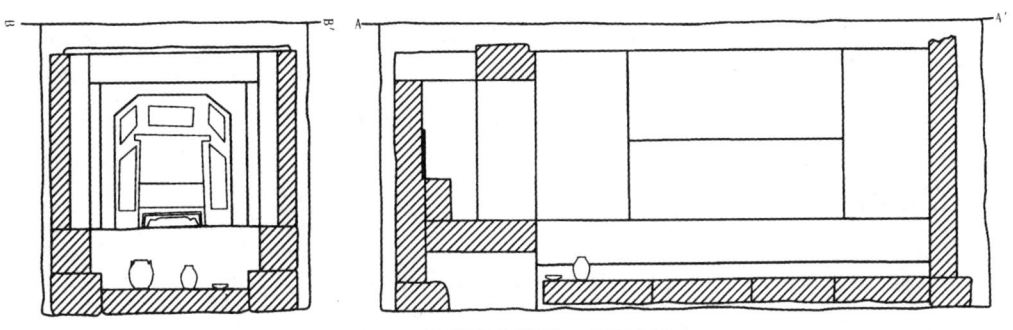

图4-58 合川观山墓群M5图像组合

Ⅱ式：图像题材丰富，按照上述模式进行完整配置。如重庆大足龙水镇明光村磨儿坡M1。[②]（参见图4-59）

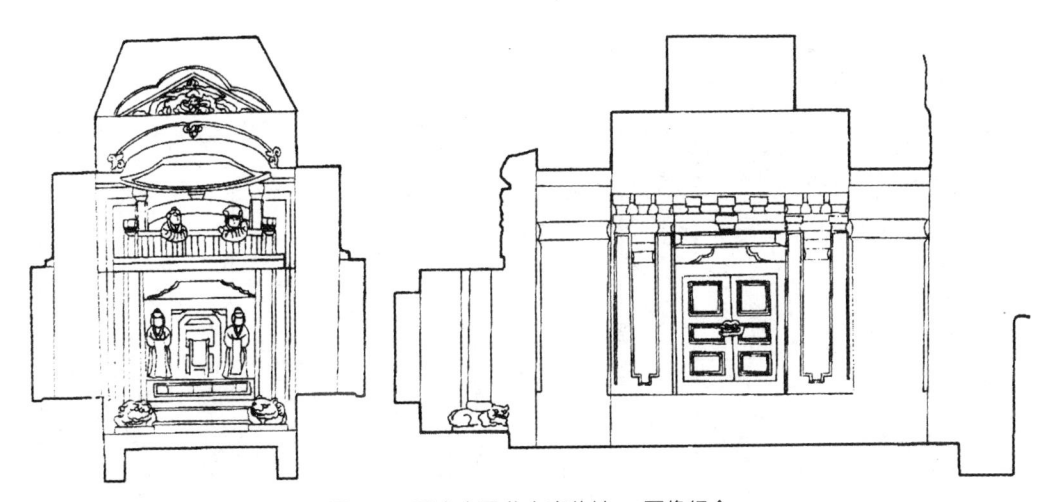

图4-59 重庆大足龙水磨儿坡M1图像组合

[①] 图片采自重庆市文化遗产研究院、重庆文化遗产保护中心：《重庆市合川区观山墓群宋代石室墓发掘简报》，《四川文物》，2014年第2期，图九。
[②] 图片采自重庆大足石刻艺术博物馆：《重庆大足龙水镇明光村磨儿坡宋墓清理简报》，《四川文物》，2002年第5期，图二、三。

Ⅲ式：图像题材较Ⅱ式简化，但基本按照上述模式进行配置。如叙永天池宋墓群09SLXTM2。①（参见图4-60）

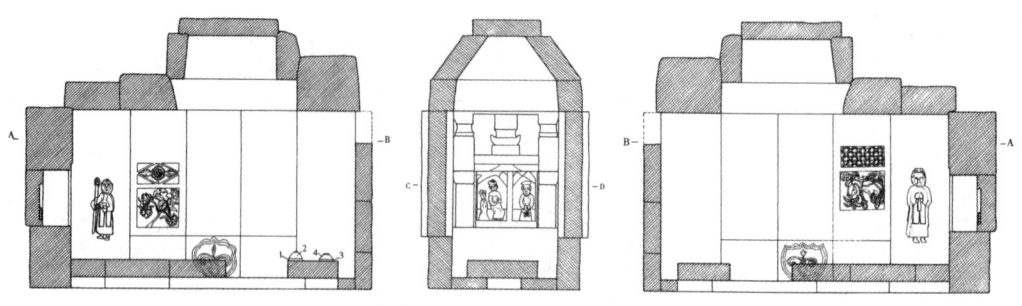

图4-60　叙永天池宋墓群09SLXTM2图像组合

二、乙类

图像题材较甲类简单，多在藻井、后龛配置有图像。

按后龛配置图像题材的差异分为两型：

（一）A型

后龛配置表示空间拓展的启门、扶幔、门窗等。藻井配置祥禽瑞兽和花卉。如安岳老鸹山M2。②（参见图4-61）

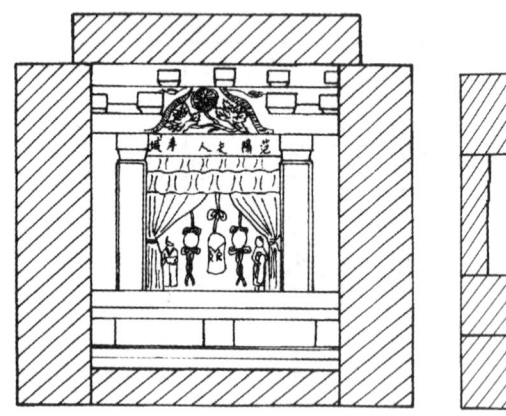

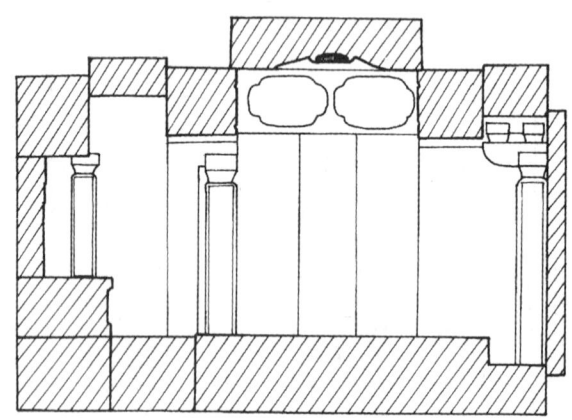

图4-61　安岳老鸹山M2图像组合

---

① 图片采自四川省文物考古研究院、泸州市博物馆、叙永县文物管理所：《四川叙永天池宋墓清理简报》，《四川文物》，2010年第2期，图十三、十四、十五。
② 图片采自王玉：《四川安岳县老鸹山南宋墓清理简报》，《考古与文物》，2009年第1期，图一三。

（二）B型

后龛配置表示墓主人所在的墓主人像、空椅、牌位、屏风、桌、瓶花（旁或有侍者）等。

按照图像题材复杂度和配置模式完整度的差异又可分为以下两个亚型：

1. Ba型

在藻井和后龛皆配备了图像，上述配置模式较为完整。如安岳县老鸹山M1。①（参见图4-62）

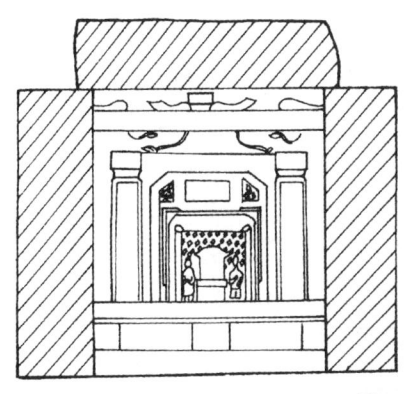

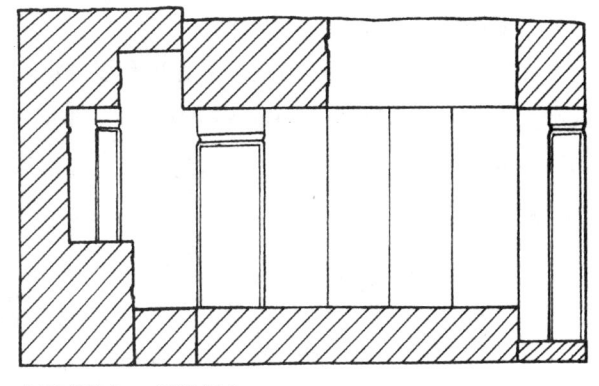

图4-62　安岳老鸹山M1图像组合

2. Bb型

图像较Ⅰ式更为简化，在后龛配置了图像，藻井的图像则被省略，仅在侧壁题刻镇墓真文。如北碚杨元甲夫妇合葬墓杨元甲妻墓。②（参见图4-63）

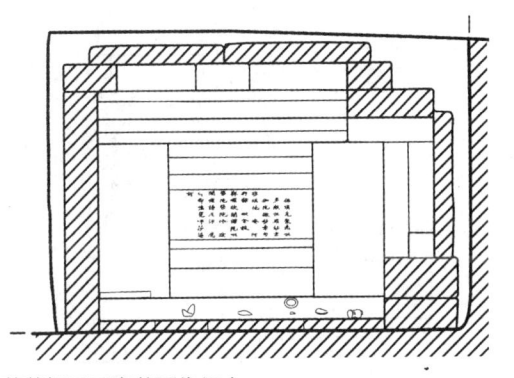

图4-63　北碚杨元甲夫妇合葬墓杨元甲妻墓图像组合

---

① 图片采自王玉：《四川安岳县老鸹山南宋墓清理简报》，《考古与文物》，2009年第1期，图二。
② 图片采自重庆市文化遗产研究院、北碚区博物馆、重庆市文化遗产研究院：《重庆市北碚区苦塘沟南宋杨元甲夫妇墓的发现与研究》，《四川文物》，2015年第6期，图二-1、图四-1。

三、丙类

此类图像最为简单，且大多数墓葬仅将图像配置在后龛。

（一）A型

后龛有图像。根据后龛图像题材的差异分为两个亚型：

1. Aa型

后龛为表示空间拓展的启门、门窗、牌楼等。

按照图像题材的差异又可分为两式：

Ⅰ式：配置在后龛的为花草、牌楼和绶带穿环，题材较为罕见，仅为孤例。如广安武胜县鼓匠乡鹤林村2005WHM1。①（参见图4-64）

Ⅱ式：配置在后龛的为妇人启门、瓶花等常见主流题材。如广安岳池坪滩镇碉楼坡2005SYPDM3。②（见图4-65）

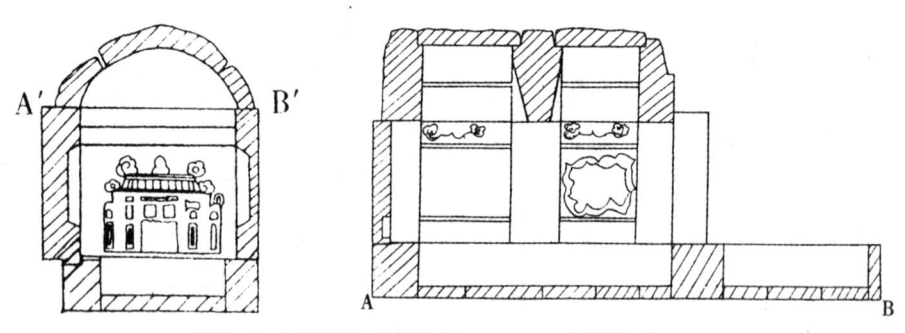

图4-64　武胜鼓匠乡鹤林村2005WHM1图像组合

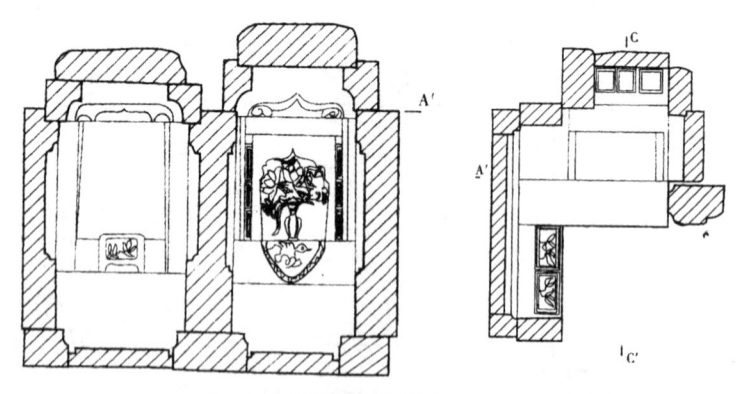

图4-65　岳池坪滩碉楼坡2005SYPDM3图像组合

---

① 图片采自四川省文物考古研究院、广安市文物保护管理所、武胜县文物保护管理所：《四川武胜县宋明墓葬清理简报》，《四川文物》，2006年增刊，第59页，图一。
② 图片采自四川省文物考古研究院、广安市文物保护管理所、岳池县文物保护管理所：《四川岳池县坪滩镇宋代石室墓发掘简报》，《四川文物》，2006年增刊，第74页，图二。

2. Ab型

后龛为表示墓主所在的墓主人像、牌位、空椅、桌、瓶花等。

按照图像题材复杂度的差异又可分为以下两式：

Ⅰ式：除后龛中心位的图像外，后龛龛柱、龛楣位置往往还有缠枝、折枝花卉，有的还有题刻。如绵阳三台杨凳寺M1。①（参见图4-66）

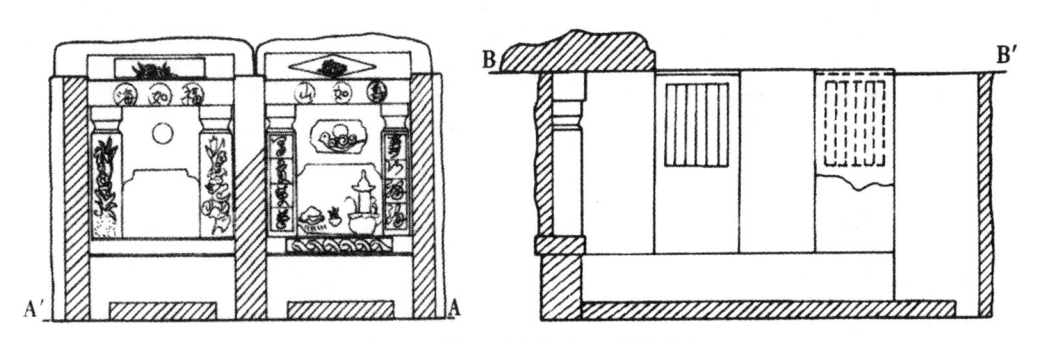

图4-66　绵阳三台杨凳寺M1图像组合

Ⅱ式：图像较Ⅰ式更为简单，基本在后龛中心位配置图像，后龛周围的图像多极简化。如潼南田家乡罗汉村窑厂坡05TTLYM1。②（参见图4-67）

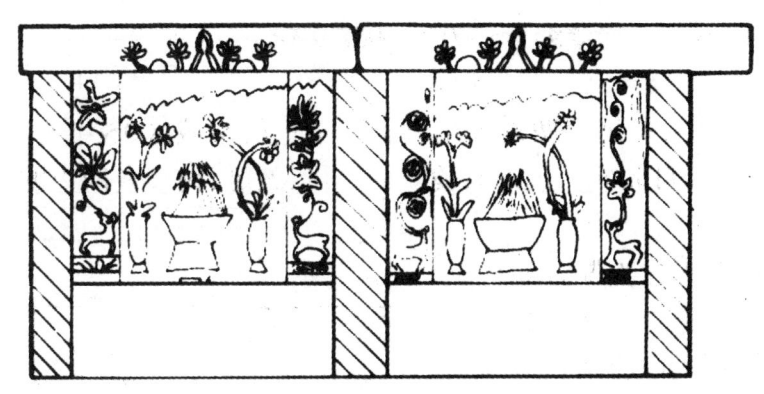

图4-67　潼南田家乡罗汉村窑厂坡05TTLYM1图像组合

3. Ac型

后龛为墓志。如重庆北碚杨元甲夫妇合葬墓杨元甲墓。③（参见图4-68）

---

① 图片采自四川省文物考古研究院、绵阳博物馆、三台县文物管理所：《四川三台县永明镇杨凳寺宋墓清理简报》，《四川文物》，2009年第3期，图一。
② 图片采自重庆市文物考古所、潼南县文物管理所：《重庆潼南县渝遂高速公路沿线抢救性考古发掘简报》，《四川文物》，2006年增刊，第110页，图三。
③ 图片采自重庆市文化遗产研究院、北碚区博物馆、重庆市文化遗产研究院：《重庆市北碚区苦塘沟南宋杨元甲夫妇墓的发现与研究》，《四川文物》，2015年第6期，图二-2、图四-2。

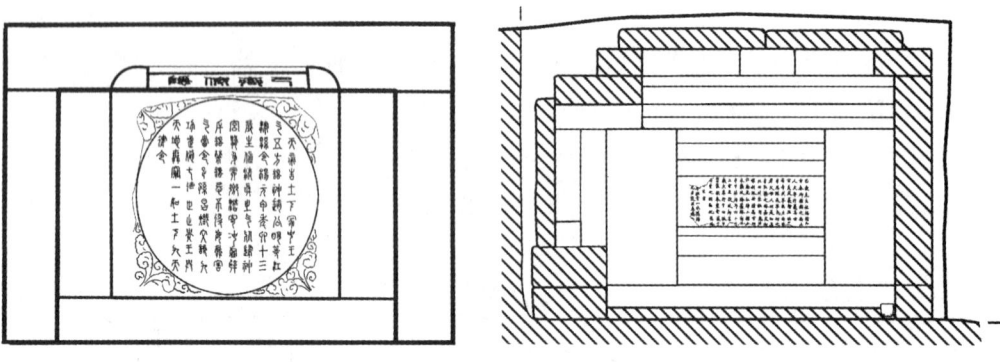

图4-68　北碚杨元甲夫妇合葬墓杨元甲墓图像组合

（二）B型

只有极少量简单雕刻，配置位置不稳定。

按图像题材的差异又可分为以下两个亚型：

1. Ba型

极为简单的个别纹样，如韩家坟的莲花。如南充市嘉陵区木老乡韩家坟宋墓2003NJMM2。[①]（参见图4-69）

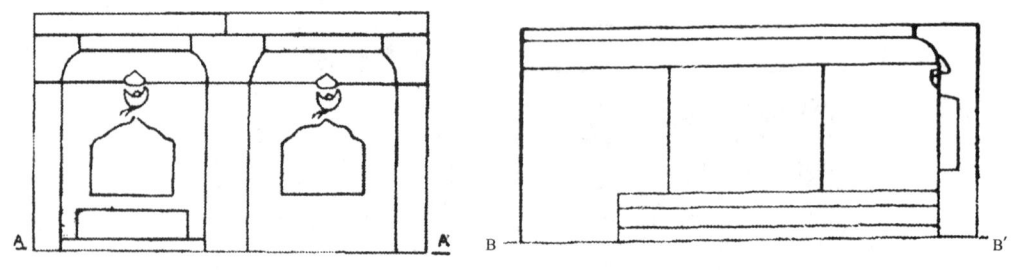

图4-69　南充市嘉陵区木老乡韩家坟宋墓2003NJMM2图像组合

2. Bb型

多以装饰性的纹样为主，如拱门、如意头、卷草等。如广安武胜铜井梁子2005SWYTM1和M2。[②]（参见图4-70）

[①] 图片采自四川省文物考古研究所、南充市嘉陵区文物管理所、南充市高坪区文物管理所：《南充市嘉陵区木老乡韩家坟宋墓清理简报》，《四川文物》，2004年第2期，图二。

[②] 图片采自四川省文物考古研究院、广安市文物保护管理所、武胜县文物保护管理所：《四川武胜县沿口镇宋代石室墓清理简报》，《四川文物》，2006年增刊，第69页，图三。

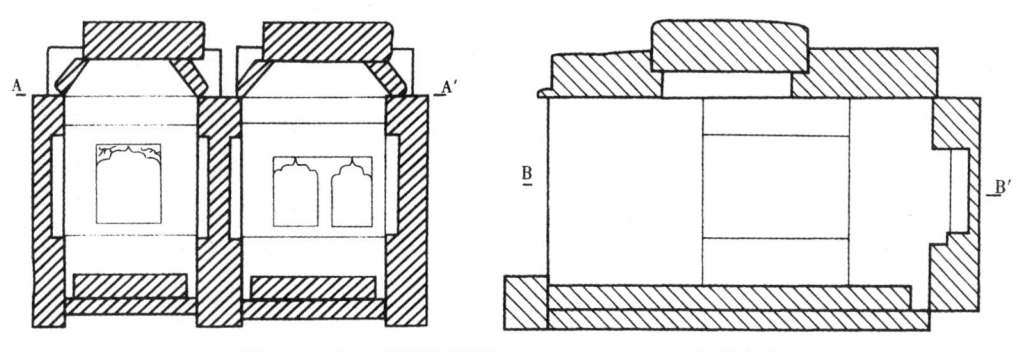

图4-70　广安武胜铜井梁子2005SWYTM1和M2图像组合

需要注明的是：以上做出的四川地区宋墓画像石刻原境·画像石室墓的类型学分析，材料全部来自汉系的画像石室墓，但并不意味着非汉系画像石室墓材料的缺失。从目前的田野材料和馆藏材料来看，出自宋代非汉系画像石室墓的画像石刻材料非常稀少，仅在四川泸县宋代石刻博物馆藏材料中有两件墓主人像石刻，其人物形象特征呈现出明显的川南地区非汉系族群特点；而考察石刻形态特征，绝非来自非汉系画像崖墓，而与泸县宋代汉系画像石室墓后龛石刻形态高度相似，推测其原境应为画像石室墓。因其属于抢救性清理，未能公布明确的发掘资料，但笔者从参与抢救性清理的人员处了解到，虽被发现时残损了大部分，仍能辨认出此二件石刻原境确为画像石室墓，且从残存形制来看，与泸县本地发现宋代汉系画像石室墓高度相似。因原完整样态资料缺失，本书无法将其归入类型学研究中，仅能在此处说明：作为四川地区宋墓画像石刻最为主流原境之一的画像石室墓，不仅在汉系墓葬系统中盛行，其影响也扩张到了川南非汉系族群中，并呈现出汉系墓葬形制、图像题材与非汉系族群因素融合的特征，在后文综合研究中笔者对此有详细的阐释。

第四节　原境·画像崖墓和画像石棺图像组合的类型学研究

一、汉系画像崖墓的图像组合类型学研究

考察四川地区宋代汉系画像崖墓的图像组合，和四川地区宋代画像石室墓一样，需首先梳理出其主流图像，再分析其配置位置，据此探讨图像组合的类型。判断主流图像的标准，应考察三个方面：数量的优势、使用的普遍性和使用时间的延续性。笔者统计汉系画像崖墓图像相关信息如表4-5、表4-6所示。

表4-5　四川地区宋代汉系画像崖墓图像及配置位置统计（来源：笔者制作）

图像	数量（单位：座）	配置位置（单位：例）					
		墓门（及附近）	两壁（非中心位置）	两壁（中心位置）	后壁（非中心位置）	后壁（中心位置）	梁/基/藻井/顶	棺台
花卉	3			8			7	
祥禽瑞兽	1			4				
仿木建筑及构件	8	5	10		6	3	2	
启门	1					1		
空椅	1				2			
四神	1		2		2			

表4-6　四川地区宋代汉系画像崖墓使用图像墓主身份背景情况统计
（单位：人/来源：笔者制作）

图像	男	女	30以下	30以上	高级官员	中低官员	一般民众	佛教信众	道教信众	无信仰背景
花卉	1						3		1	2
祥禽瑞兽	1						1		1	
仿木建筑及构件	1						8			7
启门	1						1		1	
空椅	1						1		1	
四神	1						1		1	

四川地区宋代汉系画像崖墓的数量较为稀少，目前笔者搜集的田野材料中仅见7座，墓主背景信息可考的则只有永川高洞子宋代崖墓群M1，且M1也只可考墓主社会等级、性别和宗教信仰背景；永川高洞子宋代崖墓群M2—M3，纳溪清凉山宋代崖墓群M1—M5，则社会等级和信仰背景可考。但总体而言，表4-6的各类图像题材中，在一般民众墓葬中普遍使用的应为仿木建筑及构件。就延续时间而言，仿木建筑及构件，不仅在永川高洞子宋代崖墓群中出现（注：永川高洞子宋代崖墓群的年代应属于画像石室墓发展繁盛期偏晚这一时段），此外，也在纳溪清凉山宋代崖墓群中出现。但纳溪清凉山宋代崖墓群从墓葬形制和图像特征来看，均呈现出简化、衰退的特征，其年代应与画像石室墓发展末期相当，故仿木建筑及构件出现在了四川地区宋代画像崖墓从复杂精细到

简化衰退的全过程。

按主流图像题材及其配置模式，可将四川地区宋代汉系画像崖墓的图像组合分为以下三型。

（一）A型

此型图像题材丰富，包括四神、花卉、启门、祥禽瑞兽、空椅、仿木建筑及构件等。多数墓葬在墓门、侧壁、后壁皆配置图像。如永川高洞子宋代崖墓群M1。[①]（参见图4-71）

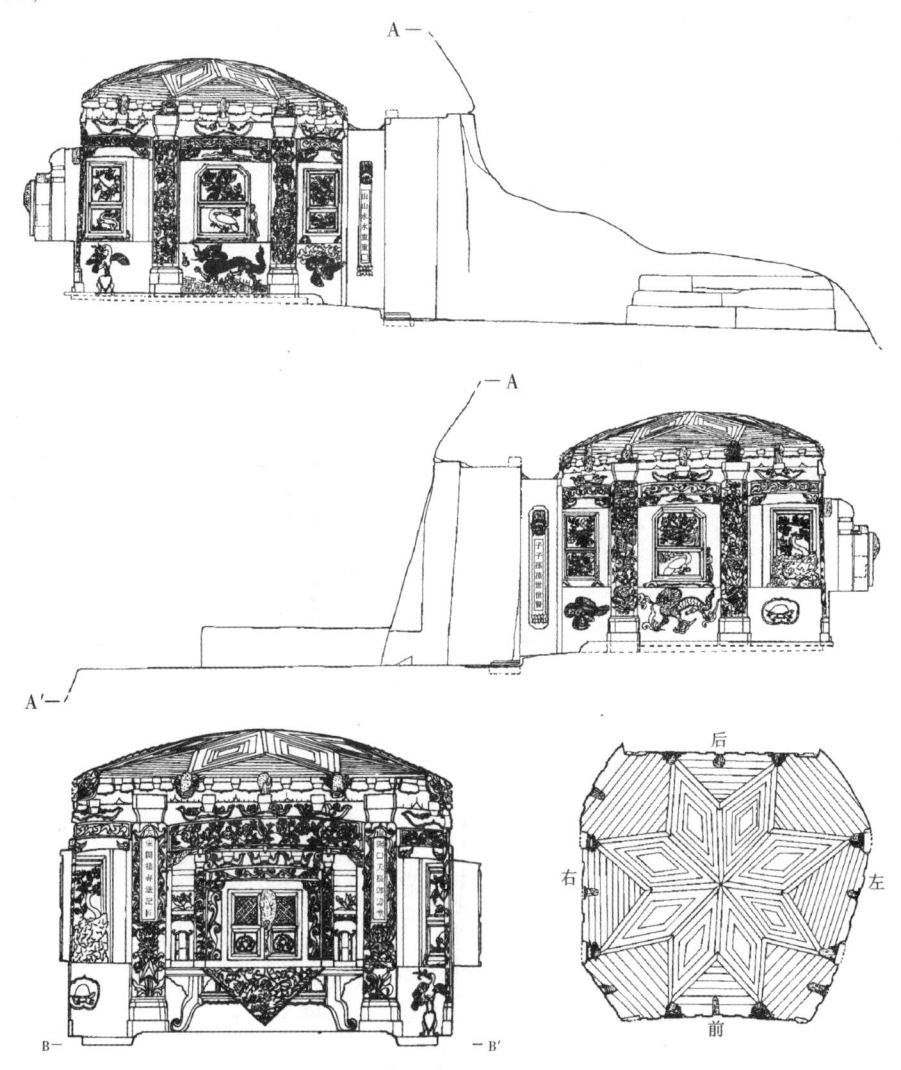

图4-71　永川高洞子宋代崖墓群M1图像组合

[①] 图片采自重庆市文化遗产研究院、重庆市永川区文物管理所：《重庆永川高洞子南宋墓群清理简报》，《文物》，2020年第6期，图三、六、七。

（二）B型

此型图像题材不如A型丰富，主要在两侧壁、后壁、藻井、龛基处配置图像，包括花卉、仿木建筑及构件等。如永川高洞子宋代崖墓群M3。①（参见图4-72）

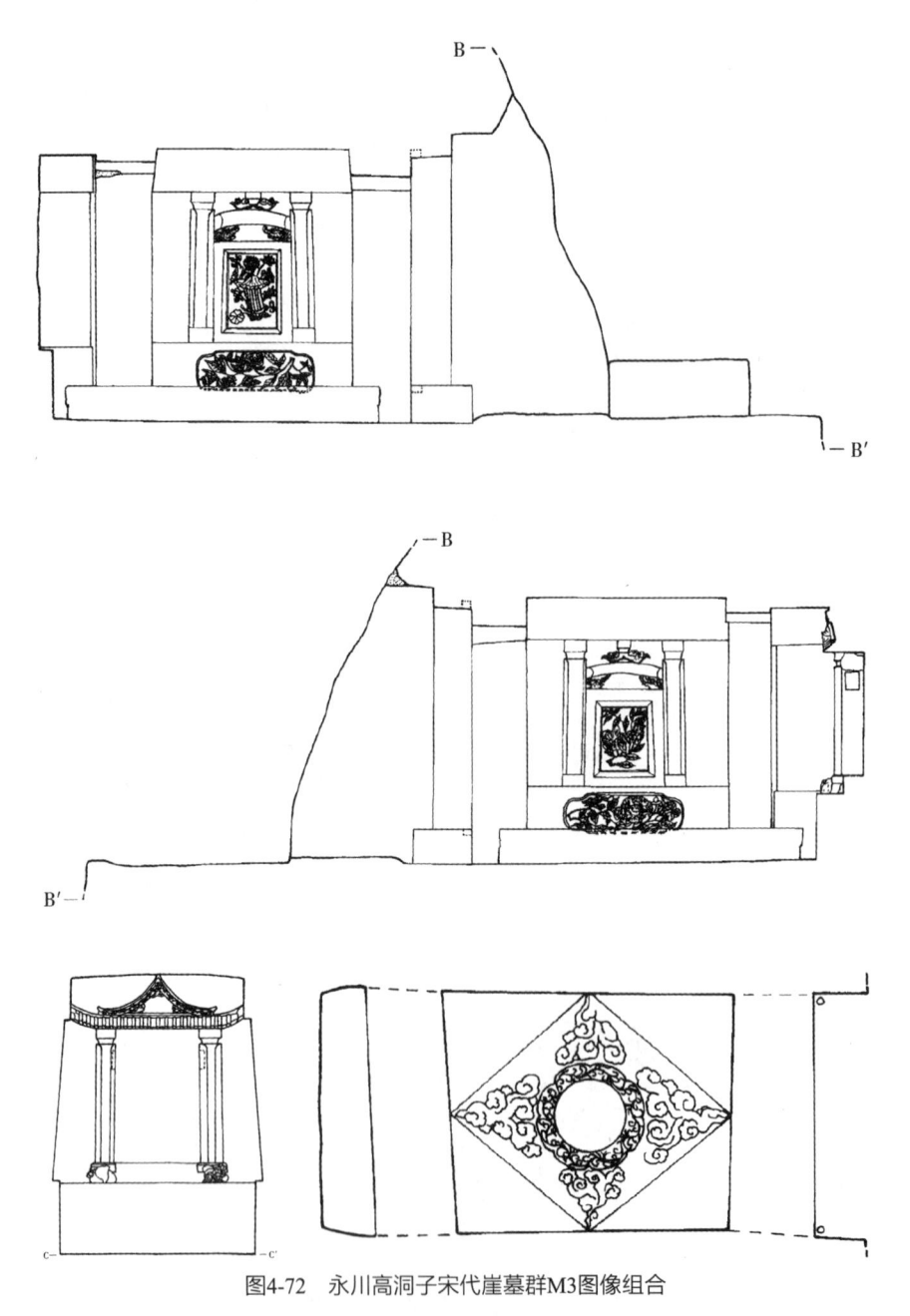

图4-72　永川高洞子宋代崖墓群M3图像组合

---

① 图片采自重庆市文化遗产研究院、重庆市永川区文物管理所：《重庆永川高洞子南宋墓群清理简报》，《文物》，2020年第6期，图一三、一四、一五、一六。

(三) C型

此型图像题材较之B型更为简略,主要在墓门处配置图像,图像主要为仿木构件,又以仿木屋顶为最多。如纳溪清凉山宋代崖墓群M3—M4。①(参见图4-73)

图4-73 纳溪清凉山宋代崖墓群M3—M4图像组合

二、非汉系画像崖墓的图像组合类型学研究

四川地区非汉系画像崖墓数量远多于汉系画像崖墓,但均缺乏可考墓主信息,并且既缺乏相关的文字信息,也未见可用作分析的随葬品材料,故考察非汉系画像崖墓的主流图像,只能从数量优势、延续时间这两个要素来进行。

表4-7 四川地区非汉系画像崖墓图像及配置位置统计
(来源:笔者制作)

图像	数量(单位:座)	配置位置(单位:例)					
		墓门(及附近)	两壁(非中心位置)	两壁(中心位置)	后壁(非中心位置)	后壁(中心位置)	顶
武士	23	46					
祥禽瑞兽	2	2			1		
仿木建筑及构件	5	5					
四神	2	2			1		
启门	1					1	
空椅	1					2	

---

① 资料来源:笔者田野调查采集,图片为笔者拍摄。

续表

图像	数量（单位：座）	配置位置（单位：例）					
		墓门（及附近）	两壁（非中心位置）	两壁（中心位置）	后壁（非中心位置）	后壁（中心位置）	顶
瓶花	1				2		
生活场景（劳作、乐舞、出行）	2			4			
墓主人	1					1	
侍者	2					3	
文吏	2	4					
仰莲	1	1					

从表4-7可见，在四川地区非汉系画像崖墓中，最具数量优势的图像为武士。据笔者搜集的田野材料，武士的延续时间不仅贯穿宋代非汉系画像崖墓，而且在四川地区明代非汉系画像崖墓中数量依然占据优势。故武士应是四川地区非汉系画像崖墓石刻主流题材之一。按所见图像题材及其配置模式，可将四川地区宋代非汉系画像崖墓的图像组合分为以下两型。

（一）A型

A型图像组合的图像主要集中在墓门处。通常在墓门两侧成对地配置武士或文吏，墓门上方配置仿木构件，也偶见祥禽瑞兽、仰莲、四神中的青龙配置在墓门附近。如宜宾天堂沟崖墓群M8。①（参见图4-74）

图4-74 宜宾天堂沟崖墓群M8图像组合

① 资料来源：笔者田野调查采集，图片为笔者拍摄。

（二）B型

B型图像组合的图像较A型更为丰富，可见武士、瑞兽、四神、启门、墓主人、空椅、侍者、生活场景、瓶花等。墓门及附近、后壁、侧壁皆配置有图像。配置方式为：通常在墓门处成对配置武士，偶见墓门处配置瑞鹿衔草者，墓主人、启门、空椅皆位于后壁中心位，侍者、瓶花等通常居于后壁非中心位，生活场景分布在两侧壁，四神中常见者为朱雀和玄武，朱雀皆在墓门处，玄武皆在后壁非中心位。如宜宾北斗岩崖墓群M1。[①]（参见图4-75）

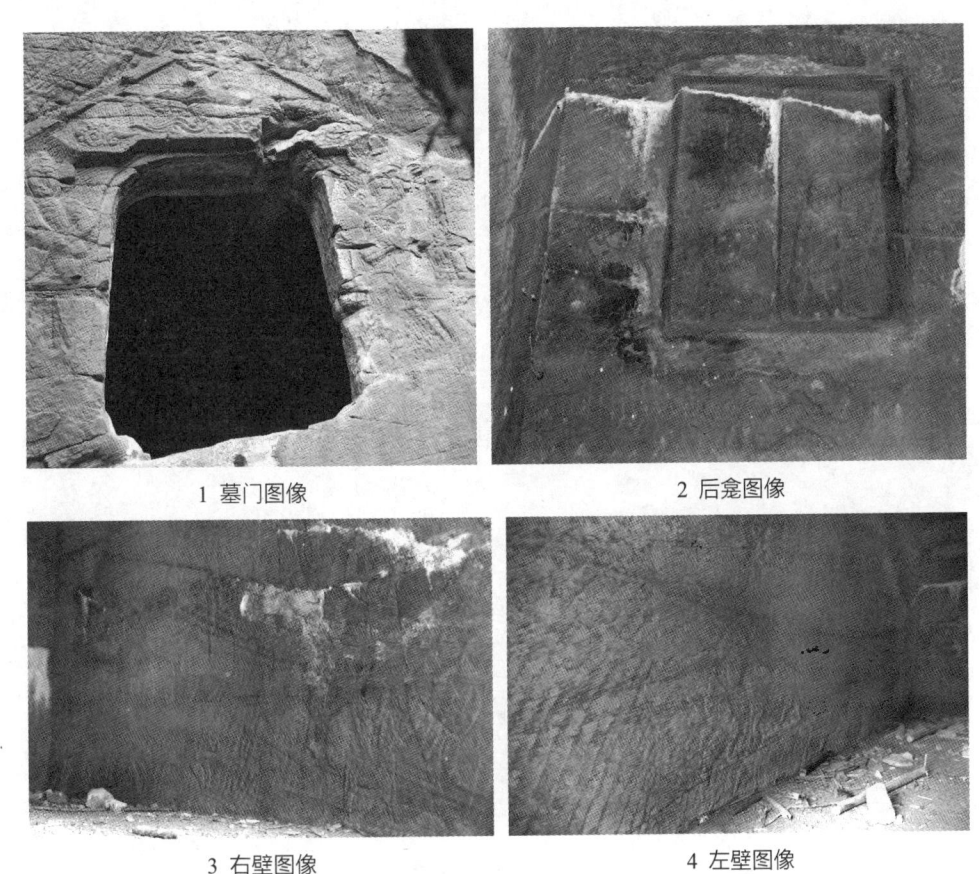

1 墓门图像

2 后龛图像

3 右壁图像

4 左壁图像

图4-75　宜宾北斗岩崖墓群M1图像组合

三、画像石棺的图像组合类型学研究

据笔者搜集的田野材料和馆藏材料，目前四川地区所见宋代画像石棺仅泸州合江汉代画像石棺博物馆藏13号和14号棺，二者形制、图像、图像配置方式基本一致。按其图

[①] 资料来源：笔者田野调查采集，图片为笔者拍摄。

像题材和配置方式将其图像组合划分为A型。

　　A型图像组合的图像题材较为简单，可见四神、火焰珠和变体的胜纹。其配置模式为：四神按左青龙、右白虎、前朱雀、后玄武的方式配置，火焰珠和变体胜纹皆配置在棺身的左右帮。如合江汉代画像石棺博物馆藏第13号棺。[①]（参见图4-76）

1　棺身右帮

3　前档

2　棺身左帮

4　后档

图4-76　合江汉代画像石棺博物馆藏第13号棺图像组合

[①] 资料来源：笔者田野调查采集，图片为笔者拍摄。

第五节　时空框架·分期研究

根据原境形制、图像组合的变化，结合原境出土的纪年材料，如买地券、墓志、题刻等，可将四川地区宋墓画像石刻分为三期。

一、第一期

第一期：北宋中后期——南宋前期隆兴末，相当于北宋仁宗后期至南宋初高宗朝与孝宗朝之交。此期内最早纪年材料为嘉祐四年（1059），最晚纪年材料为绍兴三十年（1160）。

此期内出现的宋墓画像石刻原境类型有画像石室墓的甲类Aa型、甲类Ab型Ⅰ式、甲类Bb型Ⅰ式、甲类Cb型Ⅰ式、甲类Cd型Ⅰ式、乙类Ⅱ类Aa型、乙类Ⅴ类、丙类D型。画像石棺的A型。此期内未见画像崖墓。（参见附表8 四川地区宋墓画像石刻·第一期原境形制类型统计）在第一期内，画像石室墓可见单室墓、双室墓和多室墓。单室墓和双室墓数量基本持平，多室墓最少。平顶墓多于藻井式盝顶墓，最少为券顶。双室墓可见并列紧贴无连通，和前后相连有连通两种，后者数量多于前者。龛和仿木结构的情况尚不稳定，完整配置后龛和侧龛的墓葬数量与只配置后龛无侧龛的基本持平。仿木结构复杂的数量多于仿木结构简单的数量。可见图像组合类型有画像石室墓的甲类Aa型Ⅱ式、甲类Ab型Ⅰ式、甲类Bb型Ⅰ式、甲类Bd型Ⅰ式、甲类Bd型Ⅱ式、丙类Aa型Ⅰ式、丙类Ba型。画像石棺的A型。（参见附表9 四川地区宋墓画像石刻·第一期图像组合类型统计）就画像石室墓而言，在较为完整在墓室各区域配置图像的画像石室墓甲类图像组合中，已明确可见以后龛为中心设置空间拓展标示物的配置模式，并占据这一期图像组合类型的主流。主流图像题材可见武士、空椅、备侍、花卉、屏风、启门、门窗等。此外，还有仅在后龛配置简单图像的丙类图像配置模式，主要为启门，其余为简单的装饰纹样。画像石棺图像题材丰富度远逊于画像石室墓，仅见四神、火焰珠和变体胜纹，但配置模式稳定，皆按照左青龙、右白虎、前朱雀、后玄武的方式进行配置。

从宋墓画像石刻分布范围来看，画像石室墓石刻最早出现于川东川北区的川北南充一带和川东南川南区的川东南大足一带，其数量最多的地区是川东南川南区，川中区数量为最少。画像石棺石刻仅见于川东南川南区。

就宋墓画像石刻的使用人群差异而言，可考使用人群背景的原境中，画像石室墓仅有一例为中下级官员（及家属），即大足宋嘉祐庚子解瑜墓，性别为男性，无宗教信仰背景。其余皆为一般民众（即非官员阶层）的墓葬，皆无明确的宗教信仰背景。不存在某类型原境、图像组合和某类背景的人群具备特别联系的情况。画像石棺使用人群背景信息不可考，未有明显证据证明墓主为官员、具备某种宗教信仰，可能也为较为富裕、无明确信仰的一般民众。故而就目前的材料来看，宋墓画像石刻的使用并不具备与某类背景人群的强相关性。第一期内典型墓例可见南充东站M24[①]、大足龙水磨儿坡M1—M3[②]、邻水合流镇后坝宋墓[③]、旧州坝白塔宋墓[④]、井研金井坪M3[⑤]、南充韩家坟2003NJMM1和2003NJMM2[⑥]、大足宋嘉祐庚子解瑜墓[⑦]、资中烂泥湾宋墓群等[⑧]。

二、第二期

第二期：南宋中期，即乾道初至宝庆末，相当于南宋孝宗朝至理宗朝初期。此期内最早纪年材料为乾道辛卯（1171），最晚纪年材料为宝庆二年（1226）。

此期内可见的宋墓画像石刻原境形制类型有：画像石室墓的甲类Ab型Ⅱ式、甲类Ab型Ⅲ式、甲类Ba型、甲类Bb型Ⅱ式、甲类Bd型、甲类Ca型、甲类Cb型Ⅱ式、甲类Cc型Ⅰ式、甲类Cc型Ⅱ式、甲类Cd型Ⅱ式、甲类Da型、乙类Ⅰ类B型、乙类Ⅱ类Ab型Ⅰ式、乙类Ⅱ类Ba型、乙类Ⅱ类Bb型、乙类Ⅲ类、乙类Ⅳ类A型、乙类Ⅳ类Ba型、乙类Ⅳ类Bb型Ⅰ式、乙类Ⅳ类Bc型、乙类Ⅳ类Ca型、乙类Ⅳ类Da型、丙类A型、丙类D型、丙类E型、丙类F型。汉系画像崖墓的A型和B型。非汉系画像崖墓的A型和B型。此期内未见画像石棺。（参见附表10 四川地区宋墓画像石刻·第二期原境形制类型统计）可见图像组合类型有：画像石室墓的甲类Aa型Ⅰ式、甲类Aa型Ⅱ式、甲类Ab型Ⅱ式、甲类Ac型、甲类Ad型Ⅰ式、甲类Ba型、甲类Bb型Ⅱ式、甲类Bc型Ⅰ式、甲类Bc型Ⅱ式、甲类Bc型Ⅲ式、甲类Bd型Ⅱ式、甲类Bd型Ⅲ式、甲类Cc型Ⅱ式、乙类A型、乙类Ba型、丙类Ab型Ⅰ式、丙类Ab型Ⅱ式、丙类Bb型。汉系画像崖墓的A新和B型。非汉系画像崖墓的A型和B型。（参见附表11 四川地区宋墓画像石刻·第二期图像组合类型统计）。第二

[①] 四川省文物考古研究所、南充市高坪区文管所、南充市文管所：《四川达成铁路南充东站考古发掘报告》，《四川文物》，2003年第2期。
[②] 重庆大足石刻艺术博物馆：《重庆大足龙水镇明光村磨儿坡宋墓清理简报》，《四川文物》，2002年第5期。
[③] 四川省文物考古研究所、邻水县文物保护管理所：《邻水县合流镇后坝南宋墓清理简报》，《四川文物》，2003年第3期。
[④] 莫宗江：《宜宾旧州坝白塔宋墓》，《中国营造学社汇刊》，1944年第1期。
[⑤] 四川省文物考古研究院、井研县文物管理所：《四川井研县金井坪宋代墓地发掘简报》，《四川文物》，2012年第1期。
[⑥] 四川省文物考古研究所、南充市嘉陵区文物管理所、南充市高坪区文物管理所：《南充市嘉陵区木老乡韩家坟宋墓清理简报》，《四川文物》，2004年第2期。
[⑦] 国家文物局：《中国文物地图集·重庆分册》，下册，文物出版社，2010年，第282页。
[⑧] 四川省文物考古研究院、资中县文物管理所：《四川资中县烂泥湾宋墓发掘简报》，《四川文物》，2015年第2期。

期典型墓例可见：资中赵雄墓[①]、资中大包山M1—M5[②]、华蓥安丙家族墓群M1、M2和M5[③]、安岳老鸹山M1—M2[④]、泸县喻寺镇1号墓[⑤]、荣昌沙坝子宋墓[⑥]、桐梓桐夜M1—M4[⑦]、桐梓马鞍山M1—M2[⑧]、南溪琴庄李隐墓[⑨]、重庆井口宋墓[⑩]、广元河西杜光世夫妇墓[⑪]、广元浩口村宋墓[⑫]、简阳甘蔗嘴宋墓群[⑬]、泸州桥头山宋墓[⑭]、泸县奇峰1号和2号墓[⑮]、大足龙神湾王若夫妇墓[⑯]、永川高洞子宋代崖墓群[⑰]、宜宾天堂沟宋代非汉系崖墓群等[⑱]。

原境形制变化：

第二期中，宋墓画像石刻的原境形制类型明显增多。本期内的画像石室墓形制类型较第一期更为丰富、墓葬规模更大。藻井式盝顶墓数量最多，其次为券拱顶墓，最少为平顶墓。单室墓的数量略多于双室墓。双室墓中，两室有间隔且无通道的墓葬数量最大，其次为两室紧贴相连有通道，再次为两室相贴无通道，最少为两室有间距有通道相通。总的来看，相较第一期而言，两室间有间距的墓葬数量增长更快，且两室间无通道的墓葬占据了数量优势。具有复杂仿木结构的墓葬数量大大超过仿木结构简单的墓葬，

---

① 杨祖垲：《资中宋右丞相赵雄墓记实》，《四川文物》，1995年第6期。
② 四川省文物考古研究院、资中县文物管理所：《四川资中县大包山宋墓发掘简报》，《四川文物》，2013年第1期。
③ 四川省文物考古研究院、广安市文物管理所、华蓥市文物管理所：《华蓥安丙墓》，文物出版社，2008年。
④ 王玉：《四川安岳县老鸹山南宋墓清理简报》，《考古与文物》，2009年第1期。
⑤ 四川省文物考古研究所、成都市文物考古研究所、泸州市博物馆、泸县文物管理所：《泸县宋墓》，文物出版社，2004年。
⑥ 四川省博物馆、荣昌县文化馆：《四川荣昌沙坝子宋墓》，《文物》，1984年第7期。
⑦ 贵州省博物馆考古队：《贵州桐梓宋明墓发掘简报》，《贵州田野考古四十年》，贵州民族出版社，1993年，第377页。
⑧ 贵州省文物考古研究所、桐梓县文物管理所：《贵州桐梓县马鞍山观音寺宋墓清理简报》，《江汉考古》，2013年第4期。
⑨ 王世襄：《四川南溪李庄宋墓》，《中国营造学社汇刊》，1944年第1期。
⑩ 重庆市博物馆历史组：《重庆井口宋墓清理简报》，《文物》，1961年第11期。
⑪ 四川省博物馆、广元县文管所：《四川广元石刻宋墓清理简报》，《文物》，1982年第6期。
⑫ 四川省文物考古研究院、广元市博物馆、西华师范大学历史文化学院：《四川广元市利州区浩口村宋墓清理简报》，《四川文物》，2019年第6期。
⑬ 成都文物考古研究院、简阳市文物管理所：《四川简阳甘蔗嘴宋代家族墓发掘简报》，《文物》，2022年第5期。
⑭ 四川省文物考古研究院、泸州市文物局、江阳区文物管理所：《四川泸州市江阳区桥头山宋墓发掘简报》，《四川文物》，2018年第2期。
⑮ 四川省文物考古研究所、成都市文物考古研究所、泸州市博物馆、泸县文物管理所：《泸县宋墓》，文物出版社，2004年。
⑯ 大足石刻研究院：《重庆市大足区龙神湾南宋王若夫妇墓发掘简报》，《四川文物》，2015年第4期。
⑰ 资料来源：笔者田野调查采集。
⑱ 资料来源：笔者田野调查采集。

完整配置了后龛和侧龛的墓葬多于仅配置后龛未配置侧龛的墓葬。

第二期是宋代画像崖墓出现并兴起的一期，在汉系画像崖墓和非汉系画像崖墓中，都分别出现了两种不同的形制。汉系画像崖墓A型形制呈现出模仿北方宋金八边形雕砖壁画墓的特征，而B型形制则与川东南带仿木构件的画像石室墓高度相似。非汉系画像崖墓A型形制与川南非汉系不带画像石刻的崖墓相似，B型形制则呈现出与简化的汉系画像石室墓相仿的特征。从原境形制上而言，汉系和非汉系画像崖墓表现出明显的人群交流影响丧葬系统的痕迹。

图像组合变化：

宋墓画像石刻的图像组合更为丰富。画像石室墓图像题材和图像组合类型较第一期大为丰富。贯穿于画像石室墓发展全过程的主流图像题材在此期已全部出现，可见武士、四神、花卉、启门、门窗、墓主人像、祥禽瑞兽、空椅、屏风、牌位、备侍、伎乐等全部题材。甲类、乙类和丙类图像组合类型全部出现，甲类最多，乙类次之，丙类最少。甲类中可见在墓门配置武士，按四方位置配置四神，侧壁多配置花卉、门窗、备侍、祥禽瑞兽、伎乐、生活场景，后龛配置空间拓展标示物或墓主人标志物这两种基本的图像组合类型，但以在后龛配置墓主标示物的甲类B型为主。虽然有部分图像组合或在某些配置上做局部省略，未呈现如画像石室墓甲类Aa型Ⅰ式和甲类Ba型这样最完整的模式，但从总的来看，主流图像题材在这一期内全部出现，基本展现了画像石室墓最具代表性的图像组合。而在这一期偏末与第三期相交的阶段，画像石室墓丙类图像组合出现并数量增多，表示墓葬画像石刻向着简化的方向发展。

第二期也是宋代汉系画像崖墓和非汉系画像崖墓图像题材最为多样、图像组合最为丰富的一期。汉系画像崖墓和非汉系画像崖墓的所有图像组合在此期内都出现，汉系画像崖墓的A型图像组合明显受到北方宋金雕砖壁画墓的影响。而汉系画像崖墓的B型图像组合、非汉系画像崖墓的A型和B型图像组合，则明显受到此期内画像石室墓甲类A型和甲类B型的影响。画像石室墓中常见的空椅、墓主人、四神、启门、瑞鹿衔草等在非汉系画像崖墓中出现，并且除四神外，其他图像的配置方式都相仿。

使用人群变化：

宋墓画像石刻的使用人群更为普遍。就画像石室墓而言，第二期中最具数量优势的藻井式盝顶墓的使用人群仅见中下级官员及下属2人，其余皆为一般民众。平顶墓主要的使用人群可见中下级官员及家属2人、一般民众1人。高等级墓葬的出现是第二期内画像石室墓发展的一个特点，2位高级官员及家属的墓葬为画像石室墓甲类Bb型Ⅱ式、2位高级官员及家属的墓葬为画像石室墓甲类Bd型、2位高级官员及家属的墓葬为画像石室墓乙类Ⅳ类Bc型。高等级墓葬多以券拱顶的形式出现，尤其是画像石室墓甲类Bb型Ⅱ式、乙类Ⅳ类Bc型这样带有复杂图像组合、规模大的墓葬，目前似乎仅见用于高级官员和其家属中。但其他的券拱顶墓，如画像石室墓甲类Bd型，则既为高级官员及家属也为一般民众所使用，除此之外的券拱顶墓则更多见于一般民众使用。所以，券拱顶墓可能并不存在社会等级上的特别对应关系，但在目前发现的第二期高等级墓葬中可能存在对券拱顶的选择偏好。考察墓主性别，第二期的画像石室墓并不存在某一类型墓葬与某一性别的特别对应关系。就宗教信仰背景而言，出现的道教信众墓皆为券拱顶墓，但这可能并不是因为信仰背景，而是由道教信众所在的地域差异决定。画像石室墓丙类A型这种六边形墓室的墓葬则仅出现在僧人墓葬中（仪陇新政镇僧人墓），或是因为其墓室对于经幢、塔的模仿。考察图像组合的使用人群差异，各类图像组合并不存在性别和社会等级上的明显差异，即使是在高等级的画像石室墓中，只是在主流之外会略添加仪仗出行等题材，所选择的图像题材依然为武士、四神、备侍、花卉、祥禽瑞兽、启门、墓主人像等通行于社会各阶层的主流图像题材，配置模式依然遵从主流。就宗教信仰背景考察，僧人的墓葬之中会出现其他信仰背景的墓葬之中未见之僧人墓主像，而道教信众的墓葬如广元杜光世夫妇合葬墓，却出现了女墓主人持佛珠诵经图。[①]

就宋代画像崖墓而言，第二期是汉系和非汉系画像崖墓使用人群最多的一期。但画像崖墓中，除了永川高洞子宋代崖墓群M1的墓主信息可考外，其他墓葬的墓主信息皆不可考，从目前材料看，汉系和非汉系的画像崖墓使用人群未有明显证据证明其是官员，或集中于某一种信仰、某一种性别或某一年龄段。

故，无论原境为画像石室墓还是画像崖墓，宋墓画像石刻应是突破了某一特定背景使用人群限制，在第二期内被广泛应用于墓葬中。

分布区域变化：

此期内，宋墓画像石刻的分布区域较第一期进一步拓展。在川东川北、川中、川东南川南、黔北皆有分布，以川东南川南为最多，其次为川东川北，再次为川中，黔北区原境为画像石室墓的石刻出现是第二期内宋墓画像石刻分布区域的一个重要变化。另一种重要分布特征是，宋代汉系和非汉系画像崖墓石刻出现并集中分布于川东南川南区，其中，非汉系画像崖墓石刻仅见于川东南川南区的宜宾地区。

三、第三期

第三期：南宋晚期至末期，即绍定初至南宋末，相当于理宗朝至宋末帝。此期内最早纪年材料为绍定二年（1229），最晚纪年材料为咸淳元年（1265）。

此期内可见的宋墓画像石刻原境形制类型除二期内画像石室墓的甲类Ba型、甲类

---

① 四川省博物馆、广元县文管所：《四川广元石刻宋墓清理简报》，《文物》，1982年第6期。

Cc型Ⅱ式、乙类Ⅱ类Ab型Ⅰ式继续出现外，又新出现画像石室墓的甲类Ac型、甲类Bc型、乙类Ⅰ类A型、乙类Ⅰ类C型、乙类Ⅱ类Ab型Ⅱ式、乙类Ⅱ类C型、乙类Ⅳ类Bb型Ⅱ式、乙类Ⅳ类Cb型、乙类Ⅳ类Db型、丙类B型、丙类Ca型、丙类Cb型。汉系画像崖墓的A型和B型消失，新出现了汉系画像崖墓的C型。非汉系画像崖墓的B型消失，A型在此期内延续。（参见附表12 四川地区宋墓画像石刻·第三期原境形制类型统计）可见图像组合类型有：画像石室墓的甲类Ad型Ⅱ式、甲类Ba型、甲类Bb型Ⅰ式、甲类Bc型Ⅲ式、甲类Bd型Ⅲ式、乙类Bb型、丙类Aa型Ⅰ式、丙类Ab型Ⅰ式、丙类Ab型Ⅱ式、丙类Ac型、丙类Bb型。汉系画像崖墓的C型。非汉系画像崖墓的A型。（参见附表13 四川地区宋墓画像石刻·第三期图像组合类型统计）第三期内典型墓葬可见播州罗氏土司家族墓M1[①]、遵义杨粲墓[②]、叙永天池09SLXXM1[③]、华蓥驾挡丘2001HLM2和M3[④]、璧山县大路镇哨楼坡BDSM2[⑤]、北碚杨元甲夫妇墓[⑥]、铜梁凉山村蛮洞湾TQLM1[⑦]、遵义播州土司杨文墓[⑧]、岳池坪滩镇碉楼坡2005SYPDM1—M3[⑨]、岳池坪滩镇龙汇院子2005YPLM1—M3[⑩]。

原境形制变化：

第三期内，宋墓画像石刻的原境形制类型要少于第二期，但出现了一些新的类型。就画像石室墓而言，画像石室墓双室和多室墓的数量明显多于单室墓数量。仿木结构较简单的墓葬数量多于具有复杂仿木结构的数量。但就龛的情况来看，完整配置后龛和侧龛的依然多于只配置后龛未配置侧龛的。藻井式盝顶墓依然为最多，但只是略有数量优势，平顶墓次之，且平顶墓和藻井式盝顶墓间的数量差较第二期大为减小，此外可见少量复合藻井式盝顶墓和券顶墓。双室墓可见两室紧贴或共壁有通道、两室紧贴或共壁无

[①] 贵州省文物考古研究所、西南交通大学人文学院、遵义市播州区文物管理所：《贵州遵义市播州区播州罗氏土司家族墓调查简报》，《四川文物》，2019年第2期。

[②] 贵州省博物馆筹备处：《贵州遵义专区的两座宋墓简介》，《文物参考资料》，1955年第9期。

[③] 四川省文物考古研究院、泸州市博物馆、叙永县文物管理所：《四川叙永天池宋墓清理简报》，《四川文物》，2010年第2期。

[④] 四川省文物考古研究院、广安市文物管理所、华蓥市文物管理所：《华蓥市永兴镇驾挡丘宋墓群发掘简报》，《四川文物》，2009年第1期。

[⑤] 重庆市文物考古所、璧山县文物管理所：《重庆璧山县渝遂高速公路沿线抢救性考古发掘简报》，《四川文物》，2006年增刊。

[⑥] 白九江（重庆市文化遗产研究院）、莫骄（北碚区博物馆）、徐克诚（重庆市文化遗产研究院）：《重庆市北碚区苦塘沟南宋杨元甲夫妇墓的发现与研究》，《四川文物》，2015年第6期。

[⑦] 重庆市文物考古所、四川大学历史文化学院考古系、铜梁县博物馆：《重庆铜梁县渝遂高速公路沿线抢救性考古发掘简报》，《四川文物》，2006年增刊。

[⑧] 贵州省博物馆：《遵义高坪"播州土司"杨文四座墓葬发掘记》，《文物》，1974年第1期。

[⑨] 四川省文物考古研究院、广安市文物保护管理所、岳池县文物保护管理所：《四川岳池县坪滩镇宋代石室墓发掘简报》，《四川文物》，2006年增刊。

[⑩] 四川省文物考古研究院、广安市文物保护管理所、岳池县文物保护管理所：《四川岳池县坪滩镇宋代石室墓发掘简报》，《四川文物》，2006年增刊。

通道、两室有间距无通道几种，以两室有间距无通道为最多。多室墓皆为室间有间距且无通道。

就宋代汉系画像崖墓而言，A型和B型消失，出现了更为简化的C型。A型和B型中墓室侧壁的龛和仿木构件在C型中均消失，C型两侧壁和后壁都为素面。宋代非汉系画像崖墓中，B型消失，只留下了A型，意味着后龛和侧龛在非汉系崖墓中的退化乃至消失。

图像组合变化：

第三期宋墓画像石刻的图像组合类型少于第二期。就画像石室墓而言，第三期内主流图像题材依然可广泛见于画像石室墓，包括武士、四神、墓主人像、备侍、花卉、祥禽瑞兽、空椅、屏风、牌位等。但第三期图像组合的类型较之第二期明显减少。以后龛为中心位配置墓主标示物或表征空间拓展的启门、扶幔、门窗，四壁配置花卉、备侍、祥禽瑞兽、门窗等主流图像的基本配置模式仍然存在，只不过很多情况下较二期更为简化，有些在第二期进行了配置的区域往往在第三期中配置图像则被省略。以配置墓主标示物的为最多。其次为丙类Bb型图像组合，即以装饰性的纹样如拱门、如意头、卷草等为主，配置位置也较不稳定。整体呈现出主流题材仍存在，但简单的装饰性纹样开始增长的趋势，图像组合从题材复杂度、配置完整度呈现颓势。

宋代汉系画像崖墓的主流图像题材大大减少，第二期中的主流图像至此仅剩下仿木构件，且配置方式发生了明显变化。A型和B型图像组合在第三期中消失，而新出现了C型。C型图像组合较之A型和B型大大简化，除了在墓门处配置仿木屋顶外，墓室中不再配置图像。非汉系画像崖墓中，B型图像组合消失，仅见A型。第二期中出现的空椅、启门、墓主人、瑞鹿衔草等不见于第三期。武士、仿木构件依然为主流，墓室内部不再配置图像，而将图像集中于墓门及附近区域。

使用人群变化：

宋墓画像石刻在使用人群上，呈现出了一些对原境形制和图像组合的选择性差异。主要反映在画像石室墓上，从社会等级来看，此期内高级官员及家属的墓葬皆属合葬墓。画像石室墓乙类Ⅰ类C型复合藻井式盝顶墓室并列有通道的双室墓和画像石室墓丙类B型平顶三室并列有间隔无通道墓仅见高级官员及家属使用，画像石室墓乙类Ⅳ类Db型复合式藻井顶墓室并列有间隔无通道的双室墓可见中下级官员及家属和一般民众使用，其他类型的墓葬则皆为一般民众使用。从性别而言，并不存在某一类型墓葬与某一性别的特殊对应关系。从宗教信仰背景来看，道教信众的墓葬类型可见画像石室墓乙类Ⅰ类C型、乙类Ⅳ类Bb型Ⅱ式、乙类Ⅳ类Db型；佛教信众的墓葬类型可见乙类Ⅳ类Db型；其他墓葬类型的墓主皆无宗教信仰。可见，亦不存在某一类型墓葬与某一宗教信仰的特别对应关系。就图像组合的使用人群差异而言，高等级墓葬和一般民众墓葬基本遵循的是同样的图像配置模式，对于主流图像的选择是一致的，只不过在高等级墓葬中如遵义杨粲夫妇合葬墓会添加一些表现墓主社会等级的题材如进贡图、男女文官等[①]；而其他一般民众墓葬对于图像配置模式的遵循并不是特别严谨，往往会进行简化。但值得注意的是这种差异也并非一定由社会等级的差异造成，比如遵义杨文墓的图像极为简化，这可能和其时社会背景的变化有关。性别的差异也并未在图像组合类型的选择上造成影响。从宗教信仰背景而言，佛教徒和道教徒的墓葬在基本的图像组合类型、主流图像选择上，和一般民众并无差别，只有在个别图像题材上会表现出宗教的印记，如道教信众墓葬中题刻于侧壁的镇墓真文、佛教信众墓葬之中题刻于侧壁的楞严咒。汉系和非汉系画像崖墓石刻的使用人群依然以未呈现出明显宗教信仰倾向的一般民众为主。

分布区域变化：

第三期中，宋代画像石室墓石刻分布以川东南川南区、黔北区为最多，其次为川东川北区。黔北地区作为画像石室墓石刻的一个主要分布区兴起是第三期画像石刻发展的一个重要变化。目前已发现的材料中，川中区尚无有明确纪年或可根据原境形制和图像组合类型学归入第三期的画像石刻。宋代汉系和非汉系画像崖墓石刻仍仅见于川东南川南区。其中，非汉系画像崖墓石刻仍集中分布于川东南川南区的宜宾地区。

四、三期整体脉络梳理

纵观四川地区宋墓画像石刻发展的三期，从数量来看，第一期的数量较少。至第二期时，数量激增。至第三期时，数量较第二期减少，但仍多于第一期。

原境形制脉络：

根据报告可考具体形制的原境：第一期中，画像石室墓单室墓和双室墓的数量基本持平，平顶墓的数量为最多，其次为藻井式盝顶，最少为券拱顶。除第一期中属北宋晚期的墓葬如南充韩家坟2003NJMM1[②]和南充东站M24[③]等只有非常简单的仿木结构外，其余的墓葬已可见较为复杂的仿木结构。龛的情况尚不稳定，除后龛为必备外，侧龛并未作为常设。双室墓皆为共壁紧贴，有通道的情况多于无通道的情况。画像石棺形制类型较为单一，仅见A型。

发展至第二期，原境形制类型大大丰富。画像石室墓可考形制的墓葬之中，就数量而言，单室墓的数量较双室墓和多室墓略占优势，藻井式盝顶墓最多，次之为券拱顶，

[①] 宋先世：《遵义杨粲墓发掘报告摘要》，《贵州田野考古四十年》，贵州民族出版社，1993年，第356页。

[②] 四川省文物考古研究所、南充市嘉陵区文物管理所、南充市高坪区文物管理所：《南充市嘉陵区木老乡韩家坟宋墓清理简报》，《四川文物》，2004年第2期。

[③] 四川省文物考古研究所、南充市高坪区文管所、南充市文管所：《四川达成铁路南充东站考古发掘报告》，《四川文物》，2003年第2期。

最少为平顶，并且出现了新的墓顶形制即复合藻井式盝顶。配置侧龛的墓葬明显增多，但龛的配置与墓葬等级似并无特别对应关系，在此期内出现的高等级墓葬中也存在仅有后龛不配置侧龛的情况。仿木结构比第一期更为常见，多见斗拱、方柱、雀替、门窗等仿木构件，且仿木结构更为精细化和复杂化。双室墓的两墓室之间有一定间距且无通道相通的情况增多，较之第一期似呈现一种分离间距加大的势态。汉系和非汉系画像崖墓的所有形制类型均在此期出现。画像石棺在此期内消失。

第三期中，画像石室墓双室墓和多室墓数量多于单室墓。藻井式盝顶墓依然为最多，平顶墓在各种墓中占据的比例较第二期增加，数量上仅次于藻井式盝顶墓。在这一期内，复合式藻井式盝顶和高等级以及中下级官员墓葬对应的情况比较多。龛的情况比较稳定，绝大部分墓葬皆营造了后龛和侧龛。仿木结构从总体来看仍存在于大多数墓葬中，仿木结构的精细度和复杂度在大部分地区的墓葬中较第二期有所退化，但黔北地区的某些墓葬之中，仍然可见精细的仿木结构。双室墓两室间的排列情况，有间距和无间距的数量基本持平，但绝大多数属于两墓室间无通道相通。汉系画像崖墓形制类型减少，A型和B型消失，更为简化的C型出现。非汉系画像崖墓B型消失，A型在第三期内延续。

图像组合脉络：第一期内，画像石室墓仅南充韩家坟2003NJMM1[①]和南充东站M24[②]图像非常简单，其他墓葬已经出现了较为丰富的图像题材，并可见在整个画像石室墓石刻发展脉络中的主流图像如备侍、门窗、武士、花卉、祥禽瑞兽等。但此期内图像的配置模式尚不算稳定，还未彻底形成将主流图像题材按照一定的内在逻辑配置于较为固定位置以表内涵的模式。画像石棺虽然图像题材较简单，但形成了稳定的图像组合模式，即A型。

第二期中，画像石室墓所有的主流图像题材全部出现，并且形成了较为稳定的图像组合。以后龛为中心位展开配置，展现了后龛或为墓主人标志物，或为表示空间拓展的门/启门/扶幔，两壁设置各种主流图像题材，四方以四神界定方位，门口以武士守卫的装饰格局。在其下因设置图像题材和配置模式的复杂度而略有区别，但上述配置模式在第二期中一直较为稳定。汉系和非汉系画像崖墓图像组合所有类型在此期内出现，并呈现明显的人群交流影响丧葬的特征。

第三期中，画像石室墓除遵义杨粲墓这样的高等级墓葬外[③]，图像题材和图像组合

[①] 四川省文物考古研究所、南充市嘉陵区文物管理所、南充市高坪区文物管理所：《南充市嘉陵区木老乡韩家坟宋墓清理简报》，《四川文物》，2004年第2期。

[②] 四川省文物考古研究所、南充市高坪区文管处、南充市文管所：《四川达成铁路南充东站考古发掘报告》，《四川文物》，2003年第2期。

[③] 宋先世：《遵义杨粲墓发掘报告摘要》，《贵州田野考古四十年》，贵州民族出版社，1993年，第356页。

的类型较第二期都呈现简单化的趋势。主流图像题材如武士、墓主人像、花卉、四神、备侍、祥禽瑞兽等，虽然依然出现，但雕刻技法和图像的精细度、复杂度较第二期有较大的退化。一些仅作装饰点缀无内涵意义的图像如连弧纹、壶门等相对增多。就图像组合类型而言，虽然图像的表现形式有所退化，在某些装饰区域图像题材被简化，但以后龛为中心位或配置墓主标示物或配置空间拓展标示物展开图像配置的模式依然存在并延续。汉系和非汉系画像崖墓图像组合中，汉系的A型、B型，非汉系的B型消失，但出现了更为简化的汉系C型，整体而言，画像崖墓石刻图像组合呈现出简化的趋势。

分布区域变化：

第一期中，川东川北区的南充一带和川东南川南区的大足一带是宋代画像石室墓石刻最早出现的区域，川东南川南区是画像石室墓石刻发现数量最多的区域，数量最少是川中区，黔北区此期内未发现画像石室墓石刻。另，川东南川南区还有极为零星的画像石棺石刻出现。

第二期中，宋代画像石室墓石刻分布区域有了极大的扩展，在川东川北区、川中区、川东南川南区都有广泛的分布，黔北区出现并兴起此类石刻是第二期较之第一期分布区域发生的一个重要变化。汉系和非汉系画像崖墓石刻出现并集中分布于川东南川南区，且非汉系画像崖墓石刻仅见于此区内的宜宾地区。

第三期中，宋代画像石室墓石刻分布的主要区域发生了变化，而尤以两个变化最为明显，第一，川东南川南区、黔北区成为此类画像石刻最主要最集中分布区，尤其是黔北区，是此类画像石刻在其他分布区域已见发展颓势的背景下，依然保持着丰富的分布数量，可见复杂的原境形制和图像组合的区域。第二，此期内，原为第二期内此类画像石刻主要分布区域之一的川中区内，此类画像石刻数量剧减，从目前发现的考古材料来看，川中未见有纪年属第三期的此类画像石刻材料；而已经公布的川中区此类画像石刻材料，可以通过原境形制类型、图像组合分析放回到时空框架中者，亦没有可以归为第三期的；其他的川中区材料因为公布信息极为简略，无纪年且无法进行类型学分析，故而无法纳入分期研究。但这并不能断定川中区第三期中未有此类画像石刻的分布，随着更多的材料公布，可能会拓展对川中区第三期画像石室墓石刻情况的认识。除此之外，川东川北区依然可见一定数量的分布。随着时间的推移、分期的变化，画像石室墓石刻的分布区域存在着一种起于川东川北、川东南川南，分别向川中和黔北推进，进而在四个区域兴盛，最后又收缩回川东南川南，但深刻影响了黔北并站稳根基的趋势。此期内汉系和非汉系画像崖墓石刻仍集中分布于川东南川南区，且非汉系画像崖墓石刻仍仅见于此区内的宜宾地区。

使用人群普遍性：

第一期内可考墓主背景的各类原境，仅有一例中低级官员及家属墓，其余皆为非官员阶层的一般民众；就墓主性别而言，并不存在某一性别的墓主与某类原境、某类图像组合的特别对应关系；就宗教信仰而言，使用人群皆属于无宗教背景的一般群众。

第二期内宋墓画像石刻使用人群出现了高级官员和家属，且这一类人群所用原境皆为画像石室墓，且皆使用仿木结构和图像组合复杂的券拱顶形制。除此之外，其他使用人群可见少数中下级官员和家属，更多的为非官员阶层的一般大众。不见性别与某类原境的特别对应关系。具有宗教信仰的使用人群中，道教信众要略多于佛教信众，更多的使用者则为无宗教信仰背景的一般民众。

第三期内宋墓画像石刻使用人群仍可见少数高级官员及家属、中下级官员及家属，原境均为画像石室墓，且皆出于黔北地区。其余大多数使用人群皆属于非官员阶层的一般民众。仍不见性别与各类原境、图像组合的特别对应关系。该期内可考宗教信仰的使用人群中，道教信众的数量较第二期有所增加，且对比佛教信众具有明显的数量优势，但更多的使用人群属于无宗教信仰背景的一般民众。考察使用人群在三期中的变化，无宗教信仰背景、非官员阶层的一般民众始终是画像石室墓、画像崖墓、画像石棺使用者的主体。故四川地区宋墓画像石刻的使用人群呈现一种无社会等级、性别、宗教信仰背景差异的普遍性。

总体来看，宋墓画像石刻在四川地区的发展，从原境形制到图像组合，呈现出从较简单到复杂再到简化的发展过程，但第一期的简化和第三期的简化相较，程度是有区别的。第一期的简单是相较宋墓画像石刻发展成熟的第二期而言的，但放回到宋墓画像石刻发展的整体历程来看，川北、川东南这两个宋墓画像石刻出现最早的地区，除川北南充的两座原境形制和图像较为简单之外，在川东南大足地区出现的这些宋墓画像石刻原境形制和图像组合就已是比较成熟的状态。而第三期的简化则是相较第一期和第二期而言的，原境形制和图像显现出大大退化的颓势。但无论其如何退化，仿木这种在原境形制结构中最基本的元素、图像组合当中最核心的那些元素——空间拓展标示物、墓主标示物一直延续到了宋墓画像石刻的末期。从使用人群而言，宋墓画像石刻的使用者从社会等级、性别和宗教信仰上并未随着分期而产生大的变化，总体呈现以普通民众为主，而逐渐被一部分上层和具宗教信仰人士吸收的趋势。

值得注意的是，上述提到的变化过程之中存在一种地区的差异性，即几个主要分布区域中，如川东川北区、川东南川南区、川中区都遵循着这个从简单到复杂再到简单的发展线条时，这种颓势或者说退化却没有明显地在黔北地区产生较大的影响。即在其他区域退化时，黔北区却保持了在其他区域繁盛期的复杂原境形制和主流图像组合，并且在原境数量上呈现出较大的优势，可谓逆流而行。这可能是因为黔北在第三期时，外环境的恶化比其他区域来得偏晚，退化的潮流相对较晚才影响到黔北。

第六节　时空框架·分区研究

在类型学研究的基础上，根据原境形制、图像组合、随葬品、发展进度等方面的差异，可以将四川地区宋墓画像石刻分为以下四个区。

一、川东川北区

川东川北区是指龙门山以东、大巴山以西、华蓥山以北的区域。该片区域北至广元、东至达州、西至都江堰、南至广安。

川东川北区是宋墓画像石刻出现最早的区之一，在第一期即北宋晚期至南宋早期便已可见画像石室墓这一原境。

原境形制特点：

第一期内，形制可见宋墓画像石刻原境形制类型为画像石室墓的甲类Aa型、甲类Bb型Ⅰ式、乙类Ⅱ类Aa型。（参见附表14 四川地区宋墓画像石刻·川东川北区第一期原境形制类型统计）画像石室墓可见平顶墓和券拱顶墓，以平顶墓占数量优势。双室墓为两室墓壁紧贴无通道。单室墓中出现了门窗一类的仿木结构，但双室墓中仿木结构极为简单。

第二期内，川东川北区的原境数量和原境形制类型较第一期内大为增多，可见画像石室墓的甲类Ab型Ⅱ式、甲类Bb型Ⅱ式、甲类Bd型、甲类Ca型、乙类Ⅱ类Ab型Ⅰ式、乙类Ⅱ类Ba型、乙类Ⅱ类Bb型、乙类Ⅳ类A型、乙类Ⅳ类Bb型Ⅰ式、乙类Ⅳ类Bc型、乙类Ⅳ类Da型、丙类A型、丙类D型。（参见附表15 四川地区宋墓画像石刻·川东川北区第二期原境形制类型统计）画像石室墓可见单室墓、双室墓和多室墓。单室墓和双室墓数量持平，多室墓最少。券拱顶墓多于平顶和藻井式盝顶，占据较大的数量优势，藻井式盝顶墓为最少。双室墓为并列紧贴无通道、和并列有间距无通道两种，数量持平。此期内川东和川北区的画像石室墓多设置侧龛和后龛，且具有较为复杂的仿木结构。

第三期内，川东川北区的原境数量和原境形制类型较第二期减少，可见画像石室墓的甲类Ba型、甲类Bc型、乙类Ⅰ类A型、乙类Ⅱ类Ab型Ⅱ式、乙类Ⅳ类Bb型Ⅰ式、丙类Ca型、丙类Cb型。（参见附表16 四川地区宋墓画像石刻·川东川北区第三期原境形制类型统计）双室墓和多室墓的数量多于单室墓，可见券拱顶、平顶、复合藻井式盝顶。平顶较券拱顶有极微弱数量优势，复合藻井式盝顶最少。双室墓可见并列紧贴有通道、并列紧贴无通道和并列有间距无通道三种情况，以并列紧贴无通道略占数量优势，无通道的墓葬总数多于有通道的。绝大多数墓葬都完整地配置了后龛和侧龛，但所有墓葬的仿木结构都较为简单。

图像组合特点：

第一期内，川东川北区的宋墓画像石刻图像题材可见花卉、武士、门窗、启门等。图像组合可见画像石室墓的甲类Bb型Ⅰ式、丙类Aa型Ⅰ式、丙类Ba型。（参见附表17 四川地区宋墓画像石刻·川东川北区第一期图像组合类型统计）多为简单的装饰纹样，可见以后龛为中心位配置墓主标示物，和以后龛为中心位配置空间拓展标示物两种情况，数量持平。

第二期内，川东川北区的宋墓画像石刻图像题材大为丰富，可见武士、四神、伎乐、祥禽瑞兽、花卉、备侍、故事场景、空椅、屏风、牌位、启门、墓主人像等主流图像题材。可见图像组合为画像石室墓的甲类Aa型Ⅱ式、甲类Ba型、甲类Bb型Ⅱ式、甲类Bc型Ⅱ式、甲类Bc型Ⅲ式、甲类Bd型Ⅱ式、甲类Bd型Ⅲ式、丙类Ab型Ⅰ式、丙类Bb型。（参见附表18 四川地区宋墓画像石刻·川东川北区第二期图像组合类型统计）可见在该区内，甲类图像组合即以后龛为中心配置墓主标示物或空间拓展标示物，墓室各区域以一定对应关系配置相应各类图像题材的两种模式为最主流。二者中又以配置墓主标示物占优势，而通常墓主标示物多为空椅、屏风、牌位、瓶花等，而少见墓主人像。另可见极少数丙类图像组合，虽仅在后龛有单图像，但仍以配置墓主标示物为主。

第三期内，川东川北区宋墓画像石刻图像题材种类较第二期大为减少，可见花卉、四神和一些简单的装饰纹样。图像组合复杂度大大退化，可见图像组合为画像石室墓的甲类Bb型Ⅱ式、丙类Aa型Ⅱ式、丙类Ab型Ⅱ式、丙类Bb型。（参见附表19 四川地区宋墓画像石刻·川东川北区第三期图像组合类型统计）以丙类为最主流，仍可见以后龛作中心位设置墓主标示物和空间拓展标示物两种基本类型，数量基本持平，总的来说以简单的装饰性纹样为主。

川东川北区是伎乐类的图像题材分布最多的一个区域。墓主标示物出现较多，但真正以墓主人像表现的却很少。出现了一些其他区域较为少见的图像题材：孝行、伎乐、故事场景。

使用人群特点：

川东川北区第一期内的使用人群皆为无宗教信仰背景的非官员阶层一般民众。第二期内，川东川北区使用人群大部分为无宗教信仰背景的非官员一般民众，但出现了少数高级官员及家属的墓葬。就信仰背景而言，可考的具有宗教信仰的墓主之中，道教信众多于佛教信众。第三期内，川东川北区使用人群皆为无宗教信仰背景的非官员阶层一般民众。总览三期，可考墓主性别的墓葬中，男女墓主数量基本持平。

总的来看，川东川北区是画像石室墓石刻出现最早、延续时间最长、数量仅次于川东南川南区的区之一。该区内虽仅见画像石室墓这一原境，但形制类型丰富，以券拱顶式墓为主，次之为平顶，藻井式盝顶墓数量最少。双室墓和多室墓的数量多于单室墓，双室墓和多室墓绝大多数属于墓室之间无通道者。该区内的图像题材和图像组合较为复杂，贯穿于画像石室墓发展全过程的各类主流图像题材皆在此区出现并流行，而且一些在其他地区较为罕见或不见的题材如孝行、伎乐、故事场景等均在此区内偶见分布。图像组合中最基本的两种主要类型都可见于该区，但以设置墓主标示物为最主流，在后龛设置空间拓展标示物的情况较少。而值得注意的是，墓主标示物却通常并没有选择最直观表示墓主的墓主人像，而多采用空椅、屏风、牌位、瓶花等象征墓主人所在的象征物来表现。就使用人群而言，该区的墓主中无宗教信仰背景的非官员阶层一般民众占绝大多数，可见少量的高等级官员及家属、中下层官员及家属的墓葬，川东川北区的高等级官员和家属的墓葬是四个分区中数量最多的。可考察宗教信仰的墓主，主要为佛教信众和道教信众，道教信众的数量占多数。该区是出土陶俑最多的一个区，陶俑的数量和种类都居于四个区之首，可见其他分区不见的一些种类如庖厨俑、伎乐俑、戏说俑等。但这一区内的陶俑皆出于高等级墓葬安丙家族墓群，不具备普遍性。

二、川中区

川中区北至彭山、南至乐山、东至资中。（注：行政上隶属资阳的安岳，在考古学意义上的墓葬分区上应该分入川东南川南区）

原境形制特点：

第一期内，川中区宋墓画像石刻原境数量极少，原境形制类型单一，仅见画像石室墓的甲类Cd型Ⅰ式。（参见附表20 四川地区宋墓画像石刻·川中区第一期原境形制类型统计）但墓葬形制较为成熟，为藻井式盝顶单室墓，完整配置了后龛和侧龛，且具有较复杂的仿木结构。

第二期内，川中区的原境数量和原境形制类型较第一期大为增加。可见形制类型为画像石室墓的甲类Ab型Ⅱ式、甲类Ab型Ⅲ式、甲类Ba型、甲类Bb型Ⅱ式、甲类Bd型、甲类Cc型Ⅰ式、甲类Cc型Ⅱ式、乙类Ⅲ类、乙类Ⅳ类Ca型。（参见附表21 四川地区宋墓画像石刻·川中区第二期原境形制类型统计）单室墓数量大大多于双室墓，以藻井式盝顶为主，其次为券拱顶，平顶为最少。大部分墓葬完整地配置了后龛和侧龛，多有较复杂的仿木结构。双室墓皆为两室之间有间距，有通道者和无通道者数量相当。

图像组合特点：

第一期内，川中区可见的图像题材有武士、启门、花卉和祥禽瑞兽。图像组合可见画像石室墓的甲类Ab型Ⅰ式。（参见附表22 四川地区宋墓画像石刻·川中区第一期图像组合类型统计）即以后龛为中心位设置空间拓展的标志物，再按一定的对应关系在墓室各区域设置相应题材的图像。

第二期内，川中区可见的图像题材有武士、四神、备侍、四神、伎乐、启门、祥禽瑞兽、墓主人像、屏风、仙人等，主流图像题材基本出现，并且还出现了在其他区内不见的仪卫出行。图像组合类型可见画像石室墓的甲类Aa型Ⅰ式、甲类Aa型Ⅱ式、甲类Ba型、甲类Bc型Ⅰ式、乙类A型。（参见附表23 四川地区宋墓画像石刻·川中区第二期图像组合类型统计）以后龛为中心设置墓主标示物或设置空间拓展标示物的两种最基本的组合皆见于此区，但以前者为主，墓主标示物绝大部分为墓主人像，极少为屏风。

使用人群：第一期内，川中区的使用人群皆为无宗教信仰背景的非官员阶层的一般民众。第二期内，川中区的使用人群绝大部分为无宗教信仰背景的非官员阶层的一般民众，仅见一例高等级墓葬，即资中赵雄墓。可考性别的墓葬中，男女墓主的数量基本持平。

值得注意的是，从目前发现的考古材料来看，川中区不见有明确纪年的第三期材料。而已经公布的川中区宋墓画像石刻材料，可以通过原境类型、图像组合分析放回到时空框架中者，亦没有可以归为第三期的。其他的川中区材料因为公布的信息极为简略，无法纳入分期研究。但这并不能说明川中区第三期中无宋墓画像石刻的分布，随着更多的材料公布，可能会更新对川中区第三期宋墓画像石刻情况的认识。

总的来看，川中区的宋墓画像石刻始于第一期，第一期内此区的原境数量极少，但出现伊始便表现了较为成熟的形制和图像组合模式，似乎并没有一个较为原始和粗糙的状态。第二期时有较大发展，第三期中未见有明确纪年属于此期的川中区宋墓画像石刻材料，石刻数量在四个区中为最少。石刻原境均为画像石室墓，未见画像崖墓和画像石棺。画像石室墓多为单室墓，双室墓较少，藻井式盝顶墓是此区中最主要的墓葬形制，次之为券拱顶，最少为平顶。四川地区宋墓画像石刻的主流题材皆见于此区。此外，还出现了其他区中未见的仪仗出行图像，但仪仗出行图的出现可能跟地区差异无关，而跟墓主的社会等级有关。因为川中区出该类图像的墓葬皆为高等级官员墓葬、中下级官员及家属墓葬。图像组合中，以后龛为中心设置墓主标示物的组合占据主流，尤其是墓主人像在此区内是原境后龛中心位最重要的主体图像。此区宋墓画像石刻的使用人群绝大多数为非官员阶层、无信仰背景的一般民众。此外，可见一例高级官员墓葬，一例中下级官员及家属墓葬。值得注意的是，此区内虽然券拱顶墓的数量远逊于藻井式盝顶墓，平顶墓的数量又少于券拱顶墓，但高等级的墓葬却仅见于券拱顶墓，中下级官员及家属的墓葬却仅见于平顶墓。

三、川东南川南区

川东南川南区北至合川，南至叙永，东至潼南，西至自贡。

原境形制特点：

第一期内，川东南川南区的宋墓画像石刻原境形制类型可见画像石室墓的甲类Ab型Ⅰ式、甲类Cb型Ⅰ式、乙类Ⅴ类、丙类D型，画像石棺的A型。（参见附表24 四川地区宋墓画像石刻·川东南川南区第一期原境形制类型统计）画像石室墓包括单室墓、双室墓和多室墓，双室墓和多室墓的数量略多于单室墓，最早的纪年墓葬皆为双室墓。可见平顶和藻井式盝顶，以平顶为主，龛的情况尚不稳定，完整配置后龛和侧龛的略多于仅配置后龛未配置侧龛的，可见较为复杂的仿木结构。双室墓皆为两墓室前后排列且有通道连通，多室墓为三室呈左右并列，中有通道连通。

第二期内，川东南川南区的宋墓画像石刻原境数量和原境形制类型较第一期大为增多。可见画像石室墓的甲类Cb型Ⅱ式、甲类Cc型Ⅰ式、甲类Cd型Ⅱ式、甲类Da型、乙类Ⅰ类B型、乙类Ⅲ类、乙类Ⅳ类Ba型、乙类Ⅳ类Ca型、乙类Ⅳ类Da型、丙类E型、丙类F型。单室墓的数量最多，双室墓次之，多室墓最少。完整配置后龛和侧龛的数量多于仅配置后龛未见侧龛的情况，大多数墓葬具有较为复杂的仿木结构。以藻井式盝顶和复合藻井式盝顶为绝大多数，少见券拱顶，未见平顶。双室墓可见两壁紧贴有通道、两室有间距有通道、两室有间距无通道，有通道和无通道的数量持平。新出现汉系画像崖墓的A型和B型，非汉系画像崖墓的A型和B型。均为单室墓，汉系画像崖墓的A型和B型均有仿木构件、后壁龛和侧龛，A型模拟了同时期北方宋金八边形墓葬形制，顶为穹窿顶；B型极类此区内画像石室墓形制，顶为平顶带藻井。非汉系画像崖墓的B型有后龛无侧龛无仿木，A型既无后龛也无侧龛，但一般在墓门区域有仿木构件。非汉系画像崖墓的顶均为平顶略带弧，打磨都较粗糙。未见画像石棺。（参见附表25 四川地区宋墓画像石刻·川东南川南区第二期原境形制类型统计）

第三期内，川东南川南区的宋墓画像石刻原境数量和原境形制类型都较第二期减少。可见形制类型为画像石室墓的甲类Ac型、甲类Cc型Ⅱ式、乙类Ⅱ类Ab型Ⅰ式、乙类Ⅱ类C型、乙类Ⅳ类Cb型、乙类Ⅳ类Db型，非汉系画像崖墓的A型，新出现汉系画像崖墓的C型。未见画像石棺。（参见附表26 四川地区宋墓画像石刻·川东南川南区第三期原境形制类型统计）画像石室墓双室墓的数量大大多于单室墓的数量，仅见藻井式盝顶墓和平顶墓，前者数量远多于后者。双室墓为两壁紧贴无通道，有一定间距无通道两种，数量持平，总体来看墓室之间皆无通道。均完整地配置了后龛和侧龛，仿木结构均较为简单。非汉系画像崖墓A型基本延续其二期的形制，但汉系画像崖墓中新出现的C型较二期的

364

汉系画像崖墓大大简化，墓室内的龛和仿木构件都消失，仅在墓门处设置了仿木构件。

图像组合特点：

第一期内，川东南川南区的可见图像题材为空椅、备侍、门窗、伎乐、家居生活、启门、墓主人像、仙人、武士、四神、祥禽瑞兽、花卉，题材种类较为丰富，应是四个区中，在第一期内就出现了最多主流图像题材的区域。可见图像组合类型为画像石室墓的甲类Aa型Ⅱ式、甲类Bd型Ⅰ式、甲类Bd型Ⅱ式、甲类Ba型、甲类Ad型Ⅰ式，画像石棺的A型。（参见附表27 四川地区宋墓画像石刻·川东南川南区第一期图像组合类型统计）。画像石室墓已出现以后龛为中心设置墓主标示物或空间拓展标示物两种基本类型，但以设置墓主标示物为主，墓主标示物主要为空椅和屏风，偶见墓主人像。

第二期内，川东南川南区的可见图像题材为空椅、备侍、武士、花卉、祥禽瑞兽、墓主人像、启门、门窗、四神、故事场景、屏风、启幔、瓶花等，主流图像题材全部可见于此区。可见图像组合类型为画像石室墓的甲类Aa型Ⅰ式、甲类Ab型Ⅱ式、甲类Ac型、甲类Ad型Ⅰ式、甲类Ba型、甲类Bb型Ⅱ式、甲类Bc型Ⅲ式、甲类Bd型Ⅱ式、甲类Bd型Ⅲ式、乙类A型、乙类Ba型、丙类Ab型Ⅱ式，汉系画像崖墓的A型和B型，非汉系画像崖墓的A型和B型。（参见附表28 四川地区宋墓画像石刻·川东南川南区第二期图像组合类型统计）画像石室墓图像组合包括了以后龛为中心设置墓主标示物或设置空间拓展标示物两种基本类型，两者数量基本持平。墓主标示物主要为空椅和屏风。汉系画像崖墓A型的图像组合与北方同时期宋金壁画墓相似，B型则极类当地较为简化的画像石室墓图像组合模式。非汉系画像崖墓A型图像主要集中于墓门，以仿木构件和武士为主，B型则呈现出与汉系画像石室墓甲类A型和甲类B型图像组合的相似性，但这并不意味着汉系画像石室墓图像组合背后的内涵被非汉系丧葬系统全盘接受。

第三期内，川东南川南区宋墓画像石刻图像题材种类和图像组合种类都较第二期内减少。图像题材可见备侍、花卉、祥禽瑞兽、墓主人像、四神、屏风。图像组合类型可见画像石室墓的甲类Ad型Ⅱ式、甲类Bc型Ⅲ式、甲类Bd型Ⅲ式、乙类Bb型、丙类Ab型Ⅰ式、丙类Ab型Ⅱ式、丙类Ac型、丙类Bb型。汉系画像崖墓的C型。非汉系画像崖墓的A型。（参见附表29 四川地区宋墓画像石刻·川东南川南区第三期图像组合类型统计）较为完整的图像配置模式中包括了以后龛为中心设置墓主标示物或空间拓展标示物两种基本类型，以设置墓主标示物为主。简化的图像配置模式如乙类和丙类在此期内占据了主流地位。非汉系画像崖墓的B型图像组合消失，A型延续，新出现了汉系画像崖墓的C型图像组合。汉系画像崖墓发展至此，图像题材数量骤减，仅余仿木构件，图像组合较之二期也大大衰退。

使用人群：

第一期内，川东南川南区使用人群绝大部分为非官员阶层的无宗教信仰背景的一般民众，仅见1例中下级官员墓即大足解瑜墓。第二期内，川东南川南区使用人群绝大部分为非官员阶层无信仰背景的一般民众，仅见4人为中下级官员及家属，和1例道教信众墓。第三期内，川东南川南区使用人群绝大部分为非官员阶层无信仰背景的一般民众，就社会等级而言，仅有2人为中下级官员及家属，具有宗教信仰的4人，佛教信众和道教信众的数量持平。综观三期，可考墓主性别的墓葬中，男女数量基本持平。

川东南川南区是宋墓画像石刻出现最早、数量最多、延续时间最长、原境形制类型和图像组合类型最丰富的区域。最早的纪年画像石室墓出现于此区的大足。第一期中，此区的画像石室墓便以较为成熟的形式出现，不仅完整配置了后龛和侧龛，还具备了复杂的仿木结构，出现了流行于后面两期的一些主流图像题材。该区内双室墓多于单室墓，双室墓中两室无通道的情况略多于有通道的情况。绝大多数为藻井式盝顶，其中少部分为复合藻井式盝顶，藻井式盝顶墓的发展贯穿该区的三期，平顶墓和券拱顶墓较少见，平顶墓皆在第一期和第三期，券拱顶墓仅出现在第二期。此区也是四川地区目前发现材料中，唯一可见画像石棺、汉系画像崖墓和非汉系画像崖墓的地区。

该区的图像题材可见各种流行于四川地区宋墓画像石刻发展全过程的主流题材。图像组合涵盖了配置较为完整的画像石室墓甲类、相对简略的画像石室墓乙类、最为简化的画像石室墓丙类、复杂的汉系画像崖墓A型、较为简化的汉系画像崖墓B型、极为简化的汉系画像崖墓C型、较为复杂的非汉系画像崖墓A型和B型。其发展序列中，画像石室墓甲类多出现在第一期和第二期，乙类和丙类在第三期中最为常见，甲类的两种基本类型即以后龛为中心设置墓主标示物或空间拓展标示物再按照一定对应模式在墓室各区域设置相应题材图像的情况皆可见于此区。总的来看，在后龛设置墓主标示物的情况略多于设置空间拓展标示物，且墓主标示物中空椅、屏风、瓶花多于墓主人像。汉系画像崖墓的A型和B型、非汉系画像崖墓的A型和B型都见于第二期，第三期中仅见汉系画像崖墓新出现的C型和非汉系画像崖墓的A型。画像石棺仅见A型图像组合且仅见于第一期。

就使用人群而言，此区为四个区中唯一未见高等级墓葬的区域，绝大部分使用者为非官员阶层无信仰背景的一般民众，仅见少数中下级官员及家属。可考宗教信仰的使用者为佛教信众和道教信众，数量基本持平。但总的来说，并不见某一性别、某一社会阶层、某一宗教信仰的人群与某类墓葬和图像的特殊对应关系。

四、黔北区

黔北区是指乌江以北的区域，该区域北至赤水、南至遵义、东至湄潭、西至仁怀。
墓葬形制特点：
第一期内，黔北区未见宋墓画像石刻。第二期内，黔北区开始出现宋墓画像石刻，原境仅见画像石室墓。可见原境形制类型为画像石室墓的甲类Cc型Ⅰ式、甲类Cd型Ⅱ式、乙类Ⅰ类B型。（参见附表30 四川地区宋墓画像石刻·黔北区第二期原境形制类型统计）能明确纳入类型学框架的画像石室墓中，单室墓的数量远多于双室墓。墓葬皆为藻井式盝顶。龛的配置较为稳定，皆为既配置后龛又配置侧龛，仿木结构有差异，仿木结构复杂的墓葬略多于仿木结构简单的墓葬。双室墓皆为两室左右并列共壁或紧贴，有通道。第三期内，黔北区可见原境形制类型为画像石室墓甲类Cc型Ⅱ式、乙类Ⅰ类C型、丙类B型。（参见附表31 四川地区宋墓画像石刻·黔北区第三期原境形制类型统计）材料公布完整，顶、龛、墓室间结构都清晰能明确纳入类型学分析的画像石室墓中，单室墓的数量和双室墓基本持平。可见藻井式盝顶、复合藻井式盝顶和平顶，以藻井式盝顶的数目为最多。龛的情况较为稳定，皆为既配置后龛又配置侧龛，仿木结构的情况有差异，多数墓葬的仿木结构复杂，少数墓葬的仿木结构简单甚至无仿木结构。双室墓可见两室紧贴共壁有通道，和两室紧贴无通道，以及两室有一定间距无通道，后两者数量多于前者。三室墓属于有间距，无连通。

图像组合特点：

第一期内，黔北区未见宋墓画像石刻。第二期内，黔北区可见图像题材为墓主人像、四神、武士、备侍、门窗、花卉、牌位、空椅、瓶花，皆为和其他三个区共通的主流图像题材。图像组合可见画像石室墓的甲类Ab型Ⅱ式、甲类Ac型、甲类Ad型Ⅰ式、甲类Ba型、甲类Bc型Ⅱ式、甲类Bc型Ⅲ式、甲类Bd型Ⅲ式、丙类Ab型Ⅰ式。（参见附表32 四川地区宋墓画像石刻·黔北区第二期图像组合类型统计）绝大多数属于墓门、侧壁和后龛皆配置图像的甲类图像组合，并包括以后龛为中心位配置空间拓展标示物或墓主标示物两种基本模式，且两种模式数量持平，墓主标示物以墓主人像为常见。另有极少数仅在后龛配置图像的丙类图像组合，全部在后龛配置墓主标示物，皆为墓主人像。第三期内，黔北区可见图像题材为武士、启门、仙人、门窗、墓主人像、备侍、花卉、祥禽瑞兽、四神、童子，还可见一些其他地方未见的图像题材如进贡人等，此类图像题材皆见于高等级墓葬遵义杨粲夫妇墓中。可见图像组合类型有画像石室墓的甲类Ad型Ⅱ式、甲类Ba型、甲类Bd型Ⅲ式、甲类Bb型Ⅱ式、丙类Bb型。（参见附表33 四川地区宋墓画像石刻·黔北区第三期图像组合类型统计）和第二期一样，绝大多数属于墓门、侧壁和后龛皆配置图像的甲类图像组合，并包括以后龛为中心位配置空间拓展标示物或墓主标示物两种基本模式。但后者数量占了绝对优势，墓主标示物以墓主人像最为常见。另有极少数仅在后龛配置图像的丙类图像组合，图像皆为简单的装饰性纹样。

使用人群特点：

第一期内，黔北区未见宋墓画像石刻使用人群。第二期内，黔北区使用人群皆为非官员阶层无信仰背景的一般民众。第三期内，黔北区使用人群大多数为非官员阶层无信仰背景的一般民众，可见少数高级官员及家属墓，高等级墓葬皆为遵义播州土司杨氏家族墓，仅见1例中级官员墓葬。可考宗教信仰的墓主中，包括佛教信众和道教信众，道教信众数量多于佛教信众。综观三期，可考墓主性别的墓葬中男女墓主的数量基本持平。

总的来看，黔北区的宋墓画像石刻数量多，墓葬形制类型和图像组合类型丰富度却逊于川东川北区和川东南川南区。这一区内，未见画像崖墓和画像石棺，唯一的原境为画像石室墓。画像石室墓中，双室墓的数量略多于单室墓。双室墓中，无连通的墓葬占据数量优势。藻井式盝顶墓占有绝对数量优势，偶见复合藻井式盝顶，至南宋末年方可见极少数平顶。墓葬中龛的情况稳定，皆配置了后龛和侧龛，多数墓葬仿木结构较为复杂。此区的图像题材较为丰富，画像石室墓的主流图像题材基本都可见于此区，有少数图像题材如纳贡人仅见于此区，且皆出于高等级墓葬中。图像组合以后龛为中心配置墓主标示物，进而在墓室各区域按一定关系配置相应图像的模式为主，墓主标示物以墓主人像为最主流，可见少数以后龛为中心配置空间拓展标示物的图像组合类型。黔北区的使用人群绝大多数为非官员阶层无信仰背景的一般民众，偶见高级官员及家属墓和中下级官员及家属墓，此区是除川东川北区外，社会等级较高的墓主最多的一个区域（主要为播州土司杨氏家族墓）。有信仰背景的少数使用者中，道教信众的人数多于佛教信众。除了少部分特殊图像如纳贡人仅见于高等级墓葬杨粲夫妇墓之外，其他墓葬之中未见某一性别、某一社会等级、某一宗教信仰的墓主与某种类型的墓葬和图像具备特殊的对应关系。

黔北区的发展脉络与其他三个区有所差别，在川东川北区、川中区和川东南川南区于第一期已出现并且有些区已形成较为成熟的原境形制和图像组合类型时，黔北区中未见宋墓画像石刻。在第二期中，黔北区的宋墓画像石刻开始发展，并且一出现就可见已经较为成熟和稳定的原境形制类型和图像组合，数量增长迅速。在第三期中，当其他三个区的宋墓画像石刻发展开始呈现颓势，原境形制和图像题材、图像组合都开始向着简单化发展的时候，黔北区的宋墓画像石刻依然具有较大数量的分布，且原境形制、图像组合的成熟度和复杂度保持着四个区域在第二期中的水平，未见明显退化。直到第三期的末期，即南宋的末年，才呈现出较大的退化。就其发展脉络而言，不管是兴起还是衰落较之其他三区都存在"慢半拍"的滞后现象。

需要说明的是：本节的原境类型学分析是以原境顶、龛、仿木结构、图像、墓室间排列关系等要素来作为划分类型标准，故上述方面公布不完整的墓葬无法归入类型学的框架下。按考古报告、简报、简讯、文物志材料统计黔北地区宋墓画像石刻原境总数仅次于川东川北区和川东南川南区，但很大部分公布资料不完整，所以能用作类型学统计的墓葬数量并不多。而从文字描述能看出顶、墓室间关系，图像组合等方面情况的，本节将其分别纳入上述各方面研究的数据统计中。

第五章 人群交流视域下的四川地区宋墓画像石刻溯源

第一节 汉系画像石室墓石刻溯源·北方与四川地区比较研究

韩小囡在《宋代墓葬装饰研究》中对宋代墓葬装饰进行了分区分期，将宋墓装饰分成南北两个区。南方下分三个小区，即江苏及赣北地区、川渝贵地区、福建地区；北方下分五个小区，即豫中、晋西南地区，晋东南、晋中及豫东北、冀西南地区，冀中鲁北地区，陕甘宁地区，豫西南、鄂北及皖西地区。将北方宋墓装饰分成前后两期四段，前期为北宋太祖建隆元年至神宗元丰八年（960—1085），此下又分三段，初始阶段为北宋太祖建隆元年至太宗至道三年（960—997），萌芽阶段为真宗咸平元年至仁宗嘉祐八年（998—1063），发展阶段为真宗治平元年至神宗元丰八年（1064—1085）；后期为哲宗元祐元年至钦宗靖康二年（1086—1127），此期即为北方宋墓装饰的成熟期和鼎盛期。①本节比较研究中，论及北方宋墓装饰分期沿用此划分。

一、初始和萌芽阶段北方宋墓装饰与四川汉系画像石室墓石刻的比较

目前可见纪年最早的四川汉系画像石室墓石刻材料来自大足嘉祐四年墓（1059）②、大足解瑜墓（1060）③，年代相当于韩小囡北方墓葬装饰分期中的萌芽期（998—1063）。萌芽期内，北方宋墓装饰以仿木建筑砖雕、家具陈设组合为主，还出现了有侍者的一桌二椅、鞍马和侍者；但在大足嘉祐四年墓和解瑜墓出现的画像石刻主要是仿木斗拱、启门和花卉。除仿木构件外，四川汉系画像石室墓石刻主流图像题材似乎与北方墓葬装饰初始阶段并无明显的重合，北方墓葬装饰在初始和萌芽阶段所流行的图像题材如家具陈设组合、一桌二椅等在四川就完全不见，四川汉系画像石室墓石刻在诞生伊始并没有受到太多的来自北方宋墓装饰诸最盛行因素的影响。

---

① 韩小囡：《宋代墓葬装饰研究》，山东大学博士学位论文，2006年。
② 邓之金：《四川大足县发现带有雕刻的宋墓》，《文物参考资料》，1954年第10期。
③ 国家文物局：《中国文物地图集·重庆分册》，文物出版社，2010年，下册，第282页。

二、发展阶段、鼎盛期北方宋墓装饰与四川汉系画像石室墓石刻的比较

（一）共通性

北方墓葬装饰的发展阶段和鼎盛期，其装饰题材在一定程度上和四川汉系画像石室墓石刻第一期的图像题材存在共通性，如妇人启门、备侍、门吏、武士、祥禽瑞兽、乐舞、四神、伎乐等题材也出现在了汉系画像石室墓石刻的主流题材之中。不过这些相同的图像题材，依然在某些方面存在着南北差异。如北方墓葬装饰鼎盛期中，启门图像尤为盛行的豫中晋西南区，其启门图像多见配置在墓后壁，但四川汉系画像石室墓石刻的启门还有多例配置在两侧壁的情况。

北方宋墓装饰和四川汉系画像石室墓石刻图像题材，有一个重要且区别于前代的共通点：胡人题材缺失。北方宋墓装饰中，宝鸡市长岭机器厂宋墓的胡人牵驼砖雕是宋代墓葬非常罕见地反映胡人题材的遗存实物[1]，四川汉系画像石室墓石刻中则完全没有反映胡人的内容。考察全国其他地区宋墓装饰，胡人题材的缺失似乎是一个在全国范围内共通的现象。这应是宋与周边民族政权辽、金之间长期保持着防御对抗的态势，宋政府对于异族文化的抗拒态度导致了胡文化因素在宋墓装饰中的缺失。这种对胡文化因素抗拒的态度，不仅在丧葬活动中产生影响，在现实生活中也催生了对日常生活的诸多禁令，如：

《宋史》卷一百五十三《舆服五》："臣妾以为僭礼犯分，禁亦不可以缓。"[2]

《宋会要辑稿·舆服四·臣庶服》："庆历八年（1048）二月二十七日，诏曰：'闻士庶仿效胡人衣装，裹番样头巾，着青绿及乘骑番鞍辔，妇人多以铜绿兔褐之类为衣。宜令开封府限一月内止绝；如违，并行重断。仍仰御史台、合门弹纠以闻。'"[3]

《宋会要辑稿·舆服四·臣庶服》："政和七年（1117）是岁，又诏敢为契丹服若毡笠、钓墪之类者，以违御笔论。"[4]

《宋会要辑稿·舆服四·臣庶服》："宣和元年（1119）正月五日，诏：'先王之法坏，胡乱中华，遂服胡服，习尚既久，人不知耻，未之有禁，非用夏变夷之道。应敢胡服若毡笠、钓敦之类者，以违御笔论。'"[5]

---

[1] 卢建国、官波舟：《宝鸡市长岭机器厂宋墓清理简报》，《文博》，1998年第6期。
[2] 元·脱脱等：《宋史》卷153，中华书局，1985年，第11册，第3577页。
[3] 清·徐松（辑），刘琳、刁忠民、舒大刚等（点校）：《宋会要辑稿》，上海古籍出版社，2014年，第4册，第2232页。
[4] 清·徐松（辑），刘琳、刁忠民、舒大刚等（点校）：《宋会要辑稿》，上海古籍出版社，2014年，第4册，第2232页。
[5] 清·徐松（辑），刘琳、刁忠民、舒大刚等（点校）：《宋会要辑稿》，上海古籍出版社，2014年，第4册，第2232页。

《能改斋漫录》卷一："政和初，朝廷下令禁止'着蕃服'，'若用鼓板改作北曲子，并着北服之类，并禁止支赏'，'一应士庶，于京城内不得辄戴毡笠子，如有违犯，并依上条。'"①

《宋史》卷一百五十三《舆服五》："（绍兴）二十六年（1156），再审严禁，毋得以戎服临民，自是紫衫遂废。"②

从服装到音乐，宋政府厉行禁令试图制止胡文化因素在社会生活各方面渗透，尤其是澶渊之盟后，宋与周边政权的力量对比越来越不占优势时，这种保守和抗拒显得尤为顽强，其投射在丧葬领域，两宋期间宋墓装饰中胡人题材缺失便是其影响的物化表现。

（二）差异性

在上述共通之外，北方宋墓鼎盛期装饰图像和四川汉系画像石室墓石刻也存在着较大的差异。

1. 图像题材选择上的差异性

在北方宋墓装饰初始阶段和萌芽阶段占据主流，在鼎盛期退位为陪衬的成套家具组合图像均未见于四川。在北方地区较为常见，尤其流行于山西的二十四孝图像在四川汉系画像石室墓中极为罕见，仅在广元三座墓即广元罗家桥石刻宋墓③、广元〇七二医院王再立郑氏合葬墓④、广元浩口村宋墓M1⑤，及重庆井口宋墓中可见⑥。如北方常见尤其盛行于豫中的墓主夫妇共坐图，在四川也并未出现。四川汉系画像石室墓石刻中出现的绝大部分为单空椅，或单空椅与供桌，仅广元蜀道文化博物馆藏有1件一供桌二空椅石刻。（参见图3-218 蜀道文化博物馆藏空椅+屏风+供桌）而墓主夫妇二人同时出现在一个画面中，仅见南溪琴庄李隐墓（参见图5-1）⑦、叙永天池宋墓09SLXTM2。（参见图5-2）⑧

---

① 宋·吴增：《能改斋漫录》卷1，上海古籍出版社，1979年，第16页。
② 元·脱脱等：《宋史》卷153，中华书局，1985年，第11册，第3578页。
③ 廖奔：《广元南宋墓杂剧、大曲石刻考》，《文物》，1986年第12期。
④ 廖奔：《广元南宋墓杂剧、大曲石刻考》，《文物》，1986年第12期。
⑤ 四川省文物考古研究院、广元市博物馆、西华师范大学历史文化学院：《四川广元市利州区浩口村宋墓清理简报》，《四川文物》，2019年第6期。
⑥ 重庆市博物馆历史组：《重庆井口宋墓清理简报》，《文物》，1961年第11期。
⑦ 图片采自刘致平：《乾道辛卯墓》，《中国营造学社汇刊》，1944年第2期。
⑧ 图片采自四川省文物考古研究院、泸州市博物馆、叙永县文物管理所：《四川叙永天池宋墓清理简报》，《四川文物》，2010年第2期，图十五。

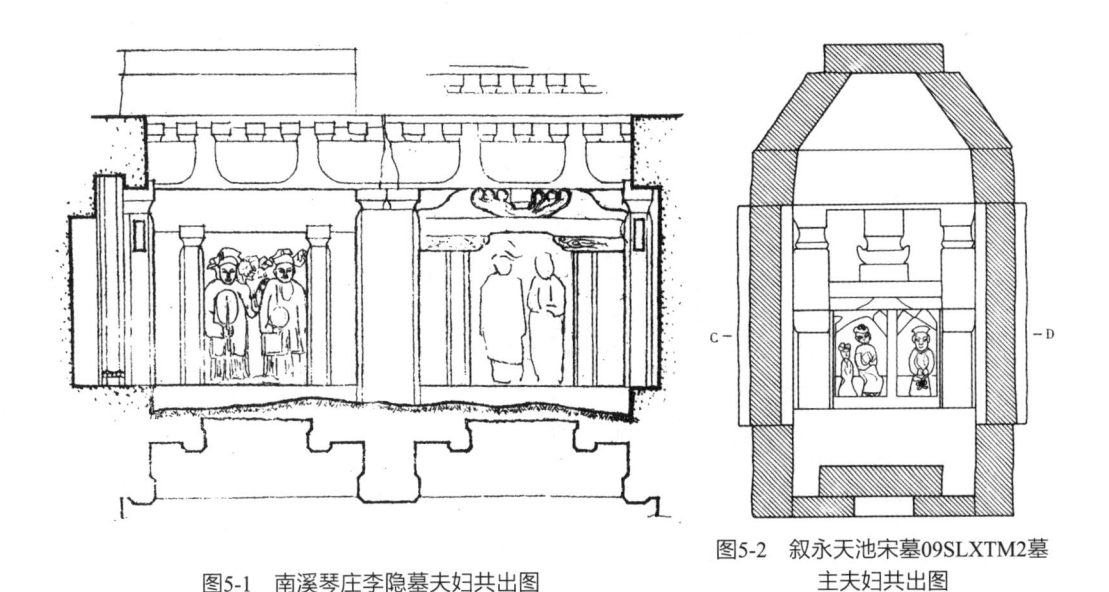

第五章　人群交流视域下的四川地区宋墓画像石刻溯源

图5-1　南溪琴庄李隐墓夫妇共出图

图5-2　叙永天池宋墓09SLXTM2墓主夫妇共出图

考察这些北方宋墓流行图像缺失于四川汉系画像石室墓，可能源于不同地域丧葬传统造成了同一观念的不同表达。二十四孝图像除广元见3墓例、重庆见1墓例之外，未见于四川其他地区，这并非意味着四川宋人在丧葬活动中缺乏孝道观念，而是对于同一观念选择了不同的表现方式。他们未选择刻画二十四孝图像来宣扬、贯彻孝道观念，而选择修建画像石室墓，为祖先营建"永为供养"的死后栖身之所来贯彻孝行。各种承载象征意味的图像附着于具有不朽象征意义的石材载体上，以此表征着现世各种享受能永远延续下去。这是四川宋人在丧葬活动中贯彻孝行的方式，而这种选择上的偏好源于四川刻石为墓丧葬传统和道教的影响。在第七章和第八章中对此有详细阐述。

丧葬活动中，对于供奉祖先的关注，北方和四川其实是一致的。但北方宋墓装饰之中象征受供墓主夫妇的一桌二椅、墓主夫妇对坐图，未见于四川，是源于四川丧葬传统中的同坟异葬习俗。北方宋墓之中夫妇多合葬于一墓，在同一墓中享受供奉，故而多见一桌二椅和夫妇对坐图。但在四川，由于丧葬传统中认为同坟异葬最为得礼，故而夫妇多以同坟异穴、同穴异室的方式，分别葬于不同墓室之中。其享受供奉的空间是分开的，故在这个供奉空间中供奉的也是单独的墓主而非夫妇二人，自然不见北方流行的一桌二椅和夫妇对坐图。

2. 图像人物性别设置上的差异性

四川同坟异葬的丧葬习俗还影响了南北宋墓装饰图像人物性别设置的差异。北方墓葬装饰之中，图像人物性别的设置似乎并不存在与墓主性别的特别对应关系。如侍者题材，并无明显的女墓主身边仅见侍女、男墓主身边仅见男侍的情况，例如梁庄宋墓反映

373

的女墓主端坐供桌前，身边的侍从也是男女混杂。（参见图5-3）①

图5-3 梁庄宋墓墓主夫妇端坐图

但考察四川画像石室墓那些已知墓主性别的墓葬，有些相同图像题材呈现出性别表现上的差异，即石刻人物性别与墓主性别存在特别对应关系。

大足龙神湾王若夫妇墓石刻：在壁龛的位置同样是侍者与门题材，M1王若墓石刻为男性持骨朵守门。（参见图5-4）但M2王若妻墓石刻为女性启门。（参见图5-5）②

图5-4 龙神湾M1侧壁男侍守门图　　　　图5-5 龙神湾M2侧壁女侍启门图

---

① 图片采自洛阳市文物工作队：《河南新安县梁庄北宋壁画墓》，《考古与文物》，1996年第4期，图六。
② 图片采自大足石刻研究院：《重庆市大足区龙神湾南宋王若夫妇墓发掘简报》，《四川文物》，2015年第4期，图五、一五。

第五章 人群交流视域下的四川地区宋墓画像石刻溯源

广元杜光世夫妇墓石刻：墓门处皆为武士，但男室为男武士，女室为女武士。后壁龛两侧侍者守门，女室为两女侍，男室为两男侍。（参见图5-6）①

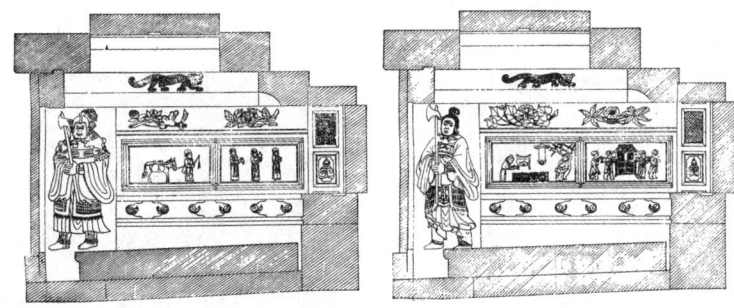

图5-6 广元河西杜光世夫妇墓男女武士、侍者图

虞公著夫妇墓石刻：两墓的墓门处皆为武士，但女墓在棺室门柱处又设女武士守门。（参见图5-7）②

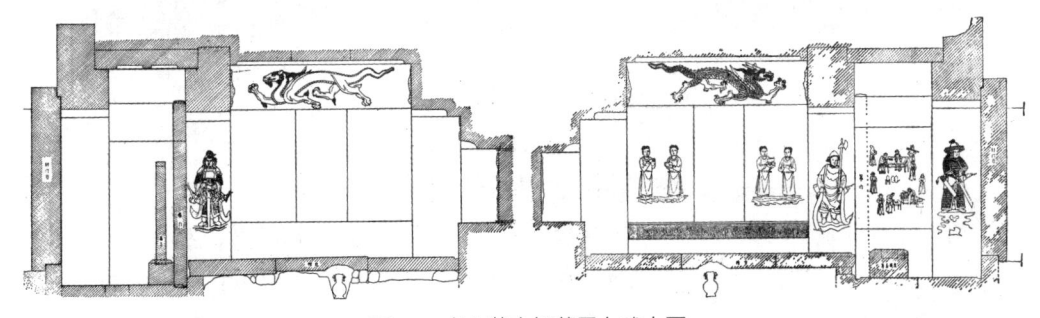

图5-7 虞公著夫妇墓男女武士图

---

① 图片采自四川省博物馆、广元县文管所：《四川广元石刻宋墓清理简报》，《文物》，1982年第6期，图六、八、一一。
② 图片采自四川省文物管理委员会、彭山县文化馆：《南宋虞公著夫妇合葬墓》，《考古学报》，1985年第3期，图四、五。

广元〇七二医院王再立郑氏夫妇墓石刻：后龛皆为侍者备宴侍候空椅旁，但女室为侍女，男室为男侍。（参见图5-8）①

图5-8　广元〇七二医院王再立郑氏夫妇墓侍者与空椅

泸州滨河印象工地宋墓群M1石刻：后龛皆为备侍题材，女室为侍女启幔，男室为男侍立于屏风前提空椅。（参见图5-9）②

图5-9　泸州滨河印象工地宋墓群M1备侍图

3. 源头在北方宋墓装饰传统的相通图像题材

值得注意的是，考察四川地区宋代汉系画像石室墓石刻中那些和北方地区相通的装饰题材，有的应是受到来自北方墓葬装饰传统影响。如，不见于四川其他地区而仅在广元有3墓例、重庆有1墓例的孝行图；不见于五代四川而出现于两宋的各种杂剧图像；以

---

① 图片采自廖奔：《广元南宋墓杂剧、大曲石刻考》，《文物》，1986年第12期，图四、六。
② 图片来源：田野抢救性清理的泸州滨河印象工地宋墓群M1材料，图5-9-1为泸州市博物馆提供并授权在本书中使用，图5-9-2为泸州石刻艺术博物馆在展，图片为笔者拍摄。

及多见于广元一带,偶见于川南的空椅供桌共出图像。上述图像均与北方同类图像呈现较高的相似性。

就孝行图而言,如广元罗家桥石刻宋墓董永别妻图(参见图5-10)①和河南登封黑山沟宋墓董永别妻图。(参见图5-11)②

图5-10　广元罗家桥宋墓董永别妻图 　　　图5-11　河南登封黑山沟宋墓董永别妻图

广元罗家桥石刻宋墓王祥卧冰图(参见图5-12)③和洛阳关林庙宋墓王祥卧冰图。(参见图5-13)④

图5-12　广元罗家桥宋墓王祥卧冰图 　　　图5-13　洛阳关林庙宋墓王祥卧冰图

---

① 资料来源:广元皇泽寺博物馆在展,图片为笔者拍摄。
② 图片采自郑州市文物考古研究所、登封市文物局:《河南登封黑山沟宋代壁画墓》,《文物》,2001年10期,图六。
③ 资料来源:广元皇泽寺博物馆在展,图片为笔者拍摄。
④ 图片采自洛阳市文物工作队:《洛阳洛龙区关林庙宋代砖雕墓发掘简报》,《文物》,2011年第8期,图二七。

广元〇七二医院王再立郑氏夫妇墓韩伯愈行孝图（参见图5-14）[①]和高村宋墓韩伯愈行孝图。（参见图5-15）[②]

图5-14　广元〇七二医院宋墓韩伯愈行孝图

图5-15　高村宋墓韩伯愈行孝图

广元〇七二医院宋代王再立郑氏夫妇墓郭巨埋儿图（参见图5-16）[③]和洛阳关林庙宋墓郭巨埋儿图。（参见图5-17）[④]

图5-16　广元〇七二医院宋墓郭巨埋儿图

图5-17　洛阳关林庙宋墓郭巨埋儿图

① 图片采自廖奔：《广元南宋墓杂剧、大曲石刻考》，《文物》，1986年第12期，图三。
② 图片采自郑州市文物考古研究所、登封市文物局：《登封高村壁画墓清理简报》，《中原文物》，2004年第5期，图十二。
③ 图片采自廖奔：《广元南宋墓杂剧、大曲石刻考》，《文物》，1986年第12期，图八。
④ 图片采自洛阳市文物工作队：《洛阳洛龙区关林庙宋代砖雕墓发掘简报》，《文物》，2011年第8期，图三二。

空椅供桌共出图像，应为北方供桌与墓主共出的变体。广元河西杜光世夫妇墓东室后龛石刻，供桌与空椅共出，侍者侍立一旁。（参见图5-18）①高村宋墓西北壁，供桌与椅子共出，椅子上坐有墓主人。（参见图5-19）②

图5-18　广元杜光世夫妇墓空椅供桌图　　　图5-19　高村宋墓座椅供桌图

广元的空椅与供桌伴出、侍者侍立于旁的这种图像模式应属于北方墓主端坐于供桌前图像的变形，因从广元〇七二医院王再立郑氏夫妇墓和广元河西杜光世夫妇墓出土的买地券来看，此二墓皆属于道教信众修建的生墓。建墓之时，墓主尚在人世，故在墓葬之中没有表现墓主人的形象，而是以空椅代之。实际上和北方地区端坐椅上的墓主人像表示的是相同用意，即象征墓主所在。

4. 非来源于北方宋墓装饰系统的相通图像题材

四川地区汉系画像石室墓石刻中，除了上述这些来源于北方宋墓装饰系统的相通图像题材，另一些相通图像的源头则无明确证据表明其来自北方宋墓装饰系统。如武士、瑞兽、四神、妇人启门、仿木斗拱、伎乐等已经出现在四川五代墓葬装饰中，张虔钊墓棺台壸门中的瑞鹿和宋代画像石室墓石刻中的壸门和瑞鹿③，孙汉韶墓棺台壸门中的瑞兽和宋代画像石室墓石刻中的壸门和瑞兽④，宋琳墓中的妇人启门、四神和宋代画像石室墓石刻中的妇人启门、四神⑤，成都双流籍田竹林村五代后蜀双室合葬墓的石刻斗拱

---

① 图片采自四川省博物馆、广元县文管所：《四川广元石刻宋墓清理简报》，《文物》，1982年第6期，图一一。
② 图片采自郑州市文物考古研究所、登封市文物局：《登封高村壁画墓清理简报》，《中原文物》，2004年第5期，图六-4。
③ 都市文物管理所：《成都市东郊后蜀张虔钊墓》，《文物》，1982年第3期。
④ 成都市博物馆考古队：《五代后蜀孙汉韶墓》，《文物》，1991年第5期。
⑤ 四川省博物馆文物工作队：《四川彭山后蜀宋琳墓清理简报》，《考古》，1958年第5期。

和宋代画像石室墓石刻中的斗拱①，都呈现高度的相似性。不仅如此，其配置方式与五代装饰墓（覆盖高等级墓例和一般社会阶层墓例）非常相似。宋代画像石室墓图像组合的两种最基本配置模式，除了后龛配置的中心图像有墓主标示物或空间拓展标示物的区别外，其他主流图像，武士皆是配置在墓门处，侍者多配置在两壁，力士皆配置在棺台做抬棺状，皆如五代墓。故这些图像题材的源头应是四川五代墓葬装饰而并非北方宋墓装饰系统。在第七章"四川地区宋墓画像石刻与地域传统"中，笔者在论述石刻图像与四川五代墓葬装饰传统关系时对此还有详细的阐述。

第二节　非汉系画像石室墓石刻溯源

四川地区非汉系画像石室墓石刻目前仅四川泸县宋代石刻博物馆藏有两件。考此二石刻形态，均为打磨整石块形成基本胚形，再于其上雕刻图像，自画像石刻崖墓中取出的可能性不大。按已发现的泸县宋代汉系画像石室墓结构特征而言，墓主人像通常配置在呈方形的后龛内，故而此二件石刻极大可能是居于后龛正位，属非汉系画像石室墓构件。此二石刻表现的皆为墓主人和侍从，包括侍者和侍女。（参见图5-20）

图5-20-1石刻为侍女扶幔。②这是汉系画像石室墓中表示空间拓展的典型图像之一，在此石刻中，侍女在两旁打开幔帐，女墓主人站立在中心位置。从其着装来看，与汉族服装截然不同。女墓主人头戴高冠，上着对襟窄袖多褶短衫，下着多褶裙，肩上披长披帛一条，披帛带繁复缠枝花卉纹样，绕过肩头相交垂于胸前，长及足部。侍女头梳双鬟髻，上着窄袖对襟短衫，下着多褶裙。

图5-20-2石刻为女墓主人与执扇侍者。③二人皆站立，女墓主人头梳椎髻，上着交领窄袖直身长衫，外罩一服饰配件，未见于四川地区宋墓画像石刻其他人物形象上。该配件前长后短，前部为一体，垂至膝盖处，后部较短，过肩后分为两个条带，分别垂于手肘后；下着多褶裙，内着带褶裤，赤足。男侍头戴幞头，上着圆领长袍，腰束绦带，右手戴一镯，执一团扇，左手隐于长袖中。男侍与汉系画像石室墓中的侍者形象极为类似。

此二石刻中，着非汉系族群服饰的女性皆居于图像的中心位，且周围共出人群俱作侍奉姿态，其应为墓主人无疑。考其形象特征，椎髻、横裾、跣足等更类似于《太平寰

---

① 成都市文物考古研究所、双流县文物管理所：《成都双流籍田竹林村五代后蜀双室合葬墓》，《成都考古发现（2004）》，科学出版社，2006年。
② 资料来源：四川泸县宋代石刻博物馆在展，图片为笔者拍摄。
③ 资料来源：四川泸县宋代石刻博物馆在展，图片为笔者拍摄。

宇记》所记戎泸非汉系族群：

《太平寰宇记》卷七十九《剑南西道八·戎州》载："其土有四族：黎、蒯、虞、牟。夷夏杂居，风俗各异。其蛮獠之类，不识文字，不知礼教，言语不通，嗜欲不同。椎髻跣足，凿齿穿耳，衣绯布、羊皮、莎草，以鬼神为徵验，以杀伤为戏笑。少壮为上，衰老为下，男女无别，山冈是居。"①

《太平寰宇记》卷八十八《剑南东道七·泸州》载："地无桑麻，每岁畲田，刀耕火种。其夷獠则与汉不同，性多犷戾而又好淫祠，巢居岩谷，因险凭高，着班布，击铜鼓，弄鞘刀。男则露髻跣足，女则椎髻横裙。"②

此二石刻是明显的汉系画像石室墓石刻图像因素渗透到非汉系丧葬系统并产生变异的一个典型例证。其对墓主的表现方式，与汉系画像石室墓石刻中墓主表现方式几乎一致（参见图5-20-3）③，皆居于画面中心位且形体最大，还表现出了汉系画像石室墓中常见备侍和标示空间拓展的启幄；唯一的区别在于，由于墓主的族群为非汉系族群，从而墓主形象与汉系有异，被加以了非汉系族群形象特征的改造。

图5-20　四川泸县宋代石刻博物馆藏墓主人石刻

第三节　画像崖墓和画像石棺石刻溯源

一、汉系画像崖墓石刻溯源

前文考古学基础研究中，将四川汉系画像崖墓的图像组合分为了A型、B型和C型，其中A型以永川高洞子宋代崖墓群M1为代表，B型以永川高洞子宋代崖墓群M2和M3为

---

① 宋·乐史（撰）、王文楚等（点校）：《太平寰宇记》卷79，中华书局，2007年，第1590页。
② 宋·乐史（撰）、王文楚等（点校）：《太平寰宇记》卷88，中华书局，2007年，第1740页。
③ 资料来源：四川泸县宋代石刻博物馆在展，图片为笔者拍摄。

代表，C型以纳溪清凉山宋代崖墓群M4为代表。这三类图像组合不仅在主流图像题材、配置方式上存在较大的差异，源头也各不相同。

以永川高洞子宋代崖墓群M1为代表的A型，图像较为复杂，在后龛中心位配备了启门，又在后龛非中心位即左右两龛柱上各配置了一把空椅，四壁可见奔马、四神、羽人、花鸟等。启门、四神、奔马、花鸟并非四川宋墓画像石刻中独有的题材，北方宋金雕砖壁画墓中也多见，应是北方和四川共同流通的题材。值得注意的是，该墓配置了两件空椅石刻，在同一个墓室中配置两把空椅，这在四川地区其他宋墓画像石刻中非常罕见。据笔者搜集材料，仅广元蜀道文化博物馆藏有1件、宜宾非汉系画像崖墓可见1例，其他均为一个墓室只配置一件空椅石刻。笔者推测，永川高洞子宋代崖墓群M1的同室双空椅，应和广元蜀道文化博物馆藏的一供桌双空椅一样，都属于北方宋墓一桌二椅题材在四川的延续和变形（参见图5-21）。永川高洞子宋代崖墓群M1本身便是有文字题刻印证的移民墓，而广元也是北方移民进入四川后落地安居的主要区域之一，出现移民带进四川的一桌二椅题材也不足为奇。

图5-21-1为广元蜀道文化博物馆藏一供桌双空椅[①]，图5-21-2为永川高洞子宋代崖墓群M1双空椅。[②]

图5-21　广元和永川所见同室双空椅石刻

羽人目前在四川地区仅在永川高洞子宋代崖墓群M1可见，四川地区其他宋墓画像石刻中尚未见此题材，可能为移民带入的北方墓葬装饰因素。另外，花鸟虽是北方和四川地区共通题材，但永川高洞子宋代崖墓群M1花鸟石刻的艺术风格和四川地区同类题材的风格区别较大，其雕工更加细腻精致、构图更显繁复饱满，不似四川地区讲究较为充

[①] 资料来源：笔者文博单位调查采集，陈金凤绘图。
[②] 图片采自重庆市文化遗产研究院、重庆市永川区文物管理所：《重庆永川高洞子南宋墓群清理简报》，《文物》，2020年第6期，图三〇。

足的留白，而与北方宋金墓中花鸟题材表格风格呈现出高度的相似性。（参见图5-22）故而，A型画像崖墓石刻的来源虽在一些题材上呈现与四川地区的共通性，但总体而言，受北方影响更大。

图5-22　花鸟题材风格对比

图5-22-1为永川高洞子宋代崖墓群M1花鸟石刻①，图5-22-2为四川泸县宋代石刻博物馆藏花鸟石刻。②

以永川高洞子宋代崖墓群M2和M3为代表的B型，石刻题材、表现形式和配置方式都与四川宋代汉系画像石室墓石刻几无区别。侧龛和后龛的仿木构件、两侧壁龛中心位的大折枝花卉，都可在四川宋代汉系画像石室墓石刻中找到雷同者，而与北方宋金墓区别较大。B型画像崖墓石刻应是吸纳了四川宋代汉系画像石室墓石刻相关因素而来。（参见图5-23）

图5-23-1为永川高洞子宋代崖墓群M2侧壁龛仿木③，图5-23-2为大足龙神湾王若夫妇墓M1侧壁龛仿木④；图5-23-3为永川高洞子宋代崖墓群M2侧壁龛中心位花卉⑤，图5-23-4为荣昌沙坝子郑骥墓侧壁龛中心位花卉。⑥

---

① 资料来源：笔者田野调查采集，图片为笔者拍摄。
② 资料来源：四川泸县宋代石刻博物馆在展，图片为笔者拍摄。
③ 资料来源：笔者田野调查采集，图片为笔者拍摄。
④ 图片采自大足石刻研究院：《重庆市大足区龙神湾南宋王若夫妇墓发掘简报》，《四川文物》，2015年第4期，彩版1。
⑤ 图片采自重庆市文化遗产研究院、重庆市永川区文物管理所：《重庆永川高洞子南宋墓群清理简报》，《文物》，2020年第6期，图三二。
⑥ 图片采自四川省博物馆、荣昌县文化馆：《四川荣昌县沙坝子宋墓》，《文物》，1984年第7期，图七。

图5-23 仿木、花卉对比

以纳溪清凉山宋代崖墓群M4为代表的C型，图像非常简单，仅在墓门处配置了仿木屋顶。屋顶的形制较之第二期的四川宋代汉系画像石室墓仿木屋顶石刻有相似之处，但形式更为简化。故其应和第三期偏晚的汉系画像石室墓仿木屋顶石刻一样，由第二期的画像石室墓仿木屋顶石刻简化而来。（参见图5-24）

图5-24-1为纳溪清凉山宋代崖墓群M4仿木屋顶[①]，图5-24-2为安丙家族墓M5仿木屋顶。[②]

图5-24 仿木屋顶对比

---

① 资料来源：笔者田野调查采集，图片为笔者拍摄。
② 图片采自四川省文物考古研究院、广安市文物管理所、华蓥市文物管理所：《华蓥安丙墓》，文物出版社，2008年，图版一二九。

二、非汉系画像崖墓石刻溯源

（一）主流：汉系画像石室墓石刻因素的渗透与变异

分布于宋代四川、在岩壁上开凿空间以为墓葬的非汉系岩墓主要有两套装饰图像系统：一套为以宜宾珙县为代表的岩穴墓岩画装饰图像系统，另一套为分布在川南北部尤其集中于宜宾双龙、横江和高县的画像崖墓装饰图像系统。这两套装饰图像系统存在非常明显的差别。在岩画中常见的几何纹、铜鼓纹、三角纹、方块纹、圆点纹、圆圈纹等在画像崖墓石刻图像中非常少见；执旗、射箭、举戈、钓鱼、人立于马上等岩画中的主流图像在画像崖墓中基本不见；即使是同样的动物题材如马、犬类，岩画和画像崖墓的表现手法也大相径庭。（参见图5-25[①]、图5-26[②]、图5-27[③]）

图5-25　珙县岩画中的马

图5-26　观音岩画像崖墓石刻中的马　　图5-27　石城山天堂沟画像崖墓石刻中的马

20世纪80年代，四川大学历史系考古专业和宜宾县文化馆曾调查双龙和横江的非汉系画像崖墓[④]。笔者根据《宜宾县双龙、横江两区岩穴墓调查记》中所记录的地点，前

[①] 图片采自四川省博物馆、珙县文化馆：《四川珙县"僰人"悬棺及岩画调查记》，《文物资料丛刊》第二辑，1978年，图二。
[②] 资料来源：笔者田野调查采集，图片为笔者拍摄。
[③] 资料来源：笔者田野调查采集，图片为笔者拍摄。
[④] 四川大学历史系考古专业七八级实习队、宜宾县文化馆：《宜宾县双龙、横江两区岩穴墓调查记》，《考古与文物》，1984年第2期。

石 上 万 象

四川地区宋元明墓葬画像石刻研究

往宜宾三十六臂山观音岩崖墓群、北斗岩崖墓群、天堂沟崖墓群等非汉系画像崖墓石刻墓最为集中区域进行实地调查。可知双龙、横江一带的非汉系画像石刻崖墓，通常于崖壁凿出墓室，在崖壁上排列数层，呈群落状分布。墓口雕刻出风雨槽，墓顶多为平顶略带弧，墓壁和墓门处雕刻有装饰图像，其中以墓门处雕刻图像最为主流，雕刻技法可见浅浮雕和阴线刻，装饰图像题材可见武士、仿木构件、墓主人、空椅、四神、瑞兽、仰莲、生活场景等，另有一启门图像孤例见于宜宾北斗岩崖墓群M1后龛。非汉系画像崖墓的产生是当地非汉系族群本身的崖葬习俗和汉系画像石室墓石刻因素渗透结合在一起而出现的产物。刘豫川在《宜宾岩穴墓与川南古代的僚人》中根据墓葬设计中所表现的干栏式建筑侧面开门特征、图像人物发型服饰、击鼓舞乐场景、以头负重图像等方面考证其为僚人遗存[①]，笔者认为其推论可信，开凿崖穴以为墓葬正是川南僚人的丧葬习俗：

《太平寰宇记》卷八十八《剑南东道七·泸州》："夫亡，妇不归家，葬之崖穴。"[②]

凿崖为墓的丧葬传统为非汉系画像崖墓的产生提供了使用人群基础和技术传统，但从图像题材、图像配置来看，非汉系画像崖墓受汉系画像石室墓石刻影响较为明显。

考察非汉系画像崖墓石刻的图像题材，如武士、仿木构件、墓主人、空椅、四神、瑞兽、仰莲、启门等，亦为汉系画像石室墓石刻的主流图像因素，并呈现出与之在图像形态和图像配置上的较强相似性，属于四川地区汉系画像石室墓石刻因素渗透进非汉系的产物。

1. 武士

武士是非汉系画像崖墓石刻中最为主流的题材之一，皆配置在墓口处，和汉系画像石室墓武士石刻位置完全一致。汉系画像石室墓中的武士全部设置在墓门入口处或是刚进入墓门的左右两壁，有极少数设置在前室与后室的分隔处，如彭山虞公著妻留氏墓（参见图5-28）[③]。武士石刻设计于门（入口）的模式贯穿四川汉系画像石室墓石刻发展历程，非汉系画像崖墓亦表现出了与之相同的恒定配置。不仅如此，汉系画像石室墓石刻武士形象的两个要素"披坚""执锐"也在非汉系画像崖墓中得以表现，有的武士还着有非汉系服饰（参见图5-29）[④]，有的武士则头戴兜鍪、身披汉式军甲，双手或于身前扶住斧、钺、剑等兵器，或双手举起兵器（参见图5-30）[⑤]，形象和川南汉系画像石室墓石刻的武士形象完全一致，如泸县青龙一号墓武士（参见图5-31）[⑥]

---

① 刘豫川：《宜宾崖穴墓与川南古代僚人》，《四川文物》，1987年第2期。
② 宋·乐史：《太平寰宇记》卷88，中华书局，2007年，第1740页。
③ 图片采自四川省文物管理委员会、彭山县文化馆：《南宋虞公著夫妇合葬墓》，《考古学报》，1985年第3期，图五。
④ 资料来源：笔者田野调查采集，邓宽宇绘图。
⑤ 资料来源：笔者田野调查采集，邓宽宇绘图。
⑥ 图片采自四川省文物考古研究所、成都市文物考古研究所、泸州市博物馆、泸县文物管理所：《泸县宋墓》，文物出版社，2004年，第10页，图四。

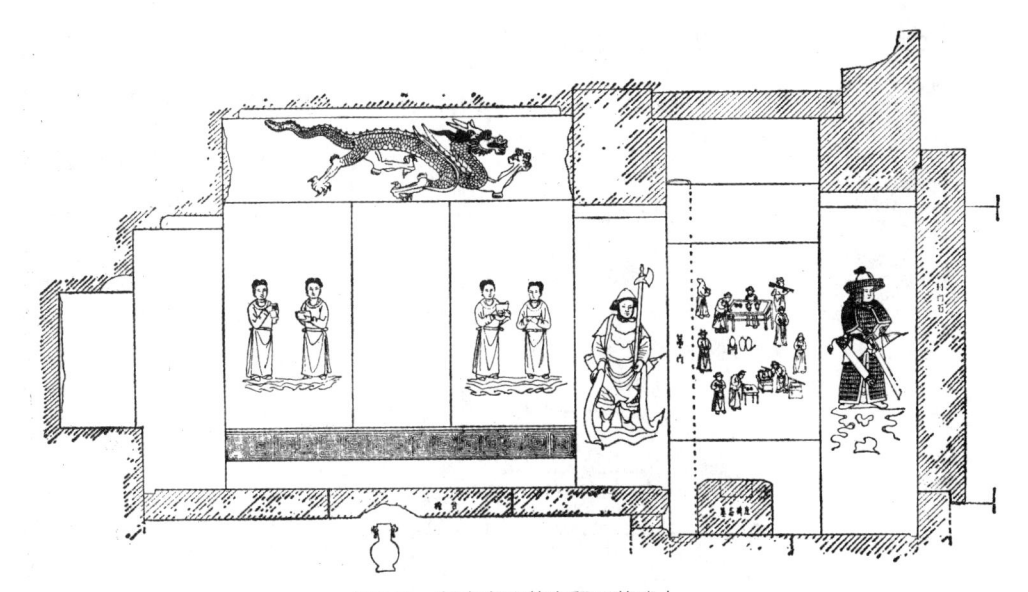

第五章　人群交流视域下的四川地区宋墓画像石刻溯源

图5-28　彭山虞公著妻留氏墓武士

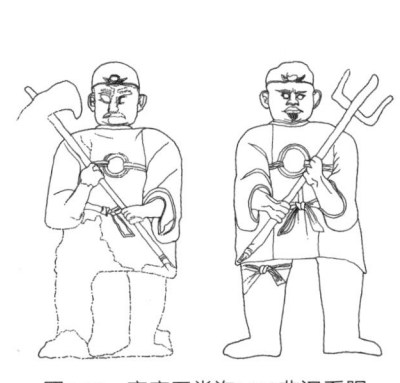

图5-29　宜宾天堂沟M13非汉系服饰武士

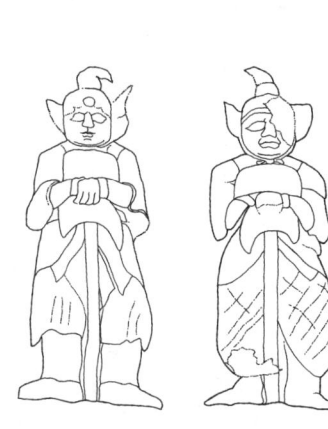

图5-30　宜宾天堂沟M5汉系服饰武士

图5-31　泸县青龙一号墓武士

2. 仿木构件

非汉系画像崖墓石刻中仿木斗拱、立柱、辅首等题材，亦流行于四川地区汉系画像石室墓石刻，且相似度极高。如南溪琴庄李隐墓（参见图5-32）[①]、宜宾旧州坝白塔宋墓（参见图5-34）[②]和宜宾天堂沟崖墓M8的仿木斗拱、立柱（参见图5-33）的仿木斗拱、立柱极为相似。宜宾天堂沟崖墓M9的墓门辅首形象则表现出完全的汉系特征。（参见图5-35）[③]

[①] 图片采自刘致平：《乾道辛卯墓》，《中国营造学社汇刊》，1944年第2期。
[②] 图片采自莫宗江：《宜宾旧州坝白塔宋墓》，《中国营造学社汇刊》，1944年第2期。
[③] 资料来源：笔者田野调查采集，邓宽宇绘图。

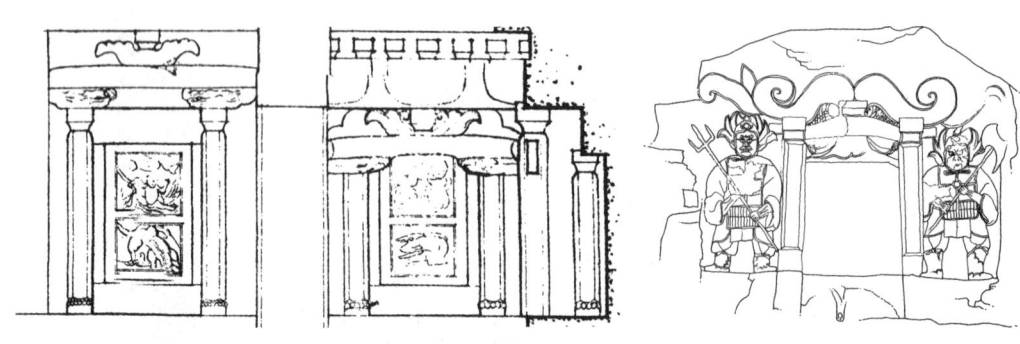

图5-32　南溪琴庄李隐墓仿木斗拱和立柱　　　　图5-33　宜宾天堂沟M8仿木斗拱和立柱

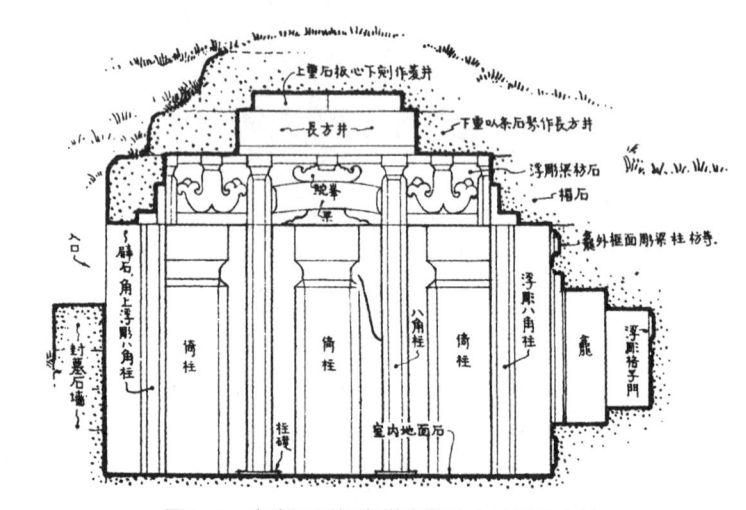

图5-34　宜宾旧州坝白塔宋墓仿木斗拱和立柱

图5-35　宜宾天堂沟M9铺首

3. 墓主人及其标示物

墓主人及其标示物空椅，是汉系画像石室墓中构建先人死后"永为供养"空间的核心因素，非汉系画像崖墓石刻中同样可见墓主人、空椅。图5-20-1中侍女启幔即是汉系画像石室墓中表示空间拓展的典型图像之一，此石刻女墓主人着非汉系服饰，但侍女在两旁打开幔帐、女墓主人站在中心位置的构图方式却与汉系画像石室墓"启幔"图像如出一辙。（参见图5-36 四川泸县宋代石刻博物馆藏汉系画像石室墓启幔）[①]图5-20-2是

---

① 资料来源：笔者文博单位调查采集，泸县文物局提供照片，并授权在本书中使用。

更为明显的非汉系画像崖墓与汉系画像石室墓石刻因素融合的一个典型例证：画面中的女性墓主人头梳椎髻、服饰具有明显的非汉系特征，但一旁为其打扇的侍从却着典型的汉族服饰，与汉系画像石室墓中的侍者形象相仿。宜宾回龙箱子石M8左壁龛内女墓主人坐于交脚凳上，旁有一侍女侍立，头梳椎髻的人物形象表现出浓厚的非汉系特征（参见图5-37）①，但端坐的墓主和随侍的侍女这样的构图方式却表现出与汉系画像石室墓石刻在该类题材上的相似，如叙永天池宋墓群09SLXXM1（参见图5-38）②。可以看出，非汉系墓葬的墓主人虽体现了浓厚的本民族形象特征，但在画面的图像元素构成、布局上，却深受汉系画像石室墓墓主人石刻影响。

而在高县可久公社中寨大队红岩山半边寺岩穴墓M11中（参见图5-39）③，并立的交椅虽图像表现得较为简单，但空椅的意味非常明显，整个构图模式在汉系画像石室墓石刻中可以找到完全相同的实证，如泸县奇峰一号墓的并列空椅。（参见图5-40）④且在空椅旁还出现了汉系画像石室墓中常见的瓶花石刻，其瓶花陈设于墓主标示物（空椅）两侧的形式，极类华蓥安丙家族墓群M5后龛瓶花（参见图5-41）⑤，同样完整地表现了对墓主的瓶花供奉。

图5-36　四川泸县宋代石刻博物馆藏汉系画像石室墓启幔

图5-37　宜宾回龙箱子石M8墓主与侍女

---

① 图片采自四川大学历史系考古专业七八级实习队、宜宾县文化馆：《宜宾县双龙、横江两区岩穴墓调查记》，《考古与文物》，1984年第2期，图十二。
② 图片采自四川省文物考古研究院、泸州市博物馆、叙永县文物管理所：《四川叙永天池宋墓清理简报》，《四川文物》，2010年第2期，图五。
③ 图片采自重庆市博物馆：《宜宾地区悬棺葬调查记》，《考古》，1981年第5期，图二三。
④ 图片采自四川省文物考古研究所、成都市文物考古研究所、泸州市博物馆、泸县文物管理所：《泸县宋墓》，文物出版社，2004年，第80页，图六九。
⑤ 图片采自四川省文物考古研究所、广安市文物管理所、华蓥市文物管理所：《华蓥安丙墓》，文物出版社，2008年，第134页，图一一六。

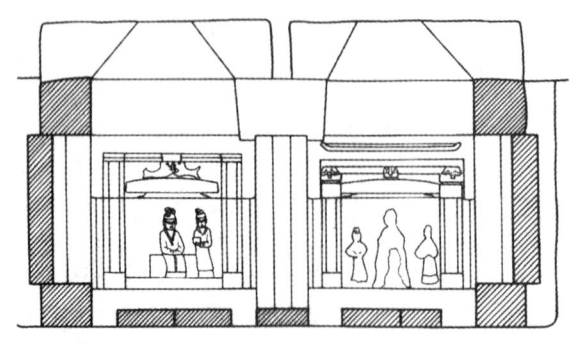

图5-38　叙永天池宋墓群09SLXXM1墓主与侍女

图5-39　宜宾半边寺岩穴墓M11空椅瓶花

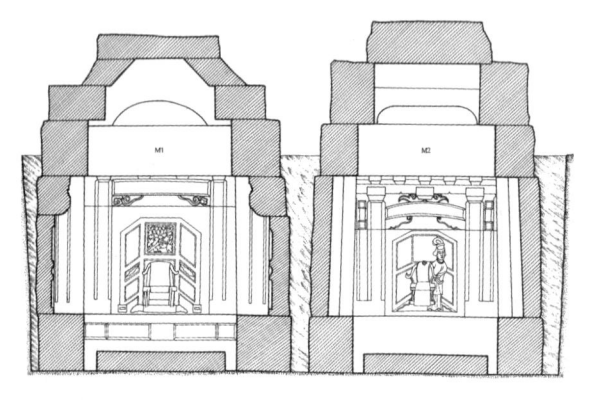

图5-40　泸县奇峰一号墓并立空椅

图5-41　华蓥安丙家族墓群M5瓶花

4. 四神

四神是流行于汉系画像石室墓石刻中并贯穿其发展全过程的主流题材之一，非汉系画像崖墓石刻中亦可见四神。宜宾天堂沟崖墓M9墓口底部浅浮雕青龙（参见图5-42）[①]，龙的形态和爪部握珠特征与汉系青龙图像完全一致，如泸州石刻艺术博物馆藏青龙石刻（参见图5-43）[②]。宜宾石城山北斗岩M1墓口顶部浅浮雕朱雀，后壁上部浅浮雕玄武（参见图5-44及图5-45）[③]，形态特征和川南地区汉系画像石室墓朱雀、玄武极为相似，如泸州石刻艺术博物馆藏朱雀石刻和玄武石刻（参见图5-46及图5-47）[④]。值得注意的是，汉系画像石室墓中四神完全遵照左青龙、右白虎、南朱雀、北玄武的规律来配置，非汉系中的四神配置却并非完全如此。石城山北斗岩M1的朱雀在南、玄武在北，但天堂沟M9的青龙配置在墓葬的南端，显然并未恪守汉系的配置规律。这说明，在非汉系画像崖墓石刻中出现四神，可能更多的是与汉系在图像题材上的交流，而未全盘接纳汉

---

① 资料来源：笔者田野调查采集，邓宽宇绘图。
② 资料来源：泸州石刻艺术博物馆在展，图片为笔者拍摄。
③ 资料来源：笔者田野调查采集，邓宽宇绘图。
④ 资料来源：泸州石刻艺术博物馆在展，图片为笔者拍摄。

第五章　人群交流视域下的四川地区宋墓画像石刻溯源

系图像题材的配置，这意味着其并非尽数吸收了汉系图像背后的内涵和功能。

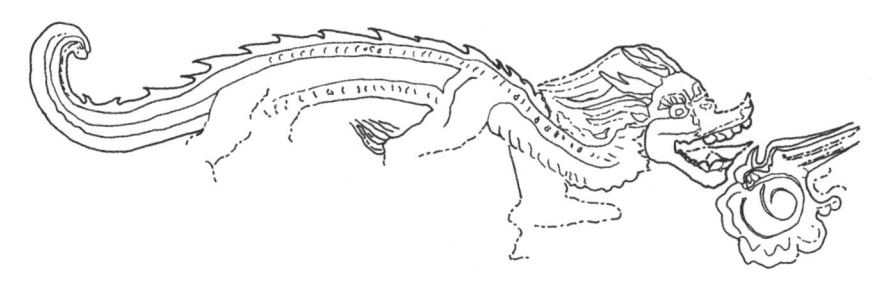

图5-42　天堂沟M9青龙

图5-43　泸州石刻艺术博物馆藏青龙

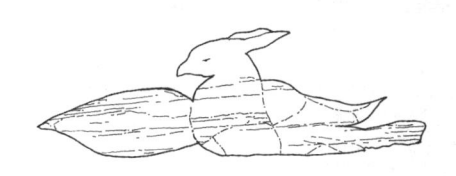

图5-44　北斗岩M1朱雀 　　　　　图5-45　北斗岩M1玄武

图5-46　泸州石刻艺术博物馆藏朱雀 　　　图5-47　泸州石刻艺术博物馆藏玄武

5. 瑞兽

　　非汉系画像崖墓石刻的瑞兽从图像表现上而言具有非常明显的汉系画像石室墓石刻瑞兽的特征。宜宾天堂沟M4墓口的瑞鹿衔草和宜宾北斗岩M1后龛龛台的瑞鹿衔草极类川南宋墓中瑞鹿图像（见图5-48及图5-49）[①]。尤其是北斗岩M1瑞鹿的表现手法，将瑞

---

① 资料来源：笔者田野调查采集，邓宽宇绘图。

391

鹿雕刻于龛台的线框中，这是川南汉系画像石室墓石刻中最典型的瑞鹿衔草表现形式之一，泸县喻寺镇一号墓瑞鹿衔草便是与其呈现强相似性的例证。（参见图5-50）[①]

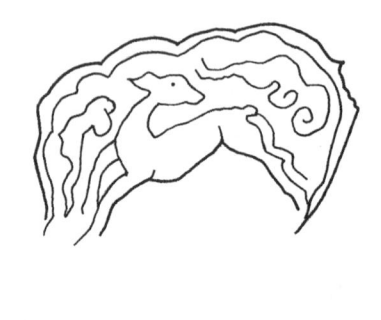

图5-48　天堂沟M4瑞鹿　　　图5-49　北斗岩M1瑞鹿　　　图5-50　喻寺镇一号墓瑞鹿

6. 仰莲

宜宾天堂沟崖墓的仰莲石刻主要出现在墓口的底部，如天堂沟M6（参见图5-51）[②]；汉系画像石室墓仰莲石刻一般装饰在棺台和基座处。二者从配置位置和图像形态都呈现趋同，如华蓥永兴驾挡丘2001HLM1仰莲出现在牌位的基座处（参见图5-52）[③]、华蓥安丙家族墓群M1仰莲出现在墓壁的壁基处（参见图5-53）[④]。

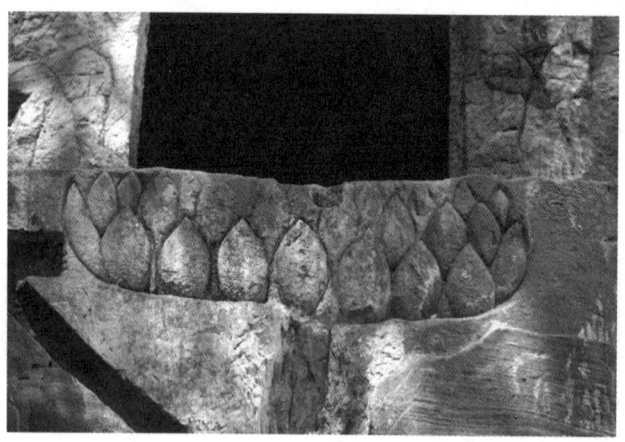

图5-51　宜宾天堂沟M6仰莲　　　图5-52　华蓥永兴驾挡丘2001HLM1仰莲

[①] 图片采自四川省文物考古研究所、成都市文物考古研究所、泸州市博物馆、泸县文物管理所：《泸县宋墓》，文物出版社，2004年，第64页，图五七。
[②] 资料来源：笔者田野调查采集，图片为笔者拍摄。
[③] 图片采自四川省文物考古研究院、广安市文物管理所、华蓥市文物管理所：《华蓥市永兴镇驾挡丘宋墓群发掘简报》，《四川文物》，2009年第1期，图六。
[④] 图片采自四川省文物考古研究院、广安市文物管理所、华蓥市文物管理所：《华蓥安丙墓》，文物出版社，2008年，第19页，图七。

图5-53 华蓥安丙墓群M1壁基处仰莲

7. 启门

启门图在非汉系画像崖墓石刻中目前仅发现一例，见于宜宾北斗岩M1后龛（参见图5-54）[①]。从图像的总体配置来看，与汉系画像石室墓启门石刻的主流配置一致，皆位于后龛。北斗岩M1后龛略开启的门扇前有两人，一人站立，一人盘坐于地面，作扶门开启状；龛左侧有一人呈半坐状；龛右侧有两人，一人席地盘坐，一人捧物侍立。从人物服饰和席地盘坐的习惯来看应不属于汉族。但考其构图要素，反映的应是侍奉墓主人画面。以启门来展示墓葬空间拓展、侍者捧物侍立象征生时享受的延续，在汉系画像石室墓石刻中也可以找到类似者：如广元河西杜光世夫妇墓后龛图像，即为侍者或侍女启门，在图像的中心位设置标示墓主所在的空椅，与之共出的则为表示供奉的摆满茶酒果馔的供桌。（参见图5-55）[②]

图5-54 宜宾北斗岩M1启门图 　　　　图5-55 广元河西杜光世夫妇墓启门图

从上述比较来看，非汉系画像崖墓石刻中的主流图像题材在汉系画像石室墓石刻中也同样是贯穿其发展始终、流行于各个区域的典型题材，是四川汉系画像石室墓石刻因素在非汉系墓葬中渗透并产生影响的物化表现。这种渗透通常表现为趋同的题材，有

[①] 资料来源：笔者田野调查采集，图为邓宽宇据《宜宾县志》摹绘。
[②] 图片采自四川省博物馆、广元县文管所：《四川广元石刻宋墓清理简报》，《文物》，1982年第6期，图一一。

时候也表现为相似的图像配置。按前文图像组合类型学研究，宋代四川汉系画像石室墓的图像配置模式主要可见两大类，第一类为后龛中心位为表示空间拓展的启门、启幔、门窗或仙境，完整的配置模式为：墓门为武士，四神按照四方位置进行配置，左右侧壁图像题材或有不同，主流为花卉、门窗、伎乐、侍者、生活场景等。第二类与第一类的主要区别在于后龛中心位并非空间拓展标示物，而是标示墓主所在的墓主人像或空椅、桌、屏风、牌位等。在营建墓室的实际操作过程中，会因为经济能力、年代差异呈现出对上述两类完整图像配置模式在一些图像因素上的省略。但总的来说，不论是完整配置还是进行一定省略，后龛设置空间拓展标示物或墓主标示物，两壁分列各种主流图像这一基本配置原则延续了汉系画像石室墓石刻发展的全过程。汉系画像石室墓石刻的主流配置模式，对于非汉系崖墓画像石刻也产生了影响，如宜宾北斗岩M1的图像配置模式正表现出了和汉系画像石室墓第一类图像配置模式的高度趋同，墓门两侧武士守卫、墓室南壁墓门顶部雕刻朱雀，两壁浅浮雕各种生活场景，后龛旁为备侍，后龛为启门。

值得注意的是，虽然汉系画像石室墓石刻因素在非汉系画像崖墓中影响深刻，但非汉系画像崖墓在吸收汉系因素的同时也对其进行了本民族化的变形，如人物形象和服饰上椎髻卉服，用具上如宜宾天堂沟M13武士的兵器也呈现出本民族特色。此外，就图像配置而言，在一定程度上虽然存在相似，但汉系画像石室墓的图像配置模式并未被完全吸收过来，如四神的配置在非汉系画像崖墓中便不如汉系画像石室墓中有规律性。汉系画像石室墓的图像配置所呈现的稳定性在于：借用这样的形式，将不同的图像设置于与之相对应的稳定位置以承载特有的象征功能，如以启门在侧壁或后壁标示空间拓展，墓主标示物在墓室中心位（后龛）以表明供奉主体所在，四神在四方以界定墓主所在的死后世界范围等。但非汉系画像崖墓石刻中某些与汉系画像石室墓石刻呈现强相似性的图像因素，在配置上却并未呈现强相似性，这说明汉系画像石室墓石刻的内涵和功能或未能随着题材和形态全盘传播并深刻影响非汉系画像崖墓，渗透与变异并存才是汉系画像石室墓石刻因素在非汉系画像崖墓石刻中传播的主流形态。

（二）特色：源自非汉系的石刻因素

由前文可知，非汉系崖墓画像石刻的主流是由汉系画像石室墓石刻元素渗透并变异而产生，但仍有一部分图像呈现出强烈的非汉系特征。如宜宾北斗岩1号墓中的劳作图和乐舞图等。劳作和聚众乐舞这些图像题材在四川汉系画像石室墓和汉系画像崖墓中都未曾出现。（注：汉系画像石室墓石刻中出现的乐舞题材，不同于非汉系画像崖墓石刻中的聚众乐舞。汉系画像石室墓石刻中的乐舞反映的均是乐舞伎，是属于"永为供养"空间中的被观看者；而非汉系画像崖墓石刻中的聚众乐舞，更偏重对墓主人生时所参与的群体性乐舞活动的再现。）劳作石刻中可见舂米、荷担、织布、喂养牲畜、铲地等题材，石刻中人物所着服饰与汉系宋墓画像石刻中人物明显相异，应为当地非汉系族群服饰，反映的是川南非汉系族群劳作场景。（参见图5-56）[①]聚众乐舞石刻则和汉系画像石室墓中的乐舞题材石刻区别较大，汉系画像石室墓中所见的乐舞基本为旋袖起舞伎、采莲舞伎、弹拨吹奏各种乐器的乐伎等，均不见于非汉系画像崖墓石刻中。非汉系画像崖墓乐舞石刻中多见群舞，舞者成组群分布，各组中间均有一人领舞，其余人围绕舞者成圈起舞，与非汉系族群生活中聚众围舞场景相类。（参见图5-57）[②]故而，四川非汉系画像崖墓石刻应是汉系文化与非汉系文化融合的产物，既有着来自汉系画像石室墓石刻元素的深刻影响，也保留了顽强的本土非汉系文化特色，本土日常生活也成为其重要的题材来源。

图5-56　宜宾北斗岩1号崖墓劳作图

图5-57　宜宾北斗岩1号崖墓乐舞图

---

① 图片采自四川大学历史系考古专业78级实习队、四川省宜宾县文化馆：《宜宾县双龙、横江两区岩穴墓调查记》，《考古与文物》，1984年第2期，图十。
② 图片采自四川大学历史系考古专业78级实习队、四川省宜宾县文化馆：《宜宾县双龙、横江两区岩穴墓调查记》，《考古与文物》，1984年第2期，图十。

三、画像石棺石刻溯源

四川宋代画像石棺石刻目前仅见于四川泸州合江汉代画像石棺博物馆所藏13号、14号北宋画像石棺上。此二具棺形制、图像配置基本相同,格式化地在棺左右帮分别设置青龙、白虎,棺的前后档分别设置朱雀、玄武(仅13号棺),另有火焰珠与青龙伴出,变体的胜纹与青龙、白虎共出。四川泸州在汉代便有非常发达的制作画像石棺之传统,四神题材和胜纹也均在当地的汉代画像石棺中出现,但这并不意味着此地区北宋时的画像石棺石刻源头是承袭汉代。总体而言,13号、14号棺的四神形象更接近于晚唐、五代时期墓志上之四神,尤其是正面向展翅的朱雀形象,与晚唐五代相仿,又较南宋同样形象的朱雀略显简单,应是正处于过渡阶段。(参见图5-58)火焰珠也是来自晚唐五代装饰系统,作为表现龙形象的较为恒定的伴出图像元素,延续到了宋代画像石棺石刻中。此外,胜纹变体应与东汉画像石棺上的胜纹相关,但功用是否如东汉胜纹一样象征西王母仙境,目前无法确定。因为东汉画像石棺上的胜纹有诸多如九尾狐、三足乌、蟾蜍、天门、连璧等表示西王母仙境的共出图像元素,故其作为仙境标示性图像之一应无疑;但13号和14号棺上的胜纹变体,共出图像元素仅有四神和火焰珠,缺乏更丰富、具有直接指向意义的仙境标示性图像共出,故难以判定是否其性质标示仙境,或是只继承了胜纹的图式而未承袭其内涵。(参见图5-59)

图5-58-1和图5-58-2为彭山后蜀宋琳墓出土画像石棺青龙和白虎石刻[①],图5-58-3和图5-58-4为合江第13号宋代画像石棺青龙和白虎石刻。[②]

---

① 图片采自四川省博物馆文物工作队:《四川彭山后蜀宋琳墓清理简报》,《考古通讯》,1958年第5期,图三。
② 资料来源:合江县汉代画像石棺博物馆在展,图片为笔者拍摄。

第五章　人群交流视域下的四川地区宋墓画像石刻溯源

3　　　　　　　　　　　　　　　　　　4

图5-58　四川五代与宋画像石棺四神对比

图5-59-1为合江第23号汉代画像石棺胜纹拓片①，图5-59-2为合江第19号汉代画像石纹拓片②，图5-59-3为合江第13号宋代画像石棺胜纹变体石刻。③

1　　　　　　　　　　　　　　　　　　2

3

图5-59　四川汉宋画像石棺胜纹对比

① 图片采自成都市文物考古研究院、泸州市博物馆：《四川泸州汉代画像石棺研究》，文物出版社，2019年，第170页，图二四四。
② 图片采自成都市文物考古研究院、泸州市博物馆：《四川泸州汉代画像石棺研究》，文物出版社，2019年，第154页，图二一六。
③ 资料来源：合江县汉代画像石棺博物馆在展，图片为笔者拍摄。

第四节 入乡随俗
——宋墓画像石刻与北方移民入川

从前文对比研究中所见四川地区和北方宋墓装饰的共通性与差异性而言，虽然两者的题材上具有一定的相同性，但除了少数可考源头在北方的题材之外，并无明确的证据表示其他的南北相同元素一定是由北方传递到四川的，因为这些图像题材在四川五代已经出现并且呈现了和宋墓画像石刻的较强相似性。而另一些北方的重要主流题材如一桌二椅、墓主夫妇共坐图、二十四孝图像等在四川的缺失或罕见，取而代之的是单个的墓主人像、单座的空椅，说明了即使是南北方丧葬观念中相通的供奉祖先、注重孝道的理念在贯彻过程中，四川宋墓画像石刻依然呈现了非常鲜明的地域特色。

可以说，四川地区宋墓画像石刻和北方宋墓装饰在一定程度上存在交流，如四川其他地区不见而仅见于广元的孝行图、广元一带所出的一供桌双空椅共出图，应是受到来自北方宋墓装饰影响，但并非北方宋墓装饰的元素随着移民进入四川之后才催生了四川地区宋墓画像石刻兴起。

虽然北方宋墓装饰兴起的时间比较早，其初始和萌芽期相对应的时间段内，目前尚未见四川地区宋墓画像石刻材料；当其进入发展阶段和鼎盛期时，四川宋墓画像石刻仍处于初兴阶段。四川的初兴和北方的发展乃至鼎盛期在时间上存在大段重合，可能更多的是来自共通的社会背景变化——即北宋中期社会经济环境走向稳定、民间财富的大量积累，为民间装饰墓葬的兴起提供了重要的环境基础和经济基础；而南北装饰墓发展阶段的落差，是源于北方装饰墓葬发达区是北宋建立之初统治的核心地区，当这些地区很快从战乱恢复稳定之时，四川在数十年内依然处于一个较为动乱的状态。直至宋初三朝极力经营，才在全国其他地区都已平定六十余年之后，终于迎来恢复稳定的社会环境。故而，四川地区宋墓画像石刻的兴起大大晚于北方装饰墓，很大程度是由于营建装饰墓所需之稳定的政治经济环境的缺乏，而并非四川墓葬装饰传统落后于北方地区。

考察北方移民的进入以及其所带来的北方墓葬装饰系统的影响力，在四川地区并未强大到能影响到宋墓画像石刻兴起与否的地步。

一、北方移民入川高峰时段和主要分布地域考察

（一）北方移民大量入川时间

北方移民大量入川为靖康战乱前后，尤以建炎年间最多。《宋史》卷一百七十九

《志第一百三十二·食货下一（会计）》载：

北宋宣和六年（1124），尚书左丞宇文粹中言："近岁南伐蛮獠，北赡幽燕，关陕、绵、茂边事日起，山东、河北寇盗窃发。赋敛岁入有限，支梧繁伙，一切取足于民。陕西上户多弃产而居京师，河东富人多弃产而入川蜀。"①

可见，北方移民入川高峰时段远晚于四川地区宋墓画像石刻兴起时间，其大量入川时，四川地区宋墓画像石刻发展已具相当规模。靖康之前，四川地区明确纪年的宋墓画像石刻材料有：大足嘉祐四年墓（1059）②、大足解瑜墓（1060）③、狮子岩宋墓（1086）④、井研黄念四郎墓（1124）⑤等，纪年最早的大足嘉祐四年墓中已出现仿木结构的斗拱、立柱和启门图像；而至井研黄念四郎墓，已见成熟的仿木结构斗拱、壁龛、门扇。主流图像如武士、花卉、门窗、启门、祥禽瑞兽等全部出现并形成较为稳定的配置模式。可以说，在北方墓葬因素随移民大量入川之前，四川地区宋墓画像石刻已经兴起并取得了较大的发展。

（二）北方移民在川主要分布地域

北方移民在川主要分布区非宋墓画像石刻初兴区或最发达区。

移民入川主要分布区为利州路，尤其集中于利州路的北部和西北部，除南宋政府在这里驻扎的军队外，很大部分外来人口应属于因北方战祸而迁徙过来的普通民众。利州路北部，金州、洋州、梁州等地在建炎年间由于战乱，人口凋敝极为严重，如梁州和洋州"两州之民，往往逃绝"，金州则"残弊特甚，户口无几"⑥。但孝宗时期，朝廷选举之中已对金州、洋州、阶州、西和州、成州、凤州等移民较多的区域有名额的倾斜⑦。

至孝宗末年，金州"乡举者二人，其一又流寓也"⑧。以上津县为例，按赵汝愚所奏通邑人户才二千家，而归正人实居其半。⑨像金州这样原属较为偏远之地，宋室南渡之后，也是"舟车辐辏，商贾云集"⑩，"五方之民会焉，其风俗各随其方。……秦头

---

① 元·脱脱等：《宋史》卷179，中华书局，1985年，第179册，第4362页。
② 邓之金：《四川大足县发现带有雕刻的宋墓》，《文物参考资料》，1954年第10期。
③ 国家文物局：《中国文物地图集·重庆分册》，文物出版社，2010年，下册，第282页。
④ 国家文物局：《中国文物地图集·重庆分册》，文物出版社，2010年，下册，第325页。
⑤ 曾清华：《井研县北宋黄念四郎墓清理简讯》，《四川文物》，2002年第1期。
⑥ 元·脱脱等：《宋史》卷367，中华书局，1985年，第33册，第11442页。
⑦ 清·徐松（辑），刘琳、刁忠民、舒大刚等（点校）：《宋会要辑稿·选举一七·教授》，上海古籍出版社，2014年，第9册，第5584页。
⑧ 宋·楼钥：《攻媿集》卷91，《景印文渊阁四库全书》，台湾商务印书馆，1986年，第1153册，第400页。
⑨ 明·黄淮、杨士奇：《历代名臣奏议》卷144，台湾学生书局，1986年，第1906页。
⑩ 宋·王象之：《舆地纪胜》卷189，中华书局，1992年，第4880页。

楚尾一大都会"①。这说明在孝宗朝，本来人口凋敝的利州路北部和西北部，重新得以充实人口恢复生业，北方移民进入在其中发挥了重要作用。不仅朝廷在当地的选举名额要考虑移民因素而加以倾斜，社会风俗中也反映出移民影响，陆游所述"地近咸秦气俗豪"②"道旁逆旅已秦音"③，描绘的即移民进入在语言和风俗上对于当地的影响。

除北部和西北部外，利州路南部的利州、阆州也属移民较多之地，以致臣僚建言武举考试名额向这些地区进行倾斜。《宋会要辑稿·选举一七·武举一》载："乾道八年（1172）十二月二十一日……欲望办武举之法于四川，令四路帅臣、宪漕、知州军监、钤辖、路分及寄居侍从以上，每举各保一员，而兴元府、利、阆、金、洋、阶、成、西和、凤州各保三员，较其艺能，命之以官二任使之。"④

然而，在移民最为集中的利州路，虽北方移民对社会风俗产生了较大影响，但丧葬中，北方墓葬元素影响最为明显的仅在广元（仅次于利州路西部和西北部的又一移民集中区），广元由此出现孝行图、二空椅与供桌共出图。除此之外，北方墓葬因素对利州路的影响并不明显，而利州路亦非画像石刻初兴区或最发达区。

二、北方移民入川后的丧葬习俗主流——"入乡随俗"

除利州路外，北方移民也广泛分布于四川其他地区。而在当地，移民墓葬更显现出的是融合、服从于当地丧葬传统。

（一）"入乡随俗"的表现

如成都二仙桥任公夫妇墓属山西移民墓，但双室券顶、隔墙相通、侧壁设置壁龛、后龛放置墓主人像的形制，所出神怪俑、武士俑、文官俑、侍俑皆与成都平原南宋墓一致，买地券、敕告文、华盖宫文、镇墓真文亦是当地典型格式。⑤

重庆永川高洞子宋代崖墓群，据墓内题刻可考为河南移民墓葬。M1墓顶为穹窿顶，墓室平面为八边形；八壁与穹窿顶相连处雕刻仿木结构斗拱，墓壁门窗雕饰图案花鸟瑞兽，后壁为启门，后龛台上雕刻桌布纹饰；画面中图像因素表现得较为密集繁复。

---

① 宋·王象之：《舆地纪胜》卷189，中华书局，1992年，第4880页。
② 宋·陆游（著）、钱仲联（校注）：《剑南诗稿校注》卷4，上海古籍出版社，1985年，第232页。
③ 宋·陆游：《剑南诗稿》卷28，《景印文渊阁四库全书》，台湾商务印书馆，1986年，第1162册，第463页。
④ 清·徐松（辑），刘琳、刁忠民、舒大刚等（点校）：《宋会要辑稿·选举一七·武举一》，上海古籍出版社，2014年，第9册，第5603页。
⑤ 成都市文物考古研究所、成都文物考古工作队：《成都市二仙桥南宋墓发掘简报》，《考古》，2004年第5期。

上述墓葬形制、图像配置、图像表现形式都与同时期关中墓葬呈现出高度相似。①（参见图5-60）考其图像题材，门窗、花卉、祥禽瑞兽等为南北方共通，空椅属四川宋墓画像石刻典型题材②；（参见图5-61）羽人在北方偶见而四川极罕见。③（参见图5-62）但此墓开凿崖洞、刻石为墓的形式又为典型四川丧葬习俗，全墓呈现出非常明显的北方丧葬元素与四川本地刻石为墓传统融合的特征。

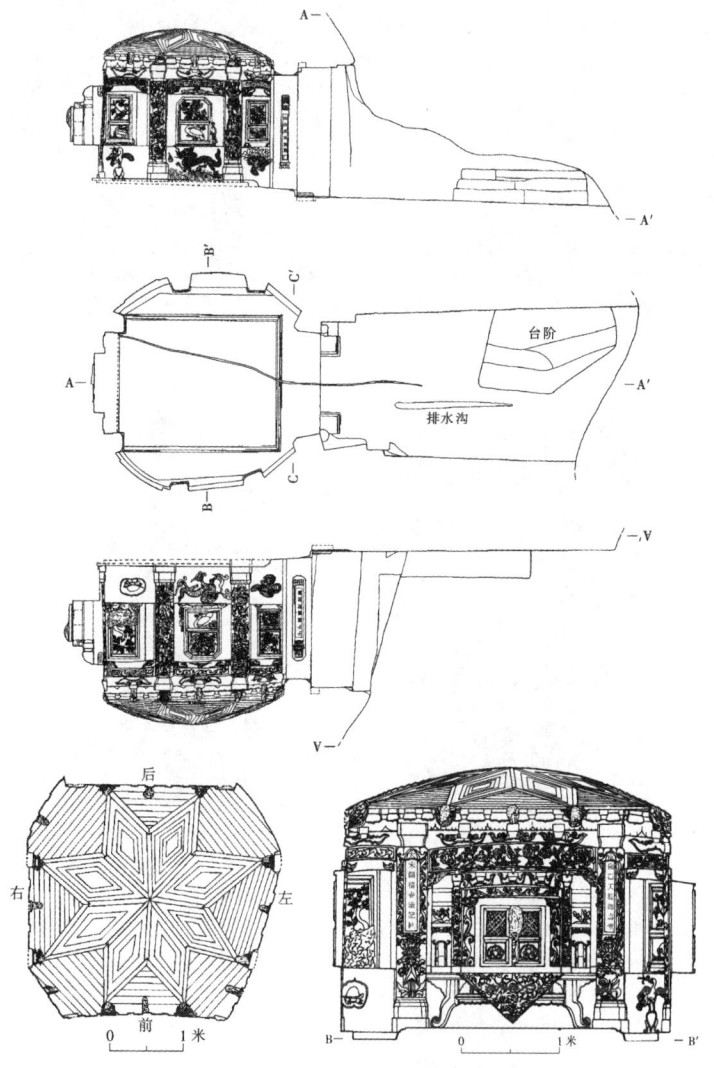

图5-60　永川高洞子宋代崖墓群M1结构图

---

① 图片采自重庆市文化遗产研究院、重庆市永川区文物管理所：《重庆永川高洞子南宋墓群清理简报》，《文物》，2020年第6期，图三，图六，图七。
② 图片采自重庆市文化遗产研究院、重庆市永川区文物管理所：《重庆永川高洞子南宋墓群清理简报》，《文物》，2020年第6期，图一九。
③ 图片采自重庆市文化遗产研究院、重庆市永川区文物管理所：《重庆永川高洞子南宋墓群清理简报》，《文物》，2020年第6期，图二二，图二三。

图5-61 永川高洞子宋代崖墓群M1祥禽瑞兽、花鸟、门窗和空椅

图5-62 永川高洞子宋代崖墓群M1羽人

而M1旁的M2和M3表现出更为明显的对四川丧葬习俗的服从。两墓皆为崖墓：长方形墓室，顶略起拱并凿有菱形藻井，两壁为仿木结构壁龛，龛内浮雕折枝花卉，龛台壸门内雕刻小折枝花卉，有仿木结构后壁龛，龛内雕刻仿木结构牌楼。墓室中部有石质棺台，与两侧壁间有排水沟。[①]（参见图5-63及图5-64）M2和M3从墓葬形制、仿木结构雕饰、装饰图像乃至雕刻技法都呈现出与川东南川南汉系画像石室墓的高度共通，如象鼻斗拱、仿木壁龛、侧壁花卉石刻都可以在川东南川南区汉系画像石室墓石刻中找到相同元素和表现形式，而完全不见北方影响。

[①] 图片采自重庆市文化遗产研究院、重庆市永川区文物管理所：《重庆永川高洞子南宋墓群清理简报》，《文物》，2020年第6期，图八，图九，图一〇，图一二，图一三，图一四，图一六。

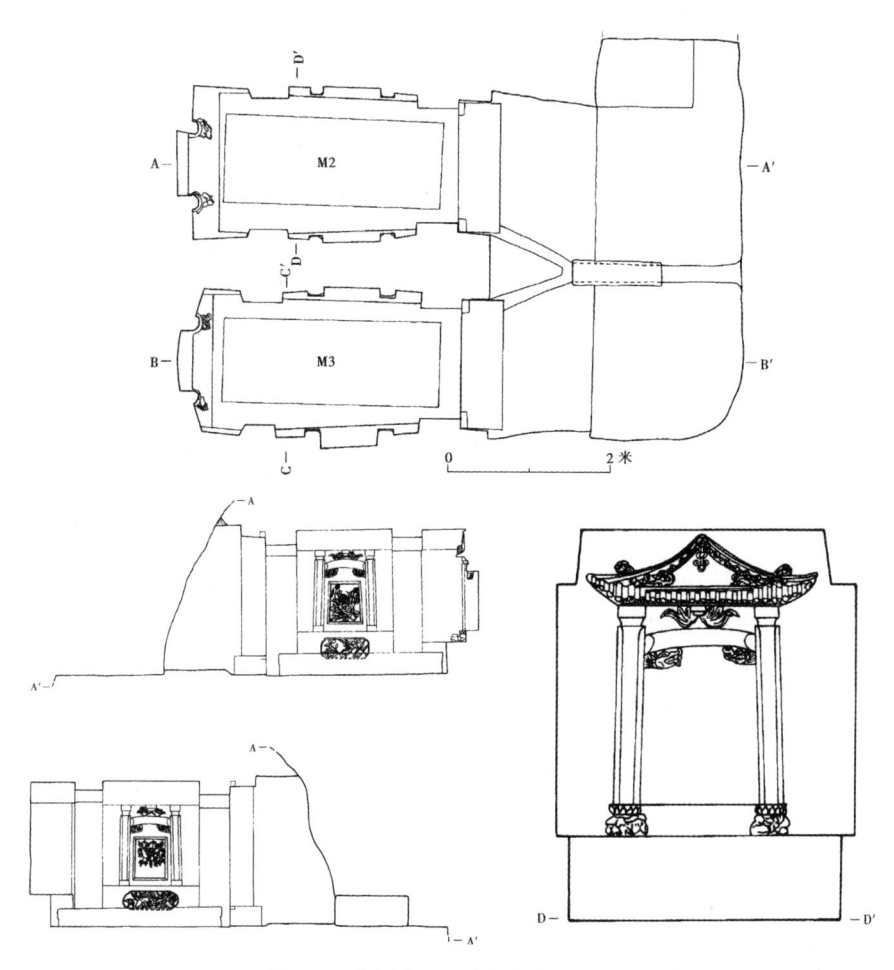

第五章 人群交流视域下的四川地区宋墓画像石刻溯源

图5-63 永川高洞子宋代崖墓群M2结构

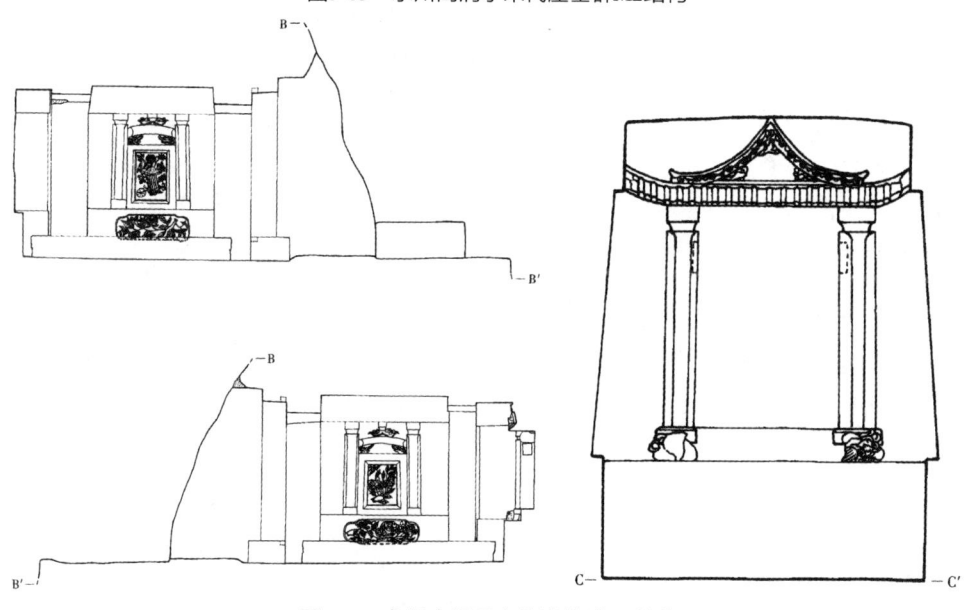

图5-64 永川高洞子宋代崖墓群M3结构

重庆永川高洞子宋代崖墓群从M1到M2、M3表现的即是北方装饰墓元素与四川地区宋墓画像石刻之本土特色原境、图像元素、配置方式相融最后完全服从于当地传统的过程。

（二）"入乡随俗"的原因

北方移民虽在靖康后大量入川，但北方装饰墓传统在四川影响却非常有限，丧葬活动中，其更大程度上是对当地丧葬传统的入乡随俗。北方雕砖壁画墓传统在四川，即使是在成都平原这些本就盛行砖室墓的地区也未发展起来，而是彻底沉寂。

考其原因，一种丧葬习俗在某地发展蓬勃，需以下必要条件：国家政策的强行推动、技术力量支持、地理环境对于材质的支撑、得以发展的群众基础等。但北方雕砖壁画墓在四川地区缺乏上述诸多要素支撑。

首先，国家政令并未强制推动雕砖壁画墓在四川发展，相反，国家礼制对民间雕镂彩绘墓葬棺椁加以禁止。《宋史》卷一百二十四《礼志第七十七·礼二十七·凶礼三》载："诸葬不得以石为棺椁及石室，其棺椁皆不得雕镂彩画，施方牖槛，棺内不得藏金宝珠玉。"①

其二，北方移民入川人数虽多，但构成较复杂，有士家大族也有普通人群，应有营造雕砖壁画墓的工匠人群零散进入，但未发现各个流程上的工匠成群体式整体迁徙入川。故而，虽雕砖壁画墓使用者大量入川，但使用者并不等于制作者，全流程工匠群的缺乏使北方移民无法在四川地区复制雕砖壁画墓传统。

其三，就群众基础而言，靖康之乱时四川大部分地区未受战乱波及，除利州路北部和西北部外，其他地区未出现人口锐减，移民进入当地后未占人口优势比例。而移民的落地生根很大程度上须入乡随俗才能更好地融入当地社会，尤其在四川这样环境相对封闭、地方习俗力量顽固的地区。即使是北宋政府在四川宋初三朝动乱警示之后，处理四川问题时都持谨慎态度以绥远，对于未对统治产生根本影响、形成较大冲击的当地习俗往往采取了"从俗"的放任态度，如对药市②、嬉游的迁就从俗。③任命官员时，也考虑了"谙其民俗"。《宋史》卷三百七《列传第六十六·凌策》载："李顺之乱，川峡选官多惮行，策自陈三莅蜀境，谙其民俗，即命知蜀州。"④

为了绥远，政府对四川尚在一定程度上从俗就俗以宁远民，北方移民表现出对当地丧葬习俗的接受顺从也不足为奇。他们保留了一些北方墓葬因素，如重庆永川高洞子宋

---

① 元·脱脱等：《宋史》卷124，中华书局，1985年，第9册，第2909页。
② 宋·李焘：《续资治通鉴长编》卷73，中华书局，2004年，第1658页。
③ 宋·江少虞：《宋朝事实类苑》卷62，上海古籍出版社，1980年，第830-831页。
④ 元·脱脱等：《宋史》卷307，中华书局，1985年，第29册，第10128页。

代崖墓群M1的八角形穹窿顶墓室和羽人图像，但更多是接受了当地丧葬传统的改造。永川高洞子宋代崖墓群的M2和M3和四川地区宋代画像石室墓在墓葬结构、图像题材、图像组合上彻底趋同就是一个例证。

拓展到全国范围内来看，北方移民进入移民区后，在丧葬活动中也同样呈现入乡随俗倾向。靖康之乱后，江南、江西、福建是吸收北方移民的主要区域。迁入人数最多为包含今江苏、安徽两省，长江以南和浙江的江南地区。《建炎以来系年要录》卷二十载："平江、常、润、湖、杭、明、越、号为士大夫渊薮，天下贤俊多避地于此。"[①]次多区为江西，《梁溪集》卷一百一《条具防冬利害事件奏状》载靖康乱后"东北流移之人，布满江西"[②]。

再次为福建，受战祸波及少、经济状况较好，也吸纳了大量的北方移民。

考察这三个移民主要分布区，丧葬领域并未因北方墓葬影响而产生重大变化。相反，移民墓葬与本地典型墓葬表现出较强的共通性：如江西永修赵监元夫妇墓[③]、浙江诸暨董康嗣夫妇墓皆为当地通行的长方形券顶双室砖墓形制[④]。福建邵武赵善恭夫妇墓采用的长方形双室砖室石顶墓也与福建本地流行墓葬形制一致[⑤]。

第五节 渗透与变异
——宋墓画像石刻与川南民族交流

按前文所述，四川非汉系画像崖墓石刻既有着来自汉系画像石室墓石刻元素的深刻影响，呈现出汉系元素渗透与变异的特征，也保留了顽强的本土非汉系文化特色，这样的面貌来源于宋政府经略川南的大背景下川南的民族交流。

宋代川南地区广泛地分布着各种非汉系族群，《宋史》卷四百九十六《蛮夷四》载："自黔、恭以西，至涪、泸、嘉、叙，自阶又折而东，南至威、茂、黎、雅，被边十余郡，绵亘数千里，刚夷恶獠，殆千万计。"[⑥]

---

① 宋·李心传：《建炎以来系年要录》卷20，《景印文渊阁四库全书》，台湾商务印书馆，1986年，第325册，第313页。
② 宋·李纲：《梁溪集》卷101，《景印文渊阁四库全书》，台湾商务印书馆，1986年，第1126册，第257页。
③ 薛翘：《永修南宋赵监元曹夫人墓》，《文物参考资料》，1965年第3期。
④ 方志良：《浙江诸暨南宋董康嗣夫妇墓》，《文物》，1988年第11期。
⑤ 福建省博物馆、邵武市博物馆：《邵武四都宋墓清理简报》，《福建文博》，1991年第1-2期合刊。
⑥ 元·脱脱等：《宋史》卷496，中华书局，1985年，第40册，第14244页。

《太平寰宇记》记述了川南主要非汉系族群的各种风俗：

《太平寰宇记》卷七十九《剑南西道八·戎州》载："风俗：其土有四族：黎、蒯、虞、牟。夷夏杂居，风俗各异。其蛮獠之类，不识文字，不知礼教，言语不通，嗜欲不同。椎髻跣足，凿齿穿耳，衣绯布、羊皮、莎草，以鬼神为征验，以杀伤为戏笑。少壮为上，衰老为下，男女无别，山冈是居。"①

《太平寰宇记》卷八十八《剑南东道七·泸州》载："地无桑麻，每岁畲田，刀耕火种。其夷獠则与汉不同。性多犷戾而又好淫祠，巢居岩谷，因险凭高，着班布，击铜鼓，弄鞘刀。男则露髻跣足，女则椎髻横裾。夫亡，妇不归家，葬之岩穴。刻木为契，刺血为信，衔冤则累代相酬，乏用则鬻卖男女。其习俗如此。"②

在宋政府经略川南的过程之中，通过几次重要的战争解决了该地区边患不宁的问题。熙宁七年（1074）熊本平定"六姓夷"，晏州"山前后、长宁等十八姓及武都夷皆内附"③。元丰四年（1081）宋政府平定乌蛮乞弟的叛乱，从此"自是泸夷震慑，不复为边患"④。政和五年（1115）赵遹平定晏州夷卜漏的叛乱，"……诸夷为之胆落。迄今十有二年，不敢北向窥边，而朝廷无复有南顾之忧矣"⑤。至此基本平息了晏州夷和宋政府的武装冲突。

宋政府在川南军事上的胜利也为汉族和少数民族的交流融合提供了一个较为稳定和平的外环境；宋政府在川南统治的逐步推进也促进了汉系与非汉系族群交流。

其一：宋政府对于川南地区的非汉系族群采取了羁縻政策，采用封官授爵的方式将非汉系族群的首领纳入宋政府的管理体系下，主要是为了防止各族群之间相互吞并，以致地方力量坐大成为边患。如熙宁六年（1073）王安石在论及熊本所言斧望箇恕和晏子之事时，便明确地指出羁縻需用封官爵的形式，使其各尊爵命，防患于未然。⑥在这样的羁縻政策下，戎州和泸州的羁縻州皆是以土豪累世世袭为其刺史。这些羁縻州首领的交替和继任，主导权也掌握在宋政府的手中，如斧望箇恕死后其子乞弟承

---

① 宋·乐史（撰）、王文楚等（点校）：《太平寰宇记》卷79，中华书局，2007年，第1590页。
② 宋·乐史（撰）、王文楚等（点校）：《太平寰宇记》卷88，中华书局，2007年，第1740页。
③ 元·脱脱等：《宋史》卷496，中华书局，1985年，第40册，第14245页。
④ 元·脱脱等：《宋史》卷496，中华书局，1985年，第40册，第14248页。
⑤ 宋·杨仲良（撰）、李之亮（点校）：《皇宋通鉴长编纪事本末》卷141，黑龙江人民出版社，2006年，第4册，第2374页。
⑥ 注：据《续资治通鉴长编》卷247：熙宁六年（1073）"是日王安石因进呈泸州事，言：'得熊本书，以为斧望箇恕、晏子可羁縻。初，本在京师，臣与言如此，本不以为然，及今乃知须合以爵命羁縻。缘斧望箇恕羁旅，能略有生夷自立，必粗有才略，或是豪杰。若不羁縻，任其并吞，以彼生夷，不难并制，遂致强大，即为一方边患。今乘其未然，以爵命羁縻，旁近诸夷，各随所部加以爵命，既各有爵命，并为内属部落，即难相并吞。纵欲如此，即诸部各待王命，彼亦畏中国讨伐，又怀恩命，自然并吞之心息。此所谓'为大于细，图难于易'也。'"（宋·李焘：《续资治通鉴长编》卷247，中华书局，2004年，第10册，第6020页。）

袭其位也必须经过宋政府的批准。①不仅在官职上将非汉系族群首领通过羁縻政策纳入宋朝的管理体系，宋政府还通过赐印、赐州名、赐服之类的举措密切与其的联系，如庆历二年（1042）赐姚州名应乌蛮所请②，大观三年（1109）赐公服靴笏等于泸南非汉系族群首领。③

其二：宋政府通过接受非汉系族群的献地，逐步拓展川南统治区域。如熙宁八年（1075）接受所献长宁等十州地，将其纳入淯井盐的治理④，大观三年（1109）接受献地建纯州、祥州、滋州、新化寨、慈竹寨、牢溪堡，一并纳入泸南治下。⑤

其三：强化川南统治机构和城市、军事设置建设。川南汉族和非汉系族群交错相居，宋初以来就多有爆发于宋政府与非汉系族群的军事冲突，一直被视为要冲之地。《宋代蜀文辑存校补》载："治平三年（1066）冬，泸州新鼓角门。太守、文思副史周侯以书遗绾曰：'泸为两蜀之藩，当百蛮之冲，夷汉错居，兵多事丛，宜有郭郭之严，官府之雄，以临边防而壮戎容。……'"⑥故而宋政府一直注重川南的城市和军事设施建设，以强化在此地区的防御力量。熊本在平定晏州夷的过程中，对于已平定的地区皆及时在险要地带修建军寨关隘等各种防御设施；对于非汉系族群献土的地带，归属保甲

---

① 注：据《续资治通鉴长编》卷二百九十六：元丰二年（1079）"正月十二日，梓夔路钤辖司言：'知归徕州斧望箇恕死，请以其子乞弟承袭。'从之。"（宋·李焘：《续资治通鉴长编》卷296，中华书局，2004年，第12册，第7197页。）

② 注：据《续资治通鉴长编》一百三十八： 庆历二年（1042）"甲午，以泸州乌蛮王子得盖所居为姚州，仍令有司铸印给之。初，本州岛言：'管下溪峒巩州、定州、高州、奉州、淯州、宋州、纳州、晏州、投附州、长宁州十州，皆自唐以来及本朝所赐州额，今乌蛮所居最盛，旁有旧姚州，废已久，乌蛮累使人诣州，愿得州名，以长夷落。'故许之。"（宋·李焘：《续资治通鉴长编》卷138，中华书局，2004年，第6册，第3326页。）

③ 注：据《宋会要辑稿·蕃夷五·西南蕃》："（大观）三年（1109）二月十五日，诏泸南纳土夷人主首斗箇林、皇甫部、李世恭并特与承信郎，充巡检，赐公服、靴笏；张永顺、夫农、个当打、冻婆唱并特与进武校尉，充同巡检，赐紫罗窄衫。从本路缘边安抚司请也。"［清·徐松（辑），刘琳、刁忠民、舒大刚等（点校）：《宋会要辑稿》，上海古籍出版社，2014年，第16册，第9860页。］

④ 注：据《续资治通鉴长编》卷二百七十一：熙宁八年（1075）"十二月，夷人献长宁等十州地，隶泸州淯井监。"（宋·李焘：《续资治通鉴长编》卷271，中华书局，2004年，第11册，第6654页。）

⑤ 注：据《宋会要辑稿·蕃夷五·西南蕃》："（大观）三年（1109）六月八日，诏以泸州人王忠顺纳土所建州曰纯州，县曰九支、安溪；播州人杨光荣纳土所建州曰滋州，倚郭县曰承流，别置仁怀县、新化寨、慈竹寨、牢溪堡，并隶泸南。"［清·徐松（辑），刘琳、刁忠民、舒大刚等（点校）：《宋会要辑稿》，上海古籍出版社，2014年，第16册，第9860页。］

据《宋会要辑稿·蕃夷五·西南蕃》：大观三年（1109）"十一月十五日，诏戎州石门、马湖一带新民纳土，建置祥州，分布县寨统隶。"［清·徐松（辑），刘琳、刁忠民、舒大刚等（点校）：《宋会要辑稿》，上海古籍出版社，2014年，第16册，第9860页。］

⑥ 宋·邓绾：《泸州谯门记》，傅增湘（原辑）、吴洪泽（辑补）：《宋代蜀文辑存校补》，重庆大学出版社，2014年，第2册，第568页。

进行管理。①又在泸州控扼非汉系族群的险要之地如江安县安夷寨等地建设城寨以为防御。②除了加强军事防御的基础设施建设之外，宋政府还改革川南的统治结构设置，以加强对该地区的有效管理，政和五年（1115）将平定晏州夷所置五城隶属泸州管理，并在泸州设置沿边安抚司③，宣和元年（1119）又将泸州升为泸川④，统治结构变化的这一过程反映的正是宋政府逐步强化和稳固对川南地区的管理。

其四：从律法上加强对川南非汉系族群的管理。宋政府在川南对汉系和非汉系族群实施律法上的统一约束，将非汉族族群纳入宋朝法律的约束下，加大了对非汉系族群的管控力度。对于新归属的非汉系族群，与汉人发生纠纷的，一律以宋朝律法进行判定，非汉系族群之间发生纠纷的，虽然是采用"蛮人条制"，但依照的依然是宋政府统治其他区域已通行的律法执行，在法律上保证了非汉系族群和宋政府的统一性。⑤

其五：经略川南中借用当地非汉系族群力量。宋政府在对川南地区的统治中，也注意借用当地非汉系族群的力量。大中祥符年间宋政府平定江安夷的过程中，便有非汉系

---

① 注：据《皇宋通鉴长编纪事本末》卷第八十八《神宗皇帝·平清井蛮》："（熙宁）七年（1074）正月甲子，熊本言：'……及于所得地内小溪口宁远寨西置二寨，立壕、面荔、枝橄等处置卓望四堡，平治险隘，开修道路，建置桥阁、里堠，悉已周备。并晏州柯阴县夷尝助小路夷抗官军，亦行讨伐，即至军前作誓，永不犯省地。凡得其所献地一百四十里，已募人垦耕，其属悉已联为保甲。'"［宋·杨仲良（撰），李之亮（点校）：《皇宋通鉴长编纪事本末》卷88，黑龙江人民出版社，2006年，第3册，第1533页。］

② 注：据《续资治通鉴长编》卷二百八十五：熙宁十年（1077）"梓州转运司言：'泸州江安县及安夷寨控扼蛮獠，最为险要，乞修筑城寨。'从之。"（宋·李焘：《续资治通鉴长编》卷285，中华书局，2004年，第12册，第6980页。）

③ 注：据《皇宋通鉴长编纪事本末》卷第一百四十一《徽宗皇帝·讨卜漏》：政和五年（1115）十二月"癸亥，御笔：'晏州夷贼犯顺，王师出征，一举万全，拓地千里，建置五城，悉隶泸州。接连交、广，外薄南海，控制十州五十余县，团、纯、慈、祥州、长宁军属焉。边闾之寄，付界宜重。可依河东代州置沿边安抚司。'"［宋·杨仲良（撰），李之亮（点校）：《皇宋通鉴长编纪事本末》卷141，黑龙江人民出版社，2006年，第4册，第2375页。］

④ 注：据《宋史》卷二十二《本纪第二十二·徽宗四》宣和元年（1119）十二月："升邢州为信德，陈州为淮宁，襄州为襄阳，庆州为庆阳，安州为德安，郓州为东平，赵州为庆源府；泸州为泸川，睦州为建德，岳州为岳阳，宁州为兴宁，宜州为庆远，光州为光山，均州为武当军。"（元·脱脱等：《宋史》卷22，中华书局，1985年，第2册，第405页。）

⑤ 注：据《续资治通鉴长编》卷四百五十三：元祐五年（1090）："枢密院言：'知泸州张克明奏请，应泸州新投降、新附生界夷人，今后如与汉人相犯，并乞依汉法施行。若是同类相犯，乞比附黔州见行蛮人条制，以五刑立定钱数，量减数目断罚入官。应答罪三贯，杖罪五贯，徒罪十贯，流罪二十贯，死罪三十贯。如无见钱送纳，即乞以器甲或畜产，并土产物竹木之类估价折纳入官。'从之。"（宋·李焘：《续资治通鉴长编》卷453，中华书局，2004年，第18册，第10872页。）

族群的乡兵"白芳子弟"参与其中①；熊本平定晏州夷期间，也可见非汉系族群团结而成的义军参与到平定动乱的军事活动中，如晏州十九姓义军。②平定动乱之外，义军还在川南地区协助宋政府防御动乱，被加以编制守卫各地，成为宋政府控扼川南的一支重要力量。③

其六：密切与非汉系族群的经济往来。宋政府开放与非汉系族群的互市，戎州和泸州皆非传统意义上的产马区域，但宋政府依然在这些地区开放了与非汉系族群的马匹交易：

《续资治通鉴长编》卷八十二：大中祥符七年（1014）"辛卯，戎、泸州巡检使王怀信等言：'……又近界蛮人赴监鬻马者，请比戎州例给直市之。'诏可"④。

一直到南宋绍兴年间，仍维系对这种官方与非汉系族群的买马贸易：

《宋会要辑稿·蕃夷五·西南蕃》："绍兴六年（1136）八月二十七日，何悫上言：'西南夷每岁之秋，夷人以马互市，开场博易，厚以金缯，盖羁縻之术，条法具存。……乞申敕有司悉循旧规，庶几贸易悠久，夷夏各得其所。'从之。"⑤

同时，宋政府也支持汉族与非汉系族群民间的贸易活动：

《续资治通鉴长编》卷二百八十一：熙宁十年（1077）"诏：'戎、泸州沿边地分蕃汉人户，所居去州县远，或无可取买食用盐、茶、农具。人户愿于本地分兴置草市，招集人户住坐作业者，并先于本州县投状保明，申转运司差官相度经久可行以闻，方许

---

① 注：据《建炎以来朝野杂记》乙集卷十七《泸州长宁军胜兵夷义军》："始自大中祥符二年（1009）秋，嘉、眉、戎泸、州都巡检使孙正辞被命讨江安夷寇，以北兵不谙山川道路，因点集乡丁目曰"白苕弟"（注：按江苏广陵古籍刻印社版《建炎以来朝野杂记》此处原文为"白苕子弟"，应为"白芳子弟"之误），给兵器使为乡导。事平，皆赐钱罢归。皇祐元年秋，始令子弟抽点随军者，日给粮米，又令主户名下差拨子弟人数最多者，权立主户充指挥使等名目，以统之。时三邑子弟之籍，总三千三百六十有三人，而合江独有药箭弩手百余人，每军行，尤赖其力。"（宋·李心传：《建炎以来朝野杂记》乙集卷17，江苏广陵古籍刻印社，1981年，第11册，卷17第5-6页。）
② 注：据《宋史》卷三百三十四《列传第九十三·熊本》："（熙宁）六年（1073），泸州罗、晏夷叛，诏察访梓、夔，得以便宜治事。……本合晏州十九姓之众，发黔南义军强弩，遣大将王宣、贾昌言率以进讨。"（元·脱脱等：《宋史》卷334，第31册，中华书局，1985年，第10730页。）
③ 注：据《续资治通鉴长编》卷三百五十：元丰七年（1084）"泸南缘边安抚司言：'新收生界八姓罗始党一带，宋、纳两江夷族，愿依七姓团结为义军，乞刺字支例物。'从之。（元丰六年八月二十二日，敕泸州诸监寨子弟，依朝旨合编排入保甲拘管）元丰七年八月十六日枢密院劄子：安抚司奏：'八姓夷众，愿依七姓十九姓等夷人例，团结充义军。'奉圣旨宜依所奏。元丰七年十二月二十四日敕安抚司奏，勾到罗始党生界八姓等，各愿团结编排，都共一万六千六百六十人，并随夷情团为三十一指挥，罗始党生界八姓团结为八指挥，乞以归义军为名。都党十九族团为八指挥，乞以顺化义军为名。长宁管下山前后九州岛等，团为十五指挥，乞以怀化义军为名。"（宋·李焘：《续资治通鉴长编》卷350，中华书局，2004年，第14册，第8396页。）
④ 宋·李焘：《续资治通鉴长编》卷82，中华书局，2004年，第4册，第1867页。
⑤ 清·徐松（辑），刘琳、刁忠民、舒大刚等（点校）：《宋会要辑稿》，上海古籍出版社，2014年，第16册，第9862页。

兴置，依例出纳酒税课利。'以本路转运司所请也"①。

民间的经济交流除了市场贸易之外，土地交流的活跃也是一个重要方面，以至于宋政府在政令方面都屡次作出规定对于汉族与非汉系族群民间的土地交流进行规范约束，如熙宁六年（1073）②、淳熙十年（1183）都对二者之间的土地交流相关问题作出规定。③

值得注意的是，除了民间自发的贸易往来，宋政府官方与非汉系族群的贸易更大程度是宋代政府羁縻边地的措施。在往来的过程之中，对于非汉系族群并非纯粹的经济交往，而是通过给予优待而达到绥抚的效果，如买马贸易，就明确地表示非为取利。庆历四年（1044）地方官员抗奏中便指出朝廷与非汉系族群的互市"非以取利也"，而是为了蜀地的久安④；绍兴六年（1136）何悫上言中也言明宋政府与非汉系族群开场博易乃是"羁縻之术"。⑤

宋政府通过军事化政府、强化地方管理机构和防御设置、经济交流，巩固了其在川南的统治，据南宋杜柬之《上夔漕费达可论调田军书》中所言："大抵施、黔、泸、戎一带，羁縻熟矣。"⑥这说明，宋政府已经将川南归化在了王朝统治的藩篱之下。随着其统治管理的不断强化，在经略川南的各种措施下，汉族移民大量进入川南地区。

---

① 宋·李焘：《续资治通鉴长编》卷281，中华书局，2004年，第12册，第6896页。
② 注：据《续资治通鉴长编》卷二百四十七：熙宁六年（1073）："察访梓夔路常平等事熊本言：'近制，汉户典买蕃人田土者听。今访闻戎、泸州县分，前此汉人亦多私典买蕃人田土者，皆出情愿，即无竞争，但不敢经官印契。谓宜许令赍契赴官陈首，如无交加，即印税给还。其元无税租地土，不以敕前后，并令量认租税。'从之。"（宋·李焘：《续资治通鉴长编》卷247，中华书局，2004年，第10册，第6016页。）
③ 注：据《宋会要辑稿·蕃夷五·西南溪峒诸蛮》：淳熙十年（1183）十二月二十一日"同日，臣僚言：'叙州既外控蛮夷，而城之内外（棘）[棶]夷、葛獠又动以万计，与汉人杂处。其熟户居省地官庄者，多为义军子弟，而庆符一县与来附一驿，乃是政和新纳土，其夷人田地即不许与汉人私相交易。近来多是他州客游或官员士庶因而寄居，贪并夷人之田，间有词讼，豪民行赂，计嘱上下，译者从而变其情，诛求屈抑，无可赴诉，一旦不胜其愤，群起而为盗贼。乞申严宪法，不许汉人侵买夷人田地，及严责州县，便夷人词诉，务尽其情，无事之时，常加抚恤，勿令失所。'诏四川制置司及本路帅司、监司严行觉察，如州县尚有违戾，按劾以闻。"［清·徐松（辑），刘琳、刁忠民、舒大刚等（点校）：《宋会要辑稿》，上海古籍出版社，2014年，第16册，第9900页。］
④ 注：据《续资治通鉴长编》卷一百五十三：庆历四年（1044）："黎州岁售蛮马，诏择不任战者却之。抗奏：'朝廷与蛮夷互市，非以取利也。今山前、后五部落仰此为衣食，一旦失望侵侮，用几马直可平。臣念蜀久安，不敢奉诏。'卒如旧制。"（宋·李焘：《续资治通鉴长编》卷153，中华书局，2004年，第6册，第3721页。）
⑤ 注：据《宋会要辑稿·蕃夷五·西南蕃》：绍兴六年（1136）"八月二十七日，何悫上言：'西南夷每岁之秋，夷人以马互市，开场博易，厚以金缯，盖羁縻之术，条法具存。本司弗虔，其弊滋甚，互市岁马，亏损常直，沮格拣退，致马不售，则或委弃，杀食而去，深恐因缘积怨，边隙寖开。乞申敕有司悉循旧规，庶几贸易悠久，夷夏各得其所。'从之。"［清·徐松（辑），刘琳、刁忠民、舒大刚等（点校）：《宋会要辑稿》，上海古籍出版社，2014年，第16册，第9862页。］
⑥ 明·周复俊：《全蜀艺文志》，《景印文渊阁四库全书》，台湾商务印书馆，1986年，第1381册，第308页。

据《中国移民史》统计,自太平兴国至元丰三年(976—1080)的一百余年里,四川沿边诸州军的户数有了较大的增长,其中梓州路的昌州为9.13‰,戎州为11.8‰,泸州为28.8‰,富顺监为7.3‰;夔州路的渝州和南平军为8.1‰,皆远远超过所在路的年平均增长率。[1]

国家层面各种政策的归化和汉族移民的大量进入,使得汉文化的诸元素在川南影响深刻,在丧葬领域也强势渗透,非汉系族群宋墓画像石刻中诸多汉系画像石室墓石刻元素的出现正是这种渗透的物化证据。汉族移民的大量进入还使得在非汉系族群的聚居区出现了完全汉系特征的画像石室墓:如叙永天池宋墓[2],墓葬形制、图像组合、器物等方面完全体现的是与汉系画像石室墓一致的特征,属汉人墓葬。但天池宋墓处所在的纯州,宋代属僚人罗永顺群落的势力范围内,其南面为乌蛮控制范围,北面为宋政府南下的战略要地,属乌蛮北上和宋政府南下的往来要道,如吴昌裔《论湖北蜀西具备疏》所述:"由阿永河可通泸水之江门寨,此皆通行往来之路。"[3]天池宋墓在僚人聚居区的出现应是汉文化元素随着交通干线渗透进僚人势力范围的表现。

本章小结

四川地区宋墓画像石刻在发展过程之中,在少许程度上受到了随北方移民进入四川的北方宋墓装饰元素的影响,但这种影响并非催生四川地区宋墓画像石刻诞生并走向繁盛的关键因素。

从时间来看,北方移民大量进入四川的时间是在靖康战乱前后,这要大大晚于四川地区宋墓画像石刻兴起的时间。在其大量入川之前,宋墓画像石刻的发展已经具有相当的规模。从地域来看,北方移民进入四川主要分布于利州路尤其是在利州路的北部和西北部,但这些地区并非宋墓画像石刻最早出现的地区,也并非宋墓画像石刻最为繁盛的区域。从装饰图像的异同来看,四川地区宋墓画像石刻诞生的时间大致相当于北方宋墓装饰的初始和萌芽阶段,但北方宋墓流行的图像题材如最为盛行的家具组合在四川完全不见;北方宋墓鼎盛期的一些图像题材虽然和四川地区宋墓画像石刻一期的主流图像题材有重合,但宋墓画像石刻这些主流图像题材其实在五代时期就已经出现在四川地区,

---

[1] 葛剑雄:《中国移民史》,第5卷,福建人民出版社,1997年,第232页。
[2] 四川省文物考古研究院、泸州市博物馆、叙永县文物管理所:《四川叙永天池宋墓清理简报》,《四川文物》,2010年第2期。
[3] 宋·吴昌裔:《论湖北蜀西具备疏》,傅增湘(原辑)、吴洪泽(辑补):《宋代蜀文辑存校补》,重庆大学出版社,2014年,第6册,第2795页。

更大程度上说应是本地五代墓葬装饰图像被宋代承袭。

除此之外，北方宋墓装饰图像与四川地区宋墓画像石刻在主流图像上存在着较大差异，如北方地区常见的二十四孝、一桌二椅、夫妇共坐图在四川极为罕见，其背后的根源应是同样的丧葬观念在不同地域丧葬传统下出现了不同的表达方式。同样的孝道观念，北方用二十四孝图像来表达，四川则采取刻石为墓为祖先营造延续现世各种享受的"永为供养"空间的行为来表达；而夫妇共坐图在四川罕见应是源于四川丧葬传统中的同坟异葬习俗。所以，虽然四川地区宋墓画像石刻与北方宋墓装饰存在一定的相同性，但除了孝行图之外，其他的共通因素并没有明确的证据证明其是从北方传递到四川。

此外，北方人群进入四川，在四川这样一个本地传统较为顽强、国家在一定程度上都要"就俗"的地区，由于缺乏政策支持、工匠群技术力量、群众基础等关键因素，北方雕砖壁画墓的传统并没有在这里继续发展，而在丧葬领域表现出的是入乡随俗。在宋墓画像石刻的集中区因地制宜、刻石为墓，如永川高洞子宋代崖墓群M1，在砖室墓盛行的成都平原则顺从了当地的素面砖室墓传统，如成都二仙桥宋墓。故而，随着人群交流而来的北方墓葬元素在四川地区宋墓画像石刻的发展中有着一定程度的影响，但这种影响并没有达到能催生四川地区宋墓画像石刻，或者对其发展繁盛起关键促进作用的地步，故不宜夸大这种影响力。

四川地区汉系宋墓画像石刻在吸收人群交流所带来的少部分北方宋墓装饰元素的同时，自身的元素也通过人群交流向外渗透，这种向外渗透在川南地区的非汉系画像崖墓中表现得最为明显。川南地区的宋代非汉系画像崖墓主要集中在川南北部，尤其在今宜宾的双龙、横江和高县一带。在这些墓葬之中，从主流图像元素到图像配置都呈现出非常明显的汉系画像石室墓影响，属于汉系画像石室墓石刻元素向非汉系墓葬中渗透并变异的物化表现。

这种渗透来源于宋代经略川南背景下，汉系族群和非汉系族群的人群交流。川南被视为宋政府防守西南边鄙的要冲之地，广泛分布着各种非汉系族群，为了稳固在川南的统治，宋政府通过军事征服解决冲突的同时，对川南采取了羁縻政策，改革在川南的统治结构，强化该地区的城市和军事设施建设，并且注重借用当地非汉系族群的力量吸纳其作为防御川南之助力。此外，宋政府也通过开放互市等措施维系着经济上与非汉系族群的密切往来。在各种措施的综合运用下，宋政府拓展了在川南的统治疆域、强化了管理力度，将川南地区彻底纳入王朝的有效管理中。随着经略川南，汉族移民大量进入该地区，汉文化的影响力也在该地区内逐步渗透、影响深刻。在丧葬领域，汉系画像石室墓石刻元素不仅渗透非汉系画像崖墓和非汉系画像石室墓，在非汉系族群聚居中心区还出现了完全属于汉系的画像石室墓，这些都是汉系文化因素在宋政府经略川南背景下影响力随人群交流扩张的物质实证。

第五章　人群交流视域下的四川地区宋墓画像石刻溯源

总体而言，人群交流对四川地区宋墓画像石刻产生了一定的影响，但宋墓画像石刻的出现和繁荣，归根结底来源于时局因素、地域传统因素、宋代文化世俗化转向的影响，在后文第六至八章中对此有详细的论述。

第六章 四川地区宋墓画像石刻兴衰与宋代时局变化

据前文分期分区所梳理的四川地区宋墓画像石刻之发展脉络,其兴衰有几个关键的时间节点,而这个几个时间节点又和四川的时局变化密切相关。

第一节 宋墓画像石刻兴起与时局由乱复治

一、宋初画像石刻沉寂与宋政府治川政策失当造成的社会环境动乱

第一个时间节点,由分期的第一期可见,四川地区宋墓画像石刻兴起是在北宋仁宗朝后期,时局层面的原因是北宋开国三朝对于四川的治理经营,四川环境由乱复治。

随着北宋初年灭后蜀,四川政治上纳入北宋政府的统治,但从宋灭后蜀到仁宗朝前期,在全国大环境趋于稳定、经济向前发展的大背景下,四川地区宋墓画像石刻却一直沉寂,客观上而言,应是四川地区缺乏稳定的政治经济环境。灭蜀之后政权上的一统并不意味着四川整个时局的安定,相反,在宋平蜀后的很长一段时间内,四川动乱频发,这很大程度上是由北宋政府在四川实施的各种失当政策导致的。

首先,在经济上,北宋政府平蜀后对四川进行掠夺性搜刮,从政府财物方面而言,将孟氏的府库全部运往京师,专门设立内库"封桩库"囤积从后蜀搜刮的金银。①同时,建立博买务等机构对四川重要的物资,如丝织品、盐、酒等推行专卖政策与民争利,对于民间私售贩卖的行为进行严厉惩治。②造成的后果是蜀地经济凋敝、百姓生活

---

① 注:据《续资治通鉴长编》卷六:"国初,贡赋悉入左藏库,及取荆、湖,下西蜀,储积充羡。……乃于讲武殿后别为内库,以贮金帛,号曰封桩库,凡岁终用度赢余之数皆入焉。"(宋·李焘:《续资治通鉴长编》卷6,中华书局,2004年,第1册,第152页。)
孟氏府库物资的运输,还给四川人民造成了巨大的负担,据《续资治通鉴长编》卷五十四:"自乾德平蜀,每岁上供纨绮,动踰万计,籍里民补牙校,部舟运,由嘉陵抵荆渚,沈覆殆半,破产以偿者甚众,州民患之。"(宋·李焘:《续资治通鉴长编》卷54,中华书局,2004年,第2册,第1188页。)

② 注:据《资治通鉴后编》卷十五记载北宋政府在四川设置博买务的情况:"成都除常赋外,更置博买务,诸郡课民织作,禁商旅不得私市帛,日进上供,又倍其常数。司计之吏,皆析及秋毫。"(清·徐乾学:《资治通鉴后编》卷15,《景印文渊阁四库全书》,台湾商务印书馆,1986年,第342册,第202-203页。)
据《续资治通鉴长编》卷三记载北宋政府对专卖物资民间私贩的惩治:建隆三年(962)"是月,诏增官盐阑入至三十斤,煮鬻至十斤,坐死。蠫盐入城市百斤以上,奏裁。又修酒曲之禁。凡私造,差定其罪,城郭二十斤,乡间三十斤,弃市。民敢持私酒入京城五十里,西京及诸州城二十里至五斗,死。所定里数外,有官署沽酒,而私酒入其地一石,弃市。"(宋·李焘:《续资治通鉴长编》卷3,中华书局,2004年,第1册,第65页。)

第六章 四川地区宋墓画像石刻兴衰与宋代时局变化

困顿。据《皇宋通鉴长编纪事本末》卷第十三《李顺之变》载其时蜀地情况:"然蜀地狭民稠,耕稼不足以给,由是小民贫困,兼并者籴贱贩贵,以夺其利。"①此外,北宋政府在四川滥铸铁钱,强行禁止铜钱入川界,导致了四川金融秩序的混乱。②

军事上,北宋军队平蜀过程中纪律废弛,严重扰民,不仅放纵军队掠夺百姓财产,在镇压全师雄叛乱的过程中,北宋将领还滥杀蜀兵,军队作风引起了四川人民的强烈不满。③

北宋政府对于治理四川的官员也多有任用不当,或是对地方习俗管控过于严厉,执

---

① 宋·杨仲良(撰)、李之亮(点校):《皇宋通鉴长编纪事本末》卷13,黑龙江人民出版社,2006年,第1册,第163页。

② 注:四川自后蜀广政中开始使用铁钱,但其时铁钱的铸造规范,与铜钱配合使用。据《皇宋通鉴长编纪事本末》卷第十一《钱议·蜀钱》:"伪蜀广政中,始铸铁钱,每钱一千,以易铜钱四百;凡银一两,直钱一千七百;绢一匹,直钱千二百,而铸工精好,殆与铜相乱。"[宋·杨仲良(撰)、李之亮(点校):《皇宋通鉴长编纪事本末》卷11,黑龙江人民出版社,2006年,第1册,第135页。]

北宋平蜀之后实施铜禁:"沈伦等悉取铜钱上供,及增铸铁钱,易民铜钱,益买金银装发,颇失裁制,物价滋长。寻又禁铜钱入川界,铁钱十乃直铜钱一。"[宋·杨仲良(撰)、李之亮(点校):《皇宋通鉴长编纪事本末》卷11,黑龙江人民出版社,2006年,第1册,第135页。]

此外,还加强对破坏铜钱旧禁的惩罚。据《续资治通鉴长编》卷九:开宝元年(968):"九月壬午,诏曰:'旧禁铜钱无出化外,乃闻沿边纵弛,不复检察。自今五贯以下者,抵罪有差;五贯以上,其罪死。'"(宋·李焘:《续资治通鉴长编》卷9,中华书局,2004年,第1册,第207页。)

至太平兴国四年(979)开禁令之时,"民输租及榷利,每铁钱十纳铜钱一。时铜钱已竭,民甚苦之,商贾争以铜钱入川界,与民互市,每铜钱一得铁钱十又四。"[宋·杨仲良(撰)、李之亮(点校):《皇宋通鉴长编纪事本末》卷11,黑龙江人民出版社,2006年,第1册,第135页。]

滥发铁钱和铜钱之禁,导致了铁钱的大幅度贬值,从广政中的一千铁钱兑换四百铜钱,至北宋平蜀后十铁钱才能兑换一铜钱,严重地扰乱了四川的经济秩序,导致物价飞涨。开禁之后,因为铜的匮乏难得,政府复铸铜钱以期十年内四川复纳铜钱的措施失败,以致"民萧然,益苦之,或剥剔佛像,毁器用,盗发古冢,纔得铜钱四五,坐罪者甚众。"(宋·李焘:《续资治通鉴长编》卷23,中华书局,2004年,第1册,第526页。)

③ 注:据《宋史》卷二百五十八《列传第十七·曹彬》:"两川平,全斌等昼夜宴饮,不恤军士,部下渔夺无已,蜀人苦之。"(元·脱脱等:《宋史》卷258,中华书局,1985年,第26册,第8978页。)

据《续资治通鉴长编》卷六:乾德三年(965):"时蜀兵几三万人屯城南教场,全斌虑其应贼,徙置夹城中,将尽杀之。康延泽请释其老幼疾病者七千人,余则以兵护送,浮江而下,若贼果来劫夺,即杀之未晚也,全斌等不从。"(宋·李焘:《续资治通鉴长编》卷6,中华书局,2004年,第1册,第152页。)

在镇压王小波、李顺起义的过程中,奉命征讨的主将王继恩"仆使辈用事恣横,纵所部剽掠子女金帛"。[宋·杨仲良(撰)、李之亮(点校):《皇宋通鉴长编纪事本末》卷10,黑龙江人民出版社,2006年,第1册,第131页。]

石 上 万 象　　　　　　　四川地区宋元明墓葬画像石刻研究

法太过严苛，以致民怨沸腾，或是胡作非为滋事扰民，或是无有作为管理能力低下①，致使"两川自李顺平后，民罹困苦，未安其业，朝廷缓于矜恤，故成卒乘符昭寿之虐，啸集为乱"②。

经济上掠夺，军队滋事扰民，任用官员失当，导致北宋平蜀伊始，四川的反宋斗争就接二连三地爆发。北宋蜀至咸平三年（1000），三十余年之内大大小小的反宋斗争多达二十余起，如全师雄反宋、王小波李顺起义更是席卷了四川全境，直至王均兵变被镇压，四川的反宋武装斗争才基本结束。被动乱席卷的四川，即使是宋太宗训谕即将赴任四川知益州的张咏时，也将四川形容为"西川乱后，民不聊生"③，并且下罪己诏。可见，从平蜀到四川反宋武装斗争基本结束的这段时间内，四川的政治环境较为动乱、经济上也遭受了重大打击，客观上而言，宋墓画像石刻的兴起缺乏较为稳定的政治经济环境。

二、四川由乱复治与宋墓画像石刻兴起

频发的动乱迫使北宋政府逐步调整了对四川的统治政策。

首先是调整统治结构，第一个举措是将四川地区分为川峡四路④，第二是调整在四川的戍兵制度。景德元年（1004）改革戍卫四川的将校年限，从原来五至七年改为与士兵相同的两年一换，其考虑为将校驻戍时间过长"此殊未安也"，应是吸取了王均兵变等宋政府内部将校兵变的教训，避免将校在同一地点驻戍过久，以扼断其叛乱的

---

① 注：据《续资治通鉴长编》卷三十五载吴元载管理失当：淳化五年（994）"初，右谏议大夫许骧知成都府，及还，言于上曰：'蜀土久安，其民流瘼易扰，愿谨择忠厚者为长吏，使镇抚之。'时东上合门使吴元载实代骧为成都。元载颇尚苛察，民有犯法者，虽细罪不能容，又禁民游宴行乐，人用胥怨。王小波起为盗，元载不能捕灭"（宋·李焘：《续资治通鉴长编》卷35，中华书局，2004年，第2册，第766页。）
据《续资治通鉴长编》卷四十五：符昭寿在王小波、李顺起义后，非但没能做好乱后的镇抚工作，反而"骄恣，不亲戎务，有所裁决，但令仆使传道。多集锦工，织作纤丽，所须物辄配市人赍纳，踰半岁不给其直，又纵部曲掠取之。广籴稻麦，败，即勒僧道备偿。仆使乘势陵忽军校，其下皆怨"。（宋·李焘：《续资治通鉴长编》卷45，中华书局，2004年，第2册，第980页。）
② 元·脱脱等：《宋史》卷277，中华书局，1985年，第27册，第9440页。
③ 宋·杨仲良（撰）、李之亮（点校）：《皇宋通鉴长编纪事本末》卷13，黑龙江人民出版社，2006年，第1册，第170页。
④ 注：据《续资治通鉴长编》卷四十八：咸平四年（1001）"辛巳，诏分川峡转运使为益、梓、利、夔四路。益州路总益、绵、汉、彭、邛、蜀、嘉、眉、陵、简、黎、雅、维、茂、永康凡十五州、军。梓州路总梓、遂、果、资、普、荣、昌、渠、合、戎、泸、怀安、广安、富顺凡十四州、军、监。利州路总利、洋、兴、剑、文、集、壁、巴、蓬、龙、阆、兴元、剑门、三泉、西县凡十五州、府、军、县。夔州路总夔、施、忠、万、开、达、渝、黔、涪、云安、梁山、大宁凡十二州、军、监"。（宋·李焘：《续资治通鉴长编》卷48，中华书局，2004年，第2册，第1052-1053页。）

人员根基。景德三年（1006）调陕西武乡兵入四川驻戍，值得注意的是这些被调入四川代戍的武乡兵"各有资产"，这就使赴四川驻戍的军队在后方有家产家人的顾虑，以减少军队兵变的可能性。①以此两条措施从政和军两方面加强了北宋政府对四川全境的控制。

其二，慎重选择和监察治蜀官员。首先是慎选，即不任有罪之人，挑选能人。北宋平蜀后较长一段时间内蜀地动乱频发，官员任用失当是一个重要的原因，故在整饬动乱的过程中，北宋政府注重对治蜀官员的选择，而使"故川峡令录，多得良吏"②。官吏的慎选之外，更有慎查，宋政府多次派出专使赴蜀地，加强对官员的考察。《宋史》卷六《本纪第六·真宗一》载：咸平四年（1001）"（八月）丁卯，遣使巴蜀，廉察风俗、官吏能否"③。《续资治通鉴长编》卷六十二载：景德三年（1006）"壬辰，命使六人，巡抚益、利、梓、夔、福建等路，……仍案察官吏能否，民间利害，以闻"④。

其三，注重镇抚百姓。统治阶层总结四川动乱的教训，认识到蜀地长久动乱的重要原因之一是征敛过于繁重严重影响到了百姓的生业，故而注重从多方面对百姓进行镇抚。《宋史》卷三百二十四《列传第八十三·石普》记载石普进言得到皇帝许可："'蜀乱由赋敛苛急，农民失业，宜稍蠲减之，使自为生，则不讨而自平矣。'帝许之。"⑤

就经济上而言，减免部分苛重的赋税（参见附表34 宋初减免四川部分苛重赋税情况统计），注意赈恤受灾百姓，多次对因自然灾害导致的民间困顿进行赈济（参见附表35 宋初赈恤四川受灾百姓情况统计）。北宋政府还在四川整顿金融秩序，规范四川铁钱的铸造，治蜀官员在蜀地采用大铁钱和小铁钱制，规定了铜钱、大铁钱和小铁钱的兑换比例，有效地便利了民间的经济往来。为了缓和矛盾，北宋政府还逐步放宽了一些物资的专卖，如开放酒的官榷制度，允许民间自酿⑥，开放布帛的民间织买等。⑦

除经济上的抚民举措外，北宋政府慎重体察民情。治蜀官吏虽小罪不能容的过度严苛是导致蜀地动乱的原因之一。后在处理相关问题上，政府在追究动乱首恶的同时，采

---

① 注：据《续资治通鉴长编》卷五十六：景德元年（1004）"诏川、峡诸州戍兵，先以二年为限，其权管将校亦如之。先是，上曰：'剑外戍兵更代，已有定制，而将校或至五七年，此殊未安也。'故降此诏"。（宋·李焘：《续资治通鉴长编》卷56，中华书局，2004年，第3册，第1231页。）

《续资治通鉴长编》卷六十四：景德三年（1006）"西蜀戍卒岁满当代，议者以为遣高年则缓急误事，发精锐则险远之地难于防辖。枢密院言陕西振武乡兵，各有资产，今西鄙无事，可遣代戍，诏从之"。（宋·李焘：《续资治通鉴长编》卷64，中华书局，2004年，第3册，第1433-1434页。）

② 宋·李焘：《续资治通鉴长编》卷85，中华书局，2004年，第4册，第1953页。
③ 元·脱脱等：《宋史》卷6，中华书局，1985年，第1册，第116页。
④ 宋·李焘：《续资治通鉴长编》卷62，中华书局，2004年，第3册，第1395页。
⑤ 元·脱脱等：《宋史》卷324，中华书局，1985年，第30册，第10471页。
⑥ 宋·李焘：《续资治通鉴长编》卷23，中华书局，2004年，第1册，第526页。
⑦ 宋·李焘：《续资治通鉴长编》卷23，中华书局，2004年，第1册，第527页。

取了相对宽容的方法处理胁从人员。①这些措施在一定程度上缓和了因执法过于严苛而引发的矛盾，降低了潜在不稳定因素的风险。此外，在人才选拔上给予了四川一定的优待政策，引导四川的士大夫阶层出仕，从而使四川社会的士大夫阶层与政府建立起密切的联系，以赢得这些人对于政府治蜀的支持。②

经过三朝的治理，随着各方面政策的实施贯彻，四川的政治环境得以安定，经济得到恢复。从宋初到北宋中期前段，四川人口的变化是四川从动乱到安定发展的一个极为重要的指标。乾德三年（965），川陕四路的户数为530 000户，而元祐三年（1088）川峡四路的主户数已达2 134 733户，客户数已达6 154 652户。人口的快速增长源于恢复安定的社会环境，而增长的人口作为重要的生产力又反过来推动社会经济的发展。甲子年朝廷遣官员前往四川勘察当地的情况，此时的四川"赋无横敛，刑无滥罚，政无暴，民无党，力于农则岁丰，工于业则财美，惟安和是恃，惟嬉游是图。甚者以至外饥寒而竞逸乐，倪绳以赏罚而驱之于盗，不忍为也"③。可见，仁宗朝后期，四川的整个政治经济环境已经彻底地走出了北宋政府平蜀后较长时期的动乱，呈现出各方面的恢复和发展，而这一时间，正是目前所见四川地区最早纪年的宋墓画像石刻材料出现的时间。

---

① 注：宋政府在处理动乱中的有罪之人时，对于胁从之人往往采取相对从宽的处理：

据《续资治通鉴长编》卷五十：咸平四年（1001）"十二月丁未，诏益、利、彭州戍兵谋乱，既伏诛，除亡命徒党见行追捕外，其余一切不问。又诏西川诸州长吏严察细民，敢有讹言动众，情理切害者，斩讫以闻"。（宋·李焘：《续资治通鉴长编》卷50，中华书局，2004年，第2册，第1089页。）

据《续资治通鉴长编》卷五十四：咸平六年（1003）："壬子，知益州马知节言：'李顺、王均之乱，属民有为贼黥面及伪署者，王师至，悉弃贼来归，官释其罪，给公凭遣之，其类颇众，今欲各令赍诣州别给新本，因得籍数，以防奸伪。'上曰：'胁从之民，屡经赦宥，宜谕知节但镇静而抚育之。'"（宋·李焘：《续资治通鉴长编》卷54，中华书局，2004年，第2册，第1179页。）

据《续资治通鉴长编》卷六十二：景德三年（1006）："壬辰，命使六人，巡抚益、利、梓、夔、福建等路，所至存问犒设官吏、将校、父老，疏决系囚，除杂犯至死、官典犯赃依法外，流已下递减之"。（宋·李焘：《续资治通鉴长编》卷62，中华书局，2004年，第3册，第1395页。）

据《续资治通鉴长编》卷一百四：天圣四年（1026）"知益州薛田言两川犯罪人配隶他州，虽老疾得释者，悉留不遣，自今请丐放停。上曰：'远民无知犯法，而终身不得还乡里，岂朕意乎！察其情有可矜者，听遣还。'"（宋·李焘：《续资治通鉴长编》卷104，中华书局，2004年，第4册，第2400页。）

② 清·徐松（辑），刘琳、刁忠民、舒大刚等（点校）：《宋会要辑稿》，上海古籍出版社，2014年，第9册，第5285页。

③ 宋·张俞：《宋张安道赴成都序》，傅增湘（原辑）、吴洪泽（辑补）：《宋代蜀文辑存校补》，重庆大学出版社，2014年，第2册，第786页。

第二节　宋墓画像石刻繁荣与南宋经治下四川社会环境的相对稳定

按照前文分期考察四川地区宋墓画像石刻的发展脉络，第二个重要的时间节点是南宋孝宗朝初期。自此时间节点始，宋墓画像石刻的发展进入了繁盛期。其表现在前文分期中已进行了详细阐述。此期是四川地区宋墓画像石刻发展脉络的三个时期中，原境数量最多、原境形制类型最多样、新形制类型出现增长最快、原境规模明显变大、图像题材和图像组合的类型最为丰富的一个时期；就使用人群而言，高等级官员及家属墓葬的出现是此期在宋墓画像石刻使用人群上区别于第一期的重要特点；就分布区域而言，黔北区的出现是宋墓画像石刻分布区域的一个重要变化：向南拓展。

第二期的宋墓画像石刻在承继第一期的基础上取得了长足的发展，原境数量和类型剧增，图像极为丰富。从外环境而言，来源于四川地区政治和经济环境的相对稳定。这一时期是宋政府对于四川的经营最为着力的时期。靖康之变后，原属于宋朝统治的北方地区陷于金国，而四川并未受到大的冲击，并因其重要的战略位置和经济地位，成为南宋政府的重要防御战区和财源基地。宋高宗形容其为"四川全盛，半天下之地……"[①]，四川不仅承担着川陕防区巨大的军费开支，也是川陕防区的战略根本所在："然即今诸军衣食，仰给四川，则蜀又为陕右之根本。"[②]

一、南宋政府在川军事防御和四川军民抗金斗争

四川能在靖康之变后能取得一个持续时间相对较长的安定环境，首先来源于南宋政府着力于四川军事防御和四川军民的抗金斗争，从军事上抵御了金国对四川的侵袭。四川宣抚使作为指挥抗金战争统领诸将的长官，如吴玠、吴璘、胡世将、虞允文等在四川抗金战争中卓有功勋。南宋初年，富平之败后，陕西战略要地丢失，但川陕军民的抗金斗争使得金兵未能由汉中入四川，和尚原和仙人关两次对金战争的胜利，阻击了金军对宋朝西线的进攻，改变了宋金战争中双方的优势对比，使金国不敢再轻易大举攻蜀。[③]

---

① 宋·李心传（撰）、胡坤（点校）：《建炎以来系年要录》卷79，中华书局，2013年，第4册，第1489页。
② 宋·李心传（撰）、胡坤（点校）：《建炎以来系年要录》卷131，中华书局，2013年，第6册，第2455页。
③ 元·脱脱等：《宋史》卷366，中华书局，1985年，第33册，第11414页。

宋金绍兴和议后，南宋政府恢复陕右，也依然注重蜀地对金的军事防御，对蜀地"重兵保险"①。吴玠之弟吴璘代兄为将，守蜀二十余年，即使在宋金绍兴和议后初期，兵戈稍息之际，依然注重对金军的防卫"治军经武，常如敌至"②。《宋史》赞其功绩："吴玠与弟璘智勇忠实，戮力协心，据险抗敌，卒保全蜀，以功名终，盛哉！"③

二、宋金绍兴和议的客观作用

政治上，由于宋金绍兴和议，在客观上维护了相对较长时段内宋金的和平，减少了战乱对社会经济的破坏。四川作为南宋政府四大防区之一，在这一时间内由战转防，社会环境较为稳定。此外，自建炎之初建立四川防区，任命治蜀官员均较为恰当，如刘子羽、吴玠、赵开，"子羽慷慨有才略，开善理财，而玠每战辄胜。西北移民，归附日众，故关陕虽失，而全蜀按堵，且以形势牵制东南，江、淮亦赖以安。"④因"四川去朝廷遥远，守臣尤须得人"⑤，南宋政府选择治蜀官员相对谨慎，故而屡有能吏，如萧振⑥、张焘⑦等。

三、南宋政府经济上的"宽民力"

经济上，南宋政府实行"宽民力"，即采取一定措施减免过重赋税，以宽民力。四大防区之中，其他三个防区的军费来源于国家支持，而四川防区的军费开支则全部来源于四川本地赋税收入，故而自建炎以来四川承担了巨大的军费开支。由于意识到"四川自兵兴以来，横敛既多，民不堪命"⑧，政府故而"相度蠲减，以纾民力"⑨。

绍兴年间，是南宋政府减免过重赋税较为集中的一个时期，绍兴九年（1139）⑩、

---

① 宋·李心传（撰）、胡坤（点校）：《建炎以来系年要录》卷131，中华书局，2013年，第6册，第2455页。
② 元·脱脱等：《宋史》卷366，中华书局，1985年，第33册，第11417页。
③ 元·脱脱等：《宋史》卷366，中华书局，1985年，第33册，第11424页。
④ 元·脱脱等：《宋史》卷361，中华书局，1985年，第32册，第11301页。
⑤ 清·徐松（辑），刘琳、刁忠民、舒大刚等（点校）：《宋会要辑稿》，上海古籍出版社，第10册，2014年，第5824页。
⑥ 元·脱脱等：《宋史》卷380，中华书局，1985年，第33册，第11724页。
⑦ 元·脱脱等：《宋史》卷382，中华书局，1985年，第34册，第11755页。
⑧ 清·徐松（辑），刘琳、刁忠民、舒大刚等（点校）：《宋会要辑稿》，上海古籍出版社，2014年，第13册，第7601页。
⑨ 清·徐松（辑），刘琳、刁忠民、舒大刚等（点校）：《宋会要辑稿》，上海古籍出版社，2014年，第13册，第7601页。
⑩ 元·脱脱等：《宋史》卷29，中华书局，1985年，第2册，第541页。

绍兴十七年（1147）[①]、绍兴二十四年（1154）[②]、绍兴二十五年（1155）[③]、绍兴二十七年（1157）、绍兴二十九年（1159）、绍兴三十一年（1161）[④]、绍兴三十二年（1162）[⑤]都多次减免四川的过重赋税。（参见附表36 绍兴年间减免四川过重赋税情况统计）

但这种减免有一个最重要的前提，即必须保障军需不匮乏，才会宽民力，以使"两皆给足，永相保持"。[⑥]故而，相对于四川防区军费的巨大开支，这种减免取得的效果是相对有限的。赵开总领四川财务时，从绍兴四年（1134）到绍兴五年（1135）一年之间的军费开支都是惊人的。《宋史》卷三百七十四《列传第一百三十三·赵开》载："又言应副吴玠军须，绍兴四年总为钱一千九百五十五万七千余缗，五年视四年又增四百二十万五千余缗。蜀今公私俱困，四向无所取给，事属危急，实甚可忧……"[⑦]这里值得注意的是，即使是在建炎、绍兴年间，国家横敛加重，四川民力疲敝的情况下，宋墓画像石刻依然保持着繁盛的发展势头，这恰好说明了习俗力量的强大，在外部环境没有受到不能承受的彻底性破坏之前，习俗和地方传统依然在丧葬中占有不可动摇的重要地位。在下一章"四川地区宋墓画像石刻与地域传统"中将对此进行详细阐述。

四、南宋政府加强控制播州与宋墓画像石刻在黔北的兴起

考察前文分期和分区，四川地区宋墓画像石刻在第二期内出现于黔北区并迅速发展，是分布区域上一个重大突破。而这个突破与此时期内南宋政府加强控制播州，政治和文化的影响力在黔北逐步扩张密切相关。宋墓画像石刻之黔北区为宋代播州的范围，北宋神宗时期，播州和宋政府便已有朝贡往来：《宋史》卷十五《本纪第十五·神宗二》载："神宗熙宁六年（1073）五月癸卯朔，播州杨贵迁遣子光震来贡，以光震为三班奉职。"[⑧]

至哲宗绍圣年间，《宋史》卷十八《本纪第十八·哲宗二》载："绍圣四年（1097）：播州夷杨光荣等内附。"[⑨]大观三年（1109），《宋史》卷二十《本纪第

[①] 元·脱脱等：《宋史》卷30，中华书局，1985年，第2册，第566-567页。
[②] 元·脱脱等：《宋史》卷31，中华书局，1985年，第2册，第580页。
[③] 元·脱脱等：《宋史》卷31，中华书局，1985年，第2册，第582页。
[④] 元·脱脱等：《宋史》卷32，中华书局，1985年，第2册，第601-602页。
[⑤] 元·脱脱等：《宋史》卷33，中华书局，1985年，第3册，第619页。
[⑥] 宋·李心传（撰）、胡坤（点校）：《建炎以来系年要录》卷155，第6册，中华书局，2013年，第2949页。
[⑦] 元·脱脱等：《宋史》卷374，中华书局，1985年，第33册，第11599-11600页。
[⑧] 元·脱脱等：《宋史》卷15，中华书局，1985年，第2册，第283页。
[⑨] 元·脱脱等：《宋史》18，中华书局，1985年，第2册，第349页。

二十·徽宗二》载："播州杨文贵纳土，以其地置遵义军。"①

至南宋建炎初，《宋会要辑稿·蕃夷五·西南蕃》载："今播州城一带并皆宁肃。"②《宋会要辑稿·蕃夷五·西南溪峒诸蛮》载：绍熙四年（1193）"五月一日，诏杨辙承袭，与补承信郎、南平军播川城同巡检。以夔州路安抚司奏：'辙系杨逵嫡亲侄，可以承袭。'故有是命。"③从北宋开始的朝贡关系，到纳土内附，再到北宋末年设置遵义军对播州进行管理，南宋时期干预播州土司的承袭，可以看出宋政府对于播州控制的逐步加强。

除了政治上的控制干预之外，播州土司对于中原文化的主动吸收也是汉系文化诸元素向黔北渗透的原因之一。

按《遵义府志二·（上）》卷三十二《选举一》载："据宋文献杨氏家传，南渡以前，上下州不相能，闽罗诸蛮獠世世扑杀，亦不暇修文矣。选始嗜读书，岁致四方贤士以十百计。轼盖留意艺文，蛮荒子弟多读书攻文字，土俗大变。至粲乃建学养士。价乃以取播士请于朝，而每岁贡三人，然则天荒之破，杨氏之功也。"④

按《遵义府志·一（下）》卷二十《风俗》述其风俗："世传为华，俗渐于礼，男女多朴质人士，悦诗书，宦儒户与汉俗同。惟边夷则椎髻披毡，以射猎伐山为业，信巫鬼，好诅盟，婚姻以毡矢为聘，妆燕乐以歌舞为佳会，凡宾客会聚，首长乃以汉服为贵，出入皆佩刀弩自卫。至与华人交易，略无侵犯。"⑤

可见"崇慕华风"是宋代尤其是靖康之乱宋室南渡后长时间内遵义地区自上而下盛行的社会风尚。

值得注意的是，在这种风俗的变化之中，蜀士在其中的推动作用：

按《遵义府志·二（上）》卷三十一《土官九》载："蜀士来依者愈众，结庐割田，使安食之。由是，蛮荒子弟多读书攻文，土俗为之大变。"⑥

杨轼时期，由于播州土司重文养贤，大量的蜀士进入播州依附，杨氏土司给予优待使其在播州安居。读书攻文是这些人员进入后为当地带来的最为重要的风俗变化。而四川的丧葬习俗作为丧葬观念指导下的产物，很大程度上可能也随着南渡后播州土司大力吸收汉系文化招贤纳士所带来的人群流动传入黔北，并迅速地在这样一个崇慕华风的地区发展起来。

---

① 元·脱脱等：《宋史》卷20，中华书局，1985年，第2册，第382页。
② 清·徐松（辑），刘琳、刁忠民、舒大刚等（点校）：《宋会要辑稿》，上海古籍出版社，2014年，第16册，第9862页。
③ 清·徐松（辑），刘琳、刁忠民、舒大刚等（点校）：《宋会要辑稿》，上海古籍出版社，2014年，第16册，第9900页。
④ 清·平翰等（修），郑珍、莫友芝（纂）：《遵义府志》，道光二十一年刻本，第91页。
⑤ 清·平翰等（修），郑珍、莫友芝（纂）：《遵义府志》，道光二十一年刻本，第412页。
⑥ 清·平翰等（修），郑珍、莫友芝（纂）：《遵义府志》，道光二十一年刻本，第65页。

第三节 宋墓画像石刻衰落与时局恶化

四川地区宋墓画像石刻发展脉络上，第三个重要的变化节点在理宗朝初期。自此节点起，根据前文分期中对于宋墓画像石刻第三期特征的详细描述，第三期中，宋墓画像石刻较第二期呈现衰退的趋势，原境数量较第二期减少，原境形制类型减少，仿木结构趋向简化，图像组合类型亦少于第二期。装饰性纹样呈现增长趋势的同时，图像组合从题材复杂度、配置完整度皆呈现颓势。就分布区域而言，在第三期的变化主要表现为中心区变化和分布区域收缩。中心区发生了较大变化，宋墓画像石刻最发达的区域从第二期的川东南川南区，变化为川东南川南和黔北区，第二期方才出现宋墓画像石刻的黔北区在此期内超过了川东川北区，成为仅次于川东南川南区的宋墓画像石刻第二中心区，这是第三期宋墓画像石刻发展的一个重要变化。而与此同时，作为原来四大主要分布区的川中区在此期内宋墓画像石刻数量剧减。按前文分期分区所述，目前的考古材料中还未见川中区有明确纪年属第三期之宋墓画像石刻，其余公布信息不足以支撑类型学研究的材料亦无法判断其是否属于第三期。

考其与时局的关系，这种变化产生的背景是四川政治经济环境的恶化，主要源于与蒙元的战争破坏、巨大军费开支和经济掠夺带来的四川经济环境的凋敝、治蜀官员的昏庸无能。

一、与蒙元战争对社会环境的破坏

南宋与蒙元的战争直接破坏了四川的稳定环境。宝庆三年（1227），蒙古军攻入利州路，占领阶州，四川制置使郑损弃关外五州逃入内郡；绍定四年（1231），蒙古军"假道"伐金再次攻入四川攻破多处城池，极大地破坏了四川的防御力量。就宋墓画像石刻的分布区域而言，这一时间段里被战祸所扰的主要是川东川北区的广元，但整个四川安定局势的破坏还是给宋墓画像石刻造成了影响。这种影响其实在第二期末与第三期交界的时段已可见端倪，即原境的简化，如虞公著夫妇墓，宝庆年间的虞公著墓虽然原境形制与留氏墓基本一致，但图像题材就明显比留氏墓简化了。

端平三年（1236），蒙古军攻入四川内郡，攻破了四川的首府成都。据《宋季三朝政要》卷一：全蜀"五十四州俱陷破，独夔州一路，及泸、果、合数州仅存"[①]。这

---

① 宋·佚名：《宋季三朝政要》卷1，《景印文渊阁四库全书》，台湾商务印书馆，1986年，第329册，第976页。

次战争之后,蒙古军主力虽然退出四川,但为了不给南宋政府整治四川的缓和之机,在1237—1240年间,仍多次攻入四川多地,轮番进行掠劫。淳祐元年(1241),蒙古军再次破成都,继而攻破汉州、嘉定、泸州、叙州等20余城,川峡四路大部皆因战祸残破。①

余玠治蜀的十年间,四川的情况虽略有缓和,但依然与蒙古军队发生了多次战争。1257年,南宋进取成都失败,蒙古在川西平原的统治得以巩固。从1260年开始,南宋和蒙古军进行了长达十年的拉锯战,直到1270年蒙古军占领四川大部分地区。从1227年骚扰四川边地,1236年掠劫四川内郡,到1279年蒙古军占领四川全境,整个四川为战祸所扰五十余年,极大地破坏了四川的安定环境,使宋墓画像石刻的发展失去了稳定的外环境基础。

二、四川经济的凋敝困顿

四川整个环境恶化,除了与蒙元的战争破坏了外环境稳定外,经济凋敝困顿也削弱了宋墓画像石刻继续向前发展的经济基础。经济凋敝首先与战争的破坏密切相关。蒙古军攻入四川内郡,战祸所及地区,四川政府机构囤积的财物被劫掠一空,民间的财帛也在战祸中或是毁于兵火,或是遭受劫掠,公私层面上都遭受了巨大的经济损失:

吴昌裔《论救蜀四事疏》:"制总两司之积荡于(阆)州,茗漕帅司之藏截于广郡,而公府之财帛空;富家中产之金帛席卷于寇,都鄙郊邑之窖焚弃于盗,而私室之民力空。"②除此之外,战争的破坏直接影响南宋政府的财政收入。战祸破坏了耕作农业所依赖的稳定环境,人口损失导致了劳动力的减少,"最可痛者,沃野千里,荡然无民,离居四方,靡有定所,耕畴不开,堰务不修,秋不得收,春不得种,不知兵食将何时办,军费将于何取给耶?有人此有土,有土此有财,未有无人而有财用者也"③。而南宋政府在四川两样主要的财政收入盐利和茶利,也遭受战争的冲击,"蜀之所产者

---

① 注:据吴昌裔《论救蜀四事疏》:"绍定辛卯,房闻利、闻、利、闻以外,本实未尽拨也;端平已未,房侵汉、沔,汉、沔以内,生聚未尽空也。迨至去冬,其祸惨甚。盖自越三关,破三泉,摧利搗闻,窥文扰巴,而利路虚矣;毁潼、遂、残果、合,来道怀安,归击广安,而东州震矣;屠成都,焚眉州,蹂践邛、蜀、彭、汉、简、池、永、康,而西州之人十丧七八矣;毒重庆,下涪陵,扫荡忠、万、云、安、梁、山、开、达,而夔峡之郡县仅存四五矣。""然昔之通都大邑,今为瓦砾之场,昔之沃壤奥区,今为膏血之野,青烟弥路,白骨成丘,哀恫贯心,疮痏满目,譬如人之一身,命脉垂绝,形神俱离,仅存一缕之气息而已。"[宋·吴昌裔:《论救蜀四事疏》,傅增湘(原辑)、吴洪泽(辑补):《宋代蜀文辑存校补》,重庆大学出版社,2014年,第6册,第2760页。]
② 宋·吴昌裔:《论救蜀四事疏》,傅增湘(原辑)、吴洪泽(辑补):《宋代蜀文辑存校补》,重庆大学出版社,2014年,第6册,第2762页。
③ 宋·吴昌裔:《论救蜀四事疏》,傅增湘(原辑)、吴洪泽(辑补):《宋代蜀文辑存校补》,重庆大学出版社,2014年,第6册,第2762页。

第六章 四川地区宋墓画像石刻兴衰与宋代时局变化

茶盐,今道殣相望,何有乎食用之家?蜀人所仰者酒税,今商旅不行,何有乎征榷之利?……"①农业、盐业和茶业收入的锐减使得四川经济在遭受战争直接重创之后,又无法及时有效地修复战争损失。

为了支撑与蒙元战争的巨大军费开支,南宋政府又将重负转嫁到了四川百姓的头上,使得四川人民在遭受战争导致的直接经济损失的同时,未有休养生息、生财聚资的机会,疮痍未愈反而背上了更为沉重的苛捐杂税负担,进一步加深了民间的经济凋敝困顿:"(理宗时)今蜀民困于科扰之分,蜀兵坏于骄纵之久,蜀财竭于费用之伙,其可虑者多矣。"②

除了战争破坏、经济凋敝之外,多任治蜀官员无能也是第三期四川政治经济环境恶化的一个重要原因。③而如余玠治蜀有功,却因谗言构陷而被解除兵权。

总的来看,上述各方面的原因造成了四川整个政治经济环境的恶化,破坏了宋墓画像石刻继续向前发展的客观基础,转而呈现衰落的态势。

由分区来看,第三期中,宋墓画像石刻中心区变化和分布区域收缩,其时局层面的原因主要仍为南宋与蒙元的战争影响使第三期中宋墓画像石刻各分区的衰退进程呈现差异。

在第三期中,衰落得最快的是川中区,川东南川南区依然保持着对其他区的发展态势优势,黔北区压倒川东川北区成为仅次于川东南川南的第二中心区,也和南宋与蒙元战争的进程息息相关。

川中区凋敝得最为明显,是因为在四个区域之中,川中区最接近成都平原。自端平三年(1236)起,蒙古军攻破四川首府成都,成都平原一直为战祸所扰。因此川中区不仅是四个地区中遭受深度破坏最早的地区,也因为反复的战争破坏,缺乏恢复缓和的机会,无法给宋墓画像石刻提供一个可能称不上稳定但稍微能减缓衰落速度的环境。

川东南川南区在这一时期中较川中区、川东川北区表现出的优势,其时局原因在于与蒙元战争的进程中,南宋政府经营重点的转移。成都陷落和成都平原的破坏,使南宋政府不得不将经营的重点从成都平原转向川东南川南区。余玠作为四川安抚制置使兼知重庆府,整饬四川军政,在客观上取得了一定的成果④,尤其是在川东南川南建立起山

---

① 宋·吴昌裔:《论救蜀四事疏》,傅增湘(原辑)、吴洪泽(辑补):《宋代蜀文辑存校补》,重庆大学出版社,2014年,第6册,第2762页。
② 宋·李鸣复:《论防蜀事疏》,傅增湘(原辑)、吴洪泽(辑补):《宋代蜀文辑存校补》,重庆大学出版社,2014年,第5册,第2696页。
③ 注:据《宋史》卷四百一十六《列传第一百七十五·余玠》:"自宝庆三年(1227)至淳祐二年(1242),十六年间,凡授宣抚三人,制置使九人,副四人,或老或暂,或庸或贪,或惨或缪,或遥领而不至,或开隙而各谋,终无成绩。于是东、西川无复统律,遗民咸不聊生,监司、戎帅各专号令,擅辟守宰,荡无纪纲,蜀日益坏。"(元·脱脱等:《宋史》卷416,中华书局,1985年,第36册,第12469页。)
④ 元·脱脱等:《宋史》卷416,中华书局,1985年,第36册,第12473页。

城防御体系，使民众"人心粗定，始有安土之志"①。客观上而言，治蜀中心的南向转移背景下，余玠治蜀的成果和山城防御体系的保卫，使得川东南川南区在客观上具有相对略稳定的环境，人民也稍有一些喘息之机，《宋史全文》卷三十四："余玠任四蜀安危之寄，着八年经理之功，故不近边，岁则大稔。"②

而黔北区在第三期内，压倒川东川北区，成为仅次于川东南川南区的第二中心区，时局上的主要原因是黔北区在第三期较长的时间内，并非蒙元军队主攻方向。此外，黔北区的杨氏土司政权在大力支持南宋政府抗击蒙元军队的过程中，与南宋保持着密切的联系，协助南宋政府在黔北建立起防御蒙元自云南方向进攻的新防线。从客观上而言，黔北所受的与蒙元战争造成的破坏并不如其他几个区来得明显，故而在第三期较长的时间内还是有较为稳定的客观环境来发展宋墓画像石刻。但这种稳定是相对的，越是到第三期较晚时段，随着蒙元军队以亡宋为目的大举攻宋时，脆弱的稳定就再难以支撑下去。明显的例子就是，同样作为杨氏家族的土司墓，第三期较晚时段的杨文墓较之杨粲墓就大大地简化了。

本章小结

由本章所述四川地区宋墓画像石刻发展脉络和四川时局变化之间的关系，考察宋墓画像石刻的兴衰有几个关键的时间节点，而这几个时间节点又和四川的时局变化密切相关：北宋初期宋墓画像石刻在四川的沉寂来源于北宋政府治川政策失当，导致平蜀之后四川在很长时间内动乱频发，缺乏宋墓画像石刻兴起的稳定经济和政治环境。其兴起于北宋仁宗朝后期，源于开国三朝吸取蜀地动乱教训后对治川政策调整使其由乱复治。其繁荣的时间节点为南宋孝宗朝初期，时局层面原因来源于四川政治经济环境的相对稳定，靖康之变后，四川未受大的震荡，并因其重要战略位置和经济地位，成为南宋政府着力经营之地。其衰落的时间节点在理宗朝初期，考其与时局关系，应源于与蒙元战争导致的四川政治环境恶化和经济凋敝，破坏了宋墓画像石刻继续向前发展的外环境。

可以看出，稳定的政治经济环境是宋墓画像石刻得以发展的必要基础，但就整个宋代四川的墓葬遗存情况而言，外环境稳定或恶化对于墓葬遗存的影响，不仅表现在宋墓画像石刻中，也表现在砖室墓中，并不存在这种影响和宋墓画像石刻的唯一对应性。故而，考察宋墓画像石刻在这些时段、这些区域产生并兴盛的最具关键影响力的因素，并

---

① 元·脱脱等：《宋史》卷416，中华书局，1985年，第36册，第12469页。
② 宋·佚名：《宋史全文》卷34，《景印文渊阁四库全书》，台湾商务印书馆，1986年，第331册，第749页。

非外环境变化，而是地域传统和世俗化：刻石为墓和摩崖造像的地域传统、宋代文化世俗化转向下丧葬的世俗化变革、世俗化的宗教尤其是道教影响力的扩张，才是造就宋墓画像石刻兴盛于此时此地的三个核心原因。本书将在以后几章分别对这三个关键因素和宋墓画像石刻的关系进行详细论述。

第七章 四川地区宋墓画像石刻与地域传统

石 上 万 象

四川地区宋元明墓葬画像石刻研究

由前文分期分区可见，四川地区宋墓画像石刻主要分布于川东南川南区、川东川北区、川中区和黔北区。川东南川南区、川东川北区是最早出现宋墓画像石刻的区域。在第一期之初，川东南川南区的大足一带、川东川北区的南充便已有发现。二者的差别是，川东川北区年代较早的墓葬如南充东站M24[①]和南充韩家坟2003NJMM1和2003NJMM2[②]，原境形制和石刻图像都较为简单。而川东南川南区的大足，出现了迄今发现纪年最早的宋墓画像石刻原境，在此区域内，宋墓画像石刻及原境一开始就是以一种相对成熟的形式出现，如大足宋嘉祐四年画像石室墓（1059）。[③]并且在第一期中，川东南川南区在原境数量、原境形制和图像组合类型的丰富度上都占据优势，其次为川东川北区，再次为川中区。从目前考古发现的情况来看，黔北区在此期内并未发现宋墓画像石刻。

第二期内，各区的宋墓画像石刻发展都保持着旺盛的势头，川东南川南区依然为宋墓画像石刻最发达的地区，原境数量、原境形制和图像组合类型的丰富度都居四个区之首。川东川北区的原境数量、原境形制和图像组合类型的丰富度居四个区第二位。川中区的原境数量、原境形制类型的丰富度居四个区第三位，图像组合类型的丰富度居四个区之末。黔北区虽然在第二期内才出现宋墓画像石刻，数量较之其他三个区并没有占优势，原境形制类型的丰富度居四个区之末，但图像组合的类型却较为丰富，超过了川中区，居四个区第三位。

第三期内，宋墓画像石刻呈现衰落的态势，但川东南川南区的原境数量、原境形制和图像组合类型的丰富度仍居四个区之首。黔北区原境数量和图像组合类型的丰富度仅次于川东南川南区，居四个区第二位，原境形制类型的丰富度逊于川东南川南区、川东川北区居四个区第三位。川东川北区虽然原境数量和图像组合类型的丰富度逊于川东南川南区和黔北区，但原境形制类型的丰富度依然为四个区第二位。川中区的情况比较特殊，第三期内，目前考古材料没有可以根据明确纪年归入第三期的川中区宋墓画像石刻，无纪年的川中区宋墓画像石刻材料也缺乏足够信息开展类型学研究以判断其是否属于第三期。整体来看，川中区的宋墓画像石刻在第三期的衰落是四个区中最彻底的。

---

① 莫洪贵、覃海泉：《四川达成铁路南充东站考古发掘报告》，《四川文物》，2003年第2期。
② 四川省文物考古研究所、南充市嘉陵区文物管理所、南充市高坪区文物管理所：《南充市嘉陵区木老乡韩家坟宋墓清理简报》，《四川文物》，2004年第2期。
③ 邓之金：《四川大足县发现带有雕刻的宋墓》，《文物参考资料》，1954年第10期。

综观四个区的发展脉络，川东南川南区应是宋墓画像石刻发展最具优势的中心区；次之为川东川北区，这两个区域宋墓画像石刻出现最早，并且贯穿了整个四川地区宋墓画像石刻发展的全过程；黔北区应是随着宋政府对播州地区控制和影响的逐步深入，受川东南川南区的影响产生并兴起宋墓画像石刻的，两区在原境形制、图像组合等方面存在高度的相似性。如黔北区在第二期出现的主流原境类型画像石室墓的甲类Cc型Ⅰ式、甲类Cd型Ⅱ式、乙类Ⅰ类B型，主流图像组合类型画像石室墓的甲类Ab型Ⅱ式、甲类Ac型、甲类Ad型Ⅰ式、甲类Ba型、甲类Bc型Ⅱ式、甲类Bc型Ⅲ式、甲类Bd型Ⅲ式、丙类Ab型Ⅰ式都和川东南川南区保持高度的一致，属于发展虽晚，但后劲较足，是受原生区域影响极深的衍生区。而川中区恰好相反，虽然也是原生区，却后劲不足，在第三期极速地衰落。考察其原因，除了前文在讲"时局"影响中所述的南宋与蒙元战争严重破坏以川西平原为中心地区的政治经济环境外，川中区与川东南川南区、川东川北区相较，在发展脉络上出现这样的差异，还来源于地域传统的差别，主要表现为地域丧葬传统、摩崖造像传统的影响。

第一节 四川地域丧葬传统与宋墓画像石刻

一、四川刻石为墓历时传统对宋墓画像石刻的影响

宋墓画像石刻分布的这些区域，自汉代以来便有刻石为墓的传统。罗二虎在《西南汉代画像与画像墓研究》中，将西南地区汉代画像分为川西平原区、岷江下游区、沱江区、长江区和青衣江区，并总结了各区的情况。[①] 从地域上而言，其所分的川西平原区、岷江下游区、沱江区都和宋墓画像石刻的川中区在地域上有着较大的重合；并且，除了川西平原区画像载体形式较为多样之外，岷江下游区和沱江区的汉代墓葬画像都基

---

① 注：罗二虎在《西南汉代画像与画像墓研究》中将西南地区画像各区情况总结为：川西平原区包括川西平原南边的眉山县、仁寿县、北边绵阳市等地，画像形式包括画像砖、画像石、崖墓画像、石棺和崖棺画像、石阙画像；沱江区包括简阳以下沱江中下游流域和涪江支流的栖江流域，大体相当于汉代犍为郡的汉安县、牛鞞县、资中县和广汉郡的郪县的范围，画像形式主要为崖墓画像和石棺画像，基本发现于崖墓之中；岷江下游区以乐山市市中区为中心，包括五通桥区、夹江县、青神县、峨眉山以及宜宾县（市）的岷江沿岸地区，画像形式包括石阙画像、石棺画像和崖墓画像，最大特点是崖墓画像盛行，画像基本发现于崖墓之中。长江区分布范围以宜宾市以下的长江沿岸和长江以南地区，以及嘉陵江下游和渠江下游的部分地区，大体相当于汉代巴郡的中心地区和犍为郡的僰道、江阳县和符节县的范围。画像的形式丰富，包括有石棺和崖棺画像、崖墓画像、石室墓画像、石阙画像。其中，画像石室墓为本区特有，最大特点是画像石棺数量特多，尤集中分布在宜宾至重庆的长江沿岸地区。（罗二虎：《西南汉代画像与画像墓研究》，四川大学博士学位论文，2001年，第83-84页。）

本上与刻石为墓联系在一起，以崖墓为空间，以石为载体。①长江区的分布范围则和宋墓画像石刻川东川北区的川东部分，以及川东南川南区有着较大程度的重合。并且，不管是刻石承载图像营建画像墓，或是以石棺为载体附着图像装饰为画像石棺，长江区的画像墓葬中，墓葬装饰依然牢固地与"刻石"联系在一起。可以说，在汉代，刻石为墓是这些区域具有鲜明特色并且顽固的地域丧葬传统。宋墓画像石刻分布的这四个区域之中，自汉以后，科学发掘的墓葬材料较少，无法根据现有的材料去推断刻石为墓的传统在这些时段中是否依然具有根深蒂固的优势，但以汉代刻石为墓传统的发达度而言，必然会为后世在墓葬营建方式选择和刻石为墓技术层面上留下痕迹、打下一定的基础。

二、四川五代墓葬装饰传统对宋墓画像石刻的影响

除了墓葬用石的历时传统之外，四川地区五代墓葬装饰也为宋墓画像石刻的诞生提供了装饰传统基础。据已发现的考古材料，四川在五代时期有着较为发达的装饰墓葬传统，包括刻石为饰和彩绘为饰，尤以刻石为饰居多。

前蜀王建墓：位于成都市区，大型石室券顶墓，为帝王墓，前室石券有彩绘宝相花纹；中室棺床须弥座东南西三面雕刻龙戏珠，北方刻云气纹。床身东、西各雕刻壸门10个，壸门内雕刻伎乐，壸门柱子雕刻莲花；南面壸门4个，壸门中雕刻伎乐，壸门柱子上雕刻鸾凤；北面壸门4个，壸门柱雕刻莲花。棺床底部雕刻仰莲一周，棺床脚上部雕刻覆莲一周，腰部雕刻莲花。棺床东西两侧列刻十二神，每边各6个。②

前蜀晋晖墓：位于成都市郊，较大规模的券顶砖室墓，属于社会上层的高级官员墓葬。墓葬素面无装饰，仅墓志盖上线刻花卉。③

前蜀王宗侃夫妇墓：位于成都市龙泉驿，规模较大的双室券顶砖室墓，属社会上层的高等级亲王夫妇墓。整体基本呈素面，有少量的彩绘装饰残存，仅墓志盖上线刻花卉。④

后蜀孟知祥和福庆长公主夫妇墓：位于成都市北郊，大型券顶石室墓，属帝王墓。采用了刻石装饰墓葬的方式，木门牌楼鸱吻为龙凤，四柱上雕刻四神中的青龙、白虎，左右圆雕守门武士各一，两壁彩绘男女宫人，石质棺台雕刻莲瓣，前后雕刻力士5人，

---

① 罗二虎：《西南汉代画像与画像墓研究》，四川大学博士学位论文，2001年，第84页。
② 冯汉骥：《前蜀王建墓发掘报告》（第二版），文物出版社，2002年。
③ 四川省文物管理委员会：《前蜀晋晖墓清理简报》，《考古》，1983年第10期。
④ 成都文物考古研究所、龙泉驿区文物保护管理所：《成都市龙泉驿五代前蜀王宗侃夫妇墓》，《考古》，2011年第6期。

中层四角雕刻抬棺力士各1人，上层浮雕双龙戏珠，穹顶正中雕刻蟠龙。①

后蜀张虔钊墓：位于成都市东郊，大型券拱砖室墓，规模仅次于前蜀王建墓和后蜀孟知祥墓，属于社会上层的高等级官员墓葬。虽然墓葬主体为砖构建，但在红砂岩棺床部，依然采用了刻石装饰的手法。从图像题材来看，张虔钊墓的棺床没有采用孟知祥墓棺床龙纹的帝王元素，但同样设置了覆莲、力士抬棺，并且在棺床雕刻壶门，内设置各种瑞兽。②

后蜀孙汉韶墓：位于成都市，券顶砖室墓，规模较大，属于社会上层的高等级官员墓葬。红砂岩棺床采用了刻石装饰的手法，主要图像题材为仰莲、牡丹、力士抬棺，棺床雕刻壶门，内设置各种瑞兽。③

后蜀宋琳墓：位于彭山，规模较大券顶砖室墓，属于非官员阶层的一般民众墓。红砂石石棺采用了刻石装饰的手法，主要图像题材有：棺盖两边有云雀和云纹，前端浮雕朱雀，后端浮雕玄武；棺墙前端为妇人启门，左墙青龙，右墙白虎；棺座四周浮雕乐伎，四角浮雕抬棺力士。④

后蜀徐铎墓：位于成都市，规模较大券拱顶砖室墓，属于社会上层的高等级官员墓葬。虽然没有采用刻石装饰的手法，但以彩绘的形式进行了装饰。主要的图像题材为仿木斗拱、花卉、禽鸟。⑤

成都双流籍田竹林村五代后蜀双室合葬墓：双室券顶石室墓，同坟异葬，M1和M2各有墓圹。M1和M2刻石装饰，M2后龛雕刻一斗三升仿木斗拱和莲花头壶门，M2棺台刻石装饰抬棺力士和莲花纹。M2值得注意的是，虽然刻石装饰仅在后龛，但后龛的仿木结构石刻和宋代画像石室墓中仿木结构石刻有着高度的相似性；此外，M2中陶俑的设置方式为进门处设置武士俑，两壁设置侍立的文俑，这也和前文类型学所分析出的宋代画像石室墓图像组合极为相似。宋代画像石室墓中武士持剑守卫于墓门、文吏多配置在两壁，只不过，宋代画像石室墓并非以陶俑的形式而是以石刻为载体配置这些图像题材，但从图像题材的选择和配置模式来看，与五代是高度相似的，应是同样图像题材选用了不同的载体。⑥

对比五代墓葬装饰和宋墓画像石刻，从图像题材和一些典型图像的配置来看，除了孟知祥墓和王建墓作为帝王陵配置了龙、凤这一类较为特殊的帝王符号图像题材外，五

---

① 成都市文物管理处：《后蜀孟知祥墓与福庆长公主墓志铭》，《文物》，1982年第2期。
② 成都市文物管理所：《成都市东郊后蜀张虔钊墓》，《文物》，1982年第3期。
③ 成都市博物馆考古队：《五代后蜀孙汉韶墓》，《文物》，1991年第5期。
④ 四川省博物馆文物工作队：《四川彭山后蜀宋琳墓清理简报》，《考古通讯》，1958年第5期。
⑤ 年公、黎明：《五代徐铎墓清理记》，《成都文物》，1990年第2期。
⑥ 成都市文物考古研究所、双流县文物管理所：《成都双流籍田竹林村五代后蜀双室合葬墓》，《成都考古发现（2004）》，科学出版社，2006年。

石上万象　　　　　　　　　　　　　　　　　　　四川地区宋元明墓葬画像石刻研究

代墓葬装饰中的武士、侍立、力士、瑞兽、四神、妇人启门、花卉等在宋墓画像石刻中皆为主流题材，并且配置方式与五代墓葬装饰（覆盖高等级墓例和一般社会阶层墓例）极为相似。宋墓画像石刻最主流原境——宋代画像石室墓图像组合两种最基本的配置模式，除后龛中心图像有墓主标示物、空间拓展标示物的区别外，其他的主流图像如武士皆是配置在墓门处，侍者多配置在两壁，力士皆配置在棺台做抬棺状。（参见图7-1至图7-12）

图7-1　后蜀孙汉韶墓抬棺力士① 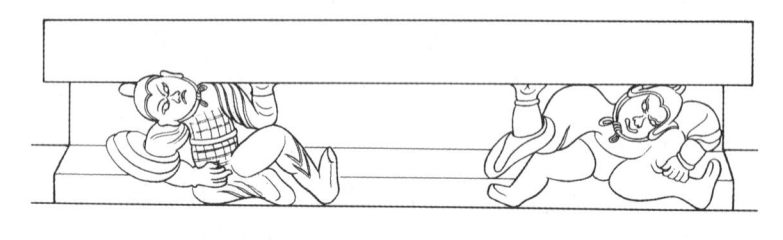　　　　图7-2　泸县宋墓青龙一号墓抬棺力士②

图7-3　张虔钊墓棺台壸门中的瑞鹿③ 　　　图7-4　泸州石刻艺术博物馆藏宋墓石刻瑞鹿④

---

① 图片采自成都市博物馆考古队：《五代后蜀孙汉韶墓》，《文物》1991年5期，图四-6。
② 图片采自四川省文物考古研究所、成都市文物考古研究所、泸州市博物馆、泸县文物管理所：《泸县宋墓》，文物出版社，2004年，第21页，图一六。
③ 图片采自成都市文物管理所：《成都市东郊后蜀张虔钊墓》，《文物》，1982年第3期，图版一-6。
④ 资料来源：泸州石刻艺术博物馆在展，图片为笔者拍摄。

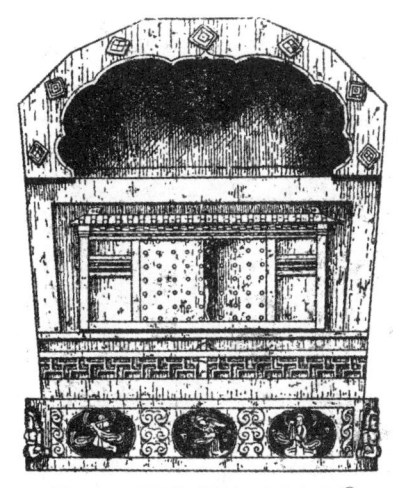

第七章　四川地区宋墓画像石刻与地域传统

图7-5　后蜀宋琳墓妇人启门图① 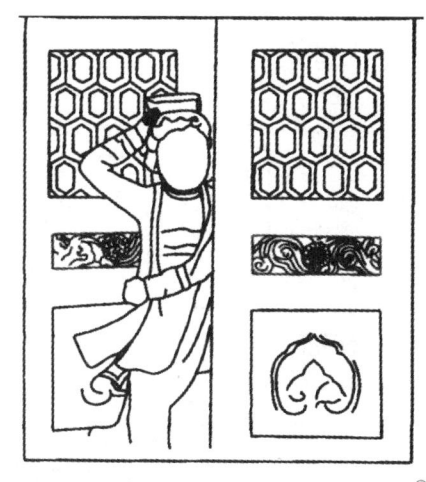　　图7-6　大足龙神湾王若妻墓M2妇人启门图②

图7-7　后蜀宋琳墓四神③

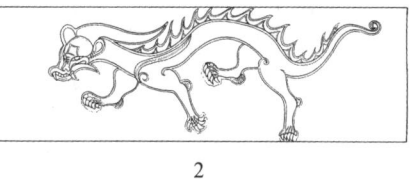

图7-8　泸县宋墓青龙镇二号墓四神④

---

① 图片采自四川省博物馆文物工作队：《四川彭山后蜀宋琳墓清理简报》，《考古》，1958年第5期，图四。
② 图片采自大足石刻研究院：《重庆市大足区龙神湾南宋王若夫妇墓发掘简报》，《四川文物》，2015年第4期，图一七。
③ 图片采自四川省博物馆文物工作队：《四川彭山后蜀宋琳墓清理简报》，《考古》，1958年第5期，图三。
④ 图片采自四川省文物考古研究所、成都市文物考古研究所、泸州市博物馆、泸县文物管理所：《泸县宋墓》，文物出版社，2004年，第36页，图三一、图三二。

石 上 万 象

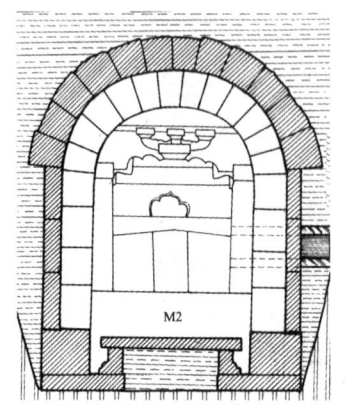

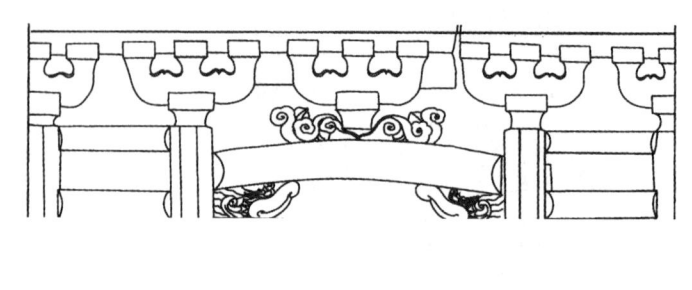

四川地区宋元明墓葬画像石刻研究

图7-9　双流籍田竹林村后蜀M2斗拱①　　　图7-10　大足龙神湾王若夫妇墓M2斗拱②

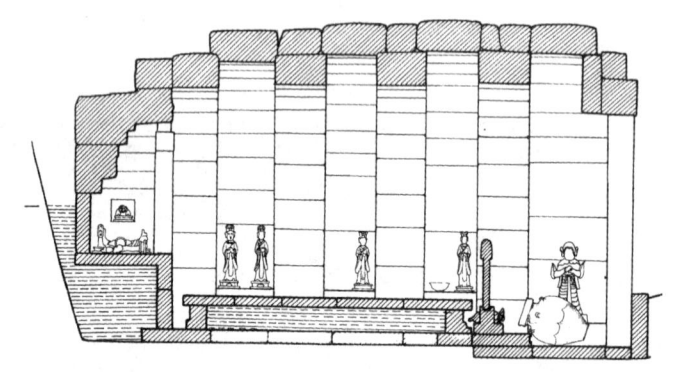

图7-11　双流籍田竹林村后蜀M2陶俑设置③

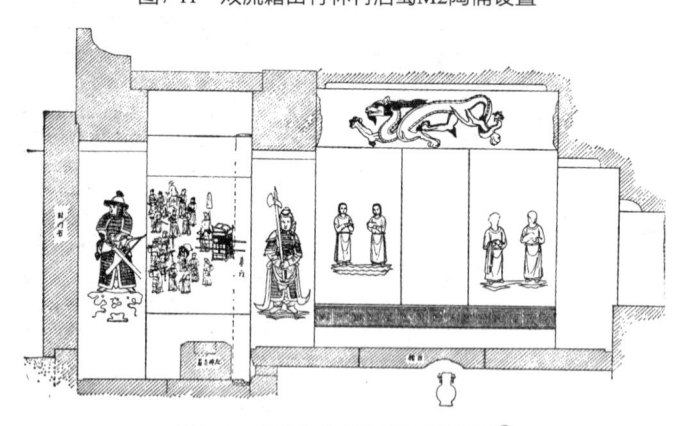

图7-12　虞公著妻留氏墓图像设置④

---

① 图片采自成都市文物考古研究所、双流县文物管理所:《成都双流籍田竹林村五代后蜀双室合葬墓》,《成都考古发现(2004)》,科学出版社,2006年,第325页,图二。
② 图片采自大足石刻研究院:《重庆市大足区龙神湾南宋王若夫妇墓发掘简报》,《四川文物》,2015年第4期,图一七。
③ 图片采自成都市文物考古研究所、双流县文物管理所:《成都双流籍田竹林村五代后蜀双室合葬墓》,《成都考古发现(2004)》,科学出版社,2006年,第331页,图七。
④ 图片采自四川省文物管理委员会、彭山县文化馆:《南宋虞公著夫妇合葬墓》,《考古学报》,1985年第3期,图六。

就上述四川五代装饰墓的情况来看，较大部分属于高等级墓葬，其中又分为帝王陵和高等级官员墓葬，还包括少量一般的非官员阶层之墓葬。王建墓、孟知祥和福庆长公主墓这样的高等级帝王陵，整个墓葬以石构建，并采用石刻画像的方式对墓葬进行装饰。张虔钊墓、孙汉韶墓属于高级官员墓葬，虽为砖室墓，但在石质棺床上采用了刻石装饰的手法。王宗侃夫妇墓属于高等级的亲王夫妇合葬墓，晋晖墓属于高等级官员墓葬，砖结构的墓葬中装饰非常少，只有石质的墓志盒上有少量的线刻花卉。徐铎墓属于高级官员墓葬，主要采用彩绘的方式进行装饰。成都双流籍田竹林村五代后蜀双室合葬墓中未发现墓志，可能属于非官员阶层的一般民众墓葬，但是这座双室墓却采用了刻石为饰的手法，雕刻了仿木斗拱作为后龛装饰。

可以看出，从高等级墓葬到一般民众墓葬，四川地区五代墓是有装饰墓葬传统的，并存在刻石为饰的丧葬习俗。王建墓、孟知祥和福庆长公主合葬墓这样全墓刻石构建的大规模画像石室墓非常罕见，是因为这种传统虽存在于五代丧葬中，但由于成都平原石材比较缺乏，一般的社会阶层并没有这样的力量去落实，而如王建、孟知祥这样的社会顶层才有力量在石材相对匮乏的成都平原营造这样大型的全结构刻石为饰的画像石室墓。就已有考古发现而言，四川五代的官员阶层墓葬，以砖室墓为主，流行在棺台、葬具上刻石为饰。籍田竹林村五代后蜀双室合葬墓这样非官员阶层的一般民众墓，虽采用石材建造，但无法采用如高等级墓葬那样大面积大范围的刻石装饰，而只在后龛和棺台才用了画像石刻作为装饰。五代多见于社会上层帝王陵和高级官员的刻石装饰墓葬传统，可能随着五代之后改朝换代、社会上层统治者更替而被扼断、被新统治阶层的新丧葬传统所代替，但是这些墓葬装饰图像题材、图像配置模式中和宋墓画像石刻高度相似的某些因素却流传下来。从某种意义上来说，宋墓画像石刻并非突如其来毫无基础就兴起，其源头有着来自五代墓葬的影响。

五代的装饰墓葬就目前考古发现所见的分布特点来看，集中在成都平原。其装饰因素向下影响四川地区宋墓画像石刻，四川全境却并没有全盘地承继并全面兴起装饰墓传统，而是在川东川北区、川东南川南区、川中区兴起了带有五代装饰墓葬因素的宋墓画像石刻并进一步推进到黔北。究其原因，应缘于这些地域的摩崖造像传统。

第二节　四川地区摩崖造像传统对宋墓画像石刻的影响

唐宋以来，四川地区摩崖造像最集中的几个分布区域为巴中石窟、广元石窟、大足石窟和安岳石窟。宋墓画像石刻分区中的川东川北区属巴中石窟和广元石窟的分布地，

石上万象　　　四川地区宋元明墓葬画像石刻研究

川东南川南区属大足石窟和安岳石窟的分布地。从分布地域上而言，宋墓画像石刻最先兴起的区域都是唐宋四川摩崖造像最集中的分布区。发达的摩崖石刻传统为墓葬画像石刻兴起提供了工匠人群、石刻技术等方面的基础。

但值得注意的是，虽然同样是宋墓画像石刻兴起最早的区域，川东川北区和川东南川南区又有区别。川东南川南区在第一期内纪年最早的宋墓画像石刻及其原境是以一种较为成熟的形式出现，原境具有较为复杂的仿木结构，石刻图像丰富并且图像组合的配置呈现稳定性。和同样作为宋墓画像石刻初兴最早区域之一的川东川北区在第一期内时代最早的宋墓画像石刻及原境相较，川东川北区最早的宋墓画像石刻图像和原境结构都较为简单，这应和宋代当地摩崖造像传统的发达度差异有关。

分布于宋墓画像石刻川东川北区的广元石窟始于北魏，其造像的高峰期在唐代，盛唐之后广元石窟的开凿便呈现颓势，至五代时更进一步衰落。巴中石窟大多属于隋唐时期的产物，其中唐代的造像又占绝大多数，可以看出，宋代并非川东川北区摩崖造像最发达的时期。但广元石窟和巴中石窟皆极盛于唐，时代去宋不算太远，虽然在唐后发展衰退，其极盛时摩崖造像石刻传统在川东川北区所产生的影响力是深刻的。石窟造像的颓势并不表示着工匠人群和工艺技术的断代，巴中和广元石窟的石刻传统可以在历时阶段上影响大足和安岳，其工匠人群和工艺技术亦在历时上影响宋代巴中和广元本地另一种石刻艺术——墓葬石刻。只不过这一时期已经不是巴中和广元石窟的最兴盛期，故而在影响力、技术人群和工艺技术上给予川东川北区墓葬画像石刻的支持就要弱于大足石窟和安岳石窟对川东南川南区的影响。

分布于宋墓画像石刻川东南川南区的安岳石窟形成于唐代，五代开始自成体系，至宋代则进入自成体系的极盛期。在这一时间段内，安岳石窟的艺术风格在宋代自成一派并成熟鼎盛，在雕刻手法、造型、细节处理和布局构成等方面都取得了长足的进步。而大足石窟则是晚唐以后四川摩崖造像的重点区域，宋代是大足石刻发展的极盛期。安岳石窟的发展除了技术层面的提升之外，还积累了工匠资源。来自安岳的工匠群不仅在安岳本地创造了发达的石窟艺术，并且随着工匠群的迁徙到达大足，又为大足的石窟发展提供了技术人群支持，和来自大足本地的工匠一起，创造了灿烂的大足石窟艺术。从大足石刻留下的工匠镌刻来看，这些工匠很多都呈现家族历代沿袭的趋势，长时间在一地从事石窟造像工作。这种技术人群在某一地长时段的活动，对当地的影响不仅是石窟造像本身，所带来的石刻传统和石刻技术的传播应进而影响了丧葬。因为虽然一个是凿于山壁的摩崖石窟，一个是雕琢于墓葬的画像石刻，用途不同，但归根结底都属于以石材为载体、刻石表现各种图像题材的石刻艺术，在技术上存在高度的共通性。故而摩崖造像繁盛所伴随的工匠人群力量强大和技术进步为丧葬中刻石艺术的发展提供人群和技术方面支持不足为奇。

第七章 四川地区宋墓画像石刻与地域传统

分布地域、发展脉络和工匠群体的重合，使四川地区宋墓画像石刻在某些方面呈现出与摩崖造像的相似性。如荣昌沙坝子宋墓中的阑额与大足宝顶山石刻"广大宝楼阁"阑额做法完全相同①，大足锅盖坡M2中"四叶花窗"与大足宝顶山石刻"观无量寿佛经变相"中纹样一致②，井口宋墓中的"六师外道谤佛"与大足宝顶山相同题材从图像元素和构图方式都高度相似。③安岳上大佛引路菩萨手中所持幡、安岳千佛寨K22龛口幡、大足北山多宝塔南宋初109号龛的幡与江津古坟包宋墓画像石刻上的幡④、简阳甘蔗嘴宋墓群画像石刻上的幡不仅从形制上相似⑤，就用途而言，都有代表西方极乐世界之意，故其所受的不仅是摩崖造像图像题材和形式的影响，更有摩崖造像内涵之影响。四川泸县宋代石刻博物馆所藏佛面相武士，虽然从原境伴出石刻中未发现明显的佛教因素，但从武士的面相来看，与大足宝顶山佛造像之面相高度相似，很大可能是摩崖造像的工匠按照所熟悉的方式或粉本塑造了此件极为罕见、在笔者搜集的田野材料和文博单位馆藏材料中目前仅见的佛面相武士石刻。⑥（参见图7-13）除去那些宗教意味的题材，大足石刻亦呈现着宋代文化世俗化转向影响的特征，在表现世俗的题材方面，大足石刻和宋墓画像石刻在"世俗的世界""世俗之人"这一主题的表现手法上也是高度相似的。（参见图7-14至图7-15）

图7-13　四川泸县宋代石刻博物馆藏佛面相武士

---

① 四川省博物馆、荣昌县文化馆：《四川荣昌县沙坝子宋墓》，《文物》，1984年第7期。
② 重庆大足石刻研究院：《重庆大足区锅盖坡宋墓清理简报》，《四川文物》，2020年第2期。
③ 重庆市博物馆历史组：《重庆井口宋墓清理简报》，《文物》，1961年第11期。
④ 牛英彬：《宋墓中的佛幡：江津古坟包宋墓发现的幡图像及其功能初探》，重庆考古公众号，2022年10月21日。
⑤ 成都文物考古研究院、简阳市文物管理所：《四川简阳甘蔗嘴宋代家族墓发掘简报》，《文物》，2022年第5期。
⑥ 资料来源：四川泸县宋代石刻博物馆在展，图片为笔者拍摄。

图7-14　大足圆觉洞供养人石刻①　　图7-15　泸县宋墓"屏前主仆"石刻②

　　崖造像传统在宋代发达度的差异还造就了宋墓画像石刻各区域形制上创新能力的差异。如宋墓画像石刻的重要原境——藻井式盝顶墓在川东南川南区最为发达，平顶和券顶都有砖室墓和前代石室墓的形制作为参考，藻井式盝顶则是创新型的。这应是川东南川南区宋代摩崖传统最发达，从而为墓葬形制的创新提供了技术层面的支持。黔北区则是直接受川东南川南区的影响，藻井式盝顶墓最多，进而发展出了复合藻井式盝顶这一新的形制。

　　此外，宋墓画像石刻之所以兴起、繁盛于这些地区的地缘因素，除了上述来自这些区域的墓葬刻石为饰历时传统、五代墓葬装饰传统、摩崖造像传统外，客观的物质条件来自地理环境上属于多山地带。宋墓画像石刻的川东川北区、川东南川南区、黔北区皆属四川盆地边缘多山地带，大巴山、米仓山及华蓥山一段延伸至川东川北区，这些山脉多属石质山地或土石山地，石灰岩、白云岩、砂岩分布广泛；华蓥山另一段延伸至川东南川南区，此区内多低山、丘陵，境内岭脊连绵；黔北区所在的遵义地区处于云贵高原向湖南丘陵和四川盆地过渡的斜坡地带，大娄山脉自西南向东北横亘其间，山地和丘陵占据该地区的绝大部分；川中区内，宋墓画像石刻分布地或靠近龙泉山脉、峨眉山，或为低山丘陵区。上述区域皆属于多山地带，丰富的岩石资源为宋墓画像石刻的产生提供了最为必要的物质基础。

---

　　① 图片采自胡文和：《安岳大足佛雕》，文物出版社，2008年，191页。
　　② 资料来源：四川泸县宋代石刻艺术博物馆在展，图片为笔者拍摄。

第三节　地域传统顽固性与"绥远"方针下的"就俗"倾向

一、宋政府在四川的"绥远"方针

北宋政府征服后蜀将四川纳入统治版图，一开始对四川采取的是掠夺性措施，经济上进行搜刮，将后蜀的府库财物全部运往京师，设立博买务等机构对重要物资实行专卖政策与民争利，并且滥铸铁钱、禁止铜钱入川造成经济秩序混乱。此外，平蜀过程中军队军纪废弛严重扰民，治理四川官员严重任用不当。诸多原因导致了北宋平蜀伊始，四川的反宋斗争就接二连三地爆发，直到王均兵变被镇压，四川的反宋武装斗争才基本结束。频发的动乱在客观上使北宋政府不得不逐步调整对四川的统治政策，注重多方面对四川人民进行镇抚，包括调整四川的统治结构、任用能吏治蜀、经济上减免部分苛重赋税、注重赈恤受灾百姓、人才选拔给予一定优待政策、注意体察民情等。对于四川，"绥远"成为宋政府治蜀政策的一个重要主题：

论及治理四川的官吏，皇帝认为任用得人需"在德不在险。倘官吏得人，善于抚绥，使之乐业，虽无城可也"①。对于治蜀的重要官员，也不提倡轻易更换，以巩固在四川的施政，神宗曾训谕任属大臣："遐方不欲数易大吏，使剑外安靖，年谷屡丰，以彰朝廷绥远之意，汝知之乎？"②对参与李顺起义和王均兵变的胁从人员，令四川官员"但镇静而抚育之"③。对四川境内的少数民族，也主张"远方之人，但当抚慰，使安定耳"④。可以看出，北宋政府经过宋初四川长达数十年的动乱打击吸取教训后，对于四川的处理基本是以镇抚安定为主，尤其还有过宋平蜀之初因地方官对当地习俗过于严苛，以致民怨四起，造成严重后果的前车之鉴：

《续资治通鉴长编》卷三十五载：淳化五年（994）"时东上合门使吴元载实代骧为成都。元载颇尚苛察，民有犯法者，虽细罪不能容，又禁民游宴行乐，人用胥怨。王小波起为盗，元载不能捕灭"⑤。

---

① 宋·李焘：《续资治通鉴长编》卷42，中华书局，2004年，第2册，第880页。
② 元·脱脱等：《宋史》卷344，中华书局，1985年，第31册，第10940页。
③ 宋·李焘：《续资治通鉴长编》卷54，中华书局，2004年，第2册，第1179页。
④ 杨仲良（撰）、李之亮（点校）：《皇宋通鉴长编纪事本末》卷25，黑龙江人民出版社，2006年，第1册，第408页。
⑤ 宋·李焘：《续资治通鉴长编》卷34，中华书局，2004年，第2册，第766页。

在绥远方针下，宋政府对于四川地方传统习俗的处理也较为谨慎：

《续资治通鉴长编》卷七十三载：大中祥符三年（1010）"辛巳，比部郎中蔡汶使西川还，言川、峡每春州县聚游人货药，谓之药市，望令禁止之。上曰：'远方各从其俗，不可禁也。'"①

《宋朝事实类苑》卷第六十二《风俗杂志（三）·李虞部说·嬉游》载："风俗，旧以二月二日为踏青节，都人士女络绎游赏，缇幕歌酒，散在四郊。历政郡守，虑有强暴之虞，乃分遣戍兵于冈阜坡冢之上，立马张旗卓望之。公曰：'虑有他虞，不若聚之为乐。'乃于是日，自万里桥，以锦绣器皿结彩舫十数只，与郡僚属官分乘之，妓乐数船，歌吹前导，命曰游江。于是郡人士女骈集于八万里间，纵观如堵，抵宝历寺桥，出宴于寺内。寺前叛一蚕市，纵民交易，嬉游乐饮，复倍于往年。薄暮方回，公于马上作歌，其略曰：'我身岂比狂游辈？蜀地重来治凋瘵。见人非理则伤嗟，见人欢乐生慈爱。'"②

可见，对于四川的传统习俗，如果不是对统治产生根本影响、形成较大冲击的，宋政府在一定程度上是采取了"从俗"的放任态度。甚至任命官员时，也考虑到了"谙其民俗"，《宋史》卷三百七《列传第六十六·凌策》载："李顺之乱，川陕选官多惮行，策自陈三莅蜀境，谙其民俗，即命知蜀州。又以巴西当益之衝道，徙绵州，加太常博士。"③

二、"绥远"方针下宋政府治川的"就俗"倾向

"绥远"方针下的从俗倾向，或在一定程度上也影响到了宋政府对于四川丧葬习俗的处理，尤其是刻石为饰营造墓葬这种在四川具有较强顽固性的丧葬传统习俗。宋政府在礼制层面对于丧葬有明确的规定，《宋史》卷一百二十四《礼志第七十七·礼二十七·凶礼三》载："诸葬不得以石为棺椁及石室，其棺椁皆不得雕镂彩画，施方牖槛，棺内不得藏金宝珠玉。"④政府礼制层面上的规定落实在民间实际操作层面时往往会有一定的落差，在其他地区也不乏这种民间行为突破礼制规定的例子：如河南洛阳北

---

① 宋·李焘：《续资治通鉴长编》卷73，中华书局，2004年，第3册，第1658页。
② 宋·江少虞：《宋朝事实类苑》卷62，上海古籍出版社，1980年，第830-831页。
③ 元·脱脱等：《宋史》卷307，中华书局，1985年，第29册，第10128页。
④ 元·脱脱等：《宋史》卷124，中华书局，1985年，第9册，第2909页。

宋张君墓画像石棺①、河南洛宁北宋乐重进画像石棺②、河南宜阳北宋画像石棺③、河南荥阳北宋石棺线画④，皆属于民间墓葬以石为棺椁并进行雕镂的实例。宋政府虽然在政策层面做了规定，但并没有明显的案例证据说明政府对丧葬中违反此规定的民众皆进行了严厉的惩处。

在四川这样一个丧葬地域传统顽固，在宋初较长时间内又动乱深刻的特殊地区，落实上述礼制的规定难度更大，原因有三：一是缺乏一系列伴随严厉惩戒的强制措施；二是政府因为动乱的打击对于四川问题处理谨慎导致了一定程度上的"从俗"倾向；三是四川宋墓画像石刻的大部分使用者属于非官员阶层的较富裕一般民众，这样的人群既有着一定的经济实力具备刻石为墓的财力基础，又不像有品级的官员在统治体制内受着国家礼制严格约束而不敢轻易逾制。加之四川在北宋时还属于远离政治中心区的地域，礼制对于一般民众的约束力明显不如政治中心区强大。综上可知，上述礼制层面上的规定要在四川落实可操作性太弱。甚至，在四川地区，国家按照品级对其丧葬礼制进行了严格等级规定的官员之墓葬，华蓥安丙家族墓群⑤、彭山虞公著夫妇墓⑥、遵义杨粲夫妇墓等⑦，也未严格按照国家相关规定执行，而选择了刻石为墓的形式，足见丧葬层面的地域传统在四川的影响深刻。

四川墓葬之中刻石为饰历时传统和五代墓葬装饰传统的影响、摩崖造像传统及其所提供的工匠群和技术支持、地理环境提供刻石为墓的必要材料基础，再加之宋政府绥远方针下对于四川传统习俗在一定程度上的"就俗"倾向，都从地域传统层面为四川地区宋墓画像石刻的兴起提供了重要支持。而这种地域传统在宋代急速扩张并且最终形成宋墓画像石刻在四川的高度繁荣，更有着来自宋代社会风尚一个深刻变化的影响——宋代社会文化的世俗化转向。

---

① 黄明兰、宫大中：《洛阳北宋张君墓画像石棺》，《文物》，1984年第7期。
② 李献奇、王丽玲：《河南洛宁北宋乐重进画像石棺》，《文物》，1993年第5期。
③ 洛阳市第二文物工作队、宜阳县文物管理委员会：《河南宜阳北宋画像石棺》，《文物》，1996年第8期。
④ 吕品：《河南荥阳北宋石棺线画考》，《中原文物》，1983年第4期。
⑤ 四川省文物考古研究院、广安市文物管理所、华蓥市文物管理所：《华蓥安丙墓》，文物出版社，2008年。
⑥ 四川省文物管理委员会、彭山县文化馆：《南宋虞公虞公著夫妇合葬墓》，《考古学报》，1985年第3期。
⑦ 宋先世：《遵义杨粲墓发掘报告摘要》，《贵州田野考古四十年》，贵州民族出版社，1993年。

第八章　四川地区宋墓画像石刻与社会文化的世俗化转向

探讨四川地区宋墓画像石刻兴起与文化世俗化转向的联动,实际主要是探讨画像石室墓兴起与文化世俗化转向之间的联动。

因为四川地区宋墓画像石刻的兴起归根结底是其原境的兴起,而画像石室墓正是四川地区宋墓画像石刻最主要、数量具有绝对优势的原境,其诞生和发展,社会文化层面动因是来自宋代社会文化的世俗化转向。故而,在宋墓画像石刻所有原境中,画像石室墓最为集中和深刻地展现了宋代社会文化的世俗化转向。

随着城市经济的发展和新兴市民阶层力量壮大,宋代社会文化世俗化进程开启。在此过程中,影响画像石室墓最为深刻的方面是丧葬的世俗化变革、世俗化宗教尤其是道教影响力的扩张。

第一节 丧葬的世俗化转向与画像石室墓

丧葬的世俗化变革中,与画像石室墓兴起最紧密相关的是以下三个方面:重葬到重祭祀供养的转化、对世俗享乐在死后世界再现与延续的关注、丧葬活动中的"互利"关注。

一、从实物到象征:重葬到重祭祀供养的转化下对象征性的强调

(一)丧葬世俗化下重葬到重祭祀供养的转化

唐宋之际,是中国社会各方面发生重大变革的时期,社会的变革在丧葬领域也产生了深刻影响。齐东方在《唐代的丧葬观念习俗与礼仪制度》中讨论了唐代前后期丧葬领域发生的变化[①],认为在唐后期,社会发生深刻变革的背景下,人群观念转化为"与其

---

① 注:齐东方在《唐代的丧葬观念习俗与礼仪制度》中指出:"无论采用什么墓葬形制,使用什么随葬品,毕竟被封闭在地下世界不为众人所知,短暂时刻的展示也必将消失于人们的视野中。而丧和祭不同,其张扬显示、喧嚣热闹、社会宣传的效果更为直截了当。面对安史之乱后一系列深刻的社会变革,人的思想和行为也悄悄发生了改变,墓葬本身及其内部表现失去了魅力,整个丧葬活动的外化的形式得到了前所未有的重视。""唐后期的墓葬规模小、形制简陋、随葬品大大减少等特征,其原因不过采用更为实际的做法,即大张旗鼓的外在方式,来炫耀自己的权势、孝道等。""当埋葬之前的仪式活动比封闭于地下的墓葬更受重视时,墓葬营造和随葬品的配备当然要受到深刻的影响。唯恐葬身之地被盗挖据,死后不得安息,是贵族平民共同的担心,将厚葬形式转移到墓外,也是更为现实的做法。"(齐东方:《唐代的丧葬观念习俗与礼仪制度》,《考古学报》,2006年第1期。)

将'礼仪'埋在地下，何不让路人皆知？"①，并且基于对厚葬风险的担忧、对墓葬安全的考虑，能够彰显权势、孝道以达到社会宣传效果的丧葬活动外化形式成为唐后期丧葬活动的重点，产生了从注重墓葬随葬物品到墓外祭祀活动的转化。

这种转化导致唐后期墓葬中随葬品的变化，如木制品、纸质明器的盛行，人们改变了原有的实物厚葬而采用了木制随葬品和纸质明器加以替代、以作象征。《封氏闻见记》卷六《纸钱》条有记："今代送葬为凿纸钱，积钱为山，盛加雕饰，舁以引柩。……其纸钱魏、晋以来始有其事。今自王公逮于匹庶，通行之矣。凡鬼神之物，取其象似，亦犹涂车当灵之类。古埋帛，今纸钱则皆烧之，所以示不知神之所为也。"②

宋代承袭了这种转化，在丧葬活动之中，丧和祭依然占据着丧葬活动中的重要地位。

司马光《书仪》和朱熹《家礼》之中，对于人死亡之后的治丧活动、治丧期间的祭、埋葬前的墓祭进行了详细的流程设计与规定，可见在宋代，丧与祭依然占据着丧葬活动中的重点。而这种祭不仅是埋葬阶段之前的祭祀，还包括对先人死后所享受的祭祀供奉的关注，使其"永为供养"。但是这种"永为供养"，却不意味着将各种希望先人享有的供奉以实物的形式设置于墓中。

《书仪》和《家礼》这两部深刻影响了宋代生活的礼书中，都表达过对于实物厚葬风险的担忧和对于薄葬的提倡："慎勿以金玉珍玩置棺中，启盗贼心。"③"其余金玉宝玩，并不得入圹，以为亡者之累。"④社会上层也有人主张珍物应流行于活人的世间，埋藏地下只能招致盗墓者的觊觎，为死者徒增风险。范镇在论温成皇后墓中以珍品焚瘗时认为："臣窃闻温成皇后圹中皆以缕金为饰，又以锦绣珠翠金玉衣服实物以备焚瘗者甚多。此等事与死者有益，于生无损，尤不可为，况于死无益，于生有损乎？古先圣贤丁宁以戒厚葬者，其思虑至深也。今圹中之饰，已然之事，不可改已，其锦绣珠翠金玉之物以备焚瘗者，愿发明诏，一切停减，以代下户租赋。"⑤《建炎以来系年要录》也记载了臣僚和宋高宗勿以金玉珍宝厚葬以避前世之祸的主张：绍兴九年（1139）"桧因请永固陵不用金玉珍宝，聚而藏之，固足以动人耳目，又其为物，自当流布于世，岂容终瘗伏于地下？虽千万年，理必发露，无足怪者。上览疏谓秦桧曰：'前世厚

---

① 齐东方：《唐代的丧葬观念习俗与礼仪制度》，《考古学报》，2006年第1期。
② 唐·封演（撰）、赵贞信（校注）：《封氏闻见记校注》卷6，中华书局，2005年，第60-61页。
③ 宋·司马光：《书仪》卷5，《景印文渊阁本四库全书》，商务印书馆，1986年，第142册，第490页。
④ 宋·朱熹（撰），王燕均、王光照（校点）：《家礼》，《朱子全书》，上海古籍出版社，安徽教育出版社，2002年，第921页。
⑤ 宋·范镇：《论温成圹中不当以锦绣珠翠金玉备焚瘗疏》，傅增湘（原辑）、吴洪泽（辑补）：《宋代蜀文辑存校补》，重庆大学出版社，2014年，第1册，第229-230页。

葬之祸，如循一轨，朕断不用金玉，庶先帝神灵有万世之安'"。①

实物厚葬的风险使得墓葬营造者需要在重祭祀供奉使先人"永为供养"和墓葬安全之间寻找一个平衡点，既要避免珍物厚葬所致风险，又要恪尽孝道事死如事生，为先人提供皆如生时的供奉。最终，画像石室墓营造者采用了象征的手法达成了这二者之间的契合：以具备象征意义的图像组合和材质来构建墓主的永享供奉空间——画像石室墓，由此实现从实物厚葬到以象征符号"永为供养"的转化。

（二）从实物厚葬到以象征符号"永为供养"

本节中所论画像石室墓图像组合指将画像石室墓中的主流图像题材，按照一定的逻辑关系在较为固定的位置进行配置，以表达固定内涵的图像配置模式。按前文画像石室墓的图像组合类型学分析可见，在整个画像石室墓发展的历程中在数量上占据优势的图像分别为：花卉、备侍、四神、武士、祥禽瑞兽、墓主人像、门窗、启门、空椅、屏风、杂剧伎乐、桌、童子、仙人飞天、牌位、文吏、力士等。考察这些具备数量优势之图像的使用普遍性可见，不同性别、年龄、社会等级和宗教信仰的墓主，在这些图像题材的选择上并未存在明显的差异。（参见表4-2 四川地区宋代画像石室墓数量优势图像墓主身份背景情况统计）从流行时间上而言，这些图像延续了从画像石室墓兴起到衰落的全过程。因此，将这些数量占优势、使用具有普遍性、延续时间由始至终的图像称为画像石室墓的主流图像题材。

参考表4-3 四川地区宋代画像石室墓主流图像配置位置统计，通过考察这些主流图像题材在墓葬中的配置位置可见，其配置较为稳定并有规律可循，形成了多种图像组合。按前文图像组合类型学研究，四川宋代画像石室墓图像组合按主流图像题材及其配置模式分为了甲类、乙类和丙类：甲类的图像题材丰富，多数墓葬在墓门、侧壁和后壁皆配置图像；乙类的图像题材较甲类简单，多在藻井和后龛配置有图像；丙类的图像最为简单，且多仅配置在后龛。综观此三大类，其配置的中心原则一致，即以后龛为中心位，后龛配置空间拓展标示物或墓主标示物，再在各处配置相应的图像。通常最为完整的模式出现在甲类，即墓门为武士，四神按照四方位置进行配置，左右侧壁图像题材或有不同，主流为花卉、门窗、伎乐、侍者、生活场景等；乙类和丙类的图像题材虽然更为简单，图像配置的区域较甲类有收缩，但依然遵循着这个基本原则，即使是在丙类图像题材已经非常简单的情况下，依然保留着后龛的空间拓展标示物和墓主标示物配置。

从甲类、乙类到丙类，这种图像的简化和配置区域的收缩并不意味着图像组合核心意味的更替。考其变化原因，一是来源于经济实力的差异和社会环境恶化；二是这些

---

① 宋·李心传（编撰）、胡坤（点校）：《建炎以来系年要录》，中华书局，2013年，第6册，第2427页。

看似在石刻上简化了的图像其实以其他载体在画像石室墓中出现：如仁寿古佛乡宋墓中画像石刻无武士、文吏，但在陶俑中出现了武士俑和文吏俑，且形象和宋墓石刻形象极为相似。①安岳老鸹山M2石刻中无武士、四神，备侍题材也较少，但在陶俑中出现了武士俑、备侍俑、青龙俑、白虎俑。②乐山城西师范校宋墓M1-M4石刻中仅见妇人启门和瑞兽，但出现了较多的侍俑。③威远永利宋墓石刻仅见武士和妇人启门，但陶俑中出土了武士俑、女侍俑、男侍俑、文吏俑、十二时神俑。④资中发现宋代石室墓石刻仅有男墓室后龛的男墓主人像，但是陶俑中出土了武士俑、侍俑，并出土了石圆雕的女墓主人像。⑤华蓥安丙家族墓M2石刻图像无伎乐，陶俑中出现了乐舞俑。华蓥安丙家族墓M4石刻中未见四神和庖厨，陶俑中出现了四神俑和庖厨俑。华蓥安丙家族墓M5石刻中未见伎乐题材，陶俑中出现了戏说俑。⑥

二、画像石室墓图像组合的象征功能

探讨画像石室墓营造者选择这些图像作为主流题材配置成图像组合，所承载的象征功能，墓葬出土的文字材料最能直观表达其内涵。

笔者统计四川地区宋代画像石室墓中与之相关的文字材料情况如表8-1所示。

考察上述文字材料可见，"寿""安"与"庆"是其最主要也是最关键的关注点，虽表述各有不同，但其基本意义皆可归入此三个方向下：

"寿"，此处应按《说文·老部》所释："寿，久也。"⑦解作长久、永久之意，《诗·小雅·天保》载："如月之恒，如日之升，如南山之寿，不骞不崩。"⑧画像石室墓的文字题刻中如"千秋百秋""千秋百岁""千岁百岁""延长"都表示的是长久之意，与"寿"同属一类。

"安"，按《尔雅·释诂下》："安，定也。"⑨有安定、安全之意，此外，应还有安适、舒适之意，如《释名·释言语》载："安，晏也，晏晏然和喜无动惧

---

① 莫洪贵：《仁寿县古佛乡宋墓清理简报》，《四川文物》，1992年第5期。
② 王玉：《四川安岳县老鸹山南宋墓清理简报》，《考古与文物》，2009年第1期。
③ 乐山市文管所：《乐山宋墓清理简报》，《考古与文物》，1993年第6期。
④ 威远县文管所、内江市文管所：《威远永利皇坟坝宋墓》，《四川文物》，1993年第2期。
⑤ 孙晓明：《资中发现宋代石室墓》，《四川文物》，1992年第1期。
⑥ 四川省文物考古研究院、广安市文物管理所、华蓥市文物管理所：《华蓥安丙墓》，文物出版社，2008年。
⑦ 汉·许慎（撰）、徐铉（校定）：《说文解字》，中华书局，1963年，第173页。
⑧ 唐·孔颖达：《毛诗正义》，阮元（校刻）：《十三经注疏》，中华书局，1980年，第412页。
⑨ 清·阮元（校刻）：《十三经注疏》，中华书局，1980年，第2575页。

也。"①"逍遥洞""凤凰堂""豹隐堂""神仙洞""茂哉佳城"等强调墓葬空间稳固舒适的题刻，应同属"安"一类。

"庆"，此处应解为福，《广韵·映韵》释为："庆，福也。"②《易·坤》有："积善之家，必有余庆。积不善之家，必有余殃。"③"庆堂""庆栋""德宇""寿山福海""富贵荣华""子孙昌盛，富足荣华""加官进禄、子孙荣贵、金玉满堂、长命富贵、满堂吉庆、永远大吉、永远吉庆、万事大吉、子孙满堂、子孙富贵、子孙吉庆"等，表示的皆是求福，与"庆"同属一类。

"寿""安"与"庆"，所具备的永固长久、舒适安逸、延福子孙之意，表达的正是宋代画像石室墓稳定石刻图像组合的核心功能：营造一个使逝者永享供奉的舒适空间，保证这个空间和供奉的稳固与长存，同时也承载宋人创造这些图像组合的双重性根本期许：供奉先人，并希求通过永奉先人恪尽孝道而得到"福报"以延福子孙荣华富贵，实现"互利"。

表8-1　与图像组合功能相关文字材料统计（来源：笔者制作）

墓葬	文字	出处
邻水合流后坝南宋墓	"寿堂"	四川省文物考古研究所、邻水县文物保护管理所：《邻水县合流镇后坝南宋墓清理简报》，《四川文物》，2003年第3期
重庆大足龙水镇明光村磨儿坡宋墓M1	"庚辰绍兴三十年孟冬念九日记"，"千秋""百岁"	重庆大足石刻艺术博物馆：《重庆大足龙水镇明光村磨儿坡宋墓清理简报》，《四川文物》，2002年第5期
重庆大足龙水镇明光村磨儿坡宋墓M2	"庚辰绍兴三十年孟冬念九日记"，"千秋""百岁"	重庆大足石刻艺术博物馆：《重庆大足龙水镇明光村磨儿坡宋墓清理简报》，《四川文物》，2002年第5期
重庆大足龙水镇明光村磨儿坡宋墓M3	"庚辰绍兴三十年孟冬"，"千秋百秋"	重庆大足石刻艺术博物馆：《重庆大足龙水镇明光村磨儿坡宋墓清理简报》，《四川文物》，2002年第5期
昭化曲廻乡宋墓	"庆堂"，"淳熙癸卯"，"仲冬建造"	沈仲常、陈建中：《四川昭化县曲廻乡的宋墓石刻》，《文物》，1957年第12期
四川荣昌沙坝子宋墓	"英井郑次五郎骥"，"寿堂"	四川省博物馆、荣昌县文化馆：《四川荣昌县沙坝子宋墓》，《文物》，1984年第7期

---

① 汉·刘熙：《释名》，中华书局，1985年，第58页。
② 周祖谟：《广韵校本》，中华书局，2011年，第431页。
③ 郭彧（译注）：《周易》，中华书局，2006年，第351页。

续表

墓葬	文字	出处
四川广元石刻宋墓	"起□坟堂以待百年将为宅兆……"	四川省博物馆、广元县文管所：《四川广元石刻宋墓清理简报》，《文物》，1982年第6期
四川安岳县老鸦山南宋墓M2	"范阳夫人寿域"	王玉：《四川安岳县老鸦山南宋墓清理简报》，《考古与文物》，2009年第1期
广元〇七二医院宋嘉泰四年杂剧石刻墓	"寿堂"	廖奔：《广元南宋墓杂剧、大曲石刻考》，《文物》，1986年第12期
遵义荣昌坝宋墓	"寿堂"，"寿如山岳耸，福似河海深"，"时以庚寅绍定三年孟冬吉旦置造"，"子孙昌盛富足荣华谨题耳"	遵义地区文物管理委员会、遵义地区文化局：《遵义地区文物志》，1984年4月
荣昌坝南宋绍定三年夫妇合葬墓	"阳道弟子……建立寿堂二所。……断以石人能语，石马能行，石契（焦？）（岁？），方始呼。仰依此誓，寿保千春。建造之后，寿同彭祖，愿如百年，□子千孙，富若石崇堆金壁。天地昭彰，日月鉴照，神灵共知，次愿山水愈□，福禄增高。"	张合荣：《贵州古代墓葬出土的买地券》，《贵州文史丛刊》，2002年第4期
万源庙垭乡杜生坡墓	"太岁庚午，端平元年，创立寿堂，福寿俱悼。"	马幸辛：《川东北历代古墓葬的调查研究》，《四川文物》，2001年第2期
遵义杨粲墓	"庆栋"，"德宇"，"永镇寿堂"	宋先世：《遵义杨粲墓发掘报告摘要》，《贵州田野考古四十年》，贵州民族出版社，1993年
遵义理智村田通庵夫妇合葬墓	"谨录通庵田公自题之颂"，"归去西方仍灭度，是非人我了无缘"，"太岁丁未淳祐七年…"，"逍遥洞"	刘永书：《理智村宋墓》，《遵义县文物志》第二集，2003年9月
大足宋墓	"寿堂"	《四川大足县继续发现带有精美雕刻的宋墓》，《文物参考资料》，1955年第8期
沙坪坝区井口乡兴国湾宋墓	"福寿" "延长"	重庆市博物馆历史组：《重庆井口宋墓清理简报》，《文物》，1961年第11期
贵州桐梓宋明墓·桐夜M3	"凤凰堂"	贵州省博物馆考古队：《贵州桐梓宋明墓发掘简报》，《贵州田野考古四十年》，贵州民族出版社，1993年
贵州桐梓宋明墓·桐夜M4	"豹隐堂"	贵州省博物馆考古队：《贵州桐梓宋明墓发掘简报》，《贵州田野考古四十年》，贵州民族出版社，1993年
贵州桐梓宋墓的清理·桐墓二	"神仙洞底寒无度"，右为"□天然明官□法"	陈默溪：《贵州桐梓宋墓的清理》，《贵州田野考古四十年》，贵州民族出版社，1993年

续表

墓葬	文字	出处
贵州桐梓马鞍山观音寺宋墓群M2	"寿山""福海"	贵州省文物考古研究所、桐梓县文物管理所：《贵州桐梓县马鞍山观音寺宋墓清理简报》，《江汉考古》，2013年第4期
华蓥市永兴镇驾挡丘宋墓群2001HLM1	"□□寿堂"	四川省文物考古研究院、广安市文物管理所、华蓥市文物管理所：《华蓥市永兴镇驾挡丘宋墓群发掘简报》，《四川文物》，2009年第1期
华蓥市永兴镇驾挡丘宋墓群2001HLM5	"张中兴寿堂"	四川省文物考古研究院、广安市文物管理所、华蓥市文物管理所：《华蓥市永兴镇驾挡丘宋墓群发掘简报》，《四川文物》，2009年第1期
三台县永明镇杨凳寺宋墓M1	"寿如山"，左联"寿如福海"，右联"富贵荣华"，"福如海"	四川省文物考古研究院、绵阳博物馆、三台县文物管理所：《四川三台县永明镇杨凳寺宋墓清理简报》，《四川文物》，2009年第3期
永川高洞子宋代崖墓群M1	"南阳□天凤郎寿堂"	王昌文：《永川发现宋代崖墓》，《四川文物》，1989年第6期
两岔河沙坝宋墓	"……贴买巽山下坟穴一所，建立寿堂，至东西南北青龙白虎界至分明。……在岁□年□月吉日□过去同券照□荣华富贵。"	张合荣：《贵州古代墓葬出土的买地券》《贵州文史丛刊》，2002年第4期
贵州遵义黄家寨宋墓	"龙平府万寿堂"	刘世野：《黄家寨宋墓》，《遵义县文物志》第二集，2003年9月
华蓥安丙家族墓群M4	"加官进禄、子孙荣贵、金玉满堂、长命富贵、满堂吉庆、永远大吉、永远吉庆、万事大吉、子孙满堂、子孙富贵、子孙吉庆。"	四川省文物考古研究院、广安市文物管理所、华蓥市文物管理所：《华蓥安丙墓》，文物出版社，2008年，第103页
重庆北碚杨元甲夫妇墓M3（杨元甲墓）	"大椿寿墓"	白九江、莫骄、徐克诚：《重庆市北碚区苦塘沟南宋杨元甲夫妇的发现与研究》，《四川文物，》2015年第6期
泸州市博物馆馆藏02432	"龟鹤齐寿"	泸州市石刻艺术博物馆在展
泸州市博物馆馆藏L0057和L0058	"齐""寿"	泸州市石刻艺术博物馆在展
泸州市博物馆馆藏02433	"茂哉佳城，岗连阜崇。宜尔君子，归安此宫。"	泸州市石刻艺术博物馆在展

（一）"安"——供奉空间的还原与拓展

1. 供奉空间的还原

1）以供奉主体为中心的供奉空间设置

供奉，是建造画像石室墓空间、设置图像组合最核心的内容。通观画像石室墓的整个发展历程，据前文分期研究，在第一期中，居于墓葬石刻图像组合核心位置即北壁南面向位的以空间拓展标示物如启门、门窗等为主。第二期中，该位置的图像以墓主标示物为主。第三期中，墓主标示物仍占据主要地位。总体而言，北壁南面向中心位设置墓主标示物最为主流，这是因为画像石室墓营建的主题即是以墓主为中心的"永为供养"空间营造，所以在整个墓室南面向中心位即后龛处配置墓主标示物的墓葬便占了整个四川地区画像石室墓的主流，而表示空间拓展的如启门、门窗等退于次位。乃至到画像石室墓后期，呈现衰落趋势时，即使墓葬中大部分主流图像已经被简化省略，也依然保留了代表享受供奉的墓主石刻牌位，如华蓥市永兴镇驾挡丘宋墓群2001HLM5。[①]

图8-1 资中大包山M1后龛墓主人像[④]

司马光的《书仪》、朱熹的《家礼》对于丧时祭奠和平日祠堂祭祀的要求，都是"事死如事生"[②]"皆如平生"[③]，画像石室墓中对于供奉的还原，正是按照此原则全方位考虑并选择主流图像制作石刻。

首先，最为重要的是供奉主体的还原。在墓葬中，最明确表示供奉主体的即为墓主人像和墓主牌位石刻。（参见图8-1、图8-2）

图8-2 华蓥驾挡丘M5后龛墓主牌位[⑤]

---

① 四川省文物考古研究院、广安市文物管理所、华蓥市文物管理所：《华蓥市永兴镇驾挡丘宋墓群发掘简报》，《四川文物》，2009年第1期。
② 宋·朱熹（撰），王燕均、王光照（校点）：《家礼》，《朱子全书》，上海古籍出版社，安徽教育出版社，2002年，第905页。
③ 宋·司马光：《书仪》卷5，《景印文渊阁本四库全书》台湾商务印书馆，1986年，第142册，第487页。
④ 图片采自四川省文物考古研究院、资中县文物管理所：《四川资中县大包山宋墓发掘简报》，《四川文物》，2013年1期，图一八。
⑤ 图片采自四川省文物考古研究院、广安市文物管理所、华蓥市文物管理所：《华蓥市永兴镇驾挡丘宋墓群发掘简报》，《四川文物》，2009年1期，图一一。

石 上 万 象

四川地区宋元明墓葬画像石刻研究

除此之外，梳理《书仪》和《家礼》中对祭奠供奉的规定，从设灵座开始考察，将魂帛"结白绢为之，设椸于尸南，覆以帕，置倚卓其前，置魂帛于倚上，设香炉、杯、注、酒、果于卓子上，是为灵座。"①"置灵座，设魂帛。设椸于尸南，覆以帕。置倚卓其前，结白绢为魂帛，置倚上。设香炉、香合、珓杯、注、酒果于卓子上。"②魂帛为墓主依神之所在，其共出元素桌、椅、茶酒果馔供奉，不仅出现在丧葬的小殓、大殓、朝奠、夕奠、遣奠、虞祭等一系列过程中，在平日的祠堂祭祀中，亦是不可缺少的要素。故画像石室墓中，出现丧葬中用以摆放魂帛为墓主依神的空椅、设置瓶花或茶酒果馔的桌子、香炉等题材石刻，皆应是象征作为供奉主体的墓主之所在。（参见图8-3）

另有少数墓葬选择在后龛设置屏风石刻，宋人陈祥道《礼书》卷四五"屏摄"条载："会有表，朝有着，祭有屏摄，皆明其位也。……韦昭曰：'屏，屏风也；摄如要扇。皆所以明尊卑，为祭祀之位。'"③屏风在此亦应为享受祭祀供奉的墓主象征物。（参见图8-4）

据前文对画像石室墓图像配置的统计，空椅、供桌、屏风石刻等绝大部分配置在墓室后龛，即北壁，作南向，皆居于墓室中之正位，其应与墓主人像、牌位内涵一致，用来象征墓主，作为供奉主体。

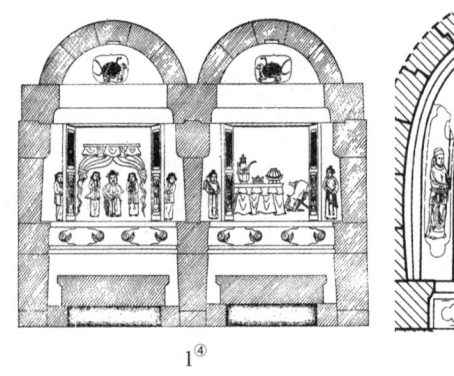

图8-3 画像石室墓中的供桌、瓶花和香炉

---

① 宋·司马光：《书仪》卷5，《景印文渊阁本四库全书》，台湾商务印书馆，1986年，第142册，第487页。
② 宋·朱熹（撰），王燕均、王光照（校点）：《家礼》，《朱子全书》，上海古籍出版社，安徽教育出版社，2002年，第905页。
③ 宋·陈祥道《礼书》卷45，《景印文渊阁本四库全书》，台湾商务印书馆，1986年，第130册，第274页。
④ 图片采自四川省博物馆、广元县文管所：《四川广元石刻宋墓清理简报》，《文物》，1982年第6期，图一一。
⑤ 图片采自四川省文物考古研究院、广安市文物管理所、华蓥市文物管理所：《华蓥安丙墓》，文物出版社，2008年，第90页，图八四。
⑥ 图片采自四川省文物考古研究院、广安市文物管理所、华蓥市文物管理所：《华蓥安丙墓》，文物出版社，2008年，第99页，图八八。

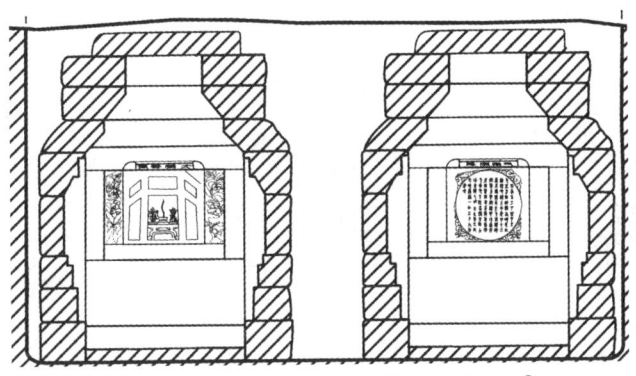

第八章　四川地区宋墓画像石刻与社会文化的世俗化转向

图8-4　重庆北碚杨元甲夫妇墓M3后龛屏风①

2）理想化的世俗享乐再现与延续：重生享乐民风在墓葬中的投影

（1）世俗享乐题材在供奉空间中的表现。

除以上述图像题材的石刻还原供奉主体，确立出祭祀正位之外，宋人围绕供奉主体所在，于墓葬左右侧壁设置了各类题材石刻，涵盖伎乐、捧物侍奉、出行、洒扫、庖厨、熏香、插花等，以石为载体重现了现实生活衣食住行诸方面，全面复制"皆如平生"之供奉场景。这种复制涵盖的现世生活诸方面题材全部来源于真实存在，但并不意味着这是墓主本人生时全部享有的，而是一种对理想化现世生活样式的复制，以形成一个属于逝者的延续了理想化现世享受的舒适空间。（参见图8-5至图8-12）②

图8-5　泸州市博物馆馆藏熏香②

---

① 图片采自重庆市文化遗产研究院、北碚区博物馆、重庆市文化遗产研究院：《重庆市北碚区苦塘沟南宋杨元甲夫妇墓的发现与研究》，《四川文物》，2015年第6期，图三。
② 资料来源：泸州市博物馆在展，图片为笔者拍摄。

457

图8-6　泸县宋墓乐舞①

图8-7　广元河西杜光世夫妇墓出行图②

图8-8　广元河西杜光世夫妇墓庖厨图③

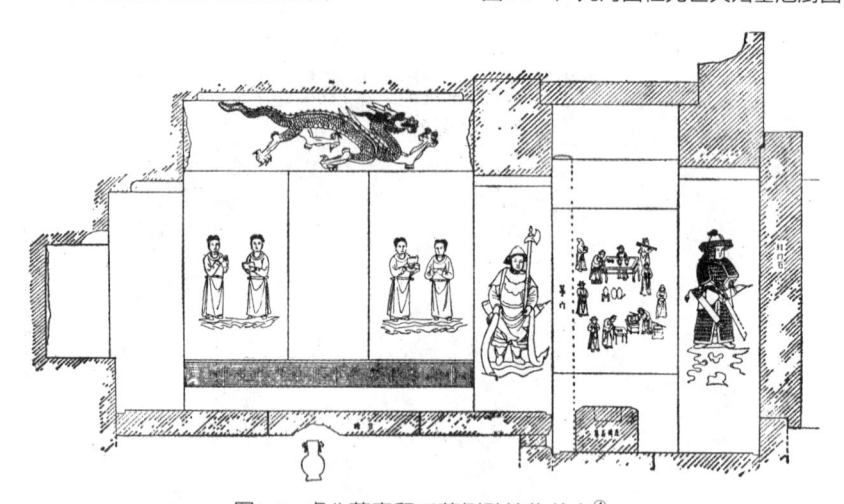

图8-9　虞公著妻留氏墓侧壁捧物侍者④

① 图片采自四川省文物考古研究所、成都市文物考古研究所、泸州市博物馆、泸县文物管理所：《泸县宋墓》，文物出版社，2004年，第138页，图一四二。
② 图片采自四川省博物馆、广元县文管所：《四川广元石刻宋墓清理简报》，《文物》，1982年第6期，图版七-8。
③ 图片采自四川省博物馆、广元县文管所：《四川广元石刻宋墓清理简报》，《文物》，1982年第6期，图版七-6。
④ 图片采自四川省文物管理委员会、彭山县文化馆：《南宋虞公著夫妇合葬墓》，《考古学报》，1985年第3期，图五。

第八章　四川地区宋墓画像石刻与社会文化的世俗化转向

图8-10　泸县青龙一号墓侧壁捧物侍者①

图8-11　泸州市博物馆藏执凉伞② 　　图8-12　华蓥安丙家族墓群M5插花③

（2）世俗化转向下重生、享乐民风对画像石室墓的影响。

考察宋之前、唐五代的墓葬装饰，《中国墓室壁画史》将唐代的墓葬装饰分为四期：第一期为初唐前期，壁画题材以车马仪仗最盛，还可见四神、列戟、仕女、天象等，流行影作木构，其中以车马仪仗最盛。④第二期为武则天光宅元年至睿宗延和元年（684—712），初期内盛行的图像如四神、列戟、仪仗、侍从、影作木构等继

---

① 图片采自四川省文物考古研究所、成都市文物考古研究所、泸州市博物馆、泸县文物管理所：《泸县宋墓》，文物出版社，2004年，第10页，图四。
② 资料来源：泸州市博物馆在展，图片为笔者拍摄。
③ 图片采自四川省文物考古研究院、广安市文物管理所、华蓥市文物管理所：《华蓥安丙墓》，文物出版社，2008年，第134页，图一一六。
④ 贺西林、李清泉：《中国墓室壁画史》，高等教育出版社，2009年，第155页。

459

续流行外，狩猎、马球、客使、花鸟、山石树木，楼阁建筑等题材也空前丰富。①第三期为玄宗开元元年至敬宗宝历二年（713—826）：影作木构、天象、狩猎出行、仪仗列戟等题材大为减少，在呈现衰落态势的同时，宴饮、乐舞、四神、山水花鸟、侍从、树下人物等成为主流题材。②第四期为文宗大和元年至哀帝天佑四年（827—907），晚唐时期仍在流行的图像题材为屏风式人物、花鸟、云鹤、十二生肖、家居场景、乐舞、宴游、文吏、侍从等。③可以看出，唐墓壁画虽有神异题材，但对比魏晋南北朝，唐代的世俗意味更重，越到后期，标示身份地位的仪仗、列戟等都已经退化，而反映世俗生活的越来越多，实际上已经是宋代世俗化的先声，而宋代则是彻底地转化为世俗题材占据主流。

　　社会环境稳定和经济发展是必要的基础，城市经济的繁荣和新兴市民阶层力量的壮大又对文化的世俗化转向提出了要求并提供了必要条件。文化上的世俗转向在日常生活中一个重要的表现就是，宋人重生享乐、关注世俗享受的民风。重世俗享受的生活风尚通行于从上层到一般民众的整个社会阶层，甚至需要国家以政令的方式进行约束。如政府多次禁止民间使用销金服饰且给予严厉的处罚。④但屡次重申禁令却恰恰说明了销金

---

① 贺西林、李清泉：《中国墓室壁画史》，高等教育出版社，2009年，第173页。
② 贺西林、李清泉：《中国墓室壁画史》，高等教育出版社，2009年，第193页。
③ 贺西林、李清泉：《中国墓室壁画史》，高等教育出版社，2009年，第204页。
④ 注：据《宋会要辑稿·刑法二·禁约二》：绍兴二十七年（1157）"五月八日，上谕辅臣曰：'昨日因看《韩琦家传》，论戚里多用销金衣服，严行禁止。朕闻近来行在销金颇多，若日销不已，可惜废于无用。朕观《春秋正义》，谓制则用物贵，淫则侈物贵，盖淫侈不可不革。'越二日，复有旨：'古者商旅于市以视时所贵尚而为低昂，故淫侈物贵也。访闻（此）[比]来民间销金服饰甚盛，可检举旧制，严行禁绝。都省勘会，民间以销金为服饰，《绍兴敕》内虽有立定断罪，其小儿妇人自合一体禁止。'诏申明行下，如有违犯之人，并依敕条断罪。仍令尚书省出榜晓谕"。
《宋会要辑稿·刑法·禁约二》："后五年十一月二十四日，上复谓辅臣曰：'销金、翠羽为妇人服饰之类，不惟糜损货宝，残杀物命，而侈靡之习实关风化，朕甚矜之。已戒宫中内人不得用此等服饰，及下令不得放入宫门，无一人犯者。尚恐士民之家未能尽革，可申严止之，仍下广南、福建禁采捕者。'十二月七日，诸王宫大小学教授钱观复乞检会祥符、天圣、景佑以来敕条，申严约束。诏：'今后销金为服，增赏钱三百贯。其采捕翡翠及贩卖并为服饰，并依销金为服罪赏。其以金箔并以金箔妆饰神佛像、图画、供具之类，及工匠并徒三年，赏钱三百贯。邻里不觉察，杖一百，赏钱一百贯，许人告。其见存神佛像、图画、供具，诸军捻金锦战袍，并许存留。所有翠羽、销金服饰，限三日毁弃。'"
《宋会要辑稿·刑法二·禁约二》："九年五月十七日，申严金、翠。十年五月四日，诏其犯金、翠人并当职官，除依条坐罪外，更取旨重作行遣。"
《宋会要辑稿·刑法二·禁约二》："（绍兴）二十六年（1156）九月二日，沈该等奏：'安南人使欲买捻金线段，此服华侈，非所以示四方。'上曰：'华侈之服如销金之类，不可不禁。近时金绝少，缘小人贪利，销而为泥，不复可用，甚可惜。盖天下产金处极难得，计其所生不足以供销毁之费。朝廷屡降指挥，而奢侈成风，终未能禁绝，须申严行下。'该等曰：'谨奉圣训，便当严立法禁。'"
《宋会要辑稿·刑法二·禁约二》："（绍兴）二十七年（1157）三月二十一日，内降诏曰：'朕惟崇尚俭素，实帝王之先务，祖宗之盛德。比年以来，中外服饰过为侈靡，虽累行禁止，终未尽革。……'"[上述文献引自：清·徐松（辑），刘琳、刁忠民、舒大刚等（点校）：《宋会要辑稿》，上海古籍出版社，2014年，第14册，第8344-8345页。]

翠羽的屡禁不止，其约束效果仅在于"宫中虽无敢犯"①，但是在民间依然是"市肆公然为之"②。直到嘉泰年间，政府的禁令依然无法有效管制民间使用销金翠羽的行为，销金翠羽侈靡之俗在整个社会中盛行。《宋会要辑稿·刑法二·禁约三》载：嘉泰三年（1203）"街坊贾人公然货鬻，倡优下妾恣为服饰，以至游手之徒为左道之奉，迎神祠佛，千百为群，装侈队仗，曳地为衣，金翠夺目。"③

重世俗享受民风盛行不仅体现在社会从上层到下全面尚侈靡，还体现在尚侈靡突破礼制的等级规定。国家礼制对于社会各阶层待遇进行了明确等级划分，但这种规定落实在社会生活实际中会产生偏差。例如官方明确规定了平民出入不得乘轿，但实际生活中除官员阶层，富裕平民阶层出行也乘轿，甚至社会等级上的下层人群如倡优等也出入乘轿，并且成为普遍现象；低门小户和社会下层的男女服饰都崇尚奢侈、佩玉饰金④；本用在皇家仪仗中的珠饰，被民间富豪多用来装饰出行用的小盖⑤，种种现象都体现出社会各阶层在追求世俗享受的过程中，更多的是受经济实力影响而并非严格遵从国家规定，多方面地体现出尚侈靡而破等级的特征。

随着宋代社会环境稳定、经济发展，非官员阶层的新兴富裕市民阶层经济实力增长，随之而来的即是追求与其经济实力相应的物质享受；而市民阶层力量壮大、在社会之中影响力增强，这种追求带起宋代社会之中重世俗享受的民风也是一个必然的结果。画像石室墓的墓主除了少数的高中级官员和低级官吏外，大部分属于非官员阶层的富裕市民阶层，在生时，市民文化中对于世俗享受的关注和追求已经突破国家礼制的诸多规定，在四川这种"益俗奢侈"之地⑥，于"事死如事生"的观念指导下，现世重享受的

---

① 宋·李心传（编撰）、胡坤（点校）：《建炎以来系年要录》，中华书局，2013年，第6册，第2414页。

② 宋·李心传（编撰）、胡坤（点校）：《建炎以来系年要录》，中华书局，2013年，第6册，第2414页。

③ 清·徐松（辑），刘琳、刁忠民、舒大刚等（点校）：《宋会要辑稿》，上海古籍出版社，2014年，第14册，第8361页。

④ 注：据《宋史》卷一百五十三《志第一百六·舆服五·士庶人服·公服》："（徽宗大观）七年（1113），臣僚上言：'辇毂之下，奔竞侈靡，有未革者。居室服用以壮丽相夸，珠玑金玉以奇巧相胜，不独贵近，比比纷纷，日益滋甚。臣尝考之，申令法禁虽具，其罚尚轻，有司玩习，以至于此。如民庶之家不得乘轿，今京城内暖轿，非命官至富民、娼优、下贱，遂以为常。窃见近日有赴内禁乘以至皇城门者，奉祀乘至宫庙者，坦然无所畏避。臣妄以为僭礼犯分，禁亦不可以缓。'""先是，权发遣提举淮南东路学事丁瑾言：'衣服之制，尤不可缓。今闾阎之卑，倡优之贱，男子服带犀玉，妇人涂饰金珠，尚多僭侈，未合古制。'"（元·脱脱等：《宋史》卷153，中华书局，1985年，第11册，第3577页。）

⑤ 注：据《宋史》卷六十五《志第十八·五行三·木》："绍兴二十一年（1151），行都豪贵竞为小青盖，饰赤油火采干盖之顶，出都门外，传呼于道。珠者，乘舆服御饰升龙用焉，臣庶以加于小盖，近服妖，亦僭咎也。"（元·脱脱等：《宋史》，中华书局，1985年，第5册，第1429页。）

⑥ 宋·江少虞：《宋朝事实类苑》，上海古籍出版社，1980年，第35页。

风尚在丧葬之中所产生的投影,即是在为先人经营死后世界时,将现世享受的一切又理想化地展现在墓葬中,耳目之娱的伎乐表演、风雅的插花熏香、口腹之羡的美食供奉、长随左右的侍者侍女等皆以象征的手法在画像石室墓中一一呈现。

2. 供奉空间的拓展:启门、启幔与门窗

宋人为逝者营造的空间充满了现世的各种享受与供奉,但墓葬空间从客观上而言是封闭、固定的,为了使这个供奉空间能达到所期望的安适、舒适,必须考虑的问题是:如何使一个客观上封闭的狭小空间实现拓展?启门、启幔和门窗题材石刻在画像石室墓中的广泛应用应与其拓展空间之意有关。

启门、启幔和门窗不仅多见于四川宋代画像石室墓,在全国范围内宋墓装饰中亦是常见题材。宿白在《白沙宋墓》中论及启门图像时,指出按其所处位置观察,"疑其取意在于表示假门之后尚有庭院或房屋、厅堂,亦即表示墓室至此并未到尽头之意"[①]。宋墓中的启门图像历来是研究热点,对于其象征含义,学界各有其论,罗森认为启门图像中的门表示死者来往之通道,死者需通过这扇门去向人世或其他世界。[②]李清泉认为此门是暗示死者灵魂的安寝之所,将"妇人启门"图像与唐宋文学领域中出现的女性与半开门描述相联系,认为启门之妇人应标示其身后人们所希望的来世仙居。[③]易晴论证启门图有开阴闭阳之用。[④]刘耀辉则指出妇人启门题材从汉代至宋代,随着载体的不断变化,最初的含义在被曲解和遗忘后成为了单纯的装饰。[⑤]

探讨四川地区宋代画像石室墓启门图像内涵时,需注意的一点是,用学界研究中常用的"妇人启门"并不能完全概括启门图像的类别。

按前文图像组合类型学分析(参见表4-1 四川地区宋代画像石室墓各类图像数量统计),四川宋代画像石室墓中出有启门图像的共51座。配置位置明确的共30座,配置在后龛的共28座,占据了绝大多数,另有少数配置在两壁,或北、东、西三壁皆配置启门。这些启门图像的主体人物既有女性也有男性,女性较男性略有数量优势,除成年人亦有童子童女。若将启门视为通往其他空间的通道,考察其所通向的是何空间,恐不能一概而论,启幔图像亦是如此。如泸州市博物馆藏启幔石刻,与侍女启幔共出的为幔帐后的卧床,故此处判断启幔图像所标示通往的是内寝空间应无疑问。[⑥](参见图8-13)而

---

① 宿白:《白沙宋墓》,文物出版社,2002年,第55页。
② Jessica Rawson. Changs in the Representation of Life and the Afterlife as Illustrated by the Congtents of Tombs of the T'ang and Sung periods, Art of Sung and Yuan, edited by Maxwell.Hearn and Judith G.smith,Departmentof Asia, Metropolitan Museum of Art, New York, 1996.PP.23-43。
③ 李清泉:《空间逻辑与视觉意味:宋辽金墓"妇人启门"图新论》,《美术学报》,2012年第2期。
④ 易晴:《河南登封黑山沟北宋砖雕壁画墓图像构成研究》,中央美术学院博士学位论文,2007年。
⑤ 刘耀辉:《晋南地区宋金墓葬研究》,北京大学硕士学位论文,2002年。
⑥ 资料来源:泸州市博物馆提供石刻图片,并授权在本书中使用。

第八章　四川地区宋墓画像石刻与社会文化的世俗化转向

启门图像是否通往仙境或其他世界，还需结合共出的图像元素考察。

汉画像中一些判断为升仙之门的启门图像，其启门人物或带翼或着仙人服饰，共出图像因素中有明确的仙境象征符号，如西王母、天马、双阙、朱鸟、九尾狐、三足乌等，故将此类启门解作通往仙境之门较为合理。[①]（参见图8-14）

图8-13　泸州市博物馆藏启幔

但宋代画像石室墓中，从所着服饰和捧物来看，启门人物身份大多数为男侍和女侍（参见图8-15和图8-16），并不存在神异人物特征，所启之门并不具备如仙人所启升仙之门的意义。在一座画像石室墓中，启门图像的共出图像元素中虽多有祥禽瑞兽，但二者并无固定伴出关系，且宋画像石墓中的祥禽瑞兽多以增祥祈寿为主，如龟鹤齐寿，而并非一定作为象征仙境的代表性符号。故判断宋墓启门是否通向仙境或其他世界，主要还需参考文字题刻，如贵州桐梓宋墓桐墓二中，有明确的"神仙洞"题记，且后龛又出现启门图像的，此类启门图像所表示的拓展空间极可能具有仙境意味。但无论启门、启幔、门窗所象征的是何样空间，是仙境或是后寝，其表示空间拓展，将有限的墓葬以具有特殊含义的图像进行象征意义上的空间拓展之意是无疑的。

图8-14　四川南溪长顺坡汉墓3号石棺与仙境符号共出启门图

[①] 图片采自罗二虎：《东汉墓"仙人半开门"图像解析》，《考古》，2014年第9期，图五。

图8-15　泸县青龙一号墓启门侍女①　　　　　　图8-16　泸县青龙二号墓启门侍者②

（二）"寿"——供奉空间的稳固与长存

"寿"，解作长久、永久之意。画像石室墓中能明确断定是生墓的寿堂之"寿"，祈求的是人生命长久；而无法明确断定为生墓的出现"千岁百岁""千秋万秋"文字题刻的墓葬，其文字所呈现的"寿"，应是取"寿"的长久之意，祈求的是墓主依魂享受供奉的空间长久永存。

1. 供奉空间的稳固：附着于具备永固象征意义材质上的四神与武士

1）界定空间四方的四神与以作守卫的武士

在全方位还原复制供奉和世间生活享受的基础上，为保证这个空间的坚固安全，运用四神和武士图像、坚固载体材质的共同发挥作用。考察四川宋代画像石室墓出土买地券：

井研北宋黄念四郎墓："西至青龙，东至白虎，北至朱雀，南至玄武，上至苍天，下至黄泉，……□黄泉一切诸神不得夺抢，急急如律令！"③

仁寿古佛乡宋墓："东至青龙，南至朱雀，西至白虎，北至玄武，上至苍天，下至黄泉，四至□畔分明……"④

广元河西杜光世夫妇墓："东至青龙，南至朱雀，西至白虎，北至玄武……"⑤

---

① 图片采自四川省文物考古研究所、成都市文物考古研究所、泸州市博物馆、泸县文物管理所：《泸县宋墓》，文物出版社，2004年，第18页，图一一。
② 图片采自四川省文物考古研究所、成都市文物考古研究所、泸州市博物馆、泸县文物管理所：《泸县宋墓》，文物出版社，2004年，第33页，图二六。
③ 曾清华：《井研县北宋黄念四郎清理简讯》，《四川文物》，2002年第1期。此件买地券券文未按传统四神配置方位进行阐述。
④ 莫洪贵：《仁寿县古佛乡宋墓清理简报》，《四川文物》，1992年第5期。
⑤ 四川省博物馆、广元县文管所：《四川广元石刻宋墓清理简报》，《文物》，1982年第6期。

第八章　四川地区宋墓画像石刻与社会文化的世俗化转向

广元○七二医院宋嘉泰四年（1204）杂剧石刻墓西室："买得寿山一□，命立寿堂，以备千年之计。所有四界，东至青龙，南至朱雀，西至白虎，北至玄武，上至苍天，下至黄泉，把钱交付了讫。"①

四神在此起到了界定墓葬空间之用，即将狭窄有限的墓葬，扩展到了以四神为代表的东西南北四方界限内的广大世界，规定这个由四神来划定的界限中，是专属于墓主的领域，并上告皇天后土以地契的形式立约为定，此领域受契约保护，其他任何神、人、事物不得侵犯抢夺。

画像石室墓武士石刻，和四川地区宋代砖室墓中一类多出于墓门两侧之武士俑形象相似。（参见图8-17、图8-18）

图8-17　成都宋京夫妇墓M2武士俑②　　图8-18　彭山虞公著墓门处武士③

从配置位置、出土环境、形态特征来看，苏轼曾提及的四川墓葬中一种名为"寿神"的俑极有可能是这种武士俑：

苏轼《书温公志文异圹之语》："《诗》云：谷则异室，死则同穴。古今之葬皆为一室，独蜀人为一坟而异藏，其间为通道，高不及肩，广不容人。生者之室，谓之寿堂，以偶人被甲执戈，谓之寿神以守之，而以石瓮塞其通道。"④

---

① 廖奔：《广元南宋墓杂剧、大曲石刻考》，《文物》，1986年第12期。
② 图片采自成都市文物考古研究所：《四川成都北宋宋京夫妇墓》，《文物》，2006年第12期，图四-1。
③ 图片采自四川省文物管理委员会、彭山县文化馆：《南宋虞公著夫妇合葬墓》，《考古学报》，1985年第3期，图四。
④ 张志烈等：《苏轼全集校注》，河北人民出版社，2010年，第19册，第7397页。

王家祐曾考证此类武士俑应为"方相"的演变形态[①]，那么，画像石室墓武士石刻是否也是方相？宋代对于方相的使用有严格的规定：

《宋史·礼志七十八·礼二十八·凶礼四》中记载，翰林学士李昉等受命重定士庶丧葬制度时，明确提出"身无官而葬用方相者，望严禁之"[②]。方相的形象与武士石刻区别较大，《政和五礼新仪》卷二百十六载："方相：四品以上为方相，黄金四目。八品以上为魌头，两目。九品无。皆深青衣朱裳，执戈扬盾。"[③]且按《太平广记》卷三百七十一所记："窦不疑条：明日，往寻所射岸下，得一方相，身则编荆也（今京中方相编竹，太原无竹用荆作之），其傍仍得三矢，自是道鬼遂亡。今京中方相编竹，太原无竹用荆作之。"[④]方相的材质与武士俑、武士石刻完全不同，故武士石刻性质应非方相。

考察武士石刻的形象特征和配置位置，其应为"寿神"题材在另一类载体——石材上的反映，其形象上又参考了《事物纪原》中所述之"镇殿将军"。此镇殿将军和《秘葬经》中所记"镇殿将军"有别，《秘葬经》中镇殿将军唯天子皇堂和亲王坟堂可使用，且位置在棺后。[⑤]《事物纪原》卷一所载"殿门"条："沈括笔谈曰：周礼天官掌舍，无宫，则供人门，今谓之殿门夫武官，极天下长人之选，上御前殿，则执钺立于紫宸门下，行幸则为禁围，行于仗门之前。今俗谓为镇殿将军者也，盖始于古人门。"[⑥]长人、执锐是镇殿将军两个重要的形象特征，画像石室墓的武士皆披坚执锐；且同一墓葬之中，武士石刻的体量均大于同出的其他题材人物石刻，凸显武士之高大。就配置位置而言，镇殿将军立于殿门、仗门之前，武士石刻绝大部分亦出于墓门位置，极少数也出现在了棺室门处，皆与入门位置存在恒定的对应关系。这应是武士石刻在形象上参考镇殿将军形象的同时，也借用、沿袭了镇殿将军护卫门阙的职能，用以保护居于门后空间中的墓主，与砖室墓中的"寿神"陶俑一样发挥"守之"功用。

2）具备永固象征意义的图像载体——石材

选择四神和武士等具备象征意义的图像加以反映的同时，宋人为这些图像选取了具备长久、坚固之性质的石材为载体。

考察四川地区宋代买地券：

荣昌坝南宋绍定三年（1230）夫妇合葬墓："阳道弟子……建立寿堂二所。……断

[①] 王家祐：《四川宋墓札记》，《考古》，1959年第8期。
[②] 元·脱脱等：《宋史》卷125，中华书局，1977年，第9册，第2917页。
[③] 宋·郑居中等：《政和五礼新仪》卷216，《景印文渊阁本四库全书》，台湾商务印书馆，第647册，1986年，第885页。
[④] 宋·李昉等：《太平广记》，中华书局，1961年，第2952页。
[⑤] 徐苹芳：《唐宋墓葬中的"明器神煞"与"墓仪"制度——读〈大汉原陵秘葬经〉札记》，《考古》，1963年第2期。
[⑥] 宋·高承（撰），明·李果订、金圆、许沛藻（点校）：《事物纪原》，中华书局，1989年，第39页。

以石人能语，石马能行，石契（焦?）（岁?），方始相呼。仰依此誓，寿保千春。建造之后，寿同彭祖，愿如百年，□子千孙，富若石崇堆金壁。天地昭彰，日月鉴照，神灵共知，次愿山水愈□，福禄增高。"①

成都西城区营门口乡（今成都市金牛区营门口街道）化成五组新蜀工地南宋开禧二年（1206）石室墓："预造千年吉宅，百载寿堂。……祈愿闭吉之后，福如山岳，寿比松椿。今将石真替代，水干石碎，方归本堂。"②

寿堂的营建是为了祈求"寿保千春"，而只有"石人能语，石马能行""水干石碎"这些情况发生，也就是石的属性发生变化时，千春之寿才会终结，墓主才会归于墓葬，可见宋人对于石材坚固属性的强调与信任，故将石材作为立契践约的保证。因此，将武士、四神等具有界定守护之意的图像附着于坚固的石材之上，石材不朽，图像常在，其守护功能亦会与石同存，长久维护着墓葬的安全与稳固。

而这种将石材坚固属性与供奉空间"永固"象征意义相联系的观念，之所以能对画像石室墓产生如此深刻的影响，世俗化的道教在其中起了最为重要的推动作用，这一点在后文"世俗化的宗教与画像石室墓"中将进行详细的论述。

2. 供奉空间的长存：花卉表时与祥禽瑞兽增寿

1）四季轮回的时间表征——花卉

"永享供奉"所依托的供奉空间，其长存不仅是空间的永固，也包含着时间的永续，即在此空间中的时间并不会随墓葬封闭而静止，而是轮转永续的。花卉和祥禽瑞兽石刻的象征意义赋予了墓葬之中的时间这样的性质。四川宋墓石刻中出现的花卉品类繁多，不仅可见牡丹、莲花、芙蓉、水仙、月季、梅花、桂花、蜀葵、葡萄、桃实、松、竹等全国范围内宋墓植物装饰图像常见品种，还描绘了蜀葵、银杏等地方特色植物。但从目前的考古发现来看，花卉品种主流依次为牡丹、莲花、菊花。此三类花卉石刻中最受喜爱的主题，除了富贵、隐逸、高洁之喻，作为春夏秋冬各季最具代表性的时令花卉，亦表达了时间轮转含义。陆游《老学庵笔记》卷二载："靖康初，京师织帛与妇人首饰衣服皆备四时，图节物则春幡、灯球、竞渡、艾虎、云月之类，花则桃杏花、荷花、菊花、梅花，皆并为一景，谓之一年景。"③类似于"一年景"这种将不同季节花卉附着于同一载体之上的装饰形式，在四川宋代画像石室墓花卉石刻中也可找到痕迹：或以一块石刻为载体，如泸州石刻艺术博物馆藏多季花卉共出的石刻（参见图8-19）④，

---

① 张合荣：《贵州古代墓葬出土的买地券》，《贵州文史丛刊》，2002年第4期。
② 张勋燎：《四川平武明王玺家族墓出土部分道教文物的考察》，《中国道教考古》，科学出版社，2006年，第5册，第1415页。
③ 宋·陆游：《老学庵笔记》，中华书局，1979年，第27页。
④ 资料来源：泸州石刻艺术博物馆藏，图片为笔者拍摄。

或以整座墓葬为载体，如泸县宋墓青龙镇二号墓[①]和青龙镇三号墓[②]、井研金井坪M2[③]、华蓥安丙墓等。[④]（参见图8-20）其花卉组合或是以牡丹、菊花表示春秋，或是以牡丹、蜀葵、莲花、菊花、芙蓉代表三季，更有如泸县宋墓两块成组石刻2001SQM1：12和2001SQM1：13[⑤]，以牡丹、莲花、芙蓉、水仙象征四季（参见图8-21），仅反映单一季花卉的情况较为罕见。华蓥安丙家族墓群中还用瓜果与花卉一起表示季令。华蓥安丙家族墓群M1中可见春果枇杷、夏果石榴桃实、秋果银杏，春花牡丹、夏花蜀葵与莲、秋菊花[⑥]；M3中有春花牡丹、夏果荔枝、秋菊花[⑦]；M4中为春果枇杷、夏果石榴荔枝桃实、秋果银杏，春牡丹桃花、夏莲花、秋菊花[⑧]；M5中描绘春花牡丹与春果樱桃、夏果葡萄桃实石榴、秋果银杏[⑨]，以石材为载体，在画像石室墓中再现了一派四季轮转、春华秋实盛景。（参见图8-22）

2）"寿"的象征——祥禽瑞兽

祥禽瑞兽图像所具备的表征"寿"的内涵使其在墓葬中的象征意义亦与墓葬的长存息息相关。祥禽瑞兽题材中，龟、鹤、麒麟、鹿等是贯穿四川地区画像石室墓整个发展历程，并且广泛分布于四个分区的典型图像，究其盛行原因，应与祈寿相关。

宋墓画像石刻中的麒麟形似羊，头上有角，角形浑圆不锐，如《太平御览》卷八百八十九《孝经右契》所记赤松子对麒麟的形容："吾所见一兽，如麋羊头，头上有角，其末有肉。"[⑩]麒麟出现在墓葬石刻中，应源于其祥瑞含义。《太平御览》中有多处记载贤明之君如黄帝、尧、成王等所治太平盛世，都有麒麟作为祥瑞出现。《太平御览》卷五百九十一："譬若阴阳调，四时会，法令均，万民乐，则麟呈

[①] 四川省文物考古研究所、成都市文物考古研究所、泸州市博物馆、泸县文物管理所：《泸县宋墓》，文物出版社，2004年，第23—37页。

[②] 四川省文物考古研究所、成都市文物考古研究所、泸州市博物馆、泸县文物管理所：《泸县宋墓》，文物出版社，2004年，第38—52页。

[③] 四川省文物考古研究院、井研县文物管理所：《四川井研县金井坪宋代墓地发掘简报》，《四川文物》，2012年1期。

[④] 四川省文物考古研究院、广安市文物管理所、华蓥市文物管理所：《华蓥安丙墓》，文物出版社，2008年。

[⑤] 四川省文物考古研究所、成都市文物考古研究所、泸州市博物馆、泸县文物管理所：《泸县宋墓》，文物出版社，2004年，第131页，第135页。

[⑥] 四川省文物考古研究院、广安市文物管理所、华蓥市文物管理所：《华蓥安丙墓》，文物出版社，2008年，第18-19页。

[⑦] 四川省文物考古研究院、广安市文物管理所、华蓥市文物管理所：《华蓥安丙墓》，文物出版社，2008年，第95页。

[⑧] 四川省文物考古研究院、广安市文物管理所、华蓥市文物管理所：《华蓥安丙墓》，文物出版社，2008年，第105-106页。

[⑨] 四川省文物考古研究院、广安市文物管理所、华蓥市文物管理所：《华蓥安丙墓》，文物出版社，2008年，第131页。

[⑩] 宋·李昉等（著），夏剑钦、王巽斋（校点）：《太平御览》卷889，河北教育出版社，1994年，第8册，第134页。

其祥。"①此外，麒麟更是长寿的象征，《太平御览》卷八百八十九引《抱朴子》曰："麒麟寿千岁。"②

鹤与龟则经常成组出现，《抱朴子·内篇》卷二云："谓生必死，而龟鹤长存焉。"③《太平御览》卷四百六十九引《淮南子》言"龟三千岁"④，可见龟鹤在传统文化中通常作为长寿之象征。如泸州市博物馆藏02432，两女侍一捧龟，一捧鹤，鹤所衔莲花牌线刻"龟鹤齐寿"，充分说明了龟鹤出现在墓葬中的象征意义。（参见图8-23）

鹿的图像出现在墓葬中，一应是其读音与"福禄"之"禄"谐音，表示福禄之意，其二仍与表示长寿的祥瑞有关。《抱朴子》内篇卷三引《玉策记》和《昌宇经》："虎及鹿兔，皆寿千岁，满五百岁者其毛色白，能寿五百岁者则能变化。"⑤在宋人的观念中，鹿可千岁，龟鹤长存，从而将这些具永寿、长存意味之图像配置在墓葬中，作为"寿"的象征，以祈墓主生时之寿和死后墓葬空间的长存不朽。

图8-19 泸州石刻艺术博物馆藏多季花卉石刻

1

---

① 宋·李昉等（著），夏剑钦、王巽斋（校点）：《太平御览》卷591，河北教育出版社，1994年，第5册，第652页。
② 宋·李昉等（著），夏剑钦、王巽斋（校点）：《太平御览》卷889，河北教育出版社，1994年，第8册，第134页。
③ 晋·葛洪：《抱朴子》内篇卷2，王明：《抱朴子内篇校释》，《新编诸子集成》第一辑，中华书局，1985年，第13页。
④ 宋·李昉等（著），夏剑钦、王巽斋（校点）：《太平御览》卷469，河北教育出版社，1994年，第4册，第880页。
⑤ 晋·葛洪：《抱朴子》内篇卷3，王明：《抱朴子内篇校释》，《新编诸子集成》第一辑，中华书局，1985年，第47页。

石上万象　　四川地区宋元明墓葬画像石刻研究

图8-20　泸县青龙二号墓四季花卉①

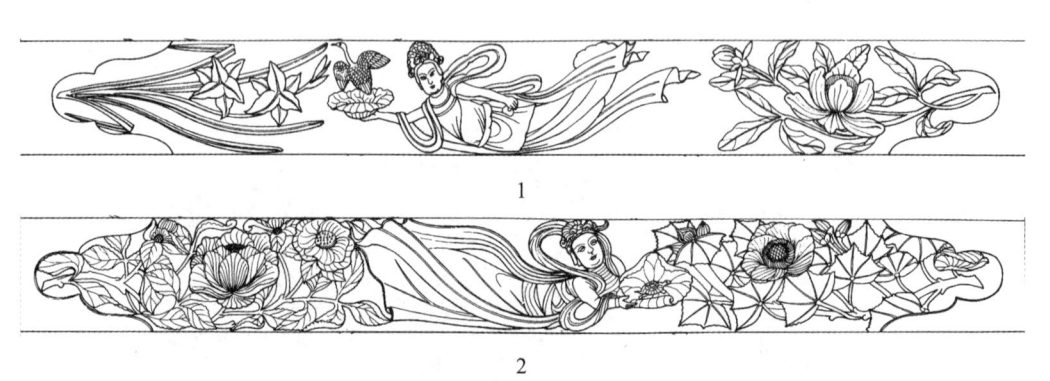

图8-21　泸县宋墓2001SQM1：12和2001SQM1：13四季花卉②

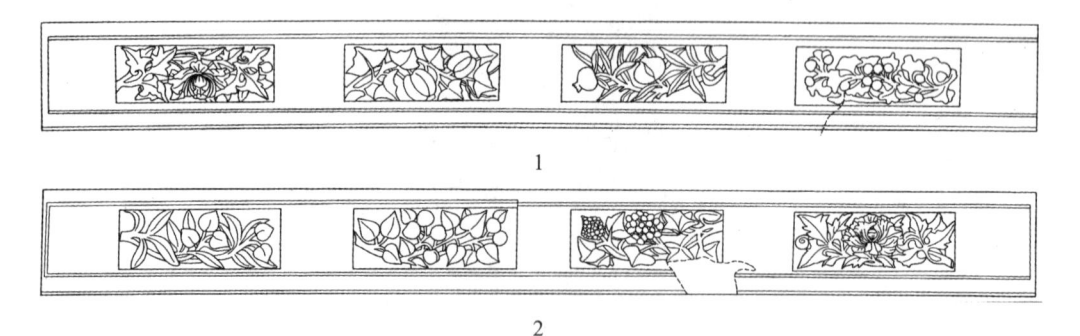

图8-22　华蓥安丙家族墓M5壁基四季花卉瓜果③

---

① 图片采自四川省文物考古研究所、成都市文物考古研究所、泸州市博物馆、泸县文物管理所：《泸县宋墓》，文物出版社，2004年，第26-28页，图二〇、图二一、图二二。
② 图片采自四川省文物考古研究所、成都市文物考古研究所、泸州市博物馆、泸县文物管理所：《泸县宋墓》，文物出版社，2004年，第131页，图一三三；第135页，图一三八。
③ 图片采自四川省文物考古研究院、广安市文物管理所、华蓥市文物管理所：《华蓥安丙墓》，文物出版社，2008年，第131页，图一一一。

图8-23　泸州石刻艺术博物馆藏龟鹤齐寿①

(三)"庆"——延福子孙：丧葬活动中的"互利"关注

1. 画像石室墓中的"互利"关注

考察画像石室墓建造动机的双重性，墓葬出土文字材料表现得最为直观，如：

遵义荣昌坝宋墓题刻："子孙昌盛富足荣华谨题耳。"②

贵州省博物馆藏荣昌坝南宋绍定三年（1230）夫妇墓出土买地券："阳道弟子……建立寿堂二所。……断以石人能语，石马能行，石契（焦？）（岁？），方始相呼。仰依此誓，寿保千春。建造之后，寿同彭祖，愿如百年，□子千孙，富若石崇堆金壁。天地昭彰，日月鉴照，神灵共知，次愿山水愈□，福禄增高。"③

三台县永明镇杨凳寺宋墓M1题刻："寿如山"，左联"寿如福海"，右联"富贵荣华"，"福如海"。④

仁怀市博物馆藏两岔河沙坝宋墓买地券："……贴买巽山下坟穴一所，建立寿堂，至东西南北青龙白虎界至分明。……在岁□年□月吉日□过去同券照□荣华富贵。"⑤

华蓥安丙家族墓群M4出土钱币铭文："加官进禄、子孙荣贵、金玉满堂、长命富贵、满堂吉庆、永远大吉、永远吉庆、万事大吉、子孙满堂、子孙富贵、子孙吉庆。"⑥

上述文字材料虽是以安置死者的墓葬为载体，但表现内容除了期待墓葬本身长久

---

① 资料来源：泸州石刻艺术博物馆在展，图片为笔者拍摄。
② 遵义地区文物管理委员会、遵义地区文化局：《遵义地区文物志》，1984年4月，第51页。
③ 张合荣：《贵州古代墓葬出土的买地券》，《贵州文史丛刊》，2002年第4期。
④ 四川省文物考古研究院、绵阳博物馆、三台县文物管理所：《四川三台县永明镇杨凳寺宋墓清理简报》，《四川文物》，2009年第3期。
⑤ 张合荣：《贵州古代墓葬出土的买地券》，《贵州文史丛刊》，2002年第4期。
⑥ 四川省文物考古研究院、广安市文物管理所、华蓥市文物管理所：《华蓥安丙墓》，文物出版社，2008年，第103页。

稳固，"福""寿""富贵荣华""子孙满堂"等内容明显不是对死者而言，而是对于生人现世福祉的祈望。这充分表现了宋人为先人营造画像石室墓之动因的双重性——互利：一方面是利死者，他们关注逝者在死后世界如生时一般的供奉和享受；另一方面是利生人，这种营造墓葬供奉祖先的行为并不是单方面的付出，他们也在期望着营造墓葬使祖先永为供养的行为能带来福报。

2. "互利"关注背后的动因

这种"互利"思维背后有三个重要因素的推动。

其一，即前文所述文化世俗化转向、世俗享乐民风盛行的大环境下，宋人不仅关注先人的死后世界，同样注重自身的现世福祉。

其二，来源于宋代鬼神观念中死去先人与生人关系的认知。他们认为死者死后的世界好坏和生人的福祉是联系在一起的。《夷坚志》作为宋代志怪小说的代表之作，虽以故事的形式来铺陈，但在一定程度上反映了宋代民间信仰中的鬼神观念，即祖先鬼魂并不会随着死亡而消失，而会和现世生人发生重要联系：《蒋保亡母》中，蒋保险为同行人所害，在其亡母的帮助下得以脱险。① 《衡山民》中，山民醉酒跌于水中而亡，其鬼魂泣告父祖灵位，其父求告土地神后得以复生。② 《姚师文》中，姚师文死后显灵，指示其子拿回卖田契约，解脱困境。③ 《皮场大王》中，席旦死后成神，赐钱于子大光

---

① 注：据《夷坚志》甲志卷四《蒋保亡母》："乡人马叔静之仆蒋保，尝夜归，逢一白衣人，偕行至水滨，邀同浴。保已解衣，将入水，忽闻有呼其姓名者，声甚远，稍近听之，乃亡母也。大声疾言曰：'同行者非好人，切不可与浴。'已而母至，即负保，急涉水至岸，值一民居，乃掷于竹间。居人闻外有响，出视之，独见保在，其母及白衣皆去矣。"[宋·洪迈（撰）、何卓（点校）：《夷坚志》甲志卷4，中华书局，1981年，第1册，第31页。]

② 注：据《夷坚志》丙志卷八《衡山民》："乾道初元，衡山民以社日祀神，饮酒大醉，至暮独归，跌于田坎水中，恍忽如狂，急缘田塍行。至其家，已闭门矣，扣之不应，身自从隙中而入。妻在床绩麻，二子戏于前，妻时叱骂其夫暮夜不还舍，民叫曰：'我在此。'妻殊不闻。继以怒骂，亦不答。民惊曰：'得非已死乎？'遽趋出，经家先香火位过，望父祖列坐其所，泣拜以告。父曰：'勿恐，吾为汝恳土地。'即起，俄土地神至，布衫草屦，全如田夫状。具问所以，顾小童令随民去。童秃发赤脚，类牧牛儿。相从出门。寻元路，复至坎下，教民自抱其身，大呼数声，蹶然而寤，时妻以夫深夜在外，请邻人持火炬求索之，适至其处，遂与俱归。"[宋·洪迈（撰）、何卓（点校）：《夷坚志》丙志卷8，中华书局，1981年，第2册，第434页。]

③ 注：据《夷坚志》丁志卷第二十《姚师文》："姚师文、南城人。建炎初登第，得宜春尉以死。家之田园，先以岁饥速售，产去而税存。妻弱子幼，莫知买者主名，阅十余年，负官物至多。邑令李鼎，治逋峻，系姚子于狱累月。会岁尽，鼎怜其实穷，使召保任，立期暂归。子至家，除夜无以享，独持饭一器祀其父，告以久囚不能输税之故，哀号不已。屋上忽有人呼小名，惊视之，父衣公服立，索纸墨笔砚。子欲梯而上，止之曰：'幽明异途，不宜相近，第置四物檐间可也。'子退，忍泪屏息遥望之。姚稍步及檐坐，就膝书满纸，掷下。俯拾之际，父遂不见。新岁，持死父书至邑，邑宰读所书：某田归某家，税当若干。逮逋人至，皆骇异承伏，子乃得免。子妇之父董，在临川，素相善，亦往访之，空中揖语，相劳如平生。且请具酒席，叙款，而不见形。董曰：'以何礼为席？'曰：'与生人等耳。'董如言，相对尽敬，不敢少慢。又语及教子，为出论题，说题意，主张有条理。罢酒，始辞去，仍嘱善护其子，自此寂然。"[宋·洪迈（撰）、何卓（点校）：《夷坚志》丁志卷20，中华书局，1981年，第2册，第704-705页。]

解其困窘。①这些故事里，死去的先人并没有因为死亡就和生人的世界彻底割裂，在宋人的鬼神观念中，他们不仅可以自由地往来于死后世界和现世之间，更重要的作用是，当现世的子孙遇到困境，如生命安全受到威胁、经济陷入困境，这些故去的先人会及时地出现，或是挺身而出救其性命，或是馈赠金钱救济贫穷。而《向氏家庙》则更为明确地展现了供奉先人与现世生人福报的关系：贤妇向氏在家庙之中供奉先人，一切皆如平生般恭敬孝顺、事事周到，其被小鬼所害致病后，病势危重之时，往家庙祈祷便稍有好转，至梦中得家庙神灵相助后，更是彻底康复，得享高寿。②正是死去祖先灵魂和生人福祉之间的联系性，促进了宋人丧葬活动中的互利关注：他们需要安抚好祖先的灵魂，故而看重祖先归安之所——画像石室墓的建造，并通过象征性的图像和象征性的材质完成这个稳固长久并延续各种世俗享乐的归安之所构建，借助这种对祖先灵魂尽孝安抚的行为，实现建立在死后世界与生人福祉密切联系基础上的互利。

其三，即是来自世俗化的宗教影响。世俗化转向下，儒、佛、道三教走向合流，世俗化的宗教对于孝道，以及孝道与报应相关的宣扬，影响了民间的丧葬活动，使得宋人在营建画像石室墓的动因中体现了"互利"性，除了贯彻孝道慎终追远之外，也希望通过永奉先人而获得保佑延福子孙。这一点在下一节"世俗化的宗教与画像石室墓"中将进行详细的论述。

---

① 注：据《夷坚志》甲志卷第五《皮场大王》："席旦，字晋仲，河南人。事徽庙为御史中丞，后两镇蜀，政和六年（1116），终于长安。其子大光终丧后，调官京师。时皮场庙颇著灵响，都人日夜捐施金帛。大光尝入庙，识其父殁时一履，大惊怆。既归，梦父曰：'我死即为神，权势甚重，不减在生作帅时。知汝苦窘用，明日以五百千与汝。'大光悸而寤，闻扣户声甚急，出视之。数卒挽一车，上立小黄帜云：'皮场大王寄席相公钱三百贯。'置于地而去。时正暗，未辨色，犹疑之。既明，乃真铜钱也。大光由此自负，以为必大拜。绍兴初参知政事，后以大学士制置四川。蜀人皆称为席相公。已而丁其母福国太夫人忧，未除服而薨。"[宋·洪迈（撰）、何卓（点校）：《夷坚志》甲志卷5，中华书局，1981年，第1册，第39-40页。]

② 注：据《夷坚志》甲志卷十二《向氏家庙》："钦圣宪肃皇后侄向子骞妻周氏，贤妇人也。初归向氏，自以不及舅姑之养，乃尽孝家庙，行定省如事生，未尝一日废。岁时节腊，于烹饪涤濯，必躬必亲。政和间，随夫居开封里第，得疾。于梦中了了见五六人，若世间神庙所画鬼物。内一人取所佩箧椟，出纸小幅，满书其上，字不宜识，既而断裂作丸，如服药状，取案上汤饮，劝周曰：'服此即安。'周取服不疑。既觉，即苦咽中介嗌塞，饮食不能下，疾势且殆。周自念此非医所能为，而世间禳禬事又素所不信，但默祷家庙求佑。数日后，因服药大吐，始能进粥，且肉食。既有间，梦仙官乘羽盖车冉冉从空下，仅从甚盛。升堂坐，取前五六鬼棰扑于廷，如鞠问状。诸鬼取医所治药，与所余粥肉之属，各执以进曰：'所见惟此耳。'内一鬼乃书纸作丸者，独战栗惶惧，于唾壶中探取丸书，展之复成小幅，文字历历如故。上之仙官，坐间命行文书，械诸鬼付狱，徐整驾而去。周涣然寤，即履地复常，后享寿七十。仙官盖家庙神灵也。"[宋·洪迈（撰）、何卓（点校）：《夷坚志》甲志卷12，中华书局，1981年，第1册，第107-108页。]

本节小结

四川地区宋墓画像石刻最主要的原境——画像石室墓兴起和发展的重要动因之一，是宋代文化世俗化大趋势下丧葬也日渐转向世俗化：重实物厚葬到重丧、祭的转化所带来的墓葬中对象征的强调，世俗享乐思潮影响下墓葬中对现世享受延续的关注，以及现世福祉关注下丧葬活动中的"互利"考虑都对画像石室墓影响深刻。

宋代丧葬的世俗化转向下，丧葬活动的重点从葬到丧、祭转化，比起丰厚的珍物随葬，能为世人所知所感、能彰显以申教化的丧和祭活动似乎更为社会大众所偏好；而随葬的丰厚实物将会随着墓葬的封闭而与世隔绝，不利于展现子孙孝道，加之为了防范珍物随葬而带来的盗墓风险，画像石室墓的营造者们在恪尽孝道事死如生与防范盗墓风险之间寻找到了契合点，使得画像石室墓从材质到图像呈现出全方位的浓厚象征意味。

并且，随着城市经济发展、市民阶层力量壮大和社会影响力增强而来的对物质享受的追求，带起了宋代社会重世俗享受的民风，在"事死如事生"观念指导下，现世的重世俗享受民风投射在丧葬活动中影响了画像石室墓。故而，宋人为先人设计的死后世界不再是以升仙、仙人的世界为主题，他们更关注现世享受的一切在死后世界延续，力图为死者营造一个"永享供奉"的死后世界。

画像石室墓的营建者们以墓葬后龛坐北向南位为中心设置墓主标示物如墓主人像、空椅、屏风、牌位等，作为享有这个死后空间的主体，进而按较为稳定的关系配置各种具有象征意义的图像：墓门处置武士披坚执锐守卫墓葬；四壁以四神将狭窄有限的墓葬扩展到了以四神为代表的东西南北四方界限内广大世界，并规定这个由四神来划定的界限中，是专属于墓主的领域；配置在墓壁的祥禽瑞兽象征吉祥长寿；伎乐杂剧、侍者侍奉等代表着人世生活方方面面在另一个世界的延续；四季共存常开不败的花卉，则寓意着时间的轮转永续。这些具有象征意义的图像以同样具备长存不朽象征意义的石材为载体，从图像和材质上以象征为手法，构造出时间的永续和空间的永存不朽，为墓主构筑起一个"永为供养"的世界。（参见图8-24）①

但值得注意的是，这种营造祖先"永为供养"死后世界的行为，其原因具有双重性，体现着"互利"的考量：不仅关注先人供奉，也要通过这种贯彻孝行供奉先人的行为，达到"互利"即祈求福报、延福子孙。这种互利思维背后的原因一是源于文化全面世俗化转向、享乐民风盛行使得宋人尤为关注自身现世福祉；二是来源于宋代民间的鬼

---

① 四川省博物馆、广元县文管所：《四川广元石刻宋墓清理简报》，《文物》，1982年第6期。

第八章　四川地区宋墓画像石刻与社会文化的世俗化转向

神观念中，祖先的魂灵可以来往于死后世界与现世之间，在子孙危难之时及时相助。正是因为这种死后世界与生人福祉密切联系的观念，使得宋人看重妥善营造先人死后"永为供养"空间，相信对于祖先灵魂妥善的供奉和安抚，可以受到先人的保佑，造福现世子孙；此外，世俗化的宗教对于孝道、孝与报应的宣扬也起了重要的推动作用。

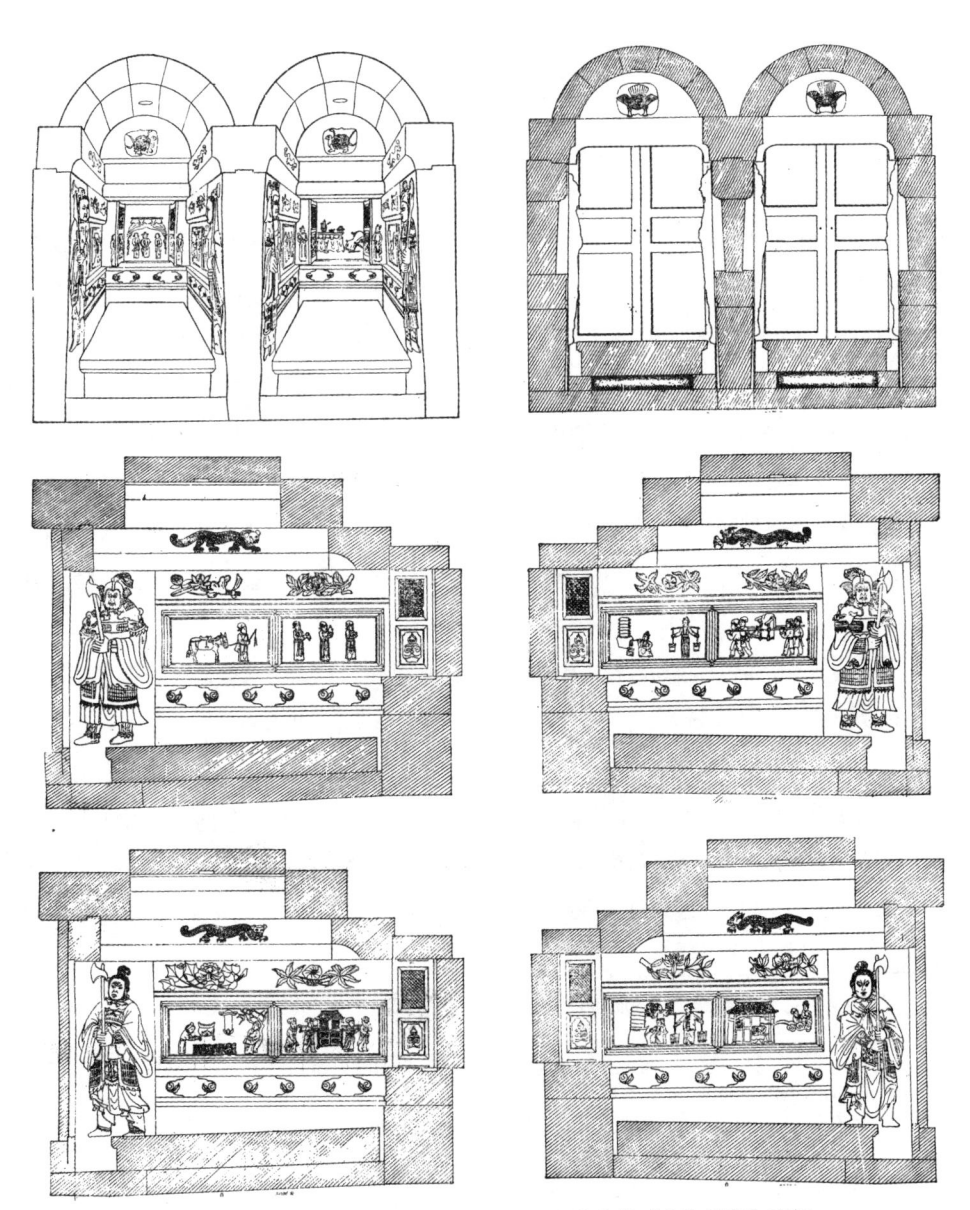

图8-24　广元河西杜光世夫妇墓图像组合营造的"永为供养"空间

① 图片采自四川省博物馆、广元县文管所：《四川广元石刻宋墓清理简报》，《文物》，1982年第6期，图六、图七、图八、图九、图十、图一〇、图一一。

第二节 世俗化转向的宗教与画像石室墓

一、世俗化转向下三教合流与画像石室墓

（一）画像石室墓中的多教因素共出现象

考察四川地区宋墓画像石刻的诸原境，多教因素共出现象目前仅见于画像石室墓中。如：华蓥安丙家族墓群M2墓道中所出宋故宜人碑背面石刻菩萨立于莲台之上（按原报告推断此碑应为M4宜人郑氏之物，原可能在M2与M4之间，因故塌落到M2墓道之中）[1]，但M4腰坑石槽底用108枚金银冥钱按方位摆成道教八卦中的坎、离、巽、兑图案。[2]广元河西杜光世夫妇墓买地券文中明确表述杜光世为道教弟子："谨有亡□男弟子杜光世……急急一如太上女青律令。"在杜光世妻戈氏墓后龛却出现了女墓主人持佛珠诵经图。[3]遵义杨粲夫妇墓男室和女室皆出土了具有非常明显的道教内涵的石真、镇墓石，棺台处却出现了具有佛教内涵的抬棺力士。[4]重庆北碚苦塘沟南宋杨元甲夫妇墓，M3和M4的右壁龛均雕刻佛教的《楞严咒》，M4杨元甲墓的后龛内却雕刻了道教的镇墓文（天帝敕告文），M3杨元甲夫人景氏墓左壁龛内也雕刻了同样的道教镇墓文。[5]

同个墓葬中儒佛道多家元素共出现象并不独存在于四川地区宋代画像石室墓中，在全国范围内宋墓图像题材之中也反映出这个现象。河南登封黑山沟北宋绍圣四年（1097）李守贵墓的栱眼壁绘有8幅二十四孝中的孝行图，西壁斗拱与垂花饰之间绘有一菩萨端坐于祥云中，东壁斗拱与垂花饰之间绘有二道士击钹，东南壁斗拱与垂花饰之间绘有二道姑持幡。[6]襄阳槐西壁画墓西壁下部绘有僧人面对墓主夫妇作法，西壁、北壁、东壁还绘有15幅二十四孝中的孝行图。[7]内蒙古清水河县塔尔梁壁画墓M1西南壁上

---

[1] 四川省文物考古研究院、广安市文物管理所、华蓥市文物管理所：《华蓥安丙墓》，文物出版社，2008年，第38页。
[2] 四川省文物考古研究院、广安市文物管理所、华蓥市文物管理所：《华蓥安丙墓》，文物出版社，2008年，第103页。
[3] 四川省博物馆、广元县文管所：《四川广元石刻宋墓清理简报》，《文物》，1982年第6期。
[4] 宋先世：《遵义杨粲墓发掘报告摘要》，《贵州田野考古四十年》，贵州民族出版社，1993年。
[5] 白九江（重庆市文化遗产研究院）、莫骄（北碚区博物馆）、徐克诚（重庆市文化遗产研究院）：《重庆市北碚区苦塘沟南宋杨元甲夫妇墓的发现与研究》，《四川文物》，2015年第6期。
[6] 郑州市文物考古研究所、登封市文物局：《河南登封黑山沟宋代壁画墓》，《文物》，2001年第10期。
[7] 郑州市文物考古研究院、荥阳市文物保护管理所：《襄阳槐西壁画墓发掘简报》，《中原文物》，2008年第5期。

层绘有三清像，西南壁出殡图中绘有道士行走在出殡队伍的最前，北壁上层绘有二十四孝中的卧冰求鲤。①甘肃清水宋代砖雕彩绘墓中可见僧人和道士共同组成的乐伎队伍、佛教的飞天、二十四孝中的郭巨埋儿、孝行中的训读。②河南登封唐庄宋墓M2墓顶南壁、东北壁、东南壁皆绘有僧人奏乐，墓顶西南壁绘两儒士持笏，墓顶北壁绘二执莲花道人立于云端。③洛阳北宋张君墓画像石棺的棺台四角雕刻佛教元素的仰覆莲和抬棺力士，前档雕刻仙人引导墓主夫妇升仙图，两侧壁、后档雕刻完整的二十四孝图。④河南新密市平陌宋代壁画墓室顶部绘有二十四孝图中的4个孝行故事图，西北壁、东北壁、北壁绘有佛教元素的"泗州大圣渡翁婆"，表现墓主夫妇在泗州大圣僧伽指引下通往西天极乐的场景。⑤登封高村宋代壁画墓上部西北壁、西壁皆绘有一道姑着宽袍大袖执拂尘立于云端之上，北壁绘一菩萨立于云端有头光双手合十，栱间壁上绘有二十四孝中的8个孝行故事。⑥

除宋墓之外，辽墓、金墓之中也可见三教元素共出于墓葬装饰之中。河北宣化张文藻墓甬道木门门额半圆形堵头上，绘有三人对弈。一人着圆领长袍，头戴展脚幞头，作儒士装扮；一人着阔袖道袍，头戴道冠，应为道人；一人作僧人装扮，表现的应为三教会棋。⑦内蒙古赤峰宝山辽壁画墓1号墓石房西壁绘一僧人端坐于椅上、一道者坐于榻上、一黄袍人与道人相谈、一人着展脚幞头者端坐拱手作恭听状、一人着黄袍捧物坐于磐石旁，应表现的是三教高逸人物相会场景。东壁绘"降真图"，表现西王母下降凡间的场景。⑧山西侯马牛村M1墓室北壁墓主人像旁的莲花幢式花幡雕刻"香花供养"，西壁门扇障水板雕刻二十四孝中的刘明达卖子。⑨

通观四川地区宋代画像石室墓和全国范围内的宋墓装饰，儒、佛、道三教因素同出于一个墓葬之中的情况并不罕见，考其原因，应源于宋代宗教世俗化转向下的三教合流影响。

---

① 内蒙古自治区文物考古研究所：《清水河县塔尔梁壁画墓发掘述要》，《草原文物》，2011年第2期。
② 甘肃省清水县博物馆：《清水宋代砖雕彩绘墓》，《陇右文博》，1998年第2期。
③ 郑州市文物考古研究所、登封市文物局：《河南登封城唐庄宋代壁画墓》，《文物》，2005年第8期。
④ 黄明兰、官大中：《洛阳北宋张君墓画像石棺》，《文物》，1984年第7期。
⑤ 郑州市文物考古研究所、新密市博物馆：《河南新密市平陌宋代壁画墓》，《文物》，1998年第12期。
⑥ 郑州市文物考古研究所、登封市文物局：《登封高村壁画墓清理简报》，《中原文物》，2004年第5期。
⑦ 河北省文物研究所、张家口市文物管理处、宣化区文物管理所：《河北宣化辽张文藻壁画墓发掘简报》，《文物》，1996年第9期。
⑧ 内蒙古文物考古研究所、阿鲁科尔沁旗文物管理所：《内蒙古赤峰宝山辽壁画墓发掘简报》，《文物》，1998年第1期。
⑨ 山西省考古研究所侯马工作站：《侯马两座金代纪年墓发掘报告》，《文物季刊》，1996年第3期。

（二）孝行与福报的提倡——三教合流对画像石室墓的影响

1. 三教合流影响丧葬的重要契合点——孝行提倡与永为供养空间营造

余英时将宋代之前的三教关系概括为："印度佛教传入中国曾产生了重大的影响，但仍与基督教在西方中古文化中所取得的绝对的主宰地位有别。六朝隋唐之世，中国诚然进入了宗教气氛极为浓厚的时代，然而入世教（儒）与出世教（释）之间仍然保持着一种动态的平衡。道教也处于出世与入世之间。故中国中古文化是三教并立，而非一教独霸。"[①]中古文化中并立的三教发展至宋代，互相渗透、吸收，出现了融合的趋势。三教合流对于丧葬的影响，最重要的一个契合点是对"孝行"的提倡。

高僧契嵩《辅教编》中的《孝论》，用以"拟儒《孝经》，发明佛意"[②]。高僧宗杲提倡"三教合一"，认为："三教圣人立教虽异，而其道同归一致"[③]，"三教圣人所说之法，无非劝善戒恶，正人心术。心术不正则奸邪，唯利是趋；心术正则忠义，唯理是从。……菩提心则忠义新，名异而体同"[④]。不管是儒家的正心，还是佛教的菩提心，心术若正，则"于忠于孝，于事于理，治身治人，无不周旋，无不明了"[⑤]。可以看出，此时的佛教所关注的不仅是出世超脱，同样关注着世俗中的伦理规范，讲究忠孝，《父母恩重经》的出现正是宋代佛教世俗化转向下关注世俗伦理的产物。

同样的，宋代的道教也尤为注重对行孝的提倡，这种提倡不仅是观念层面上，更形成了影响现实的产物，《阴骘文》《文昌孝经》等皆是此时期道教用以倡导行孝的重要经典。

孝道是儒家伦理观念中极为重要的内核之一，在宋代力图强化社会伦理秩序的大背景下，孝更是规范伦理制度中极为重要的一个部分。

国家礼制层面，极为看重丧葬活动中的孝道贯彻，居丧作乐、丧葬举乐、火葬等行为都因被视为"不孝"而厉令禁止：

《续资治通鉴长编》卷二十三载：太平兴国七年（982）"禁民居丧作乐及为酒令者，以不孝论"。[⑥]

---

① 余英时：《士与中国文化》，上海人民出版社，2003年，第6页。
② 宋·契嵩：《辅教编》，《镡津文集》，《大正藏》（cbeta版），第52册，第2115号经，第701页，下栏第16行。
③ 宋·宗杲：《大慧普觉禅师语录》，《大正藏》（cbeta版），第47册，第1998A号经，第906页，中栏第7-8行。
④ 宋·宗杲：《大慧普觉禅师语录》，《大正藏》（cbeta版），第47册，第1998A号经，第912页，中栏第23-25行。
⑤ 宋·宗杲：《大慧普觉禅师语录》，《大正藏》（cbeta版），第47册，第1998A号经，第913页，上栏第21-22行。
⑥ 宋·李焘：《续资治通鉴长编》卷23，中华书局，2004年，第1册，第530页。

第八章 四川地区宋墓画像石刻与社会文化的世俗化转向

《宋史》卷一百二十五《志第七十八·礼二十八·凶礼四·士庶人丧礼服纪·士庶人丧礼》载：开宝九年（976）"诏曰：'访闻丧葬之家，有举乐及令章者。盖闻邻里之内，丧不相舂，苴麻之旁，食未尝饱，此圣王教化之道，治世不刊之言。何乃匪人，亲雁衅酷，或则举奠之际歌吹为娱，灵柩之前令章为戏，甚伤风教，实紊人伦。今后有犯此者，并以不孝论，预坐人等第科断。所在官吏，常加觉察，如不用心，并当连坐。'"①

《宋史》卷一百二十五《志第七十八·礼二十八·凶礼四·士庶人丧礼服纪·士庶人丧礼》载："绍兴二十七年（1157），监登闻鼓院范同言：'今民俗有所谓火化者，生则奉养之具唯恐不至，死则燔爇而弃捐之，何独厚于生而薄于死乎？甚者焚而置之水中，识者见之动心。国朝著令，贫无葬地者，许以系官之地安葬。河东地狭人众，虽至亲之丧，悉皆焚弃。韩琦镇并州，以官钱市田数顷，给民安葬，至今为美谈。然则承流宣化，使民不畔于礼法，正守臣之职也。方今火葬之惨，日益炽甚，事关风化，理宜禁止。仍饬守臣措置荒闲之地，使贫民得以收葬，少神风化之美。'从之。"②

开宝九年（976），国家以诏令的形式禁止丧葬活动之中用乐，理由是本应悲痛庄重的葬仪，却在灵前奏乐作歌，既伤风化，也有违人伦。对于这种行为也作不孝来论罪，甚至连不能有效察管禁止的官员，也会连坐惩处，可见国家禁令的严格性。太平兴国七年（982），国家又以禁令的形式直接定性居丧期间作乐行酒令为"不孝"。绍兴二十七年（1157），又对民间的火葬行为下令禁止，认为将生时都恭敬奉养的先人死后焚骨扬灰的火葬行为违反礼法和社会伦理。

宋代儒家士大夫们不仅极力提倡孝道，更将慎终追远看成奉行孝道最为重要的大事。宋祁认为"孝莫重乎丧"③。蔡襄提出"死生不违于礼，是孝诚之至也"④。程颐也认为"孝莫大于安亲，忠莫先于爱主，人伦之本，无越于斯。"⑤ "送死，天下之至重……"⑥家礼层面，对于宋代民间家礼影响深刻的司马氏书仪和朱子家礼都用极重的篇幅对恪尽孝道、事死如生、慎终追远做出了明确而详细的规定。

---

① 元·脱脱等：《宋史》卷125，中华书局，1985年，第9册，第2918页。
② 元·脱脱等：《宋史》卷125，中华书局，1985年，第9册，第2918-2919页。
③ 宋·宋祁：《孙仆射行状》，《全宋文》卷524，第25册，第64页。
④ 宋·蔡襄：《蔡襄集》卷34《福州五戒文》，上海古籍出版社，1996年，第618页。
⑤ 宋·程颢、程颐：《二程集·河南程氏遗书》卷5《伊川先生文一·为家君上神宗皇帝论薄葬书》，中华书局，1981年，第2册，第527页。
⑥ 宋·程颢、程颐：《二程集·河南程氏遗书》卷6《二先生语六》，中华书局，1981年，第1册，第94页。

2. 三教的孝行与福报宣扬和画像石室墓中的"互利"关注

三教不仅提倡孝道，也大力宣扬孝道与报应的关系。儒家历来将孝作为社会伦理规则中极其重要的一个方面，并认为孝能与天地神明感应，《孝经·感应章第十六》言孝行所至"天地明察，神明彰也""孝悌之至，通于神明，光于四海，无所不通"。①宋代官修史书中都不乏孝子贤孙因孝行与天地相感得福报的记述：

《宋会要辑稿·礼八·旌表》："淳熙三年（1176），台州奏：临海县妇人陈氏，夫亡，年少子幼，有媒议亲。陈氏抚膺恸哭，仆地，复欲自刃。父母许以不复议嫁，方免。奉舅姑极孝。舅朝散大夫朱景山得风眩疾，侍汤药未尝少怠。姑年百有一岁，临终，执其手曰：'愿妇子孙众多，寿如我。'其侍母硕人亦甚孝。今年九十三，齿发不衰。二子希尹、希牧，皆举进士。所居室右，萱草合颖而花。及得疾，二子叩头祈祷，愿以身代，遂愈。邑火焚城市，将至所居而灭，孝义所感。上曰：'此当旌表，以厉风俗。今次庆赦，年九十者自合与封号，又孝行如此，可封安人。'"②临海陈氏侍奉公婆至孝，不仅年逾九旬依然身体康健，子孙成才，萱草现祥瑞，甚至焚城大火至其居室亦自行熄灭，这些都被视为其孝行与天地神明所感而降下的福报，并因孝行得到政府的旌表，以宣扬人伦道德，清正社会风俗。

《宋史》卷四百五十六《列传第二百一十五·孝义传》中更是记录了大量孝感天地的事例，有的是侍奉父母至孝，如刘孝忠③、吕昇④、王翰等⑤，于父母病重之时损己身以奉双亲，其行孝的结果皆是父母痊愈。有的是以至孝之行哀治父母之丧，如易延

---

① 胡平生、许颖、徐敏（译注）：《孝经·地藏经·文昌孝经》，中华书局，2009年，第41页。
② 清·徐松（辑），刘琳、刁忠民、舒大刚等（点校）：《宋会要辑稿》，上海古籍出版社，2014年，第2册，第655页。
③ 注：据《宋史》卷四百五十六《列传第二百一十五·孝义传》："刘孝忠，并州太原人。母病经三年，孝忠割股肉、断左乳以食母；母病心痛剧，孝忠取火掌中，代母受痛。母寻愈。后数岁母死，孝忠佣为富家奴，得钱以葬。富家知其孝行，养为己子。后养父两目失明，孝忠为舐之，经七日复能视。"（元·脱脱等：《宋史》卷456，中华书局，1985年，第38册，第13387页。）
④ 注：据《宋史》卷四百五十六《列传第二百一十五·孝义传》："吕昇，莱州人。父权失明，剖腹探肝以救父疾，父复能视而昇不死。"（元·脱脱等：《宋史》卷456，中华书局，1985年，第38册，第13388页。）
⑤ 注：据《宋史》卷四百五十六《列传第二百一十五·孝义传》："官人王翰，母丧明，翰自抉右目睛补之，母目明如故。淳化中，并下诏赐粟帛。"（元·脱脱等：《宋史》卷456，中华书局，1985年，第38册，第13388页。）

第八章 四川地区宋墓画像石刻与社会文化的世俗化转向

庆①、陈思道②、何保之等③，而这样的孝行通感天地而致各种祥瑞出现。

宋代的佛教与道教，也对因孝而至的福报大加宣扬。《地藏经》中，地藏菩萨为救其母发下大愿之孝行，使本应不离恶道的母亲可以脱离往昔的罪报，此生命尽后，"……生为梵志，寿能百岁。过是报后，当生无忧国土，寿命不可挤劫。后成佛果，广度人天，数如恒河沙"④。《文昌孝经》"孝感篇"更是明确地将孝行与鬼神庇佑、自身福禄、子孙荣华联系在一起："吾今行化，阐告大众：不孝之子，百行莫赎；至孝之家，万劫可消。""孝子之门，鬼神护之，福禄畀之。"⑤"人果孝亲，惟以心求。生集百福，死列仙班；万事如意，子孙荣昌；世系绵延，锡自斗王。"⑥

宋代民间信仰观念中，也不乏孝行与报应相关的宣扬。《夷坚志》记述了诸多不孝遭殃，孝行得福报的例子：不孝之人，如《夷坚志》丙志卷十六记广州女"……很戾不孝，无日不悖其亲"，最终被雷击死于道上。⑦《夷坚志》乙志卷七"杜三不孝"记洪州杜三侍母不孝，最终发狂服毒身亡，为"其不孝之报欤"⑧。而《夷坚志》乙志卷十二记章惠仲遇虎，"乃知一念起孝，脱于死地"⑨。《夷坚志》丙志卷十五记周昌时因孝道所至，蒙仙人赐药治愈母亲顽疾。⑩

三教在提倡孝道这一点上达成契合，就儒家而言，孝道本身便是儒家历来提倡的伦理道德中最为核心的内容之一；而就佛道而言，在此时着重宣扬孝道，以及孝道可至福

---

① 注：据《宋史》卷四百五十六《列传第二百一十五·孝义传》："易延庆字余庆，筠州上高人。父赟，以勇力仕南唐至雄州刺史。延庆幼聪慧，涉猎经史，尤长声律，以父荫为奉礼郎。显德四年，周师克淮南，赟归朝，授道州刺史；延庆亦授大名府兵曹参军，后为大理评事，知临淮县。乾德末，赟卒，葬临淮。延庆居丧摧毁，庐于墓侧，手植松柏数百本，旦出守墓，夕归侍母。紫芝生于墓之西北，数年又生玉芝十八茎。本州岛将表其事，延庆恳辞。或画其芝来京师，朝士多为诗赋，称其孝感。"（元·脱脱等：《宋史》卷456，中华书局，1985年，第38册，第13393页。）

② 注：据《宋史》卷四百五十六《列传第二百一十五·孝义传》："陈思道，江阴人。丧父，事母兄以孝悌闻。鬻醯市侧，以给晨夕，买物不酬价，如所索与之。母病，思道衣不解带者数月，双目疮烂，饮食随母多少。洎母丧，水浆不入口七日。既葬，哀鬻醯之利，得钱十万，奉其兄。结庐墓侧，日夜悲恸，其妻时携儿女诣之，拒不与见。夏日种瓜，以待过客。昼则白兔驯狎，夜则虎豹环其庐而卧。咸平元年，知军上其事，诏赐束帛，旌其门。"（元·脱脱等：《宋史》卷456，中华书局，1985年，第38册，第13396页。）

③ 注：据《宋史》卷四百五十六《列传第二百一十五·孝义传》："何保之，梓州通泉人。业进士，有至行。母卒，负土成坟，庐于其侧。日有群乌飞集坟上，哀鸣不去，又尝有兔驯于坐隅，人称异焉。大中祥符降诏旌恤。"（元·脱脱等：《宋史》卷456，中华书局，1985年，第38册，第13398页。）

④ 胡平生、许颖、徐敏（译注）：《孝经·地藏经·文昌孝经》，中华书局，2009年，第110页。

⑤ 胡平生、许颖、徐敏（译注）：《孝经·地藏经·文昌孝经》，中华书局，2009年，第243页。

⑥ 胡平生、许颖、徐敏（译注）：《孝经·地藏经·文昌孝经》，中华书局，2009年，第247页。

⑦ 宋·洪迈（撰）、何卓（点校）：《夷坚志》丙志卷16，中华书局，1981年，第2册，第504页。

⑧ 宋·洪迈（撰）、何卓（点校）：《夷坚志》乙志卷7，中华书局，1981年，第1册，第242页。

⑨ 宋·洪迈（撰）、何卓（点校）：《夷坚志》乙志卷12，中华书局，1981年，第1册，第283页。

⑩ 宋·洪迈（撰）、何卓（点校）：《夷坚志》丙志卷15，中华书局，1981年，第2册，第490页。

报，来源于宋代社会全面世俗化转向下，佛教和道教为了自身宗教的生存和发展，必须适应世俗化转向潮流做出改变。中华民族是一个极为讲究孝道、讲究奉养双亲的民族，佛教所提倡的出家离俗，道教所提倡的出世，和传统的孝道奉亲之间其实存在矛盾，佛道两家必须调整自己的主张以调与民间根深蒂固的孝道奉亲观念之间的矛盾。故而，佛教开始宣扬念佛修行和尽孝可以兼顾，道教也主张恪尽孝道、奉亲向善也是修行的一种。不仅如此，在世俗化的转向下，宋人不仅关心先人的死后世界，同样关心着生人的福祉，佛道为了扩大自身的影响力，顺应了这种世俗的关注，将孝行的提倡与生人福报联系在一起，以迎合世俗心理的需要。

三教合流对孝道、孝与福报的提倡，影响了四川地区宋代画像石室墓的营建。因为合流的三教影响力在社会中全方面渗透，世俗化的佛教道教影响力扩张、儒家理学强化伦理秩序的努力，共同的"孝道"强调，使宋人格外重视慎终追远。为恪尽孝道使祖先永为供养，在表现着"最大"孝道、至重之礼的丧葬中，以充满象征意义的题材和载体材质贯彻"永为供养"观念、打造先人永享供奉的空间，很自然地成为本身便有着刻石为墓传统的宋代四川人的选择。而三教对于孝与福报的宣扬，也造就了宋人营建画像石室墓慎终行为中的"互利"取向，不仅尽孝道供奉祖先，也希望通过贯彻孝行获得生人福报。

二、世俗化道教影响力扩张下的生墓复兴与画像石室墓兴起

按前文所述，宋代文化世俗化转向下走向合流的儒佛道三教对于画像石室墓产生了重要影响，而三教之中，道教影响力扩张所起的作用尤为突出。画像石室墓中，生墓是一类较为特殊的墓葬，生墓的复兴在画像石室墓兴起与发展中起到了较大的作用，而生墓在宋代的复兴和道教影响力扩张有着密切的联系。

（一）世俗化道教影响力扩张与宋代生墓的复兴

笔者所论之"生墓"，指古代人们生前筑建的寿藏类墓，相对人去世后所建的"亡墓"更能体现"为生者计"的葬仪思想。张勋燎和白彬在《前蜀王建永陵发掘材料中的道教遗迹》一文中探讨王建墓石真时，将以王建墓为代表的这类在墓主生时建造的墓葬称为"生墓"①，本书从此命名。

考察生墓的主要依据，一是墓中出土文字材料表述的建墓情况（建墓时间、缘由等），如据羊子山乔氏墓华盖宫文石刻可知此墓为乔氏生前预造："……今有奉道弟子

---

① 张勋燎、白彬:《中国道教考古》，第4册，线装书局，2006年，第1033页。

第八章 四川地区宋墓画像石刻与社会文化的世俗化转向

乔氏,行年六十五岁,十月初五生,预造千年吉宅,遂涓良日,将伸掩闭之庆,祈愿福禄永坚,子孙安吉,身心吉健,命□石崇。……"①;二是根据文献的记载,按宋人苏轼《书温公志文异圹之语》:"生者之室,谓之寿堂,以偶人被甲执戈,谓之寿神以守之。"②"寿堂"即为生时所建之墓,如广元王再立郑氏合葬墓买地券所述:"……女弟子郑氏本命乙酉行年四十岁……今岁山空命宜造吉宅……买得寿山一□,命立寿堂,以备千年之计。……"③故本书将有"寿堂"标识的墓葬定为生墓,还将有"寿藏""寿冢"标识的墓葬归为同类。

本书所论生墓不包括帝王家族墓这一类预作寿藏,因帝王的预作寿藏可考情况从战国至两宋皆然,考察宋代生墓作为生墓发展第二个高峰期的特殊性,主要应考察非帝王预作寿藏类的生墓,故本书中所论述之生墓主要为官员和非官员阶层的生墓,特此说明。

1. 生墓的发展脉络

宋代以前的预作寿藏情况,杨树达的《汉代婚丧礼俗考》④、杨爱国的《汉代的预作寿藏》⑤、龚扬民的《贵州遵义南宋杨粲墓道教因素试析》⑥、张亮的《川渝黔地区宋代生墓的初步研究》已对此进行了较为详细的论述⑦,本书不再赘述。总结宋代之前的生墓情况,就目前的文献和考古材料而言,生墓的修建应始于战国,兴盛于汉,魏晋时期影响少数民族墓葬,隋唐则远不如前代之盛,偶有零星发现。至宋代,出现自汉以来的第二个生墓发展高峰。生墓数量较隋唐大为增加,墓葬形式更为丰富,出现以四川为中心的典型分布区,使用人群包括高级官员至平民,并且突破了宗教信仰背景的界限,墓主既有道教信众也有佛教信众,"寿堂"成为这一时期内最具典型性的生墓标识。宋代修建生墓的习俗,在元代依然延续。河北涿州元代壁画墓中仍可见"寿堂"题刻,并且希望"后人不可毁",以求墓葬永固。⑧山西交城元代石室墓中不仅出现了"寿堂""恒斋",还出现了墓主夫妇并坐的"宗主之位"。⑨山西屯留县康庄工业园元代壁画墓1号墓的修墓记录中反映此墓是墓主生前选吉穴所建,应也是生墓之属。⑩元代以

---

① 张勋燎、白彬:《中国道教考古》,第4册,线装书局,2006年,第1036页.
② 张志烈:《苏轼全集校注》,第19册,河北人民出版社,2010年,第7397页。
③ 廖奔:《广元南宋墓杂剧、大曲石刻考》,《文物》,1986年第12期。
④ 杨树达:《汉代婚丧礼俗考》,上海古籍出版社,2000年。
⑤ 杨爱国:《汉代的预作寿藏》,《汉代考古与汉文化国际学术研讨会论文集》,齐鲁书社,2006年。
⑥ 龚扬民:《贵州遵义南宋杨粲墓道教因素试析》,《四川文物》,2013年第4期。
⑦ 张亮:《川渝黔地区宋代生墓的初步研究》,四川大学学士学位论文,2013年。
⑧ 河北省文物研究所、保定市文物管理处、涿州市文物保管所:《河北涿州元代壁画墓》,《文物》,2004年第3期。
⑨ 商彤流、解光启:《山西交城县的一座元代石室墓》,《文物季刊》,1996年第4期。
⑩ 山西省文物考古研究所、长治市文物旅游局、长治博物馆、屯留县文博馆:《山西屯留县康庄工业园区元代壁画墓》,《考古》2009年12期。

降,明代依然可见修建生墓。从张法禧墓、王法兴墓、金鉴墓出土的买地券考察其墓葬修建时间和墓主卒年,皆属于墓主生前所建[①],夏允彝妾陆氏墓镇墓券则明确记述此墓为"预作长生寿域",亦属生墓范畴。[②]

2. 宋代生墓概况

据笔者统计,全国范围内迄今公开发表的考古材料中,宋代生墓计有30座,其中5座为夫妇合葬墓,1座为兄弟合葬墓,其余均为单人墓;年代从真宗乾兴元年(1022)至南宋末;分布地域以今四川省中东部、重庆市及贵州省北部为主,另在今山西、江西、江苏等省区有零星分布(参见附表37 宋代生墓出处统计)。在可辨识墓型的28座墓中,画像石室墓数量最多(16座),其余依次是素面砖室墓(5座)、雕砖壁画墓(3座)、素面石室墓(3座),画像石刻崖墓仅1座。根据对墓葬出土文字材料、随葬品和墓葬规制的分析,可知如下36位墓主的身份信息概况。(参见表8-2)

综合表8-2内容发现,与使用"生墓"呈强相关的因素主要是墓主的"宗教背景"(道教)和"阶层背景"(中低阶层的普通民众)这两项,而在"性别"和"建墓时年龄"两项上则呈弱相关,因此可以认为,就当时社会等级而言,"生墓"是社会各阶层都沿用的普遍习俗,并且在信奉道教的中低阶层中可能更为流行。

表8-2 宋代生墓墓主身份信息概况(统计单位:人/来源:笔者绘制)

性别(可考者31)		宗教背景			阶层背景			墓主建墓时年龄(可考者13)					
男	女	道教	佛教	无宗教背景	高级官员	低级官吏	普通民众	30岁以下	30-40(岁)	40-50(岁)	50-60(岁)	60-70(岁)	70-80(岁)
20	11	17	1	18	2	3	31	0	2	4	1	5	1

3. 宋代生墓的分期和分区

表8-3 各期内各类型生墓数量统计(单位:座/来源:笔者绘制)

分期	砖室墓	雕砖壁画墓	素面石室墓	画像石刻崖墓	画像石室墓
一期	1	0	0	0	0
二期	4	3	3	1	7
三期	0	0	0	0	9

注:有2座墓葬由其买地券文字确定为生墓,但因买地券属征集,且墓葬形制不明,故不纳入统计。

---

① 鲁西奇:《中国古代买地券研究》,厦门大学出版社,2014年,第583-593页。
② 鲁西奇:《中国古代买地券研究》,厦门大学出版社,2014年,第623页。

表8-4　各期内生墓使用人群信仰背景统计（单位：人/来源：笔者绘制）

分期	道教信众	佛教信众	无宗教背景
第一期	0	1	0
第二期	12	0	12
第三期	5	0	6

根据刊布的考古资料，30座墓中有明确纪年的为26座，最早者为乾兴元年（1022），最晚者为德佑元年（1275），延续时间250余年。本书根据墓葬类型、分布地域、使用人群、墓葬装饰等要素的变化，将这批墓葬分为三期。

第一期为北宋中晚期：该期生墓发现极少，就目前发表的资料看，仅有乾兴元年（1022）四川省蒲江县何贇墓一座①。该墓地处唐末五代生墓较为集中的成都平原，墓型为砖室墓。据该墓所出买地券记载，墓主何贇属普通民众，宗教背景为佛教，其墓型、买地券券文体例及内容等与四川地区唐末五代的生墓极为相似。

第二期为南宋前期晚段至南宋中期晚段：计有20座墓，最早者为绍兴二十六年（1156），最晚者为宝庆三年（1227）。该期生墓的墓型和数量都较第一期大有增加，在砖室墓、雕砖壁画墓、素面石室墓、画像石室墓、画像石刻崖墓等多种墓型中，画像石室墓数量最多，雕砖壁画墓、画像石刻崖墓、素面石室墓数量极少。（参见表8-3）分布地域也远超第一期的范围，除在成都平原、川东、川北可见，上海、山西、江西等地也有零散发现。根据对墓中出土买地券、随葬品和墓的规制等的分析，该期墓主所属社会阶层和宗教背景，大部分应为中低阶层，且道教信众墓与非道教信众墓在数量上基本相同。（参见表8-4）在墓室装饰方面，该期除素面砖室墓、石室墓以外，雕砖壁画墓、画像石室墓和画像石刻崖墓的图像内容较为丰富，雕砖壁画墓有"妇人启门"、墓主像、武士、备侍、门窗、飞鸟、花卉等；画像石刻崖墓有门窗、花卉、祥禽瑞兽、羽人等；画像石室墓多为武士、四神、花卉、备侍、祥禽瑞兽、启门、墓主人像、空椅等。

第三期为南宋晚期：计有9座墓，最早者为绍定三年（1230），最晚者为德佑元年（1275）。该期生墓数量较第二期减少，墓型相对单一，皆为画像石室墓。分布地域以川东、川南黔北为主。据出土买地券券文、随葬对象和墓葬规制分析，墓主仍主要为中低阶层人群，但也偶见等级较高的贵州遵义杨粲墓。②较第二期而言，非道教信众生墓

---

① 龙腾：《蒲江县宋墓出土文物》，《成都文物》，1997年第2期。
② 宋先世：《遵义杨粲墓发掘报告摘要》，贵州省考古研究所：《贵州田野考古四十年》，贵州民族出版社，1993年。

的数量比道教信众生墓略多。（参见表8-4）该期生墓墓型仅见画像石室墓一类，墓室装饰图像在川南黔北区依然丰富，仍见有墓主像、空椅、启门、花卉、四神、祥禽瑞兽、门窗、备侍等，但川东地区画像石室墓的装饰图像已大为简化，基本不见第二期的主流题材，仅少数墓室配饰有花卉和茶桌等，如四川万源杜生坡墓①，或在后龛雕刻墓主莲花幢式牌位，如广安华蓥驾挡丘张中兴墓。②

根据墓葬类型、墓主特征（阶层与宗教背景）、各期起止时间等方面的差异，可将宋代生墓划分为四个区，即成都平原区、川东川北区、川南黔北区、其他省区，广义上的四川盆地是宋代生墓的集中分布区。

成都平原区：该区位于四川盆地西部，是早期宋代生墓的分布地，第一期到第二期都有发现，最早者蒲江何贇墓（1022）③，最晚者成都邓百瑞墓、杨寿娘墓（1206）。④共计5座墓，墓型有砖室墓和素面石室墓两类，墓主皆为普通民众。何贇为佛教信众，其他墓主皆为道教信众。出土买地券券文还记载了"石真代形"的生墓仪轨实施过程。

川东川北区：为宋代生墓第二期的主要分布区，计有15座墓。该区生墓贯穿本节划分的生墓第二、第三期，以第二期最为兴盛。墓型包括画像石室墓和画像石刻崖墓且以前者为主，画像石刻崖墓仅见重庆永川高洞子宋代崖墓群M1一例⑤，墓室装饰内容亦较为丰富。从第三期起，该区生墓数量开始减少，墓型仅见画像石室墓一类，装饰图像呈简化趋势，多为花卉、茶桌、莲花幢式墓主牌位。在墓主方面，据买地券券文、随葬对象等分析，具有宗教信仰的墓主皆为道教信众，而无宗教信仰的墓主则在数量上占多数。

川南黔北区：该区是生墓第三期最为集中的片区，计有5座墓。其中黔北是第三期才开始出现生墓并成为该期生墓的主要分布区。该区生墓皆为画像石室墓，装饰图像较为丰富，主要内容包括有墓主像、武士、四神、空椅、花卉、祥禽瑞兽、备侍等。该区生墓道教信众墓与无宗教信仰者墓在数量上持平。

其他地区：计有5座墓，见于上海朱行、山西侯马、山西汾阳、稷山和江西清江等地，其年代皆处于本节划分的生墓第二期。墓型有雕砖壁画墓、砖室墓两类。据墓中文字题刻、墓葬规制和随葬对象等分析，墓主多为无宗教背景的中低层民众，有宗教信仰

---

① 马幸辛：《川东北历代古墓葬的调查研究》，《四川文物》，2001年第2期。
② 四川省文物考古研究院、广安市文物管理所、华蓥市文物管理所：《华蓥市永兴镇驾挡丘宋墓群发掘简报》，《四川文物》，2009年第1期。
③ 龙腾：《蒲江县宋墓出土文物》，《成都文物》，1997年第2期。
④ 张勋燎、白彬：《中国道教考古》，线装书局，2006年，第5册，第1415页。
⑤ 王昌文：《永川发现宋代崖墓》，《四川文物》，1989年第6期。

者仅2墓，如上海朱行乡张玮墓①、山西汾阳王立墓②，墓主皆为道教信众。

综观宋代生墓的时空变化脉络，有三个最明显的变化：墓型变化、分布地域变化、使用人群身份（宗教背景的有无）变化。如生墓第一期墓型仅见砖室墓，生墓第二期则以画像石室墓为主，生墓第三期时画像石室墓成为唯一类型。分布地域上，第一期少量分布于成都平原，第二期则集中出现在川东川北区，到第三期中又转移到川南黔北区。而在墓主身份方面，宋代生墓显然承袭了唐末五代生墓多为中低阶层人群营建的特点，但不同的是，墓主的历时性变化更多体现在宗教背景上，例如，较早的墓主以道教信众为主，而后演变为道教信众与非道教信众均有使用；在后期，则出现了非道教信众生墓数量上略占优势的局面。这几方面的变化，可视为生墓这种特殊的墓葬形式在宋代两百多年间的突出表现。

4. 宋代生墓的建造用意

考察生墓的建造用意，最直观的无过于宋人的文献记述和墓葬出土的文字记述。梳理文献记载和墓葬文字记述，宋人建造生墓的用意大致可分为以下几种：

一为不讳言死之旷达者预修。

或有预修墓葬，以勘破生死、灭除贪爱，如王正已致仕后，预制棺并置于寝室，《读礼通考》卷八十四引陶谷《蕉窗杂记》载："右补阙王正已四十四致仕，豫制棺，题曰：永息，庵置诸寝，室人劝移之僻地，曰：'吾欲日见之，常达死相，灭除贪爱耳。'"③或有自营佳地，而预为死后安乐之地，如胡宗元自营松树稻蔬于鲁公岭林丘下，《山谷集》载《胡宗元墓志铭》："……初不经意时，事艺松竹，灌圃畦，隐约林丘之下。盖二十年，蔬町，稻塍，松行，竹坞。少壮致力而耆艾见其功。始为寿藏，于鲁公岭谓诸儿曰：'吾百岁后犹安乐此宅也。'"④

亦有如觉庵主人爱山水佳地而效仿古人作寿藏，《觉庵记》载："觉庵主人闭關埽軌，刊落浮念，返道德之乡，息性命之圃，于是年七十有八矣。庵之所曰：'灵坛'，有山重掩，有水萦纡，爱乐斯丘，乃效古人，豫为寿藏。遇胜日。扶杖引客觞咏其间。"⑤

---

① 沈令昕等：《上海西郊朱行乡发现宋墓》，《考古》，1959年第2期。
② 山西省考古研究所、汾阳市文物旅游局：《2008年山西汾阳东龙观宋金墓地发掘简报》，《文物》，2010年第2期。
③ 清·徐乾学：《读礼通考》卷84，《景印文渊阁四库全书》，台湾商务印书馆，1986年，第114册，第59页。
④ 宋·黄庭坚：《山谷集》，《景印文渊阁四库全书》，台湾商务印书馆，1986年，第1113册，第238页。
⑤ 宋·林景熙：《霁山集》，《景印文渊阁四库全书》，台湾商务印书馆，1986年，第1188册，第738页。

金墓之中亦有此类不讳言死、预作寿藏的情况：《遗山集》载《尚药吴辩夫寿冢记》中记录了吴辩夫预作寿藏，州里未见此种先例故颇有微词，元好教其生死之在人终不可避免，并且列举了司空图、赵岐、米芾等旷达于生死预作寿藏棺椁的先例，吴辩夫受其教而坚定预作家墓以寄终焉之志。"丁巳秋七月，予将西归，尚药吴辨夫有请曰：'思问不佞，侍先生汤液有年矣，日者不自揆度辄，预作冢墓，以寄终焉之志。而州里不经见，颇有言，敢质之先生，以祛二三之惑。'余谓辨夫言：'……生死之在人，万世更相送，犹夜之必旦，寒之必暑，虽甚愚，无知亦知其必至。'"①

二为有家人先故，建墓时同修己墓：意图同归。

《华阳集》载《祭李氏孺人文》中明确地写明了李氏孺人的丈夫预修生墓于妻子的墓旁，就是为了百年之后同归此地："置寿藏于汝旁，将百岁以同归兮。胡能独处而悲伤？"②《鹤山集》载《家庙祭文》中记载其父母的墓葬情况，父亲先葬，而母亲则修生墓于父亲之墓旁，以求生死相随："自葬我先大父，于今三十有五年，先大母为寿冢其旁。昔者尝有治命于诸我父曰：'我死则合葬于是，以从汝父于九泉也。'"③

三为以备不虞：求治命不乱。

《龟溪集》载《朝请大夫盛公行状》载盛允升在其子以秘器上寿藏后，认为自己的丧葬之事已经准备妥善，死而无憾。"居数月，感疾，命诸子具秘器上寿藏，既乃曰：'后事豫矣，瞑目何憾'。即折简素所从游，告以逝日，至日终于正寝。治命不乱，其悟解乃如此实。"④《渑水燕谈》载王樵自卜坟地，营建墓葬之事，其刻石文字明确表现了预造坟茔的以虞不备用意："本朝王樵，淄川人，自号赘世翁，豫卜为窀，名茧室，中置石榻，刻石其上曰：'生前投躯，以虞不备。没后寄魄，以备不虞。'"⑤万源谢氏墓买地券中记："……起造长生寿堂……准备谢大娘一百年限终之日。"⑥广元王再立郑氏合葬墓中记："命立寿堂以备千年之计。"⑦虽然文字中的"长生""百年""千年"用词是以表达祈寿之意，但"准备""以备"却可见预造生墓以虞命终治葬不备的用意。

---

① 金·元好问：《遗山集》，《景印文渊阁四库全书》，台湾商务印书馆，1986年，第1191册，第397页。
② 宋·张纲：《华阳集》，《景印文渊阁四库全书》，台湾商务印书馆，1986年，第1131册，第196页。
③ 宋·魏了翁：《鹤山集》，《景印文渊阁四库全书》，台湾商务印书馆，1986年，第1173册，第349页。
④ 宋·沈与求：《龟溪集》，《景印文渊阁四库全书》，台湾商务印书馆，1986年，第1133册，第247页。
⑤ 宋·王辟之：《渑水燕谈录》，中华书局，1997年，第51页。
⑥ 王平：《达州出土的四方买地券考略》，《四川文物》，2009年第2期。
⑦ 廖奔：《广元南宋墓杂剧、大曲石刻考》，《文物》，1986年第12期。

金墓也可见因各种原因预修墓葬的情况：如山西汾阳东龙观王立墓"伏为今身病患，来预修砌墓一座"[①]。山西永和县金大安三年（1211）冯荣预造石棺"或于一日乃命二子昌筠等曰：'我今年及恐命终日无备矣，今欲命石匠镌凿石棺一座，未知可否。'二子闻父令而诺之曰：'美矣哉。'"[②]山西稷山马村M7《段揖预修墓记》言："夫天生万物至灵者，人也。贵贱贤愚而各异，生死轮回止一，予自悟年暮，永夜不无，预修此穴以备收柩之所……修此穴以为后代子孙祭祀之所。"[③]可见，或因年事已高自感终年将近，或因身有病患，为避免命终之日墓葬却未准备妥善，故选择在生前营造寿藏寿椁的情况，不仅在宋地，在金地亦是建造生墓的一个重要由来。

四为趋吉祈寿。

这一类生墓集中出现于四川地区，墓葬所出文字中可见修建生墓用意的表述。现统计宋代生墓出土祈寿延福类文字如表8-5。

表8-5 宋代生墓祈寿延福类文字统计（来源：笔者制作）

墓葬	墓葬形式	共出文字	出处
何黉墓	砖室墓	"建营吉宅，增益寿年……买得延寿一吉地一所。"	龙腾：《蒲江县宋墓出土文物》，《成都文物》，1997年第2期
金鱼村吕忠庆墓	砖室墓	"预造千年吉宅百载寿堂……祈愿……石真替代……"	成都市文物考古工作队：《成都市西郊金鱼村南宋砖室墓》，《考古》，1997年第10期
羊子山乔氏墓	砖室墓	"建立寿堂，以伸庆贺。伏愿掩吉之后，寿同彭祖之载，各保贞祥。……水干石朽，方开此穴。"	张勋燎、白彬：《中国道教考古》第4册，线装书局，2006年，第1036页
万源谢氏墓	不明（买地券为征集）	"……起造长生寿堂……准备谢大娘一百年限终之日。"	王平：《达州出土的四方买地券》，《四川文物》，2009年第2期
刘进墓	不明	"起造向去，见存使乐，子孙富贵，福造后裔。"	重庆市博物馆：《中国西南地区历代石刻汇编·重庆四川卷》，天津古籍出版社，1998年，第20页
白鹊沟程氏墓	画像石室墓	"程氏百岁寿堂。"	国家文物局：《中国文物地图集·重庆分册》，文物出版社，2010年，第141页
王再立郑氏合葬墓	画像石室墓	"命立寿堂以备千年之计。"	廖奔：《广元南宋墓杂剧、大曲石刻考》，《文物》，1986年第12期
邓百瑞墓	石室墓	"……预造千年吉宅，百载寿堂，……祈愿闭吉之后，福如山岳，寿比松椿。今将石真替代……"	张勋燎、白彬：《中国道教考古》，第5册，线装书局，2006年，第1416-1415页

[①] 山西省考古研究所、汾阳市文物旅游局：《2008年山西汾阳东龙观宋金墓地发掘简报》，《文物》，2010年第2期。

[②] 解希恭、阎金铸：《山西永和县出土金大安三年石棺》，《文物》，1989年第5期。

[③] 杨富斗：《山西稷山金墓发掘简报》，《文物》，1983年第1期。

续表

墓葬	墓葬形式	共出文字	出处
杨寿娘墓	石室墓	"……预造千年吉宅，百载寿堂，……祈愿闭吉之后，福如山岳，寿比松椿。今将石真替代……"	张勋燎、白彬：《中国道教考古》，第5册，线装书局，2006年，第1415页
张玮墓	砖室墓	"石若烂，人来换。"	沈令昕等：《上海西郊朱行乡发现宋墓》，《考古》，1959年第2期
王兴李八娘墓（左室）	画像石室墓	"建立寿堂二所……断以石人能语，石马能行，石契□□，相始相呼，仰依此誓，寿保千春……寿同彭祖……福禄增高。"	张合荣：《贵州古代墓葬出土的买地券》，《贵州文史丛刊》，2002年第4期
王兴李八娘墓（右室）	画像石室墓	"建立寿堂二所……断以石人能语，石马能行，石契□□，相始相呼，仰依此誓，寿保千春……寿同彭祖……福禄增高。"	张合荣：《贵州古代墓葬出土的买地券》，《贵州文史丛刊》，2002年第4期
黎二墓	画像石室墓	"建立寿堂……荣华富贵。"	张合荣：《贵州古代墓葬出土的买地券》，《贵州文史丛刊》，2002年第4期

考察上述与生墓共出文字，阐述的修建生墓之用意，应有两层，一为延寿，延寿或是直接地表述为"增益延年"（何蒉墓）、"寿同彭祖之载"（羊子山乔氏墓），或是间接地表述为"石若烂，人来换"（张玮墓），意义仍为强调寿保千春。另一层用意应是延福子孙，如"子孙富贵，福造后裔""福禄增高""荣华富贵"等。

5. 宋代生墓复兴的原因

1）生墓兴于宋代的几类原因

宋代生墓作为自汉以来第二个预作寿藏的高峰，考察生墓营造在此时兴起的原因，结合生墓修建的用意，大致可为以下几点：

如不讳言死之旷达者预修的生墓：多因对生死之事看法旷达，且见佳地而生终焉之志。自汉、魏晋至隋唐皆有性情旷达者预造生墓的先例，故此类生墓应为个人性情、生死观念影响下，效仿古人的产物。

意图同归而修建的生墓：应与宋代理学影响下强化社会伦理秩序和道德规范有关，属于宋代儒学家提倡的家族式同居理念在丧葬中的变形延伸，故产生出于家族式同葬考量而预修的同归生墓。

为以备不虞而出现的生墓：除了来源于墓主本身的原因，如患病、年老而不得不考虑丧葬之事外，宋代风水学说的盛行也是重要原因。风水堪舆学说在宋代发展到极盛阶段，深刻影响了宋代丧葬观念，将墓葬风水与自身、后代的吉凶紧密联系在一起，于绝处下穴置墓为大凶，反之如王兴、李八娘买地券中所言"谨依先贤秘要，踏相山陵福胜之本"来安置墓葬,便可以"寿同彭祖……富若石崇堆金壁"①。相地卜葬在宋代的流行甚至影响了政府的政策落实。《宋史·食货志》第一百二十六载仁宗时诏限田:"'公卿以下毋过三十顷,牙前将吏应复役者毋过十五顷,止一州之内,过是者论如违制律,以田赏告者。'既而三司言:'限田一州,而卜葬者牵于阴阳之说,至不敢举事。又听数外置墓田五顷。而任事者终以限田不便,未几即废。'"②限田制竟然因卜葬不便而废除,可见卜葬在其时的盛行程度。不仅考古材料可见宋代生墓与卜葬的联动,如广元河西杜光世墓"卜其兆宅"③、广元王再立郑氏合葬墓"卜得今岁山空命利,宜造吉宅"等④,文献中亦可见预修生墓与卜葬的联系:

《龟溪集》载《黄直阁墓志铭》云:黄子虚生前"作寿冢于灵岩之麓,手植之木拱矣。诸孤即以其年十月十日,举君之柩葬焉,从其卜也"⑤。

《攻媿集》载《奉议郎黄君墓志铭》云:"君先葬高氏于县之宝化山,又自卜寿藏于禽孝乡车盘墺之原。"⑥

《攻媿集》载《知梅州张君墓志铭》云:"始公卜寿藏于鄞县清道乡邵家桥祖茔之侧,既以四年十一月丙申大葬,又以五月壬寅祔安人于君之墓。"⑦

《后乐集》载《赵公墓志铭》云:"十月壬午葬于青云聚水之丘,公所自卜寿藏。"⑧

卜葬习俗不仅盛于宋地,在金地亦影响丧葬:如山西稷山马村王立墓买地券,虽是因为患病,但同样考虑了风水的因素,做好了身后葬吉地的准备:"故龟筮协从,相地袭吉……"⑨

故预修生墓一个重要的因素应是受风水堪舆之说所惑,希望在生前自卜自选,以求佳地,能预为身后事考虑,避免死后他人所卜之地不合己意。

2)祈寿延福型生墓兴于四川的原因——传统和世俗化道教的影响

在探讨上述几种生墓的修建原因之外,必须注意的一个现象是,宋代的生墓,尤其是祈寿延福型的生墓,集中出现在宋代四川,考其原因主要源于传统和世俗化道教的影响。

考古材料表明,四川地区自汉代以来便有"预作寿藏"并将其与"寿""长久"之意相联系的葬俗,如新都廖家坡东汉段仲孟墓门题刻:"……永建三年(128)八月,

---

① 张合荣:《贵州古代墓葬出土的买地券》,《贵州文史丛刊》,2002年第4期。
② 元·脱脱等:《宋史》卷173,中华书局,1985年,第13册,第4163页。
③ 四川省博物馆、广元县文管所:《四川广元石刻宋墓清理简报》,《文物》,1982年第6期。
④ 廖奔:《广元南宋墓杂剧、大曲石刻考》,《文物》,1986年第12期。
⑤ 宋·沈与求:《龟溪集》,《景印文渊阁四库全书》,台湾商务印书馆,1986年,第1133册,第250页。
⑥ 宋·楼钥:《攻媿集》,《景印文渊阁四库全书》,台湾商务印书馆,1986年,第1153册,第583页。
⑦ 宋·楼钥:《攻媿集》,《景印文渊阁四库全书》,台湾商务印书馆,1986年,第1153册,第591页。
⑧ 宋·卫泾:《后乐集》,《景印文渊阁四库全书》,台湾商务印书馆,1986年,第1169册,第726页。
⑨ 山西省考古研究所、汾阳市文物旅游局:《2008年山西汾阳东龙观宋金墓地发掘简报》,《文物》,2010年第2期。

段仲孟造此万岁之宅,刻勒石门,以示子孙。"正文外竖行书有:"段仲孟年八十一以永和三年八月物故。"① 该题刻为墓主段仲孟生前所建并寄以"万岁"之期许,而东汉延熹八年(165)制作的石棺"兹是仪寿百年"刻文表现了预造寿椁有"祈寿"之意。② 自汉以降,四川乃至更广泛范围内的生墓营建并未达到汉代的盛况。而宋代之前晚唐至五代的生墓则皆见于四川,如唐末秦温墓③、前蜀阿住墓④、后蜀壬菩提墓⑤、后蜀安定郡墓。⑥ 这些墓中所出地券在表述建墓用意时多言"延寿万岁""寿保千春"之语,四川宋代生墓所出券文中多有相似者,故四川宋代生墓"祈寿"之风当是对盆地内唐末五代生墓传统的承续。

考察唐末五代以降至宋代的生墓,墓主宗教信仰明确者,按前文统计,道教信众占了主流。

唐末至五代的买地券,成都市郊唐墓出土天复元年(901)秦温墓⑦、成都市区出土永平六年(916)阿住墓券文皆提及"石人石契"⑧,成都大邑县安仁乡出土广政十八年(955)安定郡墓的券文也用"谨将青石一枚,替代生人"表达了生墓之中设置石人之用意⑨,由此券文明确可知石人是用以替代生人,永镇寿堂以寿保千春。唐末至五代,这些集中出现在四川成都平原的生墓除壬菩提墓外皆为道教弟子墓葬,且设有代人石人即石真,故该类墓葬属于道教葬仪指导下信徒所修建的以石真代形作为延寿方式的生墓。

宋代生墓中出土的文字材料,以买地券为主,考察其券文内容,在道教信众的墓葬之中,设置"石人"和"石真"依然是生墓修建中的一个要素:

南宋淳熙九年(1182),四川成都西郊金鱼村吕忠庆墓:"预造千年吉宅,百载寿堂……石真替代,保命延长。绿水一瓶,用为信契……"⑩

南宋淳熙九年(1182)羊子山乔氏墓:"水干石朽,方开此穴。"⑪此处的"石"应指的就是墓中所设置的墓主人像,即石真。

成都市郊南宋墓出土南宋开禧二年(1206)邓百瑞墓:"……今将石真替代,水干

---

① 成都文物考古研究所、新都区文物管理所:《成都市新都区东汉崖墓的发掘》,《考古》,2007年第9期。
② 邹西丹:《泸州市石洞镇发现东汉"延熹八年"纪年画像石棺》,《四川文物》,2007年第6期。
③ 张勋燎、白彬:《中国道教考古》,线装书局,2006年,第5册,第1404页。
④ 张勋燎、白彬:《中国道教考古》,线装书局,2006年,第5册,第1404页。
⑤ 张勋燎、白彬:《中国道教考古》,线装书局,2006年,第5册,第1406页。
⑥ 张勋燎、白彬:《中国道教考古》,线装书局,2006年,第5册,第1406-1408页。
⑦ 张勋燎、白彬:《中国道教考古》,线装书局,2006年,第5册,第1404页。
⑧ 张勋燎、白彬:《中国道教考古》,线装书局,2006年,第5册,第1406页。
⑨ 张勋燎、白彬:《中国道教考古》,线装书局,2006年,第5册,第1408页。
⑩ 成都市文物考古工作队:《成都市西郊金鱼村南宋砖室火葬墓》,《考古》,1997年第10期。
⑪ 张勋燎、白彬:《中国道教考古》,线装书局,2006年,第4册,第1036页。

石碎,方归本堂。"①

南宋开禧二年(1206)成都市南郊杨氏寿娘石真墓券:"……今将石真替代,水干石碎,方归本堂。"②

南宋绍定三年(1230)贵州怀仁市三合镇两岔河荣昌坝王兴李八娘墓(左室):"建立寿堂二所……断以石人能语,石马能行,石契□□,相始相呼,仰依此誓,寿保千春……寿同彭祖……福禄增高。"③

按张勋燎《墓葬出土道教代人的"木人"和"石真"》中所考④,代人的石真应是道教葬仪材料的组成部分,并且认为这与道教度亡醮仪制度的兴盛、死者灵魂与生人关系认知发生变化有关。⑤笔者认为其论断是可信的,在宋代四川生墓之中,作为道教信众且出现了墓主人像(即石真)的,判断其为道教葬仪的产物应无疑。道教葬仪影响四川丧葬的根源,来自道教在四川的影响力,作为张陵创立五斗米道的发源地,四川历来有崇道的传统,南宋道士吕太古在其《道门通教集序》中记载:"天师立教于西蜀,广成终老于益州,故蜀人奉道为盛,而仪注亦甚详。"⑥五代前蜀和后蜀、两宋帝王对于道教的崇奉,道教在宋代进入又一个发展时期并在四川影响深远。政府曾多次为四川的著名道士赐号,亦多为四川的道教神仙和宫观赐名、赐封。四川的官僚士大夫不乏尊奉道教者,亦有虽非道教信徒仍与道士来往论道者,很多下层群众也因相信道教的祈福消灾之能而尊奉道教,故民间道教信众墓中接受道教的代形法术,以修建生墓放置石真仪轨营治墓葬便不足为奇。

(二)从祈寿延福型生墓到画像石室墓——一般民众对生墓仪轨的选择性吸收

1. 道教影响力扩张下生墓对民间丧葬的影响

四川唐末以降至五代的生墓,除任菩提墓外皆属道教信众生墓,这种墓葬形式有着明显的道教代形法术对丧葬活动的影响,属于道教渗透丧葬的产物。生墓发展至宋代,使用人群从道教信众扩展到非道教信众的更广大一般民众,并且实现从生墓第一期墓型仅见砖室墓、生墓第二期则以画像石室墓为主,到生墓第三期时画像石室墓成为唯一类型的转变;在分布地域上,实现了生墓第一期少量分布于成都平原,到生墓第二期集中出现在生墓分区的川东川北区,再到生墓第三期集中转移到生墓分区的川南黔北区的转变。从其发展脉络上来看,生墓发展最繁盛的阶段正是画像石室墓发展最繁盛的阶段;

---

① 张勋燎、白彬:《中国道教考古》,线装书局,2006年,第5册,第1415页。
② 张勋燎、白彬:《中国道教考古》,线装书局,2006年,第5册,第1415页。
③ 张合荣:《贵州古代墓葬出土的买地券》,《贵州文史丛刊》,2002年第4期。
④ 张勋燎、白彬:《中国道教考古》,线装书局,2006年,第5册,第1444页。
⑤ 张勋燎、白彬:《中国道教考古》,线装书局,2006年,第5册,第1449页。
⑥ 宋·吕太古:《道门通教必用集》,《中华道藏》,华夏出版社,2004年,第42册,第480页。

就地区分布而言，宋代生墓数量最多的两个期内，其最集中分布区域实际上和整个四川地区宋墓画像石刻分区中最发达的三个区川东川北区、川东南川南区、黔北区是重合的。出现这种发展序列上的高度重合，其根源在于：承袭了唐末五代道教信徒生墓传统的宋代道教信众生墓在宋代道教影响力扩张背景下，影响了范围更大的非道教信众的一般民众画像石室墓兴起。

按前文所述，宋代社会文化全面世俗化转向下，宋代丧葬也迎来了世俗化的转变，在丧葬活动之中，宋人不仅关注对先人的慎终追远，也关心生人福祉。生墓的复兴实际上是迎合了这种双向"互利"关注。

生墓的营建，较之去世后由他人"为死者计"而建的"亡墓"，更能反映墓主的自我生命意识。在本节统计的墓例中，营建生墓时墓主的年龄多居中老年期，这是一个思虑身后事更为泰然和成熟的年龄，或许会有"以虞不备而求治命不乱"的考虑，除此之外，显然也关注自我生命的长久与延续。早期的生墓使用者受到道教思想影响，将建墓这种"为死后计"的行为与"为生者计"的延年益寿期望融为一体。道教在生墓仪轨中用"石真代形"实现墓主"祈寿"愿望，在唐末五代已见于四川盆地，如唐天复元年秦温墓[①]、前蜀阿住墓[②]、后蜀任菩提墓[③]、后蜀安定郡墓等[④]。置墓主像石真以代其形从而"祈寿"，是宋以前道教生墓仪轨中最核心的要素之一，而进入宋代以后，道教生墓券文中仍常见，如南宋开禧二年（1206）邓百瑞墓与其妻杨寿娘墓券均可见："……今将石真替代，水干石碎，方归本堂。"[⑤]

随着道教影响力的扩张，生墓本来是道教葬仪产物，却迎合了宋代丧葬世俗化转向下双向"互利"关注，从而对民间丧葬产生了重要影响。这种影响不仅在于使生墓的使用人群从道教信众扩展到更广大非道教信众的一般民众，更在于推动了以"石真"承载祈寿延福功能到以"石室"承载祈寿延福功能的转化，而这种转化是促成画像石室墓兴起的重要原因之一。

2. 宋代帝王崇道推动道教影响力扩张

宋代帝王对道教的尊崇，促进了宋代道教影响力扩张。宋立国之初，太宗便提出要力行清静无为的黄老之道，大臣亦认同用黄老之道、施清静之为镇抚百姓是使国家太平的快速有效的方法。《续资治通鉴长编》卷三十四载：淳化四年（993）"丙午，上曰：'清静致治，黄、老之深旨也。夫万务自有为以至于无为，无为之道，朕当力行之。'""参知政事吕端等对曰：'国家若行黄、老之道，以致升平，其效甚速。'宰

[①] 张勋燎、白彬：《中国道教考古》，线装书局，2006年，第5册，第1404页。
[②] 张勋燎、白彬：《中国道教考古》，线装书局，2006年，第5册，第1404-1406页。
[③] 张勋燎、白彬：《中国道教考古》，线装书局，2006年，第5册，第1406页。
[④] 张勋燎、白彬：《中国道教考古》，线装书局，2006年，第5册，第1406-1408页。
[⑤] 张勋燎、白彬：《中国道教考古》，线装书局，2006年，第5册，第1415-1416页。

臣吕蒙正曰：'老子称"治大国若烹小鲜"。夫鱼挠之则溃，民挠之则乱，今之上封事议制置者甚多，陛下渐行清静之化以镇之。'"①。

宋初虽然太宗崇道，但主要是在政治领域以黄老之道施政治国，道教真正在宋代社会中大为昌盛是在真宗时期。《道藏记》载："宋兴，祥符、天禧中，始崇起道教……"②真宗时期，以祥符天书降为标志，皇帝对道教大力推崇，道教影响力急速扩张。最初，道教盛行主要是在江西、四川地区，大中祥符天书事件之后，真宗诏令全国各地官修道观，也鼓励民间可自行修建，由此全国各地竞相建造，以致最后因为营造太多扰民而被官员进言劝阻。③

除在全国范围内大量兴建道观之外，斋醮兴盛也是真宗朝崇道的一个重要表现。祥符天书降后，真宗设立了各种与之相关的节日，每逢节日便用道教斋醮之仪庆祝，单是京城之内一天就举行大型斋醮数处，花费极其巨大。以至于宝元二年（1039）宋祁上疏论三费时，将道场斋醮作为了宋政府最耗用的三费之一，指出道场斋醮之行无日不有，浪费太多以致不可计数，应节道场斋醮所费，以供国家正用。④徽宗时期，皇帝更是大力地崇道抑佛。徽宗以诏令形式规定从官员到民众均不得拜僧，违者以大不恭论罪惩处，还规定道士和女冠的地位在僧尼之上。除此之外，从各个方面抑制佛教，将其限制在道教的从属地位：规定佛教施行水陆道场之时，不得将道教的神位列于其中，违规僧尼将以违制惩处，主办人员知而不报也以同罪惩处。规定佛教寺院的房产、田产一切如旧不准变动，按照道教的规范将佛教的各种称号、服饰强行改变，强令僧尼修习道教经

---

① 宋·李焘：《续资治通鉴长编》卷34，中华书局，2004年，第2册，第758页。

② 宋·范镇：《道藏记》，傅增湘（原辑）、吴洪泽（辑补）：《宋代蜀文辑存校补》，重庆大学出版社，2014年，第1册，第266页。

③ 注：据《续资治通鉴长编》卷七十二：大中祥符二年（1009）"甲午，诏诸路、州、府、军、监、关、县择官地建道观，并以'天庆'为额，民有愿舍地备材创造者亦听。先是，道教之行，时罕习尚，惟江西、剑南人素崇重。及是，天下始偏有道观矣。殿中侍御史张士逊上言：'今营造竞起，远近不胜其扰，愿因诸旧观为之。'诏从其请"。（宋·李焘：《续资治通鉴长编》卷72，中华书局，2004年，第3册，第1637页。）

④ 注：据《续资治通鉴长编》卷一百：天圣元年（1023）"初，自祥符天书既降，始建天庆、天祺、天贶、先天降圣节，及真宗诞节，本命三元，用道家法，内外为斋醮，京城之内，一夕数处。帝即位，并太后诞节亦如之，糜费甚重"。（宋·李焘：《续资治通鉴长编》卷100，中华书局，2004年，第4册，第2316-2317页。）

据《续资治通鉴长编》卷一百二十五：宝元二年（1039）"刑部员外郎、直史馆、同修起居注宋祁次当知制诰，以兄庠在中书，乃授天章阁待制、同判礼院。时陕西用兵，调费日蹙，祁上疏论三冗三费曰：兵以食为本，食以货为资，诚圣人所以一天下之具也。以天下取之，以天下用之，量入为出，故天子不得私焉。今左藏无积年之镪，太仓无三岁之粟，南方冶铜匮而不发，承平如此，已见雕困，何哉？良由取之既殚，用之无度。今朝廷大有三冗，小有三费，以困天下之财。财穷用褊，更欲兴数十万众以事境外，可谓无谋矣。陛下诚能超然远览，烛见根本，去三冗，节三费，专备西北之屯，尚可旷焉高枕，无匮乏之患。……何谓三费？一日道场斋醮，无日不有，或七日，或一月，或四十九日，各挟主名，未始暂停，至于蜡、蔬、膏、麹、酒、稻、钱、帛，百司供亿，不可訾计"。（宋·李焘：《续资治通鉴长编》卷125，中华书局，2004年，第5册，第2941-2943页。）

典。① 除大力抑制佛教外，徽宗极力推崇扶植道教，扩大了道门人员每年的增发名额，并且在天下广为搜罗道教经藏，将道教收归秘书省管辖，按照官员从中大夫到侍郎的等级对道士进行道阶管理，并且自封为道君皇帝，将道教推向了有宋一朝最被崇奉的

---

① 注：

a. 据《宋史》卷二十《本纪第二十·徽宗二》：徽宗大观四年（1110）"春正月癸卯，罢改铸当十钱。辛酉，诏士庶拜僧者，论以大不恭。"（元·脱脱等：《宋史》卷20，中华书局，1985年，第2册，第383页。）

b. 据《皇宋通鉴长编纪事本末》中宋徽宗崇道抑佛相关记载：

《皇宋通鉴长编纪事本末》卷第一百二十七《徽宗皇帝·道学》："道学大观元年（1107）二月己未，御笔批：'道士序位令在僧上，女冠在尼上。'"

《皇宋通鉴长编纪事本末》卷第一百二十七《徽宗皇帝·道学》：大观二年（1108）"五月辛亥，御笔：'道门近添试经，拨放年额。女冠旧止三十人，可增作七十人，内京畿三十人，诸路四十人。'"

《皇宋通鉴长编纪事本末》卷第一百二十七《徽宗皇帝·道学》："政和二年（1112）正月癸未，诏：'释教修设水陆及禳道场，辄将道教神位相参者，僧尼以违制论。主首知而不举，与同罪。着为令。'"

《皇宋通鉴长编纪事本末》卷第一百二十七《徽宗皇帝·道学》："宣和元年（1119）正月乙卯，手诏：'应寺院屋宇、田产常住，一切如旧，永不改革。有敢议者，以违御笔论。其服饰、其名称、其礼、其言，并改从中国，佛号大觉金仙，余为仙人、士之号。僧称德士，寺为宫，院为观，即住持之人为知宫观事。不废其教，不害其礼而已。言念四方万里之遥，其徒之众，不悉兹意。可令每路监司一员听其事，郡守、僚佐召集播告，咸使知之。'"

《皇宋通鉴长编纪事本末》卷第一百二十七《徽宗皇帝·道学》：宣和元年（1119）正月"御笔：'天下僧尼已改宫观，其铜钹、铜像、塔等，按《先天纪》，钹乃黄帝战蚩尤之兵器，自不合用。可通行天下，应僧尼寺院并士庶之家，于逐路已改宫观监司处，限十日送纳，不得隐匿毁弃，类聚斤重，具数奏闻。'"

《皇宋通鉴长编纪事本末》卷第一百二十七《徽宗皇帝·道学》：宣和元年（1119）正月"御笔：'僧已降诏改为德士，所有僧箓司，可改作德士司；左右街道箓院，可改作道德院。德士司隶属道德院，蔡攸通行提举。天下州、府僧正司，可并力德士司。'己未，改女冠为女道，尼为女德。庚申，诏：'已降指挥，铙、钹、佛像等，限十日纳官，可除铙、钹依已降指挥，佛像并存留，依所锡敕号添用冠服，遍行天下。'"

《皇宋通鉴长编纪事本末》卷第一百二十七《徽宗皇帝·道学》：宣和元年（1119）正月"辛酉，御笔：'德士冠并依道流见戴诸色冠样，止不饰日月星辰。除有官职者，许服皂襈、紫道服，执牙简，余已有紫衣人，并紫道服，褐衣改银褐道服，皆木简，并称姓氏。旧有师号者仍旧。在京自三月一日依此，外州军候指挥到日，限一季改易。'"

《皇宋通鉴长编纪事本末》卷第一百二十七《徽宗皇帝·道学》：宣和元年（1119）正月"御笔：'寺院已改为宫观，诸陵佛寺改为明真宫，臣庶坟寺改两字，下用黄。箓院自合设礼，合掌和南不审，并改作攀拳稽首。赐天尊服，仍改塑菩萨、罗汉，并改道服冠簪。佛封大觉金仙，文殊菩萨封安惠文静大士，普贤菩萨封安乐妙静大士，泗州大圣封巨济大士，双林传大士封应化大士，初祖达摩封元一大士，二祖封同慧大士，三祖封善明大士，四祖封灵□大士，五祖封静心大士，六祖封德明大士，永觉、速觉封全德大士。经文合改佛称金仙，菩萨称仙人，罗汉称无漏，金刚称力士，僧伽称修善。铜像不纳，并许改塑。僧已降诏为德士，所有寺院拨放、试经、进疏、度牒，并改作披戴为德士。'"

《皇宋通鉴长编纪事本末》卷第一百二十七《徽宗皇帝·道学》：宣和元年（1119）正月"五月丁巳，御笔手诏：'释氏改服易名，尽从华俗，不废其教，翕然成风。然习之者不知道妙，未称一道德、同风俗之意。今后应德士，并许入道学，依道士法。其德士宫观、知副已上职掌有阙，非试中人，不在选举差补之限。其德童遇试，经拨放，并习《混元道德》或《灵宝度人》一经。庶人无殊习，道通为一，以副劝奖之盛。'"

［b出自：宋·杨仲良（撰）、李之亮（点校）：《皇宋通鉴长编纪事本末》卷127，黑龙江人民出版社，2006年，第4册，第2129-2137页。］

地位。①

3. 石真祈寿到刻石为墓"永为供养"延福子孙——民众对生墓仪轨选择性吸收

真宗的崇道使道教突破了素重于江西、四川的限制，影响力极速扩张，而徽宗一朝极力地崇道抑佛更使得世俗化转向下的道教影响力全面渗透到整个社会中。除生墓在宋代的再兴外，代形石真、炼度真文、镇墓石、神怪俑等大量随葬物件，成为宋代道教对丧葬仪轨影响的物化表征。随着道教影响力扩散，营建生墓的人群从道教信众扩展到更广大的无信仰一般民众，石真代形祈寿的核心内容在民间丧葬传播的过程中，"祈寿延福"的祈愿迎合了宋代世俗化转向下宋人重供奉祖先和重生人福祉的双向"互利"关注，而为广大社会阶层所接受，但以石真代形为中心的生墓葬仪却并没有被全盘吸收、而是被选择性地接受。

---

① 注：

a. 据《宋史》宋徽宗崇道相关记载：

《宋史》卷二十一《本纪第二十一·徽宗三》："政和三年（1113）十二月癸丑，诏天下访求道教仙经。"（元·脱脱等：《宋史》卷21，中华书局，1985年，第2册，第392页。）

《宋史》卷二十一《本纪第二十一·徽宗三》：政和六年（1116）"夏四月乙丑，会道士于上清宝箓宫……九月辛卯朔，诣玉清和阳宫，上太上开天执符御历含真体道昊天玉皇上帝徽号宝册。丙申，赦天下。令洞天福地修建宫观，塑造圣像。以西内成曲赦京西。"（元·脱脱等：《宋史》卷21，中华书局，1985年，第2册，第396页。）

《宋史》卷二十一《本纪第二十一·徽宗三》：重和元年（1118）九月"丁酉，用蔡京言，集古今道教事为纪志，赐名《道史》。"（元·脱脱等：《宋史》卷21，第2册，中华书局，1985年，第401页。）

《宋史》卷二十一《本纪第二十二·徽宗四》：宣和元年（1119）五月"丁未，诏德士并许入道学，依道士法。"（元·脱脱等：《宋史》卷22，中华书局，1985年，第2册，第404页。）

b. 据《皇宋通鉴长编纪事本末》宋徽宗崇道相关记载：

《皇宋通鉴长编纪事本末》卷第一百二十七《徽宗皇帝·道学》："（政和）三年（1113）十二月癸丑，诏：'天下应道教仙经，不以多寡，许官吏、道俗、士庶缴申，所属附急递投进。及所至，委监司郡守搜访。'"

《皇宋通鉴长编纪事本末》卷第一百二十七《徽宗皇帝·道学》："（政和）四年（1114）正月戊寅，御笔：'置道阶自六字先生至额外鉴义，品秩比视大夫至将仕郎，凡二十六等，并无请给人从，及不许申乞恩例。'"

《皇宋通鉴长编纪事本末》卷第一百二十七《徽宗皇帝·道学》：（政和）四年（1114）"三月辛卯，诏诸路监司：'每路通选官观道士十人，遣发上京，赴左右街道录院讲习科教声赞规仪，候习熟，遣还本处。'"

《皇宋通鉴长编纪事本末》卷第一百二十七《徽宗皇帝·道学》："（政和）六年（1116）二月壬申，御笔：'道教改隶秘书省。'"

《皇宋通鉴长编纪事本末》卷第一百二十七《徽宗皇帝·道学》：（政和）七年（1117）"四月庚申，御笔：'朕每澄神，默朝上帝，亲受宸命，订正讹俗。朕乃昊天上帝元子，为大霄帝君。睹中华被浮屠之教，盛行焚指、炼臂、舍身，以求正觉，朕甚悯焉，遂哀恳上帝，愿为人主，令天下归于正道。帝允所请，令弟清华帝君权朕大霄之府。朕夙夜惊惧，尚虑我教所订未周。卿等表章，册朕为教主道君皇帝。只可教门章疏用，不可令天下混用。'五月癸卯，改玉清和阳宫为玉清神霄宫。"

［b皆出自：宋·杨仲良（撰）、李之亮（点校）：《皇宋通鉴长编纪事本末》卷127，黑龙江人民出版社，2006年，第4册，第2130-2132页。］

道教信众生墓的买地券文中多有言及，如：

成都羊子山乔氏墓地券："……建立寿堂，以伸庆贺。伏愿掩吉之后，寿同彭祖之载，各保贞祥。……水干石朽，方开此穴。"①

成都市郊南宋墓出土开禧二年（1206）邓百瑞墓："……今将石真替代，水干石碎，方归本堂。"②

荣昌坝南宋绍定三年（1230）夫妇合葬墓："阳道弟子……建立寿堂二所。……断以石人能语，石马能行，石契（焦？）（岁？），方始相呼。仰依此誓，寿保千春。建造之后，寿同彭祖，愿如百年，□子千孙，富若石崇堆金壁。天地昭彰，日月鉴照，神灵共知，次愿山水愈□，福禄增高。"③

上海朱行乡张玮墓石雕人像背面刻字："石若烂，人来换。"④

考察上述生墓中出现文字可见，"石"的"永固不朽"属性被反复强调。羊子山乔氏墓买地券文中，墓主建立生墓为求寿同彭祖生活吉祥，只有水干石朽之后，才是这座生墓重新开启埋葬墓主之时。邓百瑞墓买地券表达的是同样的意思，石真被设置在生墓中用以代替墓主，只有石材朽烂，墓主才会死亡归于墓葬。荣昌南宋绍定三年（1230）夫妇合葬墓中，描述唯有石人能语、石马能行、石契朽毁，墓主夫妇方才亡故归于此墓。上海朱行乡张玮墓也明确地表了石朽之后人才亡故之意。建立寿堂的用意，在买地券文中表达得非常清楚，就是为了祈寿，求寿保千春、福禄祯祥，而这种寿同彭祖、福禄祯祥的实现是以"石"为契信，其原因在于石材的坚固属性。

因为石材坚固，所以被宋人寄予了"契信长久"的期望；也因其永固不朽，所以石人朽烂、石马能行、石人能语这些墓主回归墓葬的条件其实是不现实的、不能成立的，故而墓主能够得以长寿享受现世福禄。在这种观念下，生墓仪轨中以石真代形祈寿延福虽是核心要素之一，但是修建生墓的宋人其实最为看重的是石真材质的象征意义，并非在于它的样态；石真虽然模拟人形代替墓主，但承载宋人对于坚固不朽期望的不是它的"样态"而是它的"材质属性"。

在道教影响力扩张的大背景下，这种石材坚固属性与延寿长久紧密相连的认识，随石真代形的生墓仪轨渗透一般民众丧葬活动，影响了画像石室墓的营建。画像石室墓的营造者们所力图营造的是一个使祖先"永为供养"的永固空间，而生墓仪轨石真代形中对石材坚固属性的认识迎合了他们营建墓葬之中的"永固"需求。他们并非全盘吸收道教仪轨中石真的"形"或者说"样态"，而是吸收了对石材"永固不朽"象征意义的认

---

① 张勋燎、白彬：《中国道教考古》，线装书局，2006年，第4册，第1036页。
② 张勋燎、白彬：《中国道教考古》，线装书局，2006年，第5册，1415页。
③ 张合荣：《贵州古代墓葬出土的买地券》，《贵州文史丛刊》，2002年第4期。
④ 沈令昕等：《上海西郊朱行乡发现宋墓》，《考古》，1959年第2期。

识，从而将具有各种象征意义的装饰图像题材附着于具有不朽属性的材质之上。因为石材不朽，这些图像题材所承载的象征意义才能永远延续下去，由此完成了从生墓石真代形祈寿，到刻石为墓营造祖先"永为供养"空间并求延福子孙的演变，促进了画像石室墓的兴起和发展。

本节小结

四川地区宋墓画像石刻最主要的原境——画像石室墓兴起和发展与世俗化宗教密不可分。首先，世俗化转向下的三教合流在孝道、孝与报应的宣扬上找到了契合点。儒家需要强化社会伦理秩序和道德准则，孝道是社会伦理道德的核心规则之一；佛教为了自身的生存和发展必须适应中国传统文化之中对孝的强调，故而在此时也极力提倡行孝和修行可以兼顾；道教也将行孝作为修行的一种。并且，三教都极力宣扬孝行与福报的关系，宣扬行孝可以通感天地、获得现世福祉。三教合流提倡孝行，对于画像石室墓的营建者而言，强调孝行促使了他们以充满各种象征意味的图像附着于象征"不朽"的材质（石材）上，着力于为祖先设计一个永固的、延续了现世各种享受的空间；而三教孝与福报的提倡，使这种营建祖先永为供养空间、贯彻孝行的丧葬活动体现出了双向"互利"关注——既关注祖先死后的世界、也关注这种孝行所带来的回报即生人的现世福祉。

三教之中，道教对画像石室墓的影响尤为深刻。真宗、徽宗对道教的推崇使道教在宋代的影响力空前扩张，并不断渗透丧葬领域，各种神怪俑、炼度真文、镇墓石、神怪俑等大量随葬物件，成为宋代道教影响丧葬仪轨的物化表征。生墓仪轨在宋代亦迎来再兴，使用者从道教信徒拓展到了更广大的一般民众。石真代形作为生墓仪轨中的一个核心要素，在传播过程中，一般民众吸收了仪轨中对石材坚固属性的认知、认可了仪轨赋予石材的"不朽"象征意义，从而以石为材质刻石为墓，由此实现了从石真代形祈寿延福到刻石为墓以求永固不朽并延福子孙的演变，促进了画像石室墓的兴起和发展。

值得注意的是，在世俗化的宗教影响画像石室墓的同时，画像石室墓也对宗教产生了影响。如仪陇新政镇的僧人墓（参见图8-25）[①]，墓葬形制可见佛教因素影响，即主室的后室为六边形，应是模仿佛塔或经幢，躯体的处理方式也采用的是佛教的火葬；除上述可见佛教影响外，该墓葬采用的是和四川民间无异的画像石室墓这种墓葬形式而并非僧人的塔葬，并且设置后龛、壁龛等结构也和民间画像石室墓高度相似；此外，从图像

[①] 图片采自仪陇县文物管理所：《四川仪陇县新政镇宋代石室墓清理简报》，《四川文物》，2013年5期，图二、图三-1、图四、图六、图九、图一一。

题材而言，所表现的依然是瑞兽、花卉、牌位、墓主人像这些在民间画像石室墓占据主流的图像元素，只不过墓主人的形象和一般民众墓葬有别，描绘的是僧人而已。可以看出，世俗化的宗教在影响民间丧葬的同时，也吸收了民间丧葬活动中的一些元素，呈现出渗透的双向性。

图8-25　仪陇新政镇僧人画像石室墓

第九章　四川地区元墓画像石刻研究

第一节　四川地区元墓画像石刻的考古学基础研究

一、原境形制的类型学研究

四川所见元墓画像石刻的原境仅见画像石室墓，且数量比宋代画像石室墓骤减，目前仅有9墓例，其中有2墓例仅见文字描述且公布信息不全，无法纳入类型学研究。现按墓室关系差异将其四川地区元代画像石室墓分为三型：

（一）A型

A型画像石室墓，墓室可见二室和三室，墓室之间并列、有间隔、无连通。

按照龛、仿木、墓室内部空间变化分为3式：

I式：具备完整的侧龛、后龛，有仿木，墓室未分前后室。藻井式盝顶。如德江煎茶溪dM1。①（参见图9-1）

此座墓考古报告只公布了dM1-1平面图，未公布纵剖和横剖线图，用以进行类型学划分的信息来自考古报告的文字描述。

II式：具备后龛、有侧龛（含假龛），无仿木。藻井式盝顶，各室又分为由可开合门间隔、纵向排列的前后二室。如播州土司杨嘉贞墓。②（参见图9-2）

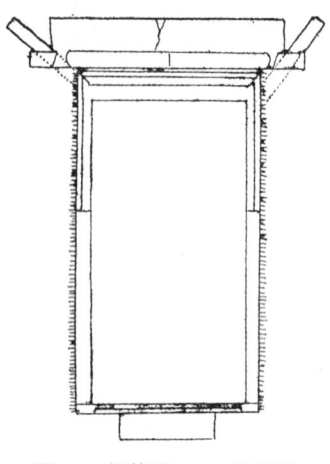

图9-1　煎茶溪dM1-1平面图

---

① 图片采自席克定、张定福：《德江煎茶溪元墓发掘简报》，《贵州文物》，1984年第1期，图二。
② 图片采自周必素、彭万、韦松恒：《牧司一方·播州杨氏土司墓葬管窥》，科学出版社，2020年，第106页，图4-10。

图9-2　播州土司杨嘉贞墓形制

此座墓考古报告只公布了杨嘉贞墓照片，未公布平面、纵剖和横剖线图，用以进行类型学划分的信息来自考古报告的照片和文字描述。

III式：无后龛、有假侧龛，无仿木。各室又分为由可开合门间隔、纵向排列的前后二室。墓顶由I式和II式的藻井式盝顶退化为平顶带浅藻井。如播州土司杨炯墓。①（参见图9-3）

图9-3　播州土司杨炯墓形制

此座墓考古报告只公布了杨炯墓照片，未公布平面、纵剖和横剖线图，用以进行类型学划分的信息来自考古报告的照片和文字描述。

---

① 图片采自周必素、彭万、韦松恒：《牧司一方·播州杨氏土司墓葬管窥》，科学出版社，2020年，第110页，图4-14。

（二）B型

B型画像石室墓，两室并列共壁无连通。有后龛、无侧龛，无仿木。平顶带浅藻井。如沙坨水电站06DCM1。[①]（参见图9-4）

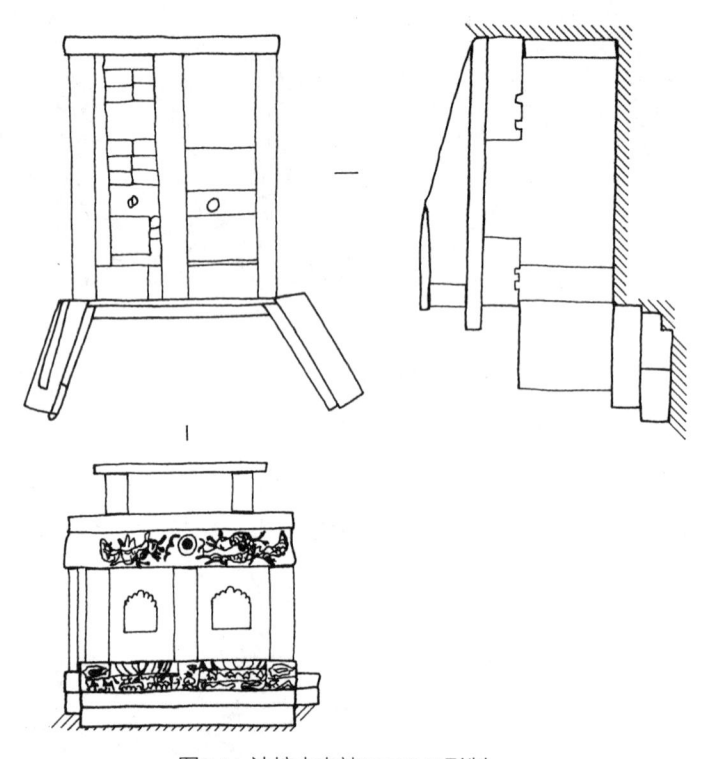

图9-4　沙坨水电站06DCM1形制

（三）C型

C型画像石室墓，两室并列共壁有连通。有后龛、有侧龛，无仿木。墓室为平顶。如两路口劳动村元墓。[②]（参见图9-5）

[①] 图片采自贵州省文物考古研究所、沿河县文物管理所、德江县文物管理所：《沿河县沙坨水电站库区元、明墓葬发掘简报》，《贵州田野考古报告集（1993—2003）》，科学出版社，2014年，第306页，图三。

[②] 图片采自重庆文物考古所：《重庆市两路口劳动村元墓清理简报》，《四川文物》，2004年第2期，图一。

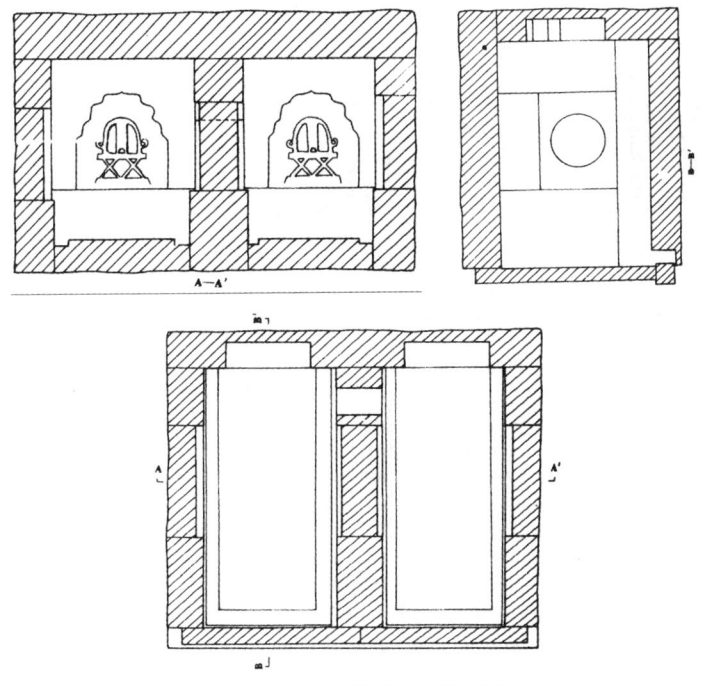

图9-5 两路口劳动村元墓形制

二、图像研究

考察四川地区元代画像石室墓的图像，须首先梳理出其主流图像，再分析其配置位置，据此探讨是否能形成图像组合。判断主流图像的标准，应考察三个方面：数量的优势、使用的普遍性和使用时间的延续性。

表9-1 四川地区元墓画像石刻图像及配置位置统计
（来源：笔者制作）

图像	数量（单位：座）	配置位置（单位：例）						
		墓门（及附近）	两壁（非中心位置）	两壁（中心位置）	后壁（非中心位置）	后壁（中心位置）	梁/基/藻井/顶	棺台
花卉	5		4	6	3			6
备侍	2		2		2			
空椅	2					3		
乐舞	1		2					
屏风	2					2		

续表

图像	数量（单位：座）	配置位置（单位：例）						
		墓门（及附近）	两壁（非中心位置）	两壁（中心位置）	后壁（非中心位置）	后壁（中心位置）	梁/基/藻井/顶	棺台
几案	2					2		
墓主人	1					1		
瑞兽	1	3	1					
力士	1							2
壸门	3				5			
仿木建筑及构件	2		4		2			
装饰纹样	4		4				1	

备注：1件石刻为1例，如1件石刻上有多种题材，如屏风和几案都在1件石刻上，则屏风计1例，几案也计1例。

表9-2　四川地区元代画像石室墓使用图像墓主背景信息统计
（单位：人/来源：笔者制作）

图像	男	女	30以下	30以上	高级官员及家属	中低官员及家属	一般民众	佛教信众	道教信众	无信仰背景
花卉	5	5	1	7	8		4			10
备侍	1	1		1	2					2
空椅	1	1		1	2		2			2
乐舞	1	1		1	2					2
屏风	1	1		2	2		1			3
几案	1	1		2	2		1			3
墓主人		1					1	1		
瑞兽	1	1					2			2
力士	1						1	1		
壸门	3	4		7	7					7
仿木建筑及构件	2	1		1	2		1			3
装饰纹样	5	6		9	9		2			11

从表9-1和表9-2统计情况来看，各类图像虽然使用上没有明显的年龄、社会等级、宗教信仰、性别等方面的差异，但其配置的稳定性较差，除了空椅、屏风、墓主人像等墓主标示物较为固定地配置在后壁中心位，力士固定配置在棺台处，其他图像都缺乏与某个位置的特别对应性，未能普遍形成如宋墓画像石刻一般较为恒定的图像组合。仅在极少数墓葬之中，如播州土司杨元鼎墓、两路口劳动村元墓中，能看到宋代画像石室墓甲类Bd型III式图像组合的痕迹，即后壁中心位配置墓主标示物，两侧壁配置花卉/备侍/伎乐等，应属宋代画像石室墓图像组合在元代的延续和简化。可以说元墓画像石刻总体呈现的是图像组合瓦解的趋势。

第二节　四川地区元墓画像石刻的综合研究

一、元墓画像石刻特点

因四川地区元墓画像石刻发现数量较少，可考详细信息能够纳入类型学研究的元代画像石室墓仅有7座，研究标的数量严重不足，故本节不强行对其进行分期分区，仅根据现有材料对元墓画像石刻呈现出的特点进行分析、总结。总体而言，四川地区元墓画像石刻呈现出衰退与承上启下并存的特点。

（一）原境形制

从目前发现的7座元墓画像石刻原境来看，较之宋代，呈现出以下变化：其一，原境皆为画像石室墓，不见画像崖墓和画像石棺；其二，作为四川地区元墓画像石刻唯一原境的元代画像石室墓，其形制类型丰富度较宋代画像石室墓大大降低，且明显属于宋代画像石室墓简化后的延续。劳动村元墓属宋代画像石室墓乙类I类A型的延续，沙坨水电站06DCM1属于乙类II类A型的延续；播州土司杨嘉贞、杨元鼎、杨炯等的墓葬则是从宋代画像石室乙类IV类C型演变而来。其三，虽然原境形制属于宋代画像石室墓的延续，但呈现出明显的简化趋势。侧龛逐渐简化为假龛，进而消失，有的墓葬中甚至根本不设置后龛，宋代发达的、标志性的仿木构件逐渐退化，出现的仿木都只是以浅浮雕的形式出现，未见宋代那样立体式、以石材模仿真实木建筑构件的仿木石刻出现。（参见附表38 四川地区元墓画像石刻·原境形制类型统计）

（二）石刻图像

四川地区元墓画像石刻不仅数量骤减，较之宋代，图像题材的种类也大为减少，且大部分配置位置并不稳定。宋代的图像组合除了在极少数墓葬中还可见痕迹，在其他墓葬中基本瓦解。但值得注意的是，宋墓画像石刻中的一些主流图像题材，如花卉、备侍、空椅、墓主标示物等仍在元墓画像石刻中延续；而在沙坨水电站06DCM1这种属于元代偏晚阶段的墓葬中，已经出现了在明代图像装饰系统中极为流行的二龙戏珠题材。故而，综观四川地区元墓画像石刻，虽然较之宋代有极大的衰落，但承上启下的过度特征较为明显。

（三）分布区域

四川地区元墓画像石刻的分布区域较之宋墓画像石刻大为萎缩。宋墓画像石刻发达的川东川北区、川中区均未见元墓画像石刻，川东南川南区有零星（2座）发现于重庆和宜宾，其他的元墓画像石刻均集中于黔北地区。已发现的9座元代画像石室墓中，有7座均位于黔北。对比宋墓画像石刻的分布区域，可见，元墓画像石刻的核心分布区即为宋墓画像石刻在第三期中极为发达的区域——黔北区，而可见零星分布的重庆和宜宾皆属宋墓画像石刻繁荣期中主分布区域之一的川东南川南区。因此，在这些区域集中发现元墓画像石刻并非偶然，而与这些区域宋墓画像石刻发达传统延续至元代相关。值得注意的是，除了煎茶溪元墓、沙坨水电站06DCM1、劳劲村元墓属于一般民众墓葬外，其他发现的元代画像石室墓均属于黔北播州杨氏土司墓葬，等级较高，这也是元墓画像石刻使用者在地域分布上呈现出的一个特点，即社会等级较高使用者集中于黔北，平民使用者呈零星分布样态。（注：本书第一章已说明，虽然元代贵州在行政区划上未归属四川行省管辖，但在本书所研究的时段"宋元明"中大部分时间其都属于四川管辖范围，且在丧葬面貌上呈现出与川东南川南高度的相似，故在本章讨论墓葬石刻时，论及元代四川地区，也将黔北的材料纳入考察。）

二、元墓画像石刻特点的成因

（一）衰落

四川地区元墓画像石刻呈现出极大的衰落态势，不仅体现在纵向对比上，较之墓葬画像石刻发达的宋代，从原境形制简化、图像组合瓦解、分布区域收缩等方面呈现出衰落；也体现在横向对比上，较之延续了宋墓壁画又发展出新因素的北方元墓壁画，也呈现出颓势。考其原因，主要为战争破坏导致四川地区墓葬画像石刻主流传统断裂。

从1231年蒙古军队攻入四川地区，至1279年元军占领四川全境，南宋与蒙元在四川地区进行了长达近半个世纪的拉锯战，不仅破坏了南宋时期四川的安定环境，也在人口、经济、行政等方面为元代四川留下了严重的问题，以至于整个元代四川都无法恢复到南宋时的发展水平，在社会环境基础上限制了墓葬画像石刻的延续与发展。

1. 战争导致的人口锐减

南宋与蒙元的战争，导致了四川人口的锐减，包括因为战争导致的人口消亡和掳掠战俘造成的人口外流。蒙元军队在与南宋作战的过程中，很多时候采用了消灭人口的方法来削弱南宋的反抗力量：

"蜀人受祸惨甚，死伤殆尽，千百不存一二。"①

"贺靖权成都，录城中骸骨一百四十万，城外者不计。"②

"屠成都，焚眉州，蹂践邛、蜀、彭、简池、永康，而西川之人十丧七、八矣。"③

"昔之通都大邑，今成瓦砾之场；昔之沃壤奥区，今为膏血之野。"④

成都平原"横被此祸，三百年之境土自此残破，三百年之人民自此涂炭，三百年之衣冠士大夫自此污蔑"⑤。

蒙军进攻汉州"忿而血洗焚荡，死者十余万家"⑥。

"用兵积数十年，乃克有定，土著之姓十亡七八。"⑦

除了在战争中损失的人口，蒙元军队掳掠人口也是四川人口锐减的一个重要原因，这些被掠劫的人口中有很大一部分变成了蒙古将领权贵的私属：

1259年，蒙军将领杨大渊攻四川合州，"俘男女八万余"⑧。

刘思敬破泸州盘山寨"俘九千余户"⑨。

元代陕西"岐、雍民家奴皆蜀俘，百十为曹，相煽亡归"⑩。

---

① 元·虞集：《史氏程夫人墓志》，《道园学古录》卷20，《景印文渊阁本四库全书》，台湾商务印书馆，1986年，第1207册，第293页。
② 元·袁桷：《史母程氏传》，《清容居士集》卷34，《景印文渊阁本四库全书》，台湾商务印书馆，1986年，第1203册，第458页。
③ 宋·吴昌裔：《论救蜀四事疏》，傅增湘（原辑）、吴洪泽（辑补）：《宋代蜀文辑存校补》，重庆大学出版社，2014年，第6册，第2760页。
④ 宋·吴昌裔：《论救蜀四事疏》，傅增湘（原辑）、吴洪泽（辑补）：《宋代蜀文辑存校补》，重庆大学出版社，2014年，第6册，第2760页。
⑤ 宋·吴泳：《论坏蜀四证及救蜀五策札子》，《鹤林集》卷20，《景印文渊阁本四库全书》，台湾商务印书馆，1986年，第1176册，第193页。
⑥ 宋·佚名：《昭忠录》，《景印文渊阁本四库全书》，台湾商务印书馆，1986年，第451册，第225页。
⑦ 元·揭傒斯：《彭州学记》，《文安集》卷11，《景印文渊阁本四库全书》，台湾商务印书馆，1986年，第1208册，第256页。
⑧ 明·宋濂等：《元史》卷3，中华书局，1976年，第1册，第53页。
⑨ 明·宋濂等：《元史》卷152，中华书局，1976年，第12册，第3605页。
⑩ 元·姚燧：《武略将军知弘州程公神道碑》，《牧庵集》卷24，《景印文渊阁本四库全书》，台湾商务印书馆，1986年，第1201册，第652页。

据《文献通考》记载统计，南宋嘉定十六年（1223），川峡四路共计有2 590 092户，6 610 831人，其时宋朝总户数为12 670 801户，四川户数占宋朝总户数的20.4%。而据《元史》卷十二，至元十九年（1282）"以四川民仅十二万户"①，四川户数仅占元朝总户数的0.7%。从上述数据可见，从南宋嘉定十六年（1223）到至元十九年（1282），四川人口锐减达95%左右。人口锐减不仅使元代四川社会基础修复缺乏必要的劳动力来源，也使四川本地刻石为墓丧葬传统延续所必需的人口基础遭到了严重破坏。

2. 战争导致墓葬画像石刻延续的社会基础破坏

南宋与蒙元长达半个世纪的战争对四川经济造成了近乎摧毁性的破坏，以至于有元一朝，四川经济都无法再现南宋时期的繁荣。

从商业税收来看，据《宋会要·食货》卷十六统计，北宋熙宁十年（1077），川峡四路商业税收共600多万贯，而全国其他地区商业税收总额为500多万贯②，即四川的商业税收在北宋神宗时便多于全国其他地区商业税收的总额。

《文献通考》中也记载，宋朝的商业税收，以川峡四路为最多，即使是在四川比较偏远地区的小城市，商业税收也多于其他地区的大郡。《文献通考》卷十四载："天下商税，惟四蜀独重，虽夔、戎间小垒，其数亦倍蓰于内地之壮郡。"③

但至元代，据《元史·食货志》，四川行省的商业税收仅为16 676锭4两8钱。④据《元典章·吏部卷之三》，四川最为发达的城市成都，年商业税收为3000锭以上，全国年商业税收为3000锭以上的场务所为22处，而四川仅成都1处。商业税收为1000锭以上的场务所四川没有，商业税收为500锭以上的场务所全国有100余处，而四川仅有嘉定和开州两处。⑤可见，元代四川的商贸发达程度远低于宋代水平。

从农业税收来看，《文献通考》卷四《田赋考四》载，北宋熙宁十年（1077）川峡四路两税的总额便为2 567 407（贯、石、匹、斤、两）⑥，而据《元史·食货志》统计，元代四川行省的税粮数为116 574石，纵向比较远低于宋代，横向比较也远低于全国其他地区，仅多于甘肃行省和辽阳行省，为全国倒数第三。⑦

---

① 明·宋濂等：《元史》卷12，中华书局，1976年，第1册，第247页。
② 清·徐松（辑），刘琳、刁忠民、舒大刚等（点校）：《宋会要辑稿》，上海古籍出版社，2014年，第12册，第6333-6340页。
③ 宋·马端临（著），上海师范大学古籍研究所、华东师范大学古籍研究所（点校）：《文献通考》卷14，中华书局，2011年，第1册，第406页。
④ 明·宋濂等：《元史》卷94，中华书局，1976年，第8册，第2400页。
⑤ 陈高华、张帆、刘晓、党宝海（点校）：《元典章》，天津古籍出版社、中华书局，2011年，第1册，第335-337页。
⑥ 宋·马端临（著），上海师范大学古籍研究所、华东师范大学古籍研究所（点校）：《文献通考》卷4，中华书局，2011年，第1册，第106页。
⑦ 明·宋濂等：《元史》卷93，中华书局，1976年，第8册，第2360页。

战争不仅严重破坏四川的经济，也导致了大量的州县被裁并：

至元十九年（1282），"以四川民仅十二万户，所设官府二百五十余，令四川行省议减之"①。

至元二十年（1283），下令"减四川官司府，并西川东、西、北三道宣慰司，及潼川等路镇守万户府、新军总管府，威、灌、茂等州安抚司十四处"②。

至元二十二年（1285），再次进行政区减省。"初，西川止立四路，阿合马滥用官，增而为九。台臣言其地民少，留广元、成都、顺庆、重庆、夔府五路，余悉罢去。后以山谷险要，蛮夷杂处，复置嘉定路、叙州安抚司以控制之。"③

《荣县志》："元兴，蜀州县降废几半。"④

《内江县志》："地荒民散，无可设官"，"一时资州、内江、资阳、安岳、隆昌、威远州县并省，终元代九十年未复。"⑤

从上述文献记载中可见，元政府大量裁并四川州县，是因为战争导致的人口锐减、土地荒废，大量的地方行政机构名存实亡，故而行政机构的裁并也从一个方面说明了元代四川缺乏延续墓葬画像石刻传统的基础环境。

3. 战争导致墓葬画像石刻主流传统断裂

宋墓画像石刻主流传统断裂，并非从元代骤然开始，如前文四川地区宋墓画像石刻分期研究中所述，在宋墓画像石刻的第三期偏晚段，就已经呈现出延续乏力的态势，其主要原因在于南宋与蒙元战争造成的社会环境恶化：

如阳枋在《上宣谕余樵隐书》中所言："蜀自辛卯（1231）以来，士大夫军民死于兵者不知几百千万。远者未暇论，姑自近者言之。辛丑（1241）西州之祸，殆不忍言。汉、嘉之屯，阵亡者众。江阳失险，泸、叙以往，穷幽极远，搜杀不遗，僵尸满野，良为寒心。"因此，他建议余玠"吊死恤孤""严责州县，多方掩埋"⑥。从此论述中可见，战争造成的死难人口之多，甚至不及掩埋，导致尸横遍野，需要政府责令地方主官去处理，在这种环境下，显而易见并不像宋代经济文化繁荣时期一样具备刻石为墓完成送死之事的条件。

此外，战争还改变了四川的族群构成。首先，因为战争迅速恶化的川内环境导致了大批四川本土人群避乱移民出川：

---

① 明·宋濂等：《元史》卷12，中华书局，1976年，第1册，第247页。
② 明·宋濂等：《元史》卷12，中华书局，1976年，第1册，第251页。
③ 明·宋濂等：《元史》卷13，中华书局，1976年，第2册，第280页。
④ 廖世英等（修），赵熙、虞兆清（纂）：《荣县志·沿革第一》，民国刻本，1929年，第13页。
⑤ 清·陆为棻等（修）、熊玉华等（纂）：《内江县志》，刻本，1883年。
⑥ 宋·阳枋：《上宣谕余樵隐书》，《字溪集》卷1，《景印文渊阁本四库全书》，台湾商务印书馆，1986年，第1183册，第260页。

"故宋衣冠之世家，百年以来几已尽矣。"①

"绍定辛卯（1231），蜀破，士大夫蔽江东下。"②

"自蜀有狄难，士大夫避地东南者众，几置乡国于度外矣。"③

"呜呼！丙申（端平三年，1236）之难，岷峨凄怆，衣冠屑播于江、浙、湖广者夥，独闽最鲜。"④

除了大量的移民避乱出川，元初，为了修复战争破坏，恢复四川社会经济，采取了安抚流民的政策："诏宋人归顺及北人陷没来归者，皆月给粮食。"⑤后又允许外地流民就地著籍。如利州路，端平三年（1236）蒙军攻入四川内郡，一直被战祸所侵扰，如广元路"端平后兵乱无宁岁，地荒民散者十有七年"⑥。为改变这种情况，蒙古宪宗三年（1253）设利州治和都元帅府，成为蒙古军在川北的驻守基地之一，并以此积聚人口；至元十四年（1277），利州治改为广元路并设总管府，下设一府、四州和十余县。政区级别的改变也标志着人口的增多，而其中大量为外来移民。如邵熙府军民宣抚都总使司设置，"本府元领六州、二十县、一百五十二镇；国初，以其地荒而废之，至是军民二十余万，故立府治之"⑦。可以看出，邵熙宣抚司所辖之下，军民二十万户，大多也是元朝立国后逐渐在此地收纳的移民。这种外来移民在四川本地代替土著占据人口优势的现象在元代并非少数案例，在宋代画像石刻最为繁盛区的川东南川南区中，泸州又是其中画像石刻最为发达的地区之一，在元代，泸州也呈现出这样的现象：《泸州志》载："昔元时地广人稀，四方之民流寓于泸者，倍于版籍所载。"⑧

四川土著的大量出川，和外来移民的大量进入，导致了四川的风俗剧变：

"宋亡垂八十载，故家旧俗日就湮微，而流风遗韵之或存者寡矣。"⑨

"元有天下已久，宋之遗俗变且尽矣。"⑩

---

① 元·虞集：《亡弟嘉鱼大夫仲常墓志铭》，《道园学古录》卷43，《景印文渊阁本四库全书》，台湾商务印书馆，第1207册，第607页。
② 元·袁桷：《天童日禅师塔铭》，《清容居士集》卷31，《景印文渊阁本四库全书》，台湾商务印书馆，1986年，第1203册，第419页。
③ 宋·刘克庄：《何逢吉叙散朝大夫利路运判兼四川制参制》，《后村先生大全集》，四川大学出版社，2008年，第4页。
④ 宋·黄仲元：《架阁通直刘君墓志铭》，《四如集》卷4，《景印文渊阁本四库全书》，台湾商务印书馆，1986年，第1188册，第669页。
⑤ 明·宋濂等：《元史》卷5，中华书局，1976年，第1册，第100页。
⑥ 明·宋濂等：《元史》卷60，中华书局，1976年，第5册，第1437页。
⑦ 明·宋濂等：《元史》卷39，中华书局，1976年，第3册，第846页。
⑧ 明·佚名：《泸州志》，明初修，《永乐大典》辑出，民国铅印本。
⑨ 元·戴良：《送王都事序》，《九灵山房集》卷12，《景印文渊阁本四库全书》，台湾商务印书馆，第1219册，第387页。
⑩ 明·宋濂：《汪先生墓铭》，《文宪集》卷19，《景印文渊阁本四库全书》，台湾商务印书馆，1986年，第1224册，第159页。

"土著之姓，十亡七八。五方之俗，更为宾主。治者狃闻袭见，以遗风旧俗为可鄙，前言往行为可陋。"①

四川地区宋代刻石为墓的丧葬传统，在这样的历史背景下，因为主流传承人群的人口消亡和流散出川而出现断裂也是必然的结果。

总体而言，应是由于战争严重破坏了四川的政治经济环境，并使四川世居人群大量消亡流散，整个元代都无法恢复至宋代水平。以至于墓葬画像石刻的发展既缺乏必需的稳定繁荣的政治经济环境，也缺乏维系传统的足够数量的世居人群，故而较之宋代，四川地区元墓画像石刻呈现出较大的衰落。

（二）延续

四川地区元墓画像石刻的衰落并不意味着刻石为墓传统在四川的彻底消失，宋墓画像石刻的传统在元代四川仍然呈现出微弱的延续。这种延续主要体现在黔北。四川地区所发现的元墓画像石刻原境，绝大部分均集中于该地区。其原因在于，首先，黔北在宋墓画像石刻的第三期，便超过了川东川北区，成为仅次于川东南川南区的第二中心区，有着来自宋代的刻石为墓传统之深刻影响。此外，元代对于黔北所采取的统治策略，有利于维系刻石为墓传统延续所需之稳定环境。较之川峡四路其他地区长期陷入战祸侵扰的状态，黔北与蒙元之间虽也有战争，但最终元政府是采用了招降的形式平定了黔北地区：

《元史》卷九《本纪第九 世祖六》载："甲申，播州安抚使杨邦宪言：'本族自唐至宋，世守此土，将五百年。昨奉旨许令仍旧，乞降玺书。'从之。"②

《遵义府志》卷三十《土官》载："至元十二年（1275）宋亡，元世祖遣使诏邦宪为附。邦宪捧诏三日哭，□表以播州珍州南平军三州之地降。"③

故而，战争对黔北所造成的破坏，远不及川峡四路其他地区。

元政府治理黔北，并未深刻动摇杨氏、田氏等土司的主要权利，而是继续任命土司，给予其敕封，并授予虎符，允许土司之职世袭，而土司须对元政府朝贡和纳赋，并接受政府赏罚管理。

《遵义府志》卷四十《年纪二》载："世祖十二年，四川行枢密院言'又播州安抚杨邦宪、思州安抚田景贤未知顺逆，乞降诏使之自新，并许世绍封爵'，从之。"④

《遵义府志》卷三十《土官》载："至元十五年（1278），（杨邦宪）入朝，诏袭

---

① 元·揭傒斯：《彭州学记》，《文安集》卷11，《景印文渊阁本四库全书》，台湾商务印书馆，1986年，第1208册，第256页。
② 明·宋濂等：《元史》卷9，中华书局，1976年，第1册，第192-193页。
③ 清·郑珍、莫友芝：《遵义府志》卷30《土官》，清道光二十一年刻本。
④ 清·郑珍、莫友芝：《遵义府志》卷40《年纪》，清道光二十一年刻本。

守如故，拜龙虎卫上将军，侍卫亲军都指挥使。"①

《元史》卷一十一《本纪第十一 世祖八》载："丁巳，命播州每岁亲贡方物。改思州宣抚司为宣慰司，兼管内安抚使。"②

《元史》卷一十四《本纪第十四 世祖十一》载："辛酉，封杨邦宪妻田氏为永安郡夫人，领播州安抚司事。"③

《元史》卷一十六《本纪第十六 世祖十三》载："二十七年（二月），播州安抚使杨汉英进雨氈千。"④

《元史》卷一十七《本纪第十七 世祖十四》载："二十九年春，……以行播州军民安抚使杨汉英为绍庆珍州南平等处沿边宣慰使、行播州军民宣抚使、播州等处管军万户，仍佩虎符。"⑤

此外，对比蒙元在南宋四川其他地区采用消灭、掠劫人口和掠夺财物以摧毁南宋抗元力量的策略，元政府在黔北招降土司后，在黔北较为注重抚恤民众：

《元史》卷六十三《志第十五 地理六》载："至元二十八年（1291）……诏曰：'爰自前宋归附，十五余年，阅实户数，乃有司当知之事，诸郡皆然，非独尔播。自今以往，咸奠厥居，流移失所者，招谕复业，有司常加存恤，毋致烦扰，重困吾民。'"⑥

上述政策皆有利于黔北的稳定，也使得此区域内未出现世居统治集团的剧变，和世居族群的剧变，具备了维系该区域内刻石为墓丧葬传统的社会环境基础和人群要素。因此，墓葬画像石刻虽在元代四川绝大部分地区急速衰落，但在黔北仍然呈现出了一定的延续特征。

---

① 清·郑珍、莫友芝：《遵义府志》卷30《土官》，清道光二十一年刻本。
② 明·宋濂等：《元史》卷11，中华书局，1976年，第1册，第233页。
③ 明·宋濂等：《元史》卷14，中华书局，1976年，第2册，第290页。
④ 明·宋濂等：《元史》卷16，中华书局，1976年，第2册，第334页。
⑤ 明·宋濂等：《元史》卷17，中华书局，1976年，第2册，第358页。
⑥ 明·宋濂等：《元史》卷63，中华书局，1976年，第5册，第1551页。

第十章

四川地区明墓画像石刻的考古学基础研究

第一节　原境形制的类型学研究

一、原境·明代画像石室墓形制的类型学研究

按照墓室数量、墓室间关系将其分为三类。多室墓以墓室在同一墓圹中为标准，墓室之间或是共壁紧贴，或是有一定距离，在同一墓圹内都计为同一座墓。〔参见附表39 四川地区明墓画像石刻·原境形制类型统计（第一期）、附表40 四川地区明墓画像石刻·原境形制类型统计（第二期）〕

（一）甲类：单室墓

按墓室的平面差异将其分为三型。

1. A型

A型画像石室墓为单室，且此单室中未再次进行前、中、后室的区分。墓顶大部分为平顶，有极少数为券拱顶。大部分有侧龛和后龛，但形式较宋元画像石室墓更为简化，有极少数墓例可见简单的仿木构件。按龛、仿木的配置和顶的差异，可将A型分为两个亚型：

Aa型：平顶，配置有后龛和侧龛，无仿木。石刻图像较为丰富，可见牌位、乐舞、备侍、侍女等。典型墓例如平武王玺家族墓群M11（孺人赵氏墓）。（参见图10-1）[①]

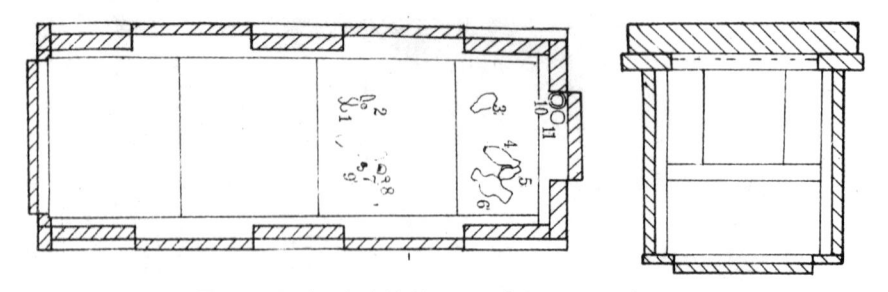

图10-1　平武王玺家族墓群M11（孺人赵氏墓）形制

---

① 图片采自四川省文管会、绵阳市文化局、平武县文保所：《四川平武明王玺家族墓》，《文物》，1989年第7期，图八。

Ab型：券拱顶，配置有后龛和侧龛，有仿木。石刻图像较为简单，可见龙、花卉等。典型墓例如威远黄伯纯墓。此墓未公布图纸资料，据文字信息将其归入此型。墓室为券拱顶，墓室空间未进行前、中、后区分，有后龛和侧龛，有简单的仿木构件。[①]

2. B型

B型画像石室墓为单室，在单室的空间中进行了再次分割，将墓室空间分为了纵向排列且可连通的前后两室或前中后三室，后室通常为放置棺椁的棺室。按龛、仿木的配置和顶的差异，可以将B型分为2个亚型。

Ba型：平顶，配置有完整的侧龛和后龛，但较宋元画像石室墓侧龛和后龛更为简化，未见仿木构件。石刻图像题材较为丰富，可见飞天、备侍、武士、文吏、供桌、瓶花、花卉、二龙戏珠、狮子等。典型墓例如平武王玺家族墓群M10（王祥墓）。（参见图10-2）[②]

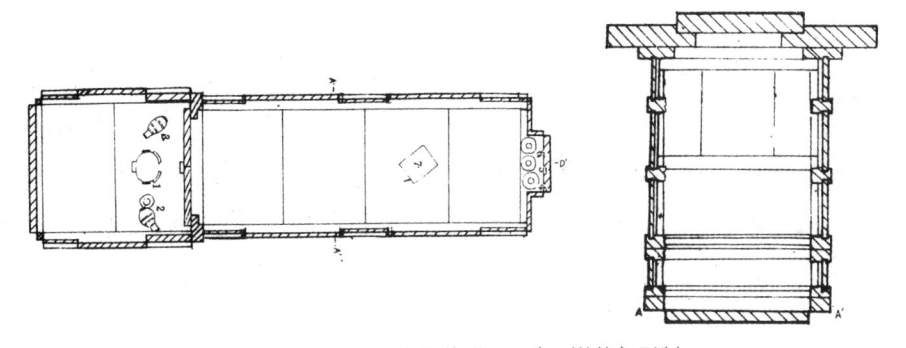

图10-2 平武王玺家族墓群M10（王祥墓）形制

Bb型：券拱顶，配置有完整的侧龛和后龛，龛较宋元画像石室墓侧龛和后龛更为简化，但比Ba型略显复杂，可见仿木构件。石刻图像题材较为简单，多为仿木构件类。典型墓例如成都白马寺六号墓（魏存敬墓）。（参见图10-3）[③]

---

① 国家文物局：《中国文物地图集·四川分册》，文物出版社，2009年，第465页。
② 图片采自四川省文管会、绵阳市文化局、平武县文保所：《四川平武明王玺家族墓》，《文物》，1989年第7期，图三。
③ 图片采自四川省文物管理委员会：《成都白马寺第六号明墓清理简报》，《文物参考资料》，1956年第10期，图一、图八。

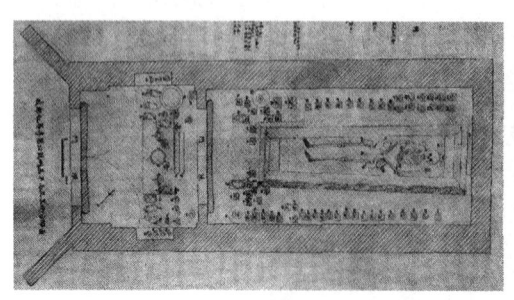

图10-3　成都白马寺六号墓形制

（二）乙类：多室墓

按墓室间关系、墓室结构差异将其分为三型：

1. A型

A型为画像石室墓，有两个及以上的墓室并列，有间隔，无连通，其中，各墓室又分为可以连通的前后二室纵向排列。龛的情况不稳定，部分墓葬完整配置了较为简单的后龛和侧龛，部分墓葬仅配置侧龛未配置后龛，少数墓葬无后龛无侧龛，但均不见仿木构件。按墓顶的差异，A型可分为3个亚型。

1）Aa型：藻井式盝顶

墓顶为藻井式盝顶，通常可见二室并列、有间隔、无连通；三室并列、有间隔、无连通。各室又各分前后二室纵向排列，中有可开合门连通，未见一墓中完整配置后龛、侧龛和仿木构件的情况。石刻图像较为丰富，可见门扇、供桌、缠枝花卉、盆景、假山、云纹等。典型墓例为播州土司杨铿夫妇合葬墓。[①]（参见图10-4）

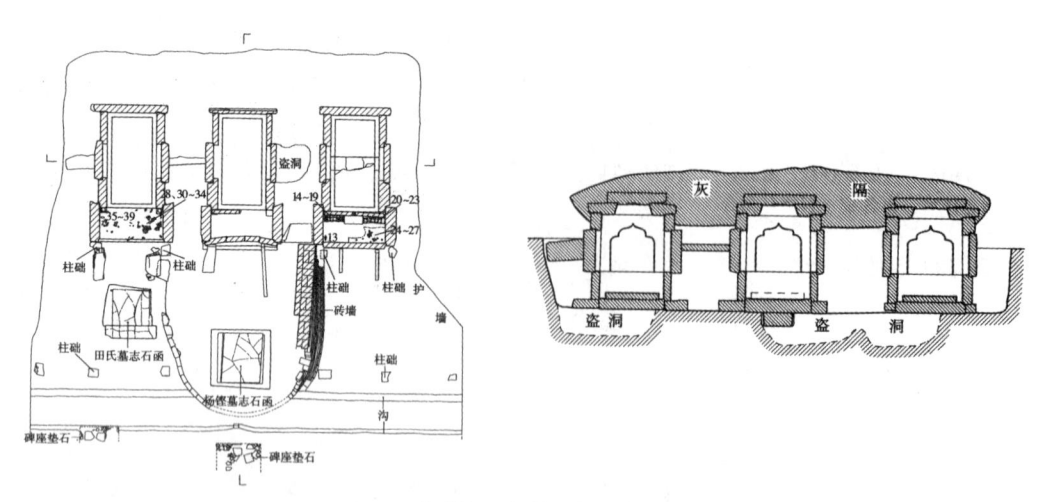

图10-4　播州土司杨铿夫妇合葬墓形制

[①] 图片采自贵州省文物考古研究所、遵义市文物局：《贵州遵义市新蒲明代播州土司杨铿墓》，《考古》，2015年第11期，图二。

2）Ab型：平顶

墓顶为平顶，通常可见二室并列、有间隔、无连通；三室并列、有间隔、无连通。各室又分前后二室纵向排列，中有可开合门连通，绝大部分墓葬中未配置后龛、侧龛和仿木。石刻图像丰富度略逊于乙类Aa型，可见门扇、花卉、太阳、云纹等。典型墓例为播州土司杨辉与俞氏田氏合葬墓。①（参见图10-5）

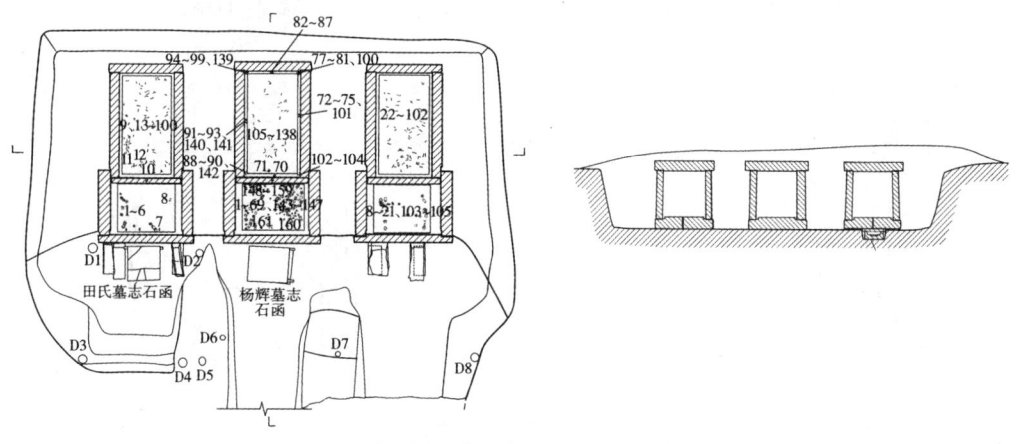

图10-5　播州土司杨辉与俞氏田氏合葬墓形制

3）Ac型：复合式顶

墓顶为复合式顶，通常为藻井式顶+券拱顶，可见双室并列，有间隔、无连通，各室又分为纵向排列、可连通的前后二室。绝大部分墓葬中未配置后龛、侧龛和仿木。石刻图像丰富度逊于乙类Aa型和乙类Ab型，可见门扇、花卉、火焰纹等。典型墓例为红光村明墓群M6。②（参见图10-6）

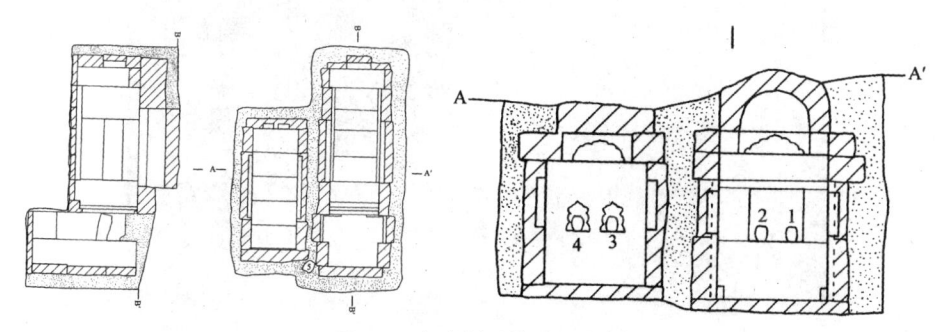

图10-6　红光村明墓群M6形制

---

① 图片采自贵州省文物考古研究所、遵义县文物管理所：《贵州遵义市团溪明代播州土司杨辉墓》，《考古》，2015年第11期，图一八。
② 图片采自成都市文物考古工作队、龙泉驿区文物保护管理所：《成都市龙泉驿区洪安镇红光村明墓群发掘简报》，《成都考古发现（2017）》，科学出版社，2019年，第511页，图九。

2. B型

B型为画像石室墓,墓室并列,有间隔,无连通,各墓室未区分前、后室。按顶的差异又分为两个亚型。

1）Ba型：平顶

墓室为平顶,未见一墓中完整配置后龛、侧龛和仿木的情况。石刻图像较为简单,可见门扇、花卉、卷草等。典型墓例为红光村明墓群M1。[①]（参见图10-7）

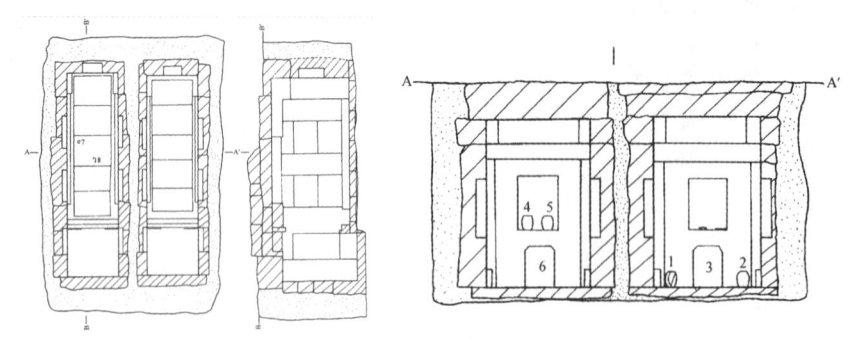

图10-7　红光村明墓群M1形制

2）Bb型：藻井式盝顶

墓室为藻井式盝顶,未见一墓中完整配置后龛、侧龛和仿木的情况。石刻图像较为简单,可见供案、桌布等。典型墓例为播州罗氏家族墓穆M3。[②]（参见图10-8）

图10-8　播州罗氏家族墓穆M3形制

[①] 图片采自成都市文物考古工作队、龙泉驿区文物保护管理所：《成都市龙泉驿区洪安镇红光村明墓群发掘简报》,《成都考古发现（2017）》,科学出版社,2019年,第504页,图二。

[②] 图片采自贵州省文物考古研究所、西南交通大学人文学院、遵义市播州区文物管理所：《贵州遵义市播州区播州罗氏土司家族墓调查简报》,《四川文物》,2019年第2期,图三一。

3. C型

墓室并列无间隔（共用隔墙、或两室隔墙紧贴），绝大多数墓葬各室之间无连通，少数墓葬有连通。龛和仿木构件配置的情况不稳定，完整配置了后龛、侧龛和仿木构件者为极少数。石刻图像题材多为牌楼、如意头、火焰纹、门扇、瓶花等，极少数墓葬中配置有空椅、备侍题材。按其顶的差异，又可分为4个亚型。

1）Ca型：藻井式盝顶

墓室为藻井式盝顶，双室并列、共壁、有连通，完整配置了后龛、侧龛和仿木构件。石刻图像丰富，可见牌位、仿木牌楼、莲花纹、云纹、如意纹、门扇等。典型墓例为梁家嘴明墓群M3。①此墓的报告中未公布图纸和照片，按报告文字描述归入此型。

2）Cb型：券拱顶

墓室为券拱顶，双室并列，共壁，多无连通，极少数有连通，未见一墓中完整配置后龛、侧龛和仿木的情况。石刻图像丰富度略逊于乙类Ca型，可见窗格、钱币、供桌、水波、如意纹、云纹等。典型墓例为万春镇2005CWWM1（杨升墓）。②（参见图10-9）

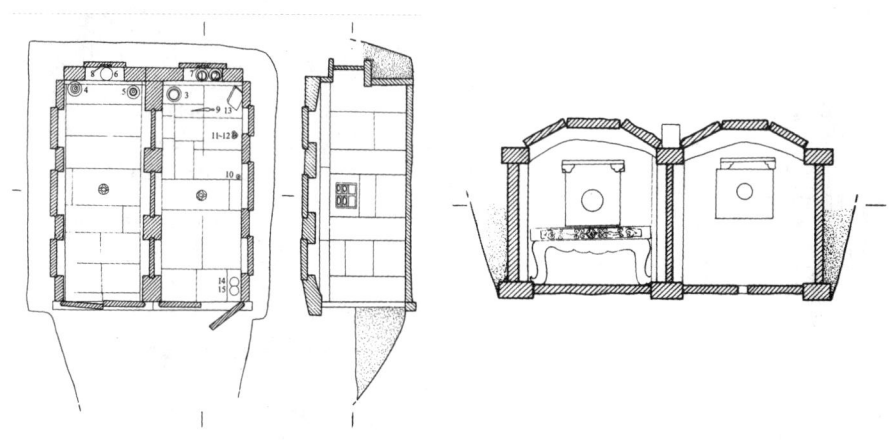

图10-9 万春镇2005CWWM1形制

3）Cc型：平顶

墓室为平顶，可见二室以上的墓室并列、最多达12个墓室并列，绝大多数为共壁无连通，未见一墓中完整配置后龛、侧龛和仿木的情况。石刻图像题材较为丰富，可见仿木构件、供桌、备侍、祥禽瑞兽、供案、瓶花、云纹、玉璧、缠枝花卉等。典型墓例为双柏村明M8（刘妣张氏墓）。③（参见图10-10）

---

① 林必忠、刘春鸿：《重庆潼南县发现明代纪年墓葬》，《中国文物报》，2005年6月29日，第001版。
② 图片采自成都文物考古研究所、温江区文物保护管理所：《成都市温江区万春镇明墓发掘简报》，《成都考古发现（2005）》，科学出版社，2007年，第431页，图二。
③ 图片采自成都文物考古研究所：《成都市高新西区双柏村宋、明墓发掘简报》，《成都考古发现（2013）》，科学出版社，2015年，第616页，图一二。

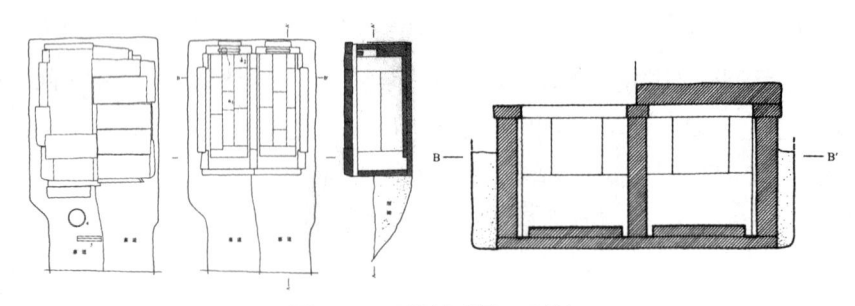

图10-10　双柏村明墓M8形制

4）Cd型：复合式顶

墓室为复合式顶，通常见平顶+券拱顶，双室并列共壁无连通，各室又分别分为纵向排列的前中后三室或前后二室，未见一墓中完整配置后龛、侧龛和仿木的情况。石刻图像题材较为丰富，可见门扇、瓶花、花卉、果树、备侍、铜钱纹、如意云纹、八卦纹、莲瓣纹"福""海""寿""山"。典型墓例为樟树村明墓M1。[①]（参见图10-11）

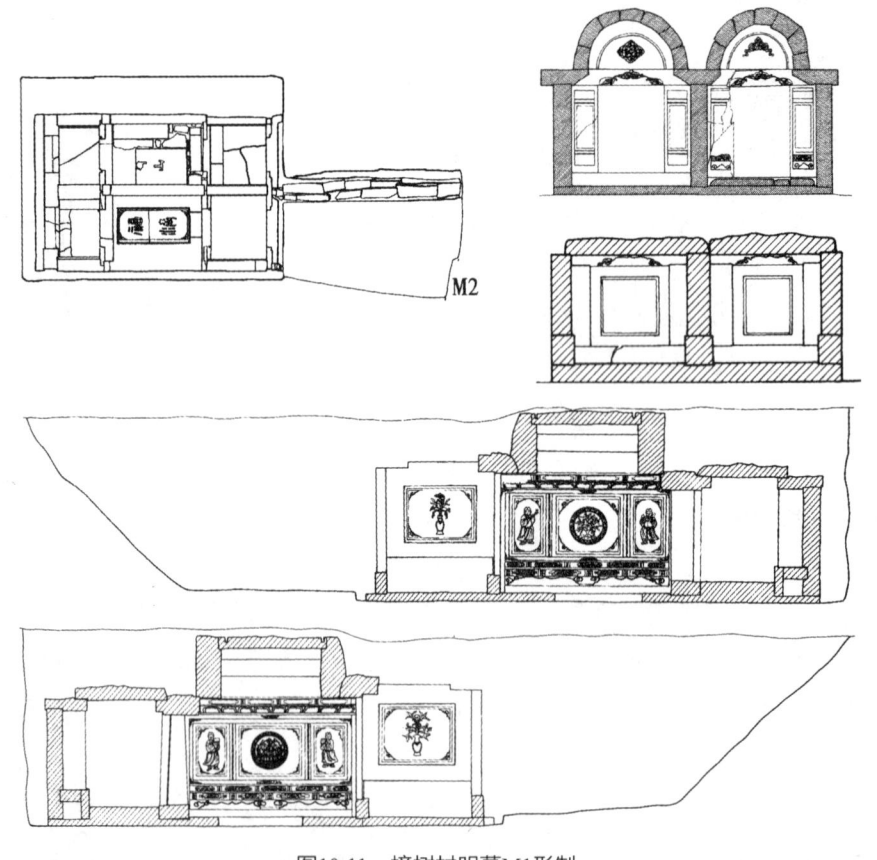

图10-11　樟树村明墓M1形制

---

① 图片采自四川省文物考古研究院、广元市博物馆、元坝区文物管理所：《广元市元坝区樟树村明墓发掘简报》，《四川文物》，2014年第1期，图三、图八、图九、图一一、图一二。

4. D型

有一横置共用的前室，后有两个以上的墓室并列共壁，有的有连通，有的无连通。按照顶的差异，可分为两个亚型。

1）Da型：平顶

墓室为平顶，前室横置共用，后室分为并列共壁且有连通的2棺室，未见一墓中完整配置后龛、侧龛和仿木的情况。石刻图像题材可见祥禽瑞兽、祥云、钱纹、菱形纹、缠枝花卉、仿木构件等。典型墓例为万州石槽溪墓群M30。①（参见图10-12）

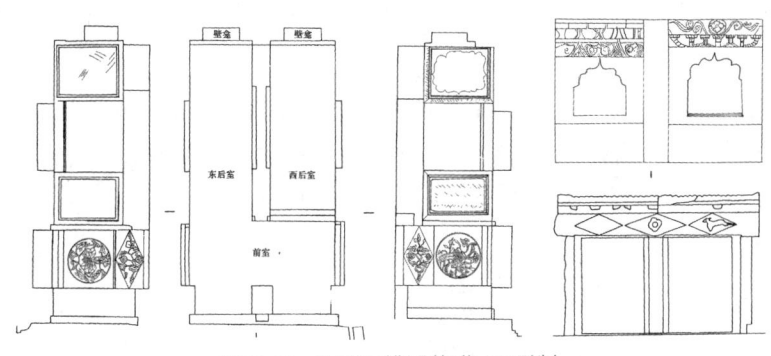

图10-12 万州石槽溪墓群M30形制

2）Db型：复合式顶

墓室为复合式顶，通常为券拱顶+平顶，前室横置共用，后室分为并列共壁无连通的2棺室，未见一墓中完整配置后龛、侧龛和仿木的情况。石刻图像题材可见门扇、缠枝花卉、云纹、铜钱纹、圆光、供案、须弥座、瓶花、牌位等。典型墓例为宜宾周洪谟墓。②（参见图10-13）

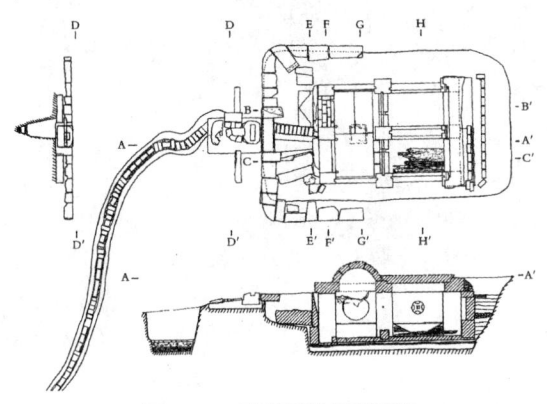

图10-13 宜宾周洪谟墓形制

---

① 图片采自重庆市文物局、重庆市移民局：《重庆库区考古报告集·2003卷》，科学出版社，2007年，第2575页，图一七。
② 图片采自四川省文物考古研究院、宜宾市博物院：《四川宜宾市明代周洪谟墓发掘简报》，《四川文物》，2015年第1期，图二。

石 上 万 象　　　　　　　　　　　　四川地区宋元明墓葬画像石刻研究

二、原境·明代画像崖墓形制的类型学研究

（一）原境·汉系画像崖墓

目前笔者搜集资料中，四川地区明代汉系画像崖墓数量较少，因材料信息不全，所公布细节不足以开展类型学研究，在此将其资料列举如下：

大足建福寺僧人崖墓群（6座）：每座墓的墓室情况未公布，顶为平顶，可见人物、楼阁式塔石刻。①

荣昌龙兴寺僧人崖墓群（48座）：每4座墓并列一排，并以甬道相通，墓室有平顶和券拱顶，可见楼阁建筑石刻。②

南充凌云山释祖徹墓：单室墓，拱顶，无后龛，侧龛情况不明，可见仿木屋顶石刻。③

宜宾仙马村场背后僧人墓：单室墓，券拱顶，无后龛、无侧龛、无仿木构件，可见莲瓣纹石刻。④

以上墓葬均只公布了文字信息，未见图纸和照片信息。

合江何家湾墓群（2座）：该墓群的两座墓呈横向并列，有一定间隔，但因墓葬未进行发掘，墓室内情况不明，不知两座墓内部是否有连通。石刻图像集中在墓门处，可见仿木牌楼、武士、道教真人像。⑤此处墓群的石刻比较特殊的是跨时代构建，历经明清两代，除了上述明代雕刻的武士、仿木牌楼和道教真人像外，上层还有清代的画像石刻和对联，清代画像石刻题材为墓主夫妇和备侍。（参见图10-14）

图10-14　合江何家湾崖墓群外观

---

① 国家文物局：《中国文物地图集·重庆分册》，文物出版社，2010年，下册，第284页。
② 国家文物局：《中国文物地图集·重庆分册》，文物出版社，2010年，下册，第318页。
③ 国家文物局：《中国文物地图集·四川分册》，文物出版社，2009年，第641页。
④ 宜宾博物院：《酒都文物 宜宾市第三次全国文物普查成果集》，文物出版社，2013年，第281页。
⑤ 资料来源：笔者田野调查采集，图片为聂耕宇拍摄。

（二）原境·非汉系画像崖墓

四川地区明代非汉系画像崖墓分布区域如宋代，依然集中在川南宜宾地区，按顶的差异可分为两型。

1. A型

A型非汉系画像崖墓为平顶略带弧，墓口较宽，单室，绝大多数无侧龛、无后龛，通常配置有较为简单的仿木构件。石刻多集中于墓门处，可见龙、鱼、武士、提物备侍、花草等。典型墓例如高县棺材石M4。①（参见图10-15）

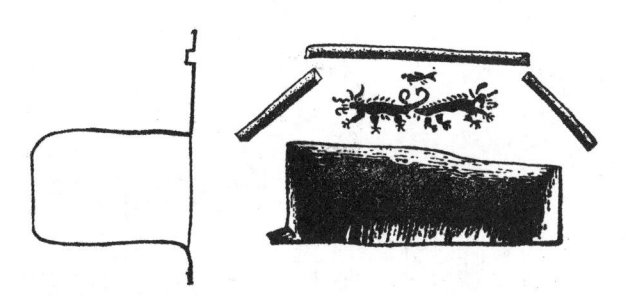

图10-15　高县 棺材石M4形制

2. B型

B非汉系画像崖墓为两面坡顶，墓口较A型更窄，单室，无侧龛、有后龛，通常配置有较为简单的仿木构件。石刻图像较简单，多为仿木构件，偶见空椅。典型墓例如高县小寺脚下崖墓。②（参见图10-16）

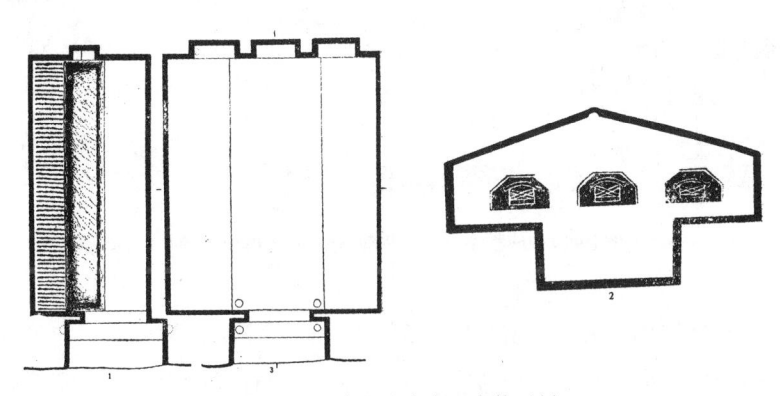

图10-16　高县小寺脚下崖墓形制

---

① 图片采自重庆市博物馆：《宜宾地区悬棺葬调查记》，《考古》，1981年第5期，图二一-3。
② 图片采自重庆市博物馆：《宜宾地区悬棺葬调查记》，《考古》，1981年第5期，图二二。

三、原境·砖石混构墓形制

此外，还有极少数的明墓画像石刻原境为砖石混构墓，其中完整公布信息的仅2座，在此列举其形制如下：

成都新北小区四期明太监墓群M3：墓圹中仅此一座墓，为单室，在单室的空间中进行了再次的分割，将墓室空间分为了纵向排列，且可连通的前、中、后三室，后室为放置棺椁的棺室。券拱顶，无后龛、无侧龛，有仿木构件，石刻图像较为简单，基本为仿木构件。（参见图10-17）[①]

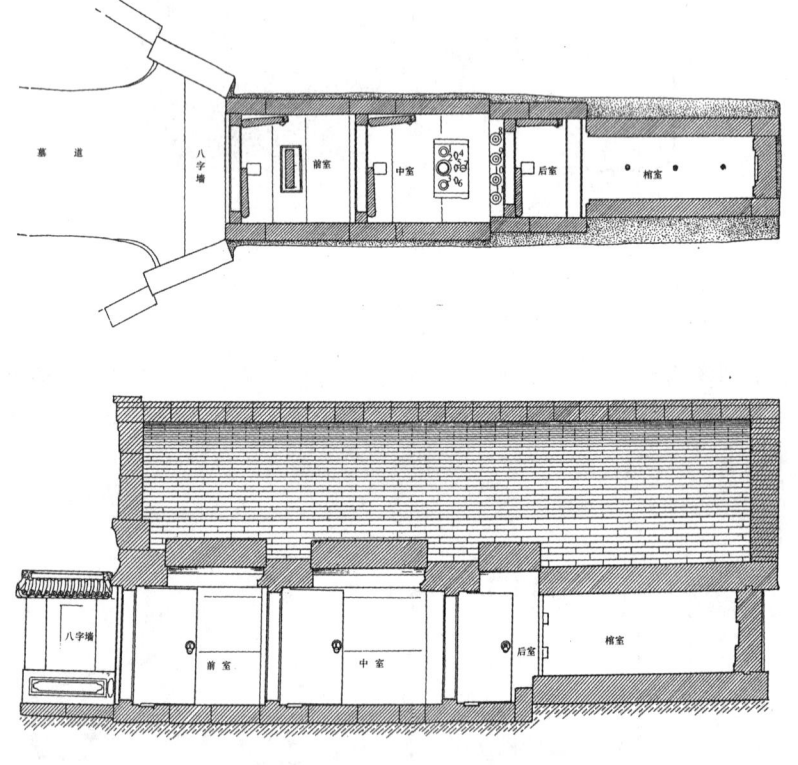

图10-17 成都新北小区四期明太监墓群M3形制

成都新北小区四期明太监墓群M1：墓圹中仅此一座墓，为单室，在单室的空间中进行了再次的分割，将墓室空间分为了纵向排列，且可连通的前、后两室，后室为放置棺椁的棺室。券拱顶，无后龛、无侧龛，有仿木构件。石刻图像较为简单，基本为仿木

---

① 图片采自成都文物考古研究所：《成都"新北小区四期"明代太监墓群发掘简报》，《成都考古发现（2006）》，科学出版社，2008年，第342-343页，图五、图六。

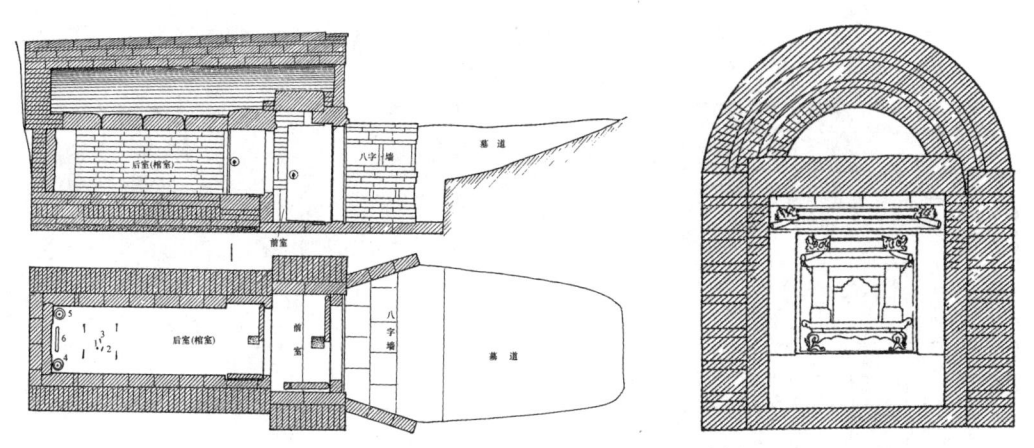

构件。（参见图10-18）①

图10-18　都新北小区四期明太监墓群M1形制图

第二节　图像研究

一、原境·画像石室墓石刻图像

考察四川地区明代画像石室墓的图像，首先须梳理出其主流图像，再分析其配置位置，据此探讨是否能形成图像组合。原境为画像石室墓的明代画像石刻所见图像题材包括墓主标示物（及组合）、屏风、空椅、仿木构件、门窗、供案、花木果实、祥禽瑞兽、乐舞、武士、神异人物、文吏、备侍、出行、八卦、吉祥寓意装饰纹样等。其中，吉祥寓意装饰纹样占有绝对的数量优势，其次花木果实、墓主标示物、门窗、祥禽瑞兽等具备明显的数量优势。

考察出现的图像题材与使用人群的对应关系，除了武士、文吏、乐舞、屏风等数量稀少的题材与官员及家属存在对应关系，其他具备数量优势的题材并未呈现与使用人群社会地位、宗教信仰、性别等方面的强对应关系。（参见表10-1、表10-2）

通过出土信息详细明确、可知图像配置位置的材料考察，除了墓主标示物组合恒定地配置于后龛中心位外，其他图像的配置位置均较为灵活，未见某一类图像恒定配置于某个位置。由此推之，以画像石室墓为原境的明代画像石刻，除了吉祥寓意装饰纹样优势明显外，并未存在如宋代画像石室墓石刻一般较为稳定、通行的图像组合。（参见附

---

① 图片采自成都文物考古研究所：《成都"新北小区四期"明代太监墓群发掘简报》，《成都考古发现（2006）》，科学出版社，2008年，第348-349页，图八、图九。

表41 四川地区明墓画像石刻图像题材演变）

表10-1　四川地区明代画像石室墓石刻图像及配置位置统计
（来源：笔者制作）

图像	数量（单位：座）	墓门及附近（单位：例）	两壁非中心位置（单位：例）	两壁中心位置（单位：例）	后壁非中心位置（单位：例）	后壁中心位置（单位：例）	梁/基/藻井/顶（单位：例）	棺台（单位：例）
墓主标示物组合	16					16		
墓主人像	1					1		
屏风	1					1		
空椅	1					2		
仿木构件	14	14			19			
门窗	17	31			2			
供案	3				3			
花木果实	20		37	5	9	5		6
祥禽瑞兽	10	2	10		5	2		
乐舞	1		6					
武士	1		4					
神异人物	4		16					
文吏	2		6					
备侍	11		16		2			
出行	1	2						
八卦	2		1				1	
吉祥寓意装饰纹样	33	4	61		47		31	

备注：本表统计数据仅包括有明确、翔实图像和位置信息，可以列入类型学研究的墓葬。1件石刻为1例，如1件石刻上有多种题材，如屏风和几案都在1件石刻上，则屏风计1例、几案也计1例。

表10-2　四川地区明代画像石室墓使用图像墓主背景信息统计
（单位：人/来源：笔者制作）

图像	男	女	高级官员及家属	中低官员及家属	一般民众	佛教信众	道教信众	无信仰背景
墓主标示物组合	7	7	2	5	3	3		13
墓主人像	1			1				1
屏风	1		1					1
空椅	1	1			2			2
仿木构件	15	8		3	16	1	1	18
门窗	15	20	11	2	17			30
供案	2	3	2		8			10
花木果实	15	14	7	4	10	1		20
祥禽瑞兽	8	18	2	5	19			19
乐舞		1			1			1
武士	1				1			1
神异人物	3	3			6			6
文吏	2				2			2
备侍	4	10		5	9	4		10
出行	1				1			1
八卦	2				2		2	
吉祥寓意装饰纹样	43	23	13	5	46	2		64

备注：本表统计数据仅包括有明确、翔实墓主背景信息的墓葬。

二、原境·画像崖墓石刻图像

明代汉系画像崖墓发现较少，图像题材种类较简单，可见道教真人、墓主人像、武士、仿木构件和瑞兽，其中仿木构件的数量最占优势。考察各类题材的配置情况，除佛教僧人崖墓中出现的墓主人像居于后壁中心位，大部分的图像都集中于崖墓墓门及附近位置，未呈现出明显的图像组合。明代非汉系画像崖墓数量远多于汉系画像崖墓，其分布和宋代非汉系画像崖墓相同，主要集中于川南宜宾地区，石刻图像题材较汉系画像崖墓更为丰富，可见武士、墓主人像、空椅、备侍、祥禽瑞兽、畜禽、花卉、仿木构件、几何装饰纹样等。其中，以武士和畜禽数量最多。各类图像主要配置在墓门及附近区域，武士配置位置与墓门呈现强相关性，空椅和墓主人像恒定地配置在后壁中心位，但总体而言，未呈现出明显的图像组合。（参见表10-3、表10-4、表10-5）就非汉系画像崖墓石刻而言，除延续宋代一些主流图像题材，畜禽题材的增多和宋代形成之图像组合的瓦解是两个比较重要的变化。此外，即使是延续的宋代主流图像题材，如祥禽瑞兽，在明代非汉系画像崖墓石刻中，在形态上也发现了一些明显的变化，呈现出更为明显的非汉系特色，在后文探讨明墓画像石刻的变革中对此有详细论述。（参见附表41 四川地区明墓画像石刻图像题材演变）

表10-3　四川地区明代汉系画像崖墓石刻图像及配置位置统计
（来源：笔者制作）

图像	数量（单位：座）	配置位置（单位：例）						
		墓门及附近（单位：例）	两壁非中心位置（单位：例）	两壁中心位置（单位：例）	后壁非中心位置（单位：例）	后壁中心位置（单位：例）	梁/基/藻井/顶（单位：例）	棺台（单位：例）
道教真人	1	1						
墓主人像	2					2		
武士	1	2						
仿木构件	3	1			2			
瑞兽	1	2						

备注：1件石刻为1例，如1件石刻上有多种题材，如屏风和几案都在1件石刻上，则屏风计1例、几案也计1例。

表10-4　四川地区明代汉系画像崖墓使用图像墓主背景信息统计
（单位：人/来源：笔者制作）

图像	男	女	高级官员	中低官员	一般民众	佛教信众	道教信众	无信仰背景
道教真人	1	1			2		2	
墓主人像	2				2	2		
武士	1	1			2		2	
仿木	3	1			4	2	2	
瑞兽	1	1			2		2	

表10-5 四川地区明代非汉系画像崖墓石刻图像及配置位置统计
（来源：笔者制作）

图像	数量（单位：座）	配置位置（单位：例）						
		墓门及附近（单位：例）	两壁非中心位置（单位：例）	两壁中心位置（单位：例）	后壁非中心位置（单位：例）	后壁中心位置（单位：例）	梁/基/藻井/顶（单位：例）	棺台（单位：例）
武士	12	19						
墓主人像	2					2		
空椅	1					3		
备侍	3	3						
祥禽瑞兽	7	19		2				
畜禽	11	14	6					
花卉	5	1	5					
仿木构件	3	3			1			
几何装饰纹样	2		5					

备注：1件石刻为1例，如1件石刻上有多种题材，如屏风和几案都在1件石刻上，则屏风计1例、几案也计1例。

第三节 时空框架·分期分区研究

一、分期

根据原境形制、图像的变化，结合原境出土的纪年材料，如买地券、墓志、题刻等，可将四川地区明墓画像石刻分为两期。

（一）第一期

第一期：明初期洪武至成化年间，此期内最早纪年材料为明洪武十四年（1381），最晚纪年材料为明成化十九年（1483）。

此期内出现的明墓画像石刻原境形制类型有画像石室墓的甲类Aa型、甲类Ba型、甲类Bb型、乙类Aa型、乙类Bb型、乙类Ca型、乙类Cb型、乙类Db型，非汉系画像崖墓的

A型和B型，以及两座砖石混构墓。就数量上而言，非汉系画像崖墓的A型数量最多，其次为画像石室墓的甲类Ba型和乙类Aa型。在此期内，就画像石室墓而言，与元代相似的墓室之间存在间距、有间隔无连通的墓葬仍略占数量优势，但如宋元画像石室墓一般完整配置仿木侧龛和后龛的情况在减少。多室之间共壁的墓葬逐渐增多，且无论是单室墓还是多室墓，均呈现出了明显的对单个墓室空间进行再分割的现象——即将墓室分割为有可开合的门连通的纵向排列前后二室或纵向排列的前中后三室。在此期中，画像石室墓出现了一个比较重要的变化，即乙类D型的产生，多室墓中出现了横置共用的前室。非汉系画像崖墓中，A型数量最多，其形制从平面和顶而言较之宋代非汉系画像崖墓变化不大，但龛的配置明显少于宋代。

第一期内可见图像题材有墓主标示物组合、墓主人像、屏风、空椅、仿木构件、门窗、供案、花木果实、祥禽瑞兽、乐舞、武士、神异人物（含道教真人）、文吏、备侍、出行、八卦、畜禽、吉祥寓意装饰纹样、几何装饰物纹样。其中花木果实数量最占据优势，数量优势较为明显的图像题材为吉祥寓意装饰纹样、备侍、祥禽瑞兽、墓主标示物组合等。

就分布区域而言，第一期中，明墓画像石刻主要分布于川东南川南、黔北和成都平原。目前可见纪年最早的明墓画像石刻材料见于黔北。画像石刻原境形制类型最为丰富和石刻数量占据较明显优势的均为成都平原。

就此期内明墓画像石刻的使用人群而言，可考背景信息的使用人群中，高级官员及家属、中低级官员及家属、一般民众的数量基本持平；男女墓主的数量基本持平；无宗教信仰背景的墓主占了绝大多数，未见佛教信众，道教信众仅有2人，故此期内明墓画像石刻的使用并不存在与某类背景人群的强相关性。第一期内典型墓例可见：如平武王玺家族墓群M11（孺人赵氏墓）[1]、平武王玺家族墓群M10（王祥墓）[2]、播州土司杨铿夫妇合葬墓[3]、播州土司杨辉与俞氏田氏合葬墓[4]、安顺松林村一号墓[5]、白马寺六号墓（魏存敬墓）[6]、棺材石岩墓M1[7]、高县小寺脚下崖墓等。[8]

---

[1] 四川省文管会、绵阳市文化局、平武县文保所：《四川平武明王玺家族墓》，《文物》，1989年第7期。
[2] 四川省文管会、绵阳市文化局、平武县文保所：《四川平武明王玺家族墓》，《文物》，1989年第7期。
[3] 贵州省文物考古研究所、中国社会科学院考古研究所、遵义市文物局：《贵州遵义市新蒲播州杨氏土司墓地》，《考古》，2015年第7期。
[4] 贵州省文物考古研究所、遵义县文物管理所：《贵州遵义市团溪明代播州土司杨辉墓》，《考古》，2015年第11期。
[5] 王燕子、赵小帆、宋先世：《安顺旧州松林村一号墓清理简报》，《贵州文物》，1992年创刊号。
[6] 四川省文物管理委员会：《成都白马寺第六号明墓清理简报》，《文物参考资料》，1956年第10期。
[7] 重庆市博物馆：《宜宾地区悬棺葬调查记》，《考古》，1981年第5期。
[8] 重庆市博物馆：《宜宾地区悬棺葬调查记》，《考古》，1981年第5期。

（二）第二期

第二期：明弘治年间至明末，此期内最早纪年材料为明弘治四年（1491），最晚纪年材料为明崇祯十二年（1639）。

此期内可见明墓画像石刻原境形制类型有：画像石室墓的甲类Aa型、甲类Ab型、甲类Ba型、乙类Ab型、乙类Ac型、乙类Ba型、乙类Cb型、乙类Cc型、乙类Da型、乙类Db型，非汉系画像崖墓的A型，以及公布信息不完整无法纳入类型学研究的部分汉系画像崖墓。就数量而言，非汉系画像崖墓的A型和画像石室墓的乙类Cc型为最多，二者数量持平。（注：汉系画像崖墓在此期内发现数量最多，但因资料不完整无法纳入类型学研究，故可纳入类型学研究的材料中，依然以非汉系画像崖墓的A型和画像石室墓的乙类Cc型为最多）此期内，明墓画像石刻原境形制类型丰富度较第一期略有提升。就画像石室墓而言，墓室之间有间隔无连通的墓葬进一步减少，墓室之间共壁的现象继续增多，墓室数量呈现增多趋势；第一期中前室横置共用、后部多室并列共壁的原境形制仅见于松林坡一号墓，而此形制在第二期明显增多。仿木进一步退化，完整配置仿木后龛和侧龛的墓葬较为罕见，此期内的仿木主要为在墓室内部以浅浮雕或线刻的形式表现仿木构件和仿木牌楼，且体量较小，极少见如宋墓画像石刻中以深浮雕、半圆雕形式真实再现现实建筑仿木构件的情况。虽仍继续配置侧龛和后龛，但完整配置齐侧龛和后龛的情况较少，且龛的规模都远逊于宋代。并列的各墓室规模也比宋元画像石室墓的墓室规模略有缩减。非汉系画像崖墓仅见A型，相较第一期形态变化不大，其区别主要呈现在某些同类图像题材表现手法上的差异。汉系画像崖墓有大部分属于公布信息不完整无法纳入类型学研究者，考其文字报告，亦呈现出墓室数量急剧增多的特点。

第二期内明墓画像石刻图像可见墓主标示物组合、墓主人像、屏风、空椅、仿木构件、门窗、供案、花木果实、祥禽瑞兽、乐舞、武士、神异人物（含道教真人）、文吏、备侍、出行、八卦、畜禽、吉祥寓意装饰纹样、几何装饰物纹样。其中最多的为吉祥寓意装饰纹样，占据较明显数量优势的还有仿木构件、花木果实、祥禽瑞兽等。

就分布区域而言，第二期中，明墓画像石刻仍主要分布于川东南川南、黔北和成都平原。画像石刻原境形制类型丰富度、画像石刻数量优势最为明显的均为川东南川南，次之为成都平原，再次为黔北。

就此期内明墓画像石刻的使用人群而言，可考背景信息的使用人群中，一般民众的数量占据较大优势，其次为高级官员及家属，最次为中低级官员及家属；男女墓主的数量基本持平；无宗教信仰背景的墓主占据明显数量优势，其次为佛教信众，道教信众仅有3人。值得注意的是，佛教信众人数虽较多，但均集中见于两处僧人墓群，对探讨石刻使用人群广泛意义上的信仰背景参考价值不大。故与第一期相似，此期内明墓画像石刻的使用并不存在与某类背景人群的强相关性。第二期内典型墓例可见：宜宾周洪谟墓[1]、双柏村明M8（刘綋张氏墓）[2]、地瓜堡五室墓[3]、郭成墓[4]、新北小区四期明太监墓群M3[5]、樟树村明墓M1[6]、红光村明墓群M4[7]、蛇王洞明墓[8]、枣子坝屋基明墓[9]、何家湾崖墓[10]、高县棺材石M4。[11]

二、分区

根据原境形制、图像变化、发展进度等方面的差异，可以将四川地区明墓画像石刻分为以下三个区。

（一）川东南川南区

川东南川南区：该区域北至合川，南至叙永，东至潼南，西至自贡。

1. 原境形制

川东南川南区第一期内，原境形制类型可见三种，分别为画像石室墓的乙类Ca型、非汉系画像崖墓的A型和B型，非汉系画像崖墓的数量要远多于汉系画像石室墓。作为宋墓画像石刻最为发达的一个区域，此区内所见的画像石室墓的乙类Ca型延续了宋代画像石室墓在二期和三期常见的藻井式盝顶双室并列紧贴的形制，且完整配置了侧龛、后龛和仿木构件。但宋代画像石室墓中多见的两室之间设置连通的情况则基本消失，此区内第一期的明代画像石室墓更注重各个墓室的相对封闭性。非汉系画像崖墓的形制与宋代川东南川南区非汉系画像崖墓所流行之形制区别不大，多数采用平顶（或平顶略带

---

[1] 四川省文物考古研究院、宜宾市博物院：《四川宜宾市明代周洪谟墓发掘简报》，《四川文物》，2015年第1期。
[2] 成都文物考古研究所：《成都市高新西区双柏村宋、明墓发掘简报》，《成都考古发现（2013）》，科学出版社，2015年。
[3] 周必素、彭万、韦松恒：《牧司一方·播州杨氏土司墓葬管窥》，科学出版社，2020年，第161页。
[4] 四川省文物考古研究所：《宜宾县革坪村明代郭成石室墓清理简报》，《四川文物》，2002年第5期。
[5] 成都文物考古研究所：《成都"新北小区四期"明代太监墓群发掘简报》，《成都考古发现（2006）》，科学出版社，2008年。
[6] 四川省文物考古研究院、广元市博物馆、元坝区文物管理所：《广元市元坝区樟树村明墓发掘简报》，《四川文物》，2014年第1期。
[7] 成都市文物考古工作队、龙泉驿区文物保护管理所：《成都市龙泉驿区洪安镇红光村明墓群发掘简报》，《成都考古发现（2017）》，科学出版社，2019年。
[8] 资料来源：笔者田野调查采集。
[9] 资料来源：笔者田野调查采集。
[10] 资料来源：笔者田野调查采集。
[11] 重庆市博物馆：《宜宾地区悬棺葬调查记》，《考古》，1981年第5期。

弧度）、纵向凿出进深较浅的墓室的形式，极少数采用人字坡顶；平顶（或平顶略带弧度）的崖墓绝大多数未配置侧龛和后龛，人字坡顶的崖墓可见配置规模较小的侧龛。

川东南川南区第二期内，原境形制类型可见：画像石室墓的甲类Aa型、乙类Cb型、乙类Cc型、乙类Da型、乙类Db型，非汉系画像崖墓的A型。并且出现了汉系的画像崖墓。原境形制类型明显比此区第一期丰富，其中，以非汉系画像崖墓的A型为最多，画像石室墓中数量最多的为乙类Cc型。多室并列无连通、各墓室空间相对封闭独立的平顶墓成为画像石室墓的主流，且各座墓的墓室数量明显增多。因缺乏公布信息详细、可以开展类型学研究的汉系画像崖墓，所以未对其进行类型划分。但此区内第二期出现的汉系画像崖墓数量较大，故在此对其概况进行描述。除了合江何家湾崖墓为具备道教信仰的一般民众外，其他的墓葬均为集中群葬、各墓室独立的僧人墓。

2. 石刻

此区第一期内，可见图像题材为：墓主标示物组合、墓主人像、空椅、仿木构件、花木果实、祥禽瑞兽、武士、备侍、八卦、禽畜、吉祥寓意装饰纹样、美化用几何装饰纹样。宋墓画像石刻川东南川南区的主流题材如墓主标示物组合、墓主人像、空椅、祥禽瑞兽、备侍等在明代川东南川南区第一期内延续，但在图像题材中所占比例大大低于宋墓画像石刻中同类题材所占比例。花木果实成为此区第一期内最为主流的题材。但宋代按照四季设置花木题材用以表征时间的内涵意义瓦解，明墓画像石刻未如宋代一般以内在逻辑关系在一个墓葬中完整配置多季花卉，更多承载的是装饰意味。畜禽是此区内新出现的题材，主要见于非汉系画像崖墓。

此区第二期内，发现石刻的总数量较第一期有明显上升，可见图像题材为：墓主标示物组合、墓主人像、空椅、仿木构件、门窗、供案、花木果实、祥禽瑞兽、武士、神异人物、备侍、出行、八卦、禽畜、吉祥寓意装饰纹样、美化用几何装饰纹样。以仿木构件为最多，花木果实、祥禽瑞兽次之。吉祥寓意装饰纹样急速增多也是川东南川南区第二期内石刻题材一个重要的变化。

3. 使用人群

川东南川南区第一期内，明墓画像石刻的使用人群均为一般民众；其中无宗教信仰背景的占了绝大多数，仅见2人为道教信众，未见佛教信众；已知性别中男女比例均衡，大部分根据墓葬现有信息无法推断性别。可见，就目前的考古发现而言，明墓画像石刻在此区此期内主要流行于一般民众，且未见与某一性别、某种宗教信仰的强对应关系。

（二）黔北区

黔北区：该区大部分地域处于乌江以北的区域，该区北至赤水、南至遵义、东至铜仁、西至毕节。

1. 原境形制

黔北区第一期内，原境形制类型可见：画像石室墓的乙类Aa型、乙类Bb型、乙类Db型，其中以乙类Aa型数量为最多。明墓画像石刻黔北区的原境形制延续了宋墓画像石刻黔北区第二期偏晚和第三期常见的藻井式盝顶、两个及以上墓室并列，有间隔、无连通的特点。但较之宋代，仿木呈现出急速衰落的态势，在目前公布信息完整的黔北区第一期明墓中，尚未见配置仿木构件，龛亦呈现出退化的趋势，仅少数原境如宋代一般完整配置了后龛和侧龛。

黔北区第二期内，可见原境形制类型有：画像石室墓的甲类Ba型、乙类Ab型、乙类Ba型、乙类Cc型，原境数量、原境形制类型丰富度基本与此区内第一期持平有极少提升，数量上略占优势的为乙类Ba型。较之第一期，黔北区宋代画像石室墓和第一期明代画像石室墓中最为主流的藻井式盝顶衰落，平顶数量增多并占据优势，仿木和龛进一步退化。

2. 石刻

黔北区第一期内可见石刻图像题材为：墓主标示物组合、屏风、仿木构件、门窗、供案、花木果实、祥禽瑞兽，发现的石刻数量明显少于川东南川南区和成都平原区，各类图像题材数量差较小。黔北区虽然为四川地区元墓画像石刻最为集中的区域，但黔北元墓画像石刻较之宋代，已呈现出较大的退化；其明墓画像石刻虽然延续了宋元的一些主流题材，如墓主标示物组合、屏风、花木果实等，但总体上无法再现此区石刻在宋代的高度繁荣。

黔北区第二期内可见石刻图像题材为：屏风、门窗、供案、花木果实、祥禽瑞兽、吉祥寓意装饰纹样、美化用几何装饰纹样。发现的石刻数量与黔北区第一期基本持平，仍明显少于川东南川南区和成都平原区。各类题材中，吉祥寓意装饰纹样为最主流，祥禽瑞兽题材数量优势较为明显。吉祥寓意装饰纹样的激增是黔北区明墓画像石刻在第二期的一个重要变化。黔北区明墓画像石刻中所见的祥禽瑞兽，有别于黔北区宋墓画像石刻中常见的用以界定四方、起去凶辟邪作用的四神，多为象征吉祥寓意者。

3. 使用人群

黔北区在第一期内，明墓画像石刻的使用人群绝大多数为高级官员及家属，有少数为一般民众。在出现的原境形制类型中，画像石室墓的乙类Bb型、乙类Db型的使用者男女数量持平，乙类Aa型的使用者中女性略多于男性，但这并不说明在明墓画像石刻的使用上女性占据数量优势，而源于此型原境为一位男性土司墓，并与多位土司夫人合葬导致。就宗教信仰而言，此期内的使用者均无特定宗教信仰背景，未见道教或佛教信众。

黔北区第二期内，明墓画像石刻使用人群可见高级官员及家属，和一般民众，二者数量基本持平。使用者中，女性墓主数量是男性墓主的两倍多，倍数的优势并非来源于因性别差异而导致的墓葬形式选择偏好，而是源于女性墓主中出现了较为特殊的情况：一位土司娶多位夫人并将其中的五位夫人合葬于一座墓中。此期内所见的使用者均无特定宗教信仰背景，未见道教或佛教信众。

（三）成都平原区

1. 原境形制

成都平原区第一期内可见原境形制类型：画像石室墓的甲类Aa型、甲类Ba型、甲类Bb型、乙类Cb型，另有两座砖石混构墓。其中，以甲类Ba型数量略占优势。单室墓的数量略多于双室墓，券拱顶与平顶的数量基本持平，未见藻井式盝顶，多数墓葬配置有侧龛和后龛，画像石室墓中未见仿木，仅在砖石混构墓中可见少量仿木构件。

成都平原区第二期内可见原境形制类型：画像石室墓的甲类Aa型、甲类Ab型、乙类Ab型、乙类Ac型、乙类Bb型、乙类Cc型。原境形制类型丰富度较第一期有所提升，双室墓的数量明显多于单室墓，依然以平顶和券拱顶为主，出现了第一期未见的复合式顶和藻井式盝顶。龛和仿木呈现出明显的衰退趋势，少见墓葬完整配置后龛、侧龛和仿木。墓室空间进行再分割、在每个墓室中又再次划分出前后或前中后室的趋势加强。

2. 石刻

成都平原区第一期内石刻数量较多，是三个分区中石刻数量最多的一个区域，可见题材有：墓主标示物组合、墓主人像、屏风、仿木构件、门窗、花木果实、祥禽瑞兽、乐舞、武士、神异人物、文吏、备侍、畜禽、吉祥寓意装饰纹样。其中，以备侍为最多，次之为吉祥寓意装饰纹样和花木果实。成都平原区也是明代画像石刻分布区域中唯一可见乐舞题材者。

成都平原区第二期内石刻数量多于此区第一期，画像石刻总数少于第二期中的川东南川南区，可见题材有：屏风、仿木构件、门窗、供案、花木果实、祥禽瑞兽、武士、文吏、备侍、吉祥寓意装饰纹样、美化用几何装饰纹样。其中，占据绝对数量优势的为吉祥寓意装饰纹样，次之为仿木构件和花木果实。吉祥寓意装饰纹样较之本区第一期呈现激增趋势。

3. 使用人群

成都平原区第一期内，石刻的使用人群均为中低级官员及家属；使用人中男性和女性的数量基本持平；且均无特定的宗教信仰背景，未见道教和佛教信众。使用人群未呈现出与某一性别、某宗教信仰的强相关性，但在社会阶层上，呈现出与中下级官员及家属的强相关性。

成都平原区第二期内，石刻的使用人群绝大多数为一般民众，仅见一人属于中低级官员及家属阶层；使用人中男性与女性数量基本持平；绝大部分使用人无特定的宗教信仰背景，仅有1人为道教信众，未见佛教信众。使用人群呈现出明显的从中低级官员及家属到普通民众的转化。

除了以上三个分区，明墓画像石刻也在广元可见零星分布，原境形制为乙类Cd型，图像题材可见八卦纹、如意纹、盆景式花卉、瓶插式花卉、捧宝侍童等。使用人群为道教信仰的中级官员及家属。

第十一章

四川地区明墓画像石刻综合研究

第一节　四川地区明墓画像石刻的变革

一、原境形制变革

明墓画像石刻的原境主要可见画像石室墓、汉系画像崖墓和非汉系画像崖墓。其中，画像石室墓形制的变化较之宋元最为剧烈。最为明显的四个变化为：藻井式盝顶、龛和仿木的退化，墓室数量明显增多，各墓室紧贴的趋势不断加强，墓室空间分割与封闭加强。

（一）藻井式盝顶、龛和仿木的退化

在四川地区宋代画像石室墓中，藻井式盝顶是画像石刻最繁荣期中最为主流的墓顶，并一直延续到元代画像石室墓中。元代前段的画像石室墓承袭藻井式盝顶，元代偏晚段时期藻井式盝顶逐渐退化，演变出平顶带藻井的形式。明代画像石室墓延续了这一变化趋势。从笔者搜集整理的材料来看，在单室墓中未见藻井式盝顶，多室墓中虽延续了少数藻井式盝顶，但和元代画像石室墓所见藻井式盝顶分布特点相同，绝大部分集中于黔北地区，较之宋代藻井式盝顶的分布范围大大缩小；明代画像石室墓藻井式盝顶也做出了一些创新，出现了含藻井式盝顶的复合式顶，如藻井式盝顶+券拱顶，但数量少于平顶+券拱顶的复合式顶。总体而言，宋元画像石室墓主流墓顶——藻井式盝顶的退化趋势明显。明代画像石室墓龛和仿木的退化延续了元代的趋势。宋代画像石室墓中流行完整配置后龛和侧龛，并在墓葬中设置立体感强、深浮雕乃至半圆雕形式的仿木构件；元代画像石室墓中完整配置后龛、侧龛、仿木构件的情况明显减少，假龛增多，配置的仿木构件立体感和精细度远逊于宋代；明代画像石室墓中完整配置后龛、侧龛和仿木构件的情况在元代基础上进一步减少，以浅浮雕壸门代替龛的情况增多，虽出现了仿木，但如宋代那样立体感强、精细度高、以石材还原现世真实建筑仿木构件者几乎未见，变成以浅浮雕，甚至阴线刻来表现仿木构件。

（二）墓室数量明显增多

明代画像石室墓形制发生的第二个重要变化，即墓室数量明显增多。四川地区宋元画像石室墓除富顺沱湾乡宋墓（8墓室）等少数特例外，其他多室墓通常只见三室，且

三室墓的总体数量较之单室墓和双室墓并不具备优势。但在笔者搜集的明代画像石室墓材料中，不仅可见双室墓、三室墓，三室以上的墓葬亦不在少数，多者可达七室，最多者可达十二室，且多室墓的数量明显多于单室墓。在第一期中，多室墓的数量优势已经出现；至第二期，多室墓的数量优势更为明显，可见，墓室数量随时代变化呈现出明显的增多趋势。［参见附表39　四川地区明墓画像石刻·原境形制类型统计（第一期），附表40　四川地区明墓画像石刻·原境形制类型统计（第二期）］

（三）墓室紧贴趋势不断加强

明代画像石室墓形制发生的第三个变化为各墓室紧贴的趋势不断加强。明代画像石室墓第一期中，有间隔无连通的形制（乙类A型和B型）具有较为明显的数量优势，发展至第二期，并列紧贴（大部分无连通、极少数有连通）的形制（乙类的C型和D型）则迅速发展，占据了明显的数量优势，且呈现出集中分布于川东南川南区的态势。

（四）墓室空间分割与封闭加强

明代画像石室墓形制出现的第四个重要变化为墓室空间分割与封闭加强。分割加强表现在：明代画像石室墓的单室和多室墓葬中，多见对单个墓室空间进行再分割的方式，将一个墓室分为前后二室或前中后三室。封闭的加强除了采用多墓室并列紧贴且多无连通的形式，还与分割加强密切相关：对于已经做了前后或前中后室空间分割的单个墓室，多在前后或前中后室之间采用可以开合的门进行连接，这是形制上有别于宋元画像石室墓的一个重要特点。宋代画像石室墓虽有少数规模较大的墓葬采用了对单个墓室再分前中后室的形式，但目前材料中未见在前中后室之间设置可开合门扇者；元代偏晚段的画像石室墓有极少数对单个墓室采用了分隔为由可开合门扇连接的前后二室的方式，应是明代同类形制的先声；延续至明代后此类形制发展壮大。对封闭的强调，即使在明代新出现的画像石室墓D型中也可见明显的反映，各个墓室虽共用横置的前室，但前室之后并列的各个墓室之间仍以共壁紧贴且无连通的为主流。

较之画像石室墓，汉系画像崖墓的变化主要体现在龛和仿木的退化。因目前未见元代汉系画像崖墓的材料，以明代汉系画像崖墓和宋代汉系画像崖墓比较，明代汉系画像崖墓同宋代一样采用了多室并列、有间隔、无连通的营建方式；但宋代汉系画像崖墓中所见与宋代汉系画像石墓相似的带立体度高仿木构件的侧龛和后龛未见于明代汉系画像崖墓。明代汉系画像崖墓所见的仿木均为以浅浮雕和阴线刻形式雕刻仿木屋顶于墓门上方。明代非汉系画像崖墓的形制主流承袭宋代非汉系画像崖墓，变化不太明显。

二、石刻变革

四川地区明墓画像石刻数量和题材较之元墓画像石刻，发现数量更大，题材更为丰富，呈现出墓葬画像石刻复兴的趋势，但这种复兴并非对宋代单纯的重复和延续。

（一）主流图像变化

四川地区宋墓画像石刻中，数量最多的题材为花卉，其次分别为备侍、四神、武士、门窗、墓主人像和启门，上述图像在宋墓画像石刻中占据明显的数量优势。至明代，武士、启门、四神已大大衰退，仅见零星发现；备侍、门窗和墓主人像也不具备宋墓画像石刻中同种题材的高占比。取而代之的主流图像为吉祥寓意装饰纹样、祥禽瑞兽、花木果实、仿木门窗。吉祥寓意装饰纹样为最多，祥禽瑞兽以麒麟、狮子、龙为主。明墓画像石刻的龙并非如宋代一般和白虎成对出现的青龙，其并不具备四神中青龙的意义，配置位置不似青龙恒定配置在西方，而多在后壁和藻井处，多为在水波、祥云中飞舞追逐宝珠的形态，也可见二龙相向而行戏珠者。二龙戏珠在宋墓画像石刻中仅见四川泸县宋代石刻博物馆藏一孤例（参见图3-248），而在明墓画像石刻中数量较之宋代有明显的增多，应与其承载的吉祥意义相关。明墓画像石刻门窗较之宋代更为简化，承袭了元墓画像石刻门窗简化的趋势，少见宋墓画像石刻一般在障水板、腰华板、格眼都配置丰富图像的情况。花木果实在第一期中依然为数量最多者，在第二期中，数量虽略逊于吉祥寓意装饰纹样和祥禽瑞兽，仍居于第三位。宋墓画像石刻中的主流花卉形式在元明皆有延续，并发生变化，宋代所见的主要为折枝花卉、缠枝花卉和瓶插花卉；元墓画像石刻中新出现了盆景式的盆栽花卉；盆栽花卉延续到明代并取得了迅速的发展，成为明墓画像石刻花木果实题材中常见的一种形式。考其原因，可能与明代盆景的理论著作发展、盆景知识的系统化理论化进步所造就的盆景普及化和成熟化潮流相关。这种潮流不仅影响了明代文人画中多见盆景作为点缀，也影响了明代墓葬装饰图像系统中的花木果实题材。

明墓画像石刻中还有一个值得注意的主流图像变化趋势，即对宋元主流图像的糅合。宋墓画像石刻中的空椅、启门一般都居于后壁的中心位，起到象征墓主所在或象征墓葬空间拓展的作用。而在宋墓画像石刻偏晚阶段所出现并发展、具备明显"彰显"意味的仿木牌楼，通常也是居于后壁中心位作为主体图像出现，未见与空椅、启门综合配置者。但在明墓画像石刻中，将这些主体图像糅合在后壁中心位共同出现，如合江大嘴上明墓牌楼与空椅共出（参见图11-1），大足御墅林枫别墅工地明墓牌楼和启门共出。（参见图11-2）

图11-1　合江大嘴上明墓牌楼与空椅共出　　　图11-2　御墅林枫明墓群M1牌楼与启门共出

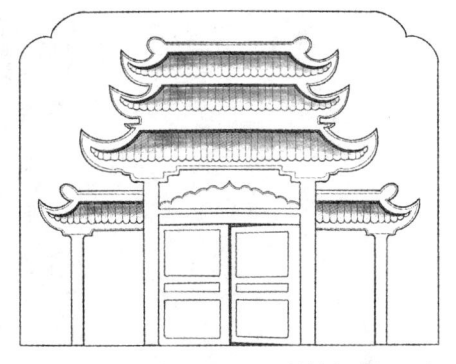

（二）新出现的石刻

除了延续宋元主流图像并加以变革，四川地区明墓画像石刻中还新出现了一些图像题材，如捧宝备侍、藏传佛教曼荼罗、鳄形龙等。

备侍是四川地区宋墓画像石刻主流题材之一，广泛见于从官员阶层到一般民众的墓葬中；四川地区元墓画像石刻中也可见备侍，数量极少，且存在与高等级官员及家属的强相关性。但宋元墓葬中的备侍石刻，无论男侍、侍女还是侍童，从人物形象上来看与日常生活中的普通侍者毫无区别，且所持之物均为盘、盏、碗、注子、扇子、凉伞、巾、镜台、香炉等日常生活中的器用，所反映的应为长随墓主左右侍奉之意。而明墓画像石刻中出现了宋元墓画像石刻未见的捧宝备侍题材，且与官员阶层墓葬呈现出强对应性。如平武王氏土司家族墓中，出现了捧宝男侍，盘中所捧之物为宝珠和珊瑚（参见图11-3-1）；捧宝侍女，所捧之物为串珠、宝珠、仙桃、珊瑚等。（参见图11-3-2）这些东西并非日常生活中备侍所需，且捧宝侍女所着服饰与王氏土司家族墓地中捧日常器用侍女的服饰差别较大，肩披云肩，着广袖长袍，飘带作飞舞状，表现的可能为仙女捧宝相迎的意味，与象征财富、吉祥意义有关。

---

① 资料来源：笔者田野调查采集、陈金凤绘图。
② 资料来源：大足石刻研究院：《大足古墓葬》，中国戏剧出版社，2012年，第47页，图68。陈金凤据原报告照片绘制线图。
③ a．图片采自四川省文物考古研究院、绵阳市博物馆、平武县文物保护管理所：《四川平武土司遗珍——明代王玺家族墓出土文物选粹》，文物出版社，2018年，第210页。
　b．图片采自四川省文物考古研究院、绵阳市博物馆、平武县文物保护管理所：《四川平武土司遗珍——明代王玺家族墓出土文物选粹》，文物出版社，2018年，第257页，图五一。

图11-3 王氏土司家族墓群捧宝备侍①

藏传佛教曼荼罗在笔者搜集的非明代皇室墓葬材料中，仅见成都高新区龙灯山明墓M1两件（参见图11-4）①，分别以兰札体种子字表现毗卢遮那佛和观音。其中，西室的种子字外还围绕有六字大明咒，表达期望墓主得以解脱、于西天世界永享福乐之意。但将观察范围扩展至包括皇室墓葬在内的整个四川地区明代墓葬图像系统中，藏传佛教因素的出现并非孤例，明蜀僖王墓也发现了藏传佛教曼荼罗图像②，白马寺明墓群M6蜀王太监魏存敬墓也出现了彩绘的藏传佛教八宝。藏传佛教因素在四川明代墓葬装饰中出现，且集中于成都地区出现，首先来源于中央喜好的影响。明朝立国后，明太祖本着"以化愚俗、弭边患"的意图，对藏传佛教采取了怀柔政策，为宗教领袖加封、建庙，用以加深汉藏之间的联系。至明成祖时期，册封的藏传佛教僧侣数量明显增多，成祖自身还持诵藏传佛教经咒，对其的态度从利用转向了信奉。③其二，川藏道是藏族聚居区来往纳贡的要道，成化六年（1470）明政府明令"乃定请议乌思藏赞善、阐教、阐化、辅教四王三年一贡……由四川路入"④。过往僧侣众多，藏传佛教也由僧侣的传播而影响了四川，《益部谈资》也记录了这样的现象："蜀中水陆舟车所经，凡有岩石，莫不

---

① 图片采自索德浩、王梦雨、左志强：《成都地区新见明墓中的藏传佛教石刻初探》，《藏学学刊》，2020年第1期，图五-1、图五-2
② 任新建：《明蜀僖王陵藏式石刻考释》，《四川文物》，1995年第3期。
③ 清·张廷玉等：《明史》卷331，中华书局，1974年，第28册，第8577页。
④ 西藏研究编辑部：《明实录藏族史料》，西藏人民出版社，1982年，第688页。

镌佛像。岂地近西番,前代风气渐染如此。"①而成都作为川藏道朝贡路线上的重要节点,所受僧侣传教影响尤为深刻。此外,四川与西藏长期以来的茶马互市,使汉藏之间产生的不仅是经济交流,也因为频繁的茶马贸易人员往来,促进了文化交流,推动了藏传佛教在四川的传播。

1 西室种子字　　　　　　　　　　　　　2 东室种子字
图11-4　龙灯山明墓M1墓顶藏传佛教石刻

鳄形龙主要出现在四川地区明代非汉系画像崖墓中。龙的题材在四川地区宋代非汉系画像崖墓中可见。但宋代非汉系画像崖墓出现的龙形态与宋代汉系画像石室墓中的龙形青龙极为相似,作追逐宝珠状。虽然未如汉系青龙一般恒定配置在墓室西壁,可见配置于西壁和配置于墓门下方者,但其题材来源于汉系画像石室墓龙形青龙应无疑。至明代,非汉系画像崖墓中,宋代的龙形青龙消失,出现了龙题材的新类型,即通常配置于墓门上方的鳄形龙。此类龙身材和四肢壮硕,身形较宋代龙形青龙显得更为粗短,未见宝珠共出,多为单龙、单龙食鱼、背向而行尾部交缠与鱼共出的双龙。这种形式未见于宋代非汉系画像崖墓,在明代汉系画像石室墓和汉系画像崖墓中也未出现,应是四川地区非汉系画像崖墓发展至明代,在龙题材上所作出的符合非汉系族群审美的创新。(参见图11-5至图11-7)

---

① 何宇度:《益部谈资》卷上,《景印文渊阁四库全书》,台湾商务印书馆,1986年,第592册,第743页。

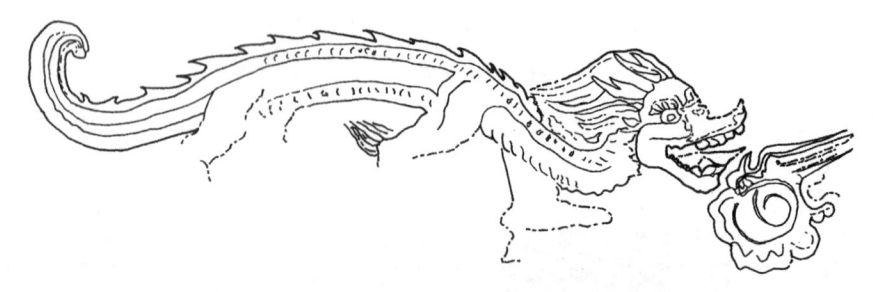

图11-5 天堂沟崖墓群M9宋代龙形青龙①

图11-6 柏香湾非汉系崖墓M4明代龙鱼②　　图11-7 棺材石非汉系崖墓M4明代龙鱼③

（三）图像组合的进一步瓦解

四川地区明墓画像石刻呈现出明显的图像组合瓦解。宋墓画像石刻的图像组合其实在元代已经呈现出瓦解的态势。四川地区元墓画像石刻发现较少，原境仅见9座墓葬，除了播州土司杨元鼎墓、两路口劳动村元墓的画像石刻存在与宋代画像石室墓甲类Bd型Ⅲ式图像组合的相似性，其他的墓葬中，未见各类图像如宋墓画像石刻一般的稳定配置。因标本数量太少，在元墓画像石研究中无法确定其为明确的瓦解，只将其判断为呈现瓦解的趋势，如之后有更多元墓画像石刻资料出现可能会改写这一认知。至明代，目前发现元墓画像石刻中存在的图像组合瓦解趋势，在明墓画像石刻中进一步深化。明墓画像石刻的数量较元墓画像石刻有了大幅度增加，虽未达到宋墓画像石刻的发达水平，但标本数量已较为丰富。从汉系画像石室墓、汉系画像崖墓和非汉系画像崖墓来看，虽然延续了一部分宋元墓葬画像石刻的主流图像，但这些主流图像的配置位置，除了墓主标示物依然恒定地配置在墓室后壁中心位，其他均未见某类图像与某个位置之间的强对应关系。可见，明墓画像石刻中未存在如宋墓画像石刻那样较为稳定，并表达"永为供养"象征意义的图像组合。取而代之的，是"意必吉祥"的图像堆砌。

（四）生死趋同的"意必吉祥"图像系统

四川地区明墓画像石刻图像题材，第一期内，以花木果实为最多，吉祥寓意装饰纹

---

① 资料来源：笔者田野调查采集，邓宽宇绘图。
② 资料来源：笔者田野调查采集，陈金凤绘图。
③ 资料来源：笔者田野调查采集，陈金凤绘图。

样和备侍并列第二；但至第二期，吉祥寓意装饰纹样数量激增，超过了花木果实，成为最为主流的图像题材，在各社会阶层的墓葬中被广泛应用，形成了明墓画像石刻中"意必吉祥"的图像系统。

明墓画像石刻中的"意必吉祥"图像题材，表现手法较为丰富，主要可见谐音、寓意、文字等。谐音类多为花瓶、如意、蝙蝠等，如双柏村明墓M8如意纹和蝙蝠纹，以如意象征称心如意，蝙蝠表示福从天降之意。①双柏村明墓M10表现有花瓶中插着如意的图像，应取谐音表示平安如意。②堰塘湾非汉系崖墓双鱼莲花③、温塘明墓M7的双鱼戏莲④，亦是取谐音表示连年有余之意。寓意类可见竹节纹、八宝纹等，如广元樟树村明墓M1竹节纹应为寓意节节高升⑤，王玺墓中所见珊瑚、犀角、古钱、银锭、金锭、方胜等题材，均为寓意富贵吉祥。⑥文字类多为"寿山""福海"等，如王玺墓石刻中在海浪之上雕刻"福"字、在海中山石上雕刻"寿"字，以作"寿山福海"象征福寿绵长。⑦除了这些在前文明墓画像石刻资料整理中被归入吉祥寓意装饰纹样者，花木果实类、祥禽瑞兽类、墓主标示物类、备侍类中也可见浓厚的吉祥意味。明墓画像石刻花木果实中多见仙桃、牡丹、绣球、灵芝，均与长寿、富贵、团圆美满相关，且在花卉中还装饰有象征财富的铜钱纹，这是宋元同类题材中未见的。祥禽瑞兽多见龙、凤凰、麒麟、狮子、鹿、鹤等，均与吉祥、福禄、和合相关；墓主标示物中的屏风上表现芝草，盖取其与长寿相关之意；备侍题材中出现了四川地区宋元墓葬画像石刻中未见的捧宝侍者这一新题材，捧宝侍者手中所捧之物均为表示财富和吉祥的宝物，且着装与同一墓葬中捧日常器用的侍者迥异，更似仙人，表现的应是仙人捧宝相迎的吉祥寓意。可见，对"意必吉祥"的表现渗透了四川地区明墓画像石刻的各类题材。

从明墓画像石刻的艺术风格来看，也体现着浓厚的"意必吉祥"意味。四川地区宋墓画像石刻的艺术风格雅致，大部分石刻线条流畅简练，并且注重在石刻面上留下足够多的留白，讲究的是虚实相生，用充足的留白以突出石刻主体形象，有着明显的来自宋代绘画尚意境、重留白的艺术风格之影响。至元代发现的与宋代同题材的画像石刻，

---

① 成都文物考古研究所：《成都市高新西区双柏村宋、明墓发掘简报》，《成都考古发现（2013）》，科学出版社，2015年。
② 成都文物考古研究所：《成都市高新西区双柏村宋、明墓发掘简报》，《成都考古发现（2013）》，科学出版社，2015年。
③ 资料来源：笔者田野调查采集。
④ 贵州省文物考古研究所：《2003—2013贵州基建考古重要发现》，科学出版社，2015年，第245页。
⑤ 四川省文物考古研究院、广元市博物馆、元坝区文物管理所：《广元市元坝区樟树村明墓发掘简报》，《四川文物》，2014年第1期。
⑥ 四川省文物考古研究院、绵阳市博物馆、平武县文物保护管理所：《四川平武土司遗珍——明代王玺家族墓出土文物选粹》，文物出版社，2018年，第218-221页。
⑦ 四川省文物考古研究院、绵阳市博物馆、平武县文物保护管理所：《四川平武土司遗珍——明代王玺家族墓出土文物选粹》，文物出版社，2018年，第216-217页。

如花卉，便呈现出了留白较之宋代逐渐减少的趋势；而这种趋势发展至明代，使得明墓画像石刻的艺术风格出现了明显的变化。明墓画像石刻的构图较之宋元，留白明显减少，多将具备吉祥寓意的纹样在石刻表面上进行繁复铺叠，构成图像的线条比宋元更加精细繁缛，构图上呈现出明显的对"圆满""齐全"的追求。以花卉题材为例，宋代的花卉石刻中留出了大量的留白，以突出花卉的主体地位，使其形象特征更为清晰，如四川泸县宋代石刻博物馆藏折枝牡丹石刻[①]；而明代的花卉同类题材上，留白极少，花卉形象几乎占据了整个石刻表面，线条曲折蜿蜒、反复多变，追求构图圆满、齐全的特征明显，如杨升墓牡丹石刻[②]、上中坝遗址明墓M5牡丹石刻。[③]宋墓画像石刻中的瓶插花卉，均按照日常生活中瓶插花卉进行表现，如安丙家族墓群M1瓶插花卉[④]；而明墓画像石刻中，除按日常生活所用瓶插花卉样态表现者，还多见将瓶插花卉加以变形，使瓶花呈现出明显的"圆满"特征者，如广元樟树村明墓M1中瓶插花卉。[⑤]除花卉之外，连作为墓主标示物的牌位，也呈现出明显的从简练、多留白到崇尚繁缛圆满的变化。宋墓画像石刻中的牌位底部多为仰莲瓣，顶部为覆莲叶，中部雕刻墓主相关信息，大多未作其他的繁复装饰，如驾挡丘宋墓群M5张中兴牌位。[⑥]而明墓画像石刻中所见牌位，除反映墓主信息外，在牌位的各个部分设置各种吉祥寓意如双龙戏珠、双凤朝阳、祥云、如意等纹样，图像繁复，几乎不见留白，如宜宾周洪谟墓牌位。[⑦]由上可见，明墓画像石刻在艺术风格上崇尚"圆满""齐全"的追求，实际上是以充满吉祥寓意的艺术风格呼应明代装饰图像系统中"意必吉祥"风尚。（参见表11-1）

明墓画像石刻"意必吉祥"的图像系统还呈现出"生死趋同"的特点，即其图像题材、表现方式、艺术特征都与明代生人使用的其他载体上的吉祥图像呈现出高度的相似性。明代生人使用的建筑雕刻（石雕、木雕）、瓷器、玉器、金银器等，虽载体不同，但在"意必吉祥"图像的选择上存在共同的偏好。在明墓画像石刻中出现的各种表征吉祥寓意的祥禽瑞兽（龙、凤、麒麟、狮子、鹿、鹤等），花木果实（牡丹、绣球、仙

---

① 资料来源：笔者田野调查采集，图片为笔者拍摄。
② 图片采自周必素、彭万、韦松恒：《牧司一方·播州杨氏土司墓葬管窥》，科学出版社，2020年，第146页，图4-46-1。
③ 图片采自冉万里、刘瑞俊：《重庆市万州区上中坝遗址发掘》，《文博》，2000年第4期，图七-1。
④ 图片采自四川省文物考古研究院、广安市文物管理所、华蓥市文物管理所：《华蓥安丙墓》，文物出版社，2008年，图版一五。
⑤ 图片采自四川省文物考古研究院、广元市博物馆、元坝区文物管理所：《广元市元坝区樟树村明墓发掘简报》，《四川文物》，2014年第1期，图二三。
⑥ 图片采自四川省文物考古研究院、广安市文物管理所、华蓥市文物管理所：《华蓥市永兴镇驾挡丘宋墓群发掘简报》，《四川文物》，2009年第1期，图一一。
⑦ 图片采自四川省文物考古研究院、宜宾市博物院：《四川宜宾市明代周洪谟墓发掘简报》，《四川文物》，2015年第1期，图二三。

桃、灵芝等）、捧宝备侍等题材，也为生人图像系统所喜好，且采用了同样的谐音、寓意、文字表现形式，和同样的艺术特征在不同载体上反复展示。此处，以祥禽瑞兽类为例，如播州罗氏土司家族墓群扬M3麒麟石刻与名山灵泉院石牌坊照壁麒麟[①]、广东博物馆藏玉带板雕刻麒麟[②]、明成化青瓷盘麒麟相似[③]；王祥墓二龙戏珠石刻与明宣德铜镜双龙戏珠相似[④]；播州罗氏土司家族墓群扬M3单龙石刻与明正德青花瓷盘龙纹、明宣德青花红彩瓷盘龙纹相似[⑤]；成都双柏村M8双凤与明宣德青花瓷洗双凤相似[⑥]。（参见表11-2）

总体而言，考察明墓画像石刻的变革，非汉系崖墓画像石刻无论从图像还是原境形制，变化程度都要小于汉系画像石室墓、砖石混构墓。其原因可能在于非汉系族群地域特色、民族习俗的顽强性；而且地势比较偏远，较之宋代画像石室墓的分布区域，受宋与蒙元战争影响比较小，从而宋代非汉系画像崖墓的原境形制和图像题材一定程度上得以延续。但与宋代相较，明代非汉系崖墓画像石刻中受到的汉系影响要明显弱于宋代。在明代，非汉系画像崖墓石刻发展出了自己的特点，不仅畜禽题材明显增多，一些延续自宋代的主题如龙等，也出现了与宋代迥异的新形式。考察汉系墓葬画像石刻影响在明代非汉系画像崖墓中减弱的原因，应与汉系墓葬画像石刻本身的发达度相关。宋代汉系墓葬画像石刻极为发达，故而对宋代非汉系墓葬画像石刻的影响力也较大。而至明代，历经元代断崖式衰退的汉系墓葬画像石刻之发展虽有所恢复，但始终未能回到宋代的水平，其对非汉系墓葬画像石刻的影响力也远不及宋代。

明代汉系墓葬画像石刻较之宋代，从原境形制到图像，呈现出较大的变化。原境中龛和仿木不断退化，图像组合瓦解，最具优势的图像题材变成了吉祥寓意装饰纹样，呈

[①] a. 图片采自贵州省文物考古研究所、西南交通大学人文学院、遵义市播州区文物管理所：《贵州遵义市播州区播州罗氏土司家族墓调查简报》，《四川文物》，2019年第2期，图一八；
　　b. 图片采自唐飞、姚军：《四川古代牌坊》，文物出版社，2017年，第402页，图一五四。

[②] 图片采自古方：《中国传世玉器全集》，科学出版社，2010年，第4册，第40页。

[③] 图片采自中国陶瓷全集编辑委员会：《中国陶瓷全集》，上海人民美术出版社，2000年，第12卷，图一二一。

[④] a. 图片采自四川省文物考古研究院、绵阳市博物馆、平武县文物保护管理所：《四川平武土司遗珍——明代王玺家族墓出土文物选粹》，文物出版社，2018年，第226页；
　　b. 图片采自张金明、陆旭春：《中国古铜镜鉴赏图录》，中国民族摄影艺术出版社，2022年，第229页。

[⑤] a. 图片采自贵州省文物考古研究所、西南交通大学人文学院、遵义市播州区文物管理所：《贵州遵义市播州区播州罗氏土司家族墓调查简报》，《四川文物》，2019年第2期，图一六；
　　b. 图片采自中国陶瓷全集编辑委员会：《中国陶瓷全集》，上海人民美术出版社，2000年，第12卷，图一三八；
　　c. 图片采自中国陶瓷全集编辑委员会：《中国陶瓷全集》，上海人民美术出版社，2000年，第12卷，图二一四。

[⑥] a. 图片采自成都文物考古研究所：《成都市高新西区双柏村宋、明墓发掘简报》，《成都考古发现（2013）》，科学出版社，2015年，第617页，图一三；
　　b. 图片采自中国陶瓷全集编辑委员会：《中国陶瓷全集》，上海人民美术出版社，2000年，第12卷，图九三。

现出生死趋同的"意必吉祥"特征。明代汉系墓葬画像石刻最为主流的原境为画像石室墓，此类原境在宋代发展至极盛，因时局原因在元代急速衰落，在明代虽从数量来看呈现出一定的复苏，但这种复苏的态势远远逊色于其在宋代的发展态势。其原因与时局、经济关联性较弱。明朝立国后，四川社会维持了长时间的稳定，经济较之元代也有了较大的发展。从社会环境基础和经济基础来看，其实可以为画像石室墓全面复兴提供足够的条件。画像石室墓未能恢复宋代的全盛态势，深层动因来自明代社会全面世俗化。从原境形制的变化，到石刻图像组合瓦解，从生死趋同的吉祥意味图像堆叠到石刻艺术风格变化所显示的吉祥文化泛滥，都与明代社会全面世俗化密切相关。而明代汉系墓葬画像石刻分布区域较之非汉系画像崖墓石刻分布区域，受明代社会全面世俗化潮流影响更深，所以其变化也比非汉系画像石刻更大。

表11-1　宋明墓葬画像石刻艺术风格对照
（来源：笔者制作）

	宋代	明代	
折枝花卉	1	2	3
瓶插花卉	4	5	
牌位	6	7	

注：
1．四川泸县宋代石刻博物馆藏牡丹石刻　　2．播州土司杨升墓牡丹石刻
3．上中坝遗址明墓M5牡丹石刻　　　　　4．华蓥安丙家族墓群M1瓶花石刻
5．广元樟树村明墓M1瓶花石刻　　　　　6．华蓥驾挡丘宋墓群M5张中兴墓牌位石刻
7．宜宾周洪谟墓牌位石刻

第十一章 四川地区明墓画像石刻综合研究

表11-2 墓葬画像石刻与其他载体图像对照（来源：笔者制作）

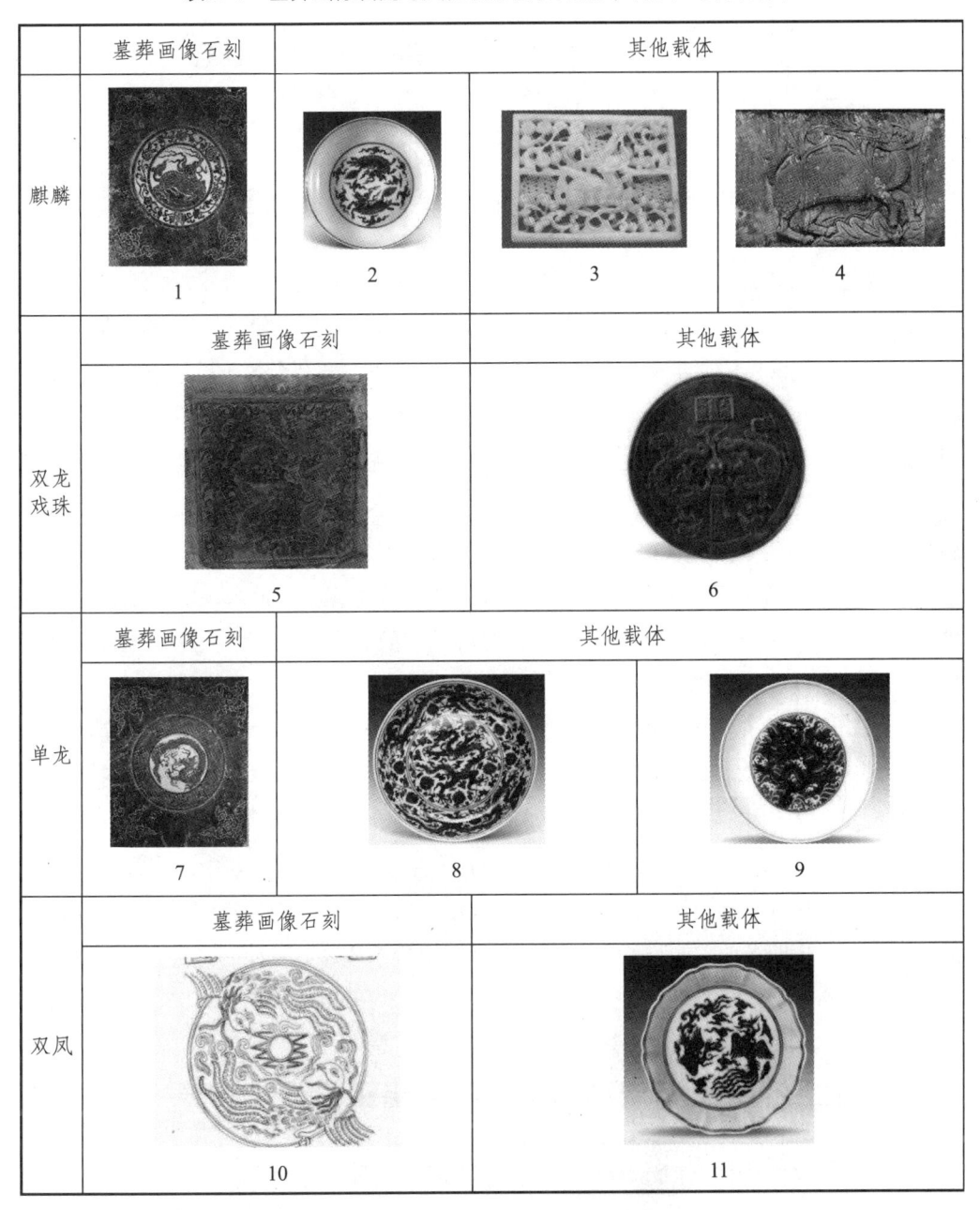

	墓葬画像石刻	其他载体		
麒麟	1	2	3	4

	墓葬画像石刻	其他载体
双龙戏珠	5	6

	墓葬画像石刻	其他载体	
单龙	7	8	9

	墓葬画像石刻	其他载体
双凤	10	11

注：
1. 播州罗氏土司家族墓群扬M3石刻麒麟 2．故宫博物院藏明成化青花瓷盘麒麟
3. 广东博物馆藏玉带板麒麟 4．名山灵泉院石牌坊照壁石刻麒麟
5. 王祥墓石刻二龙戏珠 6．明宣德铜镜二龙戏珠
7. 播州罗氏土司家族墓群扬M3单龙 8．首都博物馆藏明正德青花瓷盘单龙
9. 故宫博物院藏明宣德青花红彩单龙 10．双柏村M8石刻双凤
11. 故宫博物院藏明宣德青花瓷洗双凤

第二节 四川地区明墓画像石刻与明代社会全面世俗化

一、世俗化与生死趋同"意必吉祥"明墓画像石刻图像系统

明代是中国商品经济高速发展,并产生资本主义萌芽的时期,在这样的大背景下,力量得到蓬勃发展的市民阶层,其意识在社会中的不断扩张,促进了明代社会世俗化的全面深化。经济发展所带来的丰厚物质基础,为世俗化的社会各阶层追求安逸、华靡的生活提供了必要条件,使人们更加关注于追求世俗的快乐。而明代中期心学的兴起,则从思想层面为这种世俗追求提供了支持。心学对传统的存天理灭人欲思想形成了猛烈冲击,李贽更是将穿衣吃饭视为人伦物理,认为除去穿衣吃饭,无伦物矣。心学对人性满足、个性提倡的论述,促进了社会中追求世俗快乐的文化氛围扩散。人们肯定物质享受,在社会生活中看重金钱、物质,追求衣食住行的奢华,追求现实生活各方面的美满。这种追求不仅深植于生人的世界,使得生人的图像系统之中充斥着期望世俗福祉的吉祥寓意纹样,也影响了丧葬领域的装饰图像,呈现出生死趋同的对世俗福祉的关注:以明墓画像石刻图像而言,从题材和艺术特征都渗透满"意必吉祥"意味的各类吉祥寓意图像便寄托着人们的生活理想、世俗追求,和长寿、富贵、福禄紧密联系在一起,成为人们世俗理想和追求的载体。观察四川地区明墓画像石刻图像的变化脉络,在第一期中,吉祥寓意图像数量还逊于花木果实;而在第二期中,吉祥意味图像急速增加,占据了明墓画像石刻图像题材的首位,这也和明代商品经济发展、心学出现的脉络同步,说明了明墓画像石刻"意必吉祥"图像系统形成与社会经济、思想领域变革之间的联动。

二、世俗化下丧葬领域"利己"专注与明墓画像石刻变革

(一)"利己"专注的由来——孝行带来的附加利益

明朝立国之后,孝行受到统治阶层的高度关注,"孝"被视为"风化之本""古今之通义""帝王之先务",为统治者大力提倡,朱元璋认为"垂训立教,大要有三:曰敬天,曰忠君,曰孝亲。君能敬天,臣能忠君,子能孝亲,则人道立矣"[1]。将孝与社

---

[1] 明·官修、中央研究院历史语言研究所(校勘):《明实录·明太祖实录》卷152,国立北平图书馆藏红格钞本影印版,第1册,第2386页。

会安定、道德教化、人才选拔等密切联系在一起，这种对孝道的高度提倡从朱元璋开始，贯穿了有明一朝。自上而下，不仅皇家以孝行作为自我标榜的美德，民间也呈现出对孝道的热烈推崇。民间的孝道推崇，不仅表现在生人奉养父母领域，也表现在丧葬活动中，这种推崇的背后，除了政府引导的影响，更为关键的是孝行带来的附加利益的驱动。

成书于宋代的《文昌孝经》在明代极为流行，是明代宣扬孝道的主流文献之一，《文昌孝经》中便将孝行与人的福报紧密相连："惟神敬孝，惟天爱孝，惟地成孝。水难出之，火难出之，刀兵刑戮，疫疠凶灾，毒药毒虫，冤家谋害，一切厄中，处处佑之。"①孝子刀枪不入，百毒不侵，还能"生集百福，死到仙班；万事如意，子孙荣昌；世系绵延，锡致斗王"②。其他的各种善书中也充斥着大量对于孝行与福报关系的宣扬。

基于孝行的因果论述甚至还出现在了正史的书写中。《明史》列传第一百八十四"孝义"中，记录了大量以丧葬活动中的孝行而得福报的事迹，在《明史》中共记录了16例，如：丘铎丧母，在墓侧结庐守墓，山中老虎听到他的泣号声避之远走不忍伤害。③李茂丧母，亦是结庐守墓，天降大雨时，其担心母亲的墓被雨冲毁而伏墓大哭，雨竟因此止住。④权谨，母丧之后结庐守墓三年，至泉涌兔驯之异。⑤王俊结庐守墓，因其孝行，野火即将烧到坟墓便熄灭；⑥杨敬因事父母丧有孝行，邻家失火也未危及他家。⑦除了结庐守墓之外，还有舍生护卫父母灵柩者，千里负父母尸归葬者，在父母丧时哀毁者，均因为孝行得到福报。除了应孝行而至的天人感应各种异象外，还能得到现实的利益：如在丧葬中恪守孝道的至孝之人或是遇难得救，或是生活困顿潦倒时得到财富，或是子孙繁荣自己也得享高寿，而最为彰显的是因孝行被政府举孝廉或旌表。如李茂因为孝行得到了政府的旌表，他的两个儿子和孙子也因为父母死后结庐守墓守丧尽孝，同样得到了旌表。⑧权谨因为孝行被明仁宗宣示大臣并意图拜其为文华殿大学士，其子也因为结庐守墓孝行获得旌表。⑨卧冰七日求母尸的李德成被举孝廉和旌表。⑩王俊

---

① 胡平生、许颖、徐敏（译注）：《孝经·地藏经·文昌孝经》，中华书局，2009年，第243页。
② 胡平生、许颖、徐敏（译注）：《孝经·地藏经·文昌孝经》，中华书局，2009年，第247页。
③ 清·张廷玉等：《明史》卷296，中华书局，1974年，第25册，第7588页。
④ 清·张廷玉等：《明史》卷296，中华书局，1974年，第25册，第7588页。
⑤ 清·张廷玉等：《明史》卷296，中华书局，1974年，第25册，第7594-7595页。
⑥ 清·张廷玉等：《明史》卷297，中华书局，1974年，第25册，第7597页。
⑦ 清·张廷玉等：《明史》卷297，中华书局，1974年，第25册，第7598页。
⑧ 清·张廷玉等：《明史》卷296，中华书局，1974年，第25册，第7588页。
⑨ 清·张廷玉等：《明史》卷296，中华书局，1974年，第25册，第7594-7595页。
⑩ 清·张廷玉等：《明史》卷296，中华书局，1974年，第25册，第7592页。

和杨敬也因为在父母丧葬中表现的孝行而得到了政府的旌表。①

《明史》中因为孝行而被旌表者占据了列传"孝义"中的相当数量，在因孝行而被旌表的人中，因丧葬孝行而被旌表者又占据了大部分。由此可见，丧葬中的孝行是可以给生人带来实际利益的，或为旌表的美名，或为举孝廉得官的实利，这也刺激了民间对于"孝"的激进追捧。孝行不仅成为发自内心的表达，更成为获得生人利益也就是"利己"的手段。实利的驱动让民间对"孝"的激进追捧在某种层面上呈现出扭曲性，甚至出现为了孝敬母亲而杀死自己亲生幼儿以祈祷母亲病痛痊愈的极端案例。②这样的极端案例在引发皇帝震怒的同时，也引起了朝廷对于旌表孝行政策的讨论和修改，礼臣们通过讨论议定因父母疾患不得已而采取一些极端行为，如卧冰割股，听其所为，但不加以旌表。③这个改动在永乐年间有少数反复，但就此后长时段而言，更多的旌表均来源于丧葬中的孝行，尤其是结庐守墓。故而，在生人领域卧冰割股这样极端性的孝行被政府所警惕并将其剔除出可旌表的范围时，丧葬领域的其他孝行依然为政府所旌表和看重。

值得注意的是，随着明代社会全面世俗化不断深入生活各方面，人们对于现世福祉的空前关注与追求也影响了丧葬领域，使得丧葬领域"利己"关注不断加强。丧葬当中的孝行贯彻在表达真实的孝心之外，也如上文所述，成为了生人获得实际利益即"利己"的手段。而要通过丧葬中的孝行获得实际利益，有一个最为重要的先决条件，即：孝行是需要被"看见"的。而这种要让孝行被政府、被社会"看见"的需求，催生了明代丧葬领域中出现了重要的变革：丧葬活动中重"彰显"的孝道表现得以强化。四川地区明墓画像石刻原境和图像中呈现的诸多变革都来源于明代丧葬活动中对孝行"彰显"的关注与追求。

---

① a．清·张廷玉等：《明史》卷297，中华书局，1974年，第25册，第7597页；
b．清·张廷玉等：《明史》卷297，中华书局，1974年，第25册，第7598页。
② 清·张廷玉等：《明史》卷296，中华书局，1974年，第25册，第7593页："至二十七年九月，山东守臣言：'日照民江伯儿，母疾，割肋肉以疗，不愈。祷岱岳神，母疾瘳，愿杀子以祀。已果瘳，竟杀其三岁儿。'"
③ 清·张廷玉等：《明史》卷296，中华书局，1974年，第25册，第7593-7594页："礼臣议曰：'人子事亲，居则致其敬，养则致其乐，有疾则医药吁祷，迫切之情，人子所得为也。至卧冰割股，上古未闻。倘父母止有一子，或割肝而丧生，或卧冰而致死，使父母无依，宗祀永绝，反为不孝之大。皆由愚昧之徒，尚诡异，骇愚俗，希旌表，规避里徭。割股不已，至于割肝，割肝不已，至于杀子。违道伤生，莫此为甚。自今父母有疾，疗治罔功，不得已而卧冰割股，亦听其所为，不在旌表例。'制曰：'可。'……永乐间，江阴卫卒徐佛保等复以割股被旌。而披县张信、金吾右卫总旗张法保援李德成故事，俱擢尚宝丞。迨英、景以还，即割股者亦格于例，不以闻，而所旌，大率皆庐墓者矣。"

（二）原境、图像变革与丧葬中重"彰显"的孝道表现

四川地区明墓画像石刻较之元代的断崖式衰落有了一定的复兴，但这种复兴与四川地区宋墓画像石刻相比，却依然呈现着衰退的趋势。原境数量、原境形制类型丰富度、原境规模都逊于宋代。就图像而言，总体态势是吉祥寓意装饰图像迅速发展并一枝独秀，而宋代形成的稳定的图像组合在四川地区明墓画像石刻中已彻底瓦解。这种衰退并非如元代一般，是来自四川经济、社会环境的急速恶化。相反的是，较之元代，明代四川地区在相当长的时段内社会环境稳定，经济也取得了较大的发展。

在明代，四川地区因宋与蒙元战争中损失的大量人口得到了补充，通过明洪武年间的迁徙移民充实四川人口的活动，四川的人口在洪武五年（1372）为84 000户，洪武十四年（1381）为214 900户，洪武二十四年（1391）为232 854户，弘治四年（1491）为253 803户，万历六年（1578）为262 694户。①人口的大量增加，为四川社会经济恢复奠定了重要的劳动力基础。明朝立国之后就任四川藩王的朱椿对四川的诸多有利治策也促进了四川经济文化的恢复，在《明史》中被誉为："蜀人由此安业，日益殷富。川中二百年不被兵革，椿力也。"②自朱椿就蜀起，蜀藩与明朝中央一直保存着相互依存的密切联系，蜀藩被中央赞为"蜀多贤王，举献王家范为诸宗法"③。这种地方与中央亲密的依存关系在客观上有利于四川得到中央王朝支持并维持多年社会环境安定。人口恢复、政治策略利好有效地促进了四川社会环境稳定和经济的恢复。较之元代，四川农业得到了极大的发展，明初，四川的平均亩征粮数便在全国名列前茅，仅次于松江府和苏州府，排名全国第三，田赋的加重侧面说明了其时四川农业的发展水平。④除了粮食种植之外，明代四川茶业、纺织业、盐业、矿业、酒业较之元代都呈现出明显的进步，商贸发展也大大超越元代，商贸项目增多，商贸发达的区域不断扩大，多个川内市集进入全国商品流通量大市集范畴，所产生的商税也成为政府财政收入的重要来源，造就了明代四川地区商品经济繁荣的景象。而四川城市建设的发展也印证了四川经济的复苏。明太祖朱元璋洪武十八年（1385）谕景川候曹震："蜀之为邦，在西南一隅，羌戎所瞻仰，非壮丽无以示威仪。"⑤在明朝立国之初，四川重点营建成都和重庆的城池，至明代中期，四川各地纷纷修筑城池，按《四川通史》统计，此时期内四川修筑城池达88处，这不仅是煊赫威仪的产物，也是四川经济恢复和发展的成果。⑥

---

① 备注：据《明史·地理志》统计。张廷玉等：《明史》，中华书局，1974年。
② 清·张廷玉等：《明史》卷117，中华书局，1974年，第12册，第3580页。
③ 清·张廷玉等：《明史》卷117，中华书局，1974年，第12册，第3581页。
④ 清·官修：据《钦定续文献通考》卷3《田赋考》统计，《景印文渊阁四库全书》，台湾商务印书馆，1986年，第626册，第72-102页。
⑤ 明·熊相：《四川志·藩封·蜀府》，正德十三年篆、嘉靖补刻重印本。
⑥ 贾大泉、陈世松：《四川通史》元明卷，四川出版集团、四川人民出版社，2010年，第79-81页。

因此，四川地区明墓画像石刻的原境衰退和图像组合瓦解与四川地区经济、社会环境的变化并不存在强相关性，而应来源于明代社会全面世俗化影响下，丧葬领域的变革：出于世俗化下的"利己"关注，而重视、追求丧葬活动中可以"彰显"的孝道。

在丧葬中表现孝道，莫过于厚葬。但明代的厚葬既不推崇以金玉珠宝充塞墓葬，也没有像宋人那样于石材上雕刻充满象征意义的图像组合来构建"永为供养"空间。

将明墓所出随葬品与之前的朝代对照，虽也可见金玉珠宝等贵重物品随葬，但总体丰富度要逊于前代，邝璠在明代日常生活类书《便民图纂》"人事防闲"中也明确指出："棺中不宜厚殓，墓中不宜厚葬。"①考其原因，应是如王鏊在《震泽长语》所论述，丰厚的贵重之物殉葬，既是给生者带来极大负担，也成为死者的负担，因随葬财物丰厚而被盗墓贼觊觎，为死者带来莫大的风险，王鏊认为他所在时代的一些富贵之家，也不用贵重之物殉葬，这是今人超越追逐厚葬的古人的明智之举。②而四川地区宋人所构建的"永为供养"空间，是基于表达恒定象征意义的稳定图像组合，以及其载体——同样充满着"不朽"象征内涵的石材。构成图像组合的题材极为丰富，包括守卫之用的武士、界定四方驱杀凶邪的四神、反映雅致生活和象征时间轮转永续的花木果实、增福增寿的祥禽瑞兽、长随左右的侍者、引领墓主的神异之人、表现供奉主体所在的墓主标示物等。这些图像所形成的图像组合附着于象征不朽永固的石材上，寄托的是宋人为逝去先人营造一个永固、安全、吉祥、充满各种享受的"永为供养"空间的追求。

但是，这个"永为供养"的空间，需要耗费大量的人力物力，且一旦营造好之后，墓主入葬，就永远封闭，再不为他人所见。对于追求在丧葬活动中"彰显"孝行的明人而言，宋人所营造的"永为供养"空间消耗大量的人力物力，却又不能为他人所见，故而无法满足明人通过丧葬活动"彰显"孝行、标榜自身以图生人利益的需求。那么问题就在于：如何既规避金玉珠宝丰厚随葬的风险，又能通过落实厚葬、最大效果地宣扬孝心、彰显孝道？明人选择了具备"彰显"属性的豪华铺张丧仪，和重在关注生人福祉的择地行为，来贯彻他们的厚葬。

比起深埋墓中又会带来风险的金玉珠宝厚葬，和耗费巨大却又不利彰显的"永为供养"空间构建，能为广大生人所见的豪华铺张丧仪在明代发展迅速，甚至引起了政府的关注和斥责。明朝立国未久，朱元璋在言及民间厚葬之风时，便谈到富人为了殡送敢

---

① 明·邝璠：《便民图纂》卷10，《续修四库全书》，上海古籍出版社，2002年，第975册，第275页。
② 明·王鏊：《震泽长语》卷下，《丛书集成初编》，中华书局，1985年，第222册，第41页："古人行事殊非今人所及，而今人过古亦有一二事焉。古人多务厚葬，观《西京杂记》，广川王去疾，发魏襄王、哀王、晋灵公之冢，金玉珍怪甚侈，盖不独秦始皇、吴阖闾也。近世山东、河南粥钟鼎尊，穷极巧丽，皆墓中物也。今人自棺椁、衣衾之外，虽富贵之家，一物不以殉，不独不为生者之费，亦不为死者无穷之累，此其过古人一也。"

于僭越礼制，而财力不足者，宁可借贷也要在殡送中撑出大排场，其目的都在于夸耀自身。①张尔岐也论及过明代丧仪中的奢华排场，其奢华程度能让富人破产、穷人借贷，一天丧仪所消耗的费用，是十年的节约积聚都无法填补的。②而其原因，即是如戴金所言，以豪华丧仪作为炫耀，彰显夸耀自身的孝道。③正因为有了铺张的利于彰显孝道的豪华丧仪，明代四川人便不再执着于如宋人一般在地下建立一个需要耗费大量人力物力却不能彰显的"永为供养"空间，这才是画像石刻最主流原境（画像石室墓）在明代而呈现出逐渐简化衰退趋势、画像石刻图像组合瓦解的深层动因。

值得注意的是，明代四川人在丧葬活动中虽然放弃了宋人以充满象征意义图像组合构建"永为供养"空间的方式，从而使明墓画像石刻从原境到图像都呈现衰退趋势，但并不意味着他们在为先人身后计的慎终追远活动中"供养"主题已消亡。构成宋代"永为供养"空间的一些要素，在明代，人们制作了更便捷的新载体加以反映。如流行于宋代象征空间拓展的扶幔，在明代以微缩雕刻的形式展示，如张文锦夫妇墓；④宋代象征守卫的武士和长随身边的备侍在明墓中也多见以陶俑来表现；宋代界定宇宙四方空间、驱邪避凶的四神，在明代以金银器的形式反映，如播州土司杨辉墓M11-3的腰坑中便发现有以金银为材质且按照东青龙、西白虎、南朱雀、北玄武设置的四神，其用意也应为表现界定四方和四神守卫。⑤此外，明墓画像石刻题材中本身也有对"供养"主题的反映。如平武王氏土司家族墓群M10在后壁与墓主标示物（牌位）共出，成一组的2瓶花、2烛台、1香炉图像；⑥平武王氏土司家族墓群M9后壁雕刻成一组的2瓶花、1香炉⑦，表现的应为祭祀、供奉活动之中所用的"五供"和"三供"，所表达的"供养"之意明

---

① 陈华文：《迷失的孝道——中国厚葬之风透视》，《民间文化》，1999年第2期：洪武五年（1372），朱元璋就曾提及民间厚葬之风："近代以来，富者奢侈犯分，力不及者，称贷财物，炫耀殡送。"
② 明·张尔岐：《蒿庵集》卷1《后笃终论上》，《四库全书存目丛书》，齐鲁书社，1997年，集部第207册，第597页："缁黄之忏度不敢以废也，侍从之偶俑不敢以缺也，夹道之幡幔铙吹不敢以不盛也，宾客之酒食衣物不敢以不丰也。其甚者，征歌选舞，杂以百戏，非是则以为朴；结缯缚帛，以象楼观，非是则以为陋。于是嘲哄呷哑之声，艳丽诡异之饰，杂沓衢路，充斥原野，妇孺拥观叹骇踊抃，而后快于心焉，而后为能葬其亲焉。富者破产而逐新，贫者举息而蹶赴。一日之费，十年节约而不能偿也；一家之丧，百家奔走而交相病也。"说明：墓内并非关注重点，关注重点是丧仪的排场。
③ 明·戴金：《皇明条法事类纂》卷22，古典研究会，1966年，上册，第547页："丧葬务外惟多仪相炫，一筵一费或至百金，一葬之营或至伤产。"
④ 铜梁县文管所：《四川铜梁明张文锦夫妇合葬墓清理简报》，《文物》1986年第9期。
⑤ 贵州省文物考古研究所、遵义市文物管理所：《贵州遵义市团溪明代播州土司杨辉墓》，《考古》，2015年第11期。
⑥ 四川省文管会、绵阳市文化局、平武县文保所：《四川平武明王玺家族墓》，《文物》，1989年第7期。
⑦ 四川省文管会、绵阳市文化局、平武县文保所：《四川平武明王玺家族墓》，《文物》，1989年第7期。

确。故而，即使明人在以豪华丧仪彰显孝道的主流追求之外，丧葬活动中对无法充分彰显的孝道之关注也并未完全放弃，除了上述宋代构建"永为供养"空间的要素在明代以其他载体出现，明墓画像石刻中明确可见"供养"题材外，明墓画像石刻原境尤其是画像石室墓所呈现的墓室空间分割与封闭加强也与明人对不能彰显的孝道之关注相关。明代画像石室墓中，双室墓和多室墓大部分为紧贴或共壁且无连通，仅有少数可见连通，与宋代画像石室墓中留有"通魂洞"的营建方式迥异，此变化应与尸体保护相关。妥善保护先人的尸体是慎终追远活动中的一个要素，虽然这种孝行不被他人所见，不利彰显，但明人在为先人营建墓葬时依然对此给予了充分的考量，通过加强墓室空间分割，加强墓室的封闭性，有效隔绝空气和水分流通，以期延缓尸体腐败、长久保尸，起到全先人之体，安先人之魂的作用。

（三）原境所见"利己"的择葬日葬地行为

明代社会全面世俗化下丧葬领域的"利己"关注，除了推动了铺张豪华丧仪之外，还使明代厚葬的另一种形式泛滥：即充斥在明代丧葬活动中的择葬日葬地行为。在四川地区明墓画像石刻的原境中，也可见明确的择葬日葬地的现象。如万春镇明墓群M1的墓主杨升，亡于弘治三年（1490），而买地券文显示葬于弘治五年（1492），券文中还明确提到葬地是经卜而得[1]；双柏村明墓群M8的墓主刘絃死于正德甲戌年（1514），其妻孺人张氏死于正德己巳年（1509），刘絃死后其子通过卜葬，选择了刘絃死亡四年之后的正德戊寅年（1518）才合葬于张氏身边。[2]双柏村明墓群M10的墓主何氏亡于正德十六年（1521），买地券显示葬于嘉靖三年（1524）。[3]考察其死亡时间和下葬时间，明显超出了国家礼制规定的时限，应是为了选择吉日和吉地而长期停丧缓葬，而原因应是如明人邱濬在《大学衍义补》中所分析的，一是为了蓄积物力举办可以彰显孝道的铺张丧仪；二是惑于明代风水之说，将生人的福祉与先人的葬日葬地相连，为了生人的荣华富贵、子孙发达而执着于选择吉日吉地。[4]这种择日择地中的"利己"考量在龙泉驿区红光村明墓中所出的买地券文中有明确的反映："天星生贵子，地脉荫儿孙，□主万

---

[1] 成都文物考古研究所、温江区文物保护管理所：《成都市温江区万春镇明墓发掘简报（2005）》，《成都考古发现》，科学出版社，2007年。
[2] 成都文物考古研究所：《成都市高新西区双柏村宋、明墓发掘简报》，《成都考古发现（2013）》，科学出版社，2015年。
[3] 成都文物考古研究所：《成都市高新西区双柏村宋、明墓发掘简报》，《成都考古发现（2013）》，科学出版社，2015年。
[4] 明·邱濬：《大学衍义补》卷51《治国平天下之要·明礼乐·家乡之礼》，《景印文渊阁本四库全书》第712册，台湾商务印书馆，第611-612页："近世江浙闽广民间多有溺于风水之说，及欲备礼以徇俗尚者，亲丧所有留至三五七年，甚至累数丧而不举者。"

代富，金玉满堂盈。"①买地券是在墓主入葬时埋入墓葬中，全文所反映的应是为死者营造墓葬的生人的愿望，而买地券全文所体现的生者愿望中，除了期望死者葬地安稳不受侵扰，更重要的便是荫蔽儿孙荣华富贵、昌盛发达的"利己"期望。

---

① 成都市文物考古工作队、龙泉驿区文物保护管理所：《成都市龙泉驿区洪安镇红光村明墓群发掘简报》，《成都考古发现（2017）》，科学出版社，2019年。

第十二章 / 总结：四川地区宋元明墓葬画像石刻总体脉络梳理

第一节　总体脉络梳理

四川地区宋元明墓葬画像石刻是极具地域特色、发展脉络明晰的一类特色墓葬遗存。其最为繁盛的时期为宋代，元代呈现出急速的衰落，明代出现了一定的复苏，但这种复苏终明一朝也未能让四川地区墓葬画像石刻恢复到宋代的水平。现分别从原境、图像、分布区域、使用人群等方面梳理四川地区宋元明墓画像石刻的发展脉络。

一、原境脉络

四川地区宋元明墓葬画像石刻的原境数量在宋代为最多，元代为最少，明代数量较之元代有所增多，但仍少于宋代。

就原境种类的丰富度而言，以宋代最为丰富，可见汉系画像石室墓、非汉系画像石室墓、汉系画像崖墓、非汉系画像崖墓、汉系画像石棺，其中以汉系画像石室墓数量为最多，其次为非汉系画像崖墓；元代丰富度最低，仅见汉系画像石室墓；明代丰富度高于元代，低于宋代，可见汉系画像石室墓、汉系画像崖墓、非汉系画像崖墓，其中以汉系画像石室墓数量最多，其次为非汉系画像崖墓。可见，汉系画像石室墓为四川地区宋元明墓葬画像石刻最主要的原境。

纵观宋元明三代，原境中最为主要的种类——画像石室墓从形制上发生了明显的变化，分别表现在墓室关系、墓顶、龛、仿木上。宋代的画像石室墓在宋墓画像石刻分期的第一期中，单室墓与双室墓数量基本持平，墓室之间共壁紧贴并设置通道的情况最为主流。墓顶中平顶为最常见，其次为藻井式盝顶，券拱顶的数量为最少。流行于宋墓画像石刻三个期中的较为复杂的仿木构件已可见。但完整配置后龛和侧龛的情况尚未成为主流。第二期中，画像石室墓中单室墓数量略多于双室墓和多室墓，墓室的距离较之第一期加大，且无连通的情况增多。墓顶以藻井式盝顶为最多，其次为券拱顶，平顶数量为最少，并且出现了复合藻井式盝顶这一新形式。第二期中完整配置侧龛和后龛的情况要多于第一期，且仿木构件的配置更为广泛和复杂。第三期中，画像石室墓中双室墓和多室墓数量多于单室墓，有间距和无间距的墓葬数量基本相当，但无论墓室之间有无间距，绝大多数墓室之间无通道连通。仍以藻井式盝顶为最主流，其次为平顶，完整设置侧龛和后龛的情况依然存在于大多数墓葬中，仿木构件仍流行，但仿木构件的复杂度有所减退。

至元代，画像石室墓以双室和多室最为主流，墓室之间不论是有间隔或共壁，无连通的情况占据了绝对优势。此时还出现了一个重要的变化即为，将单个墓室空间进行再次分割，形成由可开合的门连接的前后二室，这些变化意味着墓室独立空间的封闭性加强。藻井式盝顶在元代仍为主流，但呈现出开始退化的趋势，逐渐退化为平顶中所带的藻井。宋墓画像石刻第三期中已经开始退化的龛在元代逐渐演变为假龛，仿木构件的数量、复杂度和精细度均大幅下降。

至明代，画像石室墓以双室和多室最为主流，墓室数量明显增多，且墓室之间紧贴无连通的情况占据了明显的数量优势。元代所出现的对单个墓室进行再分割的情况在明代继续发展，可见分为以门连通的前后室、前中后室等形式。藻井式盝顶在明代急速衰落，平顶成为主流，完整配置后龛和侧龛的墓葬进一步减少，仿木构件继续衰落。

总体而言，画像石室墓的演变，呈现的是从简单到复杂再到简单的趋势，对地下墓葬空间精美度和规模上的关注减弱，而对于墓葬空间封闭性的关注加强。

非汉系画像崖墓未见于元代，自宋至明，原境形制变化不明显，形制稳定性较强。汉系画像崖墓未见于元代，其在宋代，可见一例模仿北方八边形雕砖壁画墓形制者，更多的则与宋代汉系画像石室墓较为相似，设置完整的后龛和侧龛，可见丰富、复杂的仿木构件，均为多室并列有间隔无连通。明代承袭了这样的特征，但龛和仿木构件明显退化，未见完整配置后龛和侧龛的墓葬，仿木构件更为简单，多以浅浮雕和阴线刻形式表现于墓门上方而非墓室空间内，呈现的演变类似汉系画像石室墓，从复杂到简单的趋势明显。四川地区宋元明非汉系画像石室墓仅见一孤例、汉系画像石棺仅有2形制相同者，在此不作演变探讨。

由此可见，四川地区宋元明墓葬画像石刻原境的变化，在汉系材料当中表现得更为突出。

二、石刻脉络

（一）石刻题材演变

四川地区宋墓画像石刻的主流图像题材为花卉、备侍、四神、武士、祥禽瑞兽、墓主人像、门窗、启门、空椅、屏风、桌、杂剧伎乐、仙人飞天、童子、牌位、启幔和力士，以及大量复杂精细的仿木构件，图像题材丰富，并且各自具备稳定的象征意义。元代画像石刻呈现出承上启下的特征，图像题材可见花卉、备侍、空椅、乐舞、屏风、几案、墓主人像、瑞兽、力士、壸门、仿木等。图像题材中，延续了一部分宋墓画像石刻的主流图像题材，但每类题材的石刻数量较之宋代大为减少，即使是数量最多的花卉类也不到20件，武士、启门、四神等宋墓画像石刻中主流图像题材在元代消失，但明墓画像石刻中流行的二龙戏珠题材在年代偏晚的元墓画像石刻中已可见极少数例子。明墓画像石刻呈现的是延续与变革并存的特征，主流图像为吉祥寓意装饰纹样、祥禽瑞兽、花木果实、仿木门窗。武士、启门、四神等在宋墓画像石刻中流行但在元墓画像石刻中未见的题材，在明代又有零星发现。较之宋元，明墓画像石刻图像题材最显著的变化即为吉祥寓意装饰纹样的激增并取得绝对的数量优势，成为明墓画像石刻图像的主流。此外，明墓画像石刻中还出现了一些前所未见的新题材，如捧宝备侍、藏传佛教曼荼罗、鳄形龙等。

（二）石刻图像组合演变

四川地区宋墓画像石刻中的主流图像均按照较为恒定的位置进行配置，具备较强的规律性，这些本身具备象征意义的图像与特定位置的强关联性构成了用以表达"永为供养"意义的两种稳定的图像组合。其区别在于，一类图像组合后壁中心位为象征空间拓展的启门、启幄等，另一类图像组合后壁中心位为表现墓主所在的各种墓主标示物。此外的配置均为墓门处配置武士以表现守卫，四壁有四神象征界定四方、驱邪避凶和协调阴阳，备侍、杂剧伎乐代表着世俗享乐在死后世界的延续，祥禽瑞兽用以祈寿增祥，花木果实除了是雅致生活的投影更有象征时间轮转永续之用。上述为完整的图像组合模式，在实际操作中可能会因为财力、个人偏好而简化掉部分题材，但后壁中心位配置空间拓展标示物或墓主标示物，与其他图像一起构建墓主"永为供养"空间的象征意义依然贯穿了宋墓画像石刻发展的全过程。元墓画像石刻中图像的配置并未见与某一特定位置的强对应关系，除了墓主标示物稳定居于后壁中心位，其他图像配置都较为随机，仅在播州土司杨元鼎墓和两路口劳动村元墓中可见宋代图像组合的痕迹，在后壁配置墓主标示物，两侧壁配置花卉、备侍和伎乐。其他墓葬中均未见将某类图像与某个特定位置相连用以表达特定象征意义的配置方法，宋墓画像石刻的图像组合至元代，总体呈现的是瓦解趋势。明墓画像石刻延续了元墓画像石刻图像组合的瓦解趋势，虽然石刻数量较之元代有了较大的增加，但除了墓主标示物恒定配置在后壁中心位外，和元墓画像石刻一样，其他图像均未存在与某个位置之间的强对应关系，图像组合彻底瓦解，取而代之的是"意必吉祥"的吉祥寓意装饰纹样的大量堆砌。

（三）石刻艺术风格演变

从构图上看，宋墓画像石刻讲究足够的留白，强调虚实相生，有着明显的来自宋代绘画的尚意境之美、重留白之美的鲜明影响。元墓画像石刻中留白较之宋代有一定的减少，在某些特定题材如花卉上，开始呈现出图像逐渐变得繁复的特征。明墓画像石刻上留白进一步减少，构图上所留空白面积远远小于图像，石刻图像更加精细繁缛，呈现出构图、线条上对"圆满""齐全"的强烈追求。从雕刻技法上看，宋墓画像石刻可见高浮雕、浅浮雕、阴线刻、半圆雕等技法，尤其是对于仿木构件的表现，宋代常见以高浮雕乃至半圆雕技法突出仿木构件的立体性和精细性，力求使其完整再现生人所居木结构建筑中诸构件之样态。至元代，浅浮雕和线刻技法的运用普及度超过了宋代，高浮雕和半圆雕技法在元墓画像石刻中较为少见，对于仿木构件多以浅浮雕和线刻的方式加以表现，不再刻意追求对真实木结构建筑构件立体化、真实化的再现，更多是象征性地加以刻画。至明代，雕刻技法有了较大的进步，在石刻的一些细部可见透雕技法，但和元代一样，高浮雕和圆雕技法在明墓画像石刻中的运用仍少于浅浮雕和线刻。

三、分布区域脉络

宋墓画像石刻最早出现于川东北川北区的川北南充一带和川东南川南区的大足一带，以川东南川南区数量为最多。在第二期内，宋墓画像石刻分布区域有了较大的拓展，川东川北区、川中区、川东南川南区、黔北区皆有分布，仍以川东南川南为最多，其次为川东川北区、川中区，此期内黔北区出现宋墓画像石刻并急速增加。第三期中，宋墓画像石刻以川东南川南区、黔北区数量最多，其次为川东川北区，川中区目前未见第三期材料。总体而言，宋墓画像石刻从分布区域而言，应是起于川东川北区、川东南川南区；在发展历程中，川东川北区向川中区推进，川东南川南区向黔北区推进，呈现在四个区中的兴盛；随着时局变化又收缩回主要分布在川东南川南区，并在黔北区影响深远、脉络绵长。

元墓画像石刻分布区域集中于黔北，另在川东南川南的宜宾和重庆有零星发现。

明墓画像石刻第一期中主要见于川东南川南区、黔北区和成都平原区，画像石刻发达度最高的为成都平原区。第二期中，明墓画像石刻仍主要见于此三处区域，但川东南川南区发达度超过成都平原区，跃居三区之首。

值得注意的是，汉系画像崖墓、非汉系画像崖墓、汉系画像石棺的分布区域特点明显，均只见于川东南川南区。尤其是非汉系画像崖墓，由宋至明均稳定地集中分布于川东南川南区的宜宾地区。可以说，川东南川南区是宋元明墓葬画像石刻发展脉络最长最完整，原境种类、原境形制类型、图像题材和图像组合类型丰富度最高，石刻数量和质量都最为突出的核心区。

四、使用人群脉络

宋墓画像石刻从使用人群而言，呈现出无社会等级、性别、宗教信仰差异的普遍性，其使用人群的主体为无特定信仰背景的一般民众，偶见高级官员和家属、中低级官员和家属。元墓画像石刻的使用人群以高级官员及家属为主，最为主体的使用人群均为黔北杨氏土司及其家属，可见极少使用者为一般民众，未见使用人群与某类性别、某种宗教信仰的特别对应性。明墓画像石刻使用人群中，数量最多的为一般民众，其次为高级官员及家属，中低级官员及家属数量最少，同样未呈现与性别、宗教信仰之间的强对应性。综观其使用人群的脉络可见，四川地区宋元明墓葬画像石刻主要是广泛地在无特定宗教信仰的一般民众中使用。

五、四川地区墓葬画像石刻的余韵

直至清代，四川地区丧葬中还可见墓葬画像石刻的余韵。刻石为墓的传统在清代发生了一个重要的变化：墓葬画像石刻的原境呈现出从主要见于宋元明墓葬地下空间到主要见于清代墓葬地面附属建筑这一地下到地上的转变。清墓画像石刻的原境多为墓葬附属的地面仿木结构石墓坊、仿木结构牌楼式石墓碑、望柱、围栏、照壁、仪墙等，其中，最具典型性的是仿木结构石墓坊和仿木结构牌楼式石墓碑。仿木结构石墓坊和生人所用的旌表节孝、善政的石牌坊和木牌坊高度相似，可见单开间，如太平镇泡桐树陈国银夫妇墓。①（参见图12-1）也可见多开间，如鱼化乡泥碧水萧太府君墓坊。②（参见图12-2）仿木结构石质墓碑亦可见单开间碑和多开间碑。单开间碑如龙山镇余恁元梅氏墓。③（参见图12-3）多开间碑如叙永镇李飞云夫妇墓。④（参见图12-4）开间内夹主碑和描述墓主生平的文字碑。牌楼和墓碑的顶绝大多数为庑殿顶，其上有鸱吻或鸱尾，如东新乡王应联墓。⑤（参见图12-5）少数可见半圆式顶，如马蹄乡彭子寿墓。⑥（参见图12-6）雕刻手法比明代更为丰富，可见高浮雕、浅浮雕、阴线刻、阳线刻、半圆雕、圆雕、透雕等；构图上更加精细繁缛，对"圆满""齐全"的追求得到了更进一步的发展。从图像题材而言，四川地区清墓画像石刻最为流行的两类图像题材为戏剧和话本故

---

① 资料来源：笔者田野调查采集，图片为笔者拍摄。
② 资料来源：笔者田野调查采集，图片为笔者拍摄。
③ 资料来源：笔者田野调查采集，图片为笔者拍摄。
④ 资料来源：笔者田野调查采集，图片为笔者拍摄。
⑤ 资料来源：笔者田野调查采集，图片为笔者拍摄。
⑥ 资料来源：笔者田野调查采集，图片为笔者拍摄。

第十二章 总结：四川地区宋元明墓葬画像石刻总体脉络梳理

事场景、吉祥寓意装饰纹样。戏剧和话本故事场景的流行是四川地区清墓画像石刻在图像题材上的一大变化。①（参见图12-7）从年代上看，戏剧和话本故事场景出现在明末清初，在清乾隆时期迅速繁荣成为四川地区清墓画像石刻主要图像题材。其发展脉络与清代四川川剧的发展脉络一致，应是川剧兴起发展渗透社会生活后在丧葬图像领域的投影。清墓画像石刻吉祥寓意装饰纹样较之明代发展更加繁荣。各种象征长寿、富贵、福禄的题材大量堆叠，如蝙蝠、瑞鹿、石榴、寿桃、寿纹、暗八仙等。②（参见图12-8）并且已形成格式化的范式，在四川各个区域的清墓画像石刻中，各个位置所配置的吉祥寓意装饰纹样从题材和风格都呈现出高度的趋同性。宋元明时期可见并在相当长一段时期内作为墓葬画像石刻主流图像的四神、空椅、屏风等退出了清墓画像石刻的装饰系统，唯有墓主人像、妇人启门偶见，如合江何家湾崖墓最顶层所设置的男女墓主人像③、合江先滩赵伍氏墓的男女墓主人像④，旺苍杜茂元墓碑次间的妇人启门。⑤

考察四川地区清墓画像石刻与宋元明相比呈现出的诸多变化，如载体从地下转向地上，吉祥寓意装饰图像范式化趋同化等，应源于：清代在承接明代社会全面世俗化的基础上，社会进一步扁平化，人们对现世福祉、世俗享乐的关注和追求进一步加强，丧葬活动中对利于"彰显"之孝行的表现继续强化。而立于墓葬地面随时可以为人所见且不易损坏的仿木结构石墓坊和仿木结构牌楼式石墓碑无疑成为最适宜"彰显"的原境，从而得到人们的追捧，在清代四川全境内均取得了迅速的发展。这种丧葬活动中对"彰显"的追逐，在合江何家湾崖墓中以文字的形式得以表现。合江何家湾崖墓作为汉系画像崖墓中较为特殊的一座，经历了明清两代的营建，墓葬下层的图像题材、配置方式和艺术风格属明代，但上层的墓主人像、侍者和对联则明显是清代的产物。⑥（参见图12-9）。墓主人像作为墓主标示物之一，自宋至明，都居于墓葬地下空间即墓室的后壁中心位，用以表现"永为供养"的供奉主体。在四川地区清墓画像石刻中，也不乏这种以墓主人像标示"永为供养"供奉主体的例子。合江先滩赵伍氏墓甚至直接在图像上题刻"祭如在"，还表现了后人在供奉场景中跪拜墓主人的画面，只不过为了突出"彰显"意义，把以男女墓主为中心的"永为供养"图像表现在了墓葬地面建筑石刻亡堂的中心位。⑦（参见图12-10）但合江何家湾崖墓清代的墓主人像功能则发生了改变，该墓的对联中明确写道："悬崖绘像光前代，峻壁传真裕后昆。"⑧可以看出，墓主人像在此所起到的作用应是"彰

---

① 资料来源：笔者田野调查采集，图片为笔者拍摄。
② 资料来源：笔者田野调查采集，图片为笔者拍摄。
③ 资料来源：笔者田野调查采集。
④ 资料来源：笔者田野调查采集。
⑤ 罗晓欢、何静：《川渝地区清代墓碑建筑的"门户之见"》，《寻根》，2022年第1期。
⑥ 资料来源：笔者田野调查采集，图片为笔者拍摄。
⑦ 资料来源：笔者田野调查采集，图片为笔者拍摄。
⑧ 资料来源：笔者田野调查采集，图片为笔者拍摄。

显"形象为后人瞻仰，以及庇佑后人兴旺发达。可见，四川地区清墓画像石刻所体现的丧葬活动中对"彰显"属性和"利己"属性的强调，较明代更进一步。除了铺张的丧仪之外，能随时为生人所见的地表墓葬附属建筑画像石刻也成为他们"彰显"和"利己"的载体。

图12-1　陈国银夫妇墓单开间墓坊

图12-2　泥碧水萧太府君多开间墓坊

图12-3　余恁元梅氏墓单开间墓碑

图12-4　李飞云夫妇墓多开间墓碑

图12-5　王应联墓碑顶

图12-6　彭子寿墓碑顶

第十二章 总结：四川地区宋元明墓葬画像石刻总体脉络梳理

图12-7 蔡家寨王任氏墓戏剧和话本故事场景

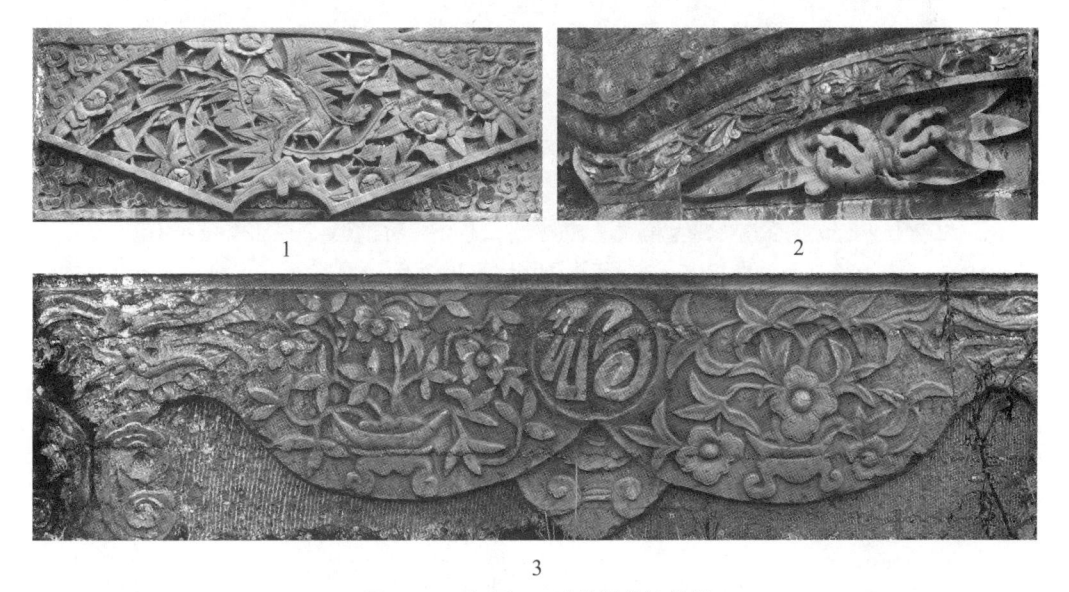

图12-8 石板溪王氏家族墓装饰纹样

图12-9 合江何家湾崖墓清代画像石刻和对联

图12-10 合江先滩赵伍氏墓"祭如在"石刻

第二节 四川地区宋元明墓画像石刻演变背后的社会变迁

四川地区宋墓画像石刻的兴盛,是时局、地域传统、社会风尚、人群交流共同作用下的结果。时局为基础,但就整个宋代四川地区的墓葬情况而言,外环境稳定或恶化对

第十二章 总结：四川地区宋元明墓葬画像石刻总体脉络梳理

于墓葬的影响，不仅表现在宋墓画像石刻中，也表现在砖室墓中，并不存在这种影响与宋墓画像石刻的唯一对应性。时局并非决定宋墓画像石刻产生和发展的最关键和最具直接影响力的因素，最为核心的三个原因应是：刻石为墓和摩崖造像的地域传统、宋代社会文化世俗化转向下丧葬的世俗化变革、世俗化宗教尤其是道教影响力的扩张。

其一，就时局而言，考察四川地区宋墓画像石刻的发展脉络，其兴衰与时局变化下社会政治经济环境的稳定与否密切相关。北宋立国之初治川策略失当，导致了宋平蜀之后的数十年内，四川都处于一种动乱频发的状态。动乱在客观上迫使北宋政府逐步调整对四川的统治政策，经过宋初三朝的整治，至仁宗朝后期，四川的政治经济环境得到稳定，呈现出各方面的恢复与发展，这为宋墓画像石刻的兴起提供了客观上的社会环境基础，而这一时间正是宋墓画像石刻出现并兴起之时。靖康之变后，四川大部分地区并未受到战乱的影响，并因为重要的战略位置和经济地位，成为南宋政府重要的防御战区和财源基地。宋政府注重四川的防御和治理使四川在靖康之变后取得了一个相对长时段的安定环境，宋墓画像石刻在这一环境下承第一期之势继续向前发展进入繁盛阶段。理宗朝之后，与蒙元的战争极大地破坏了四川政治经济环境，而这是导致宋墓画像石刻自理宗朝后逐步走向衰落的重要原因。

其二，四川地区刻石为墓地域传统和摩崖造像地域传统是造就宋墓画像石刻兴起和发展的三个核心要素之一。首先，宋墓画像石刻分布的这些区域有着刻石为墓的丧葬传统，在汉代，这些地区刻石为墓的传统就较为发达。四川地区五代也有着装饰墓葬的传统，存在着刻石为饰的丧葬习俗，并且在装饰图像题材选择、图像配置模式等方面体现出和宋墓画像石刻的较强相似性，可以说，宋墓画像石刻的产生有来自本地五代墓葬的深刻影响。五代的装饰墓葬集中在成都平原，其装饰元素向下影响四川宋代墓葬装饰，四川全境却并没有全盘地承继五代遗韵并兴起装饰墓传统，而是在川东川北区、川东南川南区、川中区兴起了受五代墓葬装饰影响的宋墓画像石刻并进一步推进到黔北，究其原因，除了这些地域内自汉而来的刻石为墓历时传统外，还缘于这些地域的摩崖造像传统。唐宋以来，四川摩崖造像最集中的几个区域为巴中石窟、广元石窟、大足石窟和安岳石窟。巴中石窟和广元石窟的分布地属宋墓画像石刻中的川东川北区，大足石窟和安岳石窟的分布地属川东南川南区。从分布地域上而言，宋墓画像石刻最先兴起的区域都是唐宋四川摩崖造像最集中的分布区。发达的摩崖石刻传统为墓葬石刻的兴起在工匠人群、石刻技术等方面提供了基础，而地理环境上属于多山地带也为这些地区的宋墓画像石刻营造提供了客观的物质条件。此外，由于宋初政府治川政策失当造成了动乱频发，使得宋政府不得不调整在四川的统治政策，"绥远"成为其一个重要主题，对四川的处理基本是以镇抚安定为主，如果不是对统治根本形成冲击的，宋政府一定程度上采取了"从俗"的放任态度。从俗倾向在一定程度上也影响了宋政府对于四川的丧葬习俗处

571

理，尤其是刻石为饰营造墓葬这种在四川具有较强顽固性的丧葬传统习俗。

其三，地域传统的影响之外，刻石为墓传统在宋代急速扩张并且最终形成四川地区宋墓画像石刻的高度繁荣，更有着来自宋代社会风尚的一个深刻变化——宋代社会文化世俗化转向的强大促进作用。尤其是丧葬的世俗化变革、世俗化宗教特别是道教影响力扩张更是促成宋墓画像石刻兴盛的三个决定性因素中的两个因素。丧葬世俗化中，重实物厚葬到重丧、祭的转化带来了墓葬中对象征的强调；世俗享乐思潮影响下丧葬中关注现世享受延续；以及丧葬活动中的"互利"考量都对宋墓画像石刻影响深刻。丧葬活动的重点从葬到丧、祭转化，比起丰厚的珍物随葬，能为世人所知所感、能彰显以申教化的丧和祭活动更为社会大众所偏好；而丰厚实物的随葬将会随墓葬封闭而与世隔绝，不利于展现子孙孝道，加之为了防范珍物随葬而带来的盗墓风险，宋墓画像石刻的营造者们在恪尽孝道事死如生与防范盗墓风险之间寻找到了契合点——赋予宋墓画像石刻从材质到图像全方位的浓厚象征意味，以象征手法为先人营造一个延续现世享乐的"永享供奉"的死后世界。

但值得注意的是，这种营造祖先"永为供养"供奉空间的行为，其原因具有双重性，体现着"互利"的考虑：不仅关注先人供奉，也要通过这种供奉先人贯彻孝行的行为实现"互利"，即祈求福报、延福子孙。这种互利思维背后的原因一是源于文化全面世俗化转向、享乐民风盛行使得宋人尤为关注自身现世福祉；二是源于宋代民间鬼神观念认为祖先魂灵可以来往于死后世界与现世之间，在子孙危难时及时相助。正是因为这种死后世界与生人福祉密切联系的观念，使得他们尤为看重妥善营造先人死后"永为供养"空间，相信妥善供奉和安抚祖先灵魂，可以受到先人的保佑造福现世子孙；此外，世俗化的宗教对于孝道、孝与报应的宣扬也起了重要的推动作用。

世俗化转向下的三教合流在孝道、孝与报应的宣扬上找到了契合点。三教都极力宣扬孝行与福报的关系，宣扬行孝可以通感天地、获得现世福祉。对于宋墓画像石刻的营建者而言，三教合流的孝行强调促使他们致力于以象征性图像和象征性材质为祖先设计一个永固的、延续了现世各种享受的供奉空间。而三教合流对于孝与福报的提倡，使这种为祖先营建"永为供养"空间以贯彻孝行的丧葬活动体现出了"互利"关注：既关注祖先死后的世界，也关注这种孝行所带来的回报即生人的现世福祉。世俗化三教之中，道教对于宋墓画像石刻的影响尤为深刻。真宗、徽宗对道教的推崇使宋代道教影响力空前扩张，道教的生墓仪轨在宋代亦迎来再兴，使用者从道教信徒拓展到了更广大的一般民众。石真代形作为生墓仪轨中的一个核心要素，在传播的过程中，对于石材坚固属性的认知和由此赋予石材的不朽象征意义被一般民众所吸收，从而以石为材质刻石为墓，也由此实现了从石真代形祈寿延福到刻石为墓以求永固不朽并延福子孙的演变。

此外，在世俗化的宗教影响宋墓画像石刻的同时，宋墓画像石刻也对宗教产生影

第十二章 总结：四川地区宋元明墓葬画像石刻总体脉络梳理

响。如仪陇新政镇僧人墓，采用的是和四川民间丧葬活动中无异的画像石室墓形式而并非僧人的塔葬；从图像题材而言，所表现的依然是瑞兽、花卉、墓主人像这些在民间宋墓画像石刻主流图像元素。可以看出，世俗化的宗教在影响民间丧葬的同时，也吸收了民间丧葬活动中的一些元素，呈现出渗透的双向性。

其四，四川地区宋墓画像石刻的发展和繁荣，也有着人群交流的影响。北方移民入川在一定程度上带进了某些北方宋墓图像元素，如广元一带出现二十四孝图像便是北方丧葬元素影响四川汉系宋墓画像石刻的结果。但是，这种影响并非是催生宋墓画像石刻诞生并走向繁盛的关键因素。从时间看，早在靖康之乱后北方移民大量入川前，四川地区宋墓画像石刻发展便已经具有一定规模。从地域而言，北方移民入川后落地安居主要在利州路的北部和西北部，这两地既不是宋墓画像石刻最早诞生的地区，亦非宋墓画像石刻传统最发达的地区。从装饰图像题材和配置来看，四川地区宋墓画像石刻的主流图像更大程度上是本地五代墓葬装饰图像在宋代的沿袭。北方人群进入四川，在四川这样一个本地传统顽固、连政府在一定程度上都要"就俗"的地区，既无政策支持，也缺乏雕砖壁画墓工匠技术力量，雕砖壁画墓传统并没有在此地继续发展，而在丧葬领域表现出的是入乡随俗，重庆永川高洞子宋代崖墓群就是一个典型例证。四川地区汉系宋墓画像石刻在吸收人群交流所带来之墓葬元素的同时，自身元素也通过人群交流向外渗透。在宋代经略川南的背景下，随着宋政府在川南管理逐步强化、汉族移民大量进入、汉系文化影响力逐步渗透，川南非汉系崖墓画像石刻从图像题材、图像配置等方面都呈现出非常明显的汉系宋墓画像石刻的影响，这正是汉系元素在人群交流下扩张到非汉系丧葬系统中的物化表现。

一种墓葬传统的兴衰，受着社会政治经济环境、地域传统、人群基础、社会风尚、技术力量等多方面的影响，四川地区宋元明墓葬画像石刻的发展脉络印证了这一点。

随着宋与蒙元战争导致的社会政治经济环境恶化、人口锐减、墓葬画像石刻主流传统断裂，墓葬画像石刻在元代呈现断崖式衰落。至元代，虽仍可见墓葬画像石刻，但从数量、原境形制类型和石刻题材丰富度等各方面较之宋代都有非常大的退化。至明代，墓葬画像石刻虽较之元代呈现出一定程度的复苏，但始终未恢复到宋代的水平，其根本原因与政治经济环境关联性不大，而主要在于明代社会全面世俗化下人群观念的变化。社会全面世俗化，导致了明人对现世生活福祉、现世享乐的高度专注和追求，催生了明墓画像石刻较之宋元一个明显的变化："意必吉祥"明墓画像石刻图像系统的形成。明代寄托着人们长寿、富贵、福禄等世俗理想和追求的吉祥寓意图像堆砌取代了宋代稳定地表达"永为供养"观念的图像组合，乃至明墓画像石刻艺术风格中崇尚"圆满""齐全"的风格特征都与之密切相关。社会全面世俗化下催生的丧葬领域"利己"关注，使得明人不仅把丧葬活动作为贯彻孝行的载体，更希望丧葬活动中可"彰显"并具备附加利益的孝行为他们带来现世的实利。这种观念才是墓葬画像石刻在明代未能恢复到宋代水平的根本原因：以墓葬画像石刻构建"永为供养"空间需耗费大量人力物力，却又深埋地下不利于彰显孝行，因此明人不再如宋人一般执着于"永为供养"的空间构建，而将丧葬关注的重点转向了可以更好地彰显孝行的铺张丧仪，和在他们看来更加有利于生人福祉的择葬日择葬地活动。但这并不意味着明人对墓葬空间中那些不能彰显的孝行彻底放弃，以金银载体出现的四神、以图像形式出现的"三供""五供"，乃至强化墓葬空间独立性和封闭性以保尸，都与之相关。

第十三章

余论：墓葬画像石刻资源的活化利用探索——以泸州为例

石 上 万 象　　　　　　　　四川地区宋元明墓葬画像石刻研究

建设文化强国，对中华民族伟大复兴、对坚定文化自信有着重要意义，而中国优秀传统文化的传承和弘扬又是文化强国建设中不可或缺的要素。2017年中共中央办公厅、国务院办公厅印发的《关于实施中华优秀传统文化传承发展工程的意见》明确提出："到2025年，中华优秀传统文化传承发展体系基本形成，研究阐发、教育普及、保护传承、创新发展、传播交流等方面协同推进并取得重要成果，具有中国特色、中国风格、中国气派的文化产品更加丰富，文化自觉和文化自信显著增强，国家文化软实力的根基更为坚实，中华文化的国际影响力明显提升。"[①]在这样的大背景下，特色文化遗产的开发与共享既迎来大好机遇，也面临着更多挑战。四川地区宋元明墓葬画像石刻作为极具活化利用价值的特色文化资源，应如何突破发展瓶颈，得以充分挖掘开发，释放其潜力，提升活化利用效率以更大程度实现优质文化资源的高品质共享？笔者认为，关键须突破就石刻言石刻的局限，以宋元明墓葬画像石刻中题材最广博、内涵最丰富、精品最多的宋墓画像石刻为先导，延展打造、树立起具有代表性、有竞争力的四川宋文化主题精品文旅品牌，在成渝地区双城经济圈建设中实现特色文化遗产资源为文化产业赋能。

笔者搜集的宋墓画像石刻资料数据显示，目前四川地区所见宋墓画像石刻最多者为泸州，四县三区公立馆藏单位收藏宋墓画像石刻两千余件。而根据考古调查发现，暴露的宋代画像石室墓达两百余座，其中亦有更大量的宋墓画像石刻。泸州所见宋墓画像石刻雕刻精美，内容涵盖宋代社会生活各个领域、各个阶层，是解读宋代社会的一幅历史画卷，被称为"石上清明上河图"，内容之广、品类之丰，质和量在全国都属一流，具有重要的历史、科学及艺术价值。泸州可谓是四川地区宋墓画像石刻最具代表性的重点城市，以泸州为例开展相关探讨具备较强的可参考性。

一、继续夯实学术研究基础

以泸州宋墓画像石刻为基础的宋文化主题精品文旅品牌打造，应坚持学术先行的原则。特色文化遗产的开发与共享，创新是灵魂，科学是前提，只有扎实开展学术研究，对文化遗产的信息、内涵进行深度的科学研究和剖析，才能保证传达给公众的信息是严谨、正确的。没有信息传达的科学性，再多精巧奇思和趣味都是空中楼阁。在泸州宋

---

① 中国政府网：《关于实施中华优秀传统文化传承发展工程的意见》.2017-1-25. http://www.gov.cn/zhengce/2017-01/25/content_5163472.htm.

第十三章 余论：墓葬画像石刻资源的活化利用探索——以泸州为例

墓画像石刻既往研究中，相关领域的学者已从宋墓画像石刻产生的背景、工艺技巧、主人、图像题材、图像内涵、图像功能、地域特色、承载的宋代文化等方面对其进行了全面、深入的研究，取得了丰硕的成果，可以说，对宋墓画像石刻本体及内涵的研究已奠定起扎实基础。但从目前的情况看，学界对宋墓石刻资源活化利用的研究较少，偶见对其开发利用的探讨，如陈旭的《泸县宋墓画像石刻在旅游文创设计中的应用研究——以"宋影武韵"武士石刻为例》[①]。针对这样的现状，夯实学术研究基础不仅指继续深入挖掘宋墓画像石刻文物本体信息和承载内涵，还须重视对其活化利用、创新性跨领域共享的研究，关注如何将四川特色文化遗产资源与四川特色产业融合、如何围绕宋墓画像石刻打造成渝双城经济圈建设背景下的文旅精品项目、如何基于宋墓画像石刻树立宋文化旅游地形象、如何策划开发宋墓画像石刻相关文创精品、如何提升公众在宋文化主题旅游中的旅游体验、如何有效推广营销宋墓画像石刻资源和宋文化文旅品牌等，以此突破原有学术研究的局限，让围绕宋墓画像石刻的学术研究更有效地为资源活化利用提供策略参考。

二、打造"宋文化+"精品旅游路线

（一）从泸州宋墓画像石刻到泸州宋文化资源的精品短线

泸州作为国家历史文化名城，宋文化的积淀丰厚，宋刻、宋塔、宋城构成了泸州宋文化的核心要素。全面地了解、挖掘、感受泸州的宋文化，除了被誉为"石上清明上河图"的泸州宋墓画像石刻，还须关注泸州的宋塔和宋城。泸州宋塔代表为位于市中心水井沟白塔广场的报恩塔，是南宋时泸南安抚使冯楫为纪念、报答母恩而修建，是中国现存且形态完好的极少数宋塔之一。它历经近九个世纪的时光，依然维持着完整的初始面貌，建筑结构、装饰和内部雕刻都保存完好，对于历史学、建筑学、艺术学研究具有重要价值，也是中国忠孝文化的载体，承载着中国传统文化中百善孝为先的理念，八百多年来，已成为泸州地标式的文化建筑，为"泸州八景"之一，于2013年被公布为全国重点文物保护单位。

泸州的宋城以神臂城（老泸城）为代表。泸州神臂城是宋蒙战争时期，四川安抚制置使余玠主持修建的"山城防务体系"的重要组成部分。在神臂城，泸州人民坚持抗击蒙元大军三十余年，神臂城经历五易五守，最后因刘整主动降元而失守。神臂城因泸州人民的英勇精神而被称为"铁泸城"，今日的神臂城保留着宋代的石砌城垣、两道城

[①] 陈旭：《泸县宋墓画像石刻在旅游文创设计中的应用研究——以"宋影武韵"武士石刻为例》，成都大学硕士论文，2021年。

石 上 万 象　　　　　　　　　四川地区宋元明墓葬画像石刻研究

门、护城池、校场、烽火台等遗址，刘整降元、许彪孙托孤等题材的摩崖造像，全国范围内目前可见最大玄武雕刻等历史文化遗存。不仅为相关领域研究提供了重要的实物材料，也作为载体记录着泸州人民忠于国家、为国浴血奋战的爱国精神，被公布为全国重点文物保护单位，也成为重要的爱国主义教育基地。泸州宋墓画像石刻、宋塔、宋城，不仅是国家级的文化遗产资源，也承载着忠孝、爱国等中国优秀传统文化理念，它们的价值超越了文博领域，成为弘扬优秀传统文化的窗口，因此，有必要将这三者进行整合，形成"1+1+1>3"的聚力。

基于上述资源的整合，精品短线可以重点打造三条主题线路：石刻文化主题线、宋文化+酒文化主题线、宋文化+生态文化主题线。

石刻文化主题线集成泸州宋墓画像石刻、宋神臂城、宋报恩塔、合江汉宋墓葬画像石刻、叙永清凉洞摩崖石刻、泸县玉蟾山摩崖石刻、泸县龙脑桥龙桥群石刻、泸州洞宾亭摩崖石刻、古蔺清代石刻。该线路的定位主要针对文化遗产爱好者和研学爱好者，线路上包括了从汉代以来至明清，画像石刻艺术脉络上重要的、代表性的遗存，可谓中国石刻艺术的缩影。通过这条线路，可以全面了解画像石刻艺术的发展脉络、时代风格、艺术特征和反映的历史变迁，堪称中国石刻艺术的立体史书。

宋文化+酒文化主题线，致力于形成泸州代表性特色文化遗产和特色产业之间的有机联动，定位更为宽泛，节点包括宋墓画像石刻、宋神臂城、宋塔、营沟头泸州老窖博物馆、黄舣酒业园区、郎酒庄园、泸州老窖酒庄。该线路的打造并不是将宋文化和酒文化的景点单纯在线路上进行链接，而要开展两种代表性文化的相互渗透，从旅游产品、旅游活动、旅游体验等各方面相互浸润，在酒文化之中体现宋文化的赋能，在宋文化之中体现酒文化的支撑。

宋文化+生态文化主题线，立足于泸州作为国家级历史文化名城和国家森林城市的丰富资源，打造集合传统文化共享和生态文化共享、以文化康养为特征的精品线路。该线路建议主要依托宋墓画像石刻、宋城、宋塔和黄荆老林打造，宜先将黄荆老林建设成宋文化康养旅游精品项目，再根据此项目的经验和策略，逐步选择叙永罗汉林、合江玉兰山进行推广。首选黄荆老林是因为其独特的资源优势："它是国家AAAA级旅游景区，国家森林公园，景区面积433平方公里，平均海拔1300多米，是乾隆年间划定的官山，区内分布着国家级重点保护植物25种，国家级重点保护动物32种，森林覆盖率高达98%，是地球同纬度唯一保存完好的亚热带原始常绿阔叶林区，被誉为'北纬28度线上最后的处女地'。境内拥有形态多样的八节洞瀑布群，拥有年平均气温13℃，盛夏平均气温23℃，冬季平均温度-2℃的极佳气候，是低海拔能享受森林瀑布群、冬季冰雪世界、丹霞地貌群的罕见区域。"[①]黄荆老林经过多年开发，已成为公众避暑、康养的热门地区，但这些开发共享之中，文化赋能体现得较少，多是依靠森林本体资源，泸州历史积淀在其中并未产生较大的增长效能。在建设文化强国、全面复兴优秀传统文化的大背景下，更多的公众对于旅游已经不只满足于寻找风景优美的胜地。风景优美的胜地不胜枚举，需要有与其他地方不同的特色文化内涵作为加持，才能从中脱颖而出，成为具有吸引力和竞争力的旅游目的地。宋代是公众印象当中生活极为风雅、极为精致的朝代，在这条线路的打造中，可以充分利用黄金老林的森林资源优势，注入宋文化内涵。以宋代的风雅生活为主题，提升森林生态康养项目文化内涵，建设独具特色的文化康养旅游目的地。

（二）从泸州到成渝地区双城经济圈宋文化资源的精品长线

除泸州本地外，宋文化主题旅游品牌打造还应注重与成渝地区双城经济圈内的宋墓画像石刻、宋文化资源的联动，打造"石上清明上河图"主题线、"宋山城防务体系"申遗主题线、"风雅宋·精致之品"主题线。

"石上清明上河图"主题线主要集成泸州宋墓画像石刻、大足石刻、安岳石刻、广元石刻和巴中石刻。中国古代石刻艺术在经历了敦煌莫高窟、天水麦积山石窟、大同云冈石窟、洛阳龙门石窟的上半阕繁荣之后，下半阕的华章描绘在了四川。大足、安岳、广元、巴中石窟共同铸就了自唐以降中国石窟艺术的再一次辉煌，留下了深厚的国宝级遗产，其中大足石刻还被列入世界文化遗产。中国下半阕石刻艺术华章由两个重要的主题组成，一个便是以大足、安岳、广元、巴中为代表的宗教石刻，另一个便是以四川地区宋墓画像石刻为代表的世俗石刻，这二者并非割裂的关系，它们同为宋代人思维和行为的产物，承载的是同样宋代文化内涵。因此，以特色文化遗产石刻为载体，开发、共享宋代优秀传统文化，应将此二主题进行通盘考量、有机融合，在这条主题线中，用大足石刻的国际知名度带动其他优势强、但目前知名度不够的特色资源，拓展其社会认知度；同时，这些资源也可对大足石刻资源形成有效补充，共同构建中国石刻下半阕华章的总体形象。此外，泸州、大足、安岳、广元、巴中从地理和人文上看，居于四川盆地北部东部南部边缘丘陵地带，自南向北地理变化丰富，拥有多个风貌独特的自然资源景区，同时也呈现出人文特征的明显变化。以一条盆地边缘丘陵地带旅游线，可观四川自然和人文上的丰富多样，如同一卷清明上河图可观大宋百变风华，因此将此线路定义为"石上清明上河图主题线"，其定位便不只局限于石刻文化遗产爱好者，而是从揽胜、

[①] 侯丽莎、王健：《地质公园博物馆全面免费开放的意义和政策建议》，《中国地质学会旅游地学与地质公园研究分会第28届年会暨贵州织金洞国家地质公园建设与旅游发展研讨会论文集》，中国林业出版社，2014年，第297-298页。

美食、人文体验等各方面都能满足更广泛的社会公众。

"宋山城防务体系"申遗主题线主要集成泸州神臂城、合川钓鱼城和富顺虎头城。这三个宋城遗址都属于余玠建立的山城防务体系中的重要节点，保存了丰富的军事和民用设施遗存，并且在这三座遗址所在地都发生过宋蒙战争中非常著名的战役，具有很高的历史知名度。为开发四川宋代山城防务体系文化遗产，文博考古行业对神臂城、钓鱼城、虎头城进行了长期的考古勘探、调查和发掘，积累了丰富的研究基础材料，并且由政府牵头开展世界文化遗产的联合申遗工作，如申遗成功，将会带来巨大的旅游市场潜力。该主题线路的打造，除了关注三座代表性宋城和相关文化遗存，还应重视线路上注入爱国主义精神内涵、建设线路上的爱国主义教育基地。因为这些宋城不仅显示了宋代人在建筑、军事领域的高超水平和卓越智慧，也是宋人爱国主义精神的载体，应充分对其爱国主义内涵进行深度挖掘，通过不同的载体形式对公众开展爱国主义教育浸润。

"风雅宋·精致之品"主题线主要集成泸州宋墓画像石刻资源、彭州金银器窖藏资源、遂宁龙泉窑窖藏资源、眉山三苏文化资源等。宋代被视为中国审美的极致高峰，从传世的文物艺术精品、文采精华的文学创作到格调高雅的生活习俗，无一不体现着宋人极高的审美水平、精致高雅的品位。从当今网络上对"极简审美"与宋代品味的推崇，也可窥见社会公众对宋文化精致风雅内核的向往、对品味宋代精致风雅文化的愿望和要求。该主题线的打造正是基于公众的愿望和要求，策划一条集中了宋文化各种代表性精致资源的线路。泸州宋墓画像石刻资源是铭刻了南宋社会方方面面的立体史书，从日常生活的梳妆捧镜、熏香、插花石刻到娱乐活动的杂剧大曲石刻，生动地记录了宋人精致、风雅的生活；宋代瓷器是中国瓷器发展的品质高峰，宋代金银器体现了中国金银器风格的重大转向，是中国金银器雅致审美的极致，此二者的精品代表都可以在这条主题线上鉴赏；彭州金银器窖藏是到目前为止发现的最大宋代金银器窖藏，遂宁龙泉窑窖藏是迄今为止发现的最大宋代龙泉窑窖藏，其文物品类丰富、品质极为精美。而这些文物其实在当时是宋人的日常器用，透过它们可见宋人生活品味格调之高。宋代不仅是在物质文化领域成果倍出的时期，也是人文领域才杰辈出的年代，四川的三苏是宋代文化才杰的重要代表，三苏文化也是四川重要的文化资源。品味、体验宋代文化，不仅是品味物质文化，也是品味宋代高度发达的文学艺术，因此，在此主题线上不仅荟萃了宋代物质文化源，也汇集了宋代非物质文化精品资源，以期为公众营造全方位的精致宋文化品味体验。在这条主题线的打造中，不仅应关注这些精品资源的"观赏"，更应该关注、思考：以什么样的方式和载体，让这些代表着宋代风雅精致生活的资源能够被现在的公众体验到，应该在旅游的进程中策划哪些活动能让观众亲身品味宋文化的风雅与精致。

（三）宋文化主题经典打卡地的打造

打造宋文化主题文旅品牌，还需要考虑策划与建设经典打卡地。一个能成为文化热点、网络话题的打卡地对于宋墓画像石刻资源、宋文化资源的推广具有重要意义。一个能引起热议和轰动的打卡地可以产生巨大的营销效应，盘活一整条旅游线路和相关产业链条。分析目前泸州宋墓画像石刻和宋文化资源的现状，有潜力培育成经典打卡地的是四川泸县宋代石刻博物馆。该馆场馆面积大、建设年代新、各种设施现代化程度较高，馆藏优势明显，其馆藏宋墓画像石刻从质量和数量上都居于全国前列。且周边相关旅游资源丰富，周边有玉蟾山摩崖石刻群和玉蟾山风景区、明清龙桥群、国保单位龙脑桥、龙桥百花洲观花基地、生态水果采摘基地、温泉度假中心、地方特色美食街等，集成了风景旅游、花卉旅游、康养旅游、文化遗产游、美食体验游和采摘体验游等旅游资源类型，可依托石刻博物馆，打造一个小范围全域旅游基地。以宋墓画像石刻中承载的丰富宋文化内涵为基地内旅游资源赋能提升其文化内涵、铸就文化特色；而周边的旅游资源也可以为公众提供更多的旅游类型选择，比起单纯的博物馆游，公众可以获得多方面的旅游体验，从而提升对公众的吸引力。除了资源的整合和全盘打造之外，经典打卡地的打造还应关注创新性强、趣味性强的推广营销。

三、宋文化主题旅游体验品质提升

笔者对公众开展问卷调查，收回的1000份有效问卷中，公众在旅游中的偏好情况如下：愿意在旅游中前往博物馆的占82%；在旅行中倾向于互动式体验的占34%，倾向于个性化体验的占31%，倾向于沉浸式体验的占33%，其他倾向的仅占2%。可见，在当今的文化旅游中，博物馆已经成为一个热门选择，而互动式、个性化、沉浸式的旅游体验也成为公众所关注的焦点，改变了原有旅游公司为主导的模式，公众的需求从原来的观赏需求，变成了强烈的互动和个性化需求。因此，提升宋文化主题旅游体验品质，须重点关注提升博物馆旅游体验品质，打造互动式、沉浸式、个性化的文化旅游活动。

（一）提升博物馆游览体验品质

1. 打造"内容为王、叙事为魂"的精品展览

一个精品的博物馆展览不仅可以形成文化热点、社会话题，扩大文化遗产资源的社会影响力，推动高品质的公众共享，还可以成为拉动旅游消费增长的关键点。在文旅产业中，不乏众多成功先例。中国国家历史博物馆引入的大英博物馆一百件文物中的世界史展览、上海博物馆明清文人书画展、中国台北故宫博物院"山水觉"富春山居图合

展,均以高质量展览拉动了大量的旅游消费,带动了相关旅游线路、文创产品的火爆。包括泸州在2017年举行的"酒香花韵·四川宋代文物精品展"、2019年举行的"和合之鸣·四川古琴展",调查数据显示,有37%的游客来自泸州以外地区,这些游客虽大部分为展览而来,但在泸州期间依然有82%的游客除了观展还选择了泸州其他景点游。

泸州宋墓画像石刻开发与共享、延展至宋文化主题精品文旅品牌的打造,也须铸就精品展览,打好博物馆这张牌。从1000份有效问卷中的数据可见,对于博物馆展览的要求,在文物本体和文物内涵的选择中,32%的观众最关注的是文物本身,而68%的观众选择了文物背后的故事;而在展览故事性和科技化的选择中,71%的观众选择了故事性,29%的观众选择了科技化。由此可知,对于公众而言,展览的内容和叙事性展览结构已经成为影响其旅游体验的重要因素。

因此,打造精品展览,应当坚持"内容为王、叙事为魂"的原则。泸州宋墓画像石刻本身具有重要价值,也已经通过前期的建设形成了现代化、标准化的展示场馆,所面临的问题是如何深度挖掘宋墓画像石刻内涵,为观众讲好怎样的故事,怎样来讲好故事。就目前的展览而言,除了泸州市博物馆用"宋人的一天"作为主线将十几件石刻串联在一起向观众展示宋人的日常生活之外,大多数博物馆采用的是按图像题材分类展示的方法。这种以类相从的方法,使石刻之间缺乏深层次的逻辑联系,观众游览之后,除了石刻的基本信息和类别认知,对于其后更多的东西缺乏了解;也因为逻辑联系的缺乏,而使石刻显得比较散,无法使观众形成深刻的印象。故而,宋墓画像石刻展览的提升,需选准一个有新意、有趣味性、有文化质感的中心主题,围绕此主题,将零散的石刻以叙事化的模式,通过故事主线串联在一起,使石刻之间通过叙事的推进,产生有机的逻辑联系。如围绕中国古人"事死如事生"主线,用"如何为先人营造一个死后的'永为供养'空间"这个主题,去叙述、还原、阐释宋墓画像石刻在原境中的配置位置、逻辑关系,以及这种逻辑关系中深层次的文化内涵。笔者通过实地调查访问了解到,很多观众在观展时接触到的石刻是零散的,他们并不了解石刻在墓葬中本来的关系和样态,而这种关系和样态的背后实际上是宋人丧葬文化中一套完整的使祖先"永为供养"的思维。因此,用构建"永为供养"空间这个主题将石刻串联起来,有利于将其来龙去脉阐释清楚,也有利于通过对接、解答观众的疑问,帮助他们更加了解宋墓画像石刻和宋代文化。

2. 讲解服务品质提升

博物馆的观众大部分不具备文博专业背景,自身并没有储备较为丰富的宋墓画像石刻、宋文化相关知识以支撑其独立完成对展品全方位的解读,形成高品质的观展体验。因此,讲解服务便成为协助观众提升观展品质的重要手段。精品展览与观众之间的链接人很大程度上就是讲解员,讲解服务水平的高低直接影响着观众对博物馆的印象和

第十三章 余论：墓葬画像石刻资源的活化利用探索——以泸州为例

观展体验。讲解服务品质的提升，首先要求讲解员队伍努力夯实相关专业基础，不仅对宋墓画像石刻本体信息要了若指掌，对石刻背后的文化知识也需要有丰厚的积淀，这样才能无惧观众的提问互动、深度交流。第二，必须重视讲解稿的打磨。优秀的讲解稿从来都不是一成不变的，它应该是在充分挖掘石刻信息和充分了解观众的基础上精心打磨而成。须通过翔实的调查、访问，了解、分析不同文化背景、不同年龄段、不同职业背景的观众，他们分别的兴趣点和关注点主要集中在哪些方向，他们所喜爱的、能接受的讲解方式是怎样的。然后根据调查分析的结果，分别准备面向不同背景观众的讲解稿、使用不同的叙事语言、练习不同的讲解模式。第三，要引入社会专业资源，打造专家型讲解队伍。从调查有效问卷来看，观众对于讲解的要求，希望通过手机扫码讲解了解石刻的占37%，希望通过讲解员讲解了解石刻的占17%，希望通过专家讲解了解石刻的占46%。而从泸州的文博单位多次临时展览的讲解数据分析，由文博专业技术人员担任讲解的场次都受到了观众的欢迎，可见，观众对于专家型讲解的需求是强烈的，这种需求来源于观众想要更多了解文物背后的故事、更多了解文物背后文化内涵。随着网络技术的发达、信息获取渠道的多元化，观众已经不仅仅满足于在博物馆听到的讲解是那些在网络上就可以查到的基本资料，他们所关注的是从专家那里得来的、在网上查不到的那些更为深刻的对展品的全面阐释。因此，博物馆应当注重专家型讲解队伍建设，去满足观众对讲解品质提升的需求，除了将本单位中的文博专业技术人员培养成既能开展研究又能开展社会服务的多面手，也要注意对接社会上相关专业技术人员，将社会优质专业资源引入到讲解队伍中，充实讲解力量。

3. 数字化赋能

博物馆游览品质提升离不开数字化赋能，在数字化赋能中，科技只是一种手段，博物馆所要展示的不是科技手段本身，而是以科技手段为载体，延展石刻的信息，以帮助观众更全面、更深刻、更直观地理解石刻内涵，帮助观众获得更新奇、更有趣的观展体验。体验的核心不是体验技术本身，而是体验以技术为载体、以新奇有趣的方式来传达的文化。如引入VR技术，并不是为了展示VR技术本身，而是为了借助VR技术更好地展现宋墓画像石刻的原境和原貌。博物馆展示的宋墓画像石刻是通过发掘或者征集已从原境中被拆解出来的，观众难以了解石刻的原境；而在长时间的埋藏之中，石刻的原貌也发生了改变，被创造出时的斑斓色彩早已湮灭，观众很难了解其当年的绚丽多彩。以实物形式复原石刻的原境和原貌并不利于观众观展，因为其原境尺寸其实也就只能同时容纳不超过5位观众观看，而VR技术则可以很好地解决这个问题。通过VR技术和相关设备，观众可以身临其境进入石刻的原境中，了解其建筑构造特征、修建工艺技术；也可以使石刻上的人物、祥禽瑞兽、花卉植物都通过数字化的方式"活"起来，亲身向游客讲述、展示宋代的民风民俗，再现当年的鲜活色彩，而完全不用受展陈面积和时间的限制，有效增进公众对宋墓画像石刻、宋文化的了解，并且让观展体验变得生动有趣。同样，打造数字化观展系统也是提升观展品质的有效途径。通过扫码的方式进入系统，可以实时了解宋墓画像石刻的展示分区、区间精品内容，根据自己的需要选择游览的区域和游览路线，提升观展效率；在石刻前还可以通过扫码方式以互动屏为媒介，了解除基本信息外的更多石刻和宋文化相关知识，聆听语音讲解和微视频专家讲座；玩宋文化主题的互动通关游戏积累数字勋章兑换文创产品，并可以选择喜欢的展品以数字化影像的形式收入收藏夹，实现把文物和文化带回家的延展。

（二）打造互动式、沉浸式、个性化宋文化旅游活动

随着文旅融合的不断深入，观众对于旅游活动的要求已经不仅仅是风光揽胜、赏心悦目，而是提出了更多的个性化、互动性的需求，期望在旅游活动之中能得到更多的参与体验和个性体验。面对公众的需求，宋文化旅游活动的打造应当挖掘那些适宜于开展互动、增加游客参与体验的元素，将其进行延展。

考察宋墓画像石刻中的各类元素，承载着宋人民风民俗、精致生活内涵的，最具代表性的元素有：宋茶、宋酒、宋花、宋香和宋乐舞。围绕上述元素，可以开展宋代制茶、点茶、品茶活动，宋酒酿制和品鉴活动，宋代花事习俗体验活动，和宋代制香、品香体验活动，宋乐舞则可以和现代的养生休闲体育进行有机融合，将其转化为游客喜爱、参与度高的健身乐舞形式，吸引游客的广泛参与。值得注意的是，上述活动的打造，应该在专业人士的指导下，基于宋代情况对相关活动的流程、操作方法进行转化，切忌想当然地进行操作，以免影响观众的观感。

打造宋文化旅游活动应当营造一个全方位的宋文化沉浸式环境，让宋文化元素融入旅游活动的每一个环节。建设以宋元素为核心的主题工坊、主题市集、主题酒店、主题餐饮、主题文娱活动等，寻找宋文化元素在这些载体上的有机结合方式，从而为游客创造既能全方位感受宋文化浸润，又能享受现代旅游便利的活动环境。在旅游活动的打造中，应当关注游客的个性化需求，通过数字化的旅游平台，开发个性化专属行程定制系统，根据游客的偏好和需要，定制相应的行程活动方案。这样的方式能够直接精准对接游客的需求，行程和活动的投其所好能有效提升游客的旅游体验品质，有利于吸引回头游客资源。

泸州宋文化旅游品牌的打造，宜先借助现有基础设施，以标志性的活动为载体，扩大宋墓画像石刻和宋文化资源的影响力，形成标志性活动的文化效应之后，再考虑扩大、优化基础设施建设。如同泸州的酒文化旅游品牌一样，先借助1573窖池基础设施，打造出具有国际影响力的封藏大典这一标志性文化活动，以此拉动相关的旅游活动和消费。标志性文旅活动的打造，可以"宋文化艺术节"为形式。宋文化艺术节的时间

结合中国传统文化中的吉祥节令时间,选择泸州气候和风景最宜人的时段开展。依托泸州文博场馆、酒文化旅游区、生态文化旅游区,开展集成文化创意设计大赛、文创作品展览、宋文化研讨论坛、宋代民风民俗体验、宋文化元素文艺展演等在内的文化艺术活动。除线下现场活动之外,还须开发形式丰富的线上活动,如数字化观展、数字化民风民俗体验、现场活动直播等,并配合多渠道、多形式的媒体宣传营销,努力将宋文化艺术节打造成文化热点,形成话题效应。

四、宋文化主题精品文创产品的策划与开发

宋文化主题文创产品的品质不仅影响着公众在文化旅游过程中的旅游体验,也对宋文化资源的传播推广有着重要影响。优质的文创产品可以唤起公众的消费欲望,让他们在把文创产品带回家的同时,也实现了把文化带回来的延展效应。

(一)文创产品策划与开发中的多元客户关注

唤起公众消费愿望的文创产品,应当关注到多元客户群体的不同需求。宋文化主题文创所面向的是广大的公众,单从年龄来看,便已分为未成年人群体、青年群体和中老年人群体;如果从学历背景、职业背景等差异来划分,还可以分成更多的群体类别,所以,文创产品面对的目标群体是非常复杂和多元化的。这种复杂、多元的特性又决定了不同的群体其实在文创产品的偏好和需求上存在着多样性。因此,在开发策划文创产品的时候,首先需要考虑和关注的就是如何去对接不同群体的多样性偏好与需求。筛选文创元素和选择创意转化方式的基础,是对受众群体的详细分析,应开展大规模的消费群体和市场调查,分析不同年龄、性别、文化背景、职业背景的受众,他们分别所偏好的文创产品类型、所看重的文创产品属性、愿意进行消费的区间、愿意接受的销售模式等。在此基础上开发出的文创产品才可以有效对接多元客户的多元需求,实现更广泛的共享、传播。

(二)特色与创新视野下的宋文化跨界融合文创产品培育

从笔者开展的问卷调查数据来看,1000份有效问卷之中,受访公众对宋文化主题文创产品的偏好如下:最看重实用性的占12%,最看重特色文化内涵的占34%,最看重形式美感的占18%,最看重趣味性的占36%。可见,特色和趣味已经超越了功能性和形式美,成为公众对文创产品的关注要素。要对接公众所表现出的对文创特色与趣味性的关注,应当注重宋文化跨界融合文创产品的培育。

培育跨界融合文创产品,围绕的核心仍是"宋文化"这个主题,是在科学、充分挖

掘宋文化元素的基础上，选择最适合的元素，与其他产业有机融合，形成宋文化元素突出、辨识度高、文化内涵丰富，又融合了公众喜闻乐见的其他产业载体形式，能渗透到公众生活方方面面为其所共享的文创产品。跨界融合的路径是多样化的，如与地方特色产业融合、跨界种类拓展、跨界品牌联动。

1. 与地方特色产业融合

宋文化元素与地方特色产业的融合，泸酒和泸茶都是具有较大发展潜力的选项。就泸酒而言，宋代是泸州酒业极为繁荣，对四川政治、经济和文化都产生重要影响的一个时期，从石刻艺术上看，泸州宋墓画像石刻上与酒相关的元素甚为丰富，从文学艺术上看，宋代咏诵泸酒的诗词佳句也不胜枚举；而泸酒发展至今天，泸州老窖和郎酒已经成为具有国际影响力的名酒品牌，不仅带动了泸州白酒集群的发展，还通过国际性的酒业展会和高品质的酒文化园区，拉动了泸州的旅游业发展。宋文化元素与泸酒的融合，载体形式可以多样化考虑，除了宋文化系列酒的开发之外，泸酒相关的会展、活动等也可作为载体，在其中融入宋文化元素。一方面可以国宝级的文化资源助力提升泸酒的文化品质，另一方面文化资源也可借助泸酒的广阔平台扩大影响力，并通过泸酒广泛的消费群体实现宋文化资源共享群体的拓展。

就泸茶而言，纳溪茶业自古以来便在四川茶业经济中发挥着重要的作用，并且形成了独具地域特色的茶文化。从兼顾生态农业和采摘旅游的茶园建设、茶相关节令活动的开展到非遗的采茶技艺，纳溪茶业已经积累了较为扎实的开发基础，形成了具有社会知名度、影响力的开发成果。而茶亦是宋文化中的重要元素，不仅作为宋人的日常饮品，更是宋人风雅生活的体现，在泸州宋墓画像石刻之中对宋人茶俗也有大量的反映。将宋文化茶元素与以纳溪为代表的泸茶进行跨界融合，可以开展宋文化元素系列茶品、茶具，也可以开发体验类文创产品，以茶业基地为载体，复原宋代茶艺、茶俗，与基地的采摘旅游有效配合，增强了旅游体验品质的同时，也实现了文化的延展。

2. 跨界种类拓展

跨界种类拓展，需要将眼光放得更宽，致力于打造的文创种类不仅是可以用的，也是可以玩的、可以品味的。宋墓画像石刻上的家具元素、宋香元素、宋纹样、宋服饰也具备较大的跨界种类拓展潜力。

宋代家具体现了高度的功能美、形式美、技术美和强烈的器以载道人文属性，可提取其中的代表性元素，经过现代设计的二次创意转化，结合非遗技术牛滩木雕，打造中式宋风精品家具。宋代香事和花事、茶事一样，都是宋人精致生活中必不可少的元素，品香、制香成为其时社会的流行风尚，文人雅士皆以开发新的香料配方为雅事，并在交往中互赠香料配方以示友好。宋香的跨界文创开发，可提取宋墓画像石刻上的香器造型和纹饰元素，经创意转化为设计成兼具宋代特色、形式美又方便现代人使用的熏香用器；也可在专业人士指导、把关的前提下，复原宋代香料的配方，制作各式香料，复原宋代制香、用香习俗，依托公众文化传播体验平台，开发宋代香事体验类文创产品。宋纹样的跨界文创开发，载体就更为广泛，可以与非遗产业结合，以非遗技艺、非遗产物为载体，将最具辨识度、代表性和形式美的宋代纹样融入其中；也可与时尚产业相融合，在彩妆包装、服饰纹样中体现宋代纹样元素。

宋代服饰文创的跨界种类拓展可与汉服产业融合。泸州宋墓画像石刻之中，人物题材占据了相当一部分数量，保留了大量真实、可考的宋代服饰文化信息。而在全面复兴优秀传统文化的大背景下，随着文化自信的不断增强，汉服产业正迎来高速发展时期。除了国家到地方平台的各种华服文化节的开展，日常生活中汉服出行人数不断增多也反映出汉服产业的社会热度不断攀升，经济数据也说明了汉服产业巨大的潜力。艾媒网行业数据统计显示：2020年淘宝汉服商家已达1518家，2021年中国75.9%的大众在关注汉服展览，2021年汉服销售规模便已突破100亿。宋代服饰文化元素与拥有巨大消费市场的汉服产业的融合，可与网络平台知名汉服卖家合作，打造宋文化主题精品系列汉服。精品系列汉服的打造，首先是要保证基本形制和风格的展现，这种展现不一定是百分之百的复原，但主体特征还是应当保留。泸州宋墓画像石刻在这方面具有强大的天然优势，除了人物服饰石刻数量大、服饰品类丰富之外，文物本身就是具有权威性的宋代服饰实证，可以提供科学、有效的实证参考。其二，除了展现形制和特征，还应当注重在汉服中表现宋代文化内涵。笔者通过调查问卷发现，有74%的汉服意向性消费者展现出了对汉服文化内涵的关注，且吉祥寓意、高雅寓意的文化内涵尤为消费者所偏爱。因此，除了对形式还原和形式美感的关注，宋文化汉服类跨界文创的开发还应考虑观众这些方面的偏好，为汉服类文创注入更多文化内涵。

此外，宋文化元素还可以关注在二次元产业的种类拓展，如宋文化主题漫画开发、手办开发等。据华情经报网数据，2021年中国手办市场规模已突破37.2亿，较之2019年的24.8亿，增长率达12.4%，并且随着手办盲盒热，2022—2023年依然保持着高速增长的态势。漫画和手办，尤其是手办盲盒等载体不仅可以增加宋文化文创产品的新奇性和有趣性，利于拓展优秀传统文化在文化消费需求旺盛的年轻人群体中的影响力，还可产生可观的经济效益。

3. 跨界品牌联动

宋文化文创产品的跨界融合，还应注意跨界品牌联动，以拓展文化资源传播领域。跨界品牌联动目前主要的操作方式是与品牌共同开发联名款产品，文化元素通过联名款走入到更广泛的大众中去。如大英博物馆和RIOTLILY联名推出的"博物馆秘镜"系列墨镜，凯芙兰和冬宫博物馆联名推出的"马蒂斯珍藏版"系列彩妆，敦煌博物馆与李宁联名推出的"敦煌·拓"系列服装，在取得火爆销售业绩的同时，也造就了话题热点。

博物馆藏特色文化元素通过与品牌的联名产品，为公众所熟知，而品牌也通过文化元素的引入，提升了产品的文化内涵，对接了消费者在消费中的文化心理需求，从而创造出更高的商品附加值。泸州宋墓画像石刻和宋文化元素也可以参考这样的操作模式，选出独具特色，且兼具形式艺术美感和文化内涵的元素，开展与品牌的合作，打造联名产品。值得注意的是，在选择合作品牌的时候，须注意前期的调研，充分了解合作意向对象，选择那些政治导向正确、公众认知度和好感度高的品牌。

（三）数字文创产品的培育

打造宋文化主题精品文创，应当重视培育数字文创产品。笔者发放的调查问卷结果显示，就宋文化文创产品的类型偏好而言，有23%的被访对象选择了传统的实物型文创，有37%选择了体验型文创，有40%选择了数字文创。就年龄分布来看，被访青年群体中78%选择了数字文创，未成年群体中69%选择了数字文创，中老年群体中34%选择了数字文创。可见信息社会、数字化技术高速发展的大背景下，数字化文创已经逐渐成为为广大公众所接受和推崇的主流文创方式之一。

宋文化主题数字化文创产品开发，可以从宋文化主题数字动画、宋文化主题数字游戏和宋文化主题数字化展示等路径开展。

1. 宋文化主题数字动画

数字动画是广受未成年人、未成年人家长和青年人欢迎的一种数字文创产品类型。从笔者的问卷调查中可见，被访未成年人选择数字化动画的比例达到了97%，未成年人家长选择数字化动画比例达到了91%，青年人选择数字化动画比例达到了83%。对于宋文化数字动画性质偏好的选择，43%的未成年人最看重科普性，54%的未成年人最看重趣味性；49%的未成年人家长最看重科普性，41%的未成年人家长最看重趣味性；53%的青年人最看重科普性，42%的青年人最看重趣味性。因此，在数字动画开发制作中，应该注意兼顾科学性和趣味性原则。首先，宋文化数字动画承担着科普功能，要求传递出去的信息必须是科学、真实的，这就需要在整个策划过程当中有宋文化领域专业技术力量介入进行把关，也要充分参考宋文化学界研究中那些被公认可靠的研究成果，在此基础上再进行后续的创意转化。其二，趣味性的原则需要从动画的叙事线、叙事手法、动画艺术形式等多方面加以考虑。动画的叙事线应该是逻辑清晰、主题明确的；叙事手法须注重情节的跌宕起伏、悬念设置、引人入胜；动画的艺术形式可以丰富多样，将数字手段与中外动画的经典形式，如水墨动画、沙动画、偶动画等有机结合，从艺术形式上增强动画作品的趣味性和吸引力。此外，还应当注意数字动画中的思政浸润，将社会主义核心价值观和优秀传统文化元素融入其中，以动画作品为载体，用公众所喜欢和接受的方式，润物细无声地开展思政浸润。

2. 宋文化主题数字游戏

开发宋文化数字游戏，可主要考虑科普类游戏、体验类游戏和游戏皮肤开发等。科普类游戏主要通过先期市场调研，选择公众最关注、最想了解的那些宋文化的领域，在文博专业技术人员参与保证科普内容科学性、严谨性的前提下，由创意团队进行提升设计，开发通关型科普类游戏。并通过将游戏积分与文创产品销售折扣挂钩、文化单位活动优先预约权挂钩等方式，维持游戏用户与宋文化资源的黏着性。体验类游戏主要选择宋文化之中的宋代民俗、宋代节令、宋代工艺、宋代文艺活动等，以数字游戏的方式，设计如线上花朝节体验、宋工艺美术品线上数字化制作体验、宋代花事数字化体验、宋代茶事数字化体验、宋代社火数字化体验、线上元宵节游南宋泸州城数字化体验、数字化曲水流觞线上对诗比赛、线上数字化宋代拟妆等活动，帮助用户突破时间和空间的限制，亲身体验宋代文化生活的方方面面。此外，还可选择宋文化中文化内涵丰富、寓意吉祥且具有形式艺术美感的元素，与游戏合作推出游戏皮肤，扩大宋文化共享人群。

3. 宋文化主题数字化展示

展示类宋文化主题数字文创，主要路径包括基于泸州宋墓画像石刻的宋文化集成式展示app打造、精品短视频制作等。基于泸州宋墓画像石刻的宋文化集成式展示app打造，首先应当满足"看石刻"功能。这里的"看"指的不仅是对相关文物资源本体的观看和基本信息的了解，而是全方位的认识、品味和互动。其基本元素应当包括石刻的精细化建模、搭载协调背景音乐的语音讲解、可进行虚拟交互的VR链接、可拓展背景知识的查询平台、可进行互动的数字化收藏和投递的个人数字化宝库等。app能够满足用户三维观赏石刻和宋文化精品、查询资料拓展文化认识、听讲解、看视频小讲座、收藏和交流数字化资源精品等多方面的要求。此外，app上的展示要注意系列化的问题，比起按文物等级来构建app展示内容的逻辑关系，成系列化地展示宋文化资源内容更容易加深观众印象，便于公众将宋文化一个个领域地逐步吃透、理解。如以宋石刻和宋文化遗存精品为媒介，逐系列向公众展示石刻背后的宋代音乐舞蹈、宋代民风民俗、宋代节令、宋代服饰文化、宋代文学艺术、宋代工艺技术、宋代城市建设发展等，最终形成公众对宋代优秀传统文化全方位的认知与体验。

此外，精品短视频作为展示类数字文创品的重要形式之一，对于泸州宋文化推广、宋文化主题精品文旅品牌的建设有着不可小觑的作用。比起时间长度较长的纪录片，几分钟时限的短视频更适应现代生活节奏，也更容易为公众所接受。打造精品短视频，一类是科普类精品短视频，可邀请宋文化领域的著名专家，制作每集不超过7分钟的微课短视频，从业内专家角度进行文化科普；也可向公众展示石刻的发现、保护、推广、展示、研究，加深公众对文化遗产资源开发领域的了解，提升公众在文化遗产开发传承中的参与感。另一类是文艺展演型精品短视频,如河南近年来几次引爆文化热点、形成极高社会关注度的,都是以文艺展演为形式、结合传统节令文化内涵的短视频。可以参考其操作方式,选择宋文化中那些优秀的、在当今社会依然具备认可度的文化主题,引入优质策划、创作团队,打造代表性精品短视频,再进行矩阵式推广,以吸引更多的社会关注。

(四)文创产品策划开发模式的创新

创新宋文化主题文创产品策划开发模式,需要关注以下几个方面。首先是发挥文博类专业单位在其中的作用。文创产品以创新为核心,以分享文化为目标,其研发始终是需要围绕着文化这个主题、基于宋文化遗产资源来开展。文博专业单位,尤其是博物馆,拥有大量的宋文化遗产资源,具备文化遗产研究专业力量,也积累了丰富的前期成果,可以说博物馆是最了解宋文化遗产资源的机构之一,宋墓画像石刻有哪些元素内涵最丰富、哪些元素最具典型性、哪些元素背后的故事最有挖掘价值……这些都应在博物馆的掌握之中。所以,文创的开发一定需要博物馆的介入和主力支撑。

其二,须重视社会资源引入,基层的博物馆往往缺乏专门的创意团队,在经费上面对于数字文创的支撑也显得不足。因此,有必要引入社会文化创意行业中优质的创意团队,积极拓展合作项目、多渠道争取经费支持,以形成社会创意人才资源、资金资源和文博行业文化遗产资源、研究资源的优势互补,形成资源的叠加效应。

其三,要实现开发思维由"做我们想做的"向"做公众想要的"转变,打造一体化的互动设计文创开发、制造、营销平台。以平台为载体,向社会各界征集创意,把原来由文博单位主导的单向传递为主的文创开发模式,变成文博单位与公众共同创作的文创开发模式。平台还可以采用个性化定制的形式,由用户在平台上提出喜好的宋文化元素,创意设计专业人员接单帮助用户进行元素的创意转化,最终形成文创产品概念设计;再由用户选择在平台上集成的非遗工作室,根据概念设计,以非遗技艺制作文创产品,从而加大社会公众的参与度,也更能精确对标公众需求,保证开发的文创产品是公众喜爱的、愿意消费的。

此外,在文创产品开发模式的创新中,要注意正确的价值导向,不要因为单纯追求话题、热度和经济价值,就选取一些媚俗、价值导向不良的主题;也要注意文创开发人才队伍的建设,除了高校和文创产业中专业人才的培养之外,文博单位也须积极引导自身的专业技术人员加强在文化遗产创意转化方面的学习和研究。这一类专业技术人员本身在文物资源学术研究领域有较多的积累,同时也对馆藏资源比较了解,具有进行文创研发的先天优势,因此引导他们成为能做研究也能做创意开发的多面手,对文创人才队伍建设有着重要意义。

（五）宋文化潜力元素文创策划项目库的建设

高品质文创产品的策划与开发，须注意其规划性、系列性，以形成集群化效应、树立系列化品牌形象为先导，拓展宋文化主题产品的影响力，推动整个主题的文创品牌形象确立和影响力提升。有规划性、成系列化的宋文化主题文创产品的开发，须建设宋文化潜力元素文创策划项目库。在充分研究分析宋文化资源的基础上，筛选出那些具有开发潜力的宋文化元素，对接泸州的特色产业、大众关注点、社会热点等，对其进行规划，分出优先开发、后续开发、开发储备等序列，按序列对其进行有序研发。

选择有潜力的宋文化元素，应该考虑以下几个方面，首先寓意应当积极、吉祥，符合优秀传统文化和现代社会主流价值观，为公众所推崇、认可；其二要辨识度高、代表性强，能呈现出泸州宋墓画像石刻资源和宋文化资源的特色；其三要有形式美感、适宜于做创意设计的转化变形，适宜于多元化、广泛性的载体。基于上述原则，笔者在对泸州宋墓画像石刻和宋文化资源进行全面分析的基础上，建议将以下元素优先列入项目库第一期文创研发序列：花好月圆元素、蟾宫折桂元素、花卉元素、松鹤元素、四神元素。

花好月圆是泸州宋墓画像石刻中具有全国知名度的一件代表性石刻，也是国家一级文物，图像元素丰富，包含表示夫妻和合的人物、表征家庭和美兴旺的宋代各种吉祥纹样，为创意转化提供了可供解构、变形的丰富元素基础；石刻构图精巧，技法精湛，呈现出强烈的艺术美感；且寓意吉祥，承载着中国传统文化中对家庭和睦、夫妇百年好合的期待与推崇。将其列入文创开发项目库，也因其适宜于多元化、广泛性的载体转化，尤其是面向婚庆产业的转化。如将花好月圆元素与泸州特色产业——酒业相融合，开发婚庆时的婚礼用酒；提取石刻上象征圆满、和美的宋代吉祥纹样，用于婚庆用品的外包装设计，打造辨识度高、特色强、文化内涵丰富的婚庆用品包装系列品牌。

蟾宫折桂元素的入选主要源于吉祥意义，表达着中国传统文化中对于科举高中、仕途顺利的期望，因此，蟾宫折桂元素的创意转化，可与泸酒联合开发面向升学宴庆的蟾宫折桂酒系列；可面向广泛的学生市场，开发蟾宫折桂主题系列创意型学习用品和线上数字化祈愿小游戏；还可基于"折桂"中的桂花元素，与彩妆业联合开发桂花元素的传统工艺制作系列彩妆、香水等，使文创产品既承载着期许学业事业顺利的文化内涵，也可以其为载体，体验宋代的精致品位，将实用性、形式美、文化内涵集于一体。

花卉元素主要提取宋墓画像石刻中的牡丹和荷花元素，此二者作为宋墓画像石刻中花卉最主要的两个类型，形式美感强，且内涵丰富；牡丹象征富贵，莲花象征高洁的君子之风和佛果，历来被视为吉祥之征。此二元素的创意转化，可对石刻图像元素进行艺术变形，保留其题材和形式特征，与彩妆、创意文化用品、服饰等进行跨界融合，开发牡丹、莲花主题的系列文创产品。

松鹤元素的入选,除艺术形式美感,在于其象征长寿的吉祥寓意。松鹤元素的开发主要可与泸酒结合,策划面向生日用酒市场的松鹤延年系列酒;和茶业、养生业结合开发松鹤延年系列茶、松鹤延年系列养生食品和用品,主打面向中老年市场、主推实用性和功能性兼具的文创产品。

四神元素辨识度强、特色明显、艺术风格极具个性特征,且四神象征宇宙四方神,在中国传统文化中有驱邪避凶之意。因此,四神元素的创意转化可考虑主要面向对文创产品趣味性和创新性格外关注的青年群体,提取四神元素的图像特征,做出个性化的创意变形,与服饰品牌、电子产品品牌、文化用品品牌等进行融合,开发四神系列的联名服饰、电子产品和创意文具等。

宋文化潜力元素文创策划项目库的建设应具有持续性和灵活性,持续性在于要通过不断对宋墓画像石刻宋代文化资源的深入研究,持续丰富项目库的内涵,并使文创研发逐步按此储备库各序列层级推进,以保证文创策划开发是长效、科学和有规划性的。灵活性在于其并非僵化、一成不变的。灵活性应根据各项产业发展过程中对文化的新需求、社会话题、文化热点、公众关注点等的变化,对项目库进行丰富和优化,对文创元素开发序列进行相应调整,以保证文创项目能灵活对接社会热点和公众需求,提升与特色文化遗产主题文旅品牌建设接轨的紧密性和有效性。

五、宋文化主题文旅品牌打造中的校园关注

(一)宋文化与美育浸润

2019年,教育部颁布《教育部办公厅关于开展体育美育浸润行动计划的通知》(教体艺厅函〔2019〕41号)文件,文件中提出探索建立高校支持中小学体育美育协同发展机制,并明确指出要"弘扬优秀传统文化,继承发展革命文化,传播社会主义先进文化""立足地域特色文化……打造特色体育美育课程和实践品牌"[①]。可见,国家层面对中小学开展的美育浸润之中,优秀传统文化的开发与弘扬是必不可少的要素。基于泸州宋墓画像石刻资源的石刻文化和宋文化,是泸州代表性的特色文化之一,在泸州地区中小学的美育浸润之中,开发和共享石刻文化和宋文化资源,应当积极探讨如何将其与课程建设和实践活动有机结合。这不仅是贯彻国家美育浸润计划的有效路径,也能够通过美育浸润,借助教育平台推广、共享宋文化资源,使地方特色优秀传统文化资源得到

---

① 教育部办公厅:《教育部办公厅关于开展体育美育浸润行动计划的通知》(教体艺厅函〔2019〕41号),2019年6月11日。

学校的认可、学生的认可、家长的认可，为研学旅游吸引、挖掘大量的潜在客户群，助推铸造泸州宋文化主题文旅品牌及提升其社会影响力。

（二）宋文化美育浸润的实施策略

1. 课程建设

笔者通过发放问卷的方式，调查中小学生对地方特色优秀传统文化引入课程的期待和偏好，在收回的2950份有效问卷之中，78%的学生表示很期待这样的课程，13%的学生表示期待；而对于最偏好的课程开展方式，94%的学生都选择了"理论+体验"的方式。笔者通过实地访问学生了解到，学生希望课程之中教师先用少量的时间介绍相关文化背景知识，然后把更多的时间用于开展体验活动，让学生能够在活动中加深对地方特色优秀传统文化的印象，更好地感悟、享受文化。从调查数据和访问结果可见，比起在课堂上用"听"的方式来了解、感受文化，学生更偏好能用"亲身体验"的方式来享受文化。因此，在宋文化美育浸润课程建设中，除了传播理论知识，更要注重设计和实施课程体验活动。

传导理论方面知识，须充分地分析学生情况，筛选出泸州宋墓画像石刻文化及其延展出的宋文化领域中，那些承载着中国优秀文化基因，在今天依然具有审美意义、教育意义且学生理解掌握不会存在太大难度，不会使学生觉得枯燥的元素。围绕这些元素，探索其与学生审美素养、思政素养、知识素养、技能素养培育之间的联系，设计科学有效的教学活动，帮助学生理解这些元素及其承载的优秀传统文化内涵。

设计和实施课程体验活动，应以宋文化中的优秀元素为主题，围绕教学目标，策划开展那些能够精准对接学生兴趣点、学生参与度高、师生互动热情高的体验活动，以"寓教于乐"的方式，实现优秀传统文化的传递和共享。在体验活动设计中，要注意不同学龄段的学生，在心理、行为模式、能力等方面存在较为明显的差异，因此，活动设计必须关照到各个学龄段学生的特点。如面向小学低学龄段的学生，就比较适宜于开发宋墓画像石刻和宋文化主题的手工素材包，在教学活动中基于素材包开展体验活动。手工素材包可考虑以宋神臂城、宋报恩塔为元素开发手工拼接模型；也可以基于宋代服饰开发手工拼插式立牌，或基于宋墓画像石刻纹样开发拼图、填色版等。如面向中学生，则可以先安排学生对课程进行预习，让学生组成团队，对课程中的宋文化元素进行预习和分析。在此基础上，由教师启发、学生策划他们想要开展的体验活动，并在后续课时中进行实践。由此，不仅可以激发学生主动了解文化的积极性、培养学生的创新能力，也可以培养学生团队协作能力和实践能力。

除了中小学之外，高校应重视地方特色优秀传统文化在学生文化素养培育与思政教育中的作用，积极探索地方特色优秀传统文化与高校教育的融合。以产教融合项目课程为载体，引入优秀传统文化元素作为项目主题，围绕主题促进学生在创意策划的过程中完成对文化元素的深入了解思考；同时，搭建文博专业单位与高校共建的文化创意研发平台，通过系列化的合作项目实施，以研发的文创产品助力宋文化主题文旅品牌的打造，同时也能为文旅品牌建设培养专业人才力量。

2. 实践活动：打造宋文化研学旅行精品项目

2014年8月，国务院首次明确"研学旅行"要纳入中小学生日常教育范畴。[①]2015年8月进一步提出："支持研学旅行发展，把研学旅行纳入学生综合素质教育范畴。"[②]2016年12月，教育部等11部门联合发文提出，要将研学旅行纳入中小学教育教学计划。我国巨大的学生数量为研学旅行的发展带来了极大的潜力，研学旅行不仅是文旅融合中极具广阔发展前景的旅游模式，也是学校教育当中不可缺少的实践教育模式。

考察泸州研学旅行的现状，存在以下几个问题：第一，文化资源丰富，覆盖历史、生态、红色、非遗、乡村等多个类别，但相应的研学旅行项目开发却较为缺乏，尤其是缺乏有知名度、认可度的优质项目。第二，研学项目不成体系，形式单一，流于表面，通常是节庆期间组织学生参观、简单听一下讲解、简单体验即可，只是将普通旅游项目的游客主体变成了学生而已。第三，研学项目"研"的特点不明显，层次较浅，研学旅行中专业技术资源的介入度不足。对于研学旅行"研"的目标无法有效达成，无法使学生实现真正的、深层的知识拓展。研学旅行的知识含量、专业技术含量和文化含量如果不足，则不利于吸引潜在游客群和回头客源。

根据上述现状，建议首先由政府牵头，联合文化、教育、旅游、宣传、交通、环保、法律等部门和优质旅游企业，建立泸州研学旅行联盟，与学校建立长效合作平台，打造泸州研学旅行品牌，将泸州宋文化研学旅行作为先行性项目进行重点建设。

宋文化研学旅行精品项目的打造，线路可以前文所述精品短线、精品长线为载体。通过问卷调查返回的数据来看，2950份有效问卷中，对于宋文化研学旅行活动，30%的学生最看重了解到更多的宋文化知识，37%的学生最看重活动的有趣，31%的学生最看重活动的创新性。由此可见，学生所期待的研学旅行的三要素为：知识含量、创新性和趣味性。

知识含量的保障，需要文博专业机构和专业技术人员的支持，在项目中构建专家库体系，选聘市内外相关领域资深专家，参与宋文化研学旅行活动的开发、设计、打造。研学是教学计划的一部分，必须讲究科学性和维持严格的准入制度，所有研学项目的内容须请业内专家严格把关。在项目实施过程中，邀请专家担任研学旅行专业导师，提

---

① 中国政府网：《国务院关于促进旅游业改革发展的若干意见》，http：//www.gov.cn/zhengce/content/2014-08/21/content_8999.htm。

② 中国政府网：《办公厅关于进一步促进旅游投资和消费的若干意见》，http：//www.gov.cn/zhengce/content/2015-08/11/content_10075.htm。

供真正高水平、优质化的研学指导，提升泸州宋文化研学旅行知名度、吸引力。创新性和趣味性的保障，需要引入专业文旅活动策划的创意团队，在充分分析课程标准、学生特色、兴趣爱好等方面的基础上，设计、打造针对不同学龄学生的研学旅行活动，要特别注重活动中学生参与体验的关照，并有效应用科技手段为旅行体验赋能。除此之外，研学旅行的活动设计，应注意社会主义核心价值观的浸润，爱国主义精神和文化自信的培养，注重学生实践能力和创新能力训练。研学旅行虽然形式是旅行活动，但目的始终是"研学"，因此，所有活动的设计和开展需考虑到寓教于乐，指向学生能力和素养的提升。

六、社会领域的宋文化浸润与宋文化旅游城市形象树立

宋文化主题精品文旅品牌打造中，树立宋文化旅游城市形象是品牌构建的一个要素。而树立形象则有赖于宋文化元素对城市全方位的浸润，深入公众日常生活的衣食住行，深入城市文化景观和设施。

宋文化元素深入衣食住行，需要科学提取宋墓画像石刻和宋文化资源中特色强烈、美感丰富、开发共享潜力可观的元素和主题，与餐饮、美妆、电商、服饰、旅游、交通、规划建设、文化娱乐等行业进行全面链接；寻找宋文化元素渗透、浸润城市各行各业的有效途径和科学载体，为泸州形成全域性的宋文化熏陶与滋润，培育出"南宋民间看泸县"的文化氛围，使泸州本地居民和外来游客在城市中能感觉到宋文化元素的无处不在，充分体验宋文化的身临其境的沉浸感，在观念中形成宋文化与泸州的密切联系。

宋文化深入城市文化景观和设施，是以兼具特色、美感、内涵的宋文化元素深入城市景观、设施的方方面面，除了城市公园、文化场馆、道路等范围的文化元素融入外，还应注意开发宋文化元素融入的新领域和新方式。新的领域如机场、高铁站等尤为值得重视。机场和高铁站作为泸州链接全国各地的交通枢纽，汇集、来往着全国乃至国际范围的旅客，比起在文博单位共享宋墓画像石刻资源和宋文化资源的群体，这些旅客的基数更大、扩散范围更广。因此，应充分利用机场、高铁站等场所，营造宋文化元素浸润的氛围，以在广大旅游群中挖掘更多的潜在客户，扩大地方特色文化资源传播的广度。除了机场、高铁站之外，泸州热门旅游地点、商业集中体等也应列入考虑。

除了开发宋文化融入的新领域，也应该积极探索融入的新方式。从既往情况而言，宋文化元素融入景观和设施的方式主要为空间设计装饰。创新其融入方式，可以考虑打造宋文化主题快闪店、迷你展、文创体验店。在泸州旅游热门景点和商业集中体，主要打造宋文化主题快闪店。快闪店选择泸州宋墓画像石刻和宋文化中有较强吸引力和话题度的元素，作为快闪店的主题，在快闪店中集成宋文化元素数字化科普、数字化互动体

验、文创产品互动体验等。机场和高铁站中主要打造搭载文创体验店的迷你展，集成橱窗式高仿真实物展示、数字化宋文化展示、数字化互动体验和文创产品体验、销售等。因机场和高铁站的旅客在场所内停留时间较长且可活动范围有限、活动形式有限，故迷你展中的文创产品，除了实物型，还可以结合场地条件，提供宋文化主题体验型文创产品，使观众在候机候车的过程中，充分品味泸州地方特色优秀传统文化，加深游客对泸州宋文化的品牌印象，拓展泸州宋文化资源的共享范围、提升共享品质。

此外，宋文化元素浸润社会领域，应特别注重浸润的品质。这种从衣食住行到城市设施的全方位浸润，扩散范围广、涉及人群基数巨大，既非常直观又有强大的影响力，因此，保证品质格外重要。保证品质首先需要研究专业力量的介入和把关，保证浸润社会领域的文化元素是科学可信、能代表泸州地域特色、反映优秀传统文化、不存在任何导向问题的；其二，是需要优质的创意团队介入，将文化元素以新奇、有趣且具美感、公众能够接受和喜爱的方式进行创意转化，毫不生硬地、有机地融入社会方方面面；其三，是要注意技术保障，有高质量的元素、高水平的创意，还需要优秀的技术将其落在实处，尤其是人流量大的公共空间中，落地的技术尤为重要。

七、建设高质量的泸州宋文化文旅品牌推广平台

建设高质量的泸州宋文化文旅品牌推广平台，首先要提升文博专业单位自身平台的品质和竞争力，打造优质的官方网站、各大平台公众号。在官方网站和公众号中，集成单位政务公开、工作方向介绍、文化遗产资源情况、精品鉴赏、学术研究与科普、文化遗产保护、文创开发与销售、活动宣传与总结、游客互动等版块，使公众可以借助官网和公众号全面掌握泸州宋墓画像石刻和宋文化资源的全貌和关于它们的最新资讯。此外，官网和公众号应注意传播信息、宣传特色文化遗产资源的形式手段多样化，除了原有的主要以图文方式传播外，积极拓展传播方式，走创新传播、精品传播的路线。通过短视频、微视频、数字化互动活动等载体打造精品宣传项目，培育至少两个能成为文化热点、带来良性话题度的宣传项目，集中力量对其进行多渠道宣传推广。通过热点项目吸引公众注意，成为集中关注点之后，再以点带面拉动泸州宋文化成系列化的宣传。

其二，须构建立体式、多元化传播推广体系。除了传统的电视媒体、纸媒体之外，应当以文博单位自身平台为基础，统筹传播推广的资源。从横向而言，注重传播媒介的拓展，实现从传统媒体到新媒介的延展；从纵向而言，应突破基层平台的限制，积极拓展更高级平台上的传播途径。除了官方的传播之外，可与具有较大网络影响力、无劣迹的文化名人和网络名人合作，借助他们的平台和资源协助推广，充分发挥民间推广力量的作用。

其三，要注意打造专业化、创新型的宋文化宣传推广团队。团队除了文博行业专业技术人员之外，还应引入宣传领域的创意人才力量。专业技术人员了解宋墓画像石刻和宋文化资源，为传播的科学性和严谨性提供保障，宣传创意人才负责将文化资源进行创意转化，策划各种具有趣味性、吸引力，能引爆话题度的宣传推广项目，丰富、创新各种宣传推广手段，以实现文化资源专业力量和宣传推广专业力量的叠加增长效应。

笔者以泸州宋墓画像石刻为例，提出了以打造泸州宋文化主题精品文化旅游品牌为目标、促进泸州宋墓画像石刻和宋文化资源活化利用的相关策略，以期能通过这些策略助推泸州宋墓画像石刻和宋文化资源更广范围、更高品质的活化利用和公众共享，并为四川其他地区宋元明墓葬画像石刻资源的活化利用提供一些策略参考，抛砖引玉，期待社会各界能对四川地区宋元明墓葬画像石刻资源给予更多关注，形成更多对其创新性传承和创造性发展的真知灼见。

主要参考资料

一、考古报告

五代墓和宋墓：

[1] 王世襄：《四川南溪李庄宋墓》，《中国营造学社汇刊》，1944年第1期。

[2] 莫宗江：《宜宾旧州坝白塔宋墓》，《中国营造学社汇刊》，1944年第1期。

[3] 刘致平：《乾道辛卯墓》，《中国营造学社汇刊》，1945年第2期。

[4] 西南文教部文物调查征集工作小组：《成渝铁路筑路当中出土文物调查报告》，《文物参考资料》，1951年第11期。

[5] 邓之金：《四川大足县发现带有雕刻的宋墓》，《文物参考资料》，1954年第10期。

[6] 刘师德：《四川宜宾堰沟堋有带雕刻的古墓》，《文物参考资料》，1954年第12期。

[7] 贵州省博物馆筹备处：《贵州遵义专区的两座宋墓简介》，《文物参考资料》，1955年第9期。

[8] 邓之金：《四川大足县发现带有石人石马的古墓》，《文物参考资料》，1955年第4期。

[9] 蒋美华、邓之金：《四川大足县继续发现带有精美雕刻的宋墓》，《文物参考资料》，1955年第8期。

[10] 刘师德：《四川泸州凤凰山发现带有雕刻的宋墓》，《文物参考资料》，1955年第11期。

[11] 沈仲常、陈建中：《四川昭化县曲廻乡的宋墓石刻》，《文物》，1957年第12期。

[12] 任锡光：《四川彭山发现宋墓两座》，《文物参考资料》，1958年第3期。

[13] 重庆市文物调查小组：《重庆市发现汉宋明代墓葬》，《文物参考资料》，1958年第8期。

[14] 四川省博物馆文物工作队：《四川彭山后蜀宋琳墓清理简报》，《考古》，1958年第5期。

[15] 袁明森：《四川东山灌溉渠宋代遗址及古墓清理简报》，《考古通讯》，1959年第8期。

[16] 重庆市博物馆历史组：《重庆井口宋墓清理简报》，《文物》，1961年第11期。

[17] 四川省博物馆、珙县文化馆：《四川珙县"僰人"悬棺及岩画调查记》，《文物

资料丛刊》，第二辑，1978年。

[18] 四川省博物馆、珙县文化馆：《四川珙县洛表公社十具"僰人"悬棺清理简报》，《文物》，1980年第6期。

[19] 重庆市博物馆：《宜宾地区悬棺葬调查记》，《考古》，1981年第5期。

[20] 成都市文物管理处：《后蜀孟知祥墓与福庆长公主墓志铭》，《文物》，1982年第2期。

[21] 成都市文物管理所：《成都市东郊后蜀张虔钊墓》，《文物》，1982年第3期。

[22] 葛镇亚、宋世坤：《遵义县刀靶水出土铜鼓——简论遵义县铜鼓在贵州铜鼓研究中的地位》，遵义县文物管理委员会、中国人民政治协商会议遵义县委员会、遵义县文化馆：《遵义县文物志》第一集，1983年5月。

[23] 四川省文物管理委员会：《前蜀晋晖墓清理简报》，《考古》，1983年第10期。

[24] 四川大学历史系考古专业七八级实习队、宜宾县文化馆：《宜宾县双龙、横江两区岩穴墓调查记》，《考古与文物》，1984年第2期。

[25] 四川省博物馆、荣昌县文化馆：《四川荣昌县沙坝子宋墓》，《文物》，1984年第7期。

[26] 四川省文物管理委员会、彭山县文化馆：《南宋虞公著夫妇合葬墓》，《考古学报》，1985年第3期。

[27] 广元市文化局、盛伟：《四川广元宋墓石刻》，《文物》，1986年第12期。

[28] 廖奔：《广元南宋墓杂剧、大曲石刻考》，《文物》，1986年第12期。

[29] 贵州省博物馆考古队：《贵州桐梓宋明墓发掘简报》，《考古》，1988年第12期。

[30] 马琦：《四川乐山地区崖穴悬棺葬调查报告》，《考古》，1988年第11期。

[31] 徐雄伟、李茂清：《富顺县发现大型宋墓》，《四川文物》，1989年第2期。

[32] 刘新尧：《蓬溪宋墓中的宗教石刻》，《四川文物》，1989年第5期。

[33] 年公、黎明：《五代徐铎墓清理记》，《成都文物》，1990年第2期。

[34] 成都市博物馆考古队：《五代后蜀孙汉韶墓》，《文物》，1991年第5期。

[35] 莫洪贵：《仁寿县古佛乡宋墓清理简报》，《四川文物》，1992年第5期。

[36] 崔陈：《珙县悬棺岩画初探》，《四川文物》，1993年第2期。

[37] 孙晓明：《资中发现宋代石室墓》，《四川文物》，1992年第1期。

[38] 陈默溪：《贵州桐梓宋墓的清理》，《贵州田野考古四十年》，贵阳：贵州民族出版社，1993年。

[39] 李衍垣：《遵义高坪"播州土司"杨文等四座墓葬发掘记》，《贵州田野考古四十年》，贵阳：贵州民族出版社，1993年。

[40] 张定福、万光云：《遵义桃溪寺宋墓》，《贵州田野考古四十年》，贵阳：贵州

民族出版社，1993年。

[41] 宋先世：《遵义狮子山宋墓》，《贵州田野考古四十年》，贵阳：贵州民族出版社，1993年。

[42] 雷建金、罗仁忠：《内江顺河大菩萨山宋代画像石墓》，《四川文物》，1993年第1期。

[43] 威远县文管所、内江市文管所：《威远永利皇坟坝宋墓》，《四川文物》，1993年第2期。

[44] 乐山市文管所：《乐山宋墓清理简报》，《考古与文物》，1993年第6期。

[45] 周必素：《赤水市水王塘宋墓清理简报》，《贵州田野考古四十年》，贵阳：贵州民族出版社，1993年。

[46] 贵州省博物馆考古研究所：《贵州田野考古四十年》，贵阳：贵州民族出版社，1993年。

[47] 谢荔、陈文：《泸州市发现南宋后室墓》，《四川文物》，1995年第2期。

[48] 左启：《三台宋墓出土"三宝"铜印》，《四川文物》，1995年第5期。

[49] 张明扬：《达县九岭乡发现宋代墓葬》，《四川文物》，2000年第4期。

[50] 彭慧：《谈荣县宋墓浮雕的保护》，《成都文物》，2001年第3期。

[51] 马幸辛：《川东北历代古墓葬的调查研究》，《四川文物》，2001年第2期。

[52] 青川县文管所、四川省文物考古研究所：《青川县竹园金子山乡宋墓清理简报》，《四川文物》，2001年第2期。

[53] 卞在彬：《宋代石刻墓 惊现石牛村》，《成都文物》，2001年第4期。

[54] 曾清华：《井研县北宋黄念四郎墓清理简讯》，《四川文物》，2002年第1期。

[55] 宿白：《白沙宋墓》（第二版），北京：文物出版社，2002年。

[56] 重庆大足石刻艺术博物馆：《重庆大足龙水镇明光村磨儿坡宋墓清理简报》，《四川文物》，2002年第5期。

[57] 冯汉骥：《前蜀王建墓发掘报告》（第二版），北京：文物出版社，2002年。

[58] 刘永书：《理智村宋墓》，中国人民政治协商会议遵义县宣教文卫委员会、遵义县文化体育局、遵义县文物管理所：《遵义县文物志》第二集，2003年9月。

[59] 葛镇亚：《九庄宋墓》，中国人民政治协商会议遵义县宣教文卫委员会、遵义县文化体育局、遵义县文物管理所：《遵义县文物志》第二集，2003年9月。

[60] 刘世野：《黄家寨宋墓》，中国人民政治协商会议遵义县宣教文卫委员会、遵义县文化体育局、遵义县文物管理所：《遵义县文物志》第二集，2003年9月。

[61] 成都市文物考古研究所、彭州市博物馆：《四川彭州金银器窖藏》，北京：科学出版社，2003年。

[62] 广安市文化体育局、岳池县文化体育局：《岳池代家坟古墓群发掘简报》，《四川文物》，2003年第2期。

[63] 四川省文物考古研究所、邻水县文物保护管理所：《邻水县合流镇后坝南宋墓清理简报》，《四川文物》，2003年第3期。

[64] 四川省文物考古研究所、南充市嘉陵区文物管理所、南充市高坪区文物管理所：《南充市嘉陵区木老乡韩家坟宋墓清理简报》，《四川文物》，2004年第2期。

[65] 四川省文物考古研究所、成都市文物考古研究所、泸州市博物馆、泸县文物管理所：《泸县宋墓》，北京：文物出版社，2004年。

[66] 四川省文物管理局：《四川文物志》，成都：巴蜀书社，2005年。

[67] 成都市文物考古研究所、双流县文物管理所：《成都双流籍田竹林村五代后蜀双室合葬墓》，《成都考古发现（2004）》，北京：科学出版社，2006年。

[68] 四川省文物考古研究院、广安市文物保护管理所、武胜县文物保护管理所：《四川武胜县宋明墓葬清理简报》，《四川文物》，2006年增刊。

[69] 四川省文物考古研究院、广安市文物保护管理所、武胜县文物保护管理所：《四川武胜县沿口镇宋代石室墓清理简报》，《四川文物》，2006年增刊。

[70] 四川省文物考古研究院、广安市文物保护管理所、岳池县文物保护管理所：《四川岳池县坪滩镇宋代石室墓发掘简报》，《四川文物》，2006年增刊。

[71] 重庆市文物考古所、璧山县文物管理所：《重庆璧山县渝遂高速公路沿线抢救性考古发掘简报》，《四川文物》，2006年增刊。

[72] 重庆市文物考古所、四川大学历史文化学院考古系、铜梁县博物馆：《重庆铜梁县渝遂高速公路沿线抢救性考古发掘简报》，《四川文物》，2006年增刊。

[73] 重庆市文物考古所、潼南县文物管理所：《重庆潼南县渝遂高速公路沿线抢救性考古发掘简报》，《四川文物》，2006年增刊。

[74] 四川省文物考古研究院、广安市文物管理所、华蓥市文物管理所：《华蓥安丙墓》，文物出版社，2008年。

[75] 四川省文物考古研究院、绵阳博物馆、三台县文物管理所：《四川三台县永明镇杨凳寺宋墓清理简报》，《四川文物》，2009年第3期。

[76] 四川省文物考古研究院、广安市文物管理所、华蓥市文物管理所：《华蓥市永兴镇驾挡丘宋墓群发掘简报》，《四川文物》，2009年第1期。

[77] 王玉：《四川安岳县老鸹山南宋墓清理简报》，《考古与文物》，2009第年1期。

[78] 国家文物局：《中国文物地图集·四川分册》，北京：文物出版社，2009年。

[79] 国家文物局：《中国文物地图集·重庆分册》，北京：文物出版社，2010年。

[80] 国家文物局：《第三次全国文物普查重要新发现（2009）》，科学出版社，2010年。

[81] 四川省文物考古研究院、泸州市博物馆、叙永县文物管理所：《四川叙永天池宋墓清理简报》，《四川文物》，2010年第2期。

[82] 四川省文物考古研究院、广安市文物管理所、华蓥市文物管理所：《四川华蓥许家宋墓清理简报》，《四川文物》，2010年第6期。

[83] 四川省文物考古研究院、井研县文物管理所：《四川井研县金井坪宋代墓地发掘简报》，《四川文物》，2012年第1期。

[84] 贵州省文物考古研究所、桐梓县文物管理所：《贵州桐梓县马鞍山观音寺宋墓清理简报》，《江汉考古》，2013年第4期。

[85] 四川省文物考古研究院、资中县文物管理所：《四川资中县大包山宋墓发掘简报》，《四川文物》，2013年第1期。

[86] 仪陇县文物管理所：《四川仪陇县新政镇宋代石室墓清理简报》，《四川文物》，2013年第5期。

[87] 重庆市文化遗产研究院、重庆文化遗产保护中心：《重庆市合川区观山墓群宋代石室墓发掘简报》，《四川文物》，2014年第2期。

[88] 重庆市文化遗产研究院、重庆市文化遗产保护中心：《永川高洞子宋代崖墓群》，《考古重庆》，2014年。

[89] 重庆市文化遗产研究院、北碚区博物馆、重庆市文化遗产研究院：《重庆市北碚区苦塘沟南宋杨元甲夫妇墓的发现与研究》，《四川文物》，2015年第6期。

[90] 大足石刻研究院：《重庆市大足区龙神湾南宋王若夫妇墓发掘简报》，《四川文物》，2015年第4期。

[91] 成都文物考古研究院、简阳市文物管理所：《四川简阳甘蔗嘴宋代家族墓发掘简报》，《文物》，2022年第5期。

元墓：

[1] 康克定、张定福：《德江煎茶溪元墓发掘简报》，《贵州文物》，1984年第1期。

[2] 重庆市文物考古所：《重庆市两路口劳动村元墓清理简报》，《四川文物》，2004年第2期。

[3] 重庆市文化遗产研究院、沙坪坝区文物管理所：《重庆市沙坪坝区江家嘴墓群考古发掘简报》，《长江文明》，第三十二辑，2018年。

[4] 贵州省文物考古研究所：《贵州田野考古报告集（1993—2003）》，科学出版社，2014年。

[5] 四川省文物考古研究院、广元市博物馆、西华师范大学历史文化学院：《四川广

元市利州区浩口村宋墓清理简报》，《四川文物》，2019年第6期。

[6] 贵州省文物考古研究所、西南交通大学人文学院、遵义市播州区文物管理所：《贵州遵义市播州区播州罗氏土司家族墓调查简报》，《四川文物》，2019年第2期。

明墓：

[1] 四川省文物管理委员会：《成都白马寺第六号明墓清理简报》，《文物参考资料》，1956年第10期。

[2] 四川省博物馆：《四川东山灌溉渠宋代遗址及古墓清理简报》，《考古》，1959年第8期。

[3] 贵州省博物馆：《遵义高坪"播州土司"杨文四座墓葬发掘记》，《文物》，1974年第1期。

[4] 成都市博物馆考古队：《明代杨旭墓清理发掘简况》，《成都文物》，1982年第2期。

[5] 雷建金：《内江市出土明代兵部尚书阴武卿墓志》，《四川文物》，1987年第3期。

[6] 四川省文管会、绵阳市文化局、平武县文保所：《四川平武明王玺家族墓》，《文物》，1989年第7期。

[7] 王燕子、赵小帆、宋先世：《安顺旧州松林村一号墓清理简报》，《贵州文物》，1992年创刊号。

[8] 邵彬：《荣县乌龟颈明代墓葬群清理简报》，《四川文物》，1992年第6期。

[9] 罗仁忠：《四川明代布政使司右参议刘龙谷墓》，《四川文物》，1995年第2期。

[10] 刘敏：《岳池明墓清理简报》，《四川文物》，1996年第4期。

[11] 冉万里、刘瑞俊：《重庆市万州区上中坝遗址发掘》，《文博》，2000年第4期。

[12] 薛登、方全明：《明蜀王和明蜀王陵》，《四川文物》，2000年第5期。

[13] 四川省文物考古研究所：《宜宾县革坪村明代郭成石室墓清理简报》，《四川文物》，2002年第5期。

[14] 林必忠、刘春鸿：《重庆潼南县发现明代纪年墓葬》，《中国文物报》，2005年6月29日第001版。

[15] 重庆市文物考古研究所、潼南县文物管理所：《重庆潼南县渝遂高速公路沿线抢救性考古发掘简报》，《四川文物》，2006年增刊。

[16] 重庆市文物局、重庆市移民局：《重庆库区考古报告集·2003卷》，北京：科学出版社，2007年，第2577页。

[17] 成都文物考古研究所、温江区文物保护管理所：《成都市温江区万春镇明墓发掘简报》，《成都考古发现（2005）》，北京：科学出版社，2007年。

[18] 成都文物考古研究所：《成都市武侯区"沙竹苑"明代太监墓发掘简报》，《成都考古发现（2007）》，北京：科学出版社，2009年。

[19] 梁恩洪：《探秘昭通明代石室墓群》，《云南日报》，2011年12月2日第009版。

[20] 大足石刻研究院：《大足古墓葬》，北京：中国戏剧出版社，2012年。

[21] 重庆市文化遗产研究院、重庆市文化遗产保护中心：《重庆市巴南区石马湾明墓发掘简报》，《四川文物》，2013年第6期。

[22] 四川省文物考古研究院、宜宾市博物院、屏山县文物管理所：《四川屏山县新江村明代石室墓发掘简报》，《四川文物》，2014年第3期。

[23] 四川省文物考古研究院、广元市博物馆、元坝区文物管理所：《广元市元坝区樟树村明墓发掘简报》，《四川文物》，2014年第1期。

[24] 贵州省文物考古研究所：《贵州田野考古报告集（1993—2003）》，北京：科学出版社，2014年。

[25] 四川省文物考古研究院、宜宾市博物馆：《四川宜宾市明代周洪谟墓发掘简报》，《四川文物》，2015年第1期。

[26] 贵州省文物考古研究所：《2003—2013贵州基建考古重要发现》，北京：科学出版社，2015年。

[27] 四川省文物考古研究院、宜宾市博物院：《四川宜宾市明代周洪谟墓发掘简报》，《四川文物》，2015年第1期。

[28] 成都文物考古研究所：《成都市高新西区双柏村宋、明墓发掘简报》，《成都考古发现（2013）》，北京：科学出版社，2015年。

[29] 贵州省文物考古研究所、遵义县文物管理所：《贵州遵义市团溪明代播州土司杨辉墓》，《考古》，2015年第11期。

[30] 贵州省文物考古研究所、中国社会科学院考古研究所、遵义市文物局：《贵州遵义市新蒲播州杨氏土司墓地》，《考古》，2015年第7期。

[31] 成都市文物考古工作队、龙泉驿区文物保护管理所：《成都市龙泉驿区洪安镇红光村明墓群发掘简报》，《成都考古发现（2017）》，北京：科学出版社，2019年。

[32] 四川省文物考古研究院、绵阳市博物馆、平武县文物保护管理所：《四川平武土司遗珍——明代王玺家族墓出土文物选粹》，北京：文物出版社，2018年。

[33] 贵州省文物考古研究所、西南交通大学人文学院、遵义市播州区文物管理所：《贵州遵义市播州区播州罗氏土司家族墓调查简报》，《四川文物》，2019年第2期。

[34] 索德浩、王梦雨、左志强：《成都地区新见明墓中的藏传佛教石刻初探》，《藏学学刊》，2020年第1期。

[35] 周必素、彭万、韦松恒：《牧司一方·播州杨氏土司墓葬管窥》，北京：科学出版社，2020年。

非汉系墓葬：

[1] 重庆市博物馆：《宜宾地区悬棺葬调查记》，《考古》，1981年第5期。

[2] 四川大学历史系考古专业78级实习队、四川省宜宾县文化馆：《宜宾县双龙、横江两区岩穴墓调查记》，《考古与文物》，1984年第2期。

[3] 四川大学历史系考古专业78级实习队：《四川叙南崖葬调查记略》，《考古与文物》，1985年第1期。

二、相关研究专著和论文集

[1] 西藏研究编辑部：《明实录藏族史料》，拉萨：西藏人民出版社，1982年。

[2] 沈宗宪：《宋代民间的幽冥世界观》，台北：（台北）商鼎文化出版社，1993年。

[3] 卿希泰：《中国道教史》，成都：四川人民出版社，1996年。

[4] 刘长久：《安岳石窟艺术》，成都：四川人民出版社，1997年。

[5] 葛剑雄：《中国移民史》，福州：福建人民出版社，1997年。

[6] 朱瑞熙、张邦炜、刘复生等：《辽宋西夏金社会生活史》，北京：中国社会科学出版社，1998年。

[7] 中国陶瓷全集编辑委员会：《中国陶瓷全集》，第12卷，上海：上海人民美术出版社，2000年。

[8] 刘复生：《僰国与泸夷——民族迁徙、冲突与融合》，成都：巴蜀书社，2000年。

[9] 任继愈：《中国道教史》，北京：中国社会科学出版社，2001年。

[10] 陈高华、徐吉军：《中国风俗通史·宋代卷》，上海：上海文艺出版社，2001年。

[11] 陈戍国：《中国礼制史·宋辽夏金卷》，长沙：湖南教育出版社，2001年。

[12] 巫鸿、郑岩：《古代墓葬美术研究》第一辑，北京：文物出版社，2001年。

[13] 雷玉华、王剑平：《广元石窟》，成都：巴蜀书社，2002年。

[14] 罗二虎：《汉代画像石棺》，成都：巴蜀书社，2002年。

[15] 任乃强、任新建：《四川州县建置沿革图说》，成都：巴蜀书社、成都地图出版社，2002年。

[16] 张邦炜：《宋代婚姻家族史论》，北京：人民出版社，2003年。

[17] 秦大树：《宋元明考古》，北京：文物出版社，2004年。

[18] 李星明：《唐代墓室壁画研究》，西安：陕西人民美术出版社，2006年。

[19] 潘谷西、何建中：《〈营造法式〉解读》，南京：东南大学出版社，2007年。

[20] 游彪等（著）、钟敬文等（编）：《中国民俗史·宋辽金元卷》，北京：人民出版社，2008年。

[21] 李清泉：《宣化辽墓——墓葬艺术与辽代社会》，北京：文物出版社，2008年。

[22] 何忠礼：《南宋政治史》，北京：人民出版社，2008年。

[23] 何俊：《南宋思想史》，上海：上海古籍出版社，2008年。

[24] 胡文和：《安岳大足佛雕》，北京：文物出版社，2008年。

[25] 巫鸿：《美术史十议》，上海：三联书店，2008年。

[26] 谢和耐（著）、刘东（译）：《蒙元入侵前夜的中国日常生活》，北京：北京大学出版社，2008年。

[27] 漆侠：《宋代经济史》，北京：商务印书馆，2009年。

[28] 贺西林、李清泉：《中国墓室壁画史》，北京：高等教育出版社，2009年。

[29] 古方：《中国传世玉器全集·明》，北京：科学出版社，2010年。

[30] 程崇勋：《巴中石窟》，北京：文物出版社，2009年。

[31] 伊沛霞（著）、胡志宏（译）：《内闱——宋代的婚姻和妇女生活》，南京：江苏人民出版社，2010年。

[32] 赖永海：《中国佛教通史》，南京：江苏人民出版社，2010年。

[33] 贾大泉、陈世松：《四川通史》，成都：四川人民出版社，2010年。

[34] 张春新：《南宋川南墓葬石刻艺术》，重庆：重庆大学出版社，2011年。

[35] 巫鸿、朱青生、郑岩：《古代墓葬美术研究》第二辑，长沙：湖南美术出版社，2013年。

[36] 葛兆光：《中国思想史》，上海：复旦大学出版社，2013年。

[37] 巫鸿、朱青生、郑岩：《古代墓葬美术研究》第三辑，长沙：湖南美术出版社，2015年。

[38] 肖卫东、陈凤贵、郑轶：《泸县宋代墓葬石刻艺术》，成都：四川民族出版社，2016年。

[39] 泸州市博物馆：《泸州市博物馆藏宋墓石刻精品》，北京：中华书局，2016年。

[40] 唐飞、姚军：《四川古代牌坊》，北京：文物出版社，2017年。

三、相关研究论文

宋墓相关：

[1]　莫宗江：《宜宾旧州坝白塔宋墓》，《中国营造学社汇刊》，1944年第1期。

[2]　王世襄：《四川南溪李庄宋墓》，《中国营造学社汇刊》，1944年第1期。

[3]　刘致平：《乾道辛卯墓》，《中国营造学社汇刊》，1945年第2期。

[4]　沈仲常、陈建忠：《四川昭化县曲廻乡的宋墓石刻》，《文物》，1957年第12期。

[5]　王家祐：《四川宋墓札记》，《考古》，1959年第8期。

[6]　徐苹芳：《宋代的杂剧雕砖》，《文物》，1960年第5期。

[7]　Ellen Johnston Laing. *Patterns And Problems In Later Chinese Tomb Decoration*, Journal of Oriental Studies, vol.16, 1978, pp.3-21.

[8]　廖奔：《广元南宋墓杂剧、大曲石刻考》，《文物》，1986年第12期。

[9]　宋世坤：《播州杨氏墓葬》，《考古与文物》，1986年第4期。

[10]　徐苹芳：《宋墓的分区与分期》，中国大百科全书编辑委员会·考古学编辑委员会：《新中国的考古发现与研究》，北京：中国大百科全书出版社，1986年。

[11]　廖奔：《广元南宋墓杂剧、大曲石刻考》，《文物》，1986年第12期。

[12]　马洪路：《南宋虞公著〈出行图〉小议》，《考古》，1986年第7期。

[13]　刘豫川：《宜宾崖穴墓与川南古代僚人》，《四川文物》，1987年第2期。

[14]　刘复生：《宋代"泸夷"非乌蛮集团的民族成分》，《西南民族学院学报（哲学社会科学版）》，1987年第1期。

[15]　霍巍：《关于宋元明墓葬中尸体防腐的几个问题》，《四川大学学报（哲学社会科学版）》，1987年第4期。

[16]　Ellen Johnston Laing. *Chin "Tartar" Dynasty（1115-1234）Material Culture*, Artibus Asiae, No.1/2（1988-1989），pp.73-126.

[17]　霍巍：《论宋元明时期尸体防腐技术发展的社会历史原因》，《四川大学学报（哲学社会科学版）》，1990年第1期。

[18]　罗开玉：《古代西南民族崖葬研究》，《考古》，1991年第5期。

[19]　朱章义：《四川宋代合葬墓的两个问题》，《成都文物》，1992年第3期。

[20]　Helga Stahl. *Su Shih's Orthodox Burials: Interconnected Double Chamber Tombs in Sichuan*, In Burial in Song China, edited by Dieter Kuhn, Heidelbeg: Edition forum（1994），pp.161-214.

[21]　Jessica Rawson. *Changs in the Representation of Life and the Afterlife as Illustrated by*

the Contents of Tombs of the T'ang and Sung periods,Art of Sung and Yuan,edited by Maxwell. Hearn and Judith G. smith,Department of Asia,Metropolitan Museum of Art,New York,1996.PP.23-43.

[22] Diete Kuhn. *A Place for Dead*:*An Archaeological Documentary on Graves and Tombs of the Song Dynasty*（960-1279），Heidelberg：Ed.Forum，1996，p347.

[23] 陶喻之：《南宋安丙有关石刻索隐》，《四川文物》，1998年第3期。

[24] 张合荣：《略论黔北宋墓的道教雕刻》，《贵州民族研究》，1999年第1期。

[25] 陈云洪：《试论四川宋墓》，《四川文物》，1999年第3期。

[26] 张合荣：《黔北宋墓反映的丧葬心理与习俗》，《贵州民族研究》，1998年第6期。

[27] 廖奔：《宋金元仿木结构砖雕墓及其乐舞装饰》，《文物》，2000年第5期。

[28] 刘复生：《入蜀僚人的民俗特征与语言遗存——"僚人入蜀"再研究》，《中国史研究》，2000年第2期。

[29] 罗二虎：《西南汉代画像与画像墓研究》，四川大学博士学位论文，2001年。

[30] 彭慧：《谈荣县宋墓浮雕的保护》，《成都文物》，2001年第3期。

[31] 丁军、赵明泽、陈祖军：《安丙家族墓文物考古测绘探讨》，《四川文物》，2001年第3期。

[32] 刘敏：《南宋安丙家族墓地的发掘及意义》，《中国历史文物》，2002年第6期。

[33] 宿白：《白沙宋墓》，北京：文物出版社，2002年。

[34] 廖奔：《宋辽金大曲图考》，《中国历史文物》，2003年第3期。

[35] Ellen Johnston Laing. *Motifs in Ninth-to Thirteenth-Century Chinese Tombs*，Ars Orientalis，vol.33（2003），pp.32-75.

[36] 赵明星：《宋代仿木构墓葬形制研究》，吉林大学硕士学位论文，2004年。

[37] 王家祐：《泸县宋墓"朱雀"初释》，《四川文物》，2005年第2期。

[38] 李清泉：《宣化辽墓壁画散乐图与备茶图的礼仪功能》，《故宫博物院院刊》，2005年第3期。

[39] 秦大树：《宋代丧葬习俗的变革及其体现的社会变迁》，《唐研究》第十一卷，北京：北京大学出版社，2005年。

[40] 张勋燎、白彬：《墓葬出土道教代人的"木人"和"石真"》，《中国道教考古》，第5册，北京：线装书局，2006年。

[41] 张勋燎、白彬：《隋唐五代宋元出土神怪俑与道教》，《中国道教考古》，第6册，北京：线装书局，2006年。

[42] 韩小囡：《宋代墓葬装饰研究》，山东大学博士学位论文，2006年。

[43] 李雅梅、张春新、吴中福：《川南泸县南宋墓葬石刻"椅子"造型》，《西南大

学学报（人文社会科学版）》，2007年第5期。

[44] 刘敏：《安丙家族墓地墓室"四象"石刻考》，《中华文化论坛》，2007年第2期。

[45] 袁泉：《从墓葬中的"茶酒题材"看元代丧祭文化》，《边疆考古研究》，第6辑，北京：科学出版社，2007年。

[46] 赵忠波：《从葬制葬俗变革看社会变迁——四川盆地宋墓的考古学观察》，四川大学硕士学位论文，2007年。

[47] 周必素：《贵州遵义的宋代石室墓》，《江汉考古》，2008年第4期。

[48] 袁泉：《宋金墓葬"猫雀"题材考》，《考古与文物》，2008年第4期。

[49] 吴敬：《南方地区宋代墓葬的区域性及相关问题研究》，吉林大学博士学位论文，2008年。

[50] 李雅梅、张春新：《泸县墓葬石刻的侍者服饰》，《文艺研究》，2008年第3期。

[51] 李雅梅、张春新、吴中福：《浅谈南宋时期川南泸县墓葬花鸟兽石刻》，《西南大学学报》（人文社会科学版），2008年第2期。

[52] 李雅梅、吴中福：《川南石刻图像特征提取方法研究》，《计算机科学》，2008年第6期。

[53] 李雅梅、吴中福：《川南石刻图像模板匹配方法研究》，《计算机科学》，2008年第7期。

[54] 李雅梅、吴中福：《基于形态学变换等技术的川南石刻图像预处理方法研究》，《计算机科学》，2008年第3期。

[55] 李雅梅：《南宋川南墓葬石刻艺术与计算机图像识别应用的研究》，重庆大学博士学位论文，2008级。

[56] 冯东东：《四川南部南宋墓葬二度空间的石刻造型艺术研究》，重庆大学硕士学位论文，2009年。

[57] 朱晓丽、张春新：《泸县宋墓武士石刻的意境美》，《文艺研究》，2009年第8期。

[58] 冯健：《四川泸州宋墓杂剧、大曲石刻考》，《四川文物》，2009年第6期。

[59] 李雅梅、张春新：《川南泸县南宋墓葬鸟兽石刻的象征意义》，《文艺研究》，2009年第1期。

[60] 曾春蓉：《遵义理智村宋墓石刻艺术初探》，《贵州大学学报·艺术版》，2009年第3期。

[61] 裴志昂：《试论晚唐至元代仿木构墓葬的宗教意义》，《考古与文物》，2009年第4期。

[62] 李雅梅、张春新：《宋代川南墓葬石刻识别系统研究》，《文艺争鸣》，2010年

第24期。

[63] 朱晓丽：《川南宋墓石刻图式分析及数字拓片研究》，重庆大学博士学位论文，2010年。

[64] 张斌：《黔北宋明石室墓葬的考古学研究——以播州杨氏土司墓葬为中心》，贵州大学硕士学位论文，2010年。

[65] 龙红、王玲娟：《论南宋时期川南墓葬石刻艺术的历史文化价值》，《中国文化研究》，2010年第1期。

[66] 胡松鹤：《四川地区宋代墓葬装饰研究》，四川大学硕士学位论文，2010年。

[67] 韩小囡：《墓与塔——宋墓中仿木建筑雕饰的来源》，《中原文物》，2010年第3期。

[68] 朱晓丽：《川南宋墓石刻图式分析及数字拓片研究》，重庆大学博士学位论文，2010年。

[69] 李雅梅、张春新、吴中福、苟世祥：《南宋川南泸县墓葬石刻的艺术构思》，《重庆大学学报（社会科学版）》，2010年第6期。

[70] 朱晓丽、张春新：《川南泸县宋墓石刻图像的"框形结构"》，《西南大学学报（社会科学版）》，2010年第1期。

[71] 朱晓丽、张春新：《泸县宋墓石刻武士像背景"留白"的审美内涵分析》，《重庆大学学报（社会科学版）》，2010年第3期。

[72] 陈云洪：《四川地区宋代墓葬研究》，四川大学博物馆、四川大学考古系、成都市文物考古研究所（编）：《南方民族考古》，第七辑，科学出版社，2011年。

[73] 吴敬：《宋代川陕四路墓葬特征的区域性研究》，《考古与文物》，2011年第3期。

[74] 弋玮玮：《泸县南宋墓葬人物石刻结饰研究》，《四川文物》，2011年第3期。

[75] 邓菲：《"香积厨"与"茶酒位"——谈宋金元砖雕壁画墓中的礼仪空间》，《艺术史研究》，第十四辑，广州：中山大学出版社，2012年。

[76] 李清泉：《空间逻辑与视觉意味：宋辽金墓"妇人启门"图新论》，《美术学报》，2012年第2期。

[77] 张亮：《川渝黔地区宋代生墓的初步研究》，四川大学学士学位论文，2013年。

[78] 苏欣、刘振宇：《泸州宋墓石刻小议》，《四川文物》，2013年第4期。

[79] 樊睿：《宋辽金墓葬中的启门图研究》，南京艺术学院硕士学位论文，2013年。

[80] 谢盈盈：《南宋川南墓葬中的四神图像研究》，重庆大学硕士学位论文，2013年。

[81] 屈婷：《泸县南宋墓葬石刻"勾栏"造型的形式美》，《艺术教育》，2013年第6期。

[82] 龚扬民、白彬：《贵州遵义南宋杨粲墓道教因素试析》，《四川文物》，2013年第4期。

[83] 李清泉：《"一堂家庆"的新意象——宋金时期的墓主夫妇像与唐宋墓葬风气之变》，《美术学报》，2013年第2期。

[84] 刘复生：《"泸县宋墓"墓主寻踪——从晋到宋：川南社会与民族关系的变化》，《四川大学学报（哲学社会科学版）》，2014年第6期。

[85] 杨菊：《四川石室墓研究》，四川大学硕士学位论文，2014年。

[86] 何沁冰：《泸县宋墓石刻中的多彩生活》，《大众考古》，2014年第4期。

[87] 李珣：《黔北南宋墓雕刻及文物的造型与艺术价值》，贵州师范大学硕士学位论文，2014年。

[88] 霍巍：《四川泸县宋墓研究两题》，《江汉考古》，2014年第5期。

[89] 李清泉：《墓主像与唐宋墓葬风气之变——以五代十国时期的考古发现为中心》，《美术学报》，2014年第4期。

[90] 扬之水：《千春永如是日——泸州宋墓石刻中的生活故事》，《形象史学研究》，北京：人民出版社，2015年。

[91] 何沁冰、谢荔：《四川合江县13、14号画像石棺考》，《四川文物》，2016年第1期。

[92] 余虹熠：《泸县宋墓平民女性服饰研究》，《西部皮革》，2017年第16期。

[93] 余虹熠：《泸县宋墓石刻图像在女性成衣中的设计应用研究》，四川师范大学学位论文，2018年。

[94] 张国韵：《泸县宋墓图像研究》，四川美术学院硕士论文，2018年。

[95] 程旭：《泸县宋代石刻在旅游文创设计中的应用研究——以"宋影武韵"武士石刻为例》，成都大学硕士论文，2021年。

[96] 熊凌畅：《实像与虚位：四川地区宋墓墓主人形象研究》，四川美术学院硕士学位论文，2021年。

[97] 王文波：《泸州宋墓石刻武士"虎头盔"形象试探》，《江汉考古》，2021年第3期。

[98] 李安：《泸县宋代石刻美术资源数字化设计与展示》，《大观》，2022年第2期。

明墓相关：

[1] 罗开玉：《四川非汉系崖墓初探》，《四川文物》，2008年第4期。

[2] 邓沛：《宜宾市南广河及横江流域民族岩墓群考》，《青海师专学报（教育科学）》，2009年第2期。

[3] 张琴：《四川明代墓葬试探》，《学理论》，2012年第14期。

[4] 杨爱国：《明代墓室建筑装饰探析》，《贵州大学学报·艺术版》，2013年第1期。

[5] 周萌：《珙县悬棺岩画与石城山僰人岩墓群石刻艺术的比较研究》，《艺术百家》，2013年第3期。

[6] 汪小洋：《中国墓室壁画衰退期》，《民族艺术》，2014年第5期。

[7] 何文竞：《明代职官与平民墓类型初步研究》，安徽大学硕士论文，2015年。

[8] 高宪帅：《石城山岩墓石刻艺术探微》，《寻根》，2015年第4期。

[9] 郑万泉、连锐：《略论四川明代品官墓葬》，《四川文物》，2017年第3期。

[10] 张佳：《以礼制俗：明代礼制与墓室壁画传统的骤衰》，《复旦学报（社会科学版）》，2017年第2期。

[11] 杨娟：《大足古墓葬石刻简述》，《大足学刊》，第二辑，2018年。

[12] 孙怡杰：《明代家族墓地的考古学研究》，南开大学硕士论文，2018年。

[13] 何文竞：《明代品官墓与平民墓的分区及特点》，《华夏考古》，2019年第1期。

[14] 黄伟：《重庆地区明代墓葬概述》，《长江文明》，2020年第4期。

[15] 索德浩、王梦雨、左志强：《成都地区新见明墓中的藏传佛教石刻初探》，《藏学学刊》，2020年第1期。

四、相关历史文献

[1] 宋·李昉等：《太平广记》，北京：中华书局，1961年。

[2] 宋·陆游：《老学庵笔记》，北京：中华书局，1979年。

[3] 宋·江少虞：《宋朝事实类苑》，上海：上海古籍出版社，1980年。

[4] 宋·洪迈（撰）、何卓（点校）：《夷坚志》，北京：中华书局，1981年。

[5] 元·脱脱等：《宋史》，北京：中华书局，1985年。

[6] 宋·陆游（著）、钱仲联（校注）：《剑南诗稿校注》，上海：上海古籍出版社，1985年。

[7] 宋·司马光：《书仪》，《景印文渊阁本四库全书》，第142册，台北：台湾商务印书馆，1986年。

[8] 宋·郑居中等：《政和五礼新仪》，《景印文渊阁本四库全书》，第647册，台北：台湾商务印书馆，1986年。

[9] 宋·佚名：《宋季三朝政要》，《景印文渊阁本四库全书》，第329册，台北：台湾商务印书馆，1986年。

[10] 宋元·佚名：《宋史全文》，《景印文渊阁本四库全书》，第331册，台北：台湾

商务印书馆，1986年。

[11] 宋·王象之：《舆地纪胜》，北京：中华书局，1992年。

[12] 宋·李昉等（著），夏剑钦、王巽斋（校点）：《太平御览》，石家庄：河北教育出版社，1994年。

[13] 宋·朱熹（撰），王燕均、王光照（校点）：《家礼》，《朱子全书》，上海古籍出版社，合肥：安徽教育出版社，2002年。

[14] 宋·李焘：《续资治通鉴长编》，北京：中华书局，2004年。

[15] 宋·封演（撰），赵贞信（校注）：《封氏闻见记校注》，北京：中华书局，2005年。

[16] 宋·杨仲良（撰），李之亮（点校）：《皇宋通鉴长编纪事本末》，哈尔滨：黑龙江人民出版社，2006年。

[17] 宋·乐史（撰），王文楚等（点校）：《太平寰宇记》，北京：中华书局，2007年。

[18] 上海古籍出版社：《宋元笔记小说大观》，上海：上海古籍出版社，2007年。

[19] 宋·李心传（撰）、胡坤（点校）：《建炎以来系年要录》，北京：中华书局，2013年。

[20] 宋·李心传：《建炎以来朝野杂记》，扬州：江苏广陵古籍刻印社，1981年。

[21] 宋·佚名：《昭忠录》，《景印文渊阁本四库全书》，第451册，台北：台湾商务印书馆，1986年。

[22] 宋·阳枋：《字溪集》，《景印文渊阁本四库全书》，第1183册，台北：台湾商务印书馆，1986年。

[23] 宋·刘克庄：《后村集》，《景印文渊阁本四库全书》，第1183册，台北：台湾商务印书馆，1986年。

[24] 宋·黄仲元：《四如集》，《景印文渊阁本四库全书》，第1188册，台北：台湾商务印书馆，1986年。

[25] 曾枣庄、刘琳：《全宋文》，上海：上海辞书出版社，2006年。

[26] 张志烈等：《苏轼全集校注》，石家庄：河北人民出版社，2010年。

[27] 元·揭傒斯：《文安集》，《景印文渊阁本四库全书》，第1208册，台北：台湾商务印书馆，1986年。

[28] 元·虞集：《道园学古录》，《景印文渊阁本四库全书》，第1207册，台北：台湾商务印书馆，1986年。

[29] 元·袁桷：《清容居士集》，《景印文渊阁本四库全书》，第1203册，台北：台湾商务印书馆，1986年。

[30] 元·姚燧：《牧庵集》，《景印文渊阁本四库全书》，第1201册，台北：台湾商务印书馆，1986年。

[31] 元·马端临：《文献通考》，北京：中华书局，2011年。

[32] 元·戴良：《九灵山房集》，《景印文渊阁本四库全书》，第1219册，台北：台湾商务印书馆，1986年。

[33] 明·宋濂等：《元史》，北京：中华书局，1976年。

[34] 明·佚名：《泸州志》，民国铅印本。

[35] 明·宋濂：《文宪集》，《景印文渊阁本四库全书》，第1224册，台北：台湾商务印书馆，1986年。

[36] 明·官修：《明太祖实录》，上海：上海书店出版社，2018年。

[37] 明·熊相：《四川志》，正德十三年纂、嘉靖补刻重印本。

[38] 明·邝璠：《便民图纂》，《续修四库全书》，第975册，上海：上海古籍出版社，2002年。

[39] 明·王鏊：《震泽长语》，《丛书集成初编》，第222册，北京：中华书局，1985年。

[40] 明·戴金《皇明条法事类纂》，古典研究会，1966年。

[41] 明·张尔岐：《蒿庵集》，《四库全书存目丛书》，济南：齐鲁书社，1997年。

[42] 明·邱濬：《大学衍义补》，《景印文渊阁本四库全书》，第712册，台北：台湾商务印书馆，1986年。

[43] 明·黄淮、杨士奇：《历代名臣奏议》，台北：台湾学生书局，1986年。

[44] 明·周复俊：《全蜀艺文志》，《景印文渊阁本四库全书》，第1381册，台北：台湾商务印书馆，1986年。

[45] 清·徐乾学：《读礼通考》，《景印文渊阁本四库全书》，第114册，台北：台湾商务印书馆，1986年。

[46] 清·徐乾学：《资治通鉴后编》，《景印文渊阁本四库全书》，第342册，台北：台湾商务印书馆，1986年。

[47] 清·平翰等（修），郑珍、莫友芝（纂）：《遵义府志》，道光二十一年刻本。

[48] 清·毕沅：《续资治通鉴》，长沙：岳麓书社，2008年。

[49] 清·徐松（辑），刘琳、刁忠民、舒大刚等（点校）：《宋会要辑稿》，上海：上海古籍出版社，2014年。

[50] 清·傅增湘（原辑）、吴洪泽（辑补）：《宋代蜀文辑存校补》，重庆：重庆大学出版社，2014年。

[51] 清·陆为菜等（修），熊玉华等（纂）：《内江县志》，刻本，1883年。

[52] 廖世英等（修），赵熙、虞兆清（纂）：《荣县志》，民国刻本，1929年。

[53] 胡平生、许颖、徐敏（译注）：《孝经·地藏经·文昌孝经》，北京：中华书局，2009年。

附录

附　表（共41个）

附表说明：

"室"指原境为画像石室墓；"汉崖"指原境为汉系画像崖墓；"非汉崖"指原境为非汉系画像崖墓；"棺"指原境为画像石棺；"混"指原境为砖石混构墓。原境的统计单位墓葬为"座"；画像石棺为"具"；与墓主信息相关的统计单位为"人"；区域相关的统计单位为"座/具"。

单双室的界定按照是否共用一墓圹，如果报告中未公布墓圹情况的，则依报告撰写者对墓葬单双室的界定。因本表中有的墓葬未公布图像信息，仅公布文字信息，故表格中对此类墓葬石刻图像的表述，沿用其出处之描述。本书所有附表中相关命名和统计单位皆按此说明。

附表来源：本书41个附表全部为笔者制作。

附表目录

附表1　考古发现四川地区宋墓画像石刻（原境·画像石室墓&砖石混构墓·公布信息完整）/ 623

附表2　考古发现四川地区宋墓画像石刻（原境·画像石室墓&砖石混构墓·公布信息不完整）/ 639

附表3　考古发现四川地区元墓画像石刻（原境·画像石室墓）/ 662

附表4　考古发现四川地区明墓画像石刻（原境·画像石室墓&砖石混构墓·公布信息完整）/ 664

附表5　考古发现四川地区明墓画像石刻（原境·画像石室墓&砖石混构墓·公布信息不完整）/ 675

附表6　考古发现四川地区宋元明墓画像石刻（原境·画像崖墓）/ 692

附表7　考古发现四川地区宋墓画像石刻（原境·画像石棺）/ 705

附表8　四川地区宋墓画像石刻·第一期原境形制类型统计 / 706

附表9　四川地区宋墓画像石刻·第一期图像组合类型统计 / 707

附表10　四川地区宋墓画像石刻·第二期原境形制类型统计 / 708

附表11　四川地区宋墓画像石刻·第二期图像组合类型统计 / 710

附表12　四川地区宋墓画像石刻·第三期原境形制类型统计 / 712

附表13　四川地区宋墓画像石刻·第三期图像组合类型统计 / 713

附表14　四川地区宋墓画像石刻·川东川北区第一期原境形制类型统计 / 714

附表15　四川地区宋墓画像石刻·川东川北区第二期原境形制类型统计 / 715

附表16　四川地区宋墓画像石刻·川东川北区第三期原境形制类型统计 / 716

附表17　四川地区宋墓画像石刻·川东川北区第一期图像组合类型统计 / 716

附表18　四川地区宋墓画像石刻·川东川北区第二期图像组合类型统计 / 717

附表19　四川地区宋墓画像石刻·川东川北区第三期图像组合类型统计 / 717

附表20　四川地区宋墓画像石刻·川中区第一期原境形制类型统计 / 718

附表21　四川地区宋墓画像石刻·川中区第二期原境形制类型统计 / 718

附表22　四川地区宋墓画像石刻·川中区第一期图像组合类型统计 / 719

附表23　四川地区宋墓画像石刻·川中区第二期图像组合类型统计 / 719

附表24　四川地区宋墓画像石刻·川东南川南区第一期原境形制类型统计 / 719

附表25　四川地区宋墓画像石刻·川东南川南区第二期原境形制类型统计 / 720

附表26　四川地区宋墓画像石刻·川东南川南区第三期原境形制类型统计 / 721

附表27　四川地区宋墓画像石刻·川东南川南区第一期图像组合类型统计 / 721
附表28　四川地区宋墓画像石刻·川东南川南区第二期图像组合类型统计 / 722
附表29　四川地区宋墓画像石刻·川东南川南区第三期图像组合类型统计 / 723
附表30　四川地区宋墓画像石刻·黔北区第二期原境形制类型统计 / 723
附表31　四川地区宋墓画像石刻·黔北区第三期原境形制类型统计 / 724
附表32　四川地区宋墓画像石刻·黔北区第二期图像组合类型统计 / 724
附表33　四川地区宋墓画像石刻·黔北区第三期图像组合类型统计 / 725
附表34　宋初减免四川部分苛重赋税情况统计 / 726
附表35　宋初赈恤四川受灾百姓情况统计 / 729
附表36　绍兴年间减免四川过重赋税情况统计 / 730
附表37　宋代生墓出处统计 / 731
附表38　四川地区元墓画像石刻·原境形制类型统计 / 733
附表39　四川地区明墓画像石刻·原境形制类型统计（第一期）/ 734
附表40　四川地区明墓画像石刻·原境形制类型统计（第二期）/ 735
附表41　四川地区明墓画石刻图像题材演变 / 736

附表1 考古发现四川地区宋墓画像石刻（原境・画像石室墓&砖石混构墓・公布信息完整）

墓葬	墓葬形式	地区	年代	墓葬数量（座）	每座墓的墓室数量（个）	墓室间关系	顶	后龛	侧龛	仿木	图像	出处
生基包宋墓	画像石室墓	宜宾市高县	北宋初期	1	3	共壁有连通	藻井式盝顶	有	有	有	武士、人启门、四神、神禽瑞兽、墓主人、妇备侍	《四川省文物志》，上册，巴蜀书社，2005年，第164页
大足铜盖坡M1、M2	画像石室墓	重庆市大足区	北宋中期仁宗至英宗朝	1	2	有间距无连通	藻井式盝顶	有	有	有	妇人启门、花卉、壶门、孩童嬉戏、执花侍女、仿木牌楼	《重庆大足区铜盖坡宋墓清理简报》，《四川文物》，2020年第2期
木老乡韩家坡2003NJMM1	画像石室墓	南充市嘉陵区	北宋晚期	1	2	共壁无连通	平顶	有	无	无	门阙、莲花	《南充市嘉陵区宋墓清理简报》，《四川文物》，2004年第2期
木老乡韩家坡2003NJMM2	画像石室墓	南充市嘉陵区	北宋晚期	1	2	共壁无连通	平顶	有	无	无	莲花	《南充市嘉陵区宋墓清理简报》，《四川文物》，2004年第2期
奉节擂鼓台墓地M37	砖石混构墓	重庆市奉节县	南宋早期，最早可至北宋	1	1		券拱顶	有	无	无	缠枝花卉、瓶花、竹鹤、龟寿、八仙桌	《重庆库区考古报告集·2000卷》，科学出版社，2007年，第558页
张子硕石墓	画像石室墓	重庆市南川区	1155年	1	2	并列，连通情况不明	藻井式盝顶	有	有	有	幡"南无西方极乐世界大慈大悲"	《重庆市志·文物志》（上册），西南师范大学出版社，2019年，第149页
邻水县合流镇后坝南宋墓	画像石室墓	广安市邻水县	1156年	1	1		券拱顶	有	有	有	武士、神禽瑞兽、花卉	《邻水县合流镇后坝南宋墓清理简报》，《四川文物》，2003年第3期

续表

墓葬	墓葬形式	地区	年代	墓葬数量（座）	每座墓的墓室数量（个）	墓室间关系	顶	后龛	侧龛	仿木	图像	出处
大足龙水磨儿坡M1	画像石室墓	重庆市大足区	1160年	1	1		藻井式盝顶	有	有	有	花卉、门阙、家居场景、侍者、空椅、屏风	《重庆大足龙水镇明光村磨儿坡宋墓清理简报》，《四川文物》2002年第5期
大足龙水磨儿坡M2	画像石室墓	重庆市大足区	1160年	1	1		藻井式盝顶	有	有	有	门阙、侍者、墓主人、侍者、家居场景、空椅、屏风、伎乐	《重庆大足龙水镇明光村磨儿坡宋墓清理简报》，《四川文物》2002年第5期
大足龙水磨儿坡M3	画像石室墓	重庆市大足区	1160年	1	1		藻井式盝顶	有	有	有	屏风、墓主人、侍者	《重庆大足龙水镇明光村磨儿坡宋墓清理简报》，《四川文物》2002年第5期
乾道辛卯墓	画像石室墓	宜宾市南溪县	1170年	1	2	共壁有通道	藻井式盝顶	有	有	有	瑞兽、墓主人、侍者、门阙	《乾道辛卯墓》，《誊诰学社汇刊》1945年第2期
桃溪寺M2（播州土司杨选墓）	画像石室墓	遵义市红花岗区	卒年1172年，墓葬修建时间不确定，应距此不远	1	1		不明	有	有	有	武士、窗棂、花卉、虎、青龙、瓶花、双狮戏球、屋顶	《牧司一方·播州杨氏土司墓葬管窥》，科学出版社，2020年，第203页
泸县喻寺一号墓	画像石室墓	泸州市泸县	1176年	1	1		藻井式盝顶	有	有	有	武士、力士、花井、侍者、门阙、瑞兽	《泸县宋墓》，文物出版社，2004年
昭化出廓乡宋墓	画像石室墓	广元市昭化区	1183年	1	1		平顶	有	有	有	瑞兽、武士、花卉、出行、市井场景、供桌	《四川昭化县出廓乡的宋墓石刻》，《文物》1957年第12期

续表

墓葬	墓葬形式	地区	年代	墓葬数量（座）	每座墓的墓室数量（个）	墓室间关系	顶	后龛	侧龛	仿木	图像	出处
荣昌沙坝子宋墓	画像石室墓	重庆市荣昌区	1185年	1	1		藻井式盝顶	有	有	有	四神、花卉、门厨、神禽瑞兽	《四川荣昌县沙坝子宋墓》，《文物》，1984年第7期
泸县奇峰一号和二号墓	画像石室墓	泸州市泸县	1186年	1	2	未共壁无通道，共用墓圹	藻井式盝顶	有	有	有	武士、空椅、门厨、屏风、花卉、门吏	《泸县宋墓》，文物出版社，2004年
大足龙水神湾王若夫妇合葬墓	画像石室墓	重庆市大足区	1190年-1192年	1	2	未共壁无通道，共用墓圹	藻井式盝顶	有	有	有	武士、四神、扶慢、启门、门吏	《重庆南宋大足龙水神湾王若夫妇墓发掘简报》，《四川文物》，2015年第4期
浩口村宋墓M1	画像石室墓	广元市利州区	1190-1194年	1	2		平顶	有	有	有	武士、侍女、门厨、折枝花卉、孝行图、庖厨、故事场景	《四川广元市利州区浩口村宋墓清理简报》，《四川文物》，2019年第6期
资中赵雄墓	画像石室墓	内江市资中县	1193年	1	1		券拱顶	有	无	无	武士、仪仗、备乐、侍从、出行	《资中右丞相赵雄墓记》，《四川文物》，1995年第6期
广元河西杜光世夫妇墓	画像石室墓	广元市利州区	1195年	1	2	共壁无联通	券拱顶	有	有	有	四椅、武士、备侍、供桌、庖厨、花卉、故事出行人场景	《四川广元石刻宋墓清理简报》，《四川文物》，1982年第6期
彭山虞公著妻留氏墓	画像石室墓	眉山市彭山县	1200年	1	1		平顶	有	有	有	武士、出行、备宴、四神、奔马、瑞兽、蓬莱仙境	《南宋虞公著夫妇合葬墓》，《考古学报》，1985年第2期

续表

墓葬	墓葬形式	地区	年代	墓葬数量（座）	每座墓的墓室数量（个）	墓室间关系	顶	后龛	侧龛	仿木	图像	出处
彭山虞公著墓	画像石室墓	眉山市彭山县	1226年	1	1		平顶	有	有	有	武士、神禽瑞兽、山、四神、蓬莱仙山、墓主人	《南宋虞公著夫妇合葬墓》，《考古学报》，1985年第2期
安岳老鸦山M1	画像石室墓	资阳市安岳县	1202年	1	1		藻井式盝顶	有	无	有	神禽瑞兽、花卉、屏风、空椅、备侍	《四川安岳县老鸦山南宋墓清理简报》，《考古与文物》，2009年第1期
安岳老鸦山M2	画像石室墓	资阳市安岳县	1202年后	1	1		藻井式盝顶	有	无	有	神禽瑞兽、花卉、花幔、备侍	《四川安岳县老鸦山南宋墓清理简报》，《考古与文物》，2009年第1期
广元0七二医院石刻墓	画像石室墓	广元市利州区	1204年	1	1		券顶	有	无	有	供果、空椅、屏风、杂剧、侍、孝行	《广元南宋墓杂剧、大曲石刻》，《文物》，1986年第12期
华蓥安丙夫妇合葬墓M1、M2	画像石室墓	广安市华蓥市	1224年	2	2	有间隔无连通，共用墓扩	券顶	有	有	有	武士、花卉、神禽瑞兽、墓主人、伎乐	《华蓥安丙墓》，文物出版社，2008年
华蓥安丙家族墓M4	画像石室墓	广安市华蓥市	1265年	1	1	有间距无连通，共用墓扩	券顶	有	无	有	武士、瓜果、花卉、伎乐、备侍、启门、训飞天、香炉	《华蓥安丙墓》，文物出版社，2008年
华蓥安丙家族墓M5	画像石室墓	广安市华蓥市	1224年	1	1		券顶	有	无	有	武士、四神、瓜果、花卉、备侍、力士	《华蓥安丙墓》，文物出版社，2008年

续表

墓葬	墓葬形式	地区	年代	墓葬数量（座）	每座墓的墓室数量（个）	墓室间关系	顶	后龛	侧龛	仿木	图像	出处
仁寿古佛乡宋墓	画像石室墓	眉山市仁寿县	1225年	1	1		藻井式盝顶	有	有	有	四神、花卉、神禽瑞兽、侍主人像	《仁寿县古佛乡宋墓清理简报》，《四川文物》，1992年第5期
北碚杨元甲夫妇合葬墓	画像石室墓	重庆市北碚区	1229年	1	2	有间距无连通，共用墓圹	藻井式盝顶	有	有	有	屏风、神树、楞严咒、供桌、四神、香炉	《重庆市北碚区苦塘沟南宋杨元甲夫妇墓的发现与研究》，《四川文物》，2015年第6期
遵义王兴李八娘墓	画像石室墓	遵义市仁怀市	1226-1230年	1	2	并列无连通，共用	复合藻井式盝顶	有	有	有	飞天仙女、青龙、人支、八卦、千联、仿木构件、墓主人像、妇女、门、侍者、侍女	《2003—2013贵州考古重要发现》，贵州科学建术出版社，2015年
遵义杨粲墓	画像石室墓	遵义市红花岗区	1227-1243年	1	2	共壁有连通	复合藻井式盝顶	有	有	有	武士、门卒、四神、花卉、人、进贡、备侍、墓主、力士	《遵义杨粲墓》，《贵州田野考古报摘要》，《贵州民族考古四十年》，1993年
遵义田通庵夫妇墓	画像石室墓	遵义市汇川区	1247年	1	2	墓室关系不明	复合藻井式盝顶	有	有	有	瑞兽、神禽、双鱼、童子、仙人、备侍、卷符、墓主、花卉	《理智村宋墓》，《遵义县文物志》第二集，2003年9月
遵义沙坡湾宋墓	画像石室墓	遵义市仁怀市	1261年	1	2	左右并列	藻井式盝顶	有	有	有	四神、八卦	《遵义地区文物》，1984年4月
遵义杨文墓	画像石室墓	遵义市高坪区	1265年	1	3	有间距无连通，共用墓圹	平顶	有	有	有	门扇、连孤纹	《遵义高坪"播州土司"杨文墓发掘记》，《贵州田野考古四十年》，贵州民族出版社，1993年

627

续表

墓葬	墓葬形式	地区	年代	墓葬数量（座）	每座墓的墓室数量（个）	墓室间关系	顶	后龛	侧龛	仿木	图像	出处
遵义九庄宋墓	画像石室墓	遵义市遵义县	南宋	1	1		藻井式盝顶	有	无	有	花卉、墓主人	《九庄宋墓》，《遵义县文物志》第二集，2003年9月
仪陇新政镇宋墓	画像石室墓	南充市仪陇县	南宋	1	3	共壁无连通	平顶带藻井	有	有	有	云、瑞兽、花卉、墓主人	《四川仪陇县新政镇宋代石室墓清理简报》，《四川文物》2013年第5期
南溪李庄宋墓	画像石室墓	宜宾市南溪区	南宋	1	2	有间隔有连通，共用墓圹	藻井式盝顶	有	无	有	门阙、花卉、妇人启门、瑞兽、童子	《四川南溪李庄宋墓》，《中国营造学社汇刊》，1944年第1期
旧州坝白塔宋墓	画像石室墓	宜宾市翠屏区	南宋	1	1		藻井式盝顶	有	无	有	门阙、妇人启门、神禽	《四川旧州坝白塔宋墓》，《中国营造学社汇刊》，1944年第1期
泸州凤凰山宋墓	画像石室墓	泸州市江阳区	南宋	1	2	共壁、共通、共用墓圹	藻井式盝顶	有	无	有	武士、备馔、空椅	《四川泸州有雕刻的宋墓发现带》，《文物参考资料》，1955年第11期
武胜鹤林2005WHM1	画像石室墓	广安市武胜县	南宋	1	2	共壁无连通	后室券拱顶	有	无	有	花卉、绶带穿环、牌楼	《四川武胜县宋明墓葬清理简报》，《四川文物》，2006年增刊
璧山县大路镇啃楼坡BDSM1	画像石室墓	重庆市璧山区	南宋	1	2	有间距无连通，共用墓圹	复合藻井式盝顶	有	有	有	花卉、火焰纹	《重庆璧山县渝遂高速公路沿线抢救性发掘简报》，《四川文物》，2006年增刊
璧山县大路镇啃楼坡BDSM2	画像石室墓	重庆市璧山区	南宋	1	2	有间距无连通，共用墓圹	藻井式盝顶	有	有	无	火焰纹	《重庆璧山县渝遂高速公路沿线抢救性发掘简报》，《四川文物》，2006年增刊

续表

墓葬	墓葬形式	地区	年代	墓葬数量（座）	每座墓的墓室数量（个）	墓室间关系	顶	后龛	侧龛	仿木	图像	出处
铜梁县百汝嘴宋墓群TWYM1	画像石室墓	重庆市铜梁县	南宋	1	1		破坏	有	有	无	花卉、妇人启门	《重庆铜梁县渝遂高速公路沿线抢救性发掘简报》，《四川文物》，2006年增刊
铜梁县百汝嘴宋墓群TWYM2	画像石室墓	重庆市铜梁县	南宋	1	1		破坏	有	无	无	如意纹	《重庆铜梁县渝遂高速公路沿线抢救性发掘简报》，《四川文物》，2006年增刊
铜梁县百汝嘴宋墓群TWYM3	画像石室墓	重庆市铜梁县	南宋	1	1		破坏	有	有	无	拱门	《重庆铜梁县渝遂高速公路沿线抢救性发掘简报》，《四川文物》，2006年增刊
铜梁县蛮洞湾TQLM1	画像石室墓	重庆市铜梁县	南宋	1	1		平顶	有	有	无	备侍、空椅	《重庆铜梁县渝遂高速公路沿线抢救性发掘简报》，《四川文物》，2006年增刊
遵义狮子山宋墓	画像石室墓	遵义市播州区	南宋	1	2	共壁有连通	藻井式盝顶	有	有	有	四神、门、屏风、花卉、妇人启门、备侍、奔马、瑞兽、日轮、卷草、花鸟、火焰纹	《遵义宋代墓葬》，贵州民族出版社，1993年
达县九岭乡宋墓	画像石室墓	达州市达县	南宋	1	1		藻井式盝顶	有	无	无	四神、墓主牌位	《达县九岭乡发现宋代墓葬》，《四川文物》，2000年4期
富顺沱湾乡宋墓	画像石室墓	自贡市富顺县	南宋	1	8	共壁无连通	券拱顶	有	有	有	仙人、禽鸟、花卉、瑞兽、鱼	《富顺县发现大型宋墓》，《四川文物》，1989年2期

续表

墓葬	墓葬形式	地区	年代	墓葬数量（座）	每座墓的墓室数量（个）	墓室间关系	顶	后龛	侧龛	仿木	图像	出处
罗家桥大曲石刻宋墓	画像石室墓	广元市利州区	南宋	1	2	有间距无连通，共用墓圹	券拱顶	有	无	无	孝行、伎乐	《广元南宋墓大曲石刻》，《文物》，1986年第12期
赤水王塘宋墓	画像石室墓	遵义市赤水市	南宋	1	2	有间隔，共用墓圹	复合藻井式盝顶	有	有	有	门阙、花井、瑞兽、屏风、备侍	《赤水市水王塘宋墓清理简报》，《贵州田野考古四十年》，贵州民族出版社，1993年
乐山城西师范校M1	画像石室墓	乐山市市中区	南宋	1	1		券拱顶	有	无	有	荷叶、启门、瑞兽	《乐山宋墓清理简报》，《考古与文物》，1993年第6期
乐山城西师范校M2	画像石室墓	乐山市市中区	南宋	1	1		券拱顶	有	无	有	荷叶、妇人启门、瑞兽	《乐山宋墓清理简报》，《考古与文物》，1993年第6期
乐山城西师范校M3	画像石室墓	乐山市市中区	南宋	1	1		券拱顶	有	无	有	荷叶、妇人启门、花井	《乐山宋墓清理简报》，《考古与文物》，1993年第6期
泸州滨河印象M1和M2	画像石室墓	泸州市龙马潭区	南宋	1	2	共壁有连通	藻井式盝顶	有	有	有	门阙、花井、备侍、空椅	泸州市龙马潭区文管所提供
遵义立竹溪宋墓	画像石室墓	遵义市凤岗县	南宋	1	1		藻井式盝顶	有	有	有	四神、花井、卷草	《遵义地区文物志》，1984年4月
赤水官渡宋墓	画像石室墓	赤水市官渡镇	南宋	1	2	有间隔有连通，共用墓圹	藻井式盝顶	有	有	有	四神、文吏、武士、墓主人	《遵义地区文物志》，1984年4月
务川金银洞宋墓	画像石室墓	遵义市务川县	南宋	1	1		藻井式盝顶	有	有	有	瑞兽、花井、备侍、四神	《遵义地区文物志》，1984年4月

续表

墓葬	墓葬形式	地区	年代	墓葬数量（座）	每座墓的墓室数量（个）	墓室间关系	顶	后龛	侧龛	仿木	图像	出处
桐夜M1	画像石室墓	遵义市桐梓县	南宋	1	1		藻井式盝顶	有	有	有	四神	《贵州桐梓宋明墓发掘简报》，《考古》1988年第12期
桐夜M2	画像石室墓	遵义市桐梓县	南宋	1	1		藻井式盝顶	有	有	有	四神、屏风、花卉、几案	《贵州桐梓宋明墓发掘简报》，《考古》1988年第12期
桐夜M3	画像石室墓	遵义市桐梓县	南宋	1	1		藻井式盝顶	有	有	有	墓主人	《贵州桐梓宋明墓发掘简报》，《考古》1988年第12期
桐夜M4	画像石室墓	遵义市桐梓县	南宋	1	1		藻井式盝顶	有	有	有	墓主人	《贵州桐梓宋明墓发掘简报》，《考古》1988年第12期
周市宋墓	画像石室墓	遵义市桐梓县	南宋	1	1		藻井式盝顶	有	有	无	花卉、门窗、武士、日纹	《贵州桐梓宋明墓发掘简报》，《考古》1988年第12期
桐墓一	画像石室墓	遵义市桐梓县	南宋	1	2	并列、连通情况不明	复合藻井式盝顶	有	无	有	花卉、四神、门窗、妇人启门	《贵州桐梓宋墓的清理》，《考古通讯》1958年第2期
桐墓二	画像石室墓	遵义市桐梓县	南宋	1	2	并列、连通情况不明	复合藻井式盝顶	有	有	有	花卉、妇人启门	《贵州桐梓宋墓的清理》，《考古通讯》1958年第2期
马鞍山观音寺M1	画像石室墓	遵义市桐梓县	南宋	1	1		藻井式盝顶	有	有	有	花卉、门阙、瓶花、案	《贵州桐梓县马鞍山观音寺宋墓清理简报》，《江汉考古》2013年第4期

续表

墓葬	墓葬形式	地区	年代	墓葬数量（座）	每座墓的墓室数量（个）	墓室间关系	顶	后龛	侧龛	仿木	图像	出处
马鞍山观音寺M2	画像石室墓	遵义市桐梓县	南宋	1	1		藻井式盝顶	有	有	有	花卉、门窗、双狮戏球、"寿山福海"	《贵州桐梓县马鞍山观音寺宋墓清理简报》，《江汉考古》2013年第4期
马鞍山观音寺M3	画像石室墓	遵义市桐梓县	南宋	1	1		藻井式盝顶	有	有	有	门额、花卉、花瓶	《贵州桐梓县马鞍山观音寺宋墓清理简报》，《江汉考古》2013年第4期
马鞍山观音寺M4	画像石室墓	遵义市桐梓县	南宋	1	1		藻井式盝顶	有	有	有	四神	《贵州桐梓县马鞍山观音寺宋墓清理简报》，《江汉考古》2013年第4期
华蓥驾挡丘M1和M5	画像石室墓	广安市华蓥市	南宋	1	2	有间距无连通，共用墓圹	券拱顶	有	有	有	花卉、墓主牌位	《华蓥市永兴镇驾挡丘宋墓群发掘简报》，《四川文物》2009年第1期
华蓥驾挡丘M2和M3	画像石室墓	广安市华蓥市	南宋	1	2	有间距无连通，共用墓圹	券拱顶	有	有	有	连弧纹	《华蓥市永兴镇驾挡丘宋墓群发掘简报》，《四川文物》2009年第1期
顺河大菩萨山宋墓	画像石室墓	内江市	南宋	1	1		藻井式盝顶	有	有	有	花卉、伎乐、侍门神、武士、四神禽	《内江顺河大菩萨山宋代画像石墓》，《文物》1993年第1期
竹园金子山乡宋墓	画像石室墓	广元市青川县	南宋	1	2	有间隔通道，共用墓圹	平顶	有	有	有	花卉、空椅、供桌	《青川县竹园金子山乡宋墓清理简报》，《四川文物》2001年第2期
许家端09SGHXM1	画像石室墓	广安市华蓥市	南宋	1	2	有间距无连通，共用墓圹	券拱顶	有	有	有	屏风、竹帘、八卦、花卉	《四川华蓥许家端宋墓清理简报》，《四川文物》2010年第6期

续表

墓葬	墓葬形式	地区	年代	墓葬数量（座）	每座墓的墓室数量（个）	墓室间关系	顶	后龛	侧龛	仿木	图像	出处
金井坪M2	画像石室墓	乐山市井研县	南宋	1	2	有间距无连通，共用墓圹	藻井式盝顶	有	有	有	武士、花卉、屏风、镇墓真文	《四川井研县金井坪宋代墓地发掘简报》，《四川文物》，2012年第1期
金井坪M3	画像石室墓	乐山市井研县	南宋	1	1		藻井式盝顶	有	有	有	武士、挂轴画、花卉	《四川井研县金井坪宋代墓地发掘简报》，《四川文物》，2012年第1期
杨发寺M1	画像石室墓	绵阳市三台县	南宋	1	2	共壁无连通	平顶	有	有	有	童子、花卉、供桌、神禽	《四川三台县宋墓清理简报》，《四川文物》，2009年第3期
天池宋墓09SLXXM1	画像石室墓	泸州市叙永县	南宋	1	2	共壁无连通	藻井式盝顶	有	有	有	花卉、四神、墓主人、备侍	《四川叙永天池宋墓清理简报》，《四川文物》，2010年第2期
天池宋墓09SLXTM1	画像石室墓	泸州市叙永县	南宋	1	1		藻井式盝顶	有	有	有	武士、童子、神禽瑞兽、墓主人、花井	《四川叙永天池宋墓清理简报》，《四川文物》，2010年第2期
天池宋墓09SLXTM2	画像石室墓	泸州市叙永县	南宋	1	1		藻井式盝顶	有	有	有	花卉、门阙、墓主人、备侍	《四川叙永天池宋墓清理简报》，《四川文物》，2010年第2期
天池宋墓09SLXPM1	画像石室墓	泸州市叙永县	南宋	1	1		藻井式盝顶	有	有	有	武士、花卉、牵马、备侍	《四川叙永天池宋墓清理简报》，《四川文物》，2010年第2期
大包山M1	画像石室墓	内江市资中县	南宋	1	1		藻井式盝顶	有	有	有	武士、四神、墓主人	《四川资中县大包山宋墓发掘简报》，《四川文物》，2013年第1期

续表

墓葬	墓葬形式	地区	年代	墓葬数量（座）	每座墓的墓室数量（个）	墓室间关系	顶	后龛	侧龛	仿木	图像	出处
大包山M2	画像石室墓	内江市资中县	南宋	1	1		藻井式盝顶	有	有	有	武士、四神、墓主人	《四川资中县大包山宋墓发掘简报》，《四川文物》，2013年第1期
大包山M3	画像石室墓	内江市资中县	南宋	1	1		藻井式盝顶	有	有	有	武士、四神、墓主人	《四川资中县大包山宋墓发掘简报》，《四川文物》，2013年第1期
大包山M4	画像石室墓	内江市资中县	南宋	1	1		藻井式盝顶	有	有	有	武士、四神、墓主人	《四川资中县大包山宋墓发掘简报》，《四川文物》，2013年第1期
大包山M5	画像石室墓	内江市资中县	南宋	1	1		藻井式盝顶	有	有	有	武士、四神、墓主人	《四川资中县大包山宋墓发掘简报》，《四川文物》，2013年第1期
代家坟M2	画像石室墓	广安市岳池县	南宋	1	1		券拱顶	有	无	有	四神、民俗	《岳池代家坟古墓群发掘简报》，《四川文物》，2003年第2期
资中石室墓	画像石室墓	内江市资中县	南宋	1	2	并列，有间隔	平顶	有	有	无	墓主人	《资中发现宋代石室墓》，《四川文物》，1992年第1期
井口宋墓	画像石室墓	重庆市沙坪区	南宋	1	2	共壁有连通	藻井式盝顶	有	有	有	门阙、孝行、禽瑞兽、四神、花卉	《重庆井口宋墓清理简报》，1961年第11期
狮牌村M1	画像石室墓	达州市渠县	南宋	1	1		平顶	有	有	有	备侍、花卉、动物	《川东北历代古墓葬的调查研究》，《四川文物》，2001年第2期
泸县青龙一号和二号墓	画像石室墓	泸州市泸县	南宋	1	2	有间距无连通，共用墓圹	藻井式盝顶	有	有	有	力士、武士、四神、备侍、花卉、神禽瑞兽、门阙	《泸县宋墓》，文物出版社，2004年

续表

墓葬	墓葬形式	地区	年代	墓葬数量(座)	每座墓的墓室数量(个)	墓室间关系	顶	后龛	侧龛	仿木	图像	出处
泸县青龙三号墓	画像石室墓	泸州市泸县	南宋	1	1		藻井式盝顶	有	有	有	武士、门阙、瑞兽、花卉、侍	《泸县宋墓》,文物出版社,2004年
华蓥安丙墓群M3	画像石室墓	广安市华蓥市	南宋	1	1		券拱顶	有	无	有	四神、伎乐、花卉	《华蓥安丙墓》,文物出版社,2008年
烂泥湾M1	画像石室墓	内江市资中县	南宋	1	1		残	有	有	有	神禽、备侍、墓主人	《四川资中县烂泥湾宋墓发掘简报》,《四川文物》,2015年第2期
烂泥湾M2和M3	画像石室墓	内江市资中县	南宋	1	2	有间隔无通道,共用墓圹	藻井式盝顶	有	有	有	墓主人、四神、仙人、备侍	《四川资中县烂泥湾宋墓发掘简报》,《四川文物》,2015年第2期
观山墓群M1	画像石室墓	重庆市合川区	南宋	1	1		藻井式盝顶	有	有	有	备侍、花卉、火焰、空椅、牌位	《重庆市合川区观山宋代石室墓群发掘简报》,《四川文物》,2014年第2期
观山墓群M2	画像石室墓	重庆市合川区	南宋	1	1		藻井式盝顶	有	有	有	屏风、空椅、门阙	《重庆市合川区观山宋代石室墓群发掘简报》,《四川文物》,2014年第2期
合川观山墓群	画像石室墓	重庆市合川区	南宋	1	2		藻井式盝顶	有	有	有	花卉、空椅	《重庆市合川区观山宋代石室墓群发掘简报》,《四川文物》,2014年第2期
正安新州官田宋墓M1	画像石室墓	遵义市正安县	南宋	1	2		藻井式顶	有	有	有	仿木构件、门阙、狮子戏球、花卉、蔓草纹、龙、白虎、童子戏像、启门、兽首人身像、侍者、侍女	《贵州田野考古报告集(1993—2003)》,科学出版社,2014年

续表

墓葬	墓葬形式	地区	年代	墓葬数量(座)	每座墓墓室数量(个)	墓室间关系	顶	后龛	侧龛	仿木	图像	出处
正安新州官田宋墓M2	画像石室墓	遵义市正安县	南宋	1	2		藻井式顶	有	有	有	仿木构件、门厥、侍者、青龙、白虎、花卉、武士、雄鸡、缠枝枝叶、童子嬉戏、跑人	《贵州田野考古报告集(1993—2003)》,科学出版社,2014年
甘蔗嘴宋墓群M3	画像石室墓	简阳市石板凳街道	南宋中期	1	1		复合式顶(券顶+藻井顶)	有	有	有	宗教像幡、妇人启门、力士、花卉	《四川简阳甘蔗嘴代家宋族墓发掘简报》,《文物》,2022年第5期
泸州江阳区桥头山M1、M2	画像石室墓	泸州江阳区	南宋中期偏晚	1	2	共壁有通道,共用墓圹	三重藻井式顶	有	有	有	男武士、门厥、狮子戏球、仙桃、仙食仙饮、雀鸟乐伎、青龙、白虎、玄武、朱雀、花卉、枇杷、侍女、男女墓主人像、供案和锦铺、执琴树书画侍者	《四川泸州市江阳区桥头宋墓》,《四川文物》,2018年第2期
甘蔗嘴宋墓群M1	画像石室墓	简阳市石板凳街道	南宋中晚期	1	1		复合式顶(券顶+藻井顶)	有	有	有	宗教像幡、镜架、案桌、侍女、花卉	《四川简阳甘蔗嘴代家宋族墓发掘简报》,《文物》,2022年第5期
甘蔗嘴宋墓群M2	画像石室墓	简阳市石板凳街道	南宋中晚期	1	1		复合式顶(券顶+藻井顶)	有	有	有	宗教像幡、壶门、力士、侍者、花卉	《四川简阳甘蔗嘴代家宋族墓发掘简报》,《文物》,2022年第5期

续表

墓葬	墓葬形式	地区	年代	墓葬数量（座）	每座墓的墓室数量（个）	墓室间关系	顶	后龛	侧龛	仿木	图像	出处
甘蔗嘴宋墓群M4	画像石室墓	简阳市石板凳街道	南宋中晚期	1	1		复合式顶（券顶+藻井顶）	有	有	有	宗教像幡、井、妇人启门、力士	《四川简阳甘蔗嘴宋代墓葬发掘简报》，《文物》，2022年第5期
甘蔗嘴宋墓群M5	画像石室墓	简阳市石板凳街道	南宋中晚期	1	1		复合式顶（券顶+藻井顶）	有	有	有	幡、壁龛原有雕刻现已不存	《四川简阳甘蔗嘴宋代墓葬发掘简报》，《文物》，2022年第5期
南充高坪渣石口M1、M2	画像石室墓	南充市高坪区	南宋中晚期	1	2	共壁，共用墓圹	藻井式顶	有	无	有	瓶花、花卉、门厩	《四川南充明宋墓发掘简报》，《四川文物》，2006年增刊
重庆江家嘴M1、M2	画像石室墓	重庆市沙坪坝区	南宋中晚期	1	2	不共壁、无通道、共用墓圹	三重藻井式盝顶	有	有	有	妇人启门、花井、青龙、白虎、重瑞井、后天八卦如意	《重庆沙坪坝区江家嘴墓群考古发掘简报》，《长江文明》，第三十二辑，2018年
杨八坟宋墓群M3	画像石室墓	遵义市桐梓县	南宋中晚期	1	2	共壁有连通	藻井式顶	有	有	有	武士、花卉、家具、双狮戏球、侍女、瑞鹿、花、仿木构件	贵州省文物考古研究所：《2003—2013贵州基建考古重要发现》，科学出版社，2015年
播州罗氏土司家族墓扬M1	画像石室墓	遵义市播州区	南宋中晚期至元代初期	1	2	不共壁、无通道	复合藻井式顶	有	有	有	"寿山"、"金玉"、"满堂"、卷草纹、门厩、屏风	《播州罗氏土司墓调查简报》，《四川文物》，2019年第2期
田家乡窑厂坡05TTLYM1	画像石室墓	重庆市潼南区	南宋晚期	1	2	共壁无连通	平顶带藻井	有	有	无	花卉、瑞兽、祥云、波涛、几何纹	《重庆潼南县渝遂高速公路沿线抢救性发掘简报》，《四川文物》，2006年增刊

续表

墓葬	墓葬形式	地区	年代	墓葬数量（座）	每座墓的墓室数量（个）	墓室间关系	顶	后龛	侧龛	仿木	图像	出处
武胜铜井梁子2005SWYTM1和M2	画像石室墓	广安市武胜县	南宋晚期	1	2	共壁无连通	藻井式盝顶	有	有	无	缠枝花卉	《四川武胜县沿口镇宋代石室墓清理简报》，《四川文物》2006年增刊
岳池坪滩楼坡2005SYPDM1—M2—M3	画像石室墓	广安市岳池县	南宋晚期	1	3	共壁无连通，共用墓圹	复合藻井式盝顶	有	有	有	花卉、四神、门厨、禽鸟	《四川岳池县坪滩镇宋代石室墓发掘简报》，《四川文物》2006年增刊
岳池坪滩镇龙汇院子墓群2005SYPLM1-M3	画像石室墓	广安市岳池县	南宋晚期	1	3	共壁无连通，共用墓圹	平顶带藻井	有	无	无	连弧纹	《四川岳池县坪滩镇宋代石室墓发掘简报》，《四川文物》2006年增刊
岳池坪滩镇龙汇院子墓群2005SYPLM4-M5	画像石室墓	广安市岳池县	南宋晚期	1	2	共壁有连通	平顶带藻井	有	有	无	莲花状盝头	《四川岳池县坪滩镇宋代石室墓发掘简报》，《四川文物》2006年增刊
重庆合川猴清庙宋M1	画像石室墓	重庆市合川区	宋代	1	1		券拱顶	有	有	残余部分未见	空椅、匾额"寿山"、莲花	《重庆市合川区猴清庙墓群发掘简报》，《长江文明》2021年第1辑
白沙宋墓	画像石室墓	重庆市江津区	宋代	1	2	并列有连通	藻井顶	有	有	有	武士、仙人、童子、瑞兽、花卉、仿木构件	《重庆市志·文物志（上册）》，西南师范大学出版社，2019年，第188页

638

附表2 考古发现四川地区宋墓画像石刻（原境·画像石室墓&砖石混构墓·公布信息不完整）

墓例	墓葬形式	地区	年代	墓葬数量（座）	每座墓的墓室数量（个）	墓室间关系	顶	后龛	侧龛	仿木	图像	出处
乐普王墓	画像石室墓	成都市彭州市	1034年	1	4	前后纵向排列	券拱未	不明	不明	有	仿木门楼、乐普王、地神、土兽、地藏、石塔、"九普王传祖师，曲尺做了信"柱联	《中国文物地图集·四川分册》，文物出版社，2009年，第83页
四川大足雕刻宋墓	画像石室墓	重庆市大足区	1059年、1091年、1112年	5	2	前后排列	顶不明	不明	不明	有	斗拱、妇人启门	《四川大足区发现带有雕刻的宋墓》，《文物参考资料》，1954年第10期
解瑜墓	画像石室墓	重庆市大足区	1060年	1	2	前后排列	平顶	不明	不明	有	方柱、斗拱、花井、半开门等	《中国文物地图集·重庆分册》，文物出版社，2010年，下册，第282页
狮子岩宋墓	画像石室墓	重庆市璧山区	1086年	1	不明	墓室关系不明	顶不明	不明	不明	不明	卷草纹	《中国文物地图集·重庆分册》，文物出版社，2010年，下册，第325页
黄念四郎墓	画像石室墓	广安市井研县	1124年	1	不明	墓室关系不明	顶不明	不明	有	有	武士、抬棺力士、海水朝阳、仙人指路	《井研县北宋黄念四郎墓清理简讯》，《四川文物》，2002年第1期

续表

墓例	墓葬形式	地区	年代	墓葬数量（座）	每座墓的墓室数量（个）	墓室间关系	顶	后龛	侧龛	仿木	图像	出处
铁红宋墓	画像石室墓	眉山市仁寿县	1176年	1	2	并列，连通情况不明	顶不明	不明	有	不明	飞天、侍者、花卉、人物、仙鹤、朱雀	《中国文物地图集·四川分册》，文物出版社，2009年，第594页
黄家湾宋墓	画像石室墓	重庆市合川区	1190年	1	不明	墓室关系不明	顶不明	有	有	有	武士、朱雀、玄武、凤、缠枝花卉、青龙、白虎、斗拱、歇山式屋顶	《中国文物地图集·重庆分册》，文物出版社，2010年，下册，第161页
桃溪寺M1（播州土司杨轸墓）	画像石室墓	遵义市红花岗区	卒年1190年，墓葬修建时间不确定，应距此不远	1	1		顶不明	不明	不明	不明	门阙、狮子、顶、楷奴	《牧司一方·播州杨氏土司墓葬管窥》，科学出版社，2020年，第203页
白鹤沟宋墓	画像石室墓	重庆市江津区	1201年	1	2	墓室关系不明	顶不明	不明	不明	有	斗拱、龟鹤、寿山、花卉、"寿堂"	《中国文物地图集·重庆分册》，文物出版社，2010年，下册，第141页
陈家湾宋墓	画像石室墓	眉山市仁寿县	1204年	1	2	并列，是否连通不明	顶不明	不明	有	不明	花卉、人物、动物	《中国文物地图集·四川分册》，文物出版社，2009年，第594页
平政桥M3（张应卯墓）	画像石室墓	绵阳市涪城区	1208-1224年	1	2	前后排列	顶不明	不明	不明	不明	报道有画像石刻但未说明是何图案	《四川绵阳平政桥发现宋墓》，《考古》1956年第5期
平政桥M4（张应龙墓）	画像石室墓	绵阳市涪城区	1209年	1	2	前后排列	顶不明	不明	不明	不明	报道有画像石刻但未说明是何图案	《四川绵阳平政桥发现宋墓》，《考古》1956年第5期

续表

墓例	墓葬形式	地区	年代	墓葬数量（座）	每座墓的墓室数量（个）	墓室间关系	顶	后龛	侧龛	仿木	图像	出处
池家宋墓	画像石室墓	眉山市仁寿县	1225年	1	2	并列，连通不明	藻井顶	不明	不明	有	男女墓主人像、侍女、瑞鹿、朱雀、花井、仿木建筑	《中国文物地图集·四川分册》，文物出版社，2009年，第594页
荣昌坝宋墓	画像石室墓	遵义市仁怀市	1230年	1	2	并列，是否相通不明	复合式藻井顶	有	有	有	武士、仿木门窗、仙人拾菌、妇人启门、侍者、墓主人像	《遵义地区文物志》，1984年4月
张悦墓	画像石室墓	泸州市泸县	1239年	不明	不明	墓室关系不明	顶不明	不明	不明	不明	报道有画像石刻，但未说明是何图案	《泸县宋墓》，文物出版社，2004年
堰塘宋墓	画像石室墓	重庆市南川区	1253年	1	不明	墓室关系不明	平顶	不明	不明	不明	门额有纪年题记	《中国文物地图集·重庆分册》，2010年，下册，第219页
下桥宋墓	画像石室墓	宜宾市高县	南宋	1	3	墓室关系不明	平顶	有	不明	不明	武士、凤、狮、花草	《中国文物地图集·四川分册》，文物出版社，2009年，第758页
长顺坡宋墓群	画像石室墓	宜宾市南溪区	南宋	2	不明	墓室关系不明	顶不明	有	有	有	仿木构件、门扇	《酒都珙宝宜宾市不可移动文物精粹》，文物出版社，2015年，第43页
太白坟宋墓	画像石室墓	遵义市桐梓县	南宋	1	1		顶不明	不明	不明	不明	青龙白虎、人物、花草等	《遵义地区文物志》，1984年4月
陈天官墓	画像石室墓	遵义市桐梓县	南宋	1	2	并列，相通	顶不明	不明	不明	不明	可见模糊花草	《遵义地区文物志》，1984年4月

续表

墓例	墓葬形式	地区	年代	墓葬数量（座）	每座墓的墓室数量（个）	墓室间关系	顶	后龛	侧龛	仿木	图像	出处
杨马坎宋墓	画像石室墓	遵义市桐梓县	南宋	1	1		顶不明	有	不明	不明	花卉、墓主人像、侍女	《遵义地区文物志》，1984年4月
来奉寺宋墓	画像石室墓	遵义市怀仁市	南宋	1	2	并列，连通情况不明	藻井顶	有	有	有	青龙白虎、藻井、八卦、仙人拾圆、案上牌位、空椅、侍者、"广寒仙宫"天	《遵义地区文物志》，1984年4月
泸州南宋后室墓	画像石室墓	泸州市江阳区	南宋	1	2	墓室关系不明	藻井式顶	不明	不明	有	武士、青龙、牡丹、棒盒侍女、执壶侍女、启门	《泸州市发现南宋后室墓》，《四川文物》1995年第2期
官伦宋墓群	画像石室墓	遵义市桐梓县	南宋中晚期	3	不明	墓室关系不明	藻井式顶	有	有	有	人物、瑞兽、花井、仿木构件、侍者、家具	《2003—2013贵州基建考古重要发现》，科学出版社，2015年，第191页
杨八坎墓群	画像石室墓	遵义市桐梓县	南宋中晚期	5	1、2	除M3双室共壁有连通，其他不明	藻井式顶	有	有	有	人物、瑞兽、花井、仿木构件、侍者、家具	《2003—2013贵州基建考古重要发现》，科学出版社，2015年，第191页
翠屏宋墓	画像石室墓	重庆市大足区	宋代	1	2	前后室排列	顶不明	不明	不明	有	抱方柱、斗拱、花井、八童嬉戏、半开门	《中国文物地图集·重庆分册》，文物出版社，2010年，下册，第283页
黄泥坡宋墓	画像石室墓	重庆市大足区	宋代	2	不明	墓室关系不明	顶不明	不明	不明	有	侍者、半开门、斗拱等	《中国文物地图集·重庆分册》，文物出版社，2010年，下册，第283页

续表

墓例	墓葬形式	地区	年代	墓葬数量（座）	每座墓的墓室数量（个）	墓室间关系	顶	后龛	侧龛	仿木	图像	出处
梅子湾墓群	画像石室墓	重庆市大足区	宋代	5	不明	墓室关系不明	平顶	不明	不明	不明	1号墓有动物、半开门	《中国文物地图集·重庆分册》，文物出版社，2010年，下册，第283页
油房坡宋墓	画像石室墓	重庆市大足区	宋代	1	不明	墓室关系不明	藻井顶	不明	不明	有	女侍者、武士、青龙、白虎、牡丹花等	《中国文物地图集·重庆分册》，文物出版社，2010年，下册，第283页
庙子坡宋墓	画像石室墓	重庆市大足区	宋代	4	不明	墓室关系不明	平顶	不明	不明	不明	半开门、楼阁建筑浮雕	《中国文物地图集·重庆分册》，文物出版社，2010年，下册，第283页
长石僧人墓	画像石室墓	重庆市大足区	宋代	1	3	前后排列	藻井顶	不明	不明	有	八角柱、大斗、僧人雕像	《中国文物地图集·重庆分册》，文物出版社，2010年，下册，第283页
西北宋墓	画像石室墓	重庆市大足区	宋代	1	2	并列，连通情况不明	藻井顶	不明	不明	有	男女侍者、鱼、四神、半开门、斗拱	《中国文物地图集·重庆分册》，文物出版社，2010年，下册，第283页
杠嘴坡墓群	画像石室墓	重庆市大足区	宋代	4	不明	墓室关系不明	平顶	不明	不明	有	四神、斗拱、侍者、鲤鱼戏珠等	《中国文物地图集·重庆分册》，文物出版社，2010年，下册，第283页
大坡墓群	画像石室墓	重庆市大足区	宋代	12	不明	墓室关系不明	平顶	不明	不明	有	花鸟、鱼、建筑等	《中国文物地图集·重庆分册》，文物出版社，2010年，下册，第283页

续表

墓例	墓葬形式	地区	年代	墓葬数量（座）	每座墓的墓室数量（个）	墓室间关系	顶	后龛	侧龛	仿木	图像	出处
狮子坡宋墓	画像石室墓	重庆市大足区	宋代	1	2	并列，连通情况不明	平顶	不明	不明	不明	半开门、男侍者浮雕	《中国文物地图集·重庆分册》，文物出版社，2010年，下册，第283页
沙子坡宋墓	画像石室墓	重庆市大足区	宋代	1	2	墓室关系不明	藻井	不明	不明	有	方柱、花卉、斗拱、半开门和执镜侍者	《中国文物地图集·重庆分册》，文物出版社，2010年，下册，第283页
保竹宋墓	画像石室墓	重庆市大足区	宋代	1	2	墓室关系不明	藻井顶	不明	不明	有	斗拱、侍者	《中国文物地图集·重庆分册》，文物出版社，2010年，下册，第283页
惜字阁墓群	画像石室墓	重庆市大足区	宋代	5	不明	墓室不明	平顶	不明	不明	有	方柱、斗拱、半开门	《中国文物地图集·重庆分册》，文物出版社，2010年，下册，第284页
叶家山宋墓	画像石室墓	重庆市荣昌区	宋代	1	2	并列，连通情况不明	平顶	不明	不明	有	斗拱、狮、男侍、雀替、人物、花卉	《中国文物地图集·重庆分册》，文物出版社，2010年，下册，第318页
牛擦石墓群	画像石室墓	重庆市荣昌区	宋代	3	不明	墓室不明	顶不明	不明	不明	有	斗拱、侍女、卷草等	《中国文物地图集·重庆分册》，文物出版社，2010年，下册，第318页
马滩河宋墓	画像石室墓	重庆市璧山区	宋代	1	不明	墓室关系	平顶	不明	不明	有	斗拱、花卉	《中国文物地图集·重庆分册》，文物出版社，2010年，下册，第325页

续表

墓例	墓葬形式	地区	年代	墓葬数量(座)	每座墓的墓室数量(个)	墓室间关系	顶	后龛	侧龛	仿木	图像	出处
曾家寨墓群	画像石室墓	重庆市璧山区	宋代	3	不明	墓室不明	顶不明	不明	有	有	荷花、牡丹、半开门、斗拱	《中国文物地图集·重庆分册》,文物出版社,2010年,下册,第325页
水池坡宋墓 M1	画像石室墓	重庆市沙坪坝区	宋代	1	1		藻井顶	不明	有	不明	龙、海龙、鹿、凤凰、乌龟	《中国文物地图集·重庆分册》,文物出版社,2010年,下册,第141页
石蒿滩墓群	画像石室墓	重庆市江津区	宋代	4	不明	墓室不明	顶不明	不明	不明	不明	牡丹	《中国文物地图集·重庆分册》,文物出版社,2010年,下册,第141页
四牌坊宋墓	画像石室墓	重庆市江津区	宋代	1	不明	墓室不明	顶不明	不明	不明	有	"寿山""福海""安乐""清闲"、墓主人像、侍者、斗拱、牡丹花、鸟兽、瓶花等	《中国文物地图集·重庆分册》,文物出版社,2010年,下册,第141页
苏伯瑜墓	画像石室墓	重庆市江津区	宋代	1	2	墓室不明	顶不明	不明	不明	不明	不明,两室各有石棺1具	《中国文物地图集·重庆分册》,文物出版社,2010年,下册,第141页
人高山宋墓	画像石室墓	重庆市江津区	宋代	2	2	墓室不明	顶不明	不明	不明	不明	鸟兽、坐姿武士、半开门、龙、武士、执斧等	《中国文物地图集·重庆分册》,文物出版社,2010年,下册,第141页

续表

墓例	墓葬形式	地区	年代	墓葬数量(座)	每座墓的墓室数量(个)	墓室间关系	顶	后龛	侧龛	仿木	图像	出处
朝天嘴宋墓	画像石室墓	重庆市江津区	宋代	1	2	有过道相通	顶不明	不明	不明	有	门、窗等仿木建筑构件	《中国文物地图集·重庆分册》，文物出版社，2010年，下册，第141页
响堂屋基宋墓	画像石室墓	重庆市合川区	宋代	1	不明	墓室不明	藻井顶	不明	有	有	石椅、侍女、歇山式屋顶、斗拱、方柱	《中国文物地图集·重庆分册》，文物出版社，2010年，下册，第161页
二郎宋墓	画像石室墓	重庆市合川区	宋代	1	不明	墓室不明	顶不明	不明	不明	不明	花草等	《中国文物地图集·重庆分册》，文物出版社，2010年，下册，第161页
响铃宋墓	画像石室墓	重庆市合川区	宋代	2	不明	墓室不明	藻井顶	不明	不明	不明	卷草纹；"寿堂"、亭阁、山水、人物、马等	《中国文物地图集·重庆分册》，文物出版社，2010年，下册，第161页
花合嘴墓群	画像石室墓	重庆市合川区	宋代	2	不明	墓室不明	平顶	有	有	有	荷叶、鸟、武士、飞天、花鸟、白虎、青龙、斗拱、歇山式屋顶、侍女、案桌等	《中国文物地图集·重庆分册》，文物出版社，2010年，下册，第161页
河梭墓群	画像石室墓	重庆市合川区	宋代	2	不明	墓室不明	平顶	不明	不明	有	歇山式屋顶、斗拱、方柱	《中国文物地图集·重庆分册》，文物出版社，2010年，下册，第161页
九道拐墓群	画像石室墓	重庆市合川区	宋代	10	不明	墓室不明	平顶	不明	不明	不明	卷草纹	《中国文物地图集·重庆分册》，文物出版社，2010年，下册，第161页

续表

墓例	墓葬形式	地区	年代	墓葬数量(座)	每座墓的墓室数量(个)	墓室间关系	顶	后龛	侧龛	仿木	图像	出处
柏杨堡宋墓	画像石室墓	重庆市南川区	宋代	1	合葬	墓室关系不明	顶不明	不明	不明	不明	报道有画像石刻，但未说明是何图案	《中国文物地图集·重庆分册》，文物出版社，2010年，下册，第218页
花坟山宋墓	画像石室墓	重庆市南川区	宋代	1	合葬	墓室关系不明	藻井顶	有	有	不明	一佛二僧造像、荷花、"福、禄、寿、富、华、贵"、山、龟鹤	《中国文物地图集·重庆分册》，文物出版社，2010年，下册，第219页
花坟堡宋墓	画像石室墓	重庆市南川区	宋代	4	不明	墓室关系不明	藻井顶	不明	有	不明	报道有浮雕，但未说明是何图案	《中国文物地图集·重庆分册》，文物出版社，2010年，下册，第219页
水井湾宋墓	画像石室墓	重庆市綦江县	宋代	1	2	并列，连通情况不明	藻井顶	不明	不明	有	莲花、莲叶、花草、菱格开门窗	《中国文物地图集·重庆分册》，文物出版社，2010年，下册，第230页
周家湾墓群	画像石室墓	重庆市綦江县	宋代	3	不明	墓室关系不明	藻井顶	不明	不明	有	仿木建筑、歇山顶、鱼形	《中国文物地图集·重庆分册》，文物出版社，2010年，下册，第230页
巴岩墓群	画像石室墓	重庆市綦江县	宋代	24	不明	墓室关系不明	藻井	有	有	不明	花井	《中国文物地图集·重庆分册》，文物出版社，2010年，下册，第230页
官田宋墓	画像石室墓	重庆市綦江县	宋代	1	不明	墓室关系不明	藻井顶	有	有	有	仿木建筑、人、马、仙鹤、花井、双象朝阳等	《中国文物地图集·重庆分册》，文物出版社，2010年，下册，第231页

续表

墓例	墓葬形式	地区	年代	墓葬数量(座)	每座墓的墓室数量(个)	墓室间关系	顶	后龛	侧龛	仿木	图像	出处
百子店宋墓	画像石室墓	重庆市綦江县	宋代	1	不明	墓室不明	藻井顶	有	有	有	仿木建筑、男女侍者、花草、武士、"功名同松、福寿……"	《中国文物地图集·重庆分册》，文物出版社，2010年，下册，第231页
黄泥堡墓群	画像石室墓	重庆市綦江县	宋代	5	不明	墓室不明	藻井顶	不明	有	有	仿木建筑、人物、梅瓶等	《中国文物地图集·重庆分册》，文物出版社，2010年，下册，第231页
金铃宋墓	画像石室墓	重庆市铜梁县	宋代	1	不明	墓室不明	平顶	不明	不明	不明	钱纹、侍女、动物、半开门	《中国文物地图集·重庆分册》，文物出版社，2010年，下册，第262页
白果宋墓	画像石室墓	重庆市铜梁县	宋代	2	不明	墓室不明	平顶	不明	不明	有	武士、神兽、牡丹、卷草、斗拱、单檐悬山顶房屋建筑等	《中国文物地图集·重庆分册》，文物出版社，2010年，下册，第262页
友谊宋墓	画像石室墓	成都市青白江区	宋代	2	不明	墓室不明	顶不明	不明	不明	不明	武士、弟子、香炉、花卉等	《中国文物地图集·四川分册》，文物出版社，2009年，第52页
复兴墓群	画像石室墓	自贡市贡井区	宋代	3	不明	墓室不明	藻井顶（M1）	有	有	有	M1壁龛楣浮雕花纹	《中国文物地图集·四川分册》，文物出版社，2009年，第52页
新桥宋墓	画像石室墓	自贡市贡井区	宋代	2	不明	墓室不明	藻井顶（M1）	有	有	有	M1后龛浅浮雕佛像1尊	《中国文物地图集·四川分册》，文物出版社，2009年，第52页

续表

墓例	墓葬形式	地区	年代	墓葬数量(座)	每座墓的墓室数量(个)	墓室间关系	顶	后龛	侧龛	仿木	图像	出处
红岩宋墓	画像石室墓	泸州市江阳区	宋代	1	不明	墓室关系不明	藻井顶	不明	不明	不明	武士、缠枝花卉、门、侍者	《中国文物地图集·四川分册》,文物出版社,2009年,第195页
天堂宋墓	画像石室墓	泸州市江阳区	宋代	1	不明	墓室关系不明	藻井顶	不明	不明	不明	武士、人物、花卉、动物	《中国文物地图集·四川分册》,文物出版社,2009年,第195页
桥头宋墓	画像石室墓	泸州市江阳区	宋代	1	不明	墓室关系不明	藻井顶	不明	不明	不明	武士、飞禽、走兽、花卉	《中国文物地图集·四川分册》,文物出版社,2009年,第195页
凤凰山宋墓	画像石室墓	泸州市江阳区	宋代	1	2	墓室关系不明	藻井顶	不明	不明	不明	男女墓主人像、武士	《中国文物地图集·四川分册》,文物出版社,2009年,第195页
灯杆山宋墓	画像石室墓	泸州市江阳区	宋代	1	2	墓室关系不明	藻井顶	不明	不明	不明	力士、青龙、牡丹、捧盒侍女、执酒壶侍童、启门仕女等	《中国文物地图集·四川分册》,文物出版社,2009年,第195页
古佛堂宋墓	画像石室墓	泸州市纳溪区	宋代	1	2	并列,连通情况不明	平顶	不明	不明	有	仿木构重檐庑殿顶建筑	《中国文物地图集·四川分册》,文物出版社,2009年,第203页
菩桥墓群	画像石室墓	泸州市泸县青龙镇	宋代	8	不明	墓室关系不明	顶不明	不明	不明	不明	报道有画像石刻,但未说明是何图案	《中国文物地图集·四川分册》,文物出版社,2009年,第237页

续表

墓例	墓葬形式	地区	年代	墓葬数量(座)	每座墓的墓室数量(个)	墓室间关系	顶	后龛	侧龛	仿木	图像	出处
河坝头墓群	画像石室墓	泸州市泸县	宋代	13	不明	墓室关系不明	顶不明	不明	不明	不明	报道有画像石刻,但未说明图案	《中国文物地图集·四川分册》,文物出版社,2009年,第237页
长岭埂墓群	画像石室墓	泸州市泸县	宋代	8	不明	墓室关系不明	顶不明	不明	不明	不明	报道有画像石刻,但未说明图案	《中国文物地图集·四川分册》,文物出版社,2009年,第237页
沙嘴墓群	画像石室墓	泸州市泸县	宋代	3	2-8	墓室关系不明	顶不明	不明	不明	不明	青龙、白虎、门神等	《中国文物地图集·四川分册》,文物出版社,2009年,第237页
罗盘嘴墓群	画像石室墓	泸州市泸县	宋代	4	不明	墓室关系不明	顶不明	不明	不明	不明	报道有画像石刻,但未说明图案	《中国文物地图集·四川分册》,四川分册,2009年,第237页
檀木林宋墓	画像石室墓	泸州市泸县	宋代	1	3	并列,连通情况不明	平顶	不明	不明	不明	朱雀、玄武、青龙等	《中国文物地图集·四川分册》,文物出版社,2009年,第237页
方水井墓群	画像石室墓	泸州市泸县	宋代	3	不明	墓室关系不明	M3拱顶	不明	不明	不明	M3有人物、禽兽、花卉等	《中国文物地图集·四川分册》,文物出版社,2009年,第237页
青杠湾宋墓	画像石室墓	泸州市泸县	宋代	2	不明	墓室关系不明	M1藻井顶	不明	不明	不明	M1有武士、花井、禽兽等	《中国文物地图集·四川分册》,文物出版社,2009年,第237页
新溪宋墓	画像石室墓	泸州市泸县	宋代	2	不明	墓室关系不明	顶不明	不明	不明	不明	武士、青龙、白虎等	《中国文物地图集·四川分册》,文物出版社,2009年,第237页

续表

墓例	墓葬形式	地区	年代	墓葬数量（座）	每座墓的墓室数量（个）	墓室间关系	顶	后龛	侧龛	仿木	图像	出处
垣边墓群	画像石室墓	泸州市泸县	宋代	4	不明	墓室不明	顶不明	不明	不明	不明	其中1座有动物、花卉	《中国文物地图集·四川分册》，文物出版社，2009年，第237页
接龙宋墓	画像石室墓	泸州市泸县	宋代	1	不明	墓室不明	顶不明	有	不明	不明	侍女	《中国文物地图集·四川分册》，文物出版社，2009年，第238页
八甲宋墓	画像石室墓	泸州市泸县	宋代	1	不明	墓室不明	顶不明	不明	不明	不明	报道有画像石刻，但未说明是何图案	《中国文物地图集·四川分册》，文物出版社，2009年，第238页
坳田宋墓	画像石室墓	泸州市泸县	宋代	1	不明	墓室不明	顶不明	不明	不明	不明	报道有画像石刻，但未说明是何图案	《中国文物地图集·四川分册》，文物出版社，2009年，第238页
香林宋墓	画像石室墓	泸州市泸县	宋代	1	2	墓室不明	顶不明	不明	不明	不明	佛像、青龙、白虎等	《中国文物地图集·四川分册》，文物出版社，2009年，第238页
石滚冲墓群	画像石室墓	泸州市泸县	宋代	4	2-8	墓室不明	顶不明	不明	不明	不明	报道有画像石刻，但未说明是何图案	《中国文物地图集·四川分册》，文物出版社，2009年，第238页
新瓦宋墓	画像石室墓	泸州市泸县	宋代	1	不明	墓室不明	平顶	不明	不明	不明	浮雕人物像	《中国文物地图集·四川分册》，文物出版社，2009年，第238页
鹤明墓群	画像石室墓	泸州市泸县	宋代	5	不明	墓室不明	顶不明	不明	不明	不明	龙、武士等	《中国文物地图集·四川分册》，文物出版社，2009年，第238页

续表

墓例	墓葬形式	地区	年代	墓葬数量（座）	每座墓的墓室数量（个）	墓室间关系	顶	后龛	侧龛	仿木	图像	出处
红岩山墓群	画像石室墓	泸州市泸县	宋代	2	不明	墓室关系不明	顶不明	不明	不明	不明	武士、墓主人像	《中国文物地图集·四川分册》，文物出版社，2009年，第238页
象岭墓群	画像石室墓	泸州市泸县	宋代	8	不明	墓室关系不明	顶不明	不明	不明	不明	青龙、白虎、门神	《中国文物地图集·四川分册》，文物出版社，2009年，第238页
瓦房墓群	画像石室墓	泸州市泸县	宋代	5	不明	墓室关系不明	顶不明	不明	不明	不明	M1有青龙、白虎、门神等	《中国文物地图集·四川分册》，文物出版社，2009年，第238页
罗家坟宋墓	画像石室墓	绵阳市涪城区	宋代	1	不明	墓室关系不明	顶不明	不明	不明	不明	圆，内有金乌	《中国文物地图集·四川分册》，文物出版社，2009年，第293页
王史夫妇墓	画像石室墓	绵阳市三台县	宋代	2	不明	墓室关系不明	顶不明	不明	不明	不明	景氏墓雕刻人物和仿木建筑	《中国文物地图集·四川分册》，文物出版社，2009年，第343页
李家坪墓群	画像石室墓	广元市朝天区	宋代	20	不明	墓室关系不明	顶不明	不明	不明	不明	报道有画像石刻，但未说明是何图案	《中国文物地图集·四川分册》，文物出版社，2009年，第376页
郭家墓群	画像石室墓	广元市朝天区	宋代	3	不明	墓室关系不明	顶不明	不明	不明	不明	M1报道有画像石刻，但未说明是何图案	《中国文物地图集·四川分册》，文物出版社，2009年，第376页
八庙沟墓群	画像石室墓	广元市朝天区	宋代	4	不明	墓室关系不明	顶不明	不明	不明	不明	M1有飞马图、"大富大贵、大吉大利"，门神、葡萄、男女侍者	《中国文物地图集·四川分册》，文物出版社，2009年，第376页

续表

墓例	墓葬形式	地区	年代	墓葬数量(座)	每座墓的墓室数量(个)	墓室间关系	顶	后龛	侧龛	仿木	图像	出处
余垭墓群	画像石室墓	广元市朝天区	宋代	30	不明	墓室关系不明	顶不明	不明	不明	不明	M1有人物和花井	《中国文物地图集·四川分册》,文物出版社,2009年,第376页
文昌墓群	画像石室墓	广元市朝天区	宋代	20	不明	墓室关系不明	顶不明	不明	不明	不明	M1有人物和花井	《中国文物地图集·四川分册》,文物出版社,2009年,第376页
筷匠沟墓群	画像石室墓	广元市朝天区	宋代	5	不明	墓室关系不明	穹窿顶	有	有	不明	莲蓬、市形图案	《中国文物地图集·四川分册》,文物出版社,2009年,第376页
周光礼家族墓	画像石室墓	广元市朝天区	宋代	11	不明	墓室关系不明	顶不明	不明	不明	不明	M12有武士、孝行、生活情趣图	《中国文物地图集·四川分册》,文物出版社,2009年,第376页
谷田坝墓群	画像石室墓	内江市资中县	宋代	3	不明	墓室关系不明	顶不明	不明	不明	不明	M3有墓主人、捧印人、持笏、青龙、白虎、朱雀、蟾蜍等	《中国文物地图集·四川分册》,文物出版社,2009年,第453页
黄龙山墓群	画像石室墓	遂宁市蓬溪县	宋代	5	不明	墓室关系不明	顶不明	不明	不明	有	M6有仿木构件、二龙抢宝、花井、凤、云纹	《中国文物地图集·四川分册》,文物出版社,2009年,第421页
大菩萨坡宋墓	画像石室墓	内江市东兴区	宋代	1	不明	墓室关系不明	顶不明	不明	不明	有	武士、门扇、青龙、白虎、帷帐	《中国文物地图集·四川分册》,文物出版社,2009年,第446页
围子嘴宋墓群	画像石室墓	内江市威远县	宋代	不明	不明	墓室关系不明	顶不明	不明	不明	有	斗拱、花井	《中国文物地图集·四川分册》,文物出版社,2009年,第465页

续表

墓例	墓葬形式	地区	年代	墓葬数量(座)	每座墓的墓室数量(个)	墓室间关系	顶	后龛	侧龛	仿木	图像	出处
十二台坡墓群	画像石室墓	资阳市安岳县	宋代	6	不明	墓室关系不明	拱顶(M6)	不明	不明	不明	M6有武士、龙、花草纹饰	《中国文物地图集·四川分册》,文物出版社,2009年,第495页
晏家沟墓群	画像石室墓	资阳市乐至县	宋代	1	不明	墓室关系不明	顶不明	不明	不明	不明	花纹	《中国文物地图集·四川分册》,文物出版社,2009年,第517页
同心村宋墓	画像石室墓	资阳市乐至县	宋代	1	3	横向并列,每室又分前后室,连通情况不明	顶不明	不明	不明	有	朱雀、花卉等	《中国文物地图集·四川分册》,文物出版社,2009年,第517页
海棠宋墓群	画像石室墓	乐山市市中区	宋代	4	1		券拱顶	有	不明	有	仿木构件、人物、动物、花卉	《中国文物地图集·四川分册》,文物出版社,2009年,第530页
象耳墓群	画像石室墓	眉山市彭山县	宋代	5	2-8	横向并列,连通情况不明	顶不明	不明	不明	有	M4有菱格窗、龙、花瓶、四精灵、殿顶楼房	《中国文物地图集·四川分册》,文物出版社,2009年,第619页
双江宋墓	画像石室墓	眉山市彭山县	宋代	2	2	前后排列	平顶	有	有	不明	武士、侍女、四神、出行图	《中国文物地图集·四川分册》,文物出版社,2009年,第620页
牌坊湾宋墓	画像石室墓	南充市顺庆区	宋代	1	不明	墓室关系不明	顶不明	不明	不明	不明	人物	《中国文物地图集·四川分册》,文物出版社,2009年,第636页
王家湾墓群	画像石室墓	南充市仪陇县	宋代	7	不明	墓室关系不明	拱顶	不明	不明	不明	人物像、马、武士	《中国文物地图集·四川分册》,文物出版社,2009年,第686页

续表

墓例	墓葬形式	地区	年代	墓葬数量(座)	每座墓的墓室数量(个)	墓室间关系	顶	后龛	侧龛	仿木	图像	出处
铁厂坡墓群	画像石室墓	宜宾市南溪区	宋代	6	不明	墓室关系不明	平顶(M1)	不明	不明	不明	缠枝卷草、天鹿、钱币、童子、叶、玉女、重檐歇山顶房舍	《中国文物地图集·四川分册》,文物出版社,2009年,第733页
红色墓群	画像石室墓	宜宾市江安县	宋代	4	不明	墓室关系不明	穹隆顶(M2)	有	有	有	M2双室墓、青龙、白虎、花草、云纹、墓主人像	《中国文物地图集·四川分册》,文物出版社,2009年,第738页
回龙田宋墓	画像石室墓	宜宾市长宁县	宋代	1	2	并列,连通情况不明	拱顶	有	不明	不明	青龙、白虎、墓主人像	《中国文物地图集·四川分册》,文物出版社,2009年,第751页
桥坡上宋墓	画像石室墓	宜宾市长宁县	宋代	1	不明	墓室关系不明	平顶	不明	不明	有	仿木结构房舍墓主人像	《中国文物地图集·四川分册》,文物出版社,2009年,第751页
棺材凼宋墓	画像石室墓	宜宾市长宁县	宋代	1	2	并列,连通情况不明	平顶	有	不明	不明	半开门、青龙、白虎	《中国文物地图集·四川分册》,文物出版社,2009年,第751页
絮耳岩墓群	画像石室墓	宜宾市长宁县	宋代	8	不明	墓室关系不明	藻井顶(M1)	不明	不明	斗拱	人物、龙、虎、花草及斗拱	《中国文物地图集·四川分册》,文物出版社,2009年,第751页
王小郎墓	画像石室墓	宜宾市长宁县	宋代	1	不明	墓室关系不明	平顶	不明	不明	有	人物、龙、虎、花卉、兽、斗拱	《中国文物地图集·四川分册》,文物出版社,2009年,第751页
棺木寺宋墓	画像石室墓	达州市宣汉县	宋代	1	不明	墓室关系不明	顶不明	不明	不明	不明	报道有画像石刻,但未说明是何图案	《中国文物地图集·四川分册》,文物出版社,2009年,第864页

续表

墓例	墓葬形式	地区	年代	墓葬数量（座）	每座墓的墓室数量（个）	墓室间关系	顶	后龛	侧龛	仿木	图像	出处
楷木寺宋墓M1	画像石室墓	达州市宣汉县	宋代	1	2	并列，连通情况不明	平顶	不明	不明	不明	几何纹，荷花	《中国文物地图集·四川分册》，文物出版社，2009年，第864页
五龙山墓地	画像石室墓	达州市开江县	宋代	1	6	并列，连通情况不明	平顶	不明	有	不明	二龙戏珠、石杵	《中国文物地图集·四川分册》，文物出版社，2009年，第878页
北龛寺宋墓	画像石室墓	巴中市巴州区	宋代	3	1		人字顶	不明	不明	不明	M1有力士、净水瓶、花木	《中国文物地图集·四川分册》，文物出版社，2009年，第916页
金堂村宋墓群	画像石室墓	巴中市巴州区	宋代	16	1		顶不明	不明	不明	不明	M8有人像	《中国文物地图集·四川分册》，文物出版社，2009年，第916页
夹马村宋墓	画像石室墓	巴中市巴州区	宋代	1	1		人字顶	不明	有	不明	窗口、果子、执壶、酒杯	《中国文物地图集·四川分册》，文物出版社，2009年，第916页
石科湾宋墓群	画像石室墓	巴中市巴州区	宋代	8	不明	墓室关系不明	平顶	不明	不明	不明	M1和M2墓有重檐攒尖顶	《中国文物地图集·四川分册》，文物出版社，2009年，第916页
印盒村宋墓群	画像石室墓	巴中市巴州区	宋代	6	不明	墓室关系不明	拱顶	不明	不明	不明	M5有花草图案	《中国文物地图集·四川分册》，文物出版社，2009年，第917页
秋桂村宋墓群	画像石室墓	巴中市宝州区	宋代	18	不明	墓室关系不明	平顶	不明	不明	有	斗拱	《中国文物地图集·四川分册》，文物出版社，2009年，第917页

续表

墓例	墓葬形式	地区	年代	墓葬数量(座)	每座墓的墓室数量(个)	墓室间关系	顶	后龛	侧龛	仿木	图像	出处
何家湾宋墓群	画像石室墓	巴中市巴州区	宋代	6	不明	墓室不明	拱顶(M2)	不明	不明	不明	M2有两童戏蟹、两童戏鼠、仿木平台、瓶花、供果、蜡烛	《中国文物地图集·四川分册》，文物出版社，2009年，第917页
毛家坝宋墓群	画像石室墓	巴中市巴州区	宋代	5	不明	墓室不明	顶不明	不明	不明	不明	M5有云纹、拱形梅花神龛	《中国文物地图集·四川分册》，文物出版社，2009年，第917页
围子坪宋墓群	画像石室墓	巴中市巴州区	宋代	7	不明	墓室不明	平顶(M2)	不明	不明	不明	M2有桃形图案	《中国文物地图集·四川分册》，文物出版社，2009年，第917页
二道岩宋墓	画像石室墓	巴中市巴州区	宋代	2	不明	墓室不明	星形顶(M1)	有	不明	有	方桌、酒壶、人、鹿、鱼	《中国文物地图集·四川分册》，文物出版社，2009年，第917页
喻家梁宋墓	画像石室墓	巴中市巴州区	宋代	7	1		拱顶	不明	不明	有	斗拱	《中国文物地图集·四川分册》，文物出版社，2009年，第917页
岳王村宋墓群	画像石室墓	巴中市巴州区	宋代	9	不明	墓室不明	拱顶(M2)	不明	不明	不明	M2花卉	《中国文物地图集·四川分册》，文物出版社，2009年，第917页
王家大湾宋墓群	画像石室墓	巴中市巴州区	宋代	9	不明		拱顶	不明	不明	不明	报道有画像石刻，但未说明是何图案	《中国文物地图集·四川分册》，文物出版社，2009年，第917页
石匠岬宋墓群	画像石室墓	巴中市巴州区	宋代	5	1		平顶	有	有	不明	M1花草。M4壶、花托、碗等图案	《中国文物地图集·四川分册》，文物出版社，2009年，第917页

续表

墓例	墓葬形式	地区	年代	墓葬数量(座)	每座墓的墓室数量(个)	墓室间关系	顶	后龛	侧龛	仿木	图像	出处
镇江墓群	画像石室墓	巴中市通江区	宋代	8	不明	墓室关系不明	平顶(M1)	有	不明	不明	花卉、神兽	《中国文物地图集·四川分册》,文物出版社,2009年,第944页
平政桥M1（姚氏墓）	画像石室墓	绵阳市涪城区	宋代	1	2	前后排列	顶不明	不明	不明	不明	报道有画像石刻,但未说明是何图案	《四川绵阳平政桥发现宋墓》,《考古》1956年第5期
平政桥M2	画像石室墓	绵阳市涪城区	宋代	1	2	前后排列	顶不明	不明	不明	不明	报道有画像石刻,但未说明是何图案	《四川绵阳平政桥发现宋墓》,《考古》1956年第5期
大足带雕刻宋墓	画像石室墓	重庆市大足区	宋代	18	不明	墓室关系不明	顶不明	不明	不明	有	人像、怪兽、武士、启门、女乐等	《四川大足区发现带有精美雕刻的宋墓》,《文物参考资料》1955年第8期
凤凰山宋墓	画像石室墓	泸州市江阳区	宋代	1	2	左右并列,连通情况不明	藻井顶	不明	不明	不明	武士、侍女、侍者	《四川泸州凤凰山发现带有雕刻的宋墓》,《文物参考资料》1955年第11期
石牛村宋墓	画像石室墓	成都市都江堰市	宋代	1	3	左右并列,连通	顶不明	不明	不明	有	武士、侍女、花卉、飞天、狮子、男女墓主人像、仙鹤、神龟	《宋代石刻墓惊现石牛村》,《成都文物》2001年第4期
沱湾乡大型宋墓	画像石室墓	自贡市富顺县	宋代	1	8	并列,连通情况不明	拱顶	不明	有	有	仙人托瓶、执芦仙人、飞鸟、花卉、鱼、仿木建筑	《富顺县发现大型宋墓》,《四川文物》1989年第2期

续表

墓例	墓葬形式	地区	年代	墓葬数量(座)	每座墓的墓室数量(个)	墓室间关系	顶	后龛	侧龛	仿木	图像	出处
金桥乡宋墓	画像石室墓	遵义湄潭五区	宋代	1	2	并列,连通情况不明	覆斗式藻井顶	不明	不明	有	人启门、青龙、武士、白虎、侍者、墓主人像、野鹿含花	《贵州遵义专区的两座宋墓简介》,《贵州田野考古四十年》,贵州民族出版社,1993年
堰沟塥宋墓	画像石室墓	宜宾市	宋代	1	2	并列,连通	顶不明	不明	不明	有	菩萨名、青龙、白虎、墓主人像、侍女	《宜宾堰沟塥有带雕刻的古墓》,《文物参考资料》,1954年第12期
桃溪寺古墓 M2	画像石室墓	遵义市红花岗区	宋代	1	1		残,顶不明	有	有	有	武士、瓶花、青龙白虎、牡丹	《遵义桃溪寺宋墓》,《贵州田野考古四十年》,贵州民族出版社,1993年
金桥宋墓	画像石室墓	遵义市湄潭县	宋代	1	2	左右并列,连通情况不明	残,前室为平顶	有	不明	不明	文官、白虎、青龙、妇人启门、花草	《遵义地区文物志》,1984年4月
贵州桐梓宋墓的清理·桐墓三	画像石室墓	遵义市桐梓县	宋代	1	2	并列,有连通	复合式藻井顶	有	有	有	窗台、瓶花、妇人启门	《贵州桐梓宋墓的清理》,《考古通讯》,1957年第1期
三宝铜印宋墓	画像石室墓	绵阳市三台县	宋代	1	2	并列,连通	藻井顶	不明	不明	不明	门扉、门柱	《三台宋墓出土"三宝"铜印》,《四川文物》,1995年第5期
永利坟宋墓	画像石室墓	内江市威远县	宋代	1	2	并列,连通情况不明	顶不明	有	有	有	武士、妇人启门	《威远永利皇坟宋墓》,《四川文物》,1993年第2期

续表

墓例	墓葬形式	地区	年代	墓葬数量（座）	每座墓的墓室数量（个）	墓室间关系	顶	后龛	侧龛	仿木	图像	出处
资中发现宋代石室墓	画像石室墓	内江市资中县	宋代	1	2	并列，连通情况不明	平顶	有	有	不明	墓主人像	《资中发现宋代石室墓》，《四川文物》，1992年第1期
刀靶水宋墓	画像石室墓	遵义市播州区	宋代	1	2	并列，不相通	顶不明	有	不明	不明	瓶花	《遵义县文物志》第一集，1983年5月
黄家寨宋墓	画像石室墓	遵义市红花岗区	宋代	1	1		顶不明	有	不明	不明	青龙、白虎、花井、墓主人像、"龙平府万寿堂"	《黄家寨宋墓》，《遵义县文物志》第二集，2003年9月
白岩村M1	画像石室墓	达州市达川区	宋代	1	不明	墓室关系不明	藻井顶	有	不明	不明	妇人启门、花草	《川东北历代古墓葬的调查研究》，《四川文物》，2001年第2期
喻家沟宋墓	画像石室墓	自贡市荣县	宋代	1	2	有间距，连通情况不明	顶不明	不明	不明	不明	男武士、男侍从、道人、女侍从、仙鹤、道姑、女武士、仙鹤	《荣宋县宋墓浮雕的保护》，《成都文物》，2001年第3期
梅景城宋墓	画像石室墓	重庆市巴南区	宋代	1	2	墓室间关系不明	藻井顶	有	不明	不明	狮首、半开门、人物	《中国文物地图集·重庆分册》，文物出版社，2010年，下册，第68页
金狮弯宋墓1号墓	画像石室墓	重庆市万州区	宋代	1	不明	墓室关系不明	顶不明	不明	不明	不明	四叶纹地双鱼、盘口壶、"大吉利"	《中国文物地图集·重庆分册》，文物出版社，2010年，下册，第93页
栾家湾1号墓	画像石室墓	重庆市万州区	宋代	1	不明	墓室关系不明	顶不明	不明	不明	有	仿木构件	《中国文物地图集·重庆分册》，文物出版社，2010年，下册，第93页

续表

墓例	墓葬形式	地区	年代	墓葬数量(座)	每座墓的墓室数量(个)	墓室间关系	顶	后龛	侧龛	仿木	图像	出处
周家院宋墓	画像石室墓	重庆市万州区	宋代	1	不明	墓室关系不明	顶不明	不明	不明	有	仿木构件、"公堂"	《中国文物地图集·重庆分册》,文物出版社,2010年,下册,第93页
七树宋墓	画像石室墓	重庆市合川区	宋代	1	不明	墓室关系不明	顶不明	不明	不明	有	斗拱、花卉	《中国文物地图集·重庆分册》,文物出版社,2010年,下册,第162页
佛耳岩宋墓	画像石室墓	重庆市永川区	宋代	1	不明	墓室关系不明	平顶	不明	有	有	仙鹤、牡丹、鹿、斗拱等	《中国文物地图集·重庆分册》,文物出版社,2010年,下册,第190页
梭草坡宋墓	画像石室墓	重庆市永川区	宋代	1	1		平顶	不明	不明	有	仿木构件、侍女、花卉、半开门等	《中国文物地图集·重庆分册》,文物出版社,2010年,下册,第190页
岳龙山宋墓	画像石室墓	重庆市万盛区	宋代	1	2	墓室关系不明	平顶	不明	不明	有	莲花、人物、狮子、半开门等	《中国文物地图集·重庆分册》,文物出版社,2010年,下册,第196页

附表3 考古发现四川地区元墓画像石刻（原境·画像石室墓）

墓例	墓葬形式	地区	年代	墓葬数量（座）	每座墓的墓室数量（个）	墓室间关系	顶	后龛	侧龛	仿木	图像	出处
桃溪寺M3	画像石室墓	遵义市红花岗区	卒年1320年，墓葬修建时间不确定，应距此不远	1	不明	墓室关系不明	不明	不明	不明	不明	"寿山福海"	《牧司一方·播州杨氏土司墓葬》，科学出版社，2020年，第203页
播州土司杨嘉贞墓	画像石室墓	遵义市红花岗区	元代，不晚于1357年	1	3	二室并列有间距无连通，各室又分合门间隔、纵向排列的前后二室	覆斗式藻井顶	有	有	无	花草纹、"侯国绵远"、"子孙吉昌"	《牧司一方·播州杨氏土司墓葬》，科学出版社，2020年，第106页
播州土司杨忠彦墓	画像石室墓	遵义市红花岗区	卒年1367年，墓葬修建时间不确定，应距此不远	1	3	三室之间有间距无连通，各室又分纵向排列的前后二室	覆斗式藻井顶	有	假龛	无	壶门、花草纹、连弧纹、缠枝花卉	《牧司一方·播州杨氏土司墓葬》，科学出版社，2020年，第118页
播州土司杨元鼎墓	画像石室墓	遵义市红花岗区	卒年1371年，墓葬修建时间不确定，应距此不远	1	2	二室并列有间距无连通，各室又分合门间隔、纵向排列的前后二室	覆斗式藻井顶	有	假龛	无	壶门、楼阁、空椅、侍女、乐舞、花卉	《牧司一方·播州杨氏土司墓葬》，科学出版社，2020年，第122页

续表

墓例	墓葬形式	地区	年代	墓葬数量（座）	每座墓的墓室数量（个）	墓室间关系	顶	后龛	侧龛	仿木	图像	出处
播州土司杨烟墓	画像石室墓	遵义市红花岗区	卒年1440年，墓葬修建时间不确定，应距此不远	1	2	二室并列有间距无连通，各室又分以可开合门隔，纵向排列的前后二室	平顶带藻井	无	假龛	无	屏风（假山、仙草）、几案、云纹、花卉盆景	《牧司一方·播州杨氏土司墓管窥》，科学出版社，2020年，第109页
煎茶溪元墓dM1	画像石室墓	铜仁市德江县	元代	1	2	两室并列有间距无连通	藻井顶	有	有	有	力士、仿木牌楼、屏风、几案	《德江煎茶溪元墓发掘简报》，《贵州文物》，1984年第1期
劳动村元墓	画像石室墓	重庆市	元代	1	2	两室并列有连通	平顶	有	有	无	花卉、空椅	《重庆市两路口劳动村元墓清理简报》，《四川文物》，2004年第2期
沙坨水电站06DCM1	画像石室墓	铜仁市德江县	元代	1	2	两墓室并列共壁无连通	平顶带藻井	有	无	无	双龙戏珠、瑞兽、缠枝花草	《贵州田野考古报告集（1993—2003）》，科学出版社，2014年，第306页
堰沟元墓	画像石室墓	宜宾市翠屏区	元代	1	3	前室2、后室1，"品"字排列，连通情况不明	不明	不明	不明	不明	女墓主人像、侍女、龙、柱刻菩萨号	《中国文物地图集·四川分册》，文物出版社，2009年，第711页

附表4　考古发现四川地区明墓画像石刻（原境·画像石室墓&砖石混构墓·公布信息完整）

墓例	墓葬形式	地区	年代	墓葬数量（座）	每座墓的墓室数量（个）	墓室间关系	顶	后龛	侧龛	仿木	图像	出处
播州土司杨继夫妇合葬墓	画像石室墓	遵义市新蒲新区	1399年	1	3	三室并列有间距无连通，各室内空间又各分前后二室纵向排列，中有可开合门连通	藻井式盝顶	无	有	无	门岗、"寿山福海"	《贵州遵义市新蒲播州杨氏土司墓地》，《考古》，2015年第7期
播州罗氏家族墓穆M3（罗琛、荆氏、王氏）	画像石室墓	遵义市播州区	明代早期	1	3	三室并列有间距无连通	藻井式盝顶	有	无	无	壶门内空案、十字花瓣纹桌布	《贵州遵义市播州区罗氏土司家族墓调查简报》，《四川文物》，2019年第2期
沙竹苑明太监墓群M1	画像石室墓	成都市武侯区	明代早期	1	1	单室，单室空间内未进行再次划分	平顶	无	无	有	仿木门岗、仿木屋檐、花瓣纹	《成都市武侯区"沙竹苑"明代大监墓发掘简报》，《成都考古发现》，科学出版社，2007年，第593页
龙灯山明墓群M1	画像石室墓	成都市高新区	明代早期（上限1405年，下葬可能为永乐、宣德、正统时期）	1	2	墓室并列，有连通	券拱顶	有	无	有	云纹、线纹、香炉、瓶花、曼陀罗图像	《成都地区新见明墓中的藏传佛教石刻初探》，《文博学刊》，2020年第1期
播州土司杨升墓	画像石室墓	遵义市汇川区	1410-1432年	1	3	三室并列有间距无连通，各室内空间又可以开合门分隔，纵向排列的前后二室	藻井式盝顶	有	有	无	壶门、花井、盆景、假山、缠枝花井、祥云纹	《遵义高坪"播州土司"杨文四座墓葬发掘记》，《文物》，1974年第1期

续表

墓例	墓葬形式	地区	年代	墓葬数量（座）	每座墓的墓室数量（个）	墓室间关系	顶	后龛	侧龛	仿木	图像	出处
平武王玺家族墓群M14	画像石室墓	绵阳市平武县	明前期偏晚	1	1	单室，室内空间再分前后，棺室纵向排列	券拱顶	有	无	无	门扇	《四川平武明王玺家族墓》，《文物》1989年第7期
平武王玺家族墓群M11·（擂人赵氏墓）	画像石室墓	绵阳市平武县	1431年	1	1	单室，单室空间内未进行再次划分	平顶	有	有	无	牌位、乐舞、侍者	《四川平武明王玺家族墓》，《文物》1989年第7期
平武王玺家族墓群M9·（擂人明氏墓）	画像石室墓	绵阳市平武县	1431年	1	1	单室，单室空间内未进行再次划分	平顶	有	有	无	侍者、侍女、乐舞、香炉、瓶花、碑记、祭台、花卉	《四川平武明王玺家族墓》，《文物》1989年第7期
平武王玺家族墓群M10（王祥墓）	画像石室墓	绵阳市平武县	1431年	1	1	单室，室内空间有分前室和棺室纵向排列	平顶	有	有	无	飞天、侍者、文吏、武士、供桌、花卉、瓶花、二龙戏珠、狮子	《四川平武明王玺家族墓》，《文物》1989年第7期
白马寺六号墓（魏存敬）	画像石室墓	成都市北门万佛桥	1445年	1	1	单室，室内空间分前室和棺室纵向排列	券拱顶	有	有	有	"寿域"、仿木门、仿木屋檐、对联	《成都白马寺第六号明墓清理简报》，《文物参考资料》1956年第10期
播州土司杨文纲墓	画像石室墓	遵义市汇川区	卒年1449年，墓葬修建时间不确定，应距此不远	1	2	二室并列有间距无连通，各室内空间又以可开合门间隔，纵向排列的前后二室	叠井式盝顶	有	有	无	屏风、假山、仙草、如意云头纹、八角形纹	《遵义高坪"播州土司"杨文四座墓葬发掘记》，《文物》1974年第1期

665

续表

墓例	墓葬形式	地区	年代	墓葬数量（座）	每座墓的墓室数量（个）	墓室间关系	顶	后龛	侧龛	仿木	图像	出处
平武王玺家族墓群M3（王玺墓）	画像石室墓	绵阳市平武县	1464年	1	1	单室，单室内空间又分前室和棺室纵向排列	平顶	有	有	无	侍者、文官、墓主人像、飞天、古罗钱、玉版、金银锭、犀角、珊瑚、瓶花、方胜、寿山福海、门阙	《四川平武明王玺家族墓》，《文物》，1989年第7期
平武王玺家族墓群M1（孺人田氏墓）	画像石室墓	绵阳市平武县	1464年	1	1	单室，单室内空间又分前室和棺室纵向排列	平顶	有	有	无	飞天侍女、墓主人、古罗钱、瓶花、金银锭、犀角、珊瑚、方胜、寿山福海	《四川平武明王玺家族墓》，《文物》，1989年第7期
平武王玺家族墓群M4（安人曹氏墓）	画像石室墓	绵阳市平武县	1464年	1	1	单室，单室内空间又分前室和棺室纵向排列	平顶	有	有	无	飞天侍女、墓主人、古罗钱、瓶花、金银锭、犀角、珊瑚、方胜、寿山福海	《四川平武明王玺家族墓》，《文物》，1989年第7期
平武王玺家族墓群M5（蔡氏墓）	画像石室墓	绵阳市平武县	1464年	1	1	单室，单室内空间又分前室和棺室纵向排列	平顶	有	有	无	飞天侍女、墓主人、古罗钱、瓶花、金银锭、犀角、珊瑚、方胜、寿山福海	《四川平武明王玺家族墓》，《文物》，1989年第7期

续表

墓例	墓葬形式	地区	年代	墓葬数量(座)	每座墓的墓室数量(个)	墓室间关系	顶	后龛	侧龛	仿木	图像	出处
松林村一号墓	画像石室墓	安顺市西秀区	明天顺至成化	1	3	共用前室,前室和棺室纵向排列,有隔墙,有门洞,有门可以开合。隔墙又可以将棺室分为二可以连通的二室	平顶+券拱顶	有	有	有	门阙、花卉、仿木斗拱和双重屋檐、供案、神主牌、幔帐、侍者、玄武、朱雀、寿星、捧葫芦童子像、白鹤、山石	《贵州文博》,1992年创刊号
梁家嘴明墓群M3	画像石室墓	重庆市潼南县	1475年;1483年	1	2	双室并列,共壁有门连通	藻井顶	有	有	有	莲花纹、圆环、如意云头纹、门阙、仿木牌楼、主神、芭蕉神牌、"清日""波堂""康气""福寿""元亨寿生万岁""利贞保千秋""富寿荣华轩"	《重庆潼南县发现明代纪年墓葬》,《中国文物报》2005年6月29日第001版
平武王玺家族墓群M2(安人贾氏墓)	画像石室墓	绵阳市平武县	1482年	1	1	单室、单室内空间又分前室和棺室纵向排列	平顶	有	有	无	飞天侍女、墓主人像、瓶花、古钱、犀角、金银锭、方胜、珊瑚、寿山福海	《四川平武明王玺家族墓》,《文物》1989年第7期

续表

墓例	墓葬形式	地区	年代	墓葬数量（座）	每座墓的墓室数量（个）	墓室间关系	顶	后龛	侧龛	仿木	图像	出处
明播州土司杨辉与俞氏田氏合葬墓（M11）	画像石室墓	遵义市团溪镇	1483年	1	3	三室并列，有间距（每室之间又各分前后室纵向排列有合门连通）	平顶	无	无	无	门扇	《贵州遵义市团溪明代播州土司杨辉墓》，《考古》，2015年第11期
明礼部尚书周洪谟墓	画像石室墓	宜宾市翠屏区	1491年	1	3	前室横置，后室东西两室并列，共壁无连通	券拱顶（前室）+平顶（后室）	有	有	无	门扇，花井，缠枝花纹，铜钱纹，圆光，供案，须弥座，瓶花，牌位	《四川宜宾市明代周洪谟墓发掘简报》，《四川文物》，2015年第1期
万春镇2005CWWM1（杨升墓）	画像石室墓	成都市温江区	1492年	1	2	双室并列，共壁无连通	券拱顶	有	无	无	窗格，钱币纹，供果，水波纹，如意卷云纹	《成都市温江区万春镇墓发掘简报（2005）》，《成都考古发现（2005）》，科学出版社，2007年
播州土司杨爱墓	画像石室墓	遵义市汇川区	1500年	1	4	四室并列有间距无连通，各室内空间又可以合门开间隔，纵向排列的前后二室	平顶	无	无	无	花井盆景，圆日祥云纹，门扇	《牧司一方·播州杨氏土司墓葬管窥》，科学出版社，2020年，第154页
地瓜堡五室墓（杨纲夫人墓）	画像石室墓	遵义市汇川区	不早于1503年	1	5	五室大致并列有间距无连通，各墓室又为单室	平顶	无	无	无	盆栽花卉，云纹，太阳	《牧司一方·播州杨氏土司墓葬管窥》，科学出版社，2020年，第161页

续表

墓例	墓葬形式	地区	年代	墓葬数量（座）	每座墓的墓室数量（个）	墓室间关系	顶	后龛	侧龛	仿木	图像	出处
双柏村明M8（刘软张氏墓）	画像石室墓	成都市高新区	1509-1518年	1	2	二室左右并列，共壁无连通	平顶	有	无	有	仿木椎椿、供桌、花瓶、瑞鹿、供案、云纹、缠枝花卉	《成都市高新西区双柏村宋、明墓发掘简报（2013）》，《成都考古发现》，科学出版社，2015年
双柏村明M10（何氏墓）	画像石室墓	成都市高新西区	1524年	1	2	二室左右并列，共壁无连通	平顶	有	无	无	供果、花卉、瓶花、马、圆环、如意纹、双凤	《成都市高新西区双柏村宋、明墓发掘简报（2013）》，《成都考古发现》，科学出版社，2015年
大湾后坡M3	画像石室墓	重庆市潼南区	1526年；1558年	1	4	并列共壁无连通	券拱顶	无	无	无	五谷丰登纹祥、星宿、几何图案、云纹、"长命富贵"、"金玉满堂"	《重庆潼南县渝遂高速公路沿线抢救性考古发掘简报》，《四川文物》，2006年增刊
新北小区四期明太监墓群M3	砖石混构墓	成都高新区	1574年	1	1	单室，单室内空间又分前后室排列，有可开合门连通	券拱顶	无	无	有	仿木屋檐、仿木门、仿木牌楼、供桌、对联、"寿堂"	《成都"新北小区四期"明代太监墓群发现（2006）》，《成都市考古发现》，科学出版社，2008年

669

续表

墓例	墓葬形式	地区	年代	墓葬数量（座）	每座墓的墓室数量（个）	墓室间关系	顶	后龛	侧龛	仿木	图像	出处
明郭成墓	画像石室墓	宜宾市宜宾县	1597年	1	8	前室横置共用，后室分7室并排列，共壁但无连通	券拱顶（前室）+平顶（后室）	无	无	有	供案、仿木牌楼、阴圆额、戏珠、双凤朝阳图、神主牌、如意纹、"福禄寿""寿山万仞"题刻、柱联	《宜宾县草坪村明代郭成石室墓清理简报》，《四川文物》，2002年第5期
新北小区四期明太监蔡群 M1	砖石混构墓	成都市高新区	1604年	1	1	单室，单室又分纵向前后排列，有可开合门连通	券拱顶	无	无	有	仿木构屋檐、仿木构门、仿木构牌楼、供案、对联	《明代太监墓群发现》，《成都考古发现（2006）》，科学出版社，2008年
红光村明墓群 M1（商氏墓）	画像石室墓	成都市龙泉驿区	1639年	1	2	双室并列，同茔异扩，有间距无连通	平顶	有	有	无	花卉、卷草、门扇	《成都市龙泉驿区洪安镇红光村明墓群发掘简报》，《成都考古发现（2017）》，科学出版社，2019年
播州罗氏土司家族墓群 M1（罗绾、杨氏墓）	画像石室墓	遵义市播州区	明代中期略早	1	2	并列，有间距无连通，内空间又各室分成前室和后室向排列	平顶	无	无	无	门扇、单龙、双鱼纹、木波纹、双龙纹	《贵州遵义市播州区播州罗氏土司家族墓调查简报》，《四川文物》，2019年第2期
万州石檐溪墓群 M30	画像石室墓	重庆市万州区	明代中期	1	3	前室横置共用，后室又分为并列有连通的2椁室	平顶	有	无	有	祥云飞鸟、线纹、仿木构件、菱形纹、瑞兽、宝瓶、缠枝花卉、双凤	《重庆库区考古报告集·2003卷》，科学出版社，2007年，第2577页

续表

墓例	墓葬形式	地区	年代	墓葬数量（座）	每座墓的墓室数量（个）	墓室间关系	顶	后龛	侧龛	仿木	图像	出处
樟树村明墓 M1	画像石室墓	广元元坝区	明代中期	1	2	双室共壁无连通，每室又分前中后室纵向排列	平顶（前室）+券拱顶（中室、后室）	有	有	无	门扇、花卉、瓶花、果树、侍者、铜钱纹、如意云纹、八卦纹、莲瓣纹、"福""海""寿""山"	《广元市元坝区樟树村明墓发掘简报》，《四川文物》，2014年第1期
播州罗氏土司家族墓群杨 M3	画像石室墓	遵义市播州区	明代中晚期	1	2	并列，有间距无连通，各室内空间又分成前室和后室纵向排列	平顶	无	无	无	祥云纹、单龙戏珠、圆环、缠枝花卉、麒麟	《贵州遵义市播州土司罗氏家族墓群调查简报》，《四川文物》，2019年第2期
播州罗氏土司家族墓群杨 M4	画像石室墓	遵义市播州区	明代中晚期	1	2	并列，有间距无连通，各室内空间又分成前室和后室纵向排列	平顶	无	无	无	花卉、卷叶、供案、壶门、团花、如意云纹、门扇、圆环、草、灵芝	《贵州遵义市播州土司罗氏家族墓群调查简报》，《四川文物》，2019年第2期
播州土司杨辉风水冢（M10）	画像石室墓	遵义市团溪镇	明代中晚期	1	1	单室，前室和后室纵向排列，有可开合门连通	平顶	无	无	无	花卉盆景、圆环、卷云纹、门扇	《贵州遵义市团溪明代播州土司杨辉墓》，《考古》，2015年第11期
红光村明墓群 M4	画像石室墓	成都市龙泉驿区	明代中晚期	1	2	双室并列，同墓扩，有间距无连通。各室内空间又分为纵向排列，可连通的前后二室	平顶、平顶带溪井	有	有	无	花卉、门扇、几何图形、火焰纹	《成都市龙泉驿区洪安镇红光村明墓群发掘简报》，《成都考古发现（2017）》，科学出版社，2019年

续表

墓例	墓葬形式	地区	年代	墓葬数量（座）	每座墓的墓室数量（个）	墓室间关系	顶	后龛	侧龛	仿木	图像	出处
红光村明墓群M6	画像石室墓	成都市龙泉驿区	明代中晚期	1	2	双室并列，同墓扩，有间距无连通。各室内空间又分为纵向排列、可连通的前后二室	藻井式顶、券拱顶	有	有	无	门扇、花卉、火焰纹	《成都市龙泉驿区洪安镇红光村明墓群发掘简报（2017）》，《成都考古发现（2017）》，科学出版社，2019年
红光村明墓群M2	画像石室墓	成都市龙泉驿区	明代中晚期	1	2	双室并列，同墓扩，有间距无连通。各室内空间又分为纵向排列、可连通的前后二室	藻井式顶	有	有	无	火焰纹	《成都市龙泉驿区洪安镇红光村明墓群发掘简报（2017）》，《成都考古发现（2017）》，科学出版社，2019年
红光村明墓群M3	画像石室墓	成都市龙泉驿区	明代中晚期	1	2	双室并列，同墓扩，有间距无连通	藻井式顶	有	无	无	火焰纹	《成都市龙泉驿区洪安镇红光村明墓群发掘简报（2017）》，《成都考古发现（2017）》，科学出版社，2019年
红光村明墓群M5	画像石室墓	成都市龙泉驿区	明代中晚期	1	3	三室并列，有间距无连通	藻井式顶	有	有	无	火焰纹	《成都市龙泉驿区洪安镇红光村明墓群发掘简报（2017）》，《成都考古发现（2017）》，科学出版社，2019年
空坟明墓05QGSM2	画像石室墓	毕节市黔西县	明代晚期	1	2	两墓室并列共壁无连通	平顶	无	无	无	双龙戏珠	《贵州田野考古报告集（1993—2003）》，科学出版社，2014年，第363页
空坟明墓05QGSM5	画像石室墓	毕节市黔西县	明代晚期	1	2	两墓室并列共壁无连通	平顶	无	无	无	双龙戏珠	《贵州田野考古报告集（1993—2003）》，科学出版社，2014年，第363页

续表

墓例	墓葬形式	地区	年代	墓葬数量(座)	每座墓的墓室数量(个)	墓室间关系	顶	后龛	侧龛	仿木	图像	出处
上中坝 M5	画像石室墓	重庆市万州区	明代	1	4	前室横置，后室又分三室，并列，共壁无连通	前室顶不存，后室藻井式顶	有	无	无	供案、牌楼、门扇、花卉	《重庆市万州区上中坝遗址发掘》，《文博》，2000年第4期
大湾后坡 M10	画像石室墓	重庆市潼南区	明代	1	5	并列共壁无连通	平顶（一、二室），藻井顶（三、四、五室）	无	无	无	几何纹、云纹、星宿、圆额	《重庆潼南县渝遂高速公路沿线抢救性考古发掘简报》，《四川文物》，2006年增刊
云台山僧人墓	画像石室墓	重庆市大足区	明代	1	1		三层藻井顶	有	无	无	古锣钱、云纹	《大足古墓葬》，中国戏剧出版社，2012年，第38页
回龙寺僧人墓	画像石室墓	重庆市大足区	明代	1	3	并列共壁无连通	平顶	有	无	有	瓶花、供案、仿木牌楼、花鸟	《大足古墓葬》，中国戏剧出版社，2012年，第51页
御璧林枫明墓 M1	画像石室墓	重庆市大足区	明代	1	5	并列共壁无连通	平顶	无	无	有	门扇、瓶花、供案、如意纹	《大足古墓葬》，中国戏剧出版社，2012年，第47页
御璧林枫明墓 M2	画像石室墓	重庆市大足区	1548年	1	4	墓室并列共壁无连通	平顶	无	无	有	仿木牌楼+神主、门扇	《大足古墓葬》，中国戏剧出版社，2012年，第47页
双河口明墓	画像石室墓	泸州市江阳区	明代	1	4	四室并列无连通	平顶	有	无	无	壶门、如意头	笔者田野调查所获资料
枣子坝屋基明墓	画像石室墓	泸州市龙马潭区	明代	1	4	四室并列无连通	平顶	有	无	无	牌楼、门	笔者田野调查所获资料

续表

墓例	墓葬形式	地区	年代	墓葬数量（座）	每座墓的墓室数量（个）	墓室间关系	顶	后龛	侧龛	仿木	图像	出处
狮子山明墓群10号墓	画像石室墓	泸州市泸县	明代	1	1	单室，墓室空间未再次进行划分	平顶	有	无	无	牌楼	笔者田野调查所获资料
深基山墓群	画像石室墓	泸州市泸县	明代	1	5	五室并列无连通	平顶	有	无	无	牌楼	笔者田野调查所获资料
永兴寺墓群1号墓	画像石室墓	泸州市泸县	明代	1	2	二室并列有连通	平顶	有	无	无	人物、"福寿无疆"	笔者田野调查所获资料
梁湾头墓群1号墓	画像石室墓	泸州市合江县	明代	1	2	二室并列无连通	平顶	有	无	无	牌楼	笔者田野调查所获资料
大嘴上1号墓	画像石室墓	泸州市合江县	明代	1	2	二室并列无连通	平顶	有	无	无	牌楼、空椅、侍者	笔者田野调查所获资料
中坎寺墓群3号墓	画像石室墓	泸州市合江县	明代	1	5	五室并列无连通	平顶	无	无	无	缠枝花卉	笔者田野调查所获资料
蛇王洞明墓	画像石室墓	泸州市叙永县	明代	1	1	单室，单室内空间又划分为前后室纵向排列连通	券拱顶	有	无	有	仿木牌楼、墓主人像、骑马、门厨、供案、二龙戏珠	笔者田野调查所获资料

附表5 考古发现四川地区明墓画像石刻（原境·画像石室墓&砖石混构墓·公布信息不完整）

墓例	墓葬形式	地区	年代	墓葬数量（座）	每座墓的墓室数量（个）	墓室间关系	顶	后龛	侧龛	仿木	图像	出处
倒向屋基明墓	画像石室墓	重庆市涪陵区	1369年	1	1		平顶	不明	不明	不明	鱼等动物	《中国文物地图集·重庆分册》，文物出版社，2010年，第108页
顺庆郡主夫妇墓	画像石室墓	成都市金牛区	1421年	1	3	墓室关系不明	券拱顶	有	不明	有	钱币、祥云	《中国文物地图集·四川分册》，文物出版社，2009年，第72页
蒲江郡主墓	画像石室墓	成都市彭州市	1445年	1	1		藻井顶	无	有	不明	花草、人物、禽兽	《中国文物地图集·四川分册》，文物出版社，2009年，第83页
江津郡主墓	画像石室墓	成都市彭州市	1458年	1	1	单室，单室内空间又划分为纵向排列有连通的前后室	券拱顶	无	有	不明	报道有画像石刻，但未说明是何图案，墓刻"大明蜀府江津郡主墓"	《中国文物地图集·四川分册》，文物出版社，2009年，第83页
汤氏墓	画像石室墓	遂宁市蓬溪县	1472年	1	不明	墓室关系不明	不明	不明	不明	有	花卉、对联	《中国文物地图集·四川分册》，文物出版社，2009年，第421页
天空山明墓	画像石室墓	资阳市安岳县	1494年	1	不明	墓室关系不明	顶不明	不明	不明	不明	牌楼、花鸟	《中国文物地图集·四川分册》，文物出版社，2009年，第495页
香山明墓	画像石室墓	重庆市奉节县	1509年	1	不明	墓室关系不明	平顶	不明	不明	不明	莲花	《中国文物地图集·重庆分册》，文物出版社，2010年，下册，第418页

续表

墓例	墓葬形式	地区	年代	墓葬数量（座）	每座墓的墓室数量（个）	墓室间关系	顶	后龛	侧龛	仿木	图像	出处
报国寺明墓	画像石室墓	资阳市乐至县	1514年	1	1		顶不明	不明	不明	不明	报道雕刻花纹，但未记录是何题材	《中国文物地图集·四川分册》，文物出版社，2009年，第517页
明布政使司右参议刘龙谷夫妇合葬墓	画像石室墓	内江市东兴区	1542年	1	4	四室并列。连通情况不明	不明	不明	不明	不明	门阙、装饰图案、麒麟	《四川明代古墓》，右参议刘龙谷墓，1995年，《四川文物》，第2期
大石坝墓	画像石室墓	内江市威远县	1552年	1	6	墓室关系不明	不明	不明	不明	不明	报道有画像石刻，但未记录是何图案	《中国文物地图集·四川分册》，文物出版社，2009年，第465页
黄伯纯墓	画像石室墓	内江市威远县	1552年	1	1		券拱顶	有	有	有	仿木构件、龙纹、花卉	《中国文物地图集·四川分册》，文物出版社，2009年，第465页
杨来霖墓（道士）	画像石室墓	重庆市江津区	1562年	1	1	单室，单室内空间又分为纵向排列，有门连通的前后室	不明	不明	有	有	墓主人像、侍者、仿木屋檐、菜果、荷花、仙鹤、其他人物	《中国文物地图集·重庆分册》，文物出版社，2010年，下册，第142页
计家庵墓群大方夫妇墓	画像石室墓	成都市都江堰市	1578年	1	不明	墓室关系不明	盝顶	不明	不明	不明	回纹；"奉天师之教旨……"	《中国文物地图集·四川分册》，文物出版社，2009年，第72页
彭家山墓群M1	画像石室墓	成都市都江堰市	1579年	1	不明	墓室关系不明	盝顶	不明	不明	不明	动物、花草	《中国文物地图集·四川分册》，文物出版社，2009年，第73页

续表

墓例	墓葬形式	地区	年代	墓葬数量（座）	每座墓的墓室数量（个）	墓室间关系	顶	后龛	侧龛	仿木	图像	出处
温塘明墓群	画像石室墓	铜仁市沿河县	1580年	21	1、2、3、4、5室皆有	墓室关系不明	不明	不明	不明	不明	瑞鹿衔花、双鱼戏莲、飞鸟、门阙、几何纹	《2003—2013贵州基建考古重要发现》，科学出版社，2015年，第243页
秦巨川墓	画像石室墓	重庆市黔江区	1581年	1	不明	墓室关系不明	平顶	不明	不明	不明	莲花纹	《中国文物地图集·重庆分册》，文物出版社，2010年，第131页
严正璋夫妇墓	画像石室墓	巴中市通江县	1582年	1	3	三室并列，连通情况不明	平顶	不明	不明	有	仿木庑殿顶、花卉	《中国文物地图集·四川分册》，文物出版社，2009年，第945页
明兵部尚书阴武卿葬墓	画像石室墓	内江市西郊	1590年	1	4	四室并列。连通情况不明	不明	不明	不明	不明	二龙抢宝	《内江市出土明代兵部尚书阴武卿墓志》，《四川文物》1987年第3期
永兴寺墓群M1	画像石室墓	泸州市泸县	明万历年间	1	1		平顶	无	无	有	仿木门厨、花草、云纹、蜘蛛	《中国文物地图集·四川分册》，文物出版社，2009年，第238页
胡世贤墓	画像石室墓	重庆市合川区	卒于1619年，修建年代不明，应距此不远	1	不明	墓室关系不明	平顶	不明	不明	不明	花窗	《中国文物地图集·重庆分册》，文物出版社，2010年，下册，第162页
乌龟颈明墓群	画像石室墓	荣县龙潭区	明代早期	26	不明	墓室关系不明	不明	有	有	无	莲瓣纹、火焰纹	《荣县乌龟颈明墓葬群清理简报》，《四川文物》1992年第6期

677

续表

墓例	墓葬形式	地区	年代	墓葬数量(座)	每座墓的墓室数量(个)	墓室间关系	顶	后龛	侧龛	仿木	图像	出处
东山灌溉渠14号明墓	画像石室墓	成都市	明代中晚期	1	1	单室，单室内空间又分为纵向排列、有门连通的前后室	券拱顶	有	不明	不明	龙凤	《四川东山灌溉渠宋代遗址及古墓清理简报》，《考古》，1959年第8期
华藏寺僧人墓群	画像石室墓	重庆市江津区	明代	11	1		平顶	不明	不明	不明	钱纹、云纹	《中国文物地图集·重庆分册》，文物出版社，2010年，下册，第141页
贾氏墓	画像石室墓	阿坝藏族羌族自治州	明代	1	2	前室横置，后室又分为并列2椁室，连通情况不明	拱顶	有	不明	不明	门扇、花草、人物、麒麟	《中国文物地图集·四川分册》，文物出版社，2009年，第1060页
欢喜坡墓群M1	画像石室墓	阿坝藏族羌族自治州	明代	1	2	前室横置，后室又分为并列2椁室，连通情况不明	平顶	不明	不明	不明	花草	《中国文物地图集·四川分册》，文物出版社，2009年，第1060页
老坟山墓群明谢万立墓	画像石室墓	巴中市南江县	明代	1	4	前室横置，后室又分为并列4椁室，连通情况不明	平顶	不明	不明	不明	文字、画像石刻(风化糊不清)	《中国文物地图集·四川分册》，文物出版社，2009年，第964页
牌坊坝墓群M1	画像石室墓	宜宾市叙州区	明代	1	2	墓室关系不明	藻井顶	有	无	无	鹿、鹤、花井、马	《酒都文物宜宾市第三次全国文物普查成果集》，文物出版社，2013年，第135页
阮家村明墓	画像石室墓	宜宾市叙州区	明代	1	不明	墓室关系不明	不明	有	不明	不明	椎髻墓主人像	《酒都文物宜宾市第三次全国文物普查成果集》，文物出版社，2013年，第142页

续表

墓例	墓葬形式	地区	年代	墓葬数量(座)	每座墓的墓室数量(个)	墓室间关系	顶	后龛	侧龛	仿木	图像	出处
大坝子明墓 M1	画像石室墓	宜宾市叙州区	明代	1	2	墓室关系不明	二重藻井顶	有	无	无	楼阁	《酒都文物宜宾市第三次全国文物普查成果集》,文物出版社,2013年,第152页
雷家湾墓群 M6	画像石室墓	宜宾市翠屏区	明代	1	不明	墓室关系不明	不明	不明	不明	不明	楼阁	《酒都文物宜宾市第三次全国文物普查成果集》,文物出版社,2013年,第176页
清明山明墓	画像石室墓	宜宾市翠屏区	明代	1	6	墓室关系不明	藻井顶	有	无	无	花卉	《酒都文物宜宾市第三次全国文物普查成果集》,文物出版社,2013年,第181页
桐子湾墓群 M2	画像石室墓	宜宾市翠屏区	明代	1	2	墓室关系不明	藻井顶	有	无	无	花卉、牌楼、四瓣叶纹样	《酒都文物宜宾市第三次全国文物普查成果集》,文物出版社,2013年,第181页
大石盘墓群	画像石室墓	宜宾市叙州区	明代	4	不明	墓室关系不明	M2藻井顶,其他不明	有	无	无	花卉	《酒都文物宜宾市第三次全国文物普查成果集》,文物出版社,2013年,第184页
桒家山明墓	画像石室墓	宜宾市翠屏区	明代	1	2	墓室关系不明	藻井顶	有	无	无	花卉	《酒都文物宜宾市第三次全国文物普查成果集》,文物出版社,2013年,第186页
深基坡墓群 M2	画像石室墓	宜宾市叙州区	明代	1	4	墓室关系不明	不明	有	无	无	花卉、牌楼	《酒都文物宜宾市第三次全国文物普查成果集》,文物出版社,2013年,第200页

续表

墓例	墓葬形式	地区	年代	墓葬数量(座)	每座墓的墓室数量(个)	墓室间关系	顶	后龛	侧龛	仿木	图像	出处
帽落坡墓群M3	画像石室墓	宜宾市叙州区	明代	1	5	墓室关系不明	不明	无	无	无	报道有画像石刻,但未说明是何图像	《酒都文物 宜宾市第三次全国文物普查成果集》,文物出版社,2013年,第229页
瓦窑坝墓群M1	画像石室墓	宜宾市翠屏区	明代	1	11	墓室并列,有隔墙	藻井顶	无	无	无	牌楼	《酒都文物 宜宾市第三次全国文物普查成果集》,文物出版社,2013年,第250页
深基坳明墓	画像石室墓	宜宾市翠屏区	明代	1	2	墓室并列,连通情况不明	藻井顶	有	无	无	墓主人像	《酒都文物 宜宾市第三次全国文物普查成果集》,文物出版社,2013年,第272页
龙秀山明墓	画像石室墓	宜宾市叙州区	明代	1	2	墓室并列,连通情况不明	券拱顶	无	无	无	牌位、二僧人像、花卉	《酒都文物 宜宾市第三次全国文物普查成果集》,文物出版社,2013年,第278页
碾子坡墓群M4	画像石室墓	宜宾市叙州区	明代	1	4	墓室并列,连通情况不明	藻井顶	有	无	无	建筑房屋	《酒都文物 宜宾市第三次全国文物普查成果集》,文物出版社,2013年,第279页
石碑坳墓群M1	画像石室墓	宜宾市叙州区	明代	1	1		藻井顶	有	无	无	武士、斗拱、花卉、奔马	《酒都文物 宜宾市第三次全国文物普查成果集》,文物出版社,2013年,第280页
古坟包墓群M2	画像石室墓	宜宾市叙州区	明代	1	5	墓室关系不明	藻井顶	有	无	无	门阙、花卉	《酒都文物 宜宾市第三次全国文物普查成果集》,文物出版社,2013年,第291页

续表

墓例	墓葬形式	地区	年代	墓葬数量(座)	每座墓的墓室数量(个)	墓室间关系	顶	后龛	侧龛	仿木	图像	出处
牯牛坡明墓	画像石室墓	宜宾市叙州区	明代	1	3	墓室关系不明	不明	有	有	无	人物、花卉	《酒都文物宜宾市第三次全国文物普查成果集》，文物出版社，2013年，第362页
大槽头墓群M1	画像石室墓	宜宾市江安县	明代	1	2	墓室相连，排列关系不明	不明	有	无	无	武士、琴棋书画、供养人、侍女、连钱纹	《酒都文物宜宾市第三次全国文物普查成果集》，文物出版社，2013年，第432页
高简槽明墓	画像石室墓	宜宾市长宁县	明代	1	5	墓室相连，排列关系不明	平顶	有	无	无	报道有画像石刻，但未说明是何图像	《酒都文物宜宾市第三次全国文物普查成果集》，文物出版社，2013年，第500页
红石堡墓	画像石室墓	宜宾市长宁县	明代	1	1		不明	有	有	无	人物	《酒都文物宜宾市第三次全国文物普查成果集》，文物出版社，2013年，第516页
岩洞板	画像石室墓	宜宾市长宁县	明代	1	1		平顶	有	无	无	侍女	《酒都文物宜宾市第三次全国文物普查成果集》，文物出版社，2013年，第524页
生机嘴墓	画像石室墓	宜宾市长宁县	明代	1	2	墓室左右并列有连通	平顶	有	有	无	报道有画像石刻，但未说明是何图像	《酒都文物宜宾市第三次全国文物普查成果集》，文物出版社，2013年，第529页
泡桐岭墓群M2	画像石室墓	宜宾市长宁县	明代	1	4	墓室有连通，排列关系不明	平顶	有	有	无	报道有画像石刻，但未说明是何图像	《酒都文物宜宾市第三次全国文物普查成果集》，文物出版社，2013年，第545页

续表

墓例	墓葬形式	地区	年代	墓葬数量(座)	每座墓的墓室数量(个)	墓室间关系	顶	后龛	侧龛	仿木	图像	出处
牛王山明墓	画像石室墓	宜宾市长宁县	明代	不明	不明	墓室关系不明	不明	有	不明	不明	几何纹、花卉	《酒都文物宜宾市第三次全国文物普查成果集》,文物出版社,2013年,第552页
院子头后山墓群M3	画像石室墓	宜宾市高县	明代	1	4	墓室关系不明	不明	有	有	无	花草	《酒都文物宜宾市第三次全国文物普查成果集》,文物出版社,2013年,第579页
坟嘴上墓	画像石室墓	宜宾市珙县	明代	1	2	墓室关系不明	不明	有	无	无	花卉、鹿	《酒都文物宜宾市第三次全国文物普查成果集》,文物出版社,2013年,第645页
生基坪墓群M1	画像石室墓	宜宾市珙县	明代	1	不明	墓室关系不明	不明	有	无	无	门阙、花卉	《酒都文物宜宾市第三次全国文物普查成果集》,文物出版社,2013年,第673页
大榜墓	画像石室墓	宜宾市筠连县	明代	1	2	墓室有连通,排列关系不明	不明	无	无	无	凤鹊	《酒都文物宜宾市第三次全国文物普查成果集》,文物出版社,2013年,第779页
磨盘田墓群M3	画像石室墓	宜宾市兴文县	明代	1	2	墓室关系不明	不明	无	无	无	人物、花卉	《酒都文物宜宾市第三次全国文物普查成果集》,文物出版社,2013年,第795页
长木河墓群M4	画像石室墓	宜宾市屏山县	明代	1	2	墓室关系不明	不明	有	无	无	花卉	《酒都文物宜宾市第三次全国文物普查成果集》,文物出版社,2013年,第833页

续表

墓例	墓葬形式	地区	年代	墓葬数量(座)	每座墓的墓室数量(个)	墓室间关系	顶	后龛	侧龛	仿木	图像	出处
点灯包墓	画像石室墓	宜宾市屏山县	明代	1	2	墓室关系不明	不明	有	不明	不明	人物、花卉、房屋	《酒都第三次全国文物普查成果集》,宜宾市文物出版社,2013年,第891页
柏林村墓	画像石室墓	宜宾市屏山县	明代	1	2	墓室关系不明	藻井顶	有	不明	不明	莲花兔头	《酒都第三次全国文物普查成果集》,宜宾市文物出版社,2013年,第920页
赵贞吉墓（礼部尚书）	画像石室墓	内江市中区	明代	1	3	墓室关系不明	平顶	有	不明	不明	文官、武士、侍者	国家文物局:《第三次全国重要新发现(2009)》,科学出版社,2010年,第37页
江洋墓（蜀府大监）	画像石室墓	成都市金牛区	明代	1	1		券拱顶	无	无	有	仿木构件	《中国文物地图集·四川分册（中）》,文物出版社,2009年,第28页
董家山墓群M1	画像石室墓	成都市都江堰市	明代	1	不明	墓室关系不明	盝顶	不明	不明	不明	报道有画像石刻,但是何图像说明未何	《中国文物地图集·四川分册》,文物出版社,2009年,第73页
四望观明墓	画像石室墓	成都市都江堰市	明代	1	2	墓室关系不明	盝顶	不明	不明	不明	人物	《中国文物地图集·四川分册》,文物出版社,2009年,第73页
石城明墓	画像石室墓	成都市都江堰市	明代	1	2	墓室关系不明	平顶	不明	不明	不明	武士	《中国文物地图集·四川分册》,文物出版社,2009年,第73页

续表

墓例	墓葬形式	地区	年代	墓葬数量（座）	每座墓的墓室数量（个）	墓室间关系	顶	后龛	侧龛	仿木	图像	出处
花园僧人墓	画像石室墓	成都市彭州市	明代	1	1		券拱顶	不明	有	不明	报道有画像石刻，但未说明是何图像。"众僧塔"、"卷拱塔"	《中国文物地图集·四川分册》，文物出版社，2009年，第83页
白云僧人墓	画像石室墓	成都市彭州市	明代	1	1		不明	不明	不明	不明	佛像、莲台、花草	《中国文物地图集·四川分册》，文物出版社，2009年，第83页
李家坪明墓	画像石室墓	成都市崇州市	明代	1	2	两室连通、排列关系不明	藻井顶	不明	不明	有	钱币纹棂窗	《中国文物地图集·四川分册》，文物出版社，2009年，第96页
余寺堡坪明墓	画像石室墓	成都市大邑县	明代	1	2	两室连通、排列关系不明	券拱顶	不明	不明	有	花鸟、水草、云纹	《中国文物地图集·四川分册》，文物出版社，2009年，第136页
斜源明墓	画像石室墓	成都市大邑县	明代	1	3	三室连通、排列关系不明、各墓室内空间又分前后二室	券拱顶	无	无	不明	凤凰、太阳、花鸟、荷花、云纹	《中国文物地图集·四川分册》，文物出版社，2009年，第136页
天锅山墓群M2	画像石室墓	泸州市泸县	明代	1	2	墓室关系不明	平顶	无	无	有	仿木门厨	《中国文物地图集·四川分册》，文物出版社，2009年，第238页
谢家墓群M2	画像石室墓	德阳市中江县	明代	1	不明	墓室间排列不明、中壁有连通	券拱顶	有	无	无	花草	《中国文物地图集·四川分册》，文物出版社，2009年，第274页

续表

墓例	墓葬形式	地区	年代	墓葬数量(座)	每座墓的墓室数量(个)	墓室间关系	顶	后龛	侧龛	仿木	图像	出处
龙背山墓群 M1	画像石室墓	德阳市中江县	明代	1	不明	墓室关系不明	券拱顶	有	无	有	瓶花	《中国文物地图集·四川分册》，文物出版社，2009年，第274页
班竹山墓	画像石室墓	德阳市中江县	明代	1	3	三室并列，连通情况不明、各墓室又分墓门连通前后二室	券拱顶	有	无	不明	花井	《中国文物地图集·四川分册》，文物出版社，2009年，第136页
青龙嘴明墓	画像石室墓	德阳市中江县	明代	1	4	四室并列有连通	平顶	无	无	无	花草、云纹、楼阁	《中国文物地图集·四川分册》，文物出版社，2009年，第274页
何家林墓	画像石室墓	绵阳市梓潼县	明代	1	3	并列，连通情况不明	券拱顶	无	无	无	花草、云纹、楼阁	《中国文物地图集·四川分册》，文物出版社，2009年，第319页
黄土墩墓群 M1	画像石室墓	绵阳市北川羌族自治县	明代	1	2	墓室关系不明	平顶	无	无	无	花井、长明灯	《中国文物地图集·四川分册》，文物出版社，2009年，第335页
龙湾墓群 M2	画像石室墓	绵阳市北川羌族自治县	明代	1	2	墓室并列有连通	平顶	不明	不明	不明	花井、摇钱树	《中国文物地图集·四川分册》，文物出版社，2009年，第335页
三坝墓群 M2	画像石室墓	绵阳市北川羌族自治县	明代	1	2	墓室关系不明	平顶	不明	不明	不明	报道有画像石刻，但未说明是何图像	《中国文物地图集·四川分册》，文物出版社，2009年，第335页
苦竹墓群 M4	画像石室墓	绵阳市北川羌族自治县	明代	1	1		平顶	不明	不明	不明	花草	《中国文物地图集·四川分册》，文物出版社，2009年，第335页

续表

墓例	墓葬形式	地区	年代	墓葬数量（座）	每座墓的墓室数量（个）	墓室间关系	顶	后龛	侧龛	仿木	图像	出处
大华梁墓群 M6	画像石室墓	绵阳市北川羌族自治县	明代	1	2	墓室关系不明	平顶	不明	不明	不明	花草	《中国文物地图集·四川分册》，文物出版社，2009年，第336页
茶尖口墓群 M4	画像石室墓	绵阳市北川羌族自治县	明代	1	2	墓室关系不明	平顶	不明	不明	不明	十字花瓣纹	《中国文物地图集·四川分册》，文物出版社，2009年，第336页
坪地墓群 M3	画像石室墓	绵阳市北川羌族自治县	明代	1	1		平顶	不明	不明	不明	花卉	《中国文物地图集·四川分册》，文物出版社，2009年，第336页
茅草坡墓群 M4	画像石室墓	绵阳市北川羌族自治县	明代	1	1	墓室关系不明	平顶	不明	不明	不明	双兽	《中国文物地图集·四川分册》，文物出版社，2009年，第336页
古坟梁墓群 M6	画像石室墓	绵阳市北川羌族自治县	明代	1	2	墓室关系不明	平顶	不明	不明	有	花草、仿木建筑	《中国文物地图集·四川分册》，文物出版社，2009年，第336页
井泉和尚墓	画像石室墓	绵阳市三台县	明代	1	2	墓室并列，连通情况不明	藻井顶	不明	不明	有	仿木构件、柱上刻"玉磬响鼓乐明渡波涌"	《中国文物地图集·四川分册》，文物出版社，2009年，第344页
观音囿山明墓	画像石室墓	资阳市简阳市	明代	1	不明		顶不明	不明	不明	不明	报道有画像石刻，但不明是何图像	《中国文物地图集·四川分册》，文物出版社，2009年，第485页
苏家坝墓群 M5	画像石室墓	资阳市简阳市	明代	1	不明		顶不明	不明	不明	不明	莲瓣、瓶花、竹子	《中国文物地图集·四川分册》，文物出版社，2009年，第485页

续表

墓例	墓葬形式	地区	年代	墓葬数量（座）	每座墓的墓室数量（个）	墓室间关系	顶	后龛	侧龛	仿木	图像	出处
常乐明墓	画像石室墓	资阳市安岳县	明代	1	6	前中后室纵向排列，有左右耳室	藻井式顶	不明	不明	不明	花卉	《中国文物地图集·四川分册》，文物出版社，2009年，第495页
大垭明墓	画像石室墓	资阳市安岳县	明代	1	2	前后室纵向排列，有门连通	藻井式顶	无	有	不明	重檐歇山式屋顶	《中国文物地图集·四川分册》，文物出版社，2009年，第496页
杨家明墓	画像石室墓	乐山市沙湾区	明代	1	3	墓室关系不明	平顶	不明	不明	有	仿木构件、花卉	《中国文物地图集·四川分册》，文物出版社，2009年，第543页
紫云寺僧人墓	画像石室墓	乐山市沙湾区	明代	1	2	墓室关系不明	券拱顶	不明	不明	有	仿木屋顶、瓦当、花卉	《中国文物地图集·四川分册》，文物出版社，2009年，第543页
龙果寺墓群M1	画像石室墓	南充市高坪区	明代	1	8	墓室并列，墓室关系不明	覆斗式顶	不明	不明	有	仿木屋顶	《中国文物地图集·四川分册》，文物出版社，2009年，第641页
白云洞墓	画像石室墓	南充市阆中市	明代	1	4	墓室4，主室1，左右耳室3	不明	不明	不明	有	斗栱、藻井	《中国文物地图集·四川分册》，文物出版社，2009年，第650页
沿和明墓M1	画像石室墓	宜宾市宜宾县	明代	1	不明	墓室关系不明	顶不明	不明	不明	有	斗栱	《中国文物地图集·四川分册》，文物出版社，2009年，第724页
牌坊坝明墓	画像石室墓	宜宾市宜宾县	明代	1	2	墓室并列，连通关系不明	平顶	有	有	无	花卉、鹤、鹿、马	《中国文物地图集·四川分册》，文物出版社，2009年，第725页

续表

墓例	墓葬形式	地区	年代	墓葬数量(座)	每座墓的墓室数量(个)	墓室间关系	顶	后龛	侧龛	仿木	图像	出处
圈山田明墓	画像石室墓	宜宾市高县	明代	1	2	前后室纵向分布，后室又分并列的3墓室，前后室有门连通，椁室间连通情况不明	拱顶	不明	不明	不明	龙、鹿、花卉、器皿	《中国文物地图集·四川分册》，文物出版社，2009年，第760页
牧头坝明墓	画像石室墓	宜宾市高县	明代	1	3	三室并列，连通情况不明	藻井顶	有	有	不明	花卉、"金玉满堂"、"长命富贵"	《中国文物地图集·四川分册》，文物出版社，2009年，第760页
水南墓群M1	画像石室墓	宜宾市兴文县	明代	1	1		平顶	不明	不明	不明	钱币纹、几何纹	《中国文物地图集·四川分册》，文物出版社，2009年，第780页
金象明墓	画像石室墓	宜宾市屏山县	明代	1	3	三室并列，连通情况不明，共用享堂	拱顶	有	不明	有	人像、花卉、诗句、瓦当、椁、方块田地图	《中国文物地图集·四川分册》，文物出版社，2009年，第787页
五星墓群M1	画像石室墓	宜宾市屏山县	明代	1	4	四室并列，连通情况不明	藻井式顶	有	不明	不明	花窗	《中国文物地图集·四川分册》，文物出版社，2009年，第787页
华象墓群M1	画像石室墓	宜宾市屏山县	明代	1	1		平顶	有	不明	不明	房舍、花草、"椿福堂"、"荣缘堂"	《中国文物地图集·四川分册》，文物出版社，2009年，第788页
岩门明墓M1	画像石室墓	宜宾市屏山县	明代	1	2	二室并列，连通情况不明	平顶	不明	不明	不明	房舍、人物、花卉	《中国文物地图集·四川分册》，文物出版社，2009年，第788页

续表

墓例	墓葬形式	地区	年代	墓葬数量(座)	每座墓的墓室数量(个)	墓室间关系	顶	后龛	侧龛	仿木	图像	出处
新华明墓	画像石室墓	宜宾市屏山县	明代	1	2	二室并列，连通情况不明	平顶	有	不明	不明	楼阁	《中国文物地图集·四川分册》，文物出版社，2009年，第788页
天官堂明墓	画像石室墓	宜宾市屏山县	明代	1	7	七室并列有连通	平顶	有	不明	不明	房舍、花草	《中国文物地图集·四川分册》，文物出版社，2009年，第788页
白华山僧人墓（湛文墓）	画像石室墓	宜宾市屏山县	明代	1	3	前中后三室纵向排列有连通	拱顶（前室）+藻井顶（中室）+平顶（后室）	不明	不明	不明	武士	《中国文物地图集·四川分册》，文物出版社，2009年，第789页
青杠岭明墓	画像石室墓	巴中市通江县	明代	1	1		平顶	不明	不明	不明	绶带、宝杵	《中国文物地图集·四川分册》，文物出版社，2009年，第944页
广纳坝明墓M3	画像石室墓	巴中市通江县	明代	1	3	三室并列，连通情况不明	平顶	不明	不明	不明	宝相绶带	《中国文物地图集·四川分册》，文物出版社，2009年，第944页
陈家坝墓群M12	画像石室墓	巴中市通江县	明代	1	1		平顶	不明	不明	不明	房舍、"长命富贵"	《中国文物地图集·四川分册》，文物出版社，2009年，第946页
青龙嘴M2	画像石室墓	巴中市南江县	明代	1	1		平顶	不明	不明	不明	花卉、钱币纹	《中国文物地图集·四川分册》，文物出版社，2009年，第964页

续表

墓例	墓葬形式	地区	年代	墓葬数量（座）	每座墓的墓室数量（个）	墓室间关系	顶	后龛	侧龛	仿木	图像	出处
贾家湾明墓	画像石室墓	巴中市南江县	明代	1	5	五室并列，连通情况不明	平顶	不明	不明	不明	房舍、钱币纹	《中国文物地图集·四川分册》，文物出版社，2009年，第964页
古山梁明墓M1	画像石室墓	巴中市南江县	明代	1	1		平顶	不明	不明	不明	房舍	《中国文物地图集·四川分册》，文物出版社，2009年，第964页
野毛溪墓群	画像石室墓	重庆市合川区	明代	94	不明	墓室关系不明	平顶	不明	不明	不明	花卉等	《中国文物地图集·重庆分册》，文物出版社，2010年，下册，第162页
滴岩墓群	画像石室墓	重庆市合川区	明代	5	不明	墓室关系不明	平顶	不明	不明	不明	花卉、飞鸟等	《中国文物地图集·重庆分册》，文物出版社，2010年，下册，第162页
石塔子墓群墓	画像石室墓	重庆市綦江县	明代	1	不明	墓室关系不明	藻井式顶	不明	不明	不明	建筑、梅瓶罐、莲花纹等	《中国文物地图集·重庆分册》，文物出版社，2010年，下册，第231页
状元冲明墓	画像石室墓	重庆市大足区	明代	1	2	墓室关系不明	顶不明	不明	不明	不明	湖草、鱼、钱币纹等	《中国文物地图集·重庆分册》，文物出版社，2010年，下册，第284页
生基嘴墓群	画像石室墓	重庆市璧山县	明代	36	不明	墓室关系不明	顶不明	不明	不明	有	庭园建筑、仿木构件等	《中国文物地图集·重庆分册》，文物出版社，2010年，下册，第325页

续表

墓例	墓葬形式	地区	年代	墓葬数量(座)	每座墓的墓室数量(个)	墓室间关系	顶	后龛	侧龛	仿木	图像	出处
安理坝明墓	画像石室墓	重庆市巫溪县	明代	1	1		平顶	不明	有	有	二龙戏珠、花草、仿木构件	《中国文物地图集·重庆分册》,文物出版社,2010年,下册,第441页
深溪湾明墓	画像石室墓	重庆市彭水苗族土家族自治县	明代	2	不明	墓室关系不明	覆斗式顶	有	有	不明	盆景、花卉	《中国文物地图集·重庆分册》,文物出版社,2010年,下册,第475页
状元冲明墓	画像石室墓	重庆市大足区	明代	1	不明	墓室关系不明	券拱顶	有	有	有	屏风、缠枝花卉、"福""寿"	《大足古墓葬》,中国戏剧出版社,2012年,第41页
凤国寺墓群	画像石室墓	重庆市大足区	明代	1	不明	墓室关系不明	券拱顶	有	有	无	房宇	《大足古墓葬》,中国戏剧出版社,2012年,第42页

691

附表6 考古发现四川地区宋元明墓葬画像石刻（原境·画像崖墓）

墓葬名称	地区	年代	族属	墓葬数量(座)	每墓的墓室数量(个)	墓室关系	顶	后笼	侧笼	仿木	图像	出处
永川高洞子宋代崖墓群M1	重庆市永川区	南宋晚期开禧年间	汉系	1	1	与M2、M3并列，有间距无连通	穹隆顶	有	有	有	空椅、花卉、仙鹤、瑞鹿、羽人、天马、天禄、启门、青龙、白虎、朱雀、玄武、银铤、卷草、卷云	《重庆永川高洞子南宋墓群清理简报》,《文物》2020年第6期；笔者田野调查采集资料
永川高洞子宋代崖墓群M2	重庆市永川区	南宋	汉系	1	1	与M1、M3并列，有间距无连通	平顶带浅藻井	有	有	有	花卉、亭、瑞兽、缠花圆环	《重庆永川高洞子南宋墓群清理简报》,《文物》2020年第6期；笔者田野调查采集资料
永川高洞子宋代崖墓群M3	重庆市永川区	南宋	汉系	1	1	与M1、M2并列，有间距无连通	平顶带浅藻井	有	有	有	花卉、亭、瑞兽、缠花圆环	《重庆永川高洞子南宋墓群清理简报》,《文物》2020年第6期；笔者田野调查采集资料
清凉山崖墓群	泸州市纳溪区	南宋	汉系	5	1	紧靠、无连通	平顶	无	无	有	仿木屋檐	笔者田野调查采集资料
何嘴上崖墓M1	宜宾市宜宾县	南宋	汉系	1	不明	墓室关系不明	顶不明	有	有	有	汉系服饰墓主人像者、斗拱、侍俑、莲鹤	《酒都全国文物普查成果第三次集》,文物出版社,2013年,第269页

续表

墓葬名称	地区	年代	族属	墓葬数量（座）	每墓的墓室数量（个）	墓室关系	顶	后龛	侧龛	仿木	图像	出处
何嘴上崖墓 M2	宜宾市宜宾县	南宋	汉系	1	不明	墓室关系不明	顶不明	有	有	有	斗拱	《酒都文物 宜宾市第三次全国文物普查成果集》，文物出版社，2013年，第269页
金庙崖墓群1号墓	重庆市江津区	宋代	非汉系	1	不明	墓室关系不明	不明	不明	不明	不明	骑射、杀毂、马、鱼	《中国文物地图集·重庆分册》，文物出版社，2010年，第141页
半边庙崖墓群	重庆市大足县	宋代	族属不明	4	1		弧形顶	不明	不明	不明	龙、花卉、鹿	《中国文物地图集·重庆分册》，文物出版社，2010年，第282页
天堂沟崖墓群	宜宾市叙州区	宋代	非汉系	14	1		平顶略带弧	无	无	有	武士、青龙、斗拱、出行、铺首、瑞鹿	笔者田野调查采集
北斗岩崖墓群	宜宾市叙州区	宋代	非汉系	2			平顶略带弧	有	无	无	武士、玄武、启门、朱雀、备佣、瑞鹿、出行	笔者田野调查采集
回龙甪子石Ⅰ区 M9	宜宾市叙州区	宋代	非汉系	1			平顶	有	无	有	斗拱、铺首、鹿	《宜宾县双龙、横江两区岩穴墓调查记》，《考古与文物》，1984年第2期

续表

墓葬名称	地区	年代	族属	墓葬数量（座）	每墓的墓室数量（个）	墓室关系	顶	后龛	侧龛	仿木	图像	出处
回龙箱子石Ⅰ区M15	宜宾市叙州区	宋代	非汉系	1	1		藻井顶	有	有	有	武士、仿木建筑、秘戏	《宜宾县双龙、横江两区岩墓调查记》，《考古与文物》，1984年第2期
回龙箱子石Ⅰ区M16	宜宾市叙州区	宋代	非汉系	1	1		平顶	有	有	无	武士	《宜宾县双龙、横江两区岩墓调查记》，《考古与文物》，1984年第2期
回龙箱子石Ⅱ区M2	宜宾市叙州区	宋代	非汉系	1	不明	墓室关系不明	两面坡	无	无	无	几何形图案	《宜宾县双龙、横江两区岩墓调查记》，《考古与文物》，1984年第2期
回龙老鹰嘴M12	宜宾市叙州区	宋代	非汉系	1	1		两面坡	无	有	无	武士、骑马人及随从	《宜宾县双龙、横江两区岩墓调查记》，《考古与文物》，1984年第2期
回龙老鹰嘴M17	宜宾市叙州区	宋代	非汉系	不明	不明	墓室关系不明	平顶	有	有	无	动物	《宜宾县双龙、横江两区岩墓调查记》，《考古与文物》，1984年第2期
回龙老鹰嘴M2	宜宾市叙州区	宋代	非汉系	不明	不明	墓室关系不明	顶不明	不明	不明	不明	武士	《宜宾县双龙、横江两区岩墓调查记》，《考古与文物》，1984年第2期

续表

墓葬名称	地区	年代	族属	墓葬数量（座）	每墓的墓室数量（个）	墓室关系	顶	后龛	侧龛	仿木	图像	出处
回龙老鹰嘴 M3	宜宾市叙州区	宋代	非汉系	不明	不明	墓室关系不明	顶不明	不明	不明	不明	武士、铺首	《宜宾县双龙区岩穴墓与文物》，《横江两古》，1984年第2期
回龙老鹰嘴 M4	宜宾市叙州区	宋代	非汉系	不明	不明	墓室关系不明	顶不明	不明	不明	不明	武士	《宜宾县双龙区岩穴墓与文物》，《横江两古》，1984年第2期
回龙老鹰嘴 M5	宜宾市叙州区	宋代	非汉系	不明	不明	墓室关系不明	顶不明	不明	不明	不明	文吏、武士	《宜宾县双龙区岩穴墓与文物》，《横江两古》，1984年第2期
回龙老鹰嘴 M9	宜宾市叙州区	宋代	非汉系	不明	不明	墓室关系不明	顶不明	不明	不明	不明	文吏	《宜宾县双龙区岩穴墓与文物》，《横江两古》，1984年第2期
五宝萤洞子沟 M1	宜宾市叙州区	宋代	非汉系	1	1		平顶	有	有	有	铺首、云气纹、鸟、武士、象、牛、鹿、虎、猪、兔、劳作、乐舞、仿木建筑	《宜宾县双龙区岩穴墓与文物》，《横江两古》，1984年第2期
五宝萤洞子沟 M2	宜宾市叙州区	宋代	非汉系	1	1		平顶	有	无	有	武士、启门、奉茶、动物、仿木建筑	《宜宾县双龙区岩穴墓与文物》，《横江两古》，1984年第2期

续表

墓葬名称	地区	年代	族属	墓葬数量(座)	每墓的墓室数量(个)	墓室关系	顶	后龛	侧龛	仿木	图像	出处
双龙活石头 M1	宜宾市叙州区	宋代	非汉系	1	1		两面坡	无	无	无	瓶花	《宜宾县双龙、横江两区岩穴墓调查记》,《考古与文物》,1984年第2期
双龙活石头 M2	宜宾市叙州区	宋代	非汉系	1	1		平顶	无	无	无	马	《宜宾县双龙、横江两区岩穴墓调查记》,《考古与文物》,1984年第2期
石坡蛮洞子岩 M1	宜宾市叙州区	宋代	非汉系	1	1		平顶	有	无	无	武士、门阙、人物、莲花	《宜宾县双龙、横江两区岩穴墓调查记》,《考古与文物》,1984年第2期
捧印蛮洞子岩 M1	宜宾市叙州区	宋代	非汉系	1	1		微拱	有	有	无	武士、骑马人及随从、莲花	《宜宾县双龙、横江两区岩穴墓调查记》,《考古与文物》,1984年第2期
捧印蛮洞子岩 M2	宜宾市叙州区	宋代	非汉系	1	1		微拱	有	有	无	武士、骑马人及随从	《宜宾县双龙、横江两区岩穴墓调查记》,《考古与文物》,1984年第2期
捧印蛮洞子洞 M4	宜宾市叙州区	宋代	非汉系	不明	不明	墓室关系不明	顶不明	不明	不明	不明	武士、骑马人及随从	《宜宾县双龙、横江两区岩穴墓调查记》,《考古与文物》,1984年第2期
凤仪幸福蛮洞湾 M1	宜宾市叙州区	宋代	非汉系	1	1		微拱	无	无	无	禽鸟、莲花	《宜宾县双龙、横江两区岩穴墓调查记》,《考古与文物》,1984年第2期

续表

墓葬名称	地区	年代	族属	墓葬数量（座）	每墓的墓室数量（个）	墓室关系	顶	后龛	侧龛	仿木	图像	出处
凤仪幸福蛮洞湾M2	宜宾市叙州区	宋代	非汉系	1	1		微拱	无	无	无	武士	《宜宾县双龙区岩穴墓调查记》，《考古与文物》，1984年第2期
活石头崖墓群M1	宜宾市叙州区	宋代	非汉系	1	1		平顶	不明	不明	有	仿木构件、瓶花	《中国文物地图集·四川分册》，文物出版社，2009年，第723页
蛮洞坡崖墓群M3	宜宾市叙州区	宋代	非汉系	1	1		平顶	不明	不明	有	武士	《中国文物地图集·四川分册》，文物出版社，2009年，第723页
天堂沟崖墓群12号墓	宜宾市叙州区	宋代	非汉系	1	1		平顶	不明	不明	有	武士、斗拱	《中国文物地图集·四川分册》，文物出版社，2009年，第723页
观音岩崖墓群M4	宜宾市叙州区	宋代	非汉系	1	1		平顶	不明	不明	不明	武士	《中国文物地图集·四川分册》，文物出版社，2009年，第723页
三十六臂山崖墓群15号墓	宜宾市叙州区	宋代	非汉系	1	1		不明	不明	不明	有	仿木建筑构件、椎髻人、交媾图	《中国文物地图集·四川分册》，文物出版社，2009年，第724页
夷牢山崖墓群M6	宜宾市叙州区	宋代	非汉系	1	1		平顶	不明	不明	有	武士	《中国文物地图集·四川分册》，文物出版社，2009年，第724页
蛮洞埔崖墓群M1	宜宾市叙州区	宋代	非汉系	1	1		平顶	不明	有	有	武士、妇人启门	《中国文物地图集·四川分册》，文物出版社，2009年，第724页

续表

墓葬名称	地区	年代	族属	墓葬数量（座）	每墓的墓室数量（个）	墓室关系	顶	后龛	侧龛	仿木	图像	出处
凤仪崖墓群M1	宜宾市叙州区	宋代	非汉系	1	1		拱顶	不明	有	不明	禽鸟、莲花	《中国文物地图集·四川分册》，文物出版社，2009年，第724页
箱子石崖墓群M15	宜宾市叙州区	宋代	非汉系	1	1		藻井顶	不明	不明	不明	武士	《中国文物地图集·四川分册》，文物出版社，2009年，第724页
黑石头崖墓群M2	宜宾市叙州区	宋代	非汉系	1	1		平顶	不明	有	不明	武士、人物、牛、鹿、鸭	《中国文物地图集·四川分册》，文物出版社，2009年，第724页
红岩山半边寺M11	宜宾市高县	宋	非汉系	1	1		两面坡顶	有	无	有	瓶花、空椅	《宜宾地区悬棺葬调查记》，《考古》，1981年第5期
德胜公社出口塘横冤崖墓群	宜宾市兴文县	宋明	非汉系	14	不明	墓室关系不明	顶不明	不明	不明	不明	鱼	《四川叙南崖葬调查记略》，《考古与文物》1985年第1期
罗场公社犀牛沱墓群	宜宾市高县	宋明	非汉系	2	不明	墓室关系不明	顶不明	不明	不明	不明	圆头大腹人物	《四川叙南崖葬调查记略》，《考古与文物》1985年第1期
大木林M1	宜宾市高县	宋明	非汉系	1	不明	墓室关系不明	顶不明	不明	不明	不明	瓶花、武士、马	《四川叙南崖葬调查记略》，《考古与文物》1985年第1期
龙塘湾崖墓群	宜宾市高县	宋明	非汉系	35	不明	部分墓葬有两室，两室间有连通	顶不明	不明	不明	不明	M6有花	《四川叙南崖葬调查记略》，《考古与文物》1985年第1期

续表

墓葬名称	地区	年代	族属	墓葬数量(座)	每墓的墓室数量(个)	墓室关系	顶	后龛	侧龛	仿木	图像	出处
龙塘湾三龙塘 M1	宜宾市高县	宋明	非汉系	1	不明	墓室关系不明	顶不明	不明	不明	不明	武士	《四川叙南崖葬调查记略》,《考古与文物》,1985年第1期
龙塘湾三龙塘 M2	宜宾市高县	宋明	非汉系	1	不明	墓室关系不明	顶不明	不明	不明	不明	山羊	《四川叙南崖葬调查记略》,《考古与文物》,1985年第1期
云山公社捡柴沟崖墓	宜宾市高县	宋明	非汉系	1	不明	墓室关系不明	顶不明	不明	不明	不明	几何纹方块、三角形	《四川叙南崖葬调查记略》,《考古与文物》,1985年第1期
丰田公社楼子坪崖墓	宜宾市高县	宋明	非汉系	1	不明	墓室关系不明	略弧形	不明	不明	不明	三角纹、回旋纹、仰睡人	《四川叙南崖葬调查记略》,《考古与文物》,1985年第1期
萤洞田 M1	宜宾市高县	宋明	非汉系	1	2	墓室关系并列	顶不明	有	有	不明	龙、凤、水波纹、卷云纹、缠枝花卉	《四川叙南崖葬调查记略》,《考古与文物》,1985年第1期
湾里崖墓	宜宾市高县	宋明	非汉系	1	不明	墓室关系不明	顶不明	不明	不明	不明	莲花、马	《四川叙南崖葬调查记略》,《考古与文物》,1985年第1期
方居石崖墓	宜宾市高县	宋明	非汉系	1	不明	墓室关系不明	顶不明	不明	不明	不明	龙、鱼、蟹、鸭、鳖、荷花、柳枝、卷草纹、祥云纹	《四川叙南崖葬调查记略》,《考古与文物》,1985年第1期
萤洞湾崖墓	宜宾市高县	宋明	非汉系	1	2	并列,连通情况不明	顶不明	不明	不明	不明	狗等动物	《四川叙南崖葬调查记略》,《考古与文物》,1985年第1期

续表

墓葬名称	地区	年代	族属	墓葬数量(座)	每墓的墓室数量(个)	墓室关系	顶	后龛	侧龛	仿木	图像	出处
汪家四队崖墓	宜宾市高县	宋明	非汉系	1	不明	墓室关系不明	顶不明	有	无	不明	端坐男子、站立侍女	《四川叙南崖墓调查记略》，《考古与文物》1985年第1期
朝阳沟崖墓	宜宾市高县	宋明	非汉系	1	不明	墓室关系不明	顶不明	不明	有	不明	窗格	《四川叙南崖墓调查记略》，《考古与文物》1985年第1期
红岩山半边寺M9	宜宾市高县	宋明	非汉系	1	1		顶不明	不明	不明	无	武士	《宜宾地区悬棺葬调查记》，《考古》1981年第5期
菊花大队菊花生产队M1	宜宾市高县	宋明	非汉系	1	1		平顶略弧	不明	不明	无	武士	《宜宾地区悬棺葬调查记》，《考古》1981年第5期
菊花大队菊花生产队M2	宜宾市高县	宋明	非汉系	1	1		平顶略弧	不明	不明	无	提物女子	《宜宾地区悬棺葬调查记》，《考古》1981年第5期
棺材石岩墓M1	宜宾市高县	明洪武年间	非汉系	1	1		平顶	不明	不明	有	戴斗笠和芭蕉扇人像，阴刻"洪武十四年七月初七日主辛酉年辛酉"	《宜宾地区悬棺葬调查记》，《考古》1981年第5期
小寺脚下岩墓	宜宾市高县	明代	非汉系	1	1		两面坡顶	有	无	有	空椅3	《宜宾地区悬棺葬调查记》，《考古》1981年第5期

续表

墓葬名称	地区	年代	族属	墓葬数量（座）	每墓的墓室数量（个）	墓室关系	顶	后龛	侧龛	仿木	图像	出处
柏香湾岩墓墓 M3	宜宾市高县	明代	非汉系	1	1		平顶	不明	不明	有	单龙	《宜宾地区悬棺葬调查年记》，《考古》第5期，1981
柏香湾岩墓 M4	宜宾市高县	明代	非汉系	1	1		平顶	不明	不明	有	单龙吞鱼	《宜宾地区悬棺葬调查年记》，《考古》第5期，1981
棺材石岩墓 M4	宜宾市高县	明代	非汉系	1	1		平顶	无	无	有	两龙尾交、鱼	《宜宾地区悬棺葬调查年记》，《考古》第5期，1981
河南沱岩墓	宜宾市高县	明代	非汉系	1	1		平顶	不明	不明	有	武士	《宜宾地区悬棺葬调查年记》，《考古》第5期，1981
场背后崖墓（僧人墓）	宜宾市叙州区	明代	汉系	1	1		券拱顶	无	无	无	莲瓣纹	《酒都文物 宜宾市第三次全国文物普查成果集》，文物出版社，2013年，第281页
马家坳崖墓	宜宾市高县	明代	族属不明	1	不明	墓室关系不明	顶不明	不明	不明	不明	人像	《酒都文物 宜宾市第三次全国文物普查成果集》，文物出版社，2013年，第584页
犀牛沱崖墓群 M6	宜宾市高县	明代	非汉系	1	不明	墓室关系不明	顶不明	无	无	无	二龙戏鱼	《酒都文物 宜宾市第三次全国文物普查成果集》，文物出版社，2013年，第600页

续表

墓葬名称	地区	年代	族属	墓葬数量（座）	每墓的墓室数量（个）	墓室关系	顶	后龛	侧龛	仿木	图像	出处
河南洞崖墓群 M1	宜宾市高县	明代	非汉系	1	不明	墓室关系不明	顶不明	无	无	无	武士	《酒都全国文物宜宾市第三次普查成果集》，文物出版社，2013年，第600页
寨子顶崖墓群 M2	宜宾市高县	明代	非汉系	1	不明	墓室关系不明	顶不明	无	无	无	龙虎	《酒都全国文物宜宾市第三次普查成果集》，文物出版社，2013年，第600页
岩洞口崖墓群 M3	宜宾市高县	明代	非汉系	1	不明	墓室关系不明	顶不明	无	无	无	莲花	《酒都全国文物宜宾市第三次普查成果集》，文物出版社，2013年，第600页
中寨崖墓群 M6-M14	宜宾市高县	明代	非汉系	8	不明	墓室关系不明	顶不明	无	无	无	武士、动物、双鱼戏珠、花卉	《酒都全国文物宜宾市第三次普查成果集》，文物出版社，2013年，第600页
亮火坳崖墓	宜宾市高县	明代	非汉系	1	不明	墓室关系不明	弧形顶	无	无	无	5条龙、鹿、鱼、禽、龟、鸟、正纹、沁草	《酒都全国文物宜宾市第三次普查成果集》，文物出版社，2013年，第601页
蛮洞田崖墓群 M2	宜宾市高县	明代	非汉系	1	2	墓室关系不明	弧形顶	无	无	无	莲花	《酒都全国文物宜宾市第三次普查成果集》，文物出版社，2013年，第601页
堰塘湾崖墓	宜宾市高县	明代	非汉系	1	2	墓室关系不明	弧形顶	无	无	无	花卉、二龙戏珠	《酒都全国文物宜宾市第三次普查成果集》，文物出版社，2013年，第601页

续表

墓葬名称	地区	年代	族属	墓葬数量(座)	每墓的墓室数量(个)	墓室关系	顶	后龛	侧龛	仿木	图像	出处
埃云山崖墓（释祖微墓）	南充市高坪区	1501年	汉系（僧人）	1	1		拱顶	无	不明	有	仿木屋顶	《中国文物地图集·四川分册》，文物出版社，2009年，第641页
云台山墓群M1	南充市阆中市	明代	汉系	1	1		平顶	不明	不明	有	仿木屋顶、斗拱	《中国文物地图集·四川分册》，文物出版社，2009年，第650页
黑石头崖墓2号墓	宜宾市叙州区	1502年；1512年	非汉系	1	1		顶不明	不明	有	不明	武士、墓主人、鹿、牛	《中国文物地图集·四川分册》，文物出版社，2009年，第725页
龙塘湾崖墓群M1	宜宾市高县	明代	非汉系	1	1		顶不明	不明	不明	不明	武士、花草	《中国文物地图集·四川分册》，文物出版社，2009年，第759页
岩洞口崖墓群M7	宜宾市高县	明代	非汉系	1	1		平顶	不明	不明	不明	马、莲花纹	《中国文物地图集·四川分册》，文物出版社，2009年，第759页
岩洞口崖墓群M1	宜宾市高县	明代	非汉系	1	不明	墓室关系不明	平顶	不明	不明	不明	双龙纹	《中国文物地图集·四川分册》，文物出版社，2009年，第759页
红岩山崖墓群M2	宜宾市高县	明代	非汉系	1	1		平顶	不明	不明	不明	武士、动物、花草、双鱼戏珠	《中国文物地图集·四川分册》，文物出版社，2009年，第759页
萤洞山崖墓群M5	宜宾市高县	明代	非汉系	1	1		平顶	不明	不明	不明	武士、侍者	《中国文物地图集·四川分册》，文物出版社，2009年，第759页

续表

墓葬名称	地区	年代	族属	墓葬数量（座）	每墓的墓室数量（个）	墓室关系	顶	后龛	侧龛	仿木	图像	出处
马家凹崖墓群 M1	宜宾市高县	明代	非汉系	1	1		平顶	不明	不明	不明	武士	《中国文物地图集·四川分册》，文物出版社，2009年，第759页
建福寺僧人崖墓群	重庆市大足县	明代	汉系	6	不明	墓室关系不明	平顶	不明	有	不明	人物、楼阁式塔	《中国文物地图集·重庆分册》，文物出版社，2010年，第284页
龙兴寺僧人崖墓群	重庆市荣昌县	明代	汉系	48	不明	每4墓并列一排，以甬道相通	平顶、券顶	有	不明	不明	楼阁建筑	《中国文物地图集·重庆分册》，文物出版社，2010年，第318页
何家湾崖墓	泸州市合江县	明代	汉系	1	2	二室并列，连通情况不明	顶不明	不明	不明	有	道教人物像、武士、仿木牌楼、瑞兽	笔者田野调查所获资料

注：由于本表中部分墓未公布图像信息仅公布文字信息，故本表中对图像的表述沿用其出处的描述。

附表7 考古发现四川地区宋墓画像石刻（原境·画像石棺）

石棺	地区	年代	出土环境	形制	棺盖	前档	后档	右侧	左侧	出处
合江13号画像石棺	四川省泸州市合江县马街子田村三社	北宋	画像石室墓	长2.2、宽0.76、高0.6米，整体呈长方体	素面，棺盖顶部为一块石板，盖面两侧面抹斜，前后两端各有1孔	朱雀	玄武	青龙、火焰珠、胜纹变体	白虎、胜纹变体	笔者调查合江汉棺博物馆所获资料
合江14号画像石棺	四川省泸州市合江县马街子田村三社	北宋	画像石室墓（与13号棺同出一墓）	长2.2、宽0.72、高0.6米，整体呈长方体	素面，棺盖顶部为一块石板，盖面两侧面抹斜，前后两端各有1孔	朱雀	素面	青龙、火焰珠、胜纹变体	白虎、胜纹变体	笔者调查合江汉棺博物馆所获资料

附表8 四川地区宋墓画像石刻·第一期原境形制类型统计

原境类型	原境数量	男	女	性别不明	高级官员及家属	中低级官员及家属	一般民众	佛教信众	道教信众	无宗教背景	川东川北区	川中区	川东南川南区	黔北区
室·甲类 Aa 型	1			1			1			1	1			
室·甲类 Ab 型 I 式	2			2			2			2			2	
室·甲类 Bb 型 I 式	1			1			1			1	1			
室·甲类 Cb 型 I 式	1			1			1			1			1	
室·甲类 Cd 型 I 式	1			1			1			1				
室·乙类 II 类 Aa 型	1			2			2			2	1	1		
室·乙类 V 类	4	1		3		1	3			4			4	
室·丙类 D 型	1			1			1			1			1	
棺·A 型	2			2			2			2			2	

附录

附表9 四川地区宋墓画像石刻·第一期图像组合类型统计

图像类型	原境数量	男	女	性别不明	高级官员及家属	中下级官员及家属	一般民众	佛教信众	道教信众	无信仰背景	川东川北区	川中区	川东南川南区	黔北区
室·甲类 Aa 型 Ⅱ 式	1			2			2			2			1	
室·甲类 Ab 型 Ⅰ 式	1			1			1			1		1		
室·甲类 Bb 型 Ⅰ 式				1			1			1	1			
室·甲类 Bd 型 Ⅰ 式	1			1			1			1			1	
室·甲类 Bd 型 Ⅱ 式	3			3			3			3			3	
室·丙类 Aa 型 Ⅰ 式	1			2			2			2	1			
室·丙类 Ba 型	1			2			2			2	1			
棺·A 型	2			2			2			2			2	

707

附表10 四川地区宋墓画像石刻·第二期原境形制类型统计

原境类型	原境数量	男	女	性别不明	高级官员及家属	中下级官员及家属	一般民众	佛教信众	道教信众	无信仰背景	川东川北区	川中区	川东南川南区	黔北区
室·甲类 Ab 型 Ⅱ 式	3			2		1	2			3	2	1		
室·甲类 Ab 型 Ⅲ 式	1	1				1				1		1		
室·甲类 Ba 型	4			4			4			4		4		
室·甲类 Bb 型 Ⅱ 式	2	1	1		2					2	1	1		
室·甲类 Bd 型	4		2	2	2		2			4	4			
室·甲类 Ca 型	1		1				1			1	1			
室·甲类 Cb 型 Ⅱ 式	2	1	1				2			2			2	
室·甲类 Cc 型 Ⅰ 式	13			13			13			13		5	3	5
室·甲类 Cc 型 Ⅱ 式	2		1	1			2			2		1	1	
室·甲类 Cd 型 Ⅱ 式	10			10			10			10			3	7
室·甲类 Da 型	5	1		4			5			5			5	
室·乙类 Ⅰ 类 B 型	5	1		9			10			10			3	2
室·乙类 Ⅱ 类 Ab 型 Ⅰ 式	1			2			2		2	2	1			
室·乙类 Ⅱ 类 Ba 型	1	1	1				2		2	2	1			
室·乙类 Ⅱ 类 Bb 型	1	1	1				2				1			
室·乙类 Ⅲ 类	3	1	1	4		2	4			6		1	2	
室·乙类 Ⅳ 类 A 型	1			2			2			2	1			

续表

原境类型	原境数量	男	女	性别不明	高级官员及家属	中下级官员及家属	一般民众	佛教信众	道教信众	无信仰背景	川东川北区	川中区	川东南川南区	黔北区
室·乙类Ⅳ类 Ba 型	1			2			2			2			1	
室·乙类Ⅳ类 Bb 型Ⅰ式	2			4			4			4	2			
室·乙类Ⅳ类 Bc 型	1	1	1		2					2	1			
室·乙类Ⅳ类 Ca 型	5	3	1	8		2	12			14		3	2	
室·乙类Ⅳ类 Da 型	1	1		2			2			2			1	
室·丙类 A 型	1						1	1			1			
室·丙类 D 型	1			1			1		1	1	1			
室·丙类 E 型	1	1					1	1					1	
室·丙类 F 型	1	1		1			1		1	1			1	
汉崖·A 型	1						1						1	
汉崖·B 型	2			2			2			2			2	
非汉崖·A 型	20			20			20			20			20	
非汉崖·B 型	3			3			3			3			3	

附表11 四川地区宋墓画像石刻·第二期图像组合类型统计

图像类型	原境数量	男	女	性别不明	高级官员及家属	中下级官员及家属	一般民众	佛教信众	道教信众	无信仰背景	川东川北区	川中区	川东南川南区	黔北区
室·甲类 Aa 型 I 式	8	1	2	6		3	6			9			8	
室·甲类 Aa 型 II 式	2	1	1		1					2	1	1		
室·甲类 Ab 型 II 式	3			3			3			3	1		1	1
室·甲类 Ac 型	5	1	1	5			7			7			2	3
室·甲类 Ad 型 I 式	9			9			9			9			3	6
室·甲类 Ba 型	15	6	3	9	3	2	13		2	16	3	8	2	2
室·甲类 Bb 型 II 式	7	1	1	8	1		9			10	3	1	3	
室·甲类 Bc 型 I 式	1			2			2			2		1		
室·甲类 Bc 型 II 式	8	1	1	6	1		7			8	1			7
室·甲类 Bc 型 III 式	3			3			3			3	1		1	1
室·甲类 Bd 型 II 式	5	1	1	4			6		2	4	1		3	1
室·甲类 Bd 型 III 式	4			4			4			4	1		2	1
室·甲类 Cc 型 II 式	1	3					3			3		1		
室·乙类 A 型	6		1	5			6			6		5	1	
室·乙类 Ba 型	2	2					2	1		1	1		1	
室·丙类 Ab 型 I 式	5			5			5			5	3			2
室·丙类 Ab 型 II 式	1			1			1			1			1	

续表

图像类型	原境数量	男	女	性别不明	高级官员及家属	中下级官员及家属	一般民众	佛教信众	道教信众	无信仰背景	川东川北区	川中区	川东南川南区	黔北区
室·丙类 Bb 型	1			1			1			1	1			
汉崖·A 型	1	1					1		1				1	
汉崖·B 型	2			2			2			2			2	
非汉崖·A 型	20			20			20			20			20	
非汉崖·B 型	3			3			3			3			3	

711

附表12 四川地区宋墓画像石刻·第三期原境形制类型统计

形制类型	原境数量	男	女	性别不明	高级官员及家属	中下级官员及家属	一般民众	佛教信众	道教信众	无信仰背景	川东川北区	川中区	川东南川南区	黔北区
室·甲类 Ac 型	1			1			1			1			1	
室·甲类 Ba 型	1	1								1	1			
室·甲类 Bc 型	1			1			1			1	1			
室·甲类 Cc 型 II 式	3			3			3			3			1	2
室·乙类 I 类 A 型	1			2			2			2	1			
室·乙类 I 类 C 型	1	1	1		2				2					1
室·乙类 II 类 Ab 型 I 式	1			2			2			2			1	
室·乙类 II 类 Ab 型 II 式	2			4			4			4	2			
室·乙类 II 类 C 型	1			2			2		2				1	
室·乙类 IV 类 Bb 型 II 式	1			2			2			2		1	1	
室·乙类 IV 类 Cb 型	1			2			2		2				1	
室·乙类 IV 类 Db 型	2	1	1	2		2	2		2	2			1	1
室·丙类 B 型	1	1	1		3					3				1
室·丙类 Ca 型	1			3			3			3	1			
室·丙类 Cb 型	1			3			3			3	1			
汉崖·C 型	5			5			5			5			5	
非汉崖·A 型	5			5			5			5			5	

附表13　四川地区宋墓画像石刻·第三期图像组合类型统计

图像类型	原境数量	男	女	性别不明	高级官员及家属	中下级官员及家属	一般民众	佛教信众	道教信众	无信仰背景	川东川北区	川中区	川东南川南区	黔北区
室·甲类 Ad 型 II 式	2			2			2			2			1	1
室·甲类 Ba 型	1	1							2					1
室·甲类 Bb 型 I 式	3	2		1	2	1	2	1		2	1			2
室·甲类 Bc 型 III 式	1			1			1			1			1	
室·甲类 Bd 型 III 式	2			3			3			3			2	
室·乙类 Bb 型	3		1	2		1	2	1	1	1			1	2
室·丙类 Aa 型 I 式	3			4			4			4	2		1	
室·丙类 Ab 型 I 式	1			2			2			2			1	
室·丙类 Ab 型 II 式	2			2			2	1	1	2	1		1	
室·丙类 Ac 型	1	1				1							1	
室·丙类 Bb 型	9	1		15	3		13			16	5		3	1
汉崖·C 型	5			5			5			5			5	
非汉崖·A 型	5			5			5			5			5	

附表14 四川地区宋墓画像石刻·川东川北区第一期原境形制类型统计

原境类型	原境数量	男	女	性别不明	高级官员及家属	中下级官员及家属	一般民众	佛教信众	道教信众	无信仰背景
室·甲类Aa型	1			1			1			1
室·甲类Bb型Ⅰ式	1			1			1			1
室·乙类Ⅱ类Aa型	1			2			2			2

附表15　四川地区宋墓画像石刻·川东川北区第二期原境形制类型统计

原境类型	原境数量	男	女	性别不明	高级官员及家属	中下级官员及家属	一般民众	佛教信众	道教信众	无信仰背景
室·甲类 Ab 型Ⅱ式	1			1			1			1
室·甲类 Bb 型Ⅱ式	1		1		1					1
室·甲类 Bd 型	4	2	2		2		2			4
室·甲类 Ca 型	1			1			1			1
室·乙类Ⅱ类 Ab 型Ⅰ式	1			2			2			2
室·乙类Ⅱ类 Ba 型	1	1	1				2		2	
室·乙类Ⅱ类 Bb 型	1	1	1				2		2	2
室·乙类Ⅳ类 A 型	1			2			2			2
室·乙类Ⅳ类 Bb 型Ⅰ式	1		1	4		2	4			4
室·乙类Ⅳ类 Bc 型	1	1					2			2
室·乙类Ⅳ类 Da 型	1			2			2			2
室·丙类 A 型	1	1					1	1		
室·丙类 D 型	1			1			1			1

附表16　四川地区宋墓画像石刻·川东川北区第三期原境形制类型统计

原境类型	原境数量	男	女	性别不明	高级官员及家属	中下级官员及家属	一般民众	佛教信众	道教信众	无信仰背景
室·甲类Ba型	1	1								
室·甲类Bc型	1			1			1			1
室·乙类Ⅰ类A型	1			2			2			2
室·乙类Ⅱ类Ab型Ⅱ式	2			4			4			4
室·乙类Ⅳ类Bb型Ⅰ式	1			2			2			2
室·丙类Ca型	1			3			3			3
室·丙类Cb型	1			3			3			3

附表17　四川地区宋墓画像石刻·川东川北区第一期图像组合类型统计

图像类型	原境数量	男	女	性别不明	高级官员及家属	中下级官员及家属	一般民众	佛教信众	道教信众	无信仰背景
室·甲类Bb型Ⅰ式	1			1			1			1
室·丙类Aa型Ⅰ式	1			2			2			2
室·丙类Ba型	1			2			2			2

附表18　四川地区宋墓画像石刻·川东川北区第二期图像组合类型统计

图像类型	原境数量	男	女	性别不明	高级官员及家属	中下级官员及家属	一般民众	佛教信众	道教信众	无信仰背景
室·甲类 Aa 型 II 式	1		1		1					1
室·甲类 Ba 型	3	2	2		2		2		2	2
室·甲类 Bb 型 II 式	2		1	1	1		1			2
室·甲类 Bc 型 II 式	1		1		1					1
室·甲类 Bc 型 III 式	1			1			1			1
室·甲类 Bd 型 II 式	1	1	1							
室·甲类 Bd 型 III 式	1			1			1		2	1
室·丙类 Ab 型 I 式	3			5	5		5			5
室·丙类 Bb 型	1			1	1		1		1	

附表19　四川地区宋墓画像石刻·川东川北区第三期图像组合类型统计

图像类型	原境数量	男	女	性别不明	高级官员及家属	中下级官员及家属	一般民众	佛教信众	道教信众	无信仰背景
室·甲类 Bb 型 II 式	1	1					1			1
室·丙类 Aa 型 II 式	2			3			3			3
室·丙类 Ab 型 II 式	1			1			1			1
室·丙类 Bb 型	6			10			10			10

附表20 四川地区宋墓画像石刻·川中区第一期原境形制类型统计

原境类型	原境数量	男	女	性别不明	高级官员及家属	中下级官员及家属	一般民众	佛教信众	道教信众	无信仰背景
室·甲类Cd型I式	1			1			1			1

附表21 四川地区宋墓画像石刻·川中区第二期原境形制类型统计

原境类型	原境数量	男	女	性别不明	高级官员及家属	中下级官员及家属	一般民众	佛教信众	道教信众	无信仰背景
室·甲类Ab型II式	1		1			1				1
室·甲类Ab型III式	1	1				1				1
室·甲类Ba型	4			4			4			4
室·甲类Bb型II式	2	1	1		2					2
室·甲类Bd型	2		2		2					2
室·甲类Cc型I式	5						5			5
室·甲类Cc型II式	1		1				1			
室·乙类III类	1			1			1			1
室·乙类IV类Ca型	3	2		4			6			6

附表22 四川地区宋墓画像石刻·川中区第一期图像组合类型统计

图像类型	原境数量	男	女	性别不明	高级官员及家属	中下级官员及家属	一般民众	佛教信众	道教信众	无信仰背景
室·甲类 Ab 型 Ⅰ 式	1			1			1			1

附表23 四川地区宋墓画像石刻·川中区第二期图像组合类型统计

图像类型	原境数量	男	女	性别不明	高级官员及家属	中下级官员及家属	一般民众	佛教信众	道教信众	无信仰背景
甲类 Aa 型 Ⅰ 式	1		1			1				1
甲类 Aa 型 Ⅱ 式	1	1				1				1
甲类 Ba 型	7	1		7		1	7			8
甲类 Bc 型 Ⅰ 式	1	1	1				2			2
乙类 A 型	4			4			4			4

附表24 四川地区宋墓画像石刻·川东南川南区第一期原境形制类型统计

原境类型	原境数量	男	女	性别不明	高级官员及家属	中下级官员及家属	一般民众	佛教信众	道教信众	无信仰背景
室·甲类 Ab 型 Ⅰ 式	3			3			3			3
室·甲类 Cb 型 Ⅰ 式	1			1			1			1
室·乙类 V 类	4	1		3		1	3			4
室·丙类 D 型	1			1			1			1
棺·A 型	2			2			2			2

附表25 四川地区宋墓画像石刻·川东南川南区第二期原境形制类型统计

原境类型	原境数量	男	女	性别不明	高级官员及家属	中下级官员及家属	一般民众	佛教信众	道教信众	无信仰背景
室·甲类Cb型Ⅱ式	2	1	1				2			2
室·甲类Cc型Ⅰ式	3			3			3			3
室·甲类Cd型Ⅱ式	3			3			3			3
室·甲类Da型	5	2		3			5			5
室·乙类ⅠB型	3			6			6			6
室·乙类Ⅲ类	2	1	1	2		2	2			4
室·乙类ⅣBa型	1			2			2			2
室·乙类ⅣCa型	2	2	2			2	2			4
室·乙类ⅣDa型	1			2			2			2
室·丙类E型	1	1					1			
室·丙类F型	1			8			8			8
汉崖·A型	1	1					1		1	
汉崖·B型	2			2			2			2
非汉崖·A型	20			20			20			20
非汉崖·B型	3			3			3			3

附表26 四川地区宋墓画像石刻·川东南川南区第三期原境形制类型统计

原境类型	原境数量	男	女	性别不明	高级官员及家属	中下级官员及家属	一般民众	佛教信众	道教信众	无信仰背景
室·甲类 Ac 型	1			1			1			1
室·甲类 Cc 型 Ⅱ 式	1			1			1			1
室·乙类 Ⅱ 类 Ab 型 Ⅰ 式	1			2			2			2
室·乙类 Ⅱ 类 C 型	1			2			2			2
室·乙类 Ⅳ 类 Cb 型	1			2			2			2
室·乙类 Ⅳ 类 Db 型	1	1	1			2		2	2	
汉崖·C 型	4			4			4			4
非汉崖·A 型	5			5			5			5

附表27 四川地区宋墓画像石刻·川东南川南区第一期图像组合类型统计

图像类型	原境数量	男	女	性别不明	高级官员及家属	中下级官员及家属	一般民众	佛教信众	道教信众	无信仰背景
室·甲类 Aa 型 Ⅱ 式	1			2			2			2
室·甲类 Bd 型 Ⅰ 式	1			1			1			1
室·甲类 Bd 型 Ⅱ 式	3			3			3			3
室·甲类 Ba 型	1			1			1			1
室·甲类 Ad 型 Ⅰ 式	1			1			1			1
棺·A 型	2			2			2			2

附表28　四川地区宋墓画像石刻·川东南川南区第二期图像组合类型统计

图像类型	原墓数量	男	女	性别不明	高级官员及家属	中下级官员及家属	一般民众	佛教信众	道教信众	无信仰背景
室·甲类Aa型Ⅰ式	7	1	1	14		2	14			16
室·甲类Ab型Ⅱ式	1			1			1			1
室·甲类Ac型	2	1		2			3			3
室·甲类Ad型Ⅰ式	3		1	2			3			3
室·甲类Ba型	2	1	1	1		2	1			3
室·甲类Bb型Ⅱ式	4			6			6			6
室·甲类Bc型Ⅲ式	1		1				1	1		
室·甲类Bd型Ⅱ式	3			3			3			3
室·甲类Bd型Ⅲ式	2			2			2			2
室·乙类A型	1		1				1			1
室·乙类Ba型	1	1					1			1
室·丙类Ab型Ⅱ式	1	1		2			2			2
汉崖·A型	1						1		1	
汉崖·B型	2			2			2			2
非汉崖·A型	20			20			20			20
非汉崖·B型	3			3			3			3

附录

附表29 四川地区宋墓画像石刻·川东南川南区第三期图像组合类型统计

图像类型	原境数量	男	女	性别不明	高级官员及家属	中下级官员及家属	一般民众	佛教信众	道教信众	无信仰背景
室·甲类 Ad 型 II 式	1			1			1			1
室·甲类 Bc 型 III 式	1			2			2			2
室·甲类 Bd 型 III 式	1			1			1			1
室·乙类 Bb 型	1		1			1			1	
室·丙类 Ab 型 I 式	1			2			2			2
室·丙类 Ab 型 II 式	1			1			1			1
室·丙类 Ac 型	1	1		1		1	1	1	1	
室·丙类 Bb 型	3			4			4			4
汉崖·C 型	4			4			4			4
非汉崖·A 型	5			5			5			5

附表30 四川地区宋墓画像石刻·黔北区第二期原境形制类型统计

原境类型	原境数量	男	女	性别不明	高级官员及家属	中下级官员及家属	一般民众	佛教信众	道教信众	无信仰背景
室·甲类 Cc 型 I 式	5			5			5			5
室·甲类 Cd 型 II 式	7			7			7			7
室·乙类 I 类 B 型	2			2			2			2

附表31　四川地区宋墓画像石刻·黔北区第三期原境形制类型统计

原境类型	原境数量	男	女	性别不明	高级官员及家属	中下级官员及家属	一般民众	佛教信众	道教信众	无信仰背景
室·甲类Cc型Ⅱ式	2			2			2			2
室·乙类Ⅰ类C型	1	1	1		2				2	
室·丙类B型	1	1	1	1	3					3

附表32　四川地区宋墓画像石刻·黔北区第二期图像组合类型统计

图像类型	原境数量	男	女	性别不明	高级官员及家属	中下级官员及家属	一般民众	佛教信众	道教信众	无信仰背景
室·甲类Ab型Ⅱ式	1			1			1			1
室·甲类Ac型	3		1	2			3			3
室·甲类Ad型Ⅰ式	5			6			6			6
室·甲类Ba型	2			2			2			2
室·甲类Bc型Ⅱ式	3	1		2			3			3
室·甲类Bc型Ⅲ式	1			2			2			2
室·甲类Bd型Ⅲ式	2			2			2			2
室·丙类Ab型Ⅰ式	2			2			2			2

附表33 四川地区宋墓画像石刻·黔北区第三期图像组合类型统计

图像类型	原境数量	男	女	性别不明	高级官员及家属	中下级官员及家属	一般民众	佛教信众	道教信众	无信仰背景
室·甲类 Ad 型 II 式	1			1			1			1
室·甲类 Ba 型	1	1	1		2				2	
室·甲类 Bd 型 III 式	1			1			1			1
室·甲类 Bb 型 II 式	2	1		1		1	1	1		1
室·丙类 Bb 型	1	1	1	1	3					3

附表34 宋初减免四川部分苛重赋税情况统计

来源文献	减免部分苛重赋税情况	出处
《宋会要辑稿·食货五七·赈贷上·赈贷上》	（雍熙五年）正月，成都府言："部内比岁不稔，谷价翔贵，请发公廪赈粜，以济贫民。"从之。	徐松（辑），刘琳、刁忠民、舒大刚等（点校）：《宋会要辑稿》，第12册，上海古籍出版社，2014年，第7326页
《宋会要辑稿·食货七〇·蠲放杂录》	（淳化五年）二月，诏："剑南东、西川、峡路诸州民欠淳化五年以前租税、盐酒、榷酤船筏官物，并除之。"	徐松（辑），刘琳、刁忠民、舒大刚等（点校）：《宋会要辑稿》，第13册，上海古籍出版社，2014年，第8194页
《宋会要辑稿·食货七〇·蠲放杂录》	（淳化五年）五月二十三日，诏："利州路兴元、洋州西县民辇运粮草，颇苦劳役，其今年夏、秋正税并沿江科物色，并予除放。"先是，王师讨蜀寇，调民输粮草，而利州等民颇为劳役，故有是命。	徐松（辑），刘琳、刁忠民、舒大刚等（点校）：《宋会要辑稿》，第13册，上海古籍出版社，2014年，第8194页
《宋会要辑稿·食货七〇·蠲放杂录》	（至道二年）六月，免益州今年夏税。	徐松（辑），刘琳、刁忠民、舒大刚等（点校）：《宋会要辑稿》，第13册，上海古籍出版社，2014年，第8195页
《宋会要辑稿·食货七〇·蠲放杂录》	（至道二年）七月，诏曰："峡路诸州民民欠至道元年租税及缘科物，并除之。"	徐松（辑），刘琳、刁忠民、舒大刚等（点校）：《宋会要辑稿》，第13册，上海古籍出版社，2014年，第8195页
《宋会要辑稿·食货七〇·蠲放杂录》	（至道二年）九月，诏曰："昨命王师讨叛均贼，眷言民俗，咸有供须。访闻峡路遂、果、阆三州最近西蜀，科役稍频，而果、阆路功之木漆，不育秫贷，岛苏披发其（州三江三州）今年秋税宜免十之三。"	徐松（辑），刘琳、刁忠民、舒大刚等（点校）：《宋会要辑稿》，第13册，上海古籍出版社，2014年，第8195页
《续资治通鉴长编》卷四十七	（咸平三年）丁酉，诏："免遂、果、阆三州今年夏租十之三，以其最近西蜀，科役稍频，而果、阆又遭水灾之故也。"	李焘：《续资治通鉴长编》，第2册，中华书局，2004年，第1026页
《续资治通鉴长编》卷四十九	（咸平四年）丁巳，诏："東川民田先为江水所泛者，除其赋。"从王钦若之请也。	李焘：《续资治通鉴长编》，第2册，中华书局，2004年，第1064页

续表

来源文献	减免部分苛重赋税情况	出处
《续资治通鉴长编》卷五十一	（咸平五年）诏："除合州赤水、巴川二县长利，谢市，楼滩三镇酒税钱，以经寇残弊也。"	李焘：《续资治通鉴长编》，第 2 册，中华书局，2004 年，第 1117 页
《续资治通鉴长编》卷六十三	（景德三年）戊寅，诏："东、西两川商税盐酒课利所纳二分金宜罢之，其愿纳者听。"	李焘：《续资治通鉴长编》，第 3 册，中华书局，2004 年，第 1406 页
《续资治通鉴长编》卷七十三	（大中祥符三年）乙亥，减泸州清井监盐课三之一。	李焘：《续资治通鉴长编》，第 3 册，中华书局，2004 年，第 1652 页
《宋会要辑稿·食货六四·杂录》	（天圣四年）二月二十八日，中书门下言："益、梓等州每年织造锦绮、鹿胎、透背段子、欹正等，累有臣僚上言科率劳扰，况锦绮纂组尤费蚕丝，虽未能全行禁止，非惟织造劳费，亦不易津置。"帝曰："川西至远，敕乞渐次减数织造，令每年数内特减一半。	徐松（辑），刘琳、刁忠民、舒大刚等（点校）：《宋会要辑稿》，第 13 册，上海古籍出版社，2014 年，第 7743-7744 页
《宋史》卷九《本纪第九·仁宗一》	（仁宗天圣元年）秋七月壬申，除戎、泸州虚估税钱。	脱脱等：《宋史》，第 1 册，中华书局，1985 年，第 178 页
《宋史》卷九《本纪第九·仁宗一》	（天圣三年）八月戊午，以忠州盐井岁增课、夔州奉节亚山县旧籍民为官田，万州户有税者岁杂其谷，诏悉除之。辛未，蜀陕西州军文租赋。	脱脱等：《宋史》，第 1 册，中华书局，1985 年，第 181 页
《宋史》卷九《本纪第九·仁宗一》	（天圣四年）六月辛未，减两川岁输锦绮，易绫纱为绢，以给边费。	脱脱等：《宋史》，第 1 册，中华书局，1985 年，第 182 页
《宋史》卷九《本纪第九·仁宗一》	（天圣六年）春正月己酉，罢两川千元节岁贡佛。	脱脱等：《宋史》，第 1 册，中华书局，1985 年，第 184 页
《宋史》卷九《本纪第九·仁宗一》	（天圣六年）六月丙寅，罢戎、泸诸州谷税钱。	脱脱等：《宋史》，第 1 册，中华书局，1985 年，第 185 页
《宋史》卷九《本纪第九·仁宗一》	（天圣九年）十一月丁亥，弛两川矾禁。	脱脱等：《宋史》，第 1 册，中华书局，1985 年，第 190 页

续表

来源文献	减免部分苛重赋税情况	出处
《宋史》卷九《本纪第十·仁宗二》	（景祐元年）五月，西川岁织锦上供亦罢之。	脱脱等：《宋史》，第 1 册，中华书局，1985 年，第 198 页
《宋史》卷一百八十三《志一百三十六·食货下五·盐下茶上》	仁宗时，成都、梓、夔三路六监与宋初同，而成都增井三十九，岁课减五万六千五百一十七石；梓州路增井二十八，岁课减十一万一千五；利州路增井增九百九十二石三斗有奇；夔州路增井增十五，岁课减三千一百八十四石。	脱脱等：《宋史》，第 13 册，中华书局，1985 年，第 4472 页
《续资治通鉴长编》卷一百五十六	（庆历五年）丁卯，复减梓州路上供绢岁三之一，红锦、鹿胎半之。	李焘：《续资治通鉴长编》，第 7 册，中华书局，2004 年，第 3785 页
《续资治通鉴长编》卷一百五十八	（庆历六年）益、梓、夔三路转运司使乞增盐井课，岁可为钱十余万，尧臣固不从。上问其说，对曰："庸蜀僻远，恩泽鲜及，而贡入常倍，民力由此困，虽小有益，朝廷既未有以恤之，而又利焉，是重困也。"将必大损矣。"上善其对。	李焘：《续资治通鉴长编》，第 7 册，中华书局，2004 年，第 3817 页
《续资治通鉴长编》卷一百八十三	（嘉祐元年）自西鄙用兵，两蜀多所调发。方平还自益州，奏免横赋四十万贯匹，及减兴、嘉、邛州铸钱十余万，蜀人便之。	李焘：《续资治通鉴长编》，第 8 册，中华书局，2004 年，第 4435-4436 页

附表35 宋初赈恤四川受灾百姓情况统计

文献来源	赈恤四川受灾百姓情况	出处
《续资治通鉴长编》卷四十七	（咸平三年）丁酉，诏："免遂、果、阆三州今年夏租十之三，以其最近西蜀，科役稍烦，而果、阆又遭水灾之故也。"	李焘：《续资治通鉴长编》，第2册，中华书局，2004年，第1026页
《续资治通鉴长编》卷四十九	（咸平四年）丁巳，诏："东川民先为江水所泛者，除其赋，从王钦若之请也。"	李焘：《续资治通鉴长编》，第2册，中华书局，2004年，第1064页
《续资治通鉴长编》卷七十三	（大中祥符三年）辛丑，诏："戎、泸州给复一年，民艰食者赈之。"	李焘：《续资治通鉴长编》，第3册，中华书局，2004年，第1660页
《宋会要辑稿·食货五七·赈贷上·赈恤灾伤》	（大中祥符四年）六月，剑、利、阆、集、壁、巴等州饥。诏："赈之。"	徐松（辑），刘琳、刁忠民、舒大刚等（点校）：《宋会要辑稿》，第12册，上海古籍出版社，2014年，第7329页
《续资治通鉴长编》卷八十	（大中祥符六年）辛丑，诏："益、利两路去秋灾歉，宜令本路转运使消长补短，倍加存抚。"	李焘：《续资治通鉴长编》，第3册，中华书局，2004年，第1814页
《续资治通鉴长编》卷八十八	（大中祥符九年）癸丑，诏："以果州水灾，放今年秋税十之二。"	李焘：《续资治通鉴长编》，第4册，中华书局，2004年，第2029页
《续资治通鉴长编》卷八十八	（大中祥符九年）甲戌，诏："利州民田为水坏者，免今年秋税十之三。"	李焘：《续资治通鉴长编》，第4册，中华书局，2004年，第2030页
《宋会要辑稿·食货五七·赈贷上·赈恤灾伤》	（天禧四年）正月，令利州路转运司赈贷贫民，以旱故也。	徐松（辑），刘琳、刁忠民、舒大刚等（点校）：《宋会要辑稿》，第13册，上海古籍出版社，2014年，第7331页
《续资治通鉴长编》卷一百十三	（明道二年）辛卯，诏："梓州路仍岁旱疫，令转运使来按所部民，蠲其夏租。"其免四等以下户今秋田税之半，三等以上十之三；果、合、渠三州，四等以下户十之二。	李焘：《续资治通鉴长编》，第5册，中华书局，2004年，第2637页

附表36　绍兴年间减免四川过重赋税情况统计

文献来源	减免四川过重赋税情况	出处
《宋史》卷二十九《本纪第二十九·高宗六》	（绍兴九年）八月壬戌，蠲成都、潼川路岁输对籴等米五十四万石，水运钱七十九万缗。	脱脱等：《宋史》，第2册，中华书局，1985年，第541页
《宋史》卷三十《本纪第三十·高宗七》	（绍兴十七年）七月癸未，命李璆同总领四川财赋，符行中参酌减放四川重敛。……九月己巳，减四川科率虚额钱岁二百八十五万缗。癸酉，诏以四川降赐库一百万石，均减对籴。	脱脱等：《宋史》，第2册，中华书局，1985年，第566-567页
《宋史》卷三十一《本纪第三十一·高宗八》	（绍兴二十四年）六月癸卯，诏："尝命四川州县减免财物，以宽民力，同虑未周，令制置司、总领所同共措置，务在不妨军储，可以裕民。"	脱脱等：《宋史》，第2册，中华书局，1985年，第580页
《宋史》卷三十一《本纪第三十一·高宗八》	（绍兴二十五年）秋七月丙辰，减四川绢估、税斛、盐酒等钱岁百六十余万缗，蠲州县积欠矢二百九十余万缗。诏："四川营田有占民田者，常平司按验给还。"	脱脱等：《宋史》，第2册，中华书局，1985年，第582页
《宋史》卷三十一《本纪第三十一·高宗八》	（绍兴二十七年）三月己丑，减三川对籴米岁十六万九千石，夔路激赏绢五万匹，两川绢估钱二十八万缗及茶司引息虚额钱岁九十五万缗。	脱脱等：《宋史》，第2册，中华书局，1985年，第587页
《宋史》卷三十一《本纪第三十一·高宗八》	（绍兴二十九年）二月丁酉，蠲四川折估余本积欠钱三百四十万缗。	脱脱等：《宋史》，第2册，中华书局，1985年，第591页
《宋史》卷三十二《本纪第三十二·高宗九》	（绍兴三十一年）七月癸巳，诏："四川财赋，自当专任总领所。如遇警急，调发不及申奏，则令帅、制司随宜措置，先举后闻。"	脱脱等：《宋史》，第2册，中华书局，1985年，第601-602页
《宋史》卷三十三《本纪第三十三·孝宗一》	（绍兴三十二年）七月癸亥，诏："蠲四川积年逋负。"	脱脱等：《宋史》，第3册，中华书局，1985年，第619页

附表37 宋代生墓出处统计

墓葬	出处
何黄墓	龙腾：《蒲江县宋墓出土文物》，《成都文物》，1997年第2期
邻水02LMH1	四川省文物考古研究所、邻水县文物保护管理所：《邻水县合流后坝南宋墓清理简报》，《四川文物》，2003年第3期
稷山马村段楫墓	杨富斗：《山西稷山金墓发掘简报》，《文物》，1983年第1期
金鱼村吕忠庆墓	成都市文物考古工作队：《成都市西郊金鱼村南宋砖室火葬墓》，《考古》，1997年第10期
羊子山乔氏墓	张勋燎、白彬：《中国道教考古》第4册，线装书局，2006年，第1036页
郑骥墓	四川省博物馆、荣昌县文化馆：《四川荣昌县沙坝子宋墓》，《文物》，1984年第7期
万源谢氏墓	王平：《达州出土的四方买地券》，《四川文物》，2009年第2期
杜光世七氏合葬墓	四川省博物馆、广元县文管所：《四川广元石刻宋墓清理简报》，《文物》，1982年第6期
刘进墓	重庆市博物馆：《中国西南地区历代石刻汇编·重庆四川卷》，天津古籍出版社，1998年，第20页
东岳观王立墓	山西省考古研究所、汾阳市文物旅游局：《2008年山西汾阳东龙观宋墓金地发掘简报》，《文物》，2010年第2期
白鹤沟赵梦得墓	国家文物局：《中国文物地图集·重庆分册》，文物出版社，2010年，第141页
白鹤沟程氏墓	国家文物局：《中国文物地图集·重庆分册》，文物出版社，2010年，第141页
老鹳山南宋墓M2	王玉：《四川安岳县老鹳山南宋墓清理简报》，《考古与文物》，2009年第1期
王再立墓	廖奉：《广元宋墓桌刷，大曲石刻考》，《文物》，1986年第12期
邓百瑞墓	张勋燎、白彬：《中国道教考古》，第5册，线装书局，2006年，第1415-1416页
杨寿娘墓	张勋燎、白彬：《中国道教考古》，第5册，线装书局，2006年，第1415页
永川高洞子宋代崖墓群M1	王昌文：《永川发现宋代崖墓》，《四川文物》，1989年第6期

续表

墓 葬	出 处
董玘童明合葬墓	畅文斋：《侯马一金墓中发现戏台模型》，《文物》，1959年第3期
张玮墓	沈令昕等：《上海西郊朱行乡发现宋墓》，《考古》，1959年第2期
李渚楚氏合葬墓	岳钊林：《巴中"九天玄女"地券考》，《四川文物》，1999年第5期
王德秀墓	薛尧：《江西南城、清江和永修出土的宋墓》，《考古》，1965年第11期
王兴李八娘合葬墓	张合荣：《贵州古代墓葬出土的买地券》，《贵州文史丛刊》，2002年第4期
杜生坡墓	马幸辛：《川东北历代古墓葬的调查研究》，《四川文物》，2001年第2期
张悦墓	四川省文物考古研究所、成都市文物考古研究所、泸州市博物馆、泸县文物管理所：《泸县宋墓》，文物出版社，2004年，第172页
遵义杨粲墓	宋先世：《遵义杨粲墓发掘报告摘要》，《贵州田野考古四十年》，贵州民族出版社，1993年，第356页
黎二墓	张合荣：《贵州古代墓葬出土的买地券》，《贵州文史丛刊》，2002年第4期
驾挡丘宋墓群2001HLM1	四川省文物考古研究院、广安市文物管理所、华蓥市文物管理所：《华蓥市永兴镇驾挡丘宋墓群发掘简报》，《四川文物》，2009年第1期
驾挡丘宋墓群2001HLM5	四川省文物考古研究院、广安市文物管理所、华蓥市文物管理所：《华蓥市永兴镇驾挡丘宋墓群发掘简报》，《四川文物》，2009年第1期
黄家寨宋墓	刘世旷：《黄家寨宋墓》，中国人民政治协商会议遵义县县宣教文卫委员会、遵义县文化体育局、遵义县文物管理所：《遵义县文物志》第二集，2003年，第20页
响铃宋墓	国家文物局：《中国文物地图集·重庆分册》，文物出版社，2010年，第161页

附表38 四川地区元墓画像石刻·原境形制类型统计

原境类型	原境数量	男	女	性别不明	高级官员及家属	中低级官员及家属	一般民众	佛教信众	道教信众	无宗教背景	川北/川东	川中	川东南/川南	黔北
室·A型Ⅰ式	1			2			2	1		1				1
室·A型Ⅱ式	3	3	4		7					7				3
室·A型Ⅲ式	1	1	1		2					2				1
室·B型	1			2			2			2				1
室·C型	1			2			2			2			1	

附表39　四川地区明墓画像石刻·原境形制类型统计（第一期）

分期	分区	原墓类型	原境数量	男	女	性别不明	高级官员及家属	中低级官员及家属	一般民众	佛教信众	道教信众	无宗教背景
第一期	川东南川南区	室·乙类Ca型	1	2	2				4		2	2
		非汉崖·A型	7			7			7			7
		非汉崖·B型	1			3			3			3
	黔北区	室·乙类Aa型	5	3	7		10					10
		室·乙类Bb型	2	2	2		4					4
		室·乙类Db型	1	2	2							4
	成都平原区	室·甲类Aa型	2	2	2			3	1			4
		室·甲类Ba型	4	2	4			6				6
		室·甲类Bb型	2	2				2				2
		室·乙类Cb型	1	1	1			2				2
		混	2	2				2				2

附表40 四川地区明墓画像石刻·原境形制类型统计（第二期）

分期	分区	原境类型	原境形制	原境数量	男	女	性别不明	高级官员及家属	中低级官员及家属	一般民众	佛教信众	道教信众	无宗教背景
第二期	川东南川南区	室·甲类 Aa型		1			1			1			1
		室·乙类 Cb型		1			4			4			4
		室·乙类 Cc型		11	3		35			38	3		35
		室·乙类 Da型		1			3			3			3
		室·乙类 Db型		3	3	6		2	4	3			9
		非汉崖·A型		16			16			16			16
		汉崖		53	52	1				53	51	2	
	黔北区	室·甲类 Ba型		1			1			1			1
		室·乙类 Ab型		2	2	4		4		2			6
		室·乙类 Ba型		4	2	7		5		4			9
		室·乙类 Cc型		2	2	2				4			4
	成都平原区	室·甲类 Aa型		1	1	1				2			2
		室·甲类 Ab型		2	2				1	1		1	1
		室·乙类 Ab型		2	2	3				5			5
		室·乙类 Ac型		1	1	1				2			2
		室·乙类 Bb型		2	2	3				5			5
		室·乙类 Cc型		3	2	3				5			5

备注：本表显示数据仅包括有明确的完整墓葬信息，可纳入类型学研究的墓葬数据。

附表41 四川地区明墓画石刻图像题材演变

图像题材	分期					
	第一期			第二期		
	川东南川南区	成都平原区	黔北区	川东南川南区	黔北区	成都平原区
墓主标示物组合	1	5		5		
墓主人像	1	3	1	8		
屏风		1	3		1	1
交椅	1			2		
仿木构件	2	3	2	27		13
门窗		2	1	5	3	5
供案			2	5	1	2
花木果实	17	8	3	19	2	12
祥禽瑞兽	4	1	1	18	6	5
乐舞		2				
武士	3	1		10		2
神异人物（含道教真人）		6		2		
文吏		2				1
备侍	2	9		6		2
出行				3		
八卦	1			1		
畜禽	3	1		11		
吉祥寓意装饰纹样	3	8		14	8	23
美化用几何装饰纹样	3			7	1	1

备注：本表统计数据包括信息公布完整、能明确了解图像配置的墓葬，以及信息公布不完整、图像配置不明但仍图像题材可考的墓葬。

后记

在拙著《石上万象：四川地区宋元明墓葬画像石刻研究》完笔之际，回顾我与四川墓葬画像石刻的渊源，其实远早于我进入到考古这个行业。多年前一部《泸县宋墓》让我惊叹于家乡泸州，印象之中西南边地鸡鸣三省的地级市，竟有这样的文化遗产，并由此产生了一系列疑问：这些石刻的主人是谁？他们为何于地下不为人所见的深处创造如此精美绝伦的石刻？这些题材丰富的石刻背后是否有一套共通的观念？除了泸州，四川其他地区乃至全国其他范围内是否同样存在着这样的石刻？这一连串的问题所引发的好奇心和探索欲，无疑是在我从小就有的考古梦上添加了砝码。既然有问题，那就去寻找答案吧！于是我报考了四川大学的研究生并顺利"上岸"，开始了在考古之路上的跋涉。

如果说我人生中最幸运的事是生为我父母的女儿，那么在专业上最幸运的事便是来到川大考古，并且成为我的博士生导师霍巍先生和硕士生导师李永宪先生的弟子。考古之路行来至今，途中有过彷徨、沮丧，但一路也有成长，首先要感谢的就是我的导师霍巍先生。蒙霍师不弃，我得以拜入霍师门下，既是幸运也是压力。霍师治学严谨、要求严格，从我的博士论文到这本拙著，大到框架设计、逻辑结构，小到词句的斟酌、标点符号的运用，事无巨细，全程把关、悉心指导，每次交过去的文稿，哪怕是刚好遇到节假日，霍师也总是在第一时间审阅完，然后提出直切问题所在的修改意见。因为对墓葬画像石刻兴趣浓厚，霍师为我争取机会带我参加与我兴趣相关的宋墓研究和石刻研究课题，让我有幸能和该领域的专家们一起工作，在实践中开阔研究视野、提升研究能力。通过这些课题，我对宋墓、对石刻艺术有了更深刻的认识，这些收获进而为我的研究提供了可贵的助力。毕业之后，我和霍师交流想在四川宋墓画像石刻研究领域进一步深入，霍师提出了宝贵的指导意见："你要讲四川宋墓画像石刻，就不能只讲四川宋墓画像石刻。我们川大考古的视野

石 上 万 象

四川地区宋元明墓葬画像石刻研究

讲究'横通'和'纵通'。其一,你要跳出局限,从横纵去观察,宋代之前和宋代之后墓葬装饰的情况,以及同样在宋代,四川其他类型墓葬装饰以及全国其他地区墓葬装饰的情况,将四川宋墓画像石刻放在这样的横通纵通视野中去观察和解读;其二,需注意观察变化,我的老师张勋燎先生常用名言'观水有术,必观其澜'来形容学术研究中的关注视角,你看材料,一定要特别注意其变化,因为考古材料变化的背后,往往意味着人与社会重大的变革。"在霍师的指导下,我将墓葬画像石刻研究关注的主要时段从宋代延展到了宋元明,并且全面搜集、整理了从汉代到唐代的墓葬装饰材料;关注的主要类型除了撰写博士论文时期所关注的石室墓画像石刻,也拓展到了崖墓画像石刻和石棺画像石刻;关注的区域除了四川地区,也开展了全国其他地区的墓葬装饰资料搜集整理并进行了比较研究。经历了两年准备之后,我以《四川地区宋元明墓葬画像石刻资料整理与综合研究》为题申报了四川省哲学社会科学规划项目并获得立项,形成了近50万字的研究成果,最终凝聚成本书《石上万象:四川地区宋元明墓葬画像石刻研究》。这是对我多年以来专业上修行的一个阶段性总结,也是献给霍师的一份崇敬的致礼。其中如有可点之处,离不开霍师的谆谆教诲,而存在之瑕疵,概因自己学力不足。

感谢我的硕士生导师李永宪先生。回忆这些年的专业之路,总觉得自己甚为幸运,博士阶段能得霍师的悉心指导,硕士阶段能得李师这样一位良师益友。在整个硕士求学阶段,李师对我的学业倾注了大量心血,课余时间还带着我和同门去博物馆参观各种展览、参加田野调查,通过实践加深我们对文物、对博物馆展陈设计的认识。忆起在李师门下的时光,除了感谢他对我专业上的诸多付出,也要感谢他在为人处世上给予我的积极影响,让我的求学岁月不仅是辛苦充实的,更是丰富快乐的。

感谢四川大学考古专业的各位老师在我专业修行路途中为我传道、受业、解惑。感谢四川大学刘复生教授、中国社会科学院扬之水研究员、东南大学汪小洋教授,因为参与泸州宋墓画像石刻相关工作,幸会诸位专家。各位教授的治学严谨、为人谦和都给我留下了极为深刻的印象,凡有问题请教,他们总是耐心答疑、不吝赐教,邮件与信息也总能得到及时回复和悉心指导,使我获益良多。

本书在写作和完善的过程中,还得到了很多师友的帮助。首先感谢我的同门索德浩师兄、李帅师弟、邓宽宇师弟、易欣师妹。读博期间,他们在自身学业和工作都如此忙碌的情况下,抽出时间多次与我探讨我博士论文的问题,为我提出各种宝

后 记

贵建议;毕业之后这么多年来,他们不仅在撰写专著和各种研究论文的过程中给我很多有益的思路和建议,还加入我的课题组中给予我大力支持,本书中不少精细的绘图亦出自宽宇师弟之手。感谢四川泸县宋代石刻博物馆、泸县石刻研究院、泸州市博物馆、合江县汉代画像石棺博物馆、纳溪区文管所、龙马潭区文管所、叙永县文管所、古蔺县文管所、江津博物馆等文博单位给予我的无私帮助。四川泸县宋代石刻博物馆梁杨馆长、罗玉兰副馆长、徐朝纲副馆长、周健老师、罗丹老师,合江县汉代画像石棺博物馆宋燕馆长、贾雨田馆长、泸州市博物馆陈科馆长、钟廷桂副馆长、泸州市文化广播电视和旅游局张燕书记、江津博物馆丁燕飞馆长……在我开展田野调查和文博单位调查的过程中,得到了他们的诸多照拂与支持,让我深深感受到"天下文博人是一家",在此致以最诚挚的谢意。

本书的诞生还要特别感谢我的单位泸州职业技术学院和我的团队。从专业的博物馆来到高职院校,其实一开始充满了忐忑,不知是否还能坚持文博考古研究。但来到学校之后,我彻底打消了顾虑,这里有国家级的优秀民族文化传承与创新示范点,已经对泸州宋墓画像石刻开展了各种挖掘研究和转化实践。其中,以泸州宋墓画像石刻为主题的艺术工坊还曾荣获四川省大艺赛一等奖。泸州职业技术学院起源于川南第一所改书院为学堂的新学——川南经纬学堂,"经纬"一名来自首任监督(校长)赵熙的治学理念。赵熙认为:"为学当为上下古今之学,不为耳目尺寸之学,此纵也;为学当为大通世界之学,不为拘守方隅之学,此横也。"纵是经,横是纬,故名"经纬"。在"经天纬地,大通世界"的理念指引下,一个多世纪以来,学校不仅书写了璀璨的校史华章,还积淀出深厚的历史和文化底蕴。时至今日,学校依然展现出强烈的文化关注,重视文化遗产的研究和创新性传承、创造性发展。学校领导和数字创意学院领导都在平台、资源、政策、经费等方面给予了我大力支持,还指导我牵头组建了四川特色文化的研究团队,帮助我在四川文化遗产研究的专业道路上走得更加稳健。尤其是在本书的筹备、撰写和出版过程中,学校何杰书记、鲍学东副校长、陈光玖处长都给予了诸多指导与关怀,感激之情不胜言表,唯有继续敬畏专业、笃行不怠以报。

感谢我的团队成员数字创意学院高媛副院长、陈金凤老师。媛姐不仅自己陪着我开展田野调查,还带上了家属杨大军老师和杨之乔小朋友一起,背着几十斤重的登山绳,跋山涉水来帮忙。感谢在怀孕期间克服身体严重不适帮助我绘图的金凤,她不仅高效,而且精益求精,让那些已经磨损严重到拍照片无法看清的石刻,通过

石 上 万 象

四川地区宋元明墓葬画像石刻研究

线描图得以展露真容。感谢我的同事聂耕宇老师和杨宁老师。拖着膝盖旧伤和我们一起翻山越岭的聂耕宇老师高质量地完成了崖墓群的无人机拍摄，帮助我看到了虽然已去过数次但从未看到过的崖墓群高清全景乃至所在山脉走向，让我对宋人墓葬选址中的风水观念有了更为切实的认知。杨宁老师在本书图像修复方面给予了我诸多帮助，在封面设计、版式等方面亦给出良多宝贵建议，在此一并致谢。

感谢我亲爱的朋友们，从懵懂孩童到长大成人，快乐时相互分享，苦闷时相互倾诉，沮丧时相互鼓励，需要帮助时默默地全力支持，是她们多年以来的一路相伴，让我的人生充满快乐和勇气。

最要感谢的是我的父亲和母亲，亲爱的赵锡枝先生和张茂愉女士。多年以来，父母一直默默为我操劳、为我付出，对于我作出的所有正当决定，全部无条件地支持，做我物质和精神上的坚强后盾，令我在无比感激父母之爱的伟大和无私的同时也深感无比内疚，虽亦努力回报，但这些回报对于父母给予我的实在无法相较。唯愿椿萱并茂，顺遂无虞。

后记写至此处，我忽然想起了多年以前参加全国第三次不可移动文物普查时所调查的一座宋代画像石室墓。那时夕阳正好，这座只露出了墓顶和墓门门额的墓葬旁，竟有一株桃花和一株李花盛放。那一刻，对着晚照下的满树繁花，我不禁感叹，四川人的"乐生"精神真是烙印在血脉中的文化基因。因为乐生，所以生时活得风雅精致；也因为乐生，所以死后依然要用石刻营造出一个充满祥和、安乐的"永为供养"世界。在这里，武士拱卫、四神镇守、侍者常随、乐舞以娱、神禽瑞兽增祥、花木果实繁盛不败。在这里，乐生精神超越了生死的界限，造就了生动多彩的石上万象。而八个多世纪以后，在他们的坟茔之畔、荒土之上，又生出了桃花历乱李花香，生命依然如此灿烂，生生不息。所以，像先人们一样吧，心怀对生命的热爱，奋楫笃行，此生尽兴。这大概就是学习考古解读"地书"的意义之一，因为泥土之下所深藏着的不仅诉说过往，更启迪我们该如何行至未来。

赵 兰

2024年2月10日于长桥弘仁楼